山本憲関係資料研究会　編

変法派の書簡と『燕山楚水紀遊』

――「山本憲関係資料」の世界――

汲古書院

肖像　N4（『山本憲関係資料』以下同様）
1917（大正6）年頃牛窓・正本写真館撮影

康有為等集合写真　C3　1898年末頃東京・江木写真店撮影
前列右から3人目、梁啓超、左へ康有為・王照・康有儀

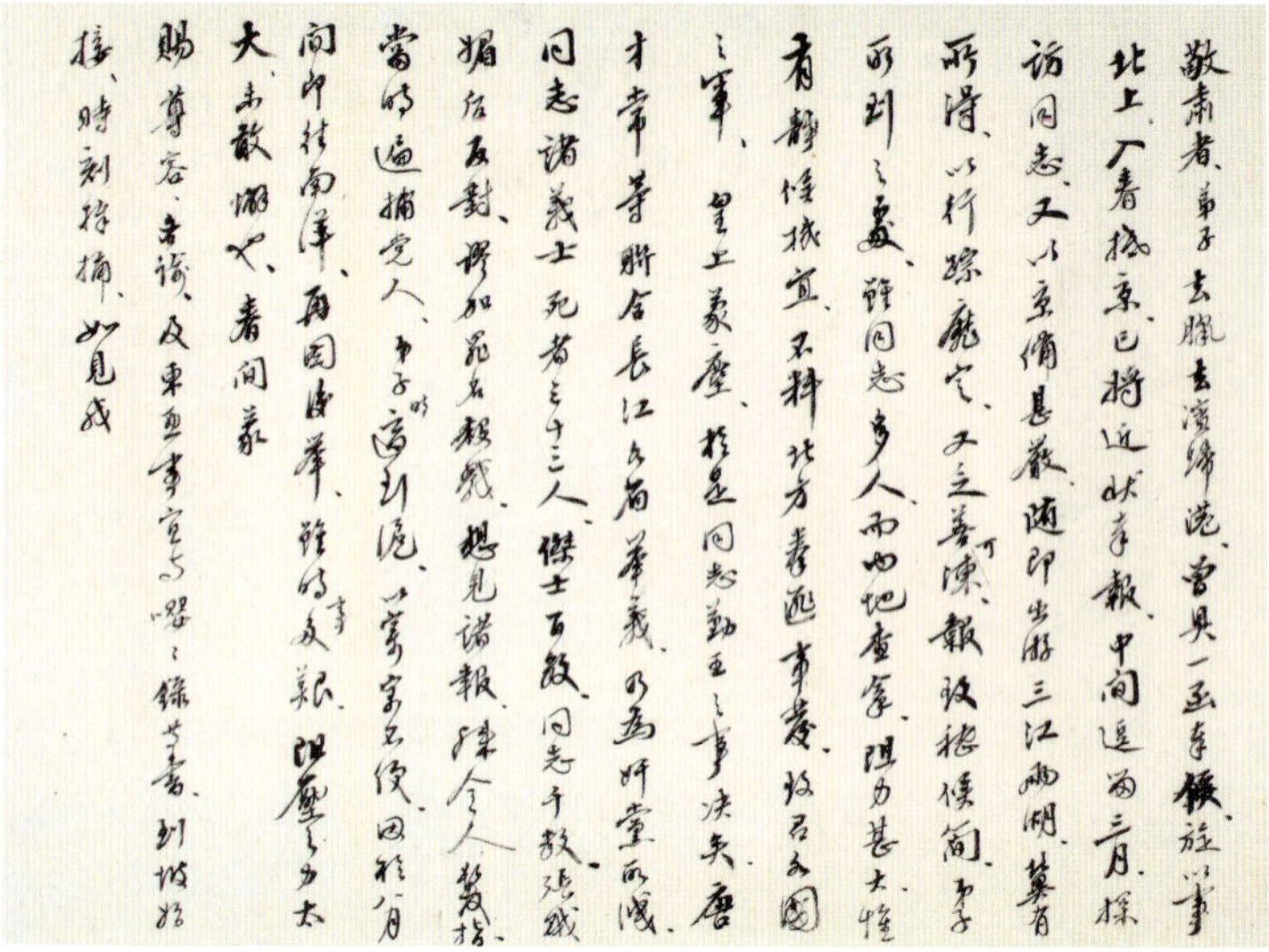

康有儀書簡　C156

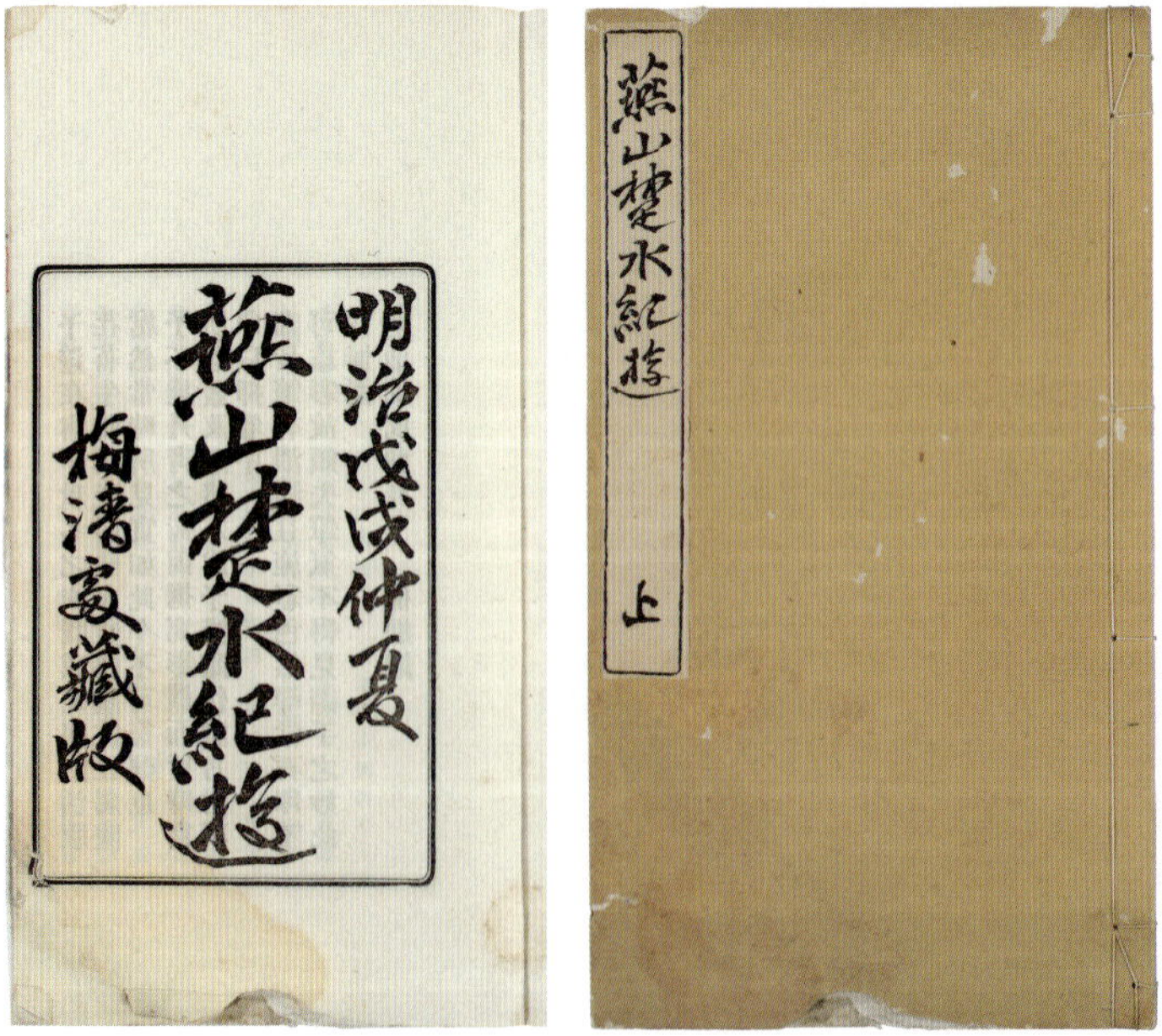

『燕山楚水紀遊』（C8　1898年刊「梅清処蔵版」）の表紙と扉

目次

目　次

序文

山本憲関係資料研究会　代表　吉尾　寛

山本憲（一八五二年～一九二八年　字永弼、号梅崖）とは、高知県佐川町出身で、岡山県牛窓を終焉の地とした文人である。本研究は、JSPS 科研費 JP23320151・基盤研究（B）（代表　吉尾　寛　平成二十三年度～二十七年度）「《山本憲関係書簡》に残る康有為の従兄康有儀等の手紙からみた近代日中交流史の特質」の助成を受けたものである。「山本憲関係資料研究会」とは、本科研研究班の内、本書の作成に携わったメンバーによって構成されるグループを意味する。

※

凡そ一九九〇年代までの日本の研究によれば、山本憲については、自由民権運動家（間島永太郎著『ある憂国者のおもかげ』一九八八年）、中国の知識人のため尽力する日本・西洋の書籍の翻訳者（遠藤光正「山本梅崖の見た日清戦争後の中国――『燕山楚水紀遊』を中心として」『東洋研究』第八十二号　一九八七年等）、近代日本を代表する漢学者（三浦叶著『明治の碩学』「川田雪山談・山本梅崖先生」汲古書院　二〇〇三年等）――かかる観点からその輪郭を描くことができる。（本書所収蔣海波氏が作成した『燕山楚水紀遊』「解題」を参照されたい。）

二〇〇〇年前後より、日清戦争を起点として五四運動に至る時期の日中民間交流に対して関心が強まると（王暁秋著・木田知生訳『中日文化交流史話』東方書店　二〇〇〇年等)、変法派の康有為・梁啓超等の指導者と日本の知識人・政治家との交流のあり方が具体的に追究されるようになり(狹間直樹編『共同研究　梁啓超』みすず書房　一九九九年、丁文江・趙豊田編・島田虔次編訳『梁啓超年譜長編』岩波書店　二〇〇四年等)、この文脈のもとで、山本憲の活動が取り上げられるようになる(狹間直樹「初期アジア主義についての史的考察(7)第六章　善隣協会について――岡本監輔のばあい――」『東亜』第四一六号　二〇〇二年等)。山本憲に関する史料については、いち早く中国で動きがあった。変法派の汪康年の下に残された書簡の中に山本憲の書簡があることが明らかになったのである(『汪康年師友書札』第二冊「山本憲」部　上海古籍出版社　一九八九年)。そして、この資料を踏まえて汪康年と山本憲の交流も明らかにされるにいたった(呂順長「山本梅崖と汪康年の交遊」『四天王寺国際仏教大学紀要』第四十五号　二〇〇八年)。

しかしながら、これらの国内外のいかなる研究においても、当時変法派人士が山本憲に直接宛てた親書が今なお存在することを誰が想像できたであろうか。

二〇〇六年五月、山本憲のご遺族が高知市立自由民権記念館に六千点以上の遺品を寄託された。当館はその整理と史料的価値の解明を高知近代史研究会会長公文豪氏に依頼し、公文氏からまもなく吉尾に協力要請がなされた。これが本研究の始まりである。本報告書ではこの遺品群を「山本憲関係資料」と称する。

高知市立自由民権記念館では、公文豪氏を中心として山本憲の厖大な数の遺品の整理が始まり、二〇一〇年九月遺品目録の初稿が完成し、二〇一一年には『山本憲関係資料目録』が刊行された。以後本書は、山本憲に関して研究する者の基本工具となった。私自身、『目録』を手引きにして、梁啓超、康有為をはじめとする清末の変法派等知識人の肉筆の書簡や名刺、実物の封筒、写真等々を確認しながら、「戊戌政変」後日本に亡命した梁啓超、康有為らがどのような日本人と会い議論を交わし、活動していたかを知るにいたった。また、書簡については、管見の限り、梁啓超・康有為に関する既刊の書簡集（『梁啓超未刊書信手迹』等）には一通として同じ書簡は認められなかった。このような中、筆者も二〇〇八年、汪康年書簡に絞って当該資料の紹介とその史料的価値について文章を発表した。拙文では「汪康年書簡」が上海図書館編『汪康年師友書札』所収の山本憲の書簡十五通と往復書簡の関係にあることを実証した。『史学雑誌（二〇〇八年）回顧と展望（中国近代）』（小羽田誠治）においても「山本憲関係書簡」は「特筆される私的史料」として紹介された。

しかし、「山本憲関係資料」の高い価値を実感するようになると、一つのことが気になるようになった。これらは中国・台湾でも見られない貴重史料である以上、実物の保存により配慮する必要があるのではないか。あるいは文献資料をデジタル化すれば、実物はしっかりと保存されると同時に、本資料群は多くの研究者の目に触れ、それに関する研究が大きく進むのではないかと。ここに科研費の申請を決断した根本的な理由がある。

採択された後、我々は直ちに資料のデジタルデータ化の作業に着手した。「山本憲関係資料」の内、先ず二〇〇〇通を越える書簡が、専門の撮影会社（高松市・四国工業写真株式会社）の技術によって、肉眼では把握できない部分まで復元された。一点ずつデジタル撮影し、それをもとに複製版を作成する作業は、撮影基準を二〇〇〇万画素、カメラデータRAW・約30MB、オリジナルデータTIFF16bit・約150MB、活用データJPEG・約5MB、PDF・5MBと設定した。以後四年の間に撮影した資料は全一四六点、コマ数は約九〇〇〇に及んだ。

ただ、このデジタル化にはもう一つの意味があった。それは、資料保有のプライオリティを明らかにすることであり、このことを前提とした国際共同研究が必要と考えた。近い将来「山本憲関係資料」が中国をはじめとする海外の研究者から注目されることは想像に難くなかった。であるならば、この資料を長く大切に保管してこられた山本憲のご遺族、そしてかかる貴重資料の収蔵を責務としている高知市立自由民権記念館の意思を明確に表わすことが肝要と考えたのである。現在、高知市立自由民権記念館には、日本学術振興会科学研究費補助金によってデジタルデータ化された「山本憲関係資料」が「資料所有者・保管者・デジタル複製物作成者」を明示してハードディスクの形で設置され、研究の上の需要に広く提供されている。

※

かくして、本研究は、デジタル版「山本憲関係資料」に基づいて、次のような目標を立て活動をスタートした。

［1］「山本憲関係資料」の内、最も傑出した内容は、山本に送られてきた肉筆の書簡群である。そこには梁啓超、康有為、汪康年、王照等々の中国・清末の変法派人士の親書のほか、山本憲の漢学塾「梅清処塾」の門人で、日本に亡命した変法派の連絡役も務めた、康有為の従兄「康有儀」の多数の書簡、そして変法派と関わった日本人の書簡が、総計二五〇通を越えて存在した。即ち、これらの書簡群について可能な限り翻刻と現代日本語訳および解題・注を作ることを目指した。それによって、山本憲の交流活動（自由民権運動、日・西文献の漢訳活動、漢学教育）に即して、十九世紀末から二〇世紀前半の日本・中国の民間交流の歴史的特質に迫ることができるのではないかと考えた。なお、山本憲が一八九七年の訪清の中で面談した清人の多くが、後に当該書簡の差出人となっていく。本報告書はその訪清の旅行記『燕山楚水紀遊』の訳注を収めている。その訳注には、本科研のメンバーの蔣海波氏が詳しい索引を作られた。当該書簡をお読みの際は、是非本書『燕山楚水紀遊』の人名等の索引を適宜ご参照いただきたい。

［2］しかしながら、山本憲の手元に残った書簡には、山本自身が当時どのような考えを持っていたのかは中々確認できない。本研究では、当初の計画を変更し、従前から注目されていた山本憲の代表的著作『燕山楚水紀遊』の解読、日本語訳を試みた。『燕山楚水紀遊』は、山本憲が一八九七（明治三十）年九月二十三日から同十二月一日にかけて、中国の北京城内及びその周辺地域と長江流域のいくつかの町を訪ねた漢文の旅行日記である。ただ、山本憲の高い儒学の学識が随所に示される『燕山楚水紀遊』は、難解な部分も少なくなく、そのため書簡解読チームとは別にこの作業に専念できる者を立て、その草稿を他の者が監訳する形をとった。本報告書に掲載した蔣海波氏による詳細

な解題が有益な指針を与えるであろうが、『燕山楚水紀遊』は、日本の自由民権運動が帝国憲法成立後、どのような思想的軌跡を辿ったのかを探るための手がかりも示していると考える。

※

以来五年、研究班のメンバーにおいては、「山本憲関係資料」を用いた研究成果の発表を開始し、その内容は本書の「解題」に反映されている。以下、それらを踏まえて項目を立て、山本憲と変法派の交流を中心に本報告書が明らかにした具体的内容の一端を示したいと思う。

【山本憲および康有儀ら梅清処塾生の漢訳作業、著書による交流】

本研究の中で最も大きな成果の一つは、康有為の従兄で梅清処塾生の康有儀書簡に基づいて『佳人之奇遇』の翻訳者を改めて特定したことである。東海散士（柴四朗）の政治小説『佳人奇遇』は、従来梁啓超によって翻訳され『清議報』（梁啓超主筆　一八九八年十二月発行）に連載された最初の漢訳政治小説と説明されてきたが、呂順長氏は、一八九九年一月十一日に康有儀が山本憲に宛てた書簡に、有儀自らが『佳人奇遇』四篇を翻訳したとの記述を発見した。康有儀の帰国時期と『佳人奇遇』の『清議報』連載が打ち切られた時期がほぼ同じであることなどから、翻訳は康有儀の帰国まで続いたともいう。実際、山本塾の塾生は『清議報』の原稿を若干翻訳し、山本本人もいくつか原稿を執筆し『清議報』に寄稿していた。また、康有儀は山本憲とともに西洋人が著した孔子関係の書籍も漢訳しようとした。彼らの孔子関係書籍の翻訳刊行計画は、西洋人の孔子イメージが日本を通じて中国にもたらされ、それが変法派の孔子観に影響を与えたのではないかとも推測させる《以上、康有儀書簡》。

他方、汪康年も山本に『時務報』への漢訳寄稿を依頼していた。『時務報』（中華書局版）第六十一冊に「日本山本憲来稿」と明示された「朝鮮辞俄国陸軍教習及度支部顧問官本末」と題された一文が掲載されている。そして、『時務報』の贈呈を受けて、山本も自著を寄贈している。山本は『燕山楚水紀遊』四部を汪康年に贈呈し、四部は汪康年のみならず葉瀚、湯寿仙、梁啓超の手に渡された。書簡からは、『紀遊』に関する率直な意見交換の一端もうかがえる。逆に、汪康年からも山本に著作（自著『荘諧選録』等）が贈られた《汪康年書簡》。

翻訳作業については、『清議報』と訳書局、上海の『時務報』と「大同訳書局」との類似性が見てとれる。上海の『時務報』で日本の新聞・雑誌記事の翻訳を掲載していたのが古城貞吉であった。『清議報』においてその役割を期待された一人が山本憲であったとも言えるであろう《梁啓超書簡》。その古城を山本は一八九七（明治三十）年十月二十三日上海の地を踏んだその日に訪ねている。山本もまた、『時務報』で翻訳に従事する日本人のことを予め聞いていたのであろう《古城貞吉書簡》。

【戊戌政変直後の状況と日本に亡命した変法派人士に対する山本憲の支援活動】

一八九八年九月二十一日に「戊戌政変」が起こり、その一報が入ると山本は汪康年らの状況を懸命に把握しようと書簡を送り続ける。これを受けて、汪康年から書簡が届く。封筒に「SHANGHAI 10 OCT 98」の消印があり、「上海昌言報館緘」と赤字で印字されていた。文面には、康有為・梁啓超は難を逃れたものの、康有為の弟広仁の他、「新政」に参加した楊鋭・林旭・譚嗣同・劉光第・楊深秀ら六人は即刻処刑されたとある。また、康有為の専断が「戊戌の変法」を強く推し進めたが、同時にその性急にして協調性に欠き、それによって「政変」を引きおこしたと書いている。政変直後に清廷の要請をきっかけに露・英軍等が即入城したことも伝えられた《汪康年書簡》。

九月二十三日、清国政変の報に接した山本憲は、二十七日に大阪を発して東京に向かった。十月五日には帰阪しているので、滞在日数は一週間ほどである。この間の動静は詳らかでないが、情報収集のため各所を駆け巡ったことが察せられる《小倉久書簡》。

大阪に戻ると、山本憲は康有為・梁啓超らの活動を支援するため、「日清協和会」大阪に設立する。「日清協和会」の趣意書および規約については、藤谷浩悦著『戊戌政変の衝撃と日本』（研文出版二〇一五年）が同年十月の『大阪毎日新聞』と翌年一月の『清議報』の双方を掲載しているが、「山本憲関係資料」の文書は後者と同じである。「日清協和会」総集会（同年十一月六日）およびその前後の活動にて配布するために印刷されたと推測できる《日清協和会趣意書・規約》。なお、書簡からは、日清協和会の結成に康有為が期待をかけている様子がうかがえる《康有為書簡》。

この間、十月二十一日付『土陽新聞』は「大坂の山本憲氏（本県出身）今回の清国政変に関し一篇の意見書を大隈首相の許へ差出したり」、「尚ほ山本氏は其後又対清策に関する意見書を大隈首相に送りたるが、中に西太后を廃し満州大臣を退くべしとの事もありたる由」と報じている。呂順長氏は独自に大隈重信関係資料（早稲田大学図書館所蔵）から梅崖の大隈宛て書簡二通（十月七日付、十月十七日付）を発見し、『土陽新聞』が伝えた全文を明らかにした。ただし、「山本憲関係資料」には、この二つの書簡とは共通の文字さえない全く別物の同題文書がある。藤谷浩悦前掲書で紹介されている山本憲の大隈への書簡と一致するが、それが何に掲載されたかなどは不明であり、藤谷氏の著書にも明らかにされていない《清国政変に関する意見書》。

同十月二十九日、山本憲は康有儀と共に再び上京し、康有為、梁啓超、王照の三人と会見した。亡命者は警視庁の監視下に置かれていた。山本は警視総監西山志澄を訪ねたが、不在のため「警視庁ニ於テ保護シ居ル事情」を承知したいと言付けて戻った。西山の返信には、「目下わが国へは多くの支那人が入り込んでおり、亡命者の身の上に不都合があってはならないので、保護上注意をしているだけで、別段の事情はない」とある《西山志澄書簡》。

【日本亡命後の変法派の動向】

日本に亡命した梁啓超は、康有為とともに多くの日本政界の要人と交わり、勝海舟・近衛篤麿・副島種臣などの名前がその書簡にあげられている。また書簡は変法の失敗について述べたうえで、光緒帝を救出するために日本政府が介入することを希望するなど、梁啓超が日本の政界と民間との間で奔走している様子を窺うことできる《梁啓超書簡》。

康有為にとっても光緒帝の救出が主要な問題関心であったことが書簡から読み取れる。光緒帝からの「密詔」を携えて日本に救出を乞うていること、文明を同じくする日本こそが中国を救うべきであることを強調する《康有為書簡》。

王照書簡には、康有為が光緒帝から受けたとされた「密詔」が記されている。一八九九年、王照はこの「密詔」が偽物であることを犬養毅に指摘する。その王照は、一九〇〇（明治三十三）年二～五月の間に高知を訪問するが、一八九九年以降の光緒帝廃立へむけた動きの話を聞き、東京での情報収集も行っている。高知では当地で設立が計画されていた「清語学課」（漢語学校）について関心を寄せた。彼がその方面に造詣が深いことや、後の言語学者としての活動を想起させ興味深い《王照書簡》。

そして、彼らは山本憲に自らの心の内も伝えていた。亡命の早い時期より山本憲と深い交流があった康有為の書簡からは、自らの身を案じる山本憲に無用の心配をかけまいとする様子が伝わってくる《康有為書簡》。梁啓超は、旧友の汪康年への不満を山本憲に吐露し、戊戌の変法の後、汪康年が変法に対して態度を豹変させ、中傷的な発言を行ったと痛烈な批判を行っている《梁啓超書簡》。また、王照は既に日本を出国し海外に在った康有為と、山本憲を通じて保皇会の活動に関する連絡を取り合っていた。ただ、王照の康有為に宛てた書簡が山本の手元に残されている以上、王照の意思は実際には康有為に伝わっていないことになろう《王照書簡》。

【康有儀、山本憲の横浜大同学校への関わり】

本研究の今一つの大きな成果は、呂順長氏の康有儀書簡により、横浜大同学校の内実に新たに迫ることができたことである。康有儀は横浜において『清議報』刊行作業を手伝うのみならず、横浜大同学校で教員も務めた。当校に関しては、これまでは校長である徐勤や彼を校長に推薦した康有為が注目されることが多かったが、学校運営を担った康有儀の目を通した横浜大同学校像や徐勤像を読み取ることが可能となった《康有儀書簡》。

また、本校は当初は孫文や陳少白ら革命を目指す一派の意向により開学されたものの、戊戌変法が開始されると康有為一派と孫文一派の対立が表面化し、徐勤によってしだいに康有為の孔教を体現する学校運営がなされていく。一八九九年三月に実施された開校式には、犬養毅が名誉校長として招かれ、また大隈重信をはじめ日本の名士が多く参加している。康有為書簡も、横浜大同学校が康有為一派主導になっていく状況を反映したものと言える。なお、康有為から山本憲に校長への招聘があったが、それに対しては、山本は自身の梅清処塾の運営のこともあり、悩んだ末に固辞するにいたった《康有為書簡》。

【梅清処塾の塾生とその周辺】

一八九七年末から汪有齢、嵇侃らが山本の梅清処塾で日本語の学習を開始する一方、梅清処塾の門生にも清に渡り汪康年、葉瀚のもとで学んだ者が出る。「田宮春策」（金沢第四高等学校生）であり、彼は葉瀚が営む「経正書院」（上海）で学び始める。だが、その後田宮は北清事変と八国聯合軍に揺らぐ河北に頻繁に足を運ぶようになる。汪康年は、葉瀚の指導も受けない田宮の様子を手紙で山本に告げる。『汪康年師友書札』前掲書に収められているこの時の山本の返信には、即田宮を破門すると言い、汪康年らに謝罪したとある。これに対し、汪康年は田宮の行動を「一時血気之過」とし、随意訓戒すれば必ず改められる、破門は反って過ちを改め難くすると返信する《汪康年書簡、葉瀚書簡》。

梅清処塾生「甘白」は、『岡山県立第一岡山商業学校　創立四十年史』（一九四〇年　市川魁進堂印刷）によれば、岡山商業学校に一九〇四（明治三十七）年「四月十一日より加設された」「支那語科」の「清国語教師」に委嘱された「清国安徽省人」（安慶府懐寧県治塘湖）であった。『四十年史』には「在職年月：四年四ヶ月、現職：帰国（支那）」

とも記されている。その「甘白」は中国（遼寧省営口）から直接岡山に「豆粕肥料」を輸入する計画を立てるが、それに協力しようとした「徐秉陽」は、大阪の所謂川口華商の「行桟」（「商人下宿を兼ねた貿易代理業者」）に従事した者、あるいは「行桟」として「本国より」派遣された「出張員」であった可能性が高い《甘白書簡、徐秉陽書簡》。

この華商として当時有名であった孫淦も亦山本憲に書簡を送っている。この点、孫淦書簡は川口の華僑商人の歴史史料としての価値も有している。孫淦は日華学堂（一八九八（明治三十一）年七月、日本外務省の委嘱を受け、清国留学生の予備教育を行う専門教育機関。主に浙江省出身の留学生を受け入れて、彼らを将来人文分野で活躍する人材とするべく教育を施す）の留学生監督兼務し、その後貿易会社「益源号」を経営した。その頃、山本憲の梅清処塾生をはじめ、大阪在住の清国留学生の世話をした《孫淦書簡》。

【山本憲の思想】

最後に、本研究班のメンバーがそれぞれの作業を通じて見出した、一八九七（明治三十）年～一九〇七（同四十）年を中心とする山本憲の思想の特徴について紹介しておこう。

《康有儀書簡より》「山本憲は中国の維新事業に強い関心を持ち康有為らの支援に深くかかわった人物であるといえよう。一八八五年の大阪事件の際、自由党員としての山本は、朝鮮に政変を起こすことによって宗主国の中国と日本との間に武力衝突を引き起こし、さらに国内の混乱に乗じて政府を転覆しようという構想に大いに賛同し、深くかかわった。彼の起草した檄文『告朝鮮自主檄』は名文とされ、英仏の二ヶ国語に翻訳されて、日本・中国・朝鮮だけではなく欧米の国々にも配信され、大きな影響を引き起こした。しかし、その内容を見れば表現が非常に過激で、『日本の義徒、宇内の人士に檄告す』と書き起こし、朝鮮を属国にした清人は『其の罪貫き盈ち、其の悪天に滔る』『犬羊を性と為し、蠢かなこと豚彘の如く、頑迷にして霊ならず』云々と中国人に対して罵倒の言葉を連ねた。しかし、日清戦争後、欧米諸国の中国分割を目の当たりにして、彼は一転して中国に対して大きく同情の念を寄せるようになった。まことに皮肉な巡りあわせであるが、それは中国に対して無法な利権を強要する欧米列強の横暴に対する義憤に起因すると思われる。」

《「清国政変に関する意見書」より》「政変直後の東アジア情勢に対する深刻な危機感を表明し、日清両国の独立を守るため日本政府が欧人の機先を制するよう迫るもので、山本憲のアジア認識を理解するための重要資料であることは間違いない。」

《甘白書簡、徐秉陽書簡より》「甘白は徐秉陽に働きかけて、清国の豆粕肥料を関西の貿易商等を介さず、遼寧省営口から直接岡山県に運び販売する計画を立て、実行しようとした。甘白の志向ならびに徐秉陽の関わりには、山本憲に書簡を送った他の中国人とはやや異なり、経済的目的が付帯されていたと解せられるが、山本憲は真摯に彼らと向き合っていたのではないか―背後に大きな政治課題を抱える故国が在る中、日本在住の清国人が日本の地方社会（岡山県）の問題（農民の生活苦等）を直視し、それを契機に日本と中国との新たな民間交流のパイプを築こうとする計画と行動に対して、山本は真摯に対応しようとしていたのではないかと思われる。」

《『燕山楚水紀遊』より》①『燕山楚水紀遊』は、山本憲が中国の維新派の人々と、儒学に立脚する改革の思想を共有して清末社会の頽廃的な現状を打ち破り、キリスト教に対抗する可能性を儒学から見いだそうとした日中両国士人の思想交流の記録でもある。」②「我々の目を惹いたのは、『紀遊』に記録された中国の人々、特に上海に集まった維新派の士人との対話である。清末社会の頽廃的現状や、東アジアへの西洋人の侵入とキリスト教の浸透に対する警戒から発した山本憲の激烈な言論は、多くの中国士人に注目された。日清戦争から戊戌維新変法期にかけて、日中間がいよいよ本格的に向き合うようになる時期に、中国の変革や、日中間の連携などについて山本と中国士人との間で交わされた議論は、近代日本と中国における儒学のありかたや、自由民権運動とアジアとの関連といった問題を考えるうえで、得がたい資料だといえよう。」③「山本は多くの刺激を受けた旅の記録を整理し、『紀遊』の刊行をひかえて、中国への強い思いをつのらせた。一八九八年四月に、山本憲が汪康年に宛てた書簡には、ふたたび中国へ渡航し、数年間滞在し、改革に参加したいとの思いを伝えた。」

※

本研究は、以上のようなメンバーの個々の研究成果に基づいて、本来のテーマである「近代の日本・中国の民間交流史の特質」について総合的に検討する必要があったが、時間の関係でその段階に達することができなかった。偏に研究班代表の吉尾寛の責任である。また誠に残念であるが、着手するにいたらなかった課題もある。例えば、「山本憲関係資料」の書簡には、当時中国の知識人が用いた特徴ある封書・便箋・切手、および名刺約四十点があり、汪康年書簡については、『時務報』等々変法自強運動の中心的機関誌の公用封筒が使用されていたと推察されるものもある。これらは中国でも容易に見られない貴重な文物であり、これらについてもデジタルデータ化を行った。書簡には作成時期が特定できないものも少なからずあり、紙質の物理的検証を行えば、当該資料の年次を特定する手がかりが得られる可能性は高い。

しかしながら、研究の過程で新たな課題を発見することも少なからずあった。それらは各「解題」に示されている。また、本報告書の『燕山楚水紀遊』の部ではその挿絵二十六点についても具体的に紹介することができた。このことも次の研究のステージにつながる成果と考える。今後本研究に携わった研究者がそれぞれの場で、また国際的な共同研究のレベルで、「山本憲関係資料」、山本憲、そして彼と交流した国内外の人々について考究を重ねることを切望する次第である。

二〇一六年十二月

山本憲小伝

公文　豪

儒家の家に生まれる

山本憲には、大変すぐれた自記『梅崖先生年譜』がある。漢文で書かれた詳細なもので、間島永太郎著『ある憂国者のおもかげ』等の伝記はもっぱら『年譜』に拠っている。本稿も、これをもとに山本憲の生涯を記し、資料を理解するための一助としたい。

山本憲は、一八五二（嘉永五）年閏二月十二日、轍（竹渓）・鶴の次男として土佐国高岡郡蓮池で生まれた。幼名繁太郎、名憲、字永弼《えいひつ》、号は梅崖《ばいがい》である。

家は高岡郡佐川村に居を構える土佐藩家老深尾家の儒臣で、山本日下《にっか》、玉岡《ぎょっこう》、霞嶽《かがく》、澹斎《たんさい》、迂斎《うさい》、竹渓《ちっけい》と、代々郷校「名教館」で経学を教えた。

憲は、一八五四（安政元）年、三歳にして初めて『論語』を読み、十歳で『左伝』『史記』等を卒業して『二十一史』に進んだ。十二歳ですでに白文を読むことに習熟し、深尾の世子積山の侍講を命ぜられて『孟子』を進講、また『資治通鑑綱目』を侍読した。神童の誉れ高く、一八六五（慶応元）年、佐川に遊んだ前土佐藩主山内容堂に召され、澹斎、竹渓、伊藤蘭林、茨木皆山など佐川の儒者が居並ぶ前で七言絶句を献じた。同年、高知に出て松岡毅軒の門に入って『資治通鑑』を読み、藩校致道館では助教の竹村東野、谷干城、箕浦仏山、福岡精馬らに教えを乞うた。毅軒は憲を愛して「永弼善読書作文。吾社才子也」と書き、致道館では吉田源太郎、中村富猪とともに三傑とまで称えられた。

しかし、維新の激動の中、山本家は藩制改革で陪審の身分と家禄をなくし、一八七〇（明治三）年には廃藩置県で致道館が廃止、助教の父・竹渓は失職し、憲もまた修学の道を失った。

一八七一（明治四）年、学制発布によって髙岡郡窪川村に小学校が設置されると、竹渓は教員の職を得て単身赴任する。憲は向学の念やみがたく、佐川出身で明治政府の官僚となっていた祖父澹斎の門人大橋慎三、片岡利和の援助を受けて東京に遊学。育英義塾で英学と独逸学を学んだ。

一八七四（明治七）年、工部省電信技手の職を得て大阪の高麗橋電信局に就職、かねてからの望みどおり大阪に住まいすることになる。一八七六（明治九）年、萩の乱、熊本神風連の乱を題材に最初の著書『防長肥筑明九征賊記』を出版。翌年、西南戦争が起こると戦地出張を命ぜられ、二ヶ月余り従軍した。

自由民権運動への参加

西南戦争後、自由民権運動が全国へ燃え広がり、大阪でも、関新吾、山脇巍らの言論人が大阪クラブを設けて運動の口火を切った。一八七八（明治十一）年、憲は工部省電信技手の職を辞し、大坂新報社へ入社。小説「八重桜松乃緑」を『大坂新報』に連載した。これは講談になるほど好評を博したという。一八七九（明治十二）年十二月には、自由民権運動を代表する思想家植木枝盛の序文を得て『慷慨憂国論』を出版した。

一八八一（明治十四）年、岡山で『稚児新聞』が創刊されると主幹に招聘されて同地に赴く。のちに大阪事件の首謀者となる小林樟雄と交わり、景山英子らが結成した日本最初の女性政治団体「岡山女子懇親会」規約起草を援助した。ところが新聞は政府の忌諱に触れて発行停止となり、翌年には発行禁止となった。この後、『中国日日新聞』主筆に就任したが、政府の暴圧はますます強まり、一か月もたたない内に発行停止となった。演説会はしばしば解散を命ぜられ、二度にわたる罰金刑が重くのしかかった。たまたま起こった壬午の軍乱を題材に『朝鮮乱民襲撃始末』を出版して若干の収入を得たが、これも焼け石に水であった。

一八八二（明治十五）年、越前の杉田定一等が『北陸自由新聞』を創刊。憲に助筆を求め、小林樟雄も書簡を寄せて北陸行きを勧めた。単身、越前に赴いたが、翌八三（明治十六）年には廃刊となった。大阪に戻って「梅清処塾」を開塾したのは生計維持のためであった。かたわら『立憲政党新聞』に助筆し、自由党の党務を帯びて北陸、山陽、山陰地方へ赴き、自由党解党大会に出席するなど国事に奔走した。

大阪事件

一八八五（明治十八）年六月、在京の小林樟雄から急ぎ上京するよう書簡が届く。上京した憲に小林が打ち明けたのは、壮士を朝鮮に送り込んで要路の大臣を暗殺し清国との釁端《きんたん》を開く、それによって生ずる日本国内の混乱に乗じて一気に立憲政体を確立するという謀略だった。これがいわゆる「大阪事件」で、計画に賛同した憲は檄文一篇を起草することになる。「告朝鮮自主檄」は、属国として朝鮮の独立と自由を奪っている清国と、これに随従して亡国の政治を進める事大党の政府高官を激しく批判し、朝鮮を自主の国とするため自由の大義に殉ずる自由党壮士の決意を告げ、義挙への理解と参加を求める内容だった。ところが陰謀は発覚。同年十一月から翌年一月までに、大井憲太郎、小林樟雄、磯山清兵衛、景山英子等百三十九名が全国各地で拘引された。憲もまた八五年十二月四日縛に就き、大阪の若松監獄に収監された。

大阪事件の公判は、一八八七（明治二十）年五月二十五日に開廷され、満天下の耳目を集めた。判決は同年九月二十四日にくだり、首謀者の大井・磯山・小林は軽禁錮六年、新井章吾・稲垣示が軽禁錮五年・監視二年、紅一点の景山英子は軽禁錮一年六月・監視十月、憲は軽禁錮一年・監視十月に処せられた。大井・小林・新井は上訴したが、大審院は原判決を破棄して名古屋重罪裁判所へ移送。同裁判所は爆発物取締罰則を適用して一審判決よりもはるかに重い重懲役九年の判決を下した。

憲は判決を受け入れ、一八八八（明治二十一）年九月二十四日に満期出獄するまで若松町監獄及び堀川監獄で獄中生活を送った。在獄中は、罪囚の者に読書、算数、習字などを教えた。釈放後、これをもとに大阪感化保護院から修身書『勧善小話』を出版することになる。さらに大阪事件の判事井上操、堀川監獄医長田宮之春、庶務長隔山利吉郎が憲の高風を慕って出獄後に交わりを深め、田宮・隔山が入門、判事田丸税稔の娘も入塾することになった。間島永太郎が書いているように、裁判官が子弟の教育を国事犯とはいえ前科者に托することは余程の事であった。

大阪事件により憲の漢学者としての名声は一気に高まり、梅清処塾は藤沢南岳の泊園書院と共に大阪における漢学塾の双璧と称せられることになる。帝国議会開設後は次第に政治活動から身を退き、経学を講ずる傍ら著述に傾注し、『訓蒙文章軌範』『訓蒙四書』『文法解剖』『四書講義』『史記抄伝講義』『孟子講義』などを相次いで出版した。とりわけ『訓蒙四書』『四書講義』は好評を博して版を重ねた。

清国漫遊

一八九七（明治三十）年、憲は清国に遊ぶ。二か月余の大旅行の費用五百五十円は、高松の門人久保平三が給資した。

『燕山楚水紀遊』では、旅行を思い立った動機を「古来、日本は隋・唐の時代から留学生を送って中国とは密接な関係をもってきた。いまや役人・商賈《しょうこ》の外これに遊ぶ者は絶無となったが、近年、列強諸国は虎狼のごとくこの隣国に手を伸ばしつつある。いまこそかの地に遊び、広く名士と交際し、提携して同仇の侮りを禦ぐ必要がある」と述べている。

九月二十二日、憲は単身神戸を出発。同月二十六日長崎を出港し、釜山、仁川を経て十月二日塘沽に至る。以後、十一月二十九日の帰国まで、天津、北京、上海、蘇州、漢口（武漢）、南京を遊歴した。旅行中は頭に角巾、羽織袴の日本風を押し通し、清国人からは随分奇異の目で見られたらしい。十数日滞在した北京で憲の眼に映ったものは、壮大な城郭、邑里、園地、寺院のみならず、人心、風俗、制度に至るまで国をあげて壊敗している清国の現状だった。人々はもっぱら身を愛して愛国心を失い、利を重んじて義を軽んじ、節義地を払って元気は沮喪している。憲は、康熙、乾隆帝まで遡って清国政治を批判する。同時に、上海に向かう船中で次のようにも記した。日清両国民が兄弟の交わりを結んで助け合い、両国が唇歯輔車の勢いをもって列強諸国にあたれば何の憂うるところがあろうか、と。

清国政治を革新し、日清両国民の交流をはかり、共同の力をもって東アジアの独立と安定を図るべきと考える憲の思想に共鳴する人々は、おもに上海を拠点に活動していた。『燕山楚水紀遊』は、滞在中に交遊した梁啓超、汪康年、章炳麟《しょうへいりん》、羅振玉、葉瀚《しょうかん》、孫淦《そんかん》、祝秉綱《しゅくへいこう》ら四十人を超える変法派知識人の名を記録している。とりわけ上海で『時務報』を刊行していた汪康年は、「窃聞先生之論。欲實奉孔教。而以西人之政法輔之。此説於弟意最合」と孔子の教えを元として西洋の政法を活用するという憲の考え方に打たれ、儒教衰退の原因、科挙制度の弊害について語り合う仲となった。帰国後も憲と汪康年は深く交わり、書簡のやりとりは十年に及んだ。

戊戌の政変

一八九七（明治三十）年十二月、嵇侃《けいかん》と汪有齢（浙江省の官費留学生）、および康同文（康有儀の子）が梅清処塾に入門した。当時、清国人学生の日本留学は殆ど先例がなく、正式な学校へ入るためには様々な困難があった。上海滞在中の憲に汪康年、孫淦が頼み、快諾を得たものとみられている。翌年、嵇侃、汪有齢は埼玉県児玉町の競進社蚕業講習所へ入った。彼等の大阪滞在は四ヶ月に過ぎなかったが、『梅崖先生年譜』によれば、二人の入塾後「清人陸続入門」する状態になった。

一八九八（明治三十一）年夏には、広東人で康有為の従兄、康有儀（孟卿）が入塾した。憲は康有為とはまだ面識はなかったが、戊戌の政変後、日本に亡命してきた康有為等を支援する上で重要な役割を果たすことになるのが康孟卿である。

この年、つまり光緒二十四年は、百日維新の栄光と挫折の年となった(1)。

一月三日、康有為は総理衙門の西花丁に招かれて李鴻章・栄禄ら五人の総署大臣に変法についての考えを述べた。これを契機に彼の変法改革案は直接光緒帝の目に触れるようになる。次いで四月十七日、二百名の士人を集め中国近代史上初の政治結社「保国会」を組織。変法を決意した光緒帝は康有為・梁啓超・譚嗣同《たんしどう》らを登用し、六月十二日「明定国是の勅令」を下した。これから三ヶ月の間、政治改革に関する詔勅は百十回余りも下され、改革の指示は政治・経済・社会・文化などあらゆる分野に及んだ。

しかし、あまりにも性急な改革に官僚たちは非協力の態度を示し、九月二十一日、反撃の機会を窺っていた西太后・栄禄等が袁世凱を味方に引き入れてクーデターを決行。光緒帝を軟禁し、康有為らに国家反逆罪で逮捕令を出した。

これによって西太后の訓政が復活する。康有為、梁啓超、王照はいち早く日本へ亡命したが、変法派の高官康広仁・楊深秀・楊鋭・林旭《りんきょく》・劉光第・譚嗣同の六名は斬首刑に処せられ、張蔭桓は新疆へ流された。また変法協力者は流罪、免職となり、保国会及び学会員等百余名が逮捕された。

清国政変の報に接した憲は、九月二十七日上京。十月五日に帰阪して日清協和会を設立して変法派への支援体制を整えた。日清協和会本部は大阪市東区安堂寺橋通二丁目七八番屋敷に置かれ、幹事に泉由二郎・鹿島信成・山本憲・山田俊卿・牧山震太郎、評議員に伊藤秀雄・逸見佐兵衛・萩野芳蔵・柏岡武兵衛・河谷正鑑・春口粛・辻村共之・山下重威・深水十八・日野国明・角谷大三郎が選ばれた。

清国を逃れた梁啓超と王照は十月二十一日、康有為は二十五日神戸に着港、直ちに東京へ向かった。二十九日憲は康有儀と共に上京して三人と会見し、十一月四日帰阪している。この間、憲は大隈重信首相に清国政変に関する意見書を再三差し出した外、外務次官鳩山和夫や警視総監西山志澄を訪ねて康らの保護を嘆願した。

この年の暮れ、康有儀は横浜へ行き、梁啓超らと謀って雑誌『清議報』を発行、華僑の子弟を教育するため大同学校を興した。憲に書を寄せて『清議報』への助筆を乞い、また学校の監督たらんことを切望したが、憲は「塾ヲ棄テヽ他往ス可カラズ」とこれを辞した。

一方、清国政府は康有為・梁啓超らの引き渡しを日本政府に強く迫った。対清関係の悪化を恐れた外務省は、康・梁・王の三名に国外退去を求めたが応じない。対応に苦慮した外務省は電報を以て憲を東京に招く。一八九九（明治三十二）年三月十四日、外務書記官楢原陳政が外務大臣青木周蔵の意を伝え、米国渡航につき斡旋の労をとるよう懇請した。憲は「窮鳥懐に入れば猟師も殺さず」と拒み、なお政府に国外追放の意のあることを察して、康有儀をして三名に告げしめた。三名は憲の義俠に感じ渡米を約した。康は外務当局が支給した一万五千円を帯びて出発したが、梁・王は政府支給の旅費が少ないことを理由にそのまま日本にとどまることになる。

この後も、山本憲は南下するロシアの脅威、清国の興廃が日本の興廃に繋がると中国近代化の急務を説く「東亜事宜」を『清議報』の掲載し、梁啓超の求めに応じて『政治汎論』を翻訳、『日本文典』を上海において出版するなど、中国近代思想の発展に貢献した。戊戌政変後の数年間、清国人蔣式惺《しょうしきせい》・宋恕《そうじょ》・汪康年・羅振玉・力均・王照・梁啓超、朝鮮人李斗鎬・趙義淵等が来訪し交流を続けたことは、これらの人々の憲への敬愛の深さ、憲のアジア連帯思想の堅固さを物語っている。

牛窓への遷居

一九〇四（明治三十七）年十一月、日露戦争の影響で新入門者がにわかに減じたため、憲は大阪の塾を閉じて牛窓へ転居することになる。牛窓は朝鮮通信使も寄港した歴史的情緒漂う風光明媚、気候温暖な土地であった。

牛窓遷居を待ちかねたように、讃岐国三木郡牟礼村（高松市牟礼町）に晞聖会、高松に順成会が結成された。一九〇五（明治三十八）年一月には牛窓に梅清処塾を開講。淡成社と名づけて吟莚《ぎんえん》を開き、毎月冊子を刊行した。時に門人川田瑞穂（雪山）等の東道を得て大阪・京都に遊び、家にあっては盆栽、菜園、釣りに興ずるなど悠々自適の生活を送った。著述も順調で、『遼《りょう》豕《し》小言』、『豈好辯《がいこうべん》』、『梅清処文鈔』を出版。畢生の大作『論語私見』の執筆に着手し、大正十二年の完成まで推敲を重ね、文字通り心血を注ぐことになる。

一九一四（大正三）年一月、京都に元衆議院議長奥繁三郎が漢学研究会を設立。憲は藤沢南岳・生駒膽山・矢土錦山と共に講師に招聘され、月一回京都へ赴いて『論語』、『文章軌範』を講じた。

昭和に入ると、高齢の憲は衰弱甚だしく食欲不振に陥った。一九二八（昭和三）年八月十三日、書き綴ってきた『梅崖先生年譜』も「病間手顫不成字」の一語を残して擱筆。九月六日、一世の鴻儒山本憲は七十七歳の生涯を閉じた。

山本憲の墓は牛窓にあり、両側に母鶴、妻終の墓が建っている。生前自ら撰した墓碑文には「先生篤信孔子之道憂世之念至死而不衰（略）為人清廉尚気節不与世諧」とある。

未刊の著作は門人にその出版が委ねられ、没後、『梅清処詠史』、『梅崖先生年譜』、大著『論語私見』が相次いで刊行された。

憲は「家系ニ属スルモノハ永久家ニ保存スベシ然ラサレバ後世ニ至リテ家系ノ由来ヲ知ル能ハザルニ至ル是レ子孫ノ恥辱ナリ」と遺言し、手元の資料保存を遺族に固く命じた。漢籍を中心とする膨大な蔵書は、一九二九（昭和四）年岡山県立図書館に寄贈されて「山本文庫」と命名されたが、遺憾ながら一九四五（昭和二十）年六月二十九日の岡山空襲で灰燼に帰した。しかし、書簡類及び自筆稿本を中心に六千点を超える資料は、遺族の手で大切に守られてきた。二〇〇六（平成十八）年、広く学問研究に資することを願って全ての資料が高知市立自由民権記念館に寄託され、五年余りの整理作業の末、近代日中交流史に新たな光を注ぐ資料群の全貌が明らかになったのである。[(2)]

注

（1） 以下、百日維新の経過は坂出祥伸『康有為――ユートピアの開化――』（一九八五年、集英社）による。

（2） 二〇一一（平成二十三）年、高知市立自由民権記念館から『山本憲関係資料目録』が刊行された。

変法派の書簡と『燕山楚水紀遊』

――「山本憲関係資料」の世界――

書簡

【凡　例】（「書簡」部）

一、本報告書で個々に紹介する書簡については、『山本憲関係資料目録』（高知市立自由民権記念館　二〇一一年）に掲載された資料番号、例えば「C六十五」、「C一一二」等を付している。但し、書簡の中には日付に関する具体的な表記がないものもあり、当該の番号は必ずしも時系列に沿ったものではない。

二、書簡の現物は大方行書体、草書体で書かれている。本報告書では、各書簡の原文を旧字の楷書体（異体字を含む）で、その翻訳文・書き下し文を常用漢字で表記することを原則とした。

三、注の書式について。三桁に上る多数の番号を付す書簡があるため、本文と注部分で書式を区別した。例えば、本文では(11)、(150)として表記した注を、注の部分では（11）、（150）と表記している。

四、解題・翻訳文・注における年月日の表示は西暦を基準とし、必要に応じて日本または中国の元号を付した。例えば、一八九八（明治三十一）年、「華歴八月十七日（一八九八年十月二日）」等と表記した。なお、各書簡の年月日は、封筒の表・裏書き、文面、更には消印等によって可能な限り特定したが、その位置等は多様であり、そのため翻訳文における年月日の表記の位置も一律に定めることは避けた。

五、書簡の翻訳文・原文については、複種の括弧を付して、読者の理解に役立つよう工夫した。

①（　）：書簡の原文に付けられている原注およびその翻訳文。元号、西暦年の補記。

②〔　〕：書簡の文意を簡単に補う字句

③【　】：漢字原文に誤記がある場合、当該文字の直下に【　】を付けて正字を記した。例えば「註名【明】」等。

④〈　〉：翻訳文の末尾に表示する書簡の作成の年月日等。

康有儀書簡

呂　順長・小野泰教

【解題】

高知市立自由民権記念館には山本憲の遺族から寄託された「山本憲関係資料」が所蔵され、同記念館が作成した『山本憲関係資料目録』によれば、書簡・自筆原稿・写真などの資料が六〇〇〇点以上含まれる。その中に康有儀の山本憲に宛てた書簡が八十五通（整理番号C六十六、C一一一〜C一九五）あり、同書簡は康有儀本人の状況、山本憲との関係のみならず、康有為・梁啓超ら維新変法派の日本での活動に関わる内容も多く含まれる貴重な史料である。

山本憲とその関係資料については、公文豪「解題」（高知市立自由民権記念館編『山本憲関係資料目録』、二〇一一年三月）、吉尾寛「清末の変法派人士汪康年から山本憲への手紙――『山本憲関係書簡』の史料的価値を示しつつ――」（『高知市立自由民権記念館紀要』第一六号、二〇〇八年八月）、吉尾寛・大野三徳「梁啓超から山本憲への手紙」（『高知市立自由民権記念館紀要』第一七号、二〇〇九年十月）、吉尾寛「変法派人士の日本亡命中の一齣」（『高知市立自由民権記念館紀要』第一八号、二〇一〇年十月）、同「『梁啓超から山本憲への手紙』再考」（同上）、呂順長「山本梅崖と汪康年の交遊」（『四天王寺国際仏教大学紀要』第四五号、二〇〇八年三月）、同「汪康年の山本憲に宛てた書簡（訳注）」（『四天王寺大学紀要』第五三号、二〇一二年三月）、同「康有儀の山本憲に宛てた書簡（訳注）」（一〜二、『四天王寺大学紀要』、第五四号二〇一二年九月、第五五号二〇一三年三月）、呂順長・小野泰教「康有儀の山本憲に宛てた書簡（訳注）」（三〜四、『四天王寺大学紀要』、第六〇号二〇一五年九月、第六一号二〇一六年三月）、呂順長「山本憲の大隈重信に宛てた書簡」(『大阪民衆史研究』第六八号、二〇一三年十二月)などの先行研究があり、山本憲の中国遊歴については、遠藤光正「山本梅崖の見た日清戦争後の中国――「燕山楚水紀遊」を中心として――」(『東洋研究』第八二号、一九八七年二月)がある。また、康有儀の人物像とその翻訳作業などについては、孔祥吉「康有儀出売康有為――康有儀「致節公先生函」疏証」(同『晩清史探微』、巴蜀書社、二〇〇一年)、吉田薫「康孟卿の翻訳作業とその周辺――戊戌政変から『清議報』刊行までを中心に――」(『中国研究月報』第六五巻第一〇号、二〇一一年十月)、呂順長「康有儀與其塾師山本憲」(『浙江外国語学院学報』第一一九号、二〇一三年一月)、同「日本新近発現康有儀書札選注」(『文献』二〇一五年第五号、二〇一五年九月)、同「山本梅崖と中国人留学生」(『一衣帯水』、二〇一五年十月)、同「政治小説『佳人奇遇』の「梁啓超訳」説をめぐって」(『衝突と融合の東アジア文化史』、勉誠出版、二〇一六年八月)、などがある。本稿では、これらの先行研究の成果を参考にしながら、康有儀の出身、来日と帰国の経緯を簡単に紹介したうえで、その山本憲に宛てた書簡の内容を、康有儀の日本での活動、山本憲との関係を軸に一部紹介することにする。

一、康有儀の来日と帰国

康有儀、字は羽子、号は孟卿、広東省南海県の出身である。祖父の康国器は福建省と広西省の布政使、広西省の巡撫などを歴任し、南海県における康氏一族の中で最も官位の高かった人物である。父の康熊飛も軍功により官が浙江省の道員に至る。また康有儀は、「戊戌維新」で一躍名が知れ渡るようになった同族の康有為のことを「舎弟」または「従弟」と呼び、両者は高祖父を同じくする。

康有儀は、一八九八年の春、四十歳の時に来日した。それまでの事跡はあまり知られていないが、来日後に山本憲に宛てた書簡には、「弟子は向《さき》に体弱多病を以て、少《わか》きより失学し」、「加うるに家国故多きを以て、因りて山水の間に流連し、近ごろ且つ四方を飄泊し、世事を知らず」（書簡Ｃ一一一）と触れている。家族は衰えつつも祖父の遺産による利息に頼って生活を維持し、来日の前の年に妻が亡くなり、残りは老母と六人の娘と三人の息子がいる（書簡Ｃ一六五）と明かしている。そのほか、『汪康年師友書札』に収録されている康有儀の汪康年に宛てた書簡が一通あり、それによれば、一八九六年頃に康有為に頼まれて上海強学会の仕事に関わっていたことが分かる[1]。また康有儀の梁鼎芬に宛てた「致節公先生函」には、康有儀が康有為の初期の政治活動に大きな資金援助をしたことも示されている[2]。

来日後は最初神戸に居住し、関西を中心に旅しながら語学を学んでいたらしいが、来日する前に上海で知り合ったと思われる漢学者の橋本海関の推薦で七月頃に山本憲の梅清処塾に入塾し、山本から日本語（特に和文漢訳）の指導を受ける。その在塾期間中の様子が窺える書簡も少なからずあり、後に触れることにする。

一八九八年九月二十一日に「戊戌政変」が起き、変法維新派の康有為・梁啓超らが相次いで日本に亡命したのは周知のことである。この事件により康有儀の日本での活動は大きな影響を受けることになるが、これについても後に紹介する。康有儀が横浜を離れて帰国したのは一九〇〇年一月五日である。中国国内の維新派の活動に直接関わるためと見られる。その後、各地の維新派人士を頼りにして、偽名李愚山を使って（書簡Ｃ一三四）、香港（一月）・上海（二月）・天津（二月）・北京（三月）と転々と移動したのち、「三江両湖に出て遊び、得る所有るを冀う」が、「到る所の処、同志人多しと雖も、内地の査拿（検査と拿捕）、阻力甚だ大きく、惟だ静かに機宜を俟《ま》つ有るのみ」（書簡Ｃ一五六）と見て、八月頃に南洋へ向かう。「三江両湖」つまり江蘇・江西・浙江・湖北・湖南一帯に出たのは唐才常の自立軍の武装蜂起の計画に直接関わるためであると思われる。しかし、七月末に密告により武装蜂起の計画が発覚し、唐才常ら多くの同志が逮捕・処刑されたので、難を逃れて南洋に向かったと見られる。

南洋に向かった後の康有儀の活動はあまり知られていないが、「山本憲関係資料」Ｄ十三の『嚶々録』（明治三十二年、元門人の住所・職業・生年月日などを記したもの）に、「康孟郷《ママ》、咸豊八年生、現住香港中環街市附近維盛茶葉店」とあり、その後一時香港に滞在していたことが分かる。また前掲の孔祥吉論文「康有儀出売康有為――康有儀「致節公先生函」疏証」でその一部の様子、特に康有為との関係が悪化し、一九〇四年頃に康有儀が康有為を密告した内容について詳しく解明されているので参照されたい。

二、「梅清処塾」の中国人留学生及び康有儀の在塾生活

山本憲が大阪に開いた漢学塾「梅清処塾」には日本人学生のみならずに中国人も数名入塾していた。『梅崖先生年譜』に、「（明治三十年）十二月。清人嵇侃汪有齢康同文。予ノ門ニ入ル。是ヨリ清人陸続入門ス」とある。三人のうち康同文については、一八九六年から一九〇〇年まで山本の塾に籍を置いた川田瑞穂は、「（山本憲が）明治三十年支那に遊んだ時から、康有為と相知る仲となり、三十一年彼が亡命して来た時にはこれを世話し、その兄康孟卿、孟卿の子康同文を半年許り塾に預かったことがある」[3]と述べている。ここから康同文は康有為の兄（従兄）康孟卿の子であることがわかる。ただ、山本が中国旅行中に康有為と知り合ったという記録は旅行記『燕山楚水紀遊』と『梅崖先生年譜』には見当たらず、康有儀と上海で面識を得た梁啓超を通じて、康有為の日本亡命後に東京で知り合ったと思われる。また、一八九八年六月に神戸で創刊された『東亜報』（日本で創刊された最初の中国語新聞とされる）の執筆者として康同文という名前が見られ[4]、同じ人物ではないかと思われる。

一方、嵇侃《けいかん》と汪有齢は杭州蚕学館から浙江省の官費留学生として派遣された人物である。これについてはいくつか記録があるが、例えば『農学報』では、「（杭州蚕学館）留学生：湖州府徳清県出身の嵇侃と杭州府銭塘出身の汪有齢が丁酉孟冬に赴日。戊戌の夏、汪有齢が浙江巡撫廖中丞の指示により東京で法律を学ぶことになる。現在（嵇侃は）日本東京埼玉県児玉町競進社で養蚕を学ぶ。毎月蚕学館により食費と学費が提供されるほか、さらにそれぞれ月に十

円給与される」(5)と述べられている。杭州蚕学館は中国最初の養蚕技術専門学校として一八九七年八月頃に杭州で創設されたものであるから、創設早々に日本へ留学生を派遣したわけである。また汪有齢の人選は直接汪康年が推薦したと見られる(6)。

二人が来日後すぐに山本の塾に入門したのは偶然ではなかろう。当時、日本への留学は殆ど先例がなく、在日中国人留学生といえば、一八九六年に駐日公使館が事務通訳の必要から招致した十数名の特別留学生(7)しかなく、留学生が日本の正式な学校に入学するにはいまだ様々な困難があった。そこで、推薦者の汪康年と協力者の孫淦《そんかく》が、当時交遊のあった山本に頼み、山本から快諾を得たものと思われる。山本が中国旅行中の十一月十八日に上海で汪康年、羅振玉、王惕斎《おうてきさい》、孫淦、嵆侃と会ったとき、その重要な話題は二人の留学生の受け入れのことであったと推測される。

山本が日本に帰国してまもなく、嵆侃と汪有齢が来日し、山本の塾に入った。汪有齢が来日後に汪康年に宛てた書簡によると、(旧暦)十一月十六日に上海を発ち、二十二日に神戸に着き、二十九日に先に来日していた嵆侃と神戸で会い、同じ日に大阪に向かった。嵆侃は二十一日からすでに山本の塾に入ったが、汪有齢は三十日に山本を自宅に尋ね、師事する意を伝え、数日後に正式に入塾した。また、二人とも最初暫くは孫淦の自宅に泊まっていたが、その後、山本塾に住み込んだ(8)。

一八九八年四月頃に二人は大阪を離れ、埼玉県児玉町児玉村にある競進社蚕業講習所に入ったから、二人が山本について日本語を勉強したのは四か月ほどであった。二人の語学について、山本が三月十八日付けの汪康年宛の書簡で「嵆汪の二君は語学が大に進み、刮目すべし」(『汪康年師友書札』第四冊、三二九五頁)と報告している。短い期間ではあるが、二人が山本について勤勉に語学を勉強していたことを物語っている。

さて、話を康有儀に戻そう。梅清処塾の学習内容は日本人塾生の場合、経・史・子・集を含む中国の古典が中心である。しかし、康有儀の場合は日本語の中国語訳が主な学習内容であったらしい。たとえば、康有儀は入塾して約二、三か月後の一八九八年九月六日に次の書簡を出している。

弟子原報《もとより》〔新聞〕を訳し、時事を知らしめ、漸次書を読み、以て見識を増し広めんと欲す。然るに毎句中の虚実活字は解す可くも、其の助字及び語尾の変化、一定の例〔慣用句など〕は解す可からず。則ち毎句の中に凡そ此の類有る者は、茫として影を捕うが如く、畳句〔長文〕は固《もと》より是れ風を追うがごとく、章節稍《やや》長くば、則ち洋を望むの歎有り。故に筆を擱くこと一か月にして、訳文の改削と剖注の処を将《もっ》て、潜心して玩味するも、頭緒繁数にして、未だ其の源を得ず。因りて沉深〔潜心〕にして以て思い、多く文典を購《あがな》いて査《しら》ぶるに備うに非らざれば、真に知り灼《あき》らかに見ること能わず。然るに毎句の中の助変〔助動詞の変化〕は、之を割くも断たず、亦た査《しら》ぶる可からず。（孫君実甫は弟子に『言海』一部を送り、及び『日本大辞典』『帝国大辞典』（落合直文・大槻文彦）の各文典を自ら購《あがな》うも、之を用うるに着かず〔使えない〕。）再次にして以て思い、一書を攻め破るに非らざれば、亦た一知半解に属し、且つ以て其の次に及ぶこと無し。因りて日前《さきごろ》其の普通なる浅書の四種を択び、示しを請い学習す。諭を承るに普通国語を以て稍《やや》可と為すと。然るに毎句の中に助変〔助動詞の変化〕有りて或いは仮字〔仮名〕の意義有る者は頗る解を索《もと》め難し。敢えて夫子に求めて此の国語を将《もっ》て、『仮名交文典』の例に倣い、解す可き者は一漢字を注し、意の無き者は△⌧◎〔原文〕を以て之を注し、毎日一二篇を賜い、弟子をして之を読みて訳せしめ、以て日課と作すを懇《ねがい》と為す。稟商する所の処、合うや否やを知らず。伏して訓《おし》え示されんことを乞う。（書簡C一四七）

この書簡より康有儀は入塾して間もない頃から日本語の新聞などを中国語に翻訳する練習を始めていたことが分かる。しかし、日本語の学習歴がまだ浅い康有儀にとっては日本語の助詞、語尾の変化、慣用句などは難しく、こうした内容を翻訳するときはまるで「影を捕うが如く」意味がつかめない。また、七月二十三日の書簡にも、「今日の訳課を将《もっ》て繳呈し、以て暇の時に筆削せらるるに便にす。曾て見るの熟字の語尾、揣摩《しま》すること日久しくも、尚《なお》文意と相背き、其の愚は愧ず可し」（書簡C一四五）と似たような感想を発している。したがって、康有儀はしばらく翻訳練習の作業を止め、辞書や日本語の入門書などを購入し、山本憲に基礎から教えてもらうよう依頼したのである。

康有儀は在塾期間中、学業において山本憲の指導を受けただけではなく、山本憲本人とその家族から生活の面においても大いに世話になっていた。山本憲は康有儀を連れて一緒に散歩したり（書簡C一三七）、景勝地への観光に出かけたりした（書簡C一五〇、C一八二）。また山本の家族は夏には康有儀に西瓜などの果物を送ったり（書簡C一四一）、康有儀が体調を崩したときは粥などの食事を特別に用意したりした（書簡C一三七、C一八六）。これらに対して、康有儀は多くの書簡の中に感激の情を述べている。

三、康有儀による『佳人奇遇』の翻訳

東海散士（本名は柴四朗）の政治小説『佳人之奇遇』は八編十六巻からなり、一八八五年から一八九七年までの間に陸続と刊行されたものである。刊行完結をみた翌一八九八年の十二月からその漢訳版『佳人奇遇』が『清議報』創刊号に連載され始め、その後一九〇〇年二月に刊行された『清議報』第三五冊まで連載され続けた。しかし、連載は第一巻から第十二巻の巻頭までのもので、途中で打ち切られている。

『佳人奇遇』は最初の漢訳政治小説で、従来梁啓超によって翻訳されたとされている。たとえば、『飲冰室合集』（一九三六年初版、一九八九年影印版、中華書局）に梁啓超の作品として『佳人奇遇』が収録され、一九三六年に中華書局によって刊行された単行本の『佳人奇遇』は「新会梁啓超任公著」と署名されている。また、『佳人奇遇』について数多くの研究成果をシリーズ論文(9)で発表した許常安もその論文のなかで、『清議報』に連載された『佳人奇遇』の訳者は梁啓超であると断定している(10)。そのほかに、丁文江・趙豊田編『梁啓超年譜長編』、狭間直樹編『共同研究　梁啓超——西洋近代思想受容と明治日本』、夏暁虹著『覚世与伝世——梁啓超的文学道路』、鄒振環著『影響中国

近代社会的一百種訳作』、李喜所・元青著『梁啓超伝』など、いずれも「梁啓超訳」説に異論を唱えていない。

『佳人奇遇』は梁啓超により翻訳されたという説の主な拠り所を整理すると、次のようになる。

（一）『任公先生大事記』（無署名）：「戊戌八月、先生（梁啓超）は険を脱し日本に赴き、彼国の軍艦の中に在りて一身の以外に文物無し。艦長『佳人奇遇』の一書を以て先生をして悶《うれい》を遣《はら》さしむ。先生随閲随訳し、其後『清議報』に登せり。翻訳の始めは即ち艦中に在るなり」[11]。戊戌政変後、梁啓超は大島艦に乗り込み日本へ亡命するが、その途中で艦長から渡された『佳人之奇遇』を気晴らしがてら読んでいた。そしてその翻訳も艦中で始めたという。

（二）梁啓超『紀事二十四首』第二二首：「曩《さき》に佳人奇遇を訳して成り、毎に游想を生じ空冥《くうめい》に渉る。今より柴東海を羨まず、枉《いたずら》に多情により薄情を惹《ひ》かる」[12]。この詩のなかで、梁啓超は自らがホノルルで多情な女性何蕙珍と出会ったことと、小説の主人公の東海散士が佳人幽蘭、紅蓮に出会ったこととを重ね、以前小説の翻訳が出来たときはいろいろ奇想天外な連想もしたが、いま自らの薄情でホノルルでの恋愛は実らなかったとはいえ、もう小説の主人公の佳人とのロマンチックな出会いを羨むことなどないと、大恋愛を経験したあとの心境を述べている。

（三）梁啓超『訳印政治小説序』：「今特に外国名儒の撰述せらるる所の、而も今日の中国の時局に関切有る者を采《と》り、次第に之を訳し、報末に附す。愛国の士、或いは庶《ねが》わくは覧らるるを」[13]。これは『清議報』創刊号に『佳人奇遇』の連載を開始するにあたり、梁啓超が「任公」という署名で書いた序文の最後の部分である。後に新民社が『清議報全編』を刊行する際、題名は「政治小説佳人奇遇序」に変えられ、この最後の部分も「今特に日本の政治小説『佳人奇遇』を采り之を訳せり。愛国の士、或いは庶わくは覧らるるを」[14]と改められている。

（四）『飲冰室合集』所収『佳人奇遇』の「編者識」：「任公先生は戊戌（一八九八年）に出亡し、日本に東渡す。舟中に此れを訳して自ら遣《きばら》し、名氏を署せず、書も亦た久しく已に絶版せり。近ごろ冷攤《れいたん》の中より之を得、集に補入す。任公の詩『紀事廿四首』の一に、「曩に佳人奇遇を訳して成り、毎に游想を生じ空冥に渉る。今より柴東海を羨まず、枉に多情により薄情を惹かる。」とあれば、柴東海は即ち原著者の柴四朗なり」(15)。この「編者識」から分かるように、編集者は上記『任公先生大事記』と『紀事二十四首』の記述を根拠に『佳人奇遇』の訳者は梁啓超と推定しそれを『飲冰室合集』に入れたのである。

上記の資料のほかに、『佳人之奇遇』は漢文風の日本語で書かれたので、梁啓超は当時日本語がほとんど分からなかったとしても、漢文の素養が高いので、翻訳作業が可能だったのではないかと主張する研究者も少なからずいる。では、果たして『佳人奇遇』は梁啓超により翻訳されたものであろうか。書簡C一一九には『佳人奇遇』の翻訳に関する興味深い記録が残っている。

> 弟子已むを得ず暫く塾を去り此に来たりて、以て東文を接《う》けて訳し旬報の用に供《そな》う。毎旬約字は万余にして、而して夫子片岡君を派《つかわ》して以て之を助け、幸甚感甚たり。惟だ毎旬の文字未だ足らず、則ち政治小説の『佳人奇遇』四篇を学び訳し以て之に充《あ》て、仍《な》お足らず、則ち此間《こちら》の教習の山田君に求めて以て之を助く。今此間《こちら》已に散館し、而も此の君郷に旋《かえ》り、則ち下期《つぎのき》の文字足らず。敢えて転じて片岡君に告ぐるを乞い、毎旬に約の如く訳し来たることを禱《いの》りと為す。此は已を得ざるの苦衷、伏して原《ゆる》して諒するを乞う。

これは一八九九年一月十一日に康有儀が山本憲に宛てた書簡の一部である。そのなかで、康有儀は自らが『佳人奇遇』四篇を翻訳したと記し(16)、また「政治小説」という用語を使っている。「弟子」は康有儀本人、「旬報」は『清議報』、「夫子」は山本憲、「片岡君」は山本憲塾の塾生片岡鶴雄、「山田君」は横浜大同学校の日本語教員の山田夬のことを、それぞれ指す。また「散館」は大同学校が冬休みに入り、教職員と生徒が学校を離れることを意味する。この時、『清議報』はすでに二冊刊行され、康有儀の翻訳した『佳人奇遇』四篇中の後半の二篇は『清議報』第三、四冊に掲載される予定のものであると見られる。

此間《こちら》の旬報は十二月廿三日に発行すと布告せりと雖《いえど》も、惟だ是れ印刷・釘装して帙《ちつ》と為すに稍や時日を需《もと》め、故に先に六七日の前に必ず須《すべか》らく巻を満たして印《す》るに備うべし。弟子毎旬に応《まさ》に万余字を訳すべく、刊期已に迫るに因り、故に此間《ここ》に在りて三千余字を意訳し、再び詩文を加えて巻を塞ぎ、以て此の期の事を了す。（書簡C一五四）

これは一八九八年十二月十八日に康有儀が山本憲に宛てた書簡の内容の一部である。「此の期」は『清議報』第一冊のことで、康有儀の「意訳」した「三千余字」はこの第一冊に載せたと見られる(17)。

では、康有儀は『佳人奇遇』四篇を翻訳してからも同小説の翻訳作業を続けていたであろうか。その後の康有儀の書簡に直接『佳人奇遇』という言葉は見られないが、「弟子来たりて此の職に就き、毎旬東文を訳するを需《もと》めらるること幾《ほとん》ど万字に及びて、方《はじ》めて能く巻を満たす」（書簡C一二一）「弟子既に此の職に就き、則ち毎期に応《まさ》に用うべき東文十二三篇は是れ弟子の責任なり」（書簡C一二二）など、たびたび自らの翻訳作業に言及していた。また彼が横浜に赴いてから一九〇〇年一月に帰国するまでずっと『清議報』館に勤めていたこと、第五冊以降の『清議報』に載せられた『佳人奇遇』の訳文が最初の四篇と比べて翻訳表現と誤訳率がほとんど変わらないこと、康有儀の帰国時間と『佳人奇遇』の連載が打ち切られた時間がほぼ同じであることなどから、康有儀は帰国するまで『佳人奇遇』の翻訳を続けていたことが窺えよう。

四、康有儀、山本憲と『清議報』、横浜大同学校との関わり

周知のとおり、一八九八年九月二十一日に「戊戌政変」が起こり、維新変法派の主要人物である康有為や梁啓超などが相次いで日本に亡命した。同年十二月、梁啓超が主筆を務める『清議報』が横浜で創刊されたが、その直前に康

有儀は康有為らに原稿の翻訳などを頼まれ、梅清処塾での勉学生活を止め横浜に赴いたのである。横浜に到着後、康有儀は山本に次の書簡を送っている。

　四日に叩辞せし後即ち神戸に抵《いた》り、井上君の帰塾の便に値《あた》り、乙函〔一函〕を呈上し、賜覧を邀《もと》めし〔頂いた〕と諒《おしはか》る。翌日即ち神戸より天津丸に搭じ横浜に往き、已に七早〔七日の朝〕に安らかに大同学校に抵れり。舎弟の長素は箱根に留滞し、卓如は則ち今日に於いて始めて箱〔箱根〕より浜に来たる。面せし時に当に行に臨みて委《ゆだ》ねを奉《う》けし各節を将《も》て告知すべし、当に彼より専函にて覆《ふく》し奉るべきなり。弟子初めて到り、公私交集し、故に未だ即《ただ》ちに函を修めて奉候を行うに及ばず、伏して原恕〔寛恕〕するを乞う。此間《ここ》にて日旬の両報を創るを擬し、大略として下週〔来週〕刊行す（七八日の内に）。弟子前《さき》に旬報を訳せらるることを承り、毎旬に壱万五千字、即ち一か月に四万五千字、酬金は十五円なり。代りに岡山君に翻訳するを請うを蒙り、伏して乞うに『朝日報』『日本報』の二種の内に於いて（弟子の塾に在りし時、夫子毎《つね》に此の二報を以て示され、甚だ佳なり）要を択びて之を訳するを告知せられんことを。其の第一期は能く数の如く七八日の内に於いて此間《ここ》の弟子手収《まで》付到〔送達〕し、以て其の刊印の期に應ずるは、固より幸《ねが》う所なり。若し数の如くすること能わざれば、或いは先ず壱万字を交《わた》すも亦た可なり。岡山君如《も》し未だ塾に到らざれば、敢えて函にて催すを求む。万一未だ来たらざれば、則ち夫子或いは館政の暇に於いて代りに為に草訳するを乞い、以て之に応酬するは如何なるか。（書簡C一一六）

この書簡で、康有儀は自らが横浜に赴く前後の様子を伝えたほか、主に山本とその塾生に原稿の執筆または翻訳を依頼している。それを受けて、山本塾の塾生は『清議報』の原稿を若干翻訳し、山本本人はいくつか原稿を執筆し『清議報』に寄稿している。『清議報』に載せられた訳文は無署名のものが非常に多いため、どの訳文が山本の塾生の手によったものかをいちいち明らかにすることはできない。ただ、山本の塾生または山本本人の名が載っている文章も一部ある。例えば、塾生片岡鶴雄訳の「俄法同盟疑案」「極東之新木愛羅主義」（第二冊）、「大阪朝日報廿四日至廿七日雑報」「東京日本報自廿三日至廿五日雑報」（第三冊）、山本憲の論文「論東亜事宜」（第二、四、五冊）などがある。片岡鶴雄、本名は片岡敏、字は求之、雅号は閑来、明治八年備前国邑久郡朝日村の出身である[18]。『清議報』社が片岡鶴雄に支払った翻訳料は書簡C一二七で示されている。

康有儀を媒介とした山本憲と『清議報』との関わりは原稿提供にとどまらず、ほかにたとえば山本の梅清処塾は『清議報』の大阪での代理販売処であったこと（書簡C一一八、C一一九、C一二一）、山本憲が梁啓超ら『清議報』の主要関係者と文通または面会を通じて交遊していたことなどが挙げられる。

また康有儀書簡には横浜大同学校に関する記録が見られることも注目に値する。康有儀は、横浜にて『清議報』刊行作業を手伝うのみならず、横浜大同学校で教員を務めている（書簡C一二六、C一三二）。横浜大同学校に関しては少なくない先行研究があるが[19]、このたびの康有儀書簡の発見は、横浜大同学校研究に対しても新たな知見をもたらすものである。例えば、これまでは校長である徐勤や彼を校長に推薦した康有為が注目されることが多かったが、康有儀書簡により、学校運営を担った康有儀の目を通した横浜大同学校像や徐勤像を読み取ることが可能となった（書簡C一三一、C一八三）。

さらに横浜大同学校と日本人との関わりについても従来言及されてきたが、今回の書簡の発見により、横浜大同学校が山本憲に学校で教鞭をとるよう依頼していたこと、それに対し山本は梅清処塾を見捨てることができず固辞したことが知られる（書簡C一二二〜一二六）。山本憲が横浜大同学校関係者である康有儀、康有為、梁啓超らからいかに学問的な信頼を受けていたかが窺われるのである[20]。以上のように康有儀書簡は、横浜大同学校の実態の解明のために今後参照されていくべき重要な史料であると言えよう。

五、山本憲の維新変法派人士に対する支援活動

康有為や梁啓超などの維新変法派人士が日本に亡命した後、山本憲は康有儀を通じて彼らと連絡を取り、その支援活動に取り組んでいた。

山本は康有為らを支援するため、一八九八年九月二十七日から十月五日、十月下旬から十一月四日、一八九九年三月十四日の三回にわたって東京へ赴き[21]、十月十五日に東京から大阪に戻った後、彼らを救済するためと見られる日清協和会[22]を立ち上げている。山本憲が東京滞在中に出された康有儀書簡はC一一三、C一一四、C一一五などがあり、これらの書簡から山本憲の東京での宿泊は「大阪事件」などでかなり関係が密接だった小林樟雄の自宅であったことや、その東京での一部の活動などが窺える。一八九九年三月十四日、山本憲が三回目に東京に赴いたのは、外務省書記官樽原陳政に会うためだったようである。外務省は康有為、梁啓超、王照ら三人の長期にわたる日本滞在が外交に悪影響を及ぼすのを恐れ、三人を日本からアメリカへ退去させようと図り、樽原が東京でその説得工作を山本に頼んだのである。山本が「窮鳥入懐、猟夫不忍殺之」として断ったが、その話は康有儀を通じて三人に伝えられ、三人は山本に感謝しアメリカへ行くことを一応約束した。しかしその後、康有為は日本の外務当局から旅費一万五千円を得て日本を退去したものの、王照と梁啓超は旅費が少ないことを理由に退去しなかったと山本憲は記録を残している[23]。これについては、また書簡C一二八も一部触れている。

康有為らを支援するために、山本憲はさらに康有儀を通じて日本の各界の要人に直接面会を求めるよう提言し、一部その人名リストを提供した。例えば、書簡C一五七に「囑せらるる所の應に見《まみ》えるべき各要人、谷公及び小林、曾根諸君の如きは、弟子輩 稍暇あらば即ちに當に分ち別れて見えるを求むべく、以て濟《すく》い有るを冀う。惟だ日來局を開いて伊始《まもなく》、瑣事頗る忙しく、他日之に見えて、當に以て稟覆すること有るべきなり」とあり、そのなかの「谷公」は谷干城、「小林」は小林樟雄、「曾根」は曽根俊虎であろうとみられる。

以上の事実からも分かるように、山本憲は中国の維新事業に強い関心を持ち康有為らの支援に深くかかわった人物であるといえよう。一八八五年の大阪事件の際、自由党員としての山本は、朝鮮に政変を起こすことによって宗主国の中国と日本との間に武力衝突を引き起こし、さらに国内の混乱に乗じて政府を転覆しようという構想に大いに賛同し、深くかかわった。彼の起草した檄文「告朝鮮自主檄」は名文とされ、英仏の二ヶ国語に翻訳されて、日本・中国・朝鮮だけではなく欧米の国々にも配信され、大きな影響を引き起こした。しかし、その内容を見れば表現が非常に過激で、「日本の義徒、宇内の人士に檄告す」と書き起こし、朝鮮を属国にした清人は「其の罪貫き盈ち、其の悪天に滔《みなぎ》る」「犬羊を性と為し、蠢かなこと豚彘《とんてい》の如く、頑迷にして霊ならず」云々と中国人に対して罵倒の言葉を連ねた[24]。しかし、日清戦争後、欧米諸国の中国分割を目の当たりにして、彼は一転して中国に対して大きく同情の念を寄せるようになった。まことに皮肉な巡りあわせであるが、それは中国に対して無法な利権を強要する欧米列強の横暴に対する義憤に起因する[25]と思われる。

六、康有儀と儒教

最後に、康有儀と儒教との関係について若干言及しておきたい。康有儀書簡には康有儀の儒教に対する信奉が吐露されている箇所がある。彼は、知識人たちが中国の最も重要な教えである儒教を真摯に理解することが、中国や東アジアの存続にとって重要なことだと考えていた（書簡C一四一、C一六九、C一八五など）。

こうした康有儀の儒教への態度を考える上で興味深いのは、彼が山本憲とともに西洋人が著した孔子関係の書籍を漢訳しようとしていたことである。この書籍は、書簡では「西人手著孔夫子一書」（書簡C一四一）、「西人所著孔聖一書」（書簡C一六八）、「西人所論孔聖一書」（書簡C一七五）、「欧州学者著作孔夫子一書」（書簡C一八五）などとして言及されている。この書籍はもともと山本憲が康有儀に勧めたもののようで（書簡C一八五）、その後、翻訳は順調に進んだようである（書簡C一七五、C一三七、C一七九、C一四一）。

残念ながら、この書籍が具体的に何を指すのか、また翻訳後にどのような経過をたどったのかは、これらの書簡から窺ことはできない。なお、当時日本で刊行されていた「孔夫子」の題を持つ書籍として次のようなものがある。赤沼金三郎纂訳『孔夫子』(一八九三年)である[26]。この書籍は、レッグ(James Legge 一八一五〜一八九七)など複数の西洋人の孔子に関する論評を日本語に翻訳し編纂したものである。西洋人の手になる孔子論という点や出版時期なども考慮すると、「孔聖一書」「孔夫子」は、この書籍を指しているのかもしれない。

いずれにせよ、上記のような康有儀と山本憲の孔子関係書籍の翻訳刊行計画は、西洋人の孔子イメージが日本を通じて中国にもたらされ、それが変法派の孔子観に影響を与えたのではないかという興味深い可能性を推測させるものと言えよう。

康有儀書簡

以上、康有儀の日本での活動、山本憲との関係を軸に書簡の内容を紹介したが、紙幅の制限もあり、そのごく一部にしか触れることができなかった。書簡の本文または訳文を読んでいただければ必ず新しい発見があろうことを約束して、ここで筆を擱く。

康有儀書簡訳注

一（C六十六）

書簡

神戸広業公所
吉田晋(27)

謹んで申し上げます。私は仕事や人付き合いのため、ながらくご挨拶できずにおりました。ちょうど思いをはせておりましたところ、二十二日に大阪よりお手紙を拝受し、先の十日にすでに天神橋南詰東入にお引越しされたことを知りました。家塾の事務についてはすべて手はずが思い通りに整ったとのこと安心いたしました。私は生まれつきあっさりしたことを好み、俗務には耐えられません。近頃、仕事がうまくいかないためによく病気にかかってしまい、たびたびこの新聞と学校〔『清議報』と横浜大同学校〕の両方の職を辞め、塾にもどって修養し、落ち着いて読書をして一生を送りたいと思っております。たしかに以前のお住まいは郊外に近く酸素も最も多いところだったと思います。ただ付近の厩は二酸化炭素が多く、さらに深夜は落ち着かず養生することができませんでした。現在すでにお引越しをされましたこと、先生に祝意を表しますとともに、私も早く塾に戻ろうと画策しております。しかし旅費が十分ではなく、急な旅行は長く続けることができません。粤東から振込みが来しだい、必ず行かせていただきたいと思います。舎弟長素〔康有為〕は、貴国の当局から十分な旅費を支給され、そのうえ保護は極めて行き届いており、とっくに無事カナダに到着し、貴国公使館にしばらく滞在した後、陰暦三月二十九日にさらにオタワに無事到着し、しばらく留まり、すぐにイギリス、アメリカに行く予定です。手紙によるとイギリス人は道中において保護によく努めてくれて、また訪れた各都市で清人がいるところでは、滞在や飲食、そして交通にかかるこまごまとした費用について、みな周到に提供してくれるそうです。気にかけていただきましたが、どうかご安心ください。昨日、梁卓如〔梁啓超〕、韓樹園(28)の二人が、横浜から神戸に行き、十日間ほど旅行をするということで、先生のもとを訪ねるため、出発前に大阪の先生のご住所を尋ねて参りました。私は古いご住所を伝えましたが、もうすでにお引越しされたとのことなので、新居のご住所を急いで梁卓如に伝えました。（彼は神戸ではおそらく居留地海岸二十一番広業公所にしばらく滞在するとのことでした。）橋本海関(29)先生は書籍の翻訳によって中国の智識を啓蒙することを目指されており、自らおっしゃるには教授は得意とするところではないとのこと、おそらくまた弊国の学童にいささか野蛮の気質があり教授できないのでしょう、この二か月で、すぐに辞職されてしまいました。私は大変彼の才能を惜しみ、引き止めて弊国の学校の教科書を翻訳し、『清議報』で新聞を翻訳するようにさせました（古城貞吉(30)君は新聞翻訳の職を辞し、中国北京に行くとのことです）優れた才能を持つ人をつまらないことに使ってしまいますが、いたしかたありません。片岡敏(31)君は、用事のため岡山市に帰り、すぐに手紙をよこして参りましたので、返事をしなければなりません。お気にかけていらしたのであわせてご報告申し上げます。先生のご幸福をお祈り申し上げます。あわせてお母様、奥様のご幸福と平安をお祈り申し上げます。弟子孟卿が申し上げます。〈一八九九年五月頃か〉

敬稟者、弟子以時事徵逐、久未修候、正在馳念、適接廿二日由阪來諭、知前十日已移居於天神橋南詰東入、家塾事務、一切已布置自如爲慰。弟子性甘淡薄、不耐俗務、邇年來以時事不得意、感而多病、屢欲棄此報校兩職而歸塾修養、從容讀書、以畢斯世。誠以舊居雖近城外、得養氣最多、惟鄰近之馬廄、炭氣不少、且深夜不寧、無以養神。今既移居、且爲夫子賀、卽弟子亦晝策早日歸塾矣。但行囊羞澀、遽行無以久持、必俟粵東匯款到來、然後敢行也。舍弟長素、蒙貴當局厚給游費、加以保護甚周、久已安抵加拿大、入貴公使署小住、旋於陰曆三月廿九日又安抵阿圖和、擬小作勾留、即往英美。接信知英人沿途保護甚力、所到各埠、凡有清人者、於其起居飲食、舟車瑣費、無不供應備至、知念堪以告慰。昨日梁卓如・韓樹園二子、由濱往神、畧作十日之遊、臨行請問大阪夫子之寓址、以便過訪。弟子以舊址示知、今既轉寓、弟子已將新遷之寓址飛告梁卓如矣。（彼往神戸大約寄寓居留地海岸廿一番廣業公所小住云云。）橋本海關先生志在譯書、以開啓支那之智、自云教授非所長、大畧亦因敝國學童少有野蠻氣、不足教授、在此兩月、徑已辭職。弟子頗愛其才、挽留爲譯敝學校讀本、及清議報翻譯報紙、（古城貞吉君則辭譯報之職而往支那北京云云）大才小用、不得已也。片岡敏君、因事返岡山市、徑有書來、亦應答覆。知念幷以奉聞。此請崇安。幷叩請太師母・師母福安。弟子孟卿稟

二（C一一一）

私は姓を康、名を有儀といい、字は羽子《うし》、号は孟卿《もうきょう》、広東省広州府南海県の人です。先祖[32]は広西巡撫の役職に就いており、父[33]は浙江道員に任じられ、従弟の長素[34]は現在工部主事です。私は以前、体が弱く多病ゆえに、若いころから勉学の機会を逸し、まことに恥ずかしいことであります。加えて国家に災難が多かったため、地方をめぐり、四方に漂泊していたので、世の中のことを知りません。去年、母が病を得、妻が亡くなり、哀しみのあまりわたくしも病を得ました。従弟の長素の門生で、貴国に遊学した者が十数名おりますが、〔彼らが〕話を聞いて、私に貴国に遊び、環境を変えることで養生になればと提案しました。私は年齢四十、世の役に立たず、余生を惜しむものではありません。しかし老母と子供がおり、親友たちもみな日本行きを勧めてくれました。ゆえに外遊することで気晴らしとし、一月～二月の間に上海から神戸へ行き、貴国を観光し、文明が盛んであることや、政治が盛んであること、婦

人や子供も学を知るのを自ら見ることができました。私は死期が近づいてはおりますが、しかしひとりでに心もおどり、学びたいと思い、それを伝えようと思っています。私は生まれつきあっさりとしたことを好み、これまで交遊も少なく、このたび神戸に着いた日から、貴国の人士たちと一緒に過ごし（神戸に来てからまだ一人の清の商人にも出会っておらず、出会ったのは二、三人の知識人のみです）、すでに六か月たちました。しかしつきあいのある友人たちがひっきりなしに往来するのですが、質のいい方が少なく、しばしば転居したものの、益するところはありません。しかし橋本氏は、かつて大同訳書(35)の取りまとめをされ、最近では『東亜報』(36)に文章や書物を訳したりして、いずれもたいへん忙しく、指導する時間もなく、ゆえに私を先生の門に推薦していただき、入れていただけることになりました。先ごろ舎姪介甫《かいほ》(37)の大阪に参りましたのは、一つには先生の教えを聞き、私を先生に勧めようとするもので、もう一つには孫氏(38)に会って私のために官費留学の許可証を得るためです。しかし孫氏は汪有齢・嵇侃《けいかん》両氏(39)とともに東京に滞在しており、大阪で会うことができなかったため、今日のこと、そして明日に呼び出しを受けることとなったのです。わが国の商人は学ぶことをせず、利益ばかりを追求し、私はつねづねこれを激しく憎んでいます。今、先生はすでに私のためにあらかじめ紹介していただき、私は神戸に帰ってから手紙を託けましたが、尽力もせず（面会するという結果を）得ることができました。しかし先生にすでにご足労いただき午後に面会するという約束をしていただきましたので、私が坐して待つことはできませんでした。このどうしようもない気持ちを、先生のために記します。（もし先生が郵便で孫君に与え、康孟卿が急に忙しくなって神戸に帰ったといい、明朝に来るだろうといって、延期することができればそれもまたうまいやり方です）先生の人をもてなす気持ちはとても篤く、私は家柄と経歴につき大略を述べました。そのほかのことについては誰にも多くを語ったことがありません。橋本氏のような近しい間柄の人でも、その一つをいささか知っているのみです。私は祖父が死去してのち、家は日に日に衰えました。その上旅先で、交遊を恐れ、病を得ているので、読書をするべく、足跡を隠して神戸の人を避けていました。ぜひ、内密にしておいてください。

（孫氏との面会は、心中快くはありませんでした。進みたいのに進まず、ゆえにこの書簡をしたためました。どうぞお許しいただけますよう。もしやむを得なければ、夜におうかがいするかもしれません。）〈一八九八年七月頃〉

書　簡

弟子康姓、名有儀、字羽子、號孟卿、廣東省廣州府南海縣人也。先祖曾官廣西巡撫、先父曾任浙江道員、從弟長素現爲工部主事。弟子向以體弱多病、自少失學、言之可愧。加以家國多故、因流連於山水間、近且飄泊四方、不知世事。去年母病妻亡、傷悼之餘、鬱而生病。從弟長素之門生來貴邦遊學者十餘人、聞而邀弟子爲東洋之遊、冀轉換水土[40]以爲養病之助。弟子行年四十、無用於世、何惜其餘生。然上有老母、下有子女、親友皆以是爲請。因借出遊以爲排遣、於正、二月間由上海而之神戸、藉得觀光上國、親覩文明之盛、政治之佳、婦孺知學。弟子雖近入木之年[41]、日暮途遠、不覺心怦怦動而欲有所學、學而有所傳焉。弟子性甘淡泊、向少交遊、此來自到神戸之日、卽與貴邦人士同居（到神戸未見一清商也、所見者三二十人耳）、於今已六閲月矣。惟是往來朋儕、頗形徵逐[42]、而劣多佳少、轉寓者屢、亦無以裨益。而橋本氏向爲敝局大同譯書總事、近且爲東亞報譯文譯書、一切甚忙、無暇教導、因以弟子轉薦於夫子之門、幸蒙納焉。日前舍姪[43]介甫來大阪、一則欲聆夫子之教訓、幷薦弟子於門墻、一則欲見孫氏爲弟子得官許證[44]之件。而孫氏以携汪、嵇入東京、當時不遇、至有今日之事、及明日之傳。敝邦商人不學、勢利是趨、弟子向頗鄙惡之。今夫子已爲弟子親往先容[45]、弟子雖有信返神轉托、不力而得。然夫子已勞步而訂爲下午以見之約、則弟子不能眠坐以待也。不得已之情、敢爲夫子告之。（若得夫子飛一郵便與孫君、謂康孟卿一時忙急而歸神戸、謂明早可來云云、以緩之、亦妙。）夫子推待之情之厚、弟子敢以家世行歷畧言一二、餘未多對一人言之也。卽如橋本氏之密邇、亦畧知其一耳。弟子自先祖父棄養[46]、家事日落。且在旅途、又畏應酬、養病之身、又須讀書、故匿跡以避神戸之人。幸爲祕之。

（見孫之事、弟子心中不快、欲進不前、故有此稟。乞夫子諒之。不得已、或晩間一行。）

三（C一一二）

大阪東区谷町一丁目梅清処塾
康孟卿寄
九月二十七日発

東京芝烏森町吾妻屋　小林樟雄様方
山本憲夫子　台啓

康有儀書簡

夫子大人函丈
謹んで申し上げます。二十六日に先生はわが国の苛政で民が苦しむのを哀れみ、塾の仕事をなげうって、決然と行動を起こし(47)、同志たちを従えてこれを救おうとしました。私は身近な憂いではあるものの、病をおして先達に追従し、お役に立つことができませんでした。康同文(48)に命じて仕えさせただけでした。疎遠にしていたその罪は万死に値します。今晩汽車は揺れ続け、きっととても苦しいはずです。東京についた後は大丈夫だろうと思いますが、とても心配しています。大同学校の徐君勉(49)への手紙は、出した後に彼はやってきて面会し教えを請うと思います。世姪輩の君勉らは若いので世事に疎く、性質は率直で天真であります。伏して請いますが、彼を許し、彼を教えていただけましたら、まことに幸甚であります。処理すべき事柄を、伏して便宜に行うことを求めます。もし金銭が足らなければ、電報にて送金いたします。用いるべきは用いて、必ずしも私のために費用を抑える必要はございません。（友人の家に寄寓するのは不便なので、旅館あるいは他の清潔なところに寓し、出かける時には車を用いたほうがよく、お歩きになってはいけません。）近ごろ新聞を読みますと、舎弟の長素〔康有為〕は逃走の後にイギリス艦隊に保護されましたが、梁卓如〔梁啓超〕君は北京で捕らえられ、知友の多くもその害に遭ったことを知りました。満人は悪辣で、その哀しみは痛むべきものです。梁君はこの後どうなるのか分かりません。舎弟は生来悪を憎み、巨紳に憎まれることがとても多く、今後彼を弾劾する廷臣はきわめて多く、殺害される恐れもあり、いずれも不安です。私の病はようやく癒え、お気にかけていただいているのを知りここに奉聞いたします。謹んで福安を祈ります。弟子の孟卿ここに跪いて申し上げます。九月二十七日晩申。〈一八九八年九月二十七日〉

夫子大人函丈

敬稟者：廿六日蒙夫子以敝邦之苛政、哀民生之疾苦、舍却館事、概【慨】然起行、聯同志以唱救之。弟子切身之憂、未及扶病以追隨履杖[50]、自捐指臂、祇命豚兒同文以伺候。踈畧之愆、罪當萬死。是晩汽車一路鎮【震】動、自必甚苦、想到東京後或可無恙、念甚念甚。大同學校徐君勉之信、想發後彼卽前來謁見請教。世姪輩君勉等少不更事[51]、性復率眞。伏乞恕之、進而敎之、幸甚幸甚。應辦事宜、伏乞便宜行事。金錢不足、乞電示匯呈、應用則用、不必爲弟子惜少費也。（寄寓友人家不便、宜寓御料理或地方稍潔者、出入宜命車、不可步行爲要。）近接各報、知舍弟長素逃出後爲英艦保護、而梁君卓如則在京被縛、知友多人亦遭其害。滿人辣手、可爲痛傷。梁君將來不知如何。舍弟生平疾惡、獲罪於巨紳不少、今後參劾廷臣甚多、誠恐買殺、均復可慮。弟子之病漸愈、知念幷以奉聞。專此、敬請福安。弟子孟卿叩稟。

九月廿七晩申。

四（C一一三）

大阪東区谷町一丁目梅清処塾

康孟卿

九月廿八灯九時半発

謹緘

謹んで申し上げます。二十八日午後九時に二十七日午後四時の手紙を受けとって拝読し、すべて了解いたしました。私は病を得ておりいまだにつきしたがうことができず、そのため同文に託して付き従わせてお世話をさせました。図らずも、彼は横浜に着いてから辞退いたしました。また徐君勉〔徐勤〕君が先ごろ一緒に東京に行きすべてをお世話したかどうかは、お手紙には触れられておりません。もし、先生が一人で行って骨を折ったのだとすると、私の罪はますます深いものがあります。舎弟〔康有為〕がイギリス艦に保護されたら、必ずやまず貴国に参るはずです。ここは昔から遊びたいと思っていながらいまだ暇がなかったところです。到着したならば、また必ずや久しく留まるはずです。（ふだん、紳士や貴族たちに憎まれ、今またこういう目に遭い、すぐに広東に帰ることは容易ではありません。）欧州もまたその志すところであります。もし確かに来るという知らせがあり、すでに港にいたったなら、すぐに電報にてご連絡し、ともに参ります。私は、御史の文悌(52)（満人）の奏を回憶しますに、「曾て詩を贈りて康に與え、諷むるに歸隱を以てし、切に胡に走り越に走ること勿れ」とあり、満人の忌むところであります。来訪したら、彼には変装を勧めるのが妥当です。ともに心配させられます。君勉が会見した人々については、いまだに返信を受けておりません。今、先生が同志を集める際、いかなる方法をとるべきか、伏して願いますのは、状況に応じた処置をとり、必ずしもその成否にはこだわりませんように。必要な費用は随時すみやかにお示しいただければ、送金するのに便利です。梁卓如〔梁啓超〕君は捕らえられ、舎弟の中に広仁[53]という者がいて（『知新報』、大同訳書局の総弁で、事情により北京に留まっていました）、逃走したか捕らえられたか、いまだに分かりません。電報を打って尋ねたものの、いまだに消息が分かりません。満人は悪辣で、まさに心が痛みます。このたびの挫折は他日の嘆きとなります。お母様と奥様はともに安らかに過ごされて、塾内の同窓たちも安らかに過ごしています。ご心配のことと思いますので、お知らせいたします。先生の旅の安らかなことを祈ります。弟子孟卿謹んで申します。二十八日灯下申。併せて、前の手紙にて、慌ててしまい「慨然」とすべきを「概然」としてしまいました。粗忽の極みです。許しを請います。

〈一八九八年九月二十八日〉

敬稟者：廿八日下午九時接讀廿七日午後四時來諭、恭領一切。弟子因病未及追隨履杖、因囑同文隨從服勞、不料此人稟辭於横濱。又徐君君勉曾否同往東京招呼一切、來諭未承示及。設使夫子獨行任勞、則弟子之罪益深矣。舍弟果能爲英艦保出、自必先到貴邦、此是其生平所欲遊而未暇者。既到後、則他日又必久留。（平日獲罪於巨紳權貴、今遇此事、不易遽歸廣東。）歐州亦是其素志也。如有確來之消息及已到步、當卽飛電稟報、或與之偕來也。弟子回憶御史文悌（滿人）之奏、中有曾贈詩與康、諷以歸隱、切勿走胡走越云云、蓋滿人所忌也。則其來、自應勸其改裝爲妥。具荷費心。君勉所見、未接信覆。今夫子聯合同志、應如何辦法、伏乞便宜行事、不必拘其成敗也。應需費用、乞隨時飛示、以便匯呈爲要。梁君卓如被執、尚有舍弟名廣仁者（知新報、大同譯書局之總辦、因事滯京）、逃出在縛、兩者未知。飛電詢問、未得消息。滿人辣手、言之可傷。經此一挫、甚爲他日之嘅矣。太師母師母均安、塾内同學安祥、知念幷以奉聞。專此謹覆。恭請夫子大人旅安。弟子孟卿敬稟。廿八燈下申。幷寄前稟、匆匆慨然誤作概然、粗心之至。乞恕乞恕。

五（C一一四）

大阪東区谷町一丁目梅清処塾
康孟卿謹□〔破れ〕
九月三十日二時発

謹んで申し上げます。二十八日の横浜からのお手紙、三十日に受けとって拝読し、一切を了解いたしました。このたびの事件はおよそわが国の人々の憤らない者はなく、各地に旅居する華商たちも皆大いに憤っております。しかし各地から来た書簡は、この事件は重大で、じっくりと相談しないで事を起こすべきではないなどといい、いまだに動きは見られません。雲台(54)および君勉〔徐勤〕らの来信に曰く、近ごろ公使をそそのかして操り、大いにこれを攻撃する人がおり、詳細な情報を得たいといい、慎重さを保ってよく相談し、もし詳細を把握できたら行動に移す、そうでなければ長者〔康有為〕と卓如〔梁啓超〕の罪はますます重くなる云々といっています。これは理があるように見えます。「鼠に投ずるに器を忌む」〔悪者を除きたいが影響が大きなことを恐れ、手出しできない〕です。近ごろ、あなたはこれを座視するに忍びず、すべてを捨てて、毅然と立ち上がり、中国人に言葉を寄せていることを知り、感激の極みです。しかしここの商人は腰が重くいまだに行動しません。もし我らが急に事を起こせば、双方が相照らさず、最善を尽くすことができないかもしれません。私の考えは以上の通りです。思うに、先生は必ず釣り合いを取れるであろうと。あるいは相談し、その利害を新聞に掲載し、迷妄を醒まさせるのはどうでしょう。謹んでしたためます。

先生の旅の安全を祈ります。弟子の孟卿は跪いて申します。

　この手紙を記すに当たり、たまたま東京からのお手紙を受けて拝読し、そのような方法をとるとのこと。私の心も少しは安らかになりました。謹んで申し上げます。九月三十日二時未刻。〈一八九八年九月三十日〉

敬稟者：廿八日由横濱來諭、三十日接讀、恭聆一是。此變凡我同文之人莫不髪指、卽旅此各士之華商亦咸皆大憤。然各處來函、謂此事重大、非熟商未可造次等語、故按而未動。雲臺及君勉等來函、謂近有人唆擺公使、大剖擊之、欲得詳報、持愼熟商、確有把握、乃敢行事、否則益重長者[55]與卓如之罪云云。似亦言之有理、蓋投鼠忌器也。頃蒙夫子以此事不忍坐視、舍却一切、挺然起舞、寄語華人、不知如何感激。惟是此間商人持重未行、若我們遽發、則兩不相照、恐未盡善美。鄙見如此、想夫子必有權衡。或商辦之餘、將其利害刊之報章、以作棒喝、如何。專此肅覆、敬請夫子大人旅安。弟子孟卿叩稟。
　正在封函、適接讀由東京來諭、云云如此辦法、弟子心庶少安。謹又稟。九月三十日二時未刻。

六（C一一五）

大阪東区谷町一丁目梅清処塾
康孟卿謹封
于十月一日四時半発

謹んで申し上げます。十月一日に二十九日のお手紙を受けとって拝読し、一切を了解いたしました。このところ各紙を閲覧しておりますが、さまざまに伝えられており、心配でたまりません。幸いなことに手紙や電報をたびたびいただきまして、心の慰めといたしました。二十八、九日に神戸にて香港の親友からの電報を受けとり、従弟の長素〔康有為〕が逃走した後無事であるということが明らかになりました。ただ知人の中には張蔭《ちょういん》[56]氏は幸いにも死を免れたが、同志である梁君たちなどについては無事かどうかについて断定できません。満人は悪辣、漢人は内面が腐っており、これをいうと心が痛みます。わが国の人のこの地に滞在する者は、この転変をもって大いに怒らない者はなく、連名で「秦廷の哭」[57]をなそうとしました。君勉・雲台等はいまだに状況が把握できないということで、しばらく行動を起こすのをやめようとしています。和児[58]は今日の正午に大同[59]から来て申し上げるに、先生につきしたがい、すべてのお世話ができなかったことを申し訳なく思っているとのことです。また面会するに、君勉らは、長者〔康有為〕はふだん消息がとても多いが、近ごろ多くの手紙を送り、また繰り返し電報を送って尋ねても、いまだに詳しい消息を送ってこず、わずかに電報で「平安」の二文字を見るのみで、身内はすでに香港・澳門に到着した云々といっています。（母親や家人はすでに避難したと）そのためしばらく待つことにし、もし手紙を受けとりましたら、ご命令の通りに処理します。また同志の皆が捕えられているため、もしうまく行動できなければ、この地にいる漢奸に電報によって攻撃されるのを恐れます。（ふだん同派でない者、心の通わない者、災いを幸いとし災いを楽しむ者等、その誹謗、汚辱はおおむね伝え聞いており、これを各紙に見ます。しかし未熟者であるため、ともに弁じるのを潔しとしません。）そうなれば捕えられている同志の罪をさらに増すことになり、決して生きのびる方法はない、とのことです。彼らは「鼠に投ずるに器を忌む」ということによって、また返信を待ち、慎重に挙行しました。（まるで兎を縛るのに獅子を縛るかのような慎重さであり、商人の公憤でさえ、しばしとどこおっております。私は手紙を出して叱責しましたが、頑として前言を撤回しませんでした。私は商人と若干やり取りしましたゆえ、これも仕方のないことだと思いますが、ただ他日、これを叱責することにします。）このような状況で、最初から考えがなかったわけではないですが、しかしあまりにのんびりしすぎておりました。このところ新聞社〔未詳〕の主筆および記者が連日訪問し、幸いに塾の者が康○〔康有儀〕は連日まだ帰りません、と告げてくれております。私は心根が劣悪で、人と会うことを欲せず、これを言っても益がなく、しかもこれを報道するというのはますます戸惑うばかりです。先生のお誘いになった同志は、きっと信頼できるのでしょう。ただその政府の要人を訪問することは、今なお消息がなく、たしかな知らせがいまだにないことを見るに、処理は簡単ではなく、一、二日のうちに同志とよく相談し、それを出発点とするべきです。しばし塾に帰り、少し休息し、たしかな知らせがあるのを待って、ふたたび動き出すのはいかがでしょうか。私の意見はこのようなものです。伏してご高見をいただきたく存じます。（東京に滞在する、あるいはしばらく塾に帰る場合の費用については、これをご提示いただき、それにしたがって処理するのが重要です。）先生は終日いたずらに心と体を煩わせているのに、私は高臥するのみで、罪は万死に値します。近ごろ肺炎がようやく収まり、お返事することができるようになりました。恭しく先生に旅の安全をお祈りします。康孟卿跪いて奉ります。十月一日午後四時半申。

同志諸君からの代わりのうかがい、手紙を付さないのをお許しください。以上の状況は、読み終わると火にくべてしまってください。外の者にいうほどのことではありません。また申します。

お母様、奥様もご安泰で、同級生たちも安らかにしております。最近、一人二人入塾する者がおり、先生がいつお帰りになるかと尋ねています。ついでにここに申しておきます。康孟卿ふたたび叩頭いたします。〈一八九八年十月一日〉

敬稟者：十月一日接讀廿九日來諭、敬悉種切。日來披閲各報、傳説不一、忐忑不已。幸疊蒙賜諭及電報、於心少慰。又於廿八九日神戸遞到香港親友來電、均悉從弟長素逃出後幸告無恙、惟知人中則張蔭氏僥倖免死、而同志者如梁君等、則未敢言也。滿人辣手、漢人內腐、言之心痛。敝邦人商旅於此土者、以此奇變、無不大憤、大欲聯名而作秦廷之哭。君勉、雲台等以未有把握、暫爲止之。和兒今午來自大同、稟稱未及隨追履杖服役一切爲歉。又面稱、君勉等謂長者平日信息甚頻、今寄去多信、并迭電通候、未見詳覆、僅得電覆平安二字、并眷已抵港澳云云。（母及家人逃難也）以故稍有所候、一俟接有墨信、乃卽遵辦。又以同志諸君被縛、若辦理不善、恐爲旅此漢奸以電攻擊、（平日不同派者、不相得者、幸災樂禍者等等、其毀謗被汚畧有人傳述及見之各報。然乳臭之口、不屑與辯）則更增被縛諸君之罪、決無生理等語。彼輩以投鼠忌器、又候覆書、乃審愼擧行。（有縛兎如縛獅之持重、卽商人之公憤、亦暫擱之。弟子發信責罵、則堅執前言。弟子少與商人來往、亦屬無法、惟他日迫責之耳。）似此情形、未始無見、然失之太緩耳。日來報社主筆及記者連日過訪、幸塾人告以康〇連日未歸。弟子心緒惡劣、不欲見人、言之無益、而報之益惑也。夫子所約之同志、定有權衡、惟訪問當道之人、仍無消息、自是確報未詳、則辦理匪易。合無一二日內與同志熟商、留爲發端地步。乃暫歸塾、少爲休息、俟有確耗、再作道理、如何。鄙見如此、伏乞卓奪。（滯留或暫歸塾應付金錢多少、支拂乞示、遵辦爲要。）夫子終日徒勞以心以役、弟子高臥、罪當萬死。頃日肺炎漸減、堪以告慰。專此謹稟。恭請夫子大人旅安。弟子孟卿叩上。十月一日午後四時半申。

同志諸君代候、恕不付片。以上各情、閱畢置炬、不足爲外人道也。又稟。

太師母、師母平安、同學諸君安詳【詳】。近有一二人入塾、有問夫子何日可歸。順此稟聞。孟卿再叩。

七（C一一六）

横浜居留地一百四十番　大同学校

康孟卿攸械

謹んで申し上げます。四日に辞してのち神戸に至り、井上(60)君の帰還のついでに、手紙を差し上げ、ご覧いただけたかと想像します。翌日、神戸より天津丸で横浜に行き、七日の朝に無事に大同学校に到着しました。舎弟の長素〔康有為〕は箱根に滞留し、卓如〔梁啓超〕は本日箱根から横浜に到着します。面会した時には、出発の時に依頼された事柄を伝え、彼から封書によって返事をさせます。私は到着したばかりで、公私ともに忙しかったので、すぐにお手紙をもってお伺いすることができず、どうぞお許しください。こちらで日報、旬報(61)の二つを創る計画をしており、おそらく来週刊行できると思います（七、八日のうちに）。私は前に、旬報を翻訳する快諾をいただき、毎旬に一万五千字、一か月に四万五千字、報酬は十五円とのことでした。代わりに岡山(62)君に翻訳を依頼していただき、どうか『朝日報』『日本報』の二種（私が塾にいました時、先生はつねにこの二つの新聞を示され、大変良いものでした）の重要な部分を選んで翻訳するようお伝え下さい。第一期は数をそろえて七、八日のうちに私までお送りいただき、刊行の期日に間に合わせることはもちろん願うところでありますが、もし数をそろえることができなければ、先に一万字を渡すことも可能です。岡山君がもしまだ塾に到着していなければ、手紙にて催促してください。万一、まだ来ていなければ、先生に塾のお仕事のお時間のある時に下訳していただけるようお願いし、もって急場をしのぐ、というのはいかがでしょうか。先生の安らかなることをお祈りいたします。孟卿、謹みてここに申し上げます。十二月八日大同学校より。お母様と奥様にもおなじく安らかなることを。〈一八九八年十二月八日〉

敬稟者：四日叩辭後卽抵神戸、値井上君歸塾之便、呈上乙函、諒邀賜覽。翌日卽由神戸搭天津丸往横濱、已於七早安抵大同學校矣。舍弟長素留滯湘【箱】根、卓如則於今日始由湘【箱】來濱。面時當將臨行奉委各節告知、當由彼專函奉覆也。弟子初到、公私交集、故未及卽行修函奉候、伏乞原恕。此間擬創日旬兩報、大畧下週刊行（在七八日內）。

弟子前承譯旬報、每旬壹萬五千字、卽一月四萬五千字、酬金十五圓。蒙代請岡山君龝譯、伏乞告知於朝日報日本報（弟子在塾時、夫子每以此二報見示、甚佳也）二種内擇要譯之、其第一期能如數於七八日内付到此閒弟子手收、以應其刊印之期、固所幸也。若不能如數、或先交壹萬字亦可。岡山君如未到塾、敢求函催、萬一未來、則乞夫子或於館政之暇代爲草譯、以應酬之如何。専此、敬請夫子大人福安。弟子孟卿謹稟。十二月八日由大同學校發。太師母、師母均此請安。

八（C一一七）

日本横浜　中国大同学校〔朱の校印？〕
謹封

夫子大人函丈

一月、春も開けまして、先生の万福をお祈りいたします。大阪と横浜はまことに遠く、しかも近ごろ私事にて忙しく、いまだにお会いしてお祝いを述べる機会がないことは、大変申し訳なく思っています。こちらの年賀状にてお許しください。以前ものを買ってお送りするのが不便だったので、二円によって新年のご挨拶とし、寸志を表そうと思います。お納めいただけましたら幸いです。二十九日のお手紙を受け、種々すべて謹んで承知いたしました。片岡君が塾にて寝ずに年を越しますことは、その志は賞賛に値し、感服することばかりです。第五号の訳文をお送りいただき拝受いたしました。文法はきわめて優れておりますが、わずかながら字面が古い部分があり、今のものとは合わないことを恐れ、この後何カ所か添削してから送付して下されば幸いです。私は学んで政治小説を訳しましたが、翻訳は難しいと感じています。片岡君はかつて『普通国語』下巻を訳しており、もしすでに終わっているならば、お送りいただき読ませていただければ幸いです。曽根[63]君が来られた際にはこれを厚くもてなすことにします。もし私に時間があれば、おうかがいしてご挨拶すべきところです。ここに安らぎをお祈りし、孟卿は跪いて奉ります。十二月三十日。康孟卿は先生と奥様に年始の礼を奉り、安らぎをお祈りいたします。またお母様にも、安らぎをお祈りいたします。〈一八九八年十二月三十日〉

夫子大人函丈

獻歳[64]開春、伏維萬福。誠以阪濱相隔頗遠、且近有賤事羈身、未遑登壇叩賀、至歉至歉。謹肅紅代之。前以買物轉寄不便、薄具二員以作年敬、聊表寸衷、乞必賞收爲幸。頃接廿九日來諭、敬悉種切。片岡君在塾守歳、其志可嘉、欽佩無已。蒙寄第五號譯文、謹收。文法極佳、微歉字面高古、未合時眼、此後敢求斧削一二、然後付來爲慰。弟子學譯政治小説、飜譯爲難。片岡君曾譯普通國語下卷、如已畢事、請寄來讀爲幸。曾根君來、當敬款之。弟子有暇、卽當往拜也。專此、再頌崇安。弟子孟卿叩上。十二月三十日。受業康孟卿叩賀夫子、師母二位大人年禧、虔請福安。門生孫康孟卿叩賀太師母大人年禧、虔請福安。

九（C一一八）

由日本横浜　中国大同学校〔朱の校印？〕康械

謹封

夫子大人函丈

謹んで申し上げます。大晦日に謹んで年賀状にて新年のお祝いをし、ご覧いただけたかと存じます。新年より、起居の吉祥なること、すべてが順調であることをお祈り申し上げます。私は別れて以降、学問がおろそかになり、世を救うすべもなく、必ずや塾に戻って再び学問に精進することを望んでおります。徐君勉〔徐勤〕が広東から人を連れてきて仕事を引き継ぐのを待って（来年の正月に来られることになっています）、そのあとで参ります。講堂にて教えを受けたことを思い出し、いつも尊敬し親しんでおります。望むことは何度も教えを受け、それに従うことです。大成会(65)、協和会(66)は大変素晴らしいですが、惜しいことに同志が少なく、事業を拡大させ実行を期待することができていません。舎弟〔康有為〕はこのことをとても心に留め、時機を待っています。今は手を下すことはできず（近々曽根俊虎君と面会したく、まず私から手紙を出して約束するのがよいでしょう。彼の住所を私に知らせ、手紙を出してそのあとに訪ねるのがいいと思います）このためにがっかりしております。先生も同じ心情でしょう。第二期の旬報はすでに期日通りに刊行しています。巻末に大阪では尊塾より代理販売する(67)と書いておりますが、それが可能なのかどうか分かっていません。もし不便だと思うなら、当地の旧知の書店に代わってもらい、そのことをお知らせいただき第三期の旬報の末尾で訂正するのに便宜を図っていただきますようお願いいたします。二期がすでに終わり、三期がまたやってきます。職人はすることがなく、毎日文章の校正、組版印刷をせかしてきます。岡山君はどのくらい訳し終わったでしょうか。「すぐに送付せよ」とお伝えいただけますでしょうか。（前に寄こした第五号の訳文はすでに受領し、返信しています。）大著の「東亜事宜」(68)についてもご執筆をお願いし、また第三期で連載いたします。安らかなることをお祈りします。お母様、奥様にもひとしく安らかなることをお祈りいたします。孟卿謹んで奉ります。　〈一八九九年一月六日〉

夫子大人函丈
敬稟者：除夕日曾肅具片紅叩賀年禧、諒邀賜覽。獻歳以來、伏惟動定吉祥、諸凡如意爲祝。弟子叩別以來、學術日荒、無補時艱、將必返塾、以冀學問有成。但必俟徐君勉由粤帶有人來接職、（來年正月後乃能來也）然後可行。回憶講堂領敎、時切瞻依。所望敎言頻錫、俾有持循耳。大成會、協和會、其事甚佳、特惜同志無多、未能張大其事、以冀實行。舍弟極留心於此、惟待時機耳。今無下手處、（近欲往見曾根俊虎君、必由弟子飛一信往約乃可。求將此君住址示知、以便發信後訪。）爲之悵然。想同情也。第二期旬報昨經依期付上。册末聲言大阪則由尊塾代派、未知妥否、如以爲不便、則以當地之舊識書林代之、乞示知、以便第三期旬報册尾更正也。二期已畢、三期又來。工人閒坐、日催文字寫校排印。岡山君近譯多少、敢求轉知從速付來。（前來第五號譯文已收、經覆。）如大著之東亞事宜論、亦請揮示續刊第三期報內也。專此、叩請禧安。太師母、師母兩位大人均此叩安。弟子孟卿敬上。

十（C一一九）

日本横浜　中国大同学校〔朱の校印？〕
孟卿謹封

謹んで申し上げます。昨日お送りした手紙は、すでにお目通しのことと思います。今朝、八日のお手紙を受領して拝読し、並びに「東亜論」〔「論東亜事宜」〕に関しても了解いたしました。第三期の旬報はすでに掲載量を満たして発刊しておりますので、第四期に掲載したいと思います。多めに二、三の報を購って、訳出しやすくしたのは、きわめて合理的です。片岡君の訳は素晴らしいものですが、残念なのはいつも方言やあまり使わない字、新しい事物の名称が見られることで、多くが理解できません。こちらの潤色や訂正を担当する人は、訂正しようがなく、前後の文章をすべて雑誌内に収録することができず、残念です。今後このようなものは、先生自らが訂正されることを願います。

地名などは、すでに存在するもの以外、珍しい地名、あるいは新しい地名は、もともと日本と中国とに共通の表は無く、それを参照することもできず、きわめて難しいものです。しかし一つ一つの漢字を検索し、二、三の仮名をふることで注釈し、一音にするのはどうでしょう。今、一つの仮名に一つの漢字を用いているのは、はなはだ長くなるばかりでなく、読者に眠気を与えるものです。今後、新しい地名や姓名の仮字は、いくつの漢字でこれに代えるか、ご判断ください。あるいは括弧で表すのもいいかと思います。こちらの上海・香港の各報はすべて閲読しましたので、新聞に「上海通信」とあれば、訳す必要はありません。それは大変古いものだからです。しかも仮字で漢字に置き換えるのは、正しくないばかりでなく、人名・地名を誤れば、笑いものになってしまいます。

私はやむをえずしばし塾を去ってここに来て、日本文を訳して旬報に用いています。毎旬の決められた字数は一万あまりですが、先生は片岡君を派遣してお手伝いいただき、幸甚です。ただそれでも毎号の文章は足らず、政治小説の『佳人奇遇』(69)四篇を訳して当てるも、それでも足りず、教習の山田(70)君に助けをお願いしています。こちらはすでに休館し、彼は郷里に帰ったため、次号の文章が足りません。片岡君に、毎号、約束通りに翻訳をお送りいただけるよう、お伝えいただけますでしょうか。このやむをえない苦しい心の内を、どうかお許し下さい。

第一期、第二期の旬報を前後して送付しております。一部は先生にご高覧いただき、もう一部は同門の皆さまにご回覧いただきたく存じます。その他の八部は売りさばくことができますかどうか、もし、大阪の人々が購入し、足りなくなったら、お知らせください。次号をおっしゃる通りにお送りいたします。第三期の末尾に値段を書いておりますが、今、事務担当者は送料五厘を加える予定であり、ご覧いただければおわかりになります。（以前お手紙で問い合わせましたのはこのことです。）前後に入った新聞の売り上げ金は、わずかだとは思いますが、お預かりいただきますよう。三か月に一度、あるいは六か月に一度お渡しください。もし総額が十円であれば、代理販売者が差し引きすべき経費の二円を除き、残りの八円が本報館の得るべき金額となります。前後の新聞購入費、郵送費、送信料の諸費用は、その金額を記録し、他日返金の際に便利になるようにしてください。多くの面倒をおかけし、申し訳ない気持ちでいっぱいです。お忙しい中、謹んで先生の福安を請います。楷書で書かなかったことをお許しください。孟卿謹んで奉ります。

手紙を投函するに当たり、ちょうど第七号の訳文を受領いたし、まことに幸甚です。中嶋[71]君が求めていた一冊を本日発送いたしました。（第二期旬報以降はこちらから次々に送付すべきでしょうか。）私は第一、二の二冊を曽根・小林[72]両先生にお送りしようと思いましたが、その住所が分からず、お送りしようがございません。ついでの折お知らせいただき、送付に便宜を図っていただけますと幸いです。また、お母様や奥様へよろしくお伝え下さい。別に書をしたためなかったことをお許し下さい。〈一八九九年一月十一日〉

敬肅者：昨日付上乙函、諒邀垂覽。今早接讀八日來諭、幷東亞論、敬悉。三期旬報已滿卷發刊、留爲四期續補也。多購三二報、俾易採譯、極合極合。片岡君譯文甚佳、惜常有方言及少見之字面、及新名物、多不能解。此閒潤色改削之人、無從下手改正、以至前後來文不能全錄於旬報內、爲憾。此後凡有此類者、敢求夫子改正之爲禱。

又如地名、除素有者之外、其少見之地名及新地名、素無和漢地理公表、無從採用、原是極難之事。惟查每一漢字、卽以三二假字在旁注之、以爲一音。今一假字而用一漢字、不無太長、令讀者奄奄欲睡。此後凡新地名・姓名之假字、宜用幾個漢【字】代之、伏乞劃斷、或以（括弧）表名【明】之爲望。如此閒上海香港之各報全覽、如於報紙上遇有上海通信之文、乞不必譯、因其文太舊也。且以假字代以漢字、若未能眞知灼見、其人地名一錯、令人笑也。

弟子不得已暫去塾而來此、以接譯東文而供旬報之用。每旬約字萬餘、而夫子派片岡君以助之、幸甚感甚。惟每旬文字未足、則學譯政治小說佳人奇遇四篇以充之、仍不足、則求此閒敎習山田君以助之。今此閒已散館、而此君鄕旋、則下期文字不足。敢乞轉告片岡君、毎旬如約譯來爲禱。此不得已之苦衷、伏乞原諒。

前後付上第一期第二期之旬報。弟子以一份供尊覽、以一份爲同門諸君覽、尚餘八份、能暢銷否。如阪市各人來購、不足其數、則乞示知、俾得下期如命付上也。第三期報册尾已刻其價値、今其司事擬增郵費五厘、乞一覽便明。（日前函問者、卽此也。）前後收到報費、其數雖瑣碎、乞存尊處、或三月一繳、或六月及一年一繳。如全數爲十金、則除代派者應扣出經費二金外、其餘八金是爲本報館應得之數耳。

前後購報及士擔（卽郵費也）寄信諸費、乞記登數、以便他日送還。諸多瀆擾、不勝愧悚之至。冗次專此、敬請夫子大人福安。匆匆、乞恕不楷。弟子孟卿謹上。

正在發函、適接寄到第七號譯文、慰甚慰甚。中嶋君應需第一册、今日卽寄。（其第二期旬報以後、應陸續按期由此間付去否。）弟子欲寄第一二兩册與曾根、小林兩先生、因不得其住址、無從寄去。有便乞示知、以便付去。又稟。太師母、師母乞代請安、恕不另肅。

十一（C一一〇）

横浜百三十九番清議報
孟卿発

謹んで申し上げます。先日次々に四通の手紙を受けとりましたが、雑務が忙しく、順次返信ができずにおりました。ゆえに、十七日に合わせてご相談し、ご覧いただいたかと存じます。旬報の例は、多くの場合二期分の原稿を用意し、その上で一期を刊行します。次の一期分の訳文は、もし事情によりすぐに訳すことができなくても、巻は埋まりますので、大いに切迫するということにはなりません。以前は、私は早く訳してしまうと、文章が古くなってしまうことを恐れ、そのため一期ごとに急いで訳すべきだと考えました。しかし琴浦《きんぽ》(73)君は期日通りに送ることができず、文章も足りず、また送られたものすべてを使うこともできず、ゆえにたいへん忙しかったのです。しかも文字で中国人が滅多に見ないもの、また新しい事物や西洋の度量衡は注釈が付されていないので、比較しようがありません。東西に相隔たっており、直接聞こうにも聞けず、素晴らしい文章ではありますが、割愛させていただいた部分も多いのです。ゆえにご相談してお金を補ってお越しいただくという案もあります。恐らく琴浦君はいささか家事があり、遠く離れることができないのでしょう。そこで、他の誰かにお越しいただくようお願いするという案もあります。琴浦君や他の誰かにお越しいただければもちろん素晴らしいことですが、決して来られないのであれば、今後巻を埋める文章がありません。同志たちは字数により報酬を出す予定で、その比率は千字訳して五十銭の報酬ということになり、月に日本文四万字を訳せば、報酬は二十円になります。先生が塾のお仕事のあいま、ご執筆のあいまに、義を重んじてこれを行っていただくことをお願い申し上げます。もし許可が得られれば、文章を訳して三日に一度お送りいただくことを望みます。二十二日に第四冊を発行し、職人たちはする事がなくなると、組版の訳文を求めてきます。その速度はとても速いです。現在、第五期の日本文は一字も訳されていないので、次号が時間的に逼迫するのは目に見えており、大変になります。そのためあえて返信を求め、ことがうまく行けば、大変幸いです。私はその任に堪えるものではないですが、近ごろはこのことに悩み、本を読むこともできず、初志を失い、しかしここを去ることもできず、何のために先生が私を教えて下さったのかわかりません。前に触れた李某(74)がわいろを贈って彼の婿に命令したとのこと、すでに舎弟〔康有為〕に警戒防備するようにさせ、お返事にはことごとくご厚意を感じました。それは根も葉もない噂であり、もう気になされませんようにお願いいたします。欧米行きは、広東省より欧文に知識の深い人が来て同行することになって、そのあとで決定し出発すべきですが、その人はまだ来ておりません。力はわずかですが任は重いのです。中国人の心はすでに死んでおります。どうしたらよいのでしょう。十八日に曽根先生は学校を訪ねてきて、地学協会の書物を下さいましたが、任命しても受け入れず、食事をといっても断られ、集まって話をしたのちすぐ別れました。私は二十三日に行って面会しようと思いました。約束に従ったのです。久しく仕事が忙しく、まだ東京に入って小林先生にお会いしておりません。これを他日に期することにしました。塾を去る際各学兄が詞を贈り詩をお贈りくださったのを思い出しましたが、今にいたるまで返信する暇がなく、忙しさに恥ずかしい思いをしています。大定[75]君の手紙にもいまだに返信できず、「人を憶うは正に言わざる中に在り」[76]の思いを強くしています。彼らにはまだ、忙しさをお許しいただけないでしょう。「東亜論」〔「論東亜事宜」〕の続編は早く脱稿してお渡しいただき、第五冊に加えられるようにしたいものです。ご協力に深く感謝いたします。ここに先生の安らかなることをお祈りいたします。孟卿伏して申し上げます。正月十九日灯下申。お母様、奥様もともに安らかであられますことを。

付け加えますに、近ごろ、琴浦君がすでに訳し終わった日本文がありましたら、速やかにお送りくださいますように。もし大変でまだ多くを訳せていないならば、必ず早めにお知らせいただき、卓如〔梁啓超〕・孝高[77]に前もって文章を求めることの助けとしていただけますよう。第五冊は確かにまだ文章がなく、たいへん憂慮すべきことです。訳文は議論の文を用いるべきで、人名・地名・船名などはもっとも嫌がられます。これらは〔中国の〕人がよく知っているものであり、もしふと誤っていくつかの漢字によって仮名に代えれば、人に笑われることになります。日本や中国では、漢字をそれぞれ二つ、しかし仮字は四個五個と異なっており、仮名四、五個に漢字四、五個をあてることはできません。これは名称の音の軽重を指すのではなく、入るべき漢字の数は、括弧（　）によって示し、これによって名付けてください。また西洋人の度量衡は、日本のものと比較して注釈をつけ、それによって比べることができ、これと清国のものとを比較すれば、ようやく理解できるものとなります。そうでなければいかに名文といっても、はっきり理解できず、用いることができません。先生もそうお考えになるだろうと思います。　〈一八九九年一月十九

日〉

敬肅者：日前迭次奉接四函、當時以俗務匆匆、未及按次奉答、故統於十七日幷行稟商、諒邀賜鑒。凡旬報之例、多是預備兩期文字、然後敢刊行其上一報。則下一期之譯文、設有外事不能速譯、亦有以充卷、不至大迫也。前者弟子恐早譯則文字太陳、故毎期寧可趕譯。而琴浦君又未能如期付來、文字未足、亦未能全用、以是多忙。而字面爲支那人少見者、及新名目與西權衡未經註明、無從比例。東西相隔、面問無從、雖有好文字、亦多割愛、故有稟商補金請來之説。恐琴浦君少有家政、不能遠離、是以有商請他君可來之説也。琴浦君或他君能來固佳、如萬不能來、則此後無文字以充卷。此閒同志擬以計字酬金、其比例爲譯千字酬譯費五十錢、月譯東文四萬字、而酬勞之費爲二十圓。擬以此懇求於夫子館政之暇、著書之餘、仗義爲之。如蒙許諾、敢乞卽譯文字、分三日一寄。現廿二日發行第四册之報、工人無事、卽須譯文排刊、其時頗速。今第五期報東文隻字未譯、則下期之忙可知、殊爲抱悶。敢求卓奪示覆、以便辦理、至幸至幸。弟子原不耐事、近以此等事糾纏、未能讀書、大失初志、而又欲去不能、未知夫子其何以敎我也。前示李某賄令伊婿之事、經囑舍弟戒備、函覆具感盛情。查謂外閒訛傳、乞置罷論可也。歐米之行、俟東省有深於西文之人來此伴行、然後可訂定前往、現該人未到也。力微任重、支那人心已死、奈何奈何。十八日曾根先生賜訪於學校、授以地學協會刊本、除之不可、留飯不納、聚話一時而別。弟子擬廿三日往拜之、從約也。久以事糾纏、未入東京會見拜謁小林先生、期之他日可耳。憶臨行各學長贈詞贈詩、至今未暇答覆、其忙可愧。又如大定君來書未及奉覆、大有憶人正在不言中之意。諸君或未能諒其忙也。東亞論續篇求早脱稿擲下、以爲第五册之用、至感至感。專此、恭請著安。弟子孟卿謹稟。正月十九燈下申。太師母、母師均此叩安。

再稟者、日來琴浦君有已譯之東文、求速付來。若以太苦之故、不能多譯、必求早日示知、以便預索卓如、孝高等文字、因第五册確未有文字、甚可慮也。譯文以多採議論之文爲可用、凡人地船等名目多者最可厭、此爲人所熟知、或一時誤用多少漢字代其假字、豈不令人可笑。如日本支那、漢字各二、而假字或四個五個不等、不能因假字之四五個而入以漢字四五字也。此非指名字音之輕重、應入漢字多少、以括弧（）之或以名之。又如西人之權衡、必註名【明】日本之數目比例之、乃從此以比例、而易以淸國比例、字面方能用之、否則雖有佳文、知之不眞、未敢用也。想亦以爲然。

十二（C一二一）

日本横浜　中国大同学校〔朱の校印？〕

謹封

謹んで申し上げます。二十三日に手紙を一通お送りし、夕方に仕事で東京に入り、二十二日お送りいただいた手紙は、同人が開封して、「東亜」〔「論東亜事宜」〕の続編を取り出し、手紙を東京に送りましたが、私が二十四日の夜に横浜に戻り、手紙がまた東京から来て、二十五日に初めてこれを受けとって読み、そのため返事が遅くなってしまい、慚愧に耐えません。どうぞお許しください。同人は先生のお手紙を拝読し、わが先生の志が東亜の大局を救うことにあり、かつわが国のためにそれを憂うるものであり、ことごとくご厚情を感じました。私は再三先生が東亜のために憂い、世を救うことを自らの使命としているのを賞賛しておりますが、みな感服し、代わりにお礼を言うようにと言っています。先日のお願いにつきましては、すでに同人との約束があり、明らかにわずかなもので先生の労に報いることはできません。しかし微意ながら、また師弟はすでに親しい間柄ですので、実状をいうのに差し障りはありません。先生は士大夫の気が最も深く、その翻訳の費用をいわず、喜んで義を重んずるものだとおっしゃいますが、それは恐れ多いことです。たとえ毎号の文章は足りなくても、私にこれを求めさせないのなら、私は大変残念です。しかも年末のため、この学校の人たちはしばしいなくなり、訳を手伝う人がいません。私が来てこの職に就き、毎号翻訳しなければならない日本文は一万字にも及び、それでようやく巻を充たすことができます。そのため終始失礼にもお願いをして、しかも二十二、三日に申し上げたのは、やむをえないことです。昨日、片岡君が送ってきた第九号の訳文を受けとりました。約三千字です。しかし排印の職人が求めることが急で、私はこれに応じることができず、再三考えた結果、先生には塾の仕事や著述のあいまに、速やかに維新政党等の文章をもって、早くお送りいただくことを求めます。並びに、琴浦君に、速やかに翻訳を行い、漸次お送りいただくことをお願いできましたら、幸甚です。二十七、八日には全文を印刷に回さなくてはならないからです。またさらにお願いがあり、ここの新聞は、すでに中国の役人に拒絶され、今は中国各地のキリスト教の教会にお願いして、広めてもらっております。第五冊に掲載すべくお送りいただいた「東亜」の続編は、キリスト教を排斥するいくつかの言葉があり、キリスト教徒には都合が悪く、今後代理販売が許されなくなるかもしれません。先生のご配慮で、この字句を削除し、お知らせいただいてから刊行することをお許しいただけますでしょうか。大変申し訳なく思っております。先生が安らかであることを祈ります。お母様、奥様も安らかであられますよう。孟卿謹んで申し上げます。

『清議報』のばら売りは、毎号十五銭、ほかに郵送費五厘、年間予約では銀四円です。本館が以上の金額を得れば八割の収入になります。お問い合わせがありましたので、お答えさせていただきました。〈一八九九年一月二十六日〉

敬稟者：廿三日付上一稟、傍晩隨以事入東京、廿二日辱賜手諭、已爲同人拆閲、提出東亞續篇、旋將原函寄入東京、而弟子廿四晩返横濱、此函復由東京寄來、至廿五日始行接讀、以故遲遲奉覆、愧悚不堪、伏乞恕之諒之。同人接函、敬聆我夫子志在扶救東亞大局、且爲我國之憂、咸感盛意。弟子再三稱道我夫子久爲東亞憂、且以救世自命、衆皆欽佩、囑代道謝。至日前之所請、既同人有是約、明明瑣瑣不足以酬大君子之勞。然既有是微意、且師弟至親、無妨道實。乃夫子於士大夫之氣最深、不言是物、且樂爲仗義、夫何敢當。設使每旬文字未足、令弟子無敢瀆求、悵何如也。加以歲暮、此間學校各人暫散、無人助譯、而弟子來就此職、每旬需譯東文幾及萬字、方能滿卷、故前後瀆請、加有廿二三日之稟、不得已也。昨接片岡君寄惠第九號譯文、約三千字、而排刊工人、催請甚急、弟子無以應之、再四思維、用敢懇求我夫子於塾政及著述之餘、速將維新政黨等文字、早日擲給、幷求轉乞琴浦君、從速譯就、陸續付到、至幸至幸。因廿七八日、必需全文交其印刷也。抑更有請者、此間報紙、俱爲支那官長拒絶、今則多賴支那各地基督敎堂、代派推廣。賜來第五册應刊之東亞續篇、內有排斥耶敎數語、恐不便於該敎之徒、此後不允代派、敢乞我夫子酌量删去此數句、示知然後刊行爲叩。臨稟不勝悚惶之至。此請夫子大人崇安。太師母、師母均此請安。弟子孟卿謹稟。

清議報散沽、每册價拾五錢、另郵費五厘、閱全年則價銀四圓。若本館收入此數、則八折收成。承問合以稟聞。

十三（C一二二）

日本横浜　中国大同学校〔朱の校印？〕

一月廿八日

孟卿手寄

夫子大人侍下

謹んで申し上げます。二十二日の来信、事情により東京を行き来しており、二十五日にようやく返信しましたこと、お許しいただけたかと思います。私は先生の門人として、先生が東亜を憂い、救世を任としていることを日頃から分かっております。こちらで新聞が創られたのも、意を同じくするものです。私がそれを職としましたのは、やむをえないことです（書物を読む暇がないゆえ）。日本文を受けとって訳すことにつきましては、幸いにも琴浦君が翻訳料を考慮せず、義を重んじてしていただいていることですし、文章も素晴らしいものです。しかしその中に新しい名詞および方言があり、注釈がないため、多くを使えずにいます。しかし大阪と横浜は隔たっており、手紙で問い合わせるのは不便なので、翻訳料を増やして、横浜に来ていただけるようお願いします。もし来るのが不可能ならば、同門の誰かを派遣していただけますよう（琴君、もしくは同門が来ていただけるなら、これは私の都合ですので、私から送金いたします）。もしまたやむをえない時には、わずかなお金ですが自ら訳し、お送りいただくことをお願いいたします。これは報館〔清議報館〕の主人としての微意です。私はすでにこの職に就き、毎号に用いる日本文十一、二、三篇は、私の責任になります。ただ年末のため、学校は休みで、訳を求めるのは難しいとはいっても、長引かせることはできません。しかし毎日繁忙の中、書を読むことができず、これは来学の本意ではありません。同人から求められて手伝いに来ましたが、いかんともしようがありません。先日の、文章に報酬を出すという報主の考えにより、また自ら久しく教えをこい、師弟は極めて親しく実状を告げるに支障がないということで、以上の考えを失礼ながら申し上げました。手紙を発したのち、二十二日のご教示を拝読しましたところ、「東亜の大局は、形勢が日に日に危うくなり、私の著訳を送り、わずかに清国の文化に万に一つの補完とし、報酬を予め約束させて行うことではない」とあります。大義が煌々としており、敬意を表します。しかし前の著訳の三つのうちから一、二を選んで報いるとおっしゃっておられましたが、今に至るまでいただいておらず、首を長くしてお待ちしております。また「東亜事宜論」は、中にキリスト教を批判する部分があり、いまだ訂正されておりませんが、二十五日にお送りしました書簡はご覧になられていないでしょうか。手紙の中では唐突であったため、教えるのを潔しとしなかったのか、私は慎み深くあるべきでした。自らの過ちを悔い改め、いっそう恥ずかしさが増しました。塾の仕事が忙しく、しかも書物を著しておられ、訂正の暇がないのでしょう。琴浦君は前に日本文を訳してきましたが、手紙には、この数日大いに忙しく、ゆえに返事が遅くなってしまい、これからは速やかに送ります、と書いておられました。今号は日本文の欠けるものがとても多く、私は不粋にも、手紙にて速やかに送るように催促いたしました。前後して手紙を送りましたが、久しく師友の返信を受けとっておらず、今日は製版、清刷り、装丁を行う日なのに、文章が間に合わないのは、大変残念です。もし塾の仕事が忙しく、代わりに著訳する時間がなく、あるいは多くの著訳ができないなら、さらに琴浦君もまた学業が忙しく、翻訳が困難であれば、師友の二人で、毎期いくつの文章を送れるのかお考えいただき、あるいは報館が別の人に全訳をお願いし、私が連絡の責任を持たないようにするか、前もって決めて、明白にお伝えいただきますよう。それによりこちらで早く計画を立て、その〔著者や翻訳者の〕職に任命できるようにし、期日になって文を増やせないといった事態を免れることができれば、私はこれ以上望むことはございません。欲張ったお願いをし、何度も上申して我が先生にいやな思いをさせてしまいました。伏してこれをお許しになり、教えを受けられれば、はなはだ幸甚です。先生の安らかなることを祈り、お母様、奥様の安らかなることを祈ります。孟卿謹んで申し上げます。一月二十八日燈下申。

今年横浜と神戸の両都市は、清商の元本を割ることがはなはだ多かったのです〈約数百万〉。神戸の友人の手紙によると、学堂設立のための義捐金や資金が集まらなかったとのことです。私は新聞の仕事をしていますが、仕事を継ぐ人がおらず、大阪に帰ることもできず、常に先生のそばにいたいと思うもののかなわず、まことに遺憾です。私は先生が横浜に来られて、大同学校を取り仕切り(78)、日本文を教え、その他のすべての科目を教えることを望みます。ただ毎月二十五円の報酬のみなので、おそらくは用に足りず、先生の意向が分かりません。もし来ていただける意があれば、ぜひおっしゃってください。方法を考えます。〈一八九九年一月二十八日〉

夫子大人侍下

敬稟者：廿二日來諭、因事往返東京、遲至廿五日始覆、諒邀鑑諒。弟子久侍門墻、素稔我夫子以東亞爲憂、以救世爲念。此間創報、亦同此意。弟子職司其事、不得已也（無暇讀書之故）。接譯東文一事、幸蒙琴浦君不較譯費、仗義代勞、文字佳矣。惟其中時有新名目及方言、未經註明、多不敢用。而阪濱相隔、函問爲難、故欲稍添譯費、請之來濱。如其不能來也、則請別派一同門而來（琴君或同門來、此弟子意、由弟子送金）。再不得已、又欲以微金求乞手譯寄惠。此報館主人之微意也。弟子既就此職、則每期應用東文十一二三篇、是弟子之責任。惟此間歲暮、學校休暇、求譯爲難、亦不可長也。而日在冗次、不能讀書、又非來學之本意也。同人牽之來助、無如何耳。日前因報主買文酬金之意、而又自恃久受栽培、師弟至親、無妨實告、故將前意瀆稟。發函後、繙讀廿二日鈞諭、曰東亞大局、形勢日危、寄惠著譯、聊以裨補清國文化於萬一、不敢豫約酬金以從事云。大義煌煌、爲之起敬。惟前示許於著譯三者、擇一二以報、至今未見擲下、不勝引望。又東亞事宜論、內有誹耶教之語、未蒙批示、豈廿五日所上之稟、未邀入覽耶。抑此函內有唐突之言、不屑敎誨也、弟子此後知所檢點矣。自怨自艾、益增愧悚。抑館政多忙、加以著書之下、未暇爲此。琴浦君日前譯來東文、函言數日大忙、故遲以報命、自今速以從事云。此期所缺東文太多、弟子不揣冒昧、函催速以譯寄。前後去函、多日未蒙師友賜覆、而今日是應刊印清楚釘裝之時、各文不來、悵何如也。若館政太忙、不暇代爲著譯、或不能多於著譯、又琴浦君亦似學業大忙、艱於繙譯、師友二人、度計每期必有多少文字付來、或由報館別行請人全譯、弟子卸之、敢乞預定、明白示知、以便此間及早圖之、以補其職。免至臨期無以敷演、亦無使弟子有所希冀、作無厭之求、屢次稟請、至令我夫子見厭也。伏乞恕而諒之、進而敎之。幸甚幸甚。專此、敬請崇安、幷叩請太師母、師母金安。弟子孟卿謹稟。

一月廿八日燈下申。

今年濱神兩埠、淸商虧本甚多（約數百萬）。接神戸友函、唱辦學堂之事、未能助捐撥款。弟子職司報事、無人接職、不能歸阪、常欲在夫子左右而不能、殊爲憾事。鄙意欲請夫子來濱、掌敎大同學校、以敎東文、兼敎普通一切、惟每月二十五員之束修、恐不足用、未知尊意如何耳。如有意、則示知代謀也。

十四（C一二三）

〔封書表に大阪郵便電信局集配人云々の薄紙が貼り付けてある〕

横浜百四十番

一月三十日燈下

孟卿手発

夫子大人函丈

謹んで申し上げます。連日お手紙を差し上げ、厚かましいところはなはだ多く、どうぞお許しください。私の本意は、先生について学ぶことですが、同人に頼まれて手助けを行っており、やむをえないことです。しかもその任に堪えず、先生や友人たちを煩わせていますが、皆さまがそれに答えていただけるのは、ありがたくもあり申し訳なくもあります。しかし今に至るまで職を継ぐ者がなく（広東省からもいまだに人が来ず）、私はこの大局に関わっておりますので、いまだにここを離れて塾に帰ることができませんことは、残念でなりません。先日の来信で、神戸において清商の子弟が多く、学校を設立して人材を育てるべきで、もしこれができれば、毎日行ってここで教える、とおっしゃいました。私はこの手紙を受けて、大いにそのご厚意を感じ、すぐに神戸にいる同志を誘いましたが、韓・呉・陳の諸氏[79]は、藍那村に行ったり、伊勢に行ったりで、養蚕を習っており、その他は東京で政治学を学んでいます。豚児はすでに香港に帰りました（次女と三女が嫁入りするため）。神戸にいる友人の来信に、変政ののち、近年商業が大きく落ち込んだことによって、学校設立を提唱する余力がないといってきました。ゆえに神戸に学校を建てることは、すぐにはできないようです。こちらに大同学校を設立した時、山田央君を呼んで日本文を教えていただきました（毎日朝八時から十二時まで教え、夜は七時から九時まで教え、一日の労働は六時間にのぼり、こちらで食事を用意し、毎月二十五円を送っておりました）。年に三百円を送っていました。私が受けた恩ははなはだ深く、急に恩師から離れることができず、舎弟〔康有為〕及び卓如〔梁啓超〕に意を授けて、こちらの商人が先生に依頼してここに来て教えを授けることを提唱させようと思います。ただ謝礼ははなはだ安く、私の心も穏やかでないので、またお母様は年老いておられるので、奥様とともに家をこちらに移す方がいいでしょう。しかし収入が支出を賄えないのを恐れます。再三思案し、商人にいささかでも謝礼を増やさせ、二、三種類の要書を選択して翻訳し、無知な若者に授け、彼らの智を開けば益も多いでしょう。編著の報酬は百十ほど、合わせて年に四百円ほどになります（これは私の考えです）。家を移してこちらに住まわれたとして、この金額で足りますかどうか。お母様は年老いて、塾生も日に日に増えており、先生が塾を捨ててこちらに来られますかどうか。もし来ていただけるなら、費用を計算してお知らせいただければ、できる限りお力にならせてください。この事業が成功すれば、私個人の願いを果たすだけでなく、ここの同人たちの福でもあります。私に代わって著訳することにつきましては、もし塾の仕事がとても忙しく、著述をする暇がなければ、訳はひとまず措き、毎号に維新後の事跡や政党の事跡を二、三頁分いただければそれで構いません。琴浦君の今度の訳はよいものですが、前後してお送りいただいた手紙を受け、訳述で疲弊しているというのを知り、私ははなはだ不安になりました（訳述費は明日送付いたします。どうぞお渡しください）。もし毎号の訳出が一万字にのぼり、書を読む時間がないならば、お止めいただき、報館から別の人に依頼するのはどうでしょうか。あるいは決まりに従ってしばらく訳し、もし先生が将来横浜に来られたら、同門の志のある者もここで学びましょう。琴浦君への返信をこの手紙に付しますので、お渡しいただけますよう。先生の安らかなることを祈ります。お母様、奥様もともに安らかであられますよう。孟卿申し上げます。一月三十日。

中島岩(80)君が読むべき『清議報』は、後日、期日どおりここからお送りします。これは私の彼への贈り物です。先生のところには何部多めにお送りしましょうか。お知らせください。〈一八九九年一月三十日〉

夫子大人函丈

敬稟者：連日上稟、冒瀆甚多、伏乞寬恕。弟子本意就學於夫子、今爲同人邀來幫忙、不得已也。而又不勝其任、延累賢師益友、分任其勞、感愧無已。然至今尚無人接職（粤省尚無人到）、弟子以事關大局之故、未忍舍此歸塾、不能無抱憾矣。因日前來諭、有云在神清商子弟尚多、宜設一學校、以養育人材、如其事成、毎日可往敎之云云。弟子接諭後、大感盛意、卽飛約在神同志、然韓・呉・陳諸子、一往藍那村、一往伊勢、各習蠶務、餘入東京習政治學。豚兒早已歸香港（因二三兩女出閣之故）。在神友人來信、謂變政後、加以近年商務大虧、無力提倡云云、是則設神學校、決不能急成矣。此閒大同學校開創時、係延山田夬君敎東文。（毎日自早八時敎至十二時、晩上七時敎至九時、一日用工六個時、此閒供膳、月送束修二十五圓。）年送束修三百圓。弟子受恩深重、不欲遽離函丈、欲授意舍弟及卓如、提倡此閒商人敦請夫子來此督學。惟是束修太廉、於心不安、且太師母年高、須迎同師母移家來此乃可。然又恐所入不敷所出、再四思維、使其畧增束修、則撰譯三二種要書、以授頑蒙諸生、使其開智有益、則編書之酬、應得百十、統約年得四百圓之譜。（此是弟子私意）不知移家來此、此數果足敷演否耳。太師母年老、又在塾諸生日多、不知夫子能舍塾而來就此席否。果能惠然、則請酌量示知、俾得力謀。此事果諧、則足慰弟子自私之願、然亦未始非此閒同人之福也。至代弟子譯著一事、如塾政太忙、加以著書無暇、則舍譯、而毎旬寄維新後事蹟、及政黨事蹟三二頁可也。琴浦君近日譯文大佳、惟接其前後來翰、知其以譯事盡瘁、弟子心甚不安。（該譯費下日付去、乞交。）若毎旬譯至萬字、不能讀書、則舍却之、由報館別覓譯生何如。抑或從權暫譯、如夫子將來能來濱、則同門有志者亦能來此從學也。付覆琴浦君乙函、乞代致之。專此、敬請崇安。太師母、師母均此請安。弟子孟卿稟。一月三十日。

中島岩君、應閲清議報、此後由此間按期送去、是弟子酬他的。尊處尚應多付幾份、乞示補寄。

十五（C一二四）

横浜大同学校
二月三日

弟子孟卿　手槭

夫子大人函丈

謹んで申し上げます。先日来信を受けとり、自らの至らなさを知り、慚愧に耐えません。私は無茶な人間です。長らく教えを受けてきましたが、恩返しすることが未だかなわず、塾に帰ることができる見込みがなく、自ら思案し、また大局のために、今回の挙に出ました。しかし来信は、塾を去って横浜に来るのは忍びず、かつ収入が支出を賄えず、神戸に学校があるなら、毎日資金を寄付し車に乗って出かけ、そこで教えたいとありました。このような義挙は、前の手紙で私が求めたものと比べると、感激に耐えず、自らの恥ずかしさも激しくなります。私の思いをとめることはできません。来信を長・卓(81)に送り、先生の人となりを恭しく述べ、学校の理事に書面で相談するよういいつけ、必ずやその報酬を増やし、先生が家と塾を移してこられ、自ら持ち出す金額が少なくなるようにいたします。先ごろ舎弟〔康有為〕の返信を受け、その誠意を詳細に知りました。商人の金額の理由について、私は師弟の親しみにより、あえて元の手紙を付し、また卓(82)が商人に渡す手紙を書き写し、ご参考に供します。こちらの思いをお察しいただければと思います。理事たちは集まって話し合い、先生が義を重んじ、一、二人の弟子を連れてきて書物の編纂と校勘の分担をするように求めました。話し合いでは毎月賃金と食費あわせて五十円を送り、一年で六百円を報酬とします。かわりに招くことができるかどうか、手紙にて長・卓に知らせようと商人から指示がありました。私がこちらの商人を調べましたところ、神戸にいる商人の富裕な者にははるかに及びません。神戸の学校は急には建てられず、しかしここの学校は経費も少なく、報酬も微々たるものになってしまいます。『清議報』の一事も、私はその志をたたえるべきだったと思い、安い値段のまま、身をけずってきました。自分がやるべきだと考えたからです。先生はふだん、東亜の大局を憂い、後進を育成しようとしてきました。人材を育てるのに、〔国の〕内外を問いましょうか。来年、規則を変えて貴国人の入学を許すことにしてますので、なおさらその思いを強くします（近年貴国の入学希望者が大変多いのですが、一切断ってきました）。これに同情して助けようとする者はきっと出てくるでしょう。以前、わずかな金額でも支出に足りないのではないかと恐れ、また長・卓に手紙を出し、必ずやその報酬を篤くすることを求めました。理事と相談し、妥当な金額にするのを待って、再び手紙を出して要請を行います。さて、私が思いますに、今年本校が招聘しました山田夬先生（中西牛郎(83)の妻の弟です。商人や君勉〔徐勤〕、孝高〔羅晋〕等の招聘した者です）はここで日本文を教授しています。毎朝八時に授業を始め、十二時に終了、夜の七時に授業を始め、九時に終了、一日に計六時間、七日に一日の休み、夏休みも休み、年に三百円を送っています。学校には学生百名あまりですが、漢文・欧文を学ぶ者以外に、日本文を学ぶ者はわずか二十名余り。わが国の政変以来、人心は再び死し、来年先生がこちらで教授なされれば、必ずや多くの学生を惹きつけるでしょう。考えますに、来年は章程をやや変えようと思っていますが、先生が学校で教授される他、学外で塾を設立するならば、同門の者はみなついていき、当地の日本人もみなそれを聞いてやってきて学ぶ者がいるでしょう。そして休みの日には書を著せば、別に収入を得て、交際費の足しにできます。私の考えはこのようなもので、つまらぬことを述べました。先生にはご考慮いただけましたら幸いです。『清議報』は元旦に一期休む予定ですが、正月十一日に再び刊行します。琴浦君に、いつものようにこの一期の代訳をお願いするとお伝えください。最初の号の文章があれば、次の号は切迫せずにすみます。私は中島岩君に『清議報』一部を送り、ご閲読いただき、金銭をいただきません。しかし彼が遠慮して受けなかったのは理解できません。今後、こちらからまた送るのはいかがでしょうか。教えを請いそのとおりに処理いたします。先生の安らかなることを祈り、合わせてお母様、奥様の安らかなることを願います。孟卿は謹んで申し上げます。西暦二月三日。

〈一八九九年二月三日〉

夫子大人函丈

　敬稟者：日前接奉來諭、自知屑褻、愧不可言。弟子亦亡人[84]也、久蒙教養、報稱未能、誠以返塾無日、私自爲謀、幷爲大局計、故試爲此擧。而來諭以不忍去塾而來濱、且入款不足以供他用、寧神戸之有學也、願毎日捐資乗車出以敎之云云。似此義擧、以視去稟瑣求、其感固不勝、而愧亦滋甚矣。弟子之心、終不能已矣。卽將來諭寄示長卓、恭述夫子之爲人、囑令函商該校値理、必厚其束修、使我夫子移家塾而來、不至自捐太多。頃接舍弟覆函、備知其誠。亦以商人之款之故、弟子以師弟至親、用敢將其原函付覽、幷抄白卓致商人之函、以備査。願俯察其微衷焉。頃値理集議、求夫子仗義、携一二弟子來編書分校、擬毎月統送束修膳金共五十圓、一年共酬六百圓也。囑函知長卓、可否代延。弟子査此閒商人、遠不如在神商人之富厚。神戸學校未易遽成、而此閒學校經費無多、所酬未免瑣瀆。卽如清報一節、弟子亦以其志可嘉也、用是不除賤値、賣身而來、亦視爲自己應辦之事也。我夫子平日以東亞大局爲憂、以培植後進爲念、夫培植人材、何分内外。況來年變章、允貴邦人來學。（今年貴邦人來學甚衆、一切謝之。）想亦當有以憐而扶之也。前此區區微款、恐不足以供支銷、已再函長卓、必求其厚。俟其與値理函商妥當、再行備束敦請。再者、弟子査今年本學校延請山田夬先生（中西牛郎之妻弟也、是商人及君勉、孝高等敦請者）在此教習東文、毎日早八時上學、十二時退學、晩七時上學、九時退學、日計六小時、七日一休、暑暇亦休、年送三百圓。學校雖有諸生百餘人、除習漢西文外、其習東文者、僅二十餘人。敝邦政變以來、人心復死、則來年夫子來此掌敎、必可多得其人也。私計來年雖畧變其章程、想我夫子除在學教授之餘、再在學外設立一塾、想必有同門從遊、或當地之貴邦人聞風來學者。或尚有暇日著書、當傍得金錢以沾補酬應之費也。弟子通籌若此、敢布其區區、惟我夫子熟裁之、幸甚幸甚。淸議報雖擬元旦日暫歇一期、正月十一再報。乞代懇琴浦君仍照常代譯此一期、則有上一期之文字、下期不至太苦太迫矣。弟子擬送中島岩君淸議報一份、供彼淸覽、不費金錢、乃彼客氣不受、是不可解。此後仍由此間付去如何。乞示遵辦。專此。敬請崇安、幷叩太祖母、師母福安。弟子孟卿敬稟。西二月三日。

康有儀書簡

卓如〔梁啓超〕が本学〔大同学校〕理事に宛てた書簡の写し

柏原〔柏原文太郎〕が犬養〔犬養毅〕に会って戻りました。大同学校が犬養を名誉校長として招聘する件につき、犬養は非常に喜んでそうしたいとのことです。さらにほどなくして大隈〔大隈重信〕にも伝え、大隈もまた唱導奨励することを望み、そのうえ日本人も来させて就学させ、この学校をかりて中日両国の人材の交流の中核とし、来年新春に開学する際、大隈と犬養は必ずや自ら来校するとのことです。これは実に東洋を治めようとする大隈の厚い志であり、彼の来校が実現すれば国内外を鼓舞することができます。諸君はあらかじめすべてを準備しておいてよろしいです。その時になれば招請しましょう。犬養は校長ですが、わが本校同人の権利には一切干渉せず、ただ唱導奨励し保護するだけです。来年は学校の規模を拡大すべきですが、そうであれば日本人教習についてはいっそう人を選ばなければなりません。日本人で漢学と西学のいずれにも精通している方といえば、山本先生のほかにおりません。このことはすでに申し上げたかと存じます。山田を解雇し山本先生を招聘するようご決定のほどよろしくお願いいたします。ただ山本先生には教科書の編集もお願いし、そのうえ教育の手伝いをする一、二名の門人を連れてくるようお願いする予定であり、山田は三百金ですが、山本先生にお願いするのであれば、必ず極力報酬を多くすべきです（さらに彼には手伝いをする人を連れてきてもらわなければいけないからです）。貴下でご協議のうえ、その報酬金をどのくらい増やすことができるかお知らせいただき、山本先生に特別に書簡をしたため取り決められるようにしてください。（今日の昼、理事は協議し、その意見はすでに私の書簡にあるとおりです。その後、長〔康有為〕・卓〔梁啓超〕の二人にも知らせました。）お読みになられた後は焼却くださいますよう。事が成功するか分かりませんが、ついでながらその梗概を付記いたします。弟子孟卿謹注す。

書　簡

抄白卓如致本學校値理函：

柏原往見犬養歸、大同學校請犬養爲名譽校長之事、犬養甚樂意、且已告大隈、大隈亦極欲提倡、兼遣日本人來就學、借此庠爲中日兩國人才交通之中堅、擬於明年新春開學時、大隈與犬養必親臨校中云。此實大隈經營東方之盛心、得其臨校、亦足以鼓勵海內外矣。諸君可預備一切、屆時請之。犬養爲校長、於我本校同人之權利、一毛不干涉、惟提倡保護而已。來年、宜推廣學校局面、則東敎習益不可不擇人。日本人漢學西學皆深者、莫如山本先生、前既已言之矣。今請卽定意辭山田而請山本先生。惟擬請其兼編輯讀本書、幷求其帶一二門人來幫敎習、山田年三百金、則請山本先生、務當竭力厚酬（因又要彼帶人來幫也）。尊處共商、其酬金能加之幾何。乞示之。俾得專函與山本先生訂定也云。（今日午間値理集議，其意見已見弟子專函。旋知會長卓二子。）閱畢付炳。事之諧否未可知。順以其梗概付聞耳。弟子孟卿謹注。

十六（C一二五）

東京牛込区鶴巻町四拾番
康孟卿

夫子大人尊侍
　謹んで申し上げます。年の暮れに横浜で友人と付き合い、私は四日に東京に入り、一、二週間ほど留まり、そのあとで横浜に帰ります。もしお手紙をいただけるなら、東京にお送りいただければ、手間が省けます。来年、本学は規模を拡大し、港中の士商は以前から先生のご高名を慕っておりましたが、みな先生がこちらで教授することを要請するよう望んでいます。年間謝礼を六百円お支払いし、食費は別途支給させていただきます。これでご恩に報いるとは申せませんが、いささか私どもの気持を表したいです。同人は私にまず最初に相談せよといい、もしご承諾いただけたら、そののちにお手紙にて改めて要請いたします。私は恩師から離れても、先生を思わない日はありません。わが同人は、賢い師に教育してもらうことを願っています。そのため計画を立て、塾を移して横浜にいらっしゃるよう先日から何度もお願いしてきました。しかし再度お手紙により、塾を離れて横浜に来ることはできず、むしろ神戸に学校があれば、資金を寄付し、車にのって教授しに行きたいとおっしゃられました。手紙を拝読し、そのこだわりと義挙の情が、紙に溢れていました。同人にも回覧したところ、みな尊敬の念を強くしておりました。近ごろのやむを得ない事情の中で、先生が考えを変えてこちらにいらっしゃることを求め、他日幸いにして何人か役立つ者があり、先生のために道を伝え、先生が世を救う心を実践することができれば、たいへん素晴らしいことです。先生が東亜の大局に着目し、哀れみそれをお助けいただけましたら、私にとってはなはだ幸甚ですし、中国にとっても幸甚です。まげてお引き受けになり、同人に通知してお手紙を準備して要請することができますよう、お願い申し上げます。この書面を書くに当たって、恐縮して待ち望む気持ちに耐えません。先生の安らかなることを祈り、かつお母様と奥様の安らかなることを祈ります。孟卿謹んで申し上げます。十二月二十七日。

さて、『紀事本末』(85)を謹んでお受けし拝読いたしました。ややいい加減なものが多いとは思いますが、中国人の知識を増すために、毎号一、二頁を挿入しようと思います。私の家は羅浮に近く、もしこの名を用いれば、中国人が書いたように見えます。同門の中の一人を選ぶのがよいようです。いかがでしょう。〈一八九九年二月七日〉

十七（C一二六）

夫子大人尊侍

敬肅者：濱地歳暮徵逐、弟子於四日入京、大畧小住一二周、然後返濱。如蒙賜諭、乞逕寄東京、可省迢遞。來年本學校推廣學規、合埠士商嚮慕夫子嘉名盛行、咸欲延請夫子來此掌教、年送束脩六百圓、膳金另送、非敢云酬、聊以見意。同人囑弟子先代稟商、如蒙俯允、然後具柬恭請。弟子自離函丈、靡日不思。顧我同人、亦樂得賢師以教育。因爲通籌之計、日前迭稟乞移塾來濱、乃兩接手諭、以義不能離塾來濱、寧神之有學也、每日捐金乘車以往教授。捧誦來函、其狷介與義舉之情、溢乎紙上。遍示同人、咸皆起敬。頃欲於不得已之中、仍求我夫子變通俯臨、使他日倖有一二成材、爲夫子傳道、而行夫子救世之心、不亦善乎。敢乞我夫子爲東亞大局起見、憐而扶之、弟子幸甚、支那幸甚。必求示悉俯就、以便通知同人具柬敦請爲懇。臨書不勝惶悚遙跂之至。專此、叩請崇安。太師母、師母均此請安。弟子孟卿謹稟。十二月廿七日。

再者、紀事本末敬收拜讀、事雖似緩、可增支那人之知識、擬每期附入一二頁。弟子家近羅浮、如用此名、似支那人作述者、似宜撰用同門中之一名、如何。

横浜百四十番大同学校　康繊

夫子大人函丈

謹んで申し上げます。これまでのお手紙を拝読いたしました。我が先生が塾を止めて横浜の〔大同〕学校にいらっしゃることが出来ないことは承知いたしました。同人たちは、賢明な教師がここに来て教育が行われないことを大変残念がっています。〔先生が〕「もし神戸で教育を行うのであれば、費用（往復の交通費）をなげうってお手伝いするのだが」とおっしゃったのを知り、そのご厚情にいたく感じ入っています。そして他日にそういう計画があれば、きっとお心のままにして差し上げたいと申しています。さて、前回の〔『近世史』の〕原稿はどこまで掲載されたかとのご質問でしたが、調査・回答はいましばらくお待ちください。目下、様々なところから原稿が届いており、先に掲載したい記事がございますので、こちらを優先しています。従いまして玉稿は次号で補うか、または次号に続編をお送りいただいても結構です。私は東京に着きましてより、たまたま風邪をひき、半月ほど休んでしまいました。二、三日雪の中を歩いた（浅草に出かけて塔〔凌雲閣か〕に登りました）ほかは、結局外出いたしませんでした。このために、親愛なる友人たちを訪問出来ず、残念に思っています。東京に二十日ほど留まり続けていましたのは、舎弟〔康有為〕が他日欧米に行くためです。しかしながら、広東から欧米の言語の通訳がまだ到着しておらず、おおよそ二月ごろになってようやく到着・同行出来るようです。私はいま、所用で横浜に戻り、学校で(86)数学・幾何学の教職に就くことを考えています。俗事に忙しくかかずらい、読書する暇もなく、いつまた〔先生の〕塾に戻れるのかも分かりません。このことを思えば気落ちしてしまいますが、いつの日かそうなることを願うのみです（同人たちがハワイや南洋各地に行って学校を開いていますので、私のような非才の者でも採用されるのです）。昨日、東京より写真を送付いたしました。ご覧いただけたかと存じます。頬がこけ、げっそりとしていますが、ここからも志が得られないことの一端が見て取れることでしょう。陰暦の正月六日〔二月十五日〕に、商人に言いつけて私に代わって翻訳料十五円を届けさせたのですが、そちらは届きましたでしょうか。お知らせがないので心配しています。もし届いていらっしゃらないようでしたら、どうぞお知らせください。追って調査いたします。末筆ながら、ご多幸をお祈り申し上げます。お母様、奥様にもよろしくお伝えください。弟子の孟卿が申し上げます。陰暦正月十八日。横浜より送付。

〈一八九九年二月二十七日〉

十八（C一二七）

夫子大人函丈

敬稟者：前後來諭恭讀、知我夫子不能捨塾來濱學校、同人大以不得賢師來此教育、至爲憾事。知若在神戸教育、則反爲捐金（出入車費）助之、至感盛意、謀之他日、必如尊志云云。示問前次文稿末段何止、容俟查覆。現因接各處寄書、有欲先刊者、不與之爭也。則大作下期補刊、而亦下期稟覆續作可矣。弟子自到東京、偶被風寒、糾病半月、除踏雪三二日（出於淺草登塔）、未有出門、以故至愛知友未及訪謁爲憾。東京盤桓二十日、爲舍弟他日歐米之遊。然廣東西文生尚未到、大畧二月乃能來伴行也。弟子今以事返橫濱、擬就學校算學・幾何之職。俗事大忙、無暇讀書、未知何日再可歸塾、思之悵然、亦冀諸異日耳。（同人往布哇・南洋各處倡辦學堂、故無才如弟子亦爲人用。）昨日由京付呈寫眞一幅、諒邀賜鑒。貌癯神衰、當亦見其一班、不得意耳。陰曆正月初六日囑商人代弟子寄上譯費十五圓、未知已寄到否。未見示及爲念。如未收到、乞示知追查也。專此。謹請福安。太師母・師母乞代請安。弟子孟卿稟上。陰曆正月十八日。由橫濱付。

書留　横浜百四十番大同学校　孟卿手緘

謹んで申し上げます。三月二十一日[87]のお手紙を受けとって拝読いたしました。これまでのお手紙の内容、及び昨日のご指示の内容も全て承りました。前回の送金及び私の写真[88]も受け取られたとのことで、安心いたしました。さてお尋ねの件ですが、新聞記事の翻訳を中止するのか、とのことでした。こちらで新聞社を開設するに当たり、本来は旬刊誌・日刊紙の二つを始める予定でした。しかしわが国各省の貪官汚吏たちが〔『清議報』の〕購読を禁止したため、各地の開港場や上海のような租界であってもこの新聞の搬入が許されていません。以前『清議報』の委託販売をしていた上海の各新聞社でも、今では代理販売を禁止されています。しかしながら、旬刊誌〔『清議報』〕は既に発刊している以上、これまでどおりやっていくほかありません。日刊紙はこういう事情で売れ行きは芳しくないでしょうから、あえて創刊することは出来ません。今は旬刊誌があるのみで日刊紙はありませんので、〔記事として〕使用する日本文はそれほど多くはないのです。これ以前、梁任父〔任公のこと、父は尊称、以下同じ〕君は古城貞吉《こじょうていきち》[89]を弊社に招聘し、記事の翻訳に従事させようとしていました。〔弊社の〕開設時には、古城君は事情があって郷里にいましたが、今は家族とともに東京で暮らしています。梁君から手紙が参りまして、今後は片岡君が代理していた翻訳の仕事は不要であり、主として古城君にその仕事を頼めばよい、とのことでした。前便では、「こちらに翻訳担当者〔古城貞吉〕はいるのだが、病気から回復していないためにまだ翻訳が出来ない。もし回復すれば片岡君には仕事から外れてもらってもよいだろう」とのことで、これも梁任父君の言葉です。梁氏が翻訳担当者を得た以上、不躾なお願いではありますが、片岡君に「翻訳の仕事はもう結構である」とお伝えいただければ幸いに存じます（今は旬刊誌だけですので、使用する日本文がとても少なく、代理で翻訳するには及びません）。陽暦十二月二十五日にお送りした金額には間違いがありませんでしたが、陽暦三月四日に列挙いたしました金額は、私の手違いで誤っていました。

何とぞご寛恕ください。〔片岡君に〕用意してお支払いすべき月謝・旅費・新聞購読料の残高は、合わせて十九円です。〔下記の〕明細書の通りに、〔先生が片岡君に〕代わって清算されますことを、どうぞお願い申し上げます。これまで片岡君には代理の仕事をしていただきましたのに、お恥ずかしい限りです。〔先生から〕代わりにお詫びの気持ちをお伝えください。末筆ながら、先生のご健勝をお祈り申し上げます。弟子の孟卿が謹んで申し上げます。お母様、奥様のご多幸を併せてお祈り申し上げます。取り急ぎ。三月七日拝復。〈一八九九年三月七日〉

片岡鶴雄君
西暦十二月十六日より西暦一月十五日までの、一月分の月謝十三円をお支払いします。

一月十六日より二月十五日までの、二月分の月謝十三円をお支払いします。

二月十六日より三月十五日までの、三月分の月謝十三円をお支払いします。

一月・二月・三月の新聞購読料として二円四十九銭を二円五十銭にしてお支払いします。

郵送費として、五十銭をお支払いします。

〔片岡〕鶴雄君の往復交通費として、合計十円をお支払いします。

以上、お支払い金額は五十二円です。

これまでに三回に分けて合計三十五円を交付いたしました（このうちお年賀の二円は除いてあります。必ず受領されますようお願いいたします。実際に交付した金額は三十三円です）。交付した金額を除き、今〔残りの〕十九円をお支払いいたします。ご査収の上、代わりにお支払いいただければ幸いです。陽暦三月七日精算。

敬粛者：三月二十一日來論接讀、前後片示、及昨日來示、均悉。知前款及賤像已蒙賜收爲慰。承問譯報一事、是否止譯云云。此間創辦報社時、原議開旬日兩報。後因敝國各省劣官禁止購讀、雖通商各埠、及租界如上海者、亦不准將此報運入。滬上各報社前之代寄售清議報者、亦今不允代派。然旬報已開、惟有照舊辦理。而日報、以此之故、銷流必少、不敢舉行矣。今則只有旬報、而無日報、故所用東文無多。前梁君任父聘定古城貞吉爲本館譯報、開辦時、古城君因事在鄉、今則携眷寄寓東京。梁君信來、謂此後可免片岡君代譯之勞、大畧卽請古城君爲之也。前函云、此間已有譯人、惟因病未愈未能譯、如病愈可省片岡君之勞、亦卽梁君任父之言也。既梁君已得其人、敢請告知片岡君罷譯爲幸。（今只旬報、所用東文甚少、請不必代譯也。）陽十二月二十五日付上之銀數不差錯、陽三月四日列上之數、是弟子因事、一時謬悞、伏乞諒之。諸敬備應拂修金旅費報費尾數共銀拾九圓、清單一紙、敢求代爲清結。前後備辱片岡君代勞、愧感無已、乞代道謝。專此、敬請夫子大人崇安。弟子孟卿謹稟。太師母・師母均叩福安、不另。三月七日敬覆。

片岡鶴雄君

西十二月十六日至西一月十五日　支一月修金銀十三圓

一月十六日至二月十五日　支二月修金銀十三圓

二月十六日至三月十五日　支三月修金銀十三圓

支正月二月三月報費銀二圓四十九錢、作二圓五十錢

支郵費銀五十錢

支鶴雄君來回車旅費共十圓

以上應支出銀五十二圓

前後三次共交銀三十五圓（內除年敬[90]二圓、乞必賜收、實交去艮【銀】三十三圓）、除交之外、今酬上銀一十久【玖】圓、乞查收代爲支結爲幸。陽三月七日核算。

十九（C一二八）

謹封　横浜居留地百四十番　大同学校　康孟卿手発

謹んで申し上げます。先日、〔片岡〕琴浦君からのお手紙を受けとって読み、我が先生が既に大阪に戻られていることを知りました。私は俗事にかかずらい、慌ただしくしており、〔先生が〕塾へお戻りになる日がいつになるのかを細かく調べることもせず、東京に参り〔先生の〕出立をお見送りすることも出来ず、誠に申し訳なく思います。折角足をお運びいただきましたのに、その間に事情があって粗略にしてしまいました。罪を負うことはとりわけ深いものがあります。舎弟の長素〔康有為〕らが欧米に行くに際し、力のかぎりお手伝いいただき、この上なく感激いたしております。舎弟につきましては、〔私の〕勧告を受け入れ、言葉を聞き入れて計画に従わせることが出来ます。しかし、その他の者〔梁啓超と王照〕は胸の内を明かして計画をともにすることは出来ますが、私の勧告に必ず従わせることは困難です。この〔勧告の〕中には口に出せない複雑な事情があるのですからなおさらです。昨日この事情を洗いざらい申し上げたのは、師弟の情が骨肉の情に勝るからであり、言葉を尽くすことが出来るからです。そもそも当事者は目がくもります（王・梁のことです(91)）。そして我が先生がこの素晴らしい行いを成し遂げようとなさいますのは、もとよりお考えがあってのことですし、黙って見過ごすことが出来ないからです。また昔からの交際のために、義理と人情を兼ねて尽くし、力を尽くして事をなしていらっしゃるのです。また道理が尽くされることを願うのみであり、他のことを気にされる余裕など無いのです。その時の先生のお言葉を想い起こせば、「もしも長・卓〔康有為と梁啓超〕の二人が遠く海外に行ってしまうのなら、われわれが責任を持って教育や周旋に務めさせてもらう。きみのことだって、きっと悪いようにはしない」とのことでした。出会いもよく別れも良く、大変感激いたしました。他の者〔王照か〕のように、言行が一致せず、計画にも従わないということはありません。もし他日に出国する時、〔日本政府が〕費用を一銭も払わなかったとしても、我々を責めたりすることができません。私もまた胸の内を明かして気持ちを伝え合い、ひたすら道理を尽くしました。私は本来、俗事を切り抜けられるような人間ではありません。近ごろは病弱の身を押し、『清議報』や大同学校などの業務に従事して過ごしていますが、好きでやっている訳ではないのです。ただ願うことは、隠遁してしばらく休息の時を得て、このわずかな数十斤の肉体を〔この世に〕留め、この身を犠牲にして正義を行い、自分の志を成し遂げたいということなのです。はてしない大地のどこに戻っていくのでしょうか。謹んで私の積もる思いを申し上げました。最後に、ご健勝をお祈り申し上げます。弟子の孟卿が跪いて申し上げます。お母様、奥様にもよろしくお伝えください。

清議報社への投稿はあまりよいものがないです。先生のご著書である『近世史』の現存の数篇は、大いに人々の知見を増やすものです。同人たちはこれを記事に掲載したいとたびたび望んでいますが、先生は塾の経営がお忙しく、次号では続けられないかも知れないので、みだりにお願いしてよいものか考えあぐねています。もしご都合がつくようなら、多めに数篇あるいは十数篇を書いて送っていただき、その後で刊行しよう」と申しております。先生にはこちらの事情をお酌み取りいただければ幸いです。舎弟は出国前に、先生にお贈りした詩を揮毫し、これを進呈するつもりでした。残念なことに、書き終わって保管していたところ、お贈りする前に人に盗まれてしまいました。十分にお気持ちを伝えることが出来ず、痛恨の極みです。そこで、大園(92)・松村(93)ら四名への答礼のために揮毫した四紙を、代わりにそれぞれにお渡しください。この他の余分の三紙（宛先の姓名が未記入のものです）は、先生の筆で記入していただき、それぞれ友人に贈るためのものです。弟子の孟より追伸。　〈一八九九年三月三十日消印〉

敬肅者：日前接閲琴浦君來信、知我夫子已返大阪。弟子以俗事糾纏、匆匆未及細査歸塾之期、未及赴京恭送行旌、歉甚歉甚。而辱前後之枉駕、其中因事簡褻、負罪尤深。舍弟長素輩出遊歐米、辱荷竭力周旋、感不可言。舍弟尚能納勸、可言聽計從、若他人(94)雖可推誠與謀、然難必其從我也、況其中有委曲難言之處耶。日昨鑿而言之者、恃師弟情逾骨肉、可盡其言耳。夫當局者迷（指王梁而言）、而我夫子之欲終成此美舉者、固有所卓見、不忍坐視。亦以舊交之故、而情義兼盡、竭力爲之耳。其亦庶盡其道已耳、遑問其他哉。憶當日夫子之言、曰若長卓二子外出遠遊、則我輩當力任教育周旋、弟子之事可極力謀之云云。善始善終、大可感矣。無如其他人者、則言不行計不從也。設他日出境、一毫不拔、莫我怪也。余亦已推誠相告、亦盡其道已耳。弟子原不耐事、近以多病之身、從事於報校等事以度日、非所願也。欲避地少休以待時、留此區區數十斤肉、爲殺身成仁之事、以行其志耳。茫茫大地、行將何歸。謹舒積悃。敬請崇安。

弟子孟卿叩稟。太師母・師母均此請安。

　報館之寄書、佳者無多。尊著之近世史、現存數篇、大可增人知見、同人屢欲刊之報章、又恐夫子塾政太忙、下次或不接續、未便瀆求。如果有暇、多著數篇或十餘篇付來、然後刊行云云。乞夫子酌之爲幸。舍弟臨行前、將舊贈夫子之詩、以揮毫寄呈、惜寫畢留而未寄、爲人竊去、無以致意、至爲憾事。茲答贈大園・松村四君揮毫四紙、乞代分交之。其外多三紙（未塡寫姓氏者）、由大筆塡之、以分贈知人之用。弟子孟又稟。

二十（C一二九）

謹封　横浜居留地百四十番大同学校　康孟卿上

謹んで申し上げます。三月三十一日のお手紙は、四月一日に受け取り拝読いたしました。諸点全て承知いたしました。舎弟〔康有為〕が出国して後、少航(95)・卓如〔梁啓超〕は宴席の招きを断って、出国の相談をしています。今はまだ許可が下りないので、しばらくこちらに留まり読書をして過ごしています(96)が、これもまた彼らのやりたいことのうちです。私は事前に知っていましたので、先日中止するというお手紙〔未詳〕を受け取りましてより、急ぎお伝えしたのでした。いただいた序文も、私が大事に保管しており、まだ他の場所には送っていません。また本日いただいたお手紙にあるご厚情につきましては、他日にそのような事が起きるのを待ち、その後で〔王・梁に〕急ぎ知らせれば手間が省けることでしょう。時機を逸して旅費が得られなかったとしても、我が先生がご自分の正しい道を貫かれたことに変わりはありません。以上お返事し、彼らに代わって感謝申し上げます。ご健勝をお祈り申し上げます。お母様、奥様にもよろしくお伝えください。弟子の孟卿が謹んで申し上げます。〈一八九九年四月二日消印〉

敬肅者：三月三十一日來諭於四月一日謹收拜讀、恭聆一切。自舍弟出遊後、少航、卓如卽除東道主一切之招呼、且商請出遊、現尚未邀允許、故漸【暫】留此讀書度日、亦其志也。弟子預知其事、故日前自接到罷論之信、卽行飛告。及所賜之序、弟子亦什襲藏之、未有寄他。又如今日來諭、其中一切盛意、且俟他日有其事、然後飛告、欲省事也。雖遲或不得其遊費、然我夫子亦自盡其道已耳。專此謹覆代謝。敬請崇安。太師母・師母均此請安。弟子孟卿謹肅。

二十一（C一三〇）

謹封　横浜居留地百四十番　大同学校　康孟卿手発

謹んで申し上げます。ご無沙汰しておりました。お元気でいらっしゃるだろうか、執筆が順調に進んでいらっしゃればよいのだが、と常々気に掛けていました。さて前便は、『近世史』を返送し続けて執筆したいとのご依頼でした。すでにその末尾の部分を書き写してお送りし、続けて執筆しお送りいただきやすいようにしておりますが、ただ、一旦全ての原稿を〔先生に〕お返し、お時間のあるときに書き足し、執筆が終わりましたら〔こちらまで〕送っていただく方がよろしいかどうかご指示がありませんでした。どうぞご教示ください。その通りにいたします。私はこちらの学校と新聞社に寄寓し、学業はますます駄目になり、常々〔先生の〕塾に戻りたいと願いつつも果たせず、そのことを考えては落ち込んでばかりです。私は幸運にも先生の門下に連なりました。先ごろ諸学兄が『同門録』を編纂されると、どうしたことか、私の名前を先頭に置いてしまいました。私は無学であり、恥ずかしく恐れ入ります。今後はこの名簿を頼りに、〔同門と〕直接連絡を取ることも出来るでしょうし、良友を求めることも出来るでしょう。どのように努力して学問をし、〔先生の〕ご高恩に万分の一でも報いるべきなのかは分かりません。以上、私の胸の内をお伝えしました。先生のご健勝をお祈り申し上げます。お母様、奥様お二人のご多幸を併せてお祈り申し上げます。

弟子の孟卿が謹んで申し上げます。〈一八九九年四月二十三日消印〉

書簡

敬肅者：久未修候、時切馳思、辰惟起居勝常、著作日增爲祝。前來函、囑將近世史付還續著。惟前經將其末段抄付、以便續著付來。惟未蒙示及、應否將其全稿繳還、以便暇時補著、事畢然後擲下也。乞便中示悉遵行。弟子寓此校社、學業日荒、每欲歸塾而未得、念之悵然。弟子幸列門墻、前蒙各學長大修同門錄、謬以弟子賤名居首、弟子無學、愧不敢當。此後藉此名錄、直可通信、可求益友。不知應如何努力向學、以報高厚於萬一耳。專此報臆。敬請夫子大人崇安。幷叩太師母・師母兩位大人福安。弟子康孟卿謹稟。

二十二（C一三一）

横浜居留地百四十番　大同学校　康孟卿敬上

大阪天神橋南詰東入梅清処塾

山本梅崖夫子

侍史

謹んで申し上げます。私は先日、たまたま軽い病にかかりました。病気から回復すると、東京・横浜間を往復して外の空気を吸い、憂いや苦しみの中でも気分転換を図っています。そうすることで残りの人生を引き延ばし、世界の将来を見届けたいと思います。まだまだ達観にはほど遠いようです。さて近頃、私は大同学校に戻り、五月二十九日の先生のお手紙を受けとって拝読しました。そしてこの日に松本(97)君が立ち寄り、私の様子を詳しく話しましたので、我が先生が私のためにお心を痛められていることを知りました。こうなったのは誠に私の過ちです。お手紙では、「〔われわれの〕付き合いは家族のようなものなのだから、苦楽をともにし、身の回りのことは私が面倒を見よう。もし〔きみが〕塾に戻って来たら、教え養い、ともに暮らそう」とのことでした。これによっても先生のこれまでのご厚情を忘れることは出来ませんし、いま松本氏の話を聞き、さらにすすり泣いている次第です。師弟の情はここに極まり、万分の一でもご恩返しをするにはどうすればよいかと自問しています。拝読した後で、感激のあまり涙がこぼれてしまいました。私は生来あっさりとしており、俗世の事柄に馴染まず、いたずらにこの身を晒して生きています。ただ時間があれば読書を自らの楽しみとしたいと願い、ゆえに塾に戻ろうという意志がとても堅いのです。ただ事情が思い通りには行かず、行こうと思っても果たせないでいます。橋本君は私を非常によく理解してくれていますので、中国語学の教員職を用意してくれましたが、これも応じようとしてまだ果たせていません〔私がやることがなくてくすぶっていても、同志たちが世話を焼いてくれますので、どうかご心配なさらないでください〕。今は大変な時期です。徐君勉〔徐勤〕はすでに横浜を離れて広東に戻り、南洋に行ってしまいました。こちらの教員は人手不足で、一遍に二人が辞める訳にも参りません。そのため同志たちは熱心に〔私を〕挽き留め、大局を顧慮せざるを得ませんでした。私は年老いて病気がちであり、世の中の役にも立たず、好きでここ〔大同学校〕に留まっているのではないのです。仕方がないからなのです。他日誰かが〔私の業務を〕引き継いでくれるのなら、時機を見て行動するつもりです。もし塾に戻れなければ、中国語学の教員職に就くのもよいでしょう。ご心配いただいていると伺いましたので、併せてお知らせいたします。卓如〔梁啓超〕からの手紙を受け取り、神戸で学校の設立に励み、非常に順調であることを知りました。「暇が出来れば大阪に行って先生を訪問したい」とのことでした。舎弟の長素〔康有為〕からは時々手紙が来ます。行く先々の港の清商から非常に歓待され、彼もまた息災にしていることを知りました。よい知らせを併せてお伝えいたします。末筆ながら、先生のご健勝をお祈り申し上げます。お母様、奥様お二人のご多幸をお祈り申し上げます。弟子の孟卿が謹んで申し上げます。

ご著作の『近世史』を拝読しました。人々に非常に有益ですので、すぐに原稿を新聞社に送って刊行するようにしました。その返事ですが「色々なところからの原稿が溜まっており、まだどれを刊行するか選定が終わっていない。しかも、最近の緊急の時事問題〔を扱った記事〕で、刊行しなければならないものがなお多い。『近世史』は、しばし延期してから刊行する訳にはいかないだろうか」とのことでした。私は緊急時につき、すでに了承いたしました。併せてお知らせいたします。　〈一八九九年六月一日消印〉

敬肅者：弟子日前偶沾微恙、病愈、往返京濱之閒、以吸養氣、於憂患中時圖排遣、欲補其殘生以觀世界之將來、可謂不達之甚也。頃日歸校、接讀五月廿九日來諭、知是日松本君過訪、備述下情、令我夫子爲之憂心、此誠弟子之過矣。來諭云、誼同骨肉、願同甘苦、且以賤軀之事、自任保護、如歸塾則以教以養、推食共居云云。此夫子向者之厚意所不能忘、今因松本而再曒。師弟之情、至此而極、自問何以圖報萬一、捧讀之餘、令人感激涕零。弟子性本淡薄、與物多忤、剩此殘生、惟有時圖讀書以自娯、故歸塾之志甚決。無如事與願違、欲行不果。橋本君知弟子頗深、因爲代謀教授支那語學一職、亦欲行而未果。（使弟子閒居、諸同志尚可供應、乞勿過慮。）今日多事之秋、徐君勉已去濱返東而往南洋、此閒教習人少、一旦不能逕去二人、以故同志苦爲挽留、不得不稍顧大局。弟子年衰多病、與世無補、留此非所願也、不得已也。他日有人接職、則相時而動、若非歸塾、則或就教授支那語學一職。知念幷以奉聞。接卓如信、知在神戸勸辦學堂、頗有眉目、稍暇卽往阪謁見我夫子云云。舍弟長素時有函來、知沿埠淸商周旋備至、彼亦平安、合以告慰。專此。敬請夫子大人崇安。叩候太師母・師母二位大人福安。弟子康孟卿謹稟。

大著近世史、拜讀一遍、益人甚深、卽將原稿發給報館刊行。據稱積貯各處來文、俱未擇刊、且近日緊要之時事、應刊者尚多、近世史畧可否漸【暫】緩乃刊等語。弟子現已從權許之矣。合幷稟明。

二十三（C一三二）

横浜旧居留地百四十番　大同学校康孟卿敬緘

夫子大人尊侍

謹んで申し上げます。ご無沙汰していました。常々先生のことを思い浮かべ、一層お元気でいらっしゃることを祈念していました。当校〔大同学校〕は陰暦六月二十日〔七月二十七日〕より休暇に入り、私は同僚たちと避暑に出かけ、〔陰暦〕七月二十日〔八月二十五日〕にようやく横浜に戻って新学期を迎えました。二十四日には二十三日のお手紙（陽暦八月二十九日〔二十八日〕のお手紙のことです）を受領・拝読し、半月ほど前に横浜で大火が起きた折、お見舞いの手紙をいただいたことを始めて知りました。すぐに郵便箱の中身を確認したのですが、すでに誰かに持って行かれたか、どこかに紛れてしまったのか、中島岩三兄のお見舞いの手紙が一通出てきただけでした。先ほど受け取った卓如〔梁啓超〕からの手紙に拠りますと「先生が南京〔神戸の南京町か〕にお送りくださった封書はすでに受け取り、大変感激いたしました。日々の忙しさに紛れて未だにお返事を差し上げられず、お恥ずかしい限りです。代わりにこちらの様子をお知らせし、先生によろしくお伝えください」とのことでした。併せてお知らせいたします。私は相変わらず学校で教えています。近況はいつも通りで、別段よいこともありません。思い起こせば昨年は久しく門下に連なり、同門と一堂に会することができ、経書を手にとり議論をして、大変有益でした。時には箕面や詩作の名所に出かけ、実に楽しい日々でした。今は外地で侘しく暮らし、にわかに不明な点が生じても、大阪と横浜はあまりにも遠く、時々訪れては教えを受けられないのを甚だ残念に思います。また今秋の釋奠〔孔子のお祭り〕にも、昨年のように諸学兄の列に連なってお祝い申し上げることが出来ませんでした。わずかに塾に向かって叩頭し、ささやかな気持ちを示すのみでした。お母様、奥様のお二人は、きっとお元気でいらっしゃることと存じます。どうぞ私の代わりによろしくおっしゃってください。先日、難波(98)・張田(99)両君へ書簡を一通ずつ送りました。どうぞ先生から手渡してください。〔二人が〕まだ塾に戻っていないようでしたら、お手数ですが開封・転送していただければ幸いに存じます。舎弟の長素〔康有為〕からはヨーロッパへ出国後、時々手紙が来ます。〔手紙の中で〕彼がロンドンに一か月逗留した後、今はすでにバンクーバーを離れ、しばらくヴィクトリアに留まり、また移動しようと考えていることを知りました。手紙が来たと言うことは無事だと言うことです。ご心配されていると伺いましたので、よい知らせを併せてお伝えいたします。徐〔徐勤〕君は四月に広東に戻り南洋に行きました。香港で疫病が発生したために出発を延期し、七月十日ごろにようやく渡航出来ました。梁卓如は近頃、東京高等大同学校(100)の仕事〔当校で高等学校生を選抜し、こちらの学校に送るのです〕をしています。この一か月で湖南からの来校者〔かつての時務学堂の生徒を指す〕はすでに十二人に達し、学生たちがさらに続々と来校しています。ですから卓如はすぐには欧米に行くことが出来ません。こちらも併せてお知らせいたします。最後に、ご健勝をお祈り申し上げます。弟子の康孟卿が謹んで申し上げます。〔陰暦〕七月二十八日申。陽暦九月二日投函。ご返信が遅れましたのは、卓如の返事を待っていたためです。ご諒承いただければ幸いに存じます。〈一八九九年九月二日〉

夫子大人尊侍

敬肅者：久未稟候、時切馳思、恭維起居勝常爲祝。敝學校自陰暦六月二十日休暇、弟子與同人避暑出遊、至七月二十日始行返濱開學。廿四日接讀廿三日來諭（卽陽暦八月二十九日來諭）、始悉前此半月濱地被災、曾蒙賜函慰問、卽於信箱撿閱、已爲傍人撿去、或是夾之密處、僅搜得中島岩三兄慰問之一函耳。頃接梁卓如函稱、夫子加封代寄南京致彼之書、早經收到、至爲感激、以日在冗次、未遑卽覆、至以爲愧、函托代達下情、幷爲我夫子請安云云。合照稟知。弟子照常在校教學、近狀如常、無善可述。回憶去年久侍門下、得與同學敘首一堂、執經問難、獲益良多。時或爲箕面及詩壇各名勝之遊、何其樂歟。今索居於外、茅責【塞】頓生、阪濱相去太遠、未能時來領益、至爲缺憾。又今秋釋奠盛典、未及如去年與諸學長隨班叩賀、惟有向塾叩首、遙致微忱已耳。太師母・師母兩位大人、想必精神康健、乞爲弟子叱名請安。頃付難波・張田兩君要函一緘、乞面交之。如尚未返塾、敢乞代拆轉致爲感。舍弟長素出遊歐州後、時有書來、知彼逗留英京一月、今則已出溫高華、而少駐域多利、再圖後遊。書來平安、知念幷以告慰。徐君四月返廣東往南洋、以港地疫症延滯、至七月十閒始能附航前往。梁卓如近辦東京高等大同學校之事（由本校考取高等生撥往該校者）、月來湖南來學者已到十二人、陸續再有士子來學、則卓如未能遽遊歐米也。順以奉聞。敬請崇安。弟子康孟卿敬稟。七月廿八日申。卽陽曆九月二日發。覆函之遲、因候卓如回音之故、乞恕之爲幸。

二十四（C一三三）

謹封　横浜居留地百四十番　大同学校康孟卿

謹んで申し上げます。久しくご無沙汰してしまいました。幾重にもお詫び申し上げます。〔私生活では〕より一層お元気でいらっしゃることを、〔公的には〕時勢に応じてご自愛なさっていらっしゃることを祈念していました。今朝、二十七日のお手紙を受け取り拝読いたしました。舎弟の長素〔康有為〕の所在をお尋ねくださり、大変ご心配をいただきまして、感謝の言葉もありません。舎弟は欧米へ出国後、厄介なことはありませんが、豺狼の〔ような悪な〕輩が権力を握って〔康有為を狙って〕いますので、中国に帰国するのはとても危険であり、帰国については口にしておりません。先月は〔彼の〕母親が病気になりました。病気が治ったので〔家人が〕電報で「無事」と知らせましたが、その後立て続けに「スグカエレ」という至急電報を受け取りました。このために〔康有為は〕準備を整えて戻り、〔私たちと〕横浜にて面会しましたが、そこで始めて奸人が発した偽の電報に騙されたのだと分かりました。今回乗って帰ってもはやどうしようもないので、もとの船に乗って香港に戻り母親に一目会う決意をしたのでした。今回乗って帰ってきたイギリス船は、船長が現地の警察の命令を受けていたので、保護が非常に行き届いていました（横浜に接岸するとき、船長は彼に部屋に入っておくように指示し、他人の訪問を許しませんでした）。私と同人たちは、この船が上海を経由するのは不都合であり、恐らく取り越し苦労が多いだろうから、他の船に乗り換えて直接香港に行くように勧めました。この時、たまたま香港行きの船がなく、上陸するのも不都合でしたし（一つは警察が妨害したため、一つは多数の刺客がこっそり付け狙っていたためです）、しばらくして船は動き、舎弟もただ成り行きに任せるだけにし、別れを告げて去って行きました。この日、こちらを調べたところ、船におりてこっそり尾行してきた刺客がいました。また伝え聞くところでは、船長やコックを大金で買収しようとしていたようです。同人たちは急ぎ神戸に行き、舎弟を河内丸に移し、直接香港に行かせるよう相談してお願いしたため、数日前に出発しました（幸いに、貴国の知人に同行を頼むことが出来ました）。ここでも上陸が許されなかったため、香港の知人にイギリスの保護を求めるように電報で依頼しました。昨晩香港よりの返電を受け取り、「準備完了」とのことでした。最も心配なことは剛毅[101]がなおも広東におり、大金によって彼を殺すのも容易だということです。しかし、人の生には必ず死があるものですから、人事を尽くして天命を待つのみです。『清議報』の社屋は昨晩〔午前〕三時頃、原因不明の火災に遭いました[102]。意気消沈することがあまりにも多く、ただ嘆息するほかありません。大変ご心配いただいていると伺いましたので、あえてお知らせいたします。どうぞご心配には及びません。以上お返事いたします。先生のご健勝をお祈り申し上げます。お母様、奥様のお二人にもよろしくお伝えください。弟子の康孟卿が謹んで申し上げます。十月二十八日午投函。〈一八九九年十月二十八日〉

敬肅者：久未修稟奉候、罪甚罪甚。邇想起居勝常、伏望順時自愛爲慰。今早接讀二十七日來諭、垂詢舍弟長素行止、諸蒙廑念、感不可言。舍弟出遊歐米、雖無事可辦、然以豺狼當道、歸國甚險、未敢言旋。月前母病、病愈已電報平安、其後一接再接急電、命卽言旋。以是束裝而返、到濱面晤、始悉爲匪人僞電所欺、已無可如何、亦已決意由原船返港一見母氏也。此次回來所乘之英船、其船主承地方警署之命、保護甚至。（將到濱時、船主命其入其房、不准外人來見。）

弟子與同人等以該輪船經滬（上海）不便、恐有虚驚、欲即轉換他輪、直赴香港。其時赴港之船適無、又以登陸不便（一爲此間警署所阻、一爲刺客多人陰伺）、船亦移時動輪、舍弟亦惟有順受、握別而去。是日此間查有刺客下船陰尾之、又傳聞重賄船主及廚子之事。同人等趕赴神戸、因決意商請舍弟移致【至】河内丸輪船、直赴香港、已於日前啓行。（幸賴有貴國知人伴行）因此間不容登陸之故、已即電囑香港知人、求英保護。昨晩旋接港電、已經準備云云。所最可慮者、剛毅仍在廣東、不難以鉅金買殺。然人生必有死、惟有盡人事以聽天而已。清議報館昨晩三時頃、無故又遭回祿、失意之事太多、亦惟有付之一嘆而知【已】。知關廑注、用敢奉聞、乞不必介意也。專此稟覆。敬請夫子大人著安。太師母・師母二位大人均此請安。弟子康孟卿敬首。十月二十八日午發。

二十五（C一三四）

護　陰暦二月二十日

夫子大人函丈

謹んで申し上げます。去年の〔陰暦〕十二月に私が横浜より帰国しました折、お手紙を一通差し上げました。香港に着いて後も、また守屋道[103]君にご挨拶のお手紙と写真を一枚[104]託しました。どちらもお納めになっていることと存じます。時勢は悲観的です。この後、舎弟〔康有為〕は南へ向かい、私は北上しました。〔同〕月の二十八日〔一九〇〇年一月二十八日〕に出立し、正月四日〔二月三日〕に上海に到着、十八日〔二月十七日〕に煙台に到着し、二十四日〔二月二十三日〕には天津に到着しました（李愚山の変名を使い、『国聞報』の安藤[105]君に会いました）。途中でしばらく滞在し、二月五日〔三月五日〕に無事に北京に着きました。〔経由地に〕しばらく滞在し、彼の地の人士と交わりを結んで積年の志を満足させるつもりでした。ただ、わが党への取締の余波は続いており、人々は新しいものを嫌い、〔巻き添えになる〕知人はなおも多く、長居するのに具合が悪いのはどうしようもありません（道すがら古城〔貞吉〕と楢原〔陳政〕(106)の諸君に東交民巷でバッタリ会いましたが、私の顔を覚えていないようでした。二月十六日〔三月十六日〕の夜には、古城君にご挨拶すべく貴国公使館へ参りましたが会えませんでした。大いに手間が省けますので、どうぞお手紙でお伝えいただくには及びません）。間もなくまた南に向かいますが、再び師門を恋しく思い、余命を繋ぐことで他日の足がかりとするつもりです。南北に奔走し、申し上げるべき良きこともほとんどなく、教えを受けた深いご恩には背いてしまい、ただ自分で自分を批判するばかりです。思い起こせば、同輩たちは日々旺盛に、たゆまず真理を追究していることでしょう。お母様、奥様は何事もなく幸せに暮らしておいででしょうか。代わりによろしくおっしゃってください。以上、お知らせいたしました。ご健勝をお祈り申し上げます。取り急ぎ言上につき、乱筆平にご容赦ください。併せて、読み終わりましたら火中にお入れいただき、他言無用に願います。弟子の孟卿が申し上げます。陰暦二月二十日〔三月二十日〕に中国北京より封緘・送付。〈一九〇〇年三月二十日〉

康有儀書簡

夫子大人函丈

敬稟者：去臘弟子由濱歸國、謹肅一函、到香港後復由守屋道君帶呈安稟一械、小照一紙、諒皆賜收。時事可悲、自此舍弟南遊、弟子亦作北上、於月之廿八日解纜、今正四日到申、十八日到燕臺(107)、廿四日到天津、（改用李愚山名、一見國聞報安藤君）沿途小作勾留、於二月五日安抵都門。滿擬逗留小住、冀有所售(108)、以慰向平之志(109)。無如辦黨(110)之餘波未息、人不言新、且知人尚多、不便久駐。（道遇古城・猷原諸君於東交民巷、似不識弟子面。二月十六晩拜古城君於貴公使館而不遇。太省事也、乞無庸函達矣。）擬不日亦將南下、再戀門墻、留殘喘以爲他日地步也。奔南逐北、乏善可陳、辜負敎育深恩、惟有引咎自責而已。遡想同儕日盛、講道弗衰。太師母師母納福安康、乞代道候。專此謹肅、敬請崇安。匆促乞恕不荘。并請閲畢付丙、不足爲外人道也。弟子孟卿敬上。陰暦二月二十日由支那北京椷寄。

二十六（C一三五）

謹んで申し上げます。私は先日まで東京にいました。陽暦二月十日に東京から、横浜の商人に委託して翻訳料十五円を送金いたしました。久しくお返事がありませんでしたが、先生がご多忙のため、回答する時間がないものと考えていました。ところが、引き続きいただいたこれまでのお手紙にも、このことが示されていませんでしたので、心中に疑念が生じました。近ごろ横浜に戻り、先日の十五円について問い合わせました。〔送金を委託した〕清商は、神戸に戻って大阪に行く人がいるので、その人にまた委託して〔先生に〕お渡しするようにさせた、とのことです。今ご指摘をいただき、いまだに受け取られていないことを知りました。さらに調査すると、その人はすでに上海に行ってしまい、他日に横浜に帰ってくるそうです（この金額は必ず私が取り戻します）。今、翻訳料十五円を改めてお送りいたしますので、どうぞご査収の上、〔片岡〕琴浦君にお渡しくださいますようお願い申し上げます（私は大阪を離れるとき、翻訳料として十円を残しておきました。その後、また翻訳料十五円と、郵便紙〔切手か〕を買うための銀貨一円をお送りしています。勘定の内に入れてくださっているとは存じますが、事のついでにご提示しておきます）。こちらではすでに翻訳者〔古城貞吉〕を招聘することになり、その人が病気から回復し翻訳を行えば、これ以上琴浦君を煩わせることはなくなるでしょう。また二十六日に、東京にて同人たちの写真一葉(111)を私からお送りし、後には名簿をお送りしたのですが、ご指摘を受け、まだ受け取られていらっしゃらないことを知りました。こちらで追跡調査いたしますとともに、集合写真一葉を改めてお送りいたしますので、どうぞお受け取りいただきたく存じます。もしも今度お送りした翻訳料と写真をどちらもお受け取りになられましたら、お知らせくださいますようお願い申し上げます。ご返信は、横浜の大同学校宛てにお送りいただければ結構です。「〔『近世史』の掲載は〕前回はどこで終わっているか」というお問い合わせをいただきました。別紙に書き写して電報でお送りいたします。末筆ながら、先生のご健勝をお祈り申し上げます。弟子の孟卿が謹んで申し上げます。お母様、奥様にもよろしくお伝えください。三月二日投函。〈一八九九年三月二日〉

敬肅者：弟子前在東京、於陽二月初十日由東京信托濱商滙上譯費十五圓。久未奉覆、以爲夫子有事、未暇裁答也。續接前後來諭、亦未蒙示及、心竊疑之。頃返横濱、査問前此十五圓、係該清商因有人返神戸入大阪之便、此閒清商托其帶上。今接示、知未收到。再査其人則已往上海、他日乃歸横濱。（此數應由弟子追回）今補寄譯費十五圓、伏乞査收酌交琴君爲望。（弟子去阪時留下譯費十圓、在後復寄上譯費十五圓、另買郵便紙銀貳圓、諒必入數。順爲提及。）此閒已聘有譯人、將來病愈能譯、不敢重勞琴君也。又廿六日在京親寄呈同人寫眞一幅、後寄姓名單一紙去、接示知未收到。除由此閒追査之外、今補寄衆人寫眞一幅、伏乞賞收爲盼。如果今寄上之譯費及寫眞兩倶收到、仍乞示知爲盼。覆示仍交濱地大同學校可收。承問前作由何處擱筆、另紙謹抄呈電。專此、恭請夫子大人崇安。弟子孟卿謹肅。太師母・師母乞代請安。三月二日發。

日本近世史紀事本末巻一　第一篇から第五篇までをお送りいただきました。その第五篇の題目は〔原文破損〕、「幕府及水戸」の五文字はもとは朱筆にて消し直されています。〔原文破損〕お返事いたします。この篇は以下まで書かれています。（他日を約した。将軍家慶は、世子の家定が至極暗愚であったので跡継ぎに〔せず〕〔原文破損〕、慶喜を後継ぎにと考えた。まもなくアメリカの使者ペリーが来航したので、斉昭をまた要職につかせ〔原文破損〕）

日本近世史紀事本末卷一　蒙寄來自第一篇至第五篇。其第五篇題目曰■〔原文破損〕、而「幕府及水府」共五字、舊用硃筆塗之。■〔原文破損〕示知、而此篇作到「約他日。將軍家慶、世子家定庸暗不堪、〔原文破損〕嗣子、卽以慶喜爲嗣。尋美使ペリー來、因使齊昭復起■〔原文破損〕」　※■は破損で判読不明の字

二十七（C一三七）

謹んで申し上げます。昨晩は先生のお供をして河原を散歩し、公園まで遠出をしました。非常に愉快ですっかり気分が晴れました。塾に帰って書き置きを拝見しますと、宗教の本〔C一四一〕は九割方翻訳が終わり、間もなく完成するだろうとのこと、大変安心いたしました。完成を待ってすぐ北京の知識人たちに送って読んでいただこうと思っており、〔もし彼らから出された意見で〕正しいものについては、その部分を訂正して刊行すれば、宗教はますます尊く、ますます明らかになるでしょう。これは先生のお力あってのことです。先日は『地文学』〔C一七五〕という本をご紹介いただきました。その時に私は、わが国には新しい専門的な地学書〔地理学書〕がすでに出ており、このような浅薄で古くさい本は恐らく売れないだろう、しかもこのような浅薄な本を、先生がわざわざ時間を費やして翻訳されるには及ばない、と思いました。ただ最近お求めの前途〔未詳〕[112]の図書目録は、現在のところまだ届いていません。私は昨日いただいた時務滬報〔『時務報』か〕を拝読いたしましたが、最後までこらえて読み切ることが出来ませんでした。これこそが庶民から教育と知識が失われてしまった原因なのです。これにより、先日来翻訳しようと考えている初学者向けの図書目録を点検し、〔以下のことを〕ご相談いたしたく存じます。それは、『地文学』は浅薄ではありますが、もしこの目録の通りに全訳して一つの叢書にすれば、民間には大きな利益があるでしょう、ということです。この叢書については、一円当たり二千字という条件で翻訳させ、先生には塾生たちへ目録通りに本を全

て購入するように、また用紙を買って翻訳者に送るように命じていただきたい、と私は考えているのですが、いかがでしょうか（もしも翻訳料がかなり安い点が気になるのであれば、どうぞ報酬を増やしてください）。宗教書・時事問題に必要な本で、翻訳料を高くすべきものは、前途の図書目録が届くのを待ち、先生に翻訳していただきたく存じます。私は近日来体調が思わしくなく、翻訳のことになかなか気を向けられません。後日〔体調が戻るの〕を待ってただちに翻訳を行い、ご指導いただいた厚意を無にしないようにしたいものです。本の翻訳は出来ませんが、ぼんやりしている訳にも参りませんので、すでに翻訳された宗教書の前半を読ませていただけないでしょうか。そうすることで長々とした一日を過ごそうと思います。

私は病気を未然に防ぐように、この三日間は粥を食べています。女中さんに一食二杯作ってもらえれば十分です。このような煩瑣なことまでお話ししてしまい、大変恐縮に存じます。末筆ながら、先生のご健勝をお祈り申し上げます。弟子の孟卿が跪いて申し上げます。

図書目録は左記の通りです。

初等教育小地文學　谷口正〔政〕徳著
初等教育小天文學　澁江保君著
初等教育小生理學　松尾連君著
初等教育小金石學　須永友四郎著
初等教育小植物學　大權熊平著
初等教育小動物學　三田周一著
初等教育小化學書　谷口正〔政〕徳著
初等教育小物理書　谷口正〔政〕徳著

現在、合計八種類です。まず書籍と用紙の購入費として銀三円をお送りしますので、先生にはお手すきの際に代わりに処置を命じていただければ幸いです。

手紙をお出しする間際に、たまたまお手紙を受け取りました。新聞ではこの事を、先生の仰るように「敬して遠ざけたのだ」と報道されていると知りました〔未詳〕。私は、それは違うと思います。各大臣や御史〔監察官〕たちの弾劾は、今日のところは追放や処刑を行わず、他日に行おうと保留しただけなのです。先生にはご検討願います。弟子の孟卿より謹んで追伸いたします。八月十一日。〈一八九八年八月十一日〉

敬稟者：昨晩追隨履杖、散步河渠、遠及公園、樂甚暢甚。歸塾省示、知宗教一書已譯十之九、指日竣功、慰甚慰甚。俟畢擬即付京士夫披閱、其或謬會者、駁正之以刊行、則宗教益尊而亦益顯、此我夫子之力也。日前示以地文學一書、當時弟子以敝國既有新深之地學書出、恐其淺舊者滯銷、且此種淺書、不敢煩夫子費時以譯。惟日前索問前途之書目單、至今未到。弟子閱昨日賜示之時務滬報、不忍卒讀、此由庶民失教失智所由來。因撿日前欲譯之小學書目單以奉商、是則地文學雖淺、若照此單全譯、以成一種、亦大有益於民間也。此種書弟子私擬以每圓譯字二千、敢求夫子飭塾人按單全購、幷買紙以發譯人如何。（如歉譯費略賤、乞酌加之）其宗教時務要書、譯費應昂者、當俟前途書目付到、即可敬求夫子譯之也。弟子日來欲作病、不敢勞心於譯事。俟下日即爲之、庶不失裁【栽】培盛意。雖不譯書、又不能閒坐、求賜已譯之宗教書前半一讀、以消永日。
弟子防病於未然、此三日內食粥、乞飭彼女每餐弄二碗、可以足用。一切瑣瀆、臨稟不勝惶恐之至。專此、敬請夫子大人福安。弟子孟卿叩稟。
書目單列左
初等教育小地文學　谷口正德著

初等教育小天文學　澁江保君著
初等教育小生理學　松尾連君著
初等教育小金石學　須永友四郎著
初等教育小植物學　大櫂熊平著
初等教育小動物學　三田周一著
初等教育小化學書　谷口正德著
初等教育小物理書　谷口正德著

現計八種、先呈上購書紙銀三圓、乞夫子暇時代飭辦理爲感。

正在上稟、適接來諭、知報稱此事如夫子所云、敬而遠之。弟子以爲非也。各當道及御史參劾、今日不斥逐不殺身、其留爲異日耳。請夫子驗之。弟子孟謹再稟。八月十一日。

二十八（C一三八）

謹んで申し上げます。結構なお土産〔お中元か〕を頂戴いたしました。大変美味しくいただきました。また奥様がわざわざ下宿にお越しになって〔お土産を〕くださいましたこと、誠に深く感激いたしました。今朝はお手紙をいただき、『〔大阪〕朝日新聞』の報道では「李端棻(113)が、康有為を相談役として陛下のお側に留め置くよう奏上した」という話だが、その後どのような勅旨〔または懿旨か〕が下ったのか分からない。後日の報道で明らかになると思う」とのことでした。従弟〔康有為〕は官位が低く発言に重みがなく、改革を担う能力などありませんが、真理をたゆまず唱えることは出来ます。貴国の重臣である伊藤(114)氏がわが国の都に到着されて後、従弟は必ずや方法を講じて会見を求め、アジアを保全する策を尋ねることでしょう。もし重臣である伊藤氏がこのために中国を訪問されたのであれば、改革を提唱するのにお力添えがあることでしょう。そうなれば中国の民にとってはまさしく天の恵みです。しかしながら大局は大変危うく、明日をも知れぬ、切羽詰まった危機が迫っています。全くどうしたものでしょうか。以上、御礼申し上げます。少々胸の内の想いを披瀝いたしました。先生のご多幸をお祈り申し上げます。弟子の孟卿が申し上げます。九月二十一日午申。

後日『昌言報』[115]が届きましたら、拝見させていただきたく存じます。弟子より跪いて追伸いたします。〈一八九八年九月二十一日〉

敬稟者：蒙賜佳品、可口之至、又重以師母登樓給惠、感激難忘。今早承諭、朝日報稱李端棻奏留康有爲以備獻替[116]之説、未知何〇〇[117]旨如何、想當見之後報。從弟官卑言輕、改革之事非所能任、然能倡道不衰。貴國相臣伊藤氏到敝京後、從弟必設法求見、請問保亞之策、若相臣伊藤氏果爲此而往支那者、或藉力以提倡改革、則支那之民如天之福矣。然大局甚危、有朝不慮夕、救火追亡之急、奈何奈何。專此叩謝。聊舒積悃。敬請夫子大人福安。弟子孟卿稟上。九月廿一午申。

下日有昌言報付到、乞順賜覽、弟子又叩稟。

二十九（C一三九）

謹んで申し上げます。近日来の新聞を読みますと、知人や同志たちはみなそれぞれ官を罷免されたものの、難を逃れたようです。その時には、伊藤侯が正しい言葉で政局を動かしたり、あるいは全力で政局を争ったり出来なかったことは、とりわけ残念です。果たして先生が先日仰ったように、今日になって彼はわが国の李〔李鴻章〕氏と一派《グル》であることが分かりました。各国の兵士は北京に集結し、わが国を保護するという名を借りながら、その実はこれをきっかけにわが国を脅して思いのままにしようとしています。さらに心配なのは、暴民が事件を起こすことです。そうなれば、〔各国が〕これをきっかけにし、わが国を分割するのは時間の問題になります。昨日、先生は神戸に向かい、貴国の公使である矢野〔文雄〕(118)氏の北京行きを見送り、善後策を練られました。大変素晴らしいことです。ただ、同志を集めて東亜の大局を保護するというご意見につきましては、事が非常に重大ですので、にわかに行い得るものではありません。先生は現在、望みが絶たれて時機を窺っているところであり、私は〔戊戌〕政変に遭遇した上に留学中でもあり、なおさら何も申せません。今のうちはただ、じっくり考えるという一策しか有りません。〔日清協和会の〕趣意書と規約〔案〕(119)を並べ、書簡で同志たちとやり取りを続け、様々な知恵を出し合い、協力し合って完成させ、他日に時機が来たときに構想を提唱するための足がかりを築いておけばよろしいでしょう。それにしても悲しいことです。天は、先生や私の同志たちに大権をお授けにはなられませんでした。ですがどうすることも出来ません。〔中国の〕教えを滅ぼすということは、その種族を滅ぼすということです。腹立たしい限りです。昨日の新聞を読み、従弟〔康有為〕が英米に保護されてあちらに行くのだと知りました。また、一昨日の新聞〔未詳〕には「イギリス人がわが国の皇帝陛下を復権させ、改革派の過失や罪状を取り消すよう脅しをかけた」と書いてありました。イギリス人が漢人を籠絡する手練手管は、明らかに伊藤氏よりも一枚上手であるようです。ああ、〔時代は〕果てしなく長い夜が続き、荒波に覆われています。わが国の四億の人々を、他日に誰が救うのでしょうか。〔それに比べれば、政変後に康有為の著作の〕版木を焼いて谷底に投げ捨たことなど、児戯にも等しいことです。従弟の著書は全て経書・史書によって証拠立てられており、鉄壁のように完全に証明されています。「私〔康有為〕が世間に出て、身を捨てて人々を救うのは、〔世間を捨てて〕山に入ったところでどのみち虎に喰われる運命だし、海に浮かんだところでどのみち魚の腹に収まる運命だからである。この生命ですら無いようなもの、その抜け殻である屍など何の意味もないのだ」（従弟の心意気をお目にかけました）。弟子の孟卿が申し上げます。十月十二日。〈一八九八年十月十二日〉

敬稟者：日來閲報、各知人及同志之士俱罷官及逃難、當時伊藤侯不能以危言動之、或以力爭之、殊爲憾事。果如夫子日前所言、則今日亦知其與我國李氏[120]一派矣。各國兵士集於敝京、借保護爲名、其實出於要挾之一端。更慮暴民生事、則藉端分裂且在目前。昨日夫子往神以送貴公使矢野氏赴敝京之行、以爲後圖策、誠善也。至聯同志以保護東亞大局之議、其事甚大、非咄嗟可辦。夫子現失意養晦、弟子今遭變故、且在旅途、更不可言。今後只有徐圖一策。列其條議、函商同志、獻替贊成、以爲他日應機提倡地步則可也。傷哉。天不假我夫子與弟子同志輩以重權、奈之何哉。其滅敎卽是滅種、爲痛恨耳。閲昨日報、知從弟爲英美保護而赴彼方。又前日報稱英人有要挾復敝皇上之舊權、銷改革派之非罪、此見英人之籠絡漢人、其手段更出伊藤氏之上也。嗚呼、渺渺長夜、滄海横流、我四萬萬人、他日其何人拯之哉。燬板投壑、不値一笑。從弟之所著書、俱以經史作證、穩如鐵案。吾人之出世以捨身救民、又入山則預葬虎腹、浮海則預作魚腹、生且無有、何有於屍耶。（從弟之宗旨、呈覽）弟子孟卿稟。十月十二日。

三十（C一四〇）

謹んで申し上げます。『時務報』を読み終わりました。確認の上、お渡しいたします。私の翻訳した新聞記事は、分かったり分からなかったりで、つまらないミスが非常に多いです、「甚だしくは或いは飯食の人有り」という字句については、一度添削をしていただければ、たちまち記者の口ぶりや、作者の真に迫る様子そのままになり、詳しく細かく解説されているので初学者に最も便利です。もし十二日の課程の第二条で出てきたような変則的なものがあれば、どうぞ前のように明示してください。今後の参考にいたします。末筆ながら、先生のご多幸を謹んでお祈り申し上げます。弟子の孟卿が謹んで申し上げます。七月二十日早。〈一八九八年七月二十日〉

敬稟者：時務報已閲畢、謹照繳呈。弟子所譯之報、乍明乍暗、沙石太多。甚或有飯食人之句、一經斧削、便如報者之口胎、作者之傳神、剖解詳明、最便初學。遇有如十二日之課程第二條之異例者、敢求如前批明、以便仿摹。專此、肅請夫子大人道安。弟子孟謹上。七月二十早。

三十一（C一四一）

謹んで申し上げます。何度も西瓜をいただきました。猛暑の折、その香りを嗅ぐだけでも胸が打ち震えんばかりに感激いたしますのに、賞味するともなればなおさらです。この深いご恩は、どのようにすれば温かいお気持ちに万分の一でも応えることになるでしょうか。全く恥じ入るばかりです。最近、先生の翻訳された、西洋人が書いた孔子についての本と、これについての〔先生の〕批評と反論を拝読いたしました。言論は金や玉のように素晴らしく、文字は真珠のように美しく、不変の真理となるでしょう。われわれの聖なる教えもこれによりますます明らかになり、東亜も拠り所を得ることでしょう。私はさらに通読しましたが、近いうちに私の手で梱包して上海へ無事に届くように郵送し、刊行させるべきだと思いました。お返事を承りましたが、今後もまた儒教を崇拝し異教を排撃する大著を訳そうとなさっているとか。先生の勇猛で絶えず精進されるご様子には頭が下がります。しかし、この数日来は焼けるような酷暑である上に、先生はご病気が治られたばかりです。いまは注意して体調を整えられてから、人々のためになる計画を行われるのがよろしいでしょう。どうかしばらくは一休みされることを願うばかりです。末筆ながら、ご多幸をお祈り申し上げます。このほか、西瓜四個を書簡とともにお送りいたします。どうぞお受け取りください。弟子の孟卿が謹んで申し上げます。八月十八日燈下申。〈一八九八年八月十八日〉

敬稟者：迭荷賞賜西瓜、盛暑之下、臭其氣已感入心髓、況食之耶。凡此厚恩、何以稍報隆情於萬一、感愧無已。近讀夫子所譯西人手著孔夫子一書、從而批駁之、言言金玉、字字珠璣、可成鐵案。我聖敎當由此而益顯、東亞其有賴矣。弟子反覆再讀一遍、日間應卽親手加封安寄上海刊行。承諭自此再譯大著、遵崇儒敎而排擊異敎之書、欽仰我夫子之勇猛精進不已。惟日來酷暑如燒、且我夫子貴恙初痊、正宜認眞攝調、以爲蒼生之計。伏乞暫緩爲之爲禱。專此、敬請福安。外附西瓜四枚伴函、伏乞賞收。弟子孟卿謹稟。八月十八日燈下申。

三十二（C一四二）

謹んで申し上げます。先日、集部〔文学書〕二種をいただきましたので、読み終わりましたらお返しします。『拙堂文集』(121)の「箕面山の秋後の遊び」(122)がとりわけ優れており、時期が来たら是非とも〔この詩に倣って〕また旅行に出かけるべきです（この本は議論・文字ともに優れていますので、しばらくお借りして拝読いたします）。新しいご大作は、実証が精密で確実であり、明らかにした道理も非常に新しいものです。近年、西洋人は悪夢・幻覚などの類い〔超常現象か〕を研究し、その正体も撮影〔心霊写真か〕されています。事実には証拠が必要であり、また多くの本が著されていますが、人々の多くは信じず、私も疑っていました。これを信じている者は、〔信じていない者のことを〕蟬が雪を知らず、蟻が夕暮れを知らないようなものだと言っています。先ほど〔先生の〕ご大作を読み、その主張が全く正しいこと、また成算があることが分かりました。『正教書』を翻訳・修正いただきましたが、長素・

卓如〔康有為・梁啓超〕はまだ上海に到着していませんので、郵送するにはまだ都合がよくありません。まず〔神戸の〕『東亜報』に送付し、〔康有為らの到着が〕確かであることが分かればまた上海に郵送し、念には念を入れることにいたします。先ほど送金されてきた翻訳料が二十二円であることにより、いままずこちらをお渡しいたします。この報酬は千字につき一円にも満たず、余りにも安いと言わざるをえません。私から他日、金額が見合うように補充いたしますので、どうかまずはお受け取りいただければ幸いに存じます。末筆ながら、先生のご多幸をお祈り申し上げます。弟子の孟卿が謹んで申し上げます。八月三十日。〈一八九八年八月三十日〉

敬稟者：前賜集部二種、閲畢繳呈。拙堂文集、箕面山秋後之遊尤勝、到期大應續遊也。（此部議論文字都佳、暫留覽。）大箸新書、考據精確、發明之義理極新。近年西人考究鬼夢等類、撮有眞形、事必求據、亦箸有多書、人多不信、弟子亦疑之。其信者則曰、猶蟬之不知雪、蟻之不知暮也。頃讀大箸、其旨甚正、胸有成竹焉。蒙譯正聖教一書、以長素卓如等未到上海、未便寄出、先付東亞[123]、查確再寄、以昭愼重。頃據付來譯費二十二圓、今先呈上。此價未及千字一圓、未免太廉、弟子他日如數補足、乞先賜收爲幸。肅此、恭請夫子大人福安。弟子孟卿敬稟。八月三十日。

三十三（C一四三）

謹んで申し上げます。先ほどお返事を受け取りました。「文章を書くのに報酬を云々するのは売文の徒のすることで、私はそんなことは気にも掛けていない。私の本当の志は道理にあり、力を尽くして東亜を助けようと、無理にでもこんなことをしているのだ」とお示しいただきました。何度も繰り返し拝読し、恐れ多く慚愧の念に堪えません。私は愚かですが、しかしながら、以前より先生の方針もまた〔東亜を救うという〕義理を明らかにすることだと聞き及んでいました。そういう次第で、これまで重ね重ね先生のご助力を仰ぎましたが、その際には報酬の話をいたしませんでした。ただ、私の書簡で「著作・翻訳によって道理をなすことに代えれば、人にこれを教授するよりもさらにその利益は大きくなります。どうして著作・翻訳に従事してくださらないのでしょう。これもまた先生のなすべきことではないでしょうか」と申し上げた通りです。世の中を救うことは、もとより先生の苦心なさっていることです。しかしながら、働いて食べていくこともまた知識人として当然のことです。そして、心血を注いで著作・翻訳をなさっているのですから、報酬を手厚くしてこれに報いない訳には参りません。前の翻訳書〔C一四二〕は、もともと上海に送るつもりでした。ですが卓如・長素〔梁啓超・康有為〕がまだ戻っていないため、まずは『東亜報』に送り、こちらに預けて読ませ、卓如と長素が上海に到着したのを確認してから郵送することにしました。そうすることで〔郵送の〕責任を明らかにし、保護を万全にするようにしたのです。ところが思いがけず、彼らは〔こちらの意図を〕誤解して僅かな原稿料を送ってきました。それで私は心中穏やかならず、昨日の書簡をお出ししたのです。この間のいきさつにつきまして、どうかご諒承いただければ誠に幸いに存じます。このところ毎日ご大作を熱心に拝誦し、知識も大いに開けました。各国は日々に文明に向かい、新たな学派が日々に現れていますが、このご大作こそ、「新著」と名付けるに相応しい本であると言えるでしょう。私は何度も復習し読んでいますが、これもまた〔上海に〕郵送して刊行させ、わが国の学者に裨益するところがあるべきです。末筆ながら、先生のご多幸をお祈り申し上げます。弟子の孟卿が謹んで申し上げます。八月三十一日。

以前お伝えした、翻訳をお願いした初学者向けの本についてですが、この頃わが国の各省では、各地で初等学校が開設されていますので、これらの本は大変役に立つように思います。どうぞご留意ください。弟子より追伸いたします。〈一八九八年八月三十一日〉

敬稟者：頃接來諭、承示作文論價、是商估之事、且不屑爲、誠以所志在道、力扶東亞、故勉爲此舉等論。捧讀再三、不勝愧悚。弟子不敏、然早聞夫子之風、亦明此義、故當前後懇求、至再至三、不敢問價。惟有稟稱、著譯以代行道、較之教授、其益更廣、盍俯從之、當亦夫子之志也、云云。雖然捄世者固夫子之苦心、然食力者亦士夫之常。而嘔心爲此、又不可不厚其價以敬酬之也。前書原寄上海、以卓如長素未回、故先寄東亞報留讀、囑查卓長抵滬、即行封寄、以專責誠、以昭保護。不料彼輩悞寄瑣費、故弟子心中不安、有昨日之稟。此中委曲、伏乞恕而諒之、幸甚幸甚。連日浣誦大著、智識大開。各國日臻文明、新學派日出、此名新書、可赴【符】其實。弟子再三溫讀、亦當封寄刊行、以益敝國學者也。專此、恭請夫子大人福安。弟子孟卿稟。八月三十一日。

前請發譯小學諸書、頃敝國各省小學遍開、此等書似甚適於用、乞留意焉。弟子又稟。

三十四（C一四四）

謹んで申し上げます。今日のお昼に水蜜桃を一かご拝領いたしました。賞味した後でも、いまなお口中に芳香が残っています。謹んで御礼申し上げます。さて、講堂の下を歩き回り、思うままに昔の賢人の書画を参観し、非常に目の保養になりました。例えば、頼醇〔三樹三郎〕[124]氏の書風は鐘繇《しょうよう》[125]と王羲之に近く、河田興〔迪斎〕[126]は董其昌・趙孟頫《ちょうもうふ》[127]を換骨奪胎し、大槻磐渓[128]の筆跡は南宮〔米芾《べいふつ》〕[129]に近く、源瑜〔祇園南海〕[130]・奥野〔小山〕[131]両氏の濃厚な筆ぶりは古めかしく、南海[132]漁叟[133]の墨竹〔墨で描いた竹の絵〕のように青々として滴らんばかりです。これらはみな、宝とすべきです。私の見立ては以上の通りですが、きっと先生は「そうではない、大間違いだ」と仰ることでしょう。謹んで訳文を翌日の添削のためにお渡しいたします。本日配送の新聞につきましては、まだ翻訳していませんが、こちらに留めて明後日には翻訳に着手いたします。ここに併せてお知らせいたします。末筆ながら、どうぞお休みなさ

いますように。弟子の孟卿が謹んで申し上げます。七月二十八日灯九時。〈一八九八年七月二十八日〉

敬稟者：今午蒙賜蜜桃乙筐、咀嚼之餘、至今齒頰猶香、謹以鳴謝。且盤桓於講堂之下、縱觀昔賢之遺澤、極增眼福。如賴醇氏之筆近鐘王、河田興之脫胎董趙、盤【磐】溪某之跡近南宮、源瑜奧野兩氏之濃厚姿致、古色【香】古色、南海漁叟墨竹之蒼翠欲滴、均屬可寶也。弟子之鄙見若此、想夫子必以爲大謬不然者。謹將譯文呈爲下日斧削、今日發之報未譯、應留爲又下日入譯、合照稟明。專此、敬請晩安。弟子孟卿謹稟。七月廿八燈九時。

三十五（C一四五）

謹んで申し上げます。謹んで本日の翻訳の課題を提出いたします。お手すきの際に添削をお願いいたします。以前に習った熟字の語尾は、あれこれとしばらく悩みましたが、それでも文意にそむいていることでしょう。愚かなことを恥ずかしく思う次第です。

さて、昨日に記入を命じられた課題には、中国語の発音表がもう一枚ありました。先生が〔本日の課題の〕新聞と一緒にくださいましたので、私は明日の翻訳の課題を前もって渡されたのだと勘違いしてしまい、すぐにはまだ細かく確認出来ていません。浮田[134]君より、「先生が返事をお待ちだよ」と伝言があってから、ようやく慌てて調べて記入にかかりました。ところが、今はたまたま頭がボーッと、目もクラクラしていますので、間違って記入する恐れがあります。そこで、命に背くことにはなりますが、間違いがない方がマシだろうと思います。〔課題が出せないことを〕どうぞご了承ください。中国語の発音には南北の別があり、各省にもそれぞれ方言があります。一応の基本となるのは河南省中州〔洛陽近辺〕の発音で、これはどちらにも通用します。末筆ながら、よい午後をお過ごしください。

弟子の孟卿が謹んで申し上げます。七月二十三日十一時申。〈一八九八年七月二十三日〉

敬稟者：弟子謹將今日譯課繳呈、以便暇時筆削。曾見之熟字語尾、揣摩日久、尚與文意相背、其愚可愧。再者、昨日命塡之華音另一紙、因夫子與報紙竝給、而弟子悞會爲預交來日之譯課、故一時未及細覽。及浮田君傳稱夫子候覆、乃卽徬徨撿塡、適是時畧有頭昏眼花、恐有悞塡之患、故寧負方命之罪、勿敢使其有錯也。乞恕而諒之。華音有南北之別、各省亦帶有土音、其小本[135]是河南中州之音、可通用也。專此、敬請午安。弟子孟卿謹上。七月二十三日十一時申。

三十六（C一四六）

謹んで申し上げます。お返事をいただきました。お説は大変ごもっともだと思います。しかしながら、これはよほど頭のいい人でないと議論することは出来ないでしょう。私は生来身の程をわきまえていません。そういう訳で新聞記事を翻訳したいとお願いいたしましたが、これも性分がそうさせたのです。気をつけて翻訳はしていますが、それでも何度も詳細に分析していただき、添削と解説をしていただきました。私は病気がちで頭脳も衰え、いつも〔添削結果を〕玩味していても、右から左に抜けていくばかりで、翻訳にも一向に進歩が見られません。このために反省して一休みし、この次こそはと考えていますが、結局は同じ事を繰り返してしまうかも知れません。先日は「強いて言えば、この数点の書物の中からであれば『国語学』〔C一四七〕が最もよい」とお示しいただきました。今後しばらくの間はこれに集中的に取り組み、一つの事柄だけでも成功を求めるべきであり、〔先生の〕教育に背かないようにと願うばかりです。また先ほどは結構なお土産をいただきまして、篤く感謝申し上げます。謹んで先生のご多幸をお

祈り申し上げます。弟子の孟卿が謹んで申し上げます。九月一日灯下。〈一八九八年九月一日〉

敬稟者：承諭、所論甚是、然此非聰明人未可語。弟子初不自量、因請譯報文、亦性之所欲。乃留意譯之、迭蒙剖解、屢經斧削筆注。弟子多病腦衰、雖時刻玩味、然旋得旋失、所譯未見進歩、以故感愧暫止、而圖其次、或亦殊途同歸。頃辱批示、不得已於數書中以國語學爲優、弟子日閒卽當從事於此、以求一得、庶不負栽培也。頃荷賜以佳珍、謹頌叩謝。恭請夫子大人福安。弟子孟卿敬稟。九月一日燈下。

三十七（C一四七）

謹んで申し上げます。私は元々、新聞記事を翻訳することで時事を知らしめ、それから少しずつ〔日本語の〕本を読むことで見識を広げていくつもりでした。しかしながら、文中の虚字や実字は理解出来るのですが、助字や語尾の変化、慣用句が理解出来ていません。文中にこうした語句があるたびに、捉えどころのないような感じになります。同じ表現が繰り返し出てくれば風を追いかけているようですし、一文が長くなれば大海原を眺めているようで、途方に暮れてしまいます。そういう次第で、筆を一か月ほど置き、訳文で添削・分析・注解していただいた箇所を一心に玩味しているのですが、ことがらが多く、いまだその根本を理解しておりません。そこでじっくり考えて、辞書を沢山買って調べる準備をしなければ、正確に理解することは出来ない〔という結論に至りました〕。しかしながら、各文中の助動詞の変化は〔その文から〕切っても切り離せませんので、やはり調べることが出来ません。（孫実甫君が私に『言海』〔大槻文彦編〕を送ってくれたほか、『日本大辞典』、『帝国大辞典』（落合直文・大槻文彦著）〔『ことばの泉：日本大辞典』は落合直文著、『帝国大辞典』は藤井乙男・草野清民編〕を自分で買いましたが、役に立っていません）。再びじっくり考えて、何か一冊でも読破しなければ一知半解に終わってしまい、次に繋げることが出来ない〔という結論に至りました〕。そこで先日、一般向けの入門書四種類を選び、〔どれか一冊について〕勉強するよう指示をお願いいたしました。お返事では、『普通国語』(136)がまずまずよいのではないか」ということでした。しかしながら、各文中の助動詞の変化や意味を持つ仮名文字については、正確な意味を把握するのが非常に難しいです。恐縮ですが、先生にはこの『国語』につきまして、『仮名交文典』(137)の方式に倣い、意味を取るべきものは漢字一文字を注に付け、意味のないものには△〼◎を注に付けていただけないでしょうか。一日に一、二節をお渡しいただき、私に読ませ翻訳させることを毎日の課題にしていただければ幸いに存じます。ご相談の点が適切であるか自信がありませんが、どうぞご教示ください。末筆ながら、先生のご多幸をお祈り申し上げます。弟子の孟卿が謹んで申し上げます。九月六日。〈一八九八年九月六日〉

敬稟者：弟子原欲譯報、俾知時事、暫【漸】次讀書、以增廣見識、然每句中之虚實活字可解、其助字及語尾變化・一定之例不可解、則每句中凡有此類者、茫如捕影、疊句固是追風、章節稍長、則有望洋之歎。故擱筆一月、將譯文改削剖注處、潛心玩味、頭緒繁數、未得其源。因沉深以思、非多購文典備查、不能眞知灼見。然每句中之助變、割之不斷、亦不可査。（孫君實甫送弟子言海一部、及自購日本大辭典・帝國大辭典（落合直文・大槻文彦）各文典。用之不着。）再次以思、非攻破一書、亦屬一知半解、且無以及其次。因日前擇其普通淺書之四種、請示學習。承諭以普通國語爲稍可、然每句中有助變或假字之有意義者、頗難索解。敢求夫子將此國語、倣假名交文典之例、可解者注一漢字、無意者以△〼◎注之、每日賜一二篇、俾弟子讀而譯之、以作日課爲懇。所稟商之處、不知合否。伏乞訓示。專此、叩請夫子大人福安。弟子孟卿謹稟。九月六日。

三十八（C一四八）

謹んで申し上げます。最近、〔C一四二の〕新しいご大作を読み直し、知識が大いに開けています。急ぎ刊行を命ずべき良本です。お返事に拠りますと、「この他に数種類を続々と翻訳しており、全て清国に寄与することを期待するものだ。これが私の志なのだ」とのことでした。いただいて読み進むにつれ、先生の苦心とご厚情がよく分かりました。わが国の学者にも申し伝え、〔私の受けた〕感激を共有したく存じます。この頃の喉のご病気はいかがでしょうか。どうぞ治療に専念され、真理のために自重してください。無理に翻訳を急がれて、ご自身に鞭を打たれるようなことが無いようにお願い申し上げます。学兄のどなたかが塾に来られて翻訳されることにつきまして、書簡をお出しいただければ幸いです。私はこのところ身体に別状もなく、何とか元気にしています。この数日は〔日本語の〕文章を勉強して翻訳しようと考え、ここに来た目的を無駄にしてはいません。ただ、新聞紀事の難しさに悩み、理解に苦労しています。最近では、本屋で文章の分かりやすいものを三、四種類見つけることが出来ました。雅俗に関係なく、平易で内容が伴い筋道が有るものを求めました。そこで、これらの本を座右に置き、暇な時間にはすぐに開いて読めるようにしています。このうちのどれかの本を、まず勉強すべきものとしてご指定いただき、私への課題に命じてください。少しでも進歩があるようでしたら、それは先生のお陰です。末筆ながら、先生のご多幸をお祈り申し上げます。お母様、奥様にもよろしくお伝えください。弟子の孟卿が謹んで申し上げます。九月一日申。〈一八九八年九月一日〉

敬稟者：頃日溫讀大著新書、智識大開、應早命刊之佳本也。承諭尚有數種、陸續譯賜、總期於淸國有補、是其志也云云。接讀之下、備悉夫子苦心盛意。當寄語敝國學者、以同感激焉。近日喉患若何、伏望調治而爲道自玉、請無勉强急譯以求自苦爲禱。某學長來塾繙譯之事、想蒙發函爲慰。弟子邇日賤軀無恙、神亦畧足、日間擬學譯文字、不失來意。惟頗嫌報紙艱深、苦於思索、頃在書坊搜得文理最顯淺者三四種、不分雅俗、但求淺備有徑。茲將此書呈之座右、以便暇時披閲。指其某部宜先學者、命弟子課之、得有寸進、是夫子之賜也。專此、敬請夫子大人福安。太師母・師母均此叩安。弟子孟卿敬稟。九月一日申。

三十九（C一四九）

呈夫子大人賜啓

謹んで申し上げます。本日の旅行では、私が日傘を持ち歩かなかったために、先生の行き帰りに日差しを遮ることが出来ませんでした。この旅行が先生にとって害になり、利益にならなかったのではと危惧しています。もしも少しでもお加減が優れないようでしたら、ただちに解熱剤を服用してください。後々体調を崩されないように願っています。どうぞご身体にはご留意なさいますように。思いますに、私が日傘を差さないのは、もとより習慣からです。そして今回の旅行では日光によって血流がよくなり、かえって伸びやかで心地よく感じました。おそらく〔先生と私とでは〕体質が異なるからでしょうけれど、無理をしてはいけませんでした。行き帰りでは先生のおそばで奉仕することが出来ず、かえってお世話をしていただくことになり、心穏やかならず、恥じ入るばかりです。末筆ながら、先生のご多幸をお祈り申し上げます。

本日の塾を出発してから山中に至るまでの、道中の往復の費用は私が負担すべきです。併せてお伝えいたします。弟子の孟卿が謹んで申し上げます。八月二十八日灯下九時申。〈一八九八年八月二十八日〉

呈夫子大人賜啓

敬稟者：今日出遊、夫子因弟子未有携傘之故、故夫子一往一來、亦不以傘蔽熱、誠恐此行於夫子有損無益。如少見不安、請卽服發表之劑、庶無後患。伏乞留意調攝爲禱。蓋弟子不用傘、固是習慣、而此行特借日光一運血輪、反覺暢快、蓋體有不同故也、不可强也。往返不及伺候履杖、反勞照顧、不安之至、惶愧不可言。專此、敬請福安。

今日自出塾門口、以及山中、沿途往返瑣費、應由弟子供應。合幷稟聞。弟子孟卿稟上。八月廿八日燈下九時申。

四十（C一五〇）

謹んで申し上げます。私はこのところ二か月ばかり気力を失い、気晴らしにも出かけられず、心中鬱屈していました。滝の参観にお誘いいただきましたことは、もとより渡りに船でした。ところが本当に体調が優れませんでしたので、お断りして来週に出かけることにしたいと考えていましたが、先約があって日延べすることが出来ず、先生の温かいお心遣いに甘えることになりました。私はお陰様で勝手気ままに先生のお供をし、あちこちに逗留して一日中楽しく過ごし、山水の風景を眺める事が出来ました。幽玄な滝に天下の人々が続々と集まり、雅やかな雰囲気は人の心を打つものでした。（中嶋君は俗っぽいとお考えでしたが、恐らく心が人より気高いのでしょう。このような趣味を持っている人は、大抵は風流な人です。）昨日の旅行によって、ほぼ楽しみを尽くし気持ちを満足させることが出来ました。新しい病気はこれによりすっきりと消え失せたようですし（行き帰りで汽車に乗り、きれいな空気を吸いました）、昔からの病気も落ち着いたようです（私には少し肺炎の症状があります）。先生のご恩情はもとより心に深く刻むべきですが、（豊原(138)での宴会から道中の手配に及ぶ）主人役《ホスト》の中嶋君のご厚情もまた銘記すべきです。しかも、中嶋君は〔私のような〕遠方からの客人のもてなしにはまだ不十分だと考え、船を呼び寄せて川下りの遊興を催してくださいました。一切のご厚情とおもてなしには、どうすればお返しが出来るでしょうか。例えば先日の剣術の達人や、日頃お世話になっている皆様や先生のご友人方などに対し、私は一度にまとめて答礼をいたしたく存じます。この頃は来週にも主客を転じるつもりでおり、先生が間に入ってこれらの方々をお招きいただきたいと考えています。必ずご了承いただいた上で、まずは中嶋君およびその他の諸氏に手紙で約束を取り付けていただき、辞退されることがなければ幸いです。先生と中嶋君はどのような場所を最も風光明媚でお気に入りの場所と考えていらっしゃるか、あえてお伺いいたします。ご指定いただければ誠に感謝感激に存じます。以上、心より感謝申し上げるとともに、先生のご多幸をお祈り申し上げます。弟子の孟卿が謹んで申し上げます。

手紙を書いて先日のご厚情に感謝申し上げておりましたら、勿体なくもお手紙をいただき、私の健康についてお訊ねくださいました。繰り返し拝読し、ただただ恥じ入るばかりです。私にとってこの旅行は極めて楽しく、心身ともに爽快になりました。このところは、いつもの通りに本を読み文章を翻訳出来るようになり、十分にご安心いただけるようになりました。どうぞお心を患わされませんように。弟子の孟卿が追伸いたします。八月二十二日早。

〔私の代わりに先生にお渡しし、お読みいただくようにしてください。〕〈一八九八年八月二十二日〉

敬稟者：弟子兩月退屈以來、未獲暢遊、心中頗癢。蒙賜觀瀑、固所樂也。誠以微恙、欲辭爲下周之遊、而有約不可遺、亦見夫子之美德。弟子因縱情以追隨履杖、到處勾留、而盡一日之歡、得見山水。幽深瀑布、天下士女雲集、雅氣撲人。（中嶋君以爲俗、蓋心有界也。凡有此樂、即雅人也。）則昨日之一遊也、庶極其樂而償其欲、新病爲之爽然若失（乘汽車往來以吸養氣）、舊疾亦告無恙（弟子微有肺炎）。夫子之恩恤固可感而誌之、而東道主中嶋君之隆情更可銘焉。（從豐原饗及沿途之周旋）且也、中嶋君猶以爲未盡遠人之歡、再命船爲川海遊樂、一切隆情厚款、何以報之。諸如日前之擊劍之人、各位厚遇各節幷夫子之友、弟子欲一幷答之。頃擬下周反客爲主、欲勞夫子中立而代招呼之、乞必俯允而先函約中嶋君幷諸公、勿却爲幸。夫子中嶋君以何處爲最幽勝可遊可樂之處、敢求定之、至感至感。專此鳴謝、敬請夫子大人福安。弟子孟卿謹稟。

正在修稟叩謝前情、辱荷手諭、下問賤恙、捧讀再三、感愧無已。弟子此一遊也、可云極樂、身心爽快、日間可以照舊讀書譯文、堪以告慰廑注、乞無勞意爲禱。弟子孟再叩稟。八月二十二早。（乞代呈夫子賜啓）

四十一（C一五一）

謹んで申し上げます。私は昨晩、友人の訪問を受け、誤って講堂に招き寄せて〔話し込んで〕しまいました。〔夜〕九時になれば退出をお願いするのが決まりですが、たまたまうっかりしており、先生がご自宅に戻られてお休みになれないことになってしまいました。私たちはしかも、規則通りに退出のご挨拶をすることが出来ませんでした。これらはみな、私がきちんと確認しなかったために起きた間違いです。ご寛恕いただきましたが、深く後悔しています。先ほど、中嶋掠蔭[139]君より返信を受け取り、いつでもご一緒したいことが分かりました。わたくしは手紙で彼と約束し、主人役となることを明言した以上、作法通りかそれ以上に答礼するつもりでも、無駄遣いにはならないと考えます。歓待を受けてそれに答えないのは礼義に反しますし、約束を取り消しては信用を失いますし、両方ともやってはいけないことです。指折り数えてみれば明日《ママ》は日曜日〔日曜日は明後日の二十八日〕であり、これを理由にして行楽に出かければ、きっと楽しくないはずがありません。しかも先生は毎日お暇もなく、授業の合間にも著作・翻訳で大層苦労なさっておられますので、一度お出かけになって気分転換し、山野のきれいな空気を吸われるのがよろしいことは言うまでもありません。先生は以前、箕面山[140]への行楽を提案されましたが、他に主人役を立てる必要はない、地元の人々を招く手間が省けるし、あるいはさらなる見所があるかも知れない、とのことでした。どうぞご決断いただき、〔時間や場所を〕ご指定ください。即日に手紙〔速達〕を出し、そして中嶋君をご招待出来るようにしていただければ幸いです。私のこの不躾ぶり、お願い申し上げるに当たり恐懼に耐えません。末筆ながら、先生のご多幸をお祈り申し上げます。弟子の孟卿が謹んで申し上げます。八月二十六日早。〈一八九八年八月二十六日〉

敬稟者：弟子昨晩友至、謬招呼於講堂、及九時例應請退、而一時疎畧、以至夫子登樓無安坐之處、弟子輩又未及循規叩安、此皆弟子不檢之罪、雖或蒙曲恕、然愧悔無已。頃接中嶋君掠蔭覆函、知彼隨時樂爲同遊。弟子既以函約此君、且聲言作主、今擬答如儀或且畧厚、亦不算破費。受而不答非禮也、約而食言失信也、兩者不可。屈指明日安息之期[141]、借以出遊、豈不甚樂。況且夫子日不暇給、講道之餘、著譯太苦、正宜一遊、以舒退屈、而吸養氣[142]於山野間耶。夫子前議萁山之遊、不必另覓東道主人、以省地主招呼、抑或更有可遊之處。敢乞卓奪示遵、以便即日飛函再邀中嶋君爲禱。弟子狂謬、臨稟不勝惶悚。肅此。敬請夫子大人福安。弟子孟卿謹稟。八月廿六早。

四十二（C一五二）

謹んで申し上げます。本日いただいた麺〔素麺か〕は、味が大変よく、以前ご馳走いただいた漢口の麺[143]よりも美味でした（それが春雨のようなものだったからでしょう）。わが国で麺をいただくのは、長寿の方の誕生祝いのような慶事であることが多いです。いま麺を下さいましたが、塾の学兄方にお伺いしたところ、先生が麺を下されたのを誰もご存じないことを知りました。私はわが国の習慣から、お母様か先生か奥様の記念すべき誕生日であるに違いないと考えています。師弟の極めて親しい間柄ですので、どうぞご教示いただき、お祝い申し上げられれば幸いです。

今朝、神戸からの手紙を受け取りました。私の後輩に当たる羅孝高(144)という者が、夏休みで東京から来ています。〔その彼が〕先生の人となりを慕い、近日中に神戸からご挨拶に伺いたいと申しています。ご都合のよろしいときに、どうぞ引見たまわりご指導いただければ幸いです。彼は舎弟〔康有為〕の門弟であり、先般広東の『知新報』(145)の主筆を辞職いたしました。宗教や時事問題に大きな関心を持っており、昨年に広東から貴国に至り、あちらこちらを移動しましたが、去年の十二月より東京学堂〔東京専門学校〕で勉強中です。併せてお知らせいたします。末筆ながら、先生のご多幸をお祈り申し上げます。弟子の孟卿が謹んで申し上げます。八月二十四日。
『昌言報』を読み終わりました。返却いたしますので、どうぞお受け取りください。〈一八九八年八月二十四日〉

敬稟者：今日賜麵、其味甚佳、尤勝於前者賜食之漢口麵也。（以其類粉絲之故）敝國賜麵、多是喜事、生辰壽日。今蒙賜麵、詢知在塾各學長無有知其事者、弟子以敝國律之、當是太師母或夫子師母千秋之佳日也。師弟至親、乞示知叩祝爲禱。今早接神戸信、知有世姪輩羅孝高者、因休暑來自東京、慕夫子之爲人、日間當由神戸前來謁見領益、到時伏乞賜見而敎誨之爲禱。此子是舍弟門生、向去廣東知新報主筆、於宗敎時務頗爲留心、昨年由廣東來貴國、遍遊各處、去臘則在東京學堂讀書也。合幷稟聞。專此。叩請夫子大人福安。弟子孟卿稟上。八月廿四日。
昌言報閲畢、敬以奉繳、乞賜納。

四十三（C一五二）

横浜元居留地百四十番
大同学校

康孟卿

謹んで申し上げます。去年の十二月三十日に、謹んで手紙をお送りし、新年のお祝いを申し上げました。このほか、金一封を付してお年賀とし、僅かばかりの気持ちを示し、お受け取りいただいたことと存じます（証書も一緒にご覧に入れました）。私は本校〔大同学校〕の地位をすでに辞職しまして、すっかり塾に戻って勉強し、隠遁して学問を進めるつもりでいました。準備を整えてさぁ出発という段になって、たまたま舎弟の長素〔康有為〕から電報を受け取りました。広東への帰還を催促するもので、無下には出来ませんでした（舎弟の出遊は間近で、何か直接話し合う事情があるのか、同道する事情でもあるらしく、帰らざるを得ないのです）。現実は願望と異なってしまいましたが、心残りのまま出立するほかありません。調べると明日は香港行きのフランス汽船があるとのことで、今晩には乗船することに決めました。荷支度があまりにも急なため、伺ってお別れのご挨拶を申し上げることが出来ません。ひとまず香港に到着して後、この先どうするつもりであるか改めて言上いたします。申し上げたいことは尽きませんが、以上お知らせいたします。ご健勝をお祈り申し上げます。弟子の康孟卿が謹んで申し上げます。お母様、奥様にも併せてよろしくお伝えください。陽暦一月四日。〈一九〇〇年一月四日〉

舎弟からの電報と前後の手紙につきまして、国事に関することを除いた上で、併せてご覧に入れます。先日お手紙で近況をお訊ねでしたので。弟子の孟が追伸いたします。

羽子〔康有儀〕兄：ご指示承りました。私は香港に帰還しました。巡査九人に保護され、香港総督の態度は慇懃でした。心配は無用です。併せてお知らせいたします。

なお〔当地で〕病気になり、非常に苦しんでいます。手元に少しばかり寄付金があるので、出費を補うには十分です。某人はついに私に会いに来ませんでした。もし落ち着き先が得られなければ改めて対策を講じ、あなたと一緒に別の場所に行くのもよいかも知れませんが、心配は無用です。それではお元気で。弟の更生より。十月十九日〔陽暦十一月二十一日〕。

羽子兄：お手紙拝領いたしました。日本の新聞社〔清議報館〕に関しては、すでに雲樵《うんしょう》〔欧榘甲《おうくこう》〕(146)に日本に来させてあなたの役割を引き継ぐよう指令しています。もしご不満でしたら、私と同道し『知新報』を経営するということでも構いません。ご心配には及びません。欧雲樵はいまのところ上海に留まり、まだ横浜には着いていません。

敬肅者：去臘三十日謹呈一函、恭賀年禧、外付一金以爲年敬、聊表寸衷、諒邀賜收。（順將證書付覽）弟子於本校之席、業已辭職、滿擬歸塾讀書、以養晦求益、正在束裝就道、適接舍弟長素來電、催返廣東、未便却之。（舍弟出遊在邇、或有事面商、或與同遊、故不得不歸。）而事與願違、惟有心存嚮往而已。査明日有法國汽船前往香港、現定今晩登輪、倚裝匆促、不及親來叩辭、一俟到港後、其行止如何、再行稟聞也。專此報臆、不盡欲言。敬請崇安。太師母・師母均此致意請安。弟子康孟卿敬上。陽暦正月初四日。

舍弟來電、幷前後信、割去其家國事之外、順以付覽、因蒙日前賜函下問也。弟子孟又稟。

羽子兄　示悉。弟歸住港、巡捕九人保護、港督意殷勤、乞勿念。順聞。

病而苦甚。弟少有饋送、而足能有補。某竟不來見我也。若無席、當更設法或他遊、與兄偕行、乞勿念。敬請大安。弟更生上。十月十九日。

羽子大兄、書悉。東中(147)館事、已令雲樵來東爲兄位置。若不樂意、則與弟行、或在知新(148)辦事可也。乞勿念。歐雲樵現留上海、尚未到濱也。

四十四（C一五四）

謹封　横浜居留地百四十番　大同学校康孟卿発

謹んで申し上げます。十七日のお手紙を受け取り拝読いたしました。片岡琴浦君からの原稿も確認いたしました。先日のお手紙では、大作の続編が出来上がり刊行させてくださるとのこと、大変ありがたく望ましい事です。ただ目下のところ、まだこちらには届いていません。こちらの旬刊誌『清議報』は十二月二十三日の発行と布告してありますが、印刷・装丁して冊子の形にするにはしばらく時間が必要です。そのため、六、七日前に全ての原稿を揃えて印刷に回しておかなければなりません。私は十日ごとに一万字余りを翻訳しなければなりませんが、刊行日がすでに迫っています。従って、ここでは意訳したものを三千字余りと詩文を加えて字数を埋め、今期はそれで間に合わせることにしました。今日来た片岡君の原稿は、全てを収録する事が出来ませんので、来週〔次号〕に補充するために取っておく事にしました。片岡君に最近お願いしている急ぎの翻訳は、字数の多少に関わらず（字数を明記していただければありがたいです、と併せてお伝えください）五日ごと、あるいは七日ごとにお送りいただき、来週分の掲載に回します（日刊紙はまだ準備が整いませんので、お手間を省くためにも、二、三日に一度送っていただくには及びません）。もしよい原稿がございましたら、いつでも送っていただければ、来週の刊行のために取っておきます。ただ第一号の旬刊誌は、すでに原稿が揃い発刊の運びになっていますので、お待ちする事は出来ません。何とぞご容赦ください。お返事を拝読し、東京・大阪の各一社の新聞記事を多く翻訳し、採用する訳を多くすることができるようにしたいとのこと、大変結構な事です。先生は東京のどの新聞、大阪のどの新聞を翻訳したいとお考えですか。どうぞお知らせください。こちらでの翻訳者に伝えて翻訳を避け、重複が出ないようにいたします（新聞購読料は私からお送りいたします）。『清議報』の創刊は中国および東亜の大局への関心から行ったものですので、中国に関係する時事問題をかなめとします。採訳の文章は中国に関係する重要記事にするべきです。中国を激励するもの、中国を痛罵するもの、中国に警鐘を鳴らすもの、中国のあらゆる悪政や悪習を議論するものなどございましたら、どうぞお知らせください。これに類似するものを選んで翻訳し、頑迷な人々の心を呼び覚ますことを第一義といたします。先日、北京より李〔盛鐸《せいたく》〕公使(149)へ康梁〔康有為・梁啓超〕諸氏暗殺の密命電が下りました。ここでの警察の保護は周到で、大変気に掛けてくれています。二、三日前には、梁卓如〔梁啓超〕君に東京へ戻るように重ねて催促したため、彼は先日すでに東京に戻りました。ご心配なさっていると聞き及びましたので、併せてお知らせいたします。わが国の『皇朝経世文新編』(150)のいくつかを贈呈いたしますので、どうぞお受け取りください。お時間のあるときにめくっていただき、彼の地の士風に対する参考になればと存じます。以上お返事申し上げます。先生のご多幸をお祈り申し上げます。弟子の孟卿が謹んで申し上げます。お母様、奥様にもよろしくお伝えください。粗相の点はどうぞご容赦ください。十二月十八日申。〈一八九八年十二月十八日〉

敬肅者：十七日來示接讀、片岡君琴浦來文照收。日前承諭、有大作乙篇賜下刊行、甚善甚望。惟至今未蒙擲下。而此間旬報雖布告十二月廿三日發行、惟是印刷釘裝成帙稍需時日、故先於前六七日必須滿卷備印。弟子每旬應譯萬餘字、因刊期已迫、故在此間意譯三千餘字、再加詩文塞卷、以了此期之事。今日片岡君來文未能盡錄、留爲下周補入。則片岡君近日趕譯、不限字數多少、（仍請告知數明字數記之爲幸）請告知每五日或七日一付、以爲下周之用。（日報未辦、不必兩三日一寄、以省事。）如佳論、隨時付到、亦留爲下周刊行。因第一期旬報已滿卷發刊、急不及候也。伏乞恕之。承示欲多譯東京大阪各一報、以便多於採譯、甚是甚是。尊意欲譯東京某報及大阪某報、乞示知、以便轉囑此間譯人避譯、以免相重也。（買報費由弟子送還）淸議報之創是有心於支那及東亞大局之所爲、仍以支那關繫時事爲切。則採譯之文、應以有關支那要事、或激發支那者、或痛罵支那者、或警省支那者、或議論支那一切弊政敗俗者、均乞轉告、擇其類此者譯之、俾警醒頑人心目爲要。日前北京電囑李公使暗殺康梁諸子、此閒警察保護周密、尤爲關心、因前兩日迭催梁君卓如返京、故日前已歸東京矣。知念、幷以奉聞。呈上敝國經世文新編一二種、伏乞賜收、暇時披覽、俾知其閒士風也。專此奉覆。叩請夫子大人福安。弟子孟卿稟上。太師母師母乞代請安。匆匆。乞恕草率。十二月十八日申。

四十五（C一五五）

謹封　横浜居留地百四十番　康孟卿敬上

謹んで申し上げます。久しくご無沙汰していますが、先生のことは絶えず気に掛けていました。こちらでも手紙をしたためてご連絡差し上げようとしたところ、たまたまお手紙を拝領し、『史紀本末』(151)の返却をお求めでした。先ほど確認しましたので、お返しいたします。どうぞ続編をいつでもお送りください。後学に恩恵を施していただければ誠に幸いです。末筆ながら、先生のご多幸をお祈り申し上げます。お母様、奥様にも併せてよろしくお伝えください。弟子の康孟卿が謹んで申し上げます。〈一八九九年五月五日消印〉

敬肅者：久未修候、時切葭思(152)。正擬裁箋請安、適接來諭、命將史紀本末付還。頃照檢呈、伏乞續著隨時付到、以嘉惠後學、至感至感。專此。恭請夫子大人福安。太師母師母均此請安。弟子康孟卿謹稟。

四十六（C一五六）

檳城〔ペナン〕　孟郷謹上

謹んで申し上げます。私は昨年十二月に横浜から香港に戻り、手紙[153]をしたためて安否をお伺いいたしましたが、まもなく用事のため北上し、春に入って北京へ到着し、すでに近況はご報告いたしました[154]。その間三か月滞在して同志を訪問しましたが、北京の防備が大変厳しかったこともあって、すぐに三江両湖[155]へと遊び、何か得ることがあるのを期待しましたが、行先も定まらないうえに、申し上げるべきほどのよいことも無く、お手紙が滞ってしまいました。私の至ったところには、同志は多いのですが、内地の検査と拿捕の妨害がひどく、ただ機会を静かに待つのみでした。はからずも義和団の乱[156]が発生し、各国の軍隊を招くこととなり、皇上は蒙塵されていたため、同志による勤王が決められました[157]。唐才常[158]らは長江の各省を連合して事を起こしましたが、悪者に秘密を漏らされて、同志の義士で死者は三十三人、傑士は百人にのぼり、同志は千人にのぼりました。張賊〔張《ちょう》之《し》洞《どう》〕は西太后に媚びて反対し、でたらめに罪名を加えて殺戮したのです。諸々の知らせがいかに腹立たしいものかお分かりでしょう。当時党員をいたるところで逮捕しましたが、私はその時ちょうど上海に来てしまい、寄寓が不便でしたので、八月に南洋に赴き、後日再度実行することにしました。現在の情勢は困難が多く、圧力もあまりに大きいのですが、怠ろうと思ったことはございません。春、お写真や各種書簡、そして『東亜事宜』[159]と『嚶々録』[160]などの書を賜り、シンガポールに到着してようやく落手いたしました[161]。絶えず拝読させていただいていると、まるで先生が厳粛な態度で言論を正しくされているのを見るようで、先見の明があるというべきであり、精神を激昂させてくれます。自らの才気と学問が浅薄であり、時局の困難を救うことができないことを残念に思います。先生の教えを無にするとは、まことに心が痛みます。私はここで一、二か月ほど滞在し、各島々にあまねく遊んで、広東に戻ります。その際に住所が定まれば、またご連絡申し上げます。右、謹んでご自愛くださいますようお願い申し上げます。お母様、奥様のお二人のご幸福と平安をお祈り申し上げます。弟子の孟卿ここに跪いて申し上げます。舎弟長素〔康有為〕がご挨拶ならびにお尋ね申し上げます。陰暦九月九日　〈一九〇〇年十月三十一日〉

四十七（C一五七）

敬肅者：弟子去臘去濱歸港、曾具一函奉候。旋以事北上、入春抵京、已將近狀奉報。中間逗留三月、探訪同志、又以京備甚嚴、隨卽出遊三江兩湖、冀有所得。以行踪靡定、又乏善可陳、致嵇【稽】候簡。弟子所到之處、雖同志多人、而內地查拿、阻力甚大、惟有靜候機宜。不料北方拳匪事發、致召各國之軍、皇上蒙塵、於是同志勤王之事決矣。唐才常等聯合長江各省舉義、乃爲奸黨所洩、同志諸義士死者三十三人、傑士百數、同志千數。張賊媚后反對、謬加罪名殺戮、想見諸報、殊令人髮指。當時遍捕黨人、弟子時適到滬、以寄寓不便、因於八月間卽往南洋、再圖後舉。雖時事多艱、阻壓之力太大、未敢懈也。春間蒙賜尊容・各論・及東亞事宜與嚶嚶錄等書、到坡始接、時刻捧捅【誦】、如見我夫子正襟危論、可謂明見萬里、令人神氣激昂、自恨才學淺薄、無以補救時艱、辜負教養、可爲痛心耳。弟子在此閒少住一兩月、遍遊各嶋、乃返廣東。到時寓址有定、再行稟報也。專此。敬請崇安。幷叩太師母師母兩位萬福金安。弟子孟卿叩稟。舍弟長素稟筆候安。合幷稟聞。陰歷【曆】九月九日

横浜居留地一百四十番大同学校

康孟卿

謹んで申し上げます。十日のお手紙は、十一日朝に受け取って拝読しました。敝政府が捉えて殺せとの命令を下したことについては[162]、先生のお考えを急報していただきました。お返事どおり明後日には東京にもどることができます。お申し付けになられた会うべき要人たち、例えば谷公[163]や小林、曽根の諸君は、私にもし少しの時間があればそれぞれに面会を申し入れ、援助を望むべきですが、近ごろ開局したばかりで[164]瑣事に忙殺されております。他日面会した際はきっとご返答申し上げます。こちらでは、新聞を十二月二十二日に発行することに決め、まず前半の一週間で印刷し装丁いたします。訳文は十五日、六日までにご寄稿ください。何卒遅延なさらぬようお願い申し上げます。『日本新聞』と『朝日新聞』を翻訳すべきで、記事の種類についてはすべて先生のお考えに従います。どうか岡山君に翻訳をご依頼くださいますようお願いいたします。私は、以前梅清処塾にいたところ、日々新聞を読む際に、先生が選んで赤字で囲われた部分は、とても要点を得ていました。このことを卓如〔梁啓超〕に相談したところ、やはり誠にその通りであるとのことでした。ですので、先生のご都合のよろしいようにお選びください。卓如は多忙のため書簡にて挨拶する時間がないため、先生によろしく伝えてほしいとのことでございます。右、先生に謹んでご挨拶申し上げます。弟子孟卿謹んで申し上げます。

お母様、奥様は五日に名古屋へ行かれたとのこと。近頃お宅に戻らなければと思っております。どうかよろしくお伝えください。私が四日に神戸を出発して横浜に行きましたのは、大変ご不便をおかけしました。一日待ってお供できなかったことを今まで悔やんでおります。十二月十一日燈下九時申。〈一八九八年十二月十一日〉

敬粛者：十日來諭、十一早接讀。敝政府下令擒殺之事、即以尊意走報。據覆明後日即可歸京矣。所囑應見各要人、如谷公及小林・曾根諸君、弟子輩稍暇卽當分別求見、以冀有濟。惟日來開局伊始、瑣事頗忙、他日見之、當有以稟覆也。此間報紙定於十二月廿二日發行、先於前一週内刊印釘裝。譯文乞於十五六日内寄惠、幸勿有延。應譯日本朝日兩報、其種目如何、一遵尊意所定、乞代求岡山君譯之。弟子前在塾時、日讀報紙、經夫子選定硃筆圖出者、已得其要領矣。商之卓如、亦極以爲然、故由夫子自便選發也。卓如事忙、不暇函候、囑筆請安。恭此。敬請夫子大人福安。弟子孟卿謹稟。

太師母師母於五日爲名古屋之遊、日間想可回府、乞代請安。弟子四日出神往濱、頗爲不便、恨不能遲一日以伴行、然今已矣。十二月十一日燈下九時申。

四十八（C一五八）

謹んで申し上げます。昨晩はご挨拶に参る時間がございませんでした。ご尊体の具合を崩されたとうかがいましたが、今朝は、ご病気はいかがですか。医者に来てもらってみてもらうのがよいでしょう。酷暑ですので時節柄どうかご自愛くださいますようお祈り申し上げます。右、先生のご幸福をお祈りいたします。弟子孟卿謹んで申し上げます。

八月十三日早

つまらぬものですが謹んで牛肉や卵をご用意し先生のお食事に役立て、外に夏のお礼を附します。代わりにお母様、奥様へお示しいただき、お納めいただくようお願い申し上げます。弟子孟卿あらためて謹んで申し上げます。〈一八九八年八月十三日〉

敬稟者：昨晩未及隨班叩安、詢知玉體遺和、今早貴恙何似。請醫者來胗視可乎。酷暑、伏乞順時自愛。專此。敬請夫子大人元安。弟子孟卿謹稟。八月十三早。

謹具牛卵微物爲夫子佐餐之用、外附冰敬(165)一的、代呈太師母師母賞收爲禱。弟子謹再稟。

四十九（C一五九）

謹んで申し上げます。お手紙を受け慰められるとともに、日清協和会(166)についての各節をお示しくださり、拝読させていただいた後、感激しきりでございました。もし他日、同志の会が成立すれば、私の同郷人はそのあとに従ってご高説を聞くことができ、あるいはお力を借りて死者の思いをつぐのであり、これはまことに願うことであります。さらに難を逃れた同志たちが、もし他日この地に皆集まり、折りよくその機会に出くわせば、いっそう喜ばしいことです。現在、清国は新旧がぶつかり合い、志士は行方をくらまし、西太后は位についているものの職責を尽くさず、外国人はまさに喜んで清国を脅し瓜分しているというのが現状です。これこそ東亜の大局を気に留める者の憂いと言うことができ、この会を急いで結成すべき時です。私は以前からそのことについて志をもっておりましたが、残念なことに才能に乏しく、加わることができません。行方をくらました諸君が早くやってきて、これに応じることができるのを強く望むのみです。弟子の従弟(167)はこのたびの政変のために亡くなり、同志の親戚や友人もそのために亡くなりました。私は、死者の宿望が発展せず、大きな理想と抱負がにわかに途中で屈してしまったことを嘆きます。ですが息のある限り、このつまらぬ挫折によって落胆し怠ることなどできません。先生は同志諸君とそれを成功させてほしいと思います。成否はまだ保証できないとはいえ、さらには明日、他日、小成、大成にかかわらず、いつか東亜を救う一つの足掛かりとすることができるでしょう。現在、大同訳書局の諸同志は難を逃れ、『東亜報』もまたやはり政変によって営業停止となり、その余剰金により学堂を再建しました。先日、私は書面にてひとまず新聞は刊行しないこととするも、書籍を翻訳して智慧を開くよう命じました。現在『東亜報』側はいまだ対応を決めておらず、事実に基づいて返事をよこしておりませんが、同門の某君が月末に来ましたら、彼に聞きたいと思います（必ずしも促すわけではありません）。近く『東亜報』の書籍翻訳の連絡を受けましたら、すみやかにお願いをいたします。先生が自ら翻訳されるものは、随時数種を完成させてください。そうしましたらまたご相談、請求いたします。右ご連絡まで。先生の幸福と平安をお祈りします。弟子孟卿が申し上げます。〈日付不詳〉

敬稟者：承諭慰藉、幷示聯會各節、捧誦之餘、感佩無已。設使他日同志會成、弟子鄉人得以附驥、藉聞高論、或借力以續死者之殘念、固所願也。又其逃難諸同志、他日必全集此地、而適逢其會、更所慶幸也。今者清國新舊相激、志士逃散、老牛尸位、異種正樂得以挾制而瓜分之、此其時矣。是則可爲有心東亞大局者之憂也、則此會亟應速聯之時也。弟子早有志於此、所恨才力微薄、無以赴之、惟有極盼逃難諸君早來、必有以和之。弟子之從弟死於是、同志諸親友死於是、弟子痛死者之素願未展而一旦雄心屈於短途、則一息尚存、豈忍以此區區小挫而自餒自懈哉。願夫子與同志諸君、有以成之也。雖成否未可必、且無論或明日、或他日、或小成、或大成、亦可爲異日之補救東亞一地步也。現大同譯書局諸同志逃難、東亞報亦以政變停辦、將其餘款改爲學堂。日前弟子函囑其暫不刊報、亦應譯書、以開智慧。現未酌定、未據實覆、則同門某君月底乃來、亦聽之。（不必催之）俟弟子日間接有東亞報譯書之事、乃速請之也。夫子經手所譯者、乞隨時完其種數[168]、乃再商求也。専此。恭請夫子大人福安。弟子孟卿稟上。

五十（C一六〇）

謹んで申し上げます。近頃、先生は私の事情のため外に奔走し、帰ってまたわざわざ金額を記してお見せくださるのは、きっとご面倒なことでしょう。一、二、三各日の費用を記した紙を失くしたため、使った金額をご記入されなかったとのお返事を受けましたが、その概数を計算いただければよろしいのです。これは私の事でございます。前後に申していただければ、必ずしも金額を記さない方が都合がよろしいのです。ただ友人に移しいれたものや、先生が払いすぎたものはすべていくらかをお示しください。すぐにそろえてお返しすべきです。先生が金額をお示しになったのは、私が先生に信用を得ていないということで、恐れ恥じるばかりです。あえてお知らせいただいた金額をお返しし、そのほかに十四円を附して一、二、三日の費用を補いたいと思います。もし足らなければ、お知らせいただきたく、それにより完全に返済したいと思います。右ご連絡まで。先生の幸福と平安をお祈りします。弟子孟卿謹んで申し上げます。　〈日付不詳〉

敬稟者：頃夫子爲弟子之事、奔役於外、歸來復勞記數見示、何不憚煩也。承示知一二三各日所記費紙失去、未將用數列入、則計其畧數可矣。此是弟子之事、前後經稟、不必記數爲便。但請示挪入友人或支過於夫子者、總共多少、卽可備數繳還。而夫子以數見示、是弟子無以取信於我夫子也、惶愧無已。敢將來數繳還、外附十四圓以補一二三日之費、如不足、仍請示知、再完此一數也。專此。稟請夫子大人福安。弟子孟卿謹稟。

五十一（C一六一）

謹んで申し上げます。いただいたお手紙および張田〔張田量一〕君から転送いただいた件、いずれも承知いたしました。このことはまた西太后によって引き起こされたもので、国家の重大事だと言えます。従弟〔康有《こうゆう》溥《ふ》〕は〔国際法を理解しております〕、アメリカ領事館に逃れて保護を求め、再起を図りましたが、思いがけなくも捕らえられてしまいましたのは、天が見はなしたのです。従弟は平素より身をもって国に報いんことを誓い、今、死に場所を得ました。しかしながら、十余年の時間と労力を重ね、幸いにして一段上ったというのに、わずかにこの実質の伴わない名声のみがあって、一事も行っておらず、大きな理想と抱負がにわかに途中でくじけてしまったのは、大いに惜しむべきことです。弊国は平素よりすでに人材がおらず、先生がおっしゃるところの二百余年を経て軟弱さが風俗となったということです。今、満人は悪辣にして、一人を殺して他の見せしめとしたので、今後、改革の事を言おうとする者はいないでしょう。私は前後して、貴朝廷はなぜ弊朝廷に関与して改革を促し東亜の大局を保とうとしないのかと問いました。お便りを受け、貴朝廷では内政が興ったばかりで、外国のことまで心を配るに至っていないとのことを知りました。中国に活路が無いのは、確かに天がそうしたからで、悲しみに耐えません。昨日、同文〔康同文〕が書簡をよこし、北京の友人および香港のイギリス人に電報を送ることを協議しました。近頃は徐君〔徐勤〕らが東京に入り何とかして救いを求めておりますが、要領を得るでしょうか。しかしながら、従弟は性格がはなはだ傲慢で、これまで人から恨みをかうこと最も多く、北京にいるときも権臣の機嫌を損ねることが少なくなく、近く諭旨がくだり中途で処刑されるでしょう。先生はこの予想がその後当たるか見てみてはいかがでしょうか。ああ、一人であれば惜しむにたりませんが、中国の大局をどうすることもできないのは、誠に悲しいことです。私は他日帰国し、西洋の教えによって国を守り、改革を唱道する者の一人です。あえてとるに足りないことを申し上げました。本日の新聞をどうかご覧ください。私はその他の事の概略をいっそう知りたく存じます。右ご報告まで。謹んで先生の幸福と平安をお祈りします。弟子孟卿謹んで跪いて申し上げます。〈日付不詳〉

敬稟者：承諭及由張田君轉示均悉。此事重以老太太[169]出頭、可謂國家之大變。而從弟（解公法）逃至美領事館以求保護、而冀死灰復然、不料被執、此天絶之也。從弟平日誓以身報國、今得死所矣。然以積十餘年工力、幸得一階、僅有此虛聲、而一事未辦、雄心屈於短途、大爲可惜。敝國平日已無人才、如夫子所謂積二百餘年委靡成風者。今滿人辣手、殺一警百、則此後無敢言改革之事矣。弟子前後稟問貴朝廷何不干預、迫令敝朝廷改革以保東亞大局。承諭備悉貴朝廷適有內政、不及兼顧外邦之事、則支那無活、確天爲之也、不勝哀痛之至。昨日同文來稟、商致電北京知友及香港英人、此間則徐君(170)等入東京設法請救、不知得其要領否耳。然從弟德性甚傲、向來得失人最多、卽各在京亦獲罪於權臣不少、不難日間奉旨半途正法矣。夫子試觀其後驗如何。噫、一人不足惜、其奈支那大局何、可爲痛哭之至。弟子他日歸國、借西教以保護、唱道改革者、此其一人也、敢道其區區。乞將今日報章賜覽、弟子更欲知其餘事之梗概。專此。敬請夫子大人福安。弟子孟卿叩稟。

五十二（C一六二）

謹んで申し上げます。お手紙謹んで拝読いたしました。この写真(171)は先生のご都合のよいようにされてください。あまりのお金について、やはりお返しいただき、お恥ずかしい限りです。どうかこれをお納めください。推量いたしますに必ず支出したけれども記されていない小さい金額があるはずです。右ご連絡まで。先生の幸福と平安をお祈りします。弟子孟卿申し上げます。

長素〔康有為〕の写真は、大同学校が長らく探していたもので、私も一枚しかもっておりませんでしたので、まだ送っておりませんでした。今日探しているのは、おそらく、同郷人が見てみたいというのであって、新聞報館〔未詳〕が探しているのではないでしょう。合わせてお知らせいたします。弟子孟ふたたび申し上げます。

彼らは常にこの写真を銅板に刷ることを望んでいますが、この写真は役に立たないもので、なぜなら明暗がはっきりしないからです。私はただこれを保管していただけです。

〈日付不詳〉

敬稟者：來諭敬讀、此像聽夫子之便可也。餘金尚蒙見復、愧甚愧甚。伏乞存之、度必有支出不記之小數也。專此。請夫子大人福安。弟子孟卿稟。

長素之像、大同學校索之已久、弟子僅存一、故未寄去。今日之索、度是同郷人欲一見之耳、非新聞報館之索也。合幷稟聞。弟子孟再稟。

彼輩常欲將此像刷銅板、然此像是棄物、因陰陽不淸。弟子只管存之耳。

五十三（C一六三）

謹んで申し上げます。お手紙を受けとって拝誦し、委細、謹んで拝承いたしました。つぶさに経費に苦心いただき、誠に感謝いたします。同志を連合し今後のことを協議するのは、一つの重要な策を定めるのに便利であります。どうかゆっくりとご計画ください。旅費の出費のすべてについては、先生がまさにお帰りになるというのを聞いたため、まだお送りしておりません。このたびの旅行でかかった費用で、友人に移した項目はいかほどでしょうか、そうして後、金額を取り去って処理することができます。お示しくだされば、私は金額をそろえてお返し申し上げます。もし先生が外で労役し、休むこともできないのに、このたびお帰りになりさらに会計しなければならないとすれば、大変な苦労でしょう。これは私のことです。師弟はお互い信じあうのに心をもってし、こまごまと金額を開示する必要など全くございません。しかしながら、使いすぎて先生が貸したり支出したりしたものは、私が払っていない金額です。こうするのが簡便でしょう。右ご報告まで。先生の幸福と平安をお祈りします。あわせて眼病についてお伺いいたします。どうか療養ください。弟子孟卿奉ります。（代わりに先生にお渡しください。）〈日付不詳〉

敬稟者：接讀來諭、敬悉種切。備蒙苦心經費、至感至感。聯同志以爲後計、亦可方便定一要策也。乞徐圖之。至旅費用度一切、因聞夫子將歸、故未有匯呈。此行所費、挪入友人之項幾何、然後可拂數以行、則示知、弟子可備數呈上奉還。若既費夫子之勞役於外、不得休息、而此次歸來又要會計、不其太苦乎。此是弟子之事、師弟相信以心、萬不必瑣瑣開數。但用過夫子所挪入者、支出者、卽爲弟子之欠數、此爲簡便也。專此。稟請夫子大人福安。幷問眼恙、乞調攝。弟子孟卿稟上。（代呈夫子大人。）

五十四（C一六四）

各国は公法や憲法〔国の大事な決まり〕について議論していますが、弊国の公法・憲法と言えば、五経の大義を主とします。これは貴国と千年ものあいだにわたって共有してきました。君臣・父子・夫婦という三綱の義は、天地の間にかかっております。経義〔儒教の経典の道理〕から言えば、『周易』では「婦道は成し遂げることはない」[172]と言い、『書経』では「牝鶏が朝明けを告げれば、その家は衰える」[173]と言い、『礼記』では「夫が死ねば子に従う」[174]と言い、『春秋』では「婦人には朝廷のまつりごとは無い」[175]と言っています。ゆえに経義では、女性は政務を執ることが出来ず、女性が政務を執ることはみな道理に背くことでした。たとえ国家にかかわる重大事があったとしても、君主が死去すれば冢宰に従ったのみです[176]。〔西太后が咸豊帝の死後に〕かつて政務を執ったのは緊急の措置ではありましたが、すでに大義には合致していませんでした。そもそも皇上〔光緒帝〕は即位されて二十四年になられ、お年も三十を過ぎ、英明で武勇に優れ、変法・自強に努めておられますのに、訓政を請う道理などあるでしょうか。今回の訓政の詔[177]は西太后の意向によるものです。皇上を幽閉した後に詔勅をでっち上げたのは、まったく王莽や曹丕、劉裕が皇位を簒奪したのを譲位だと言いつくろったのと変わりありません[178]。ご本人の意向であると考える者は一人もいません。ですから今回の事は、実際には廃位・簒奪であり、訓政ではないのです。皇上は文宗顕皇帝〔咸豊帝〕の後を継がれましたので、経義や律令からすれば、皇后である慈安太后〔東太后〕しか母とすることが出来ません。天子は庶母を母としませんし、たとえ民間でも庶母〔に対して母と同様〕の喪に服する決まりはありません。西太后は同治帝に対しては生母ですが、今上陛下に対しては先帝の側室であるに過ぎません〔魯の荘公の実母である〕文姜が淫乱であったことから、荘公は母と称さなかった〔のは礼に適っている〕と言っています[179]。『春秋』の義では、たとえ生母であっても、唐が〔中宗李顕の実母である〕武氏を廃位した[180]という前例があります)。道光の御世には太妃〔孝静成皇后〕がいらっしゃり[181]、実質は全く同じでした。母子の分〔わきまえ〕が無くとも、君臣の義は正されていたのです。〔ところが西太后は光緒帝が病気であるという〕詔勅を偽造して、天下に医者を求めました(これは本朝ではいまだかつてなかった詔勅です)。これは〔光緒帝への〕廃位・弑逆であり、明の宮女である韓金蓮が穆宗を殺そうとしたのと[182]変わりありません。反逆者である側室が兵を従えて廃位に動き、皇上は幽閉され、機会をうかがって権力を手中に収めました。やりたい放題の淫らな太后は、天下に受け入れられないことをやってのけた訳です。こうしたことは世界中どこを見渡してもありません。貴国の場合は経義が同じです〔からなおさらです〕。

一、〔今回の〕訓政とは幽閉・廃位のことであり、訓政ではありません。訓政は偽の詔勅とこじつけから出たものです。

一、廃位を明確にするときは、〔光緒帝を〕弑逆したということです。

一、西太后は先帝の側室であり、〔光緒帝との関係は〕母と子ではなく君と臣です。

一、西太后は宮女の分際で皇帝を廃位しました。

一、同治帝の立太子は、その不義の子を立てたということです。

李盛鐸[183]は、西太后と栄録を開明的な人物だと褒めそやしています。ですが試みに〔彼らが〕八股文を復活させ、新聞社を閉鎖し、主筆を逮捕し、一切の新政を取りやめ、一切の旧政に復し、新政に関与した四十人余りを逮捕して監獄に入れ、革職・処刑したことを見てください。試みにお訊ねしますが、西太后と栄禄は開明的な人物でしょうか。

〈日付不詳、一八九八年十月～十二月頃か〉[184]

各國言公法憲法、敝國之公法憲法以五經大義爲主、此與貴邦千年共之者也。君臣夫子夫婦三綱之義、懸於天壤。以經義言、易言婦道無成、書言牡【牝】雞之晨、爲家之索、禮言夫死從子、春秋言婦人無外事。故經義婦人不得臨朝、其臨朝皆悖義理。卽有大事、君薨聽於冢宰而已。前之臨朝、出於行權、然已不合大義。若夫皇上臨政二十四年、已三十、英明神武、變法自强、安有請訓政之理。此次訓政之詔、出於西后。既幽皇上之後、僞託詔書、與王莽・曹丕・劉裕篡位時之禪位文同、無人以爲出於本人者。此次實是廢立篡位、非訓政也。皇上上繼文宗顯皇帝、以經義律例、嫡后慈安太后乃得爲母、天子不以妾母爲母、卽民閒於妾母亦無丁憂之例。西后於同治則爲生母、於今上則爲先帝之遺妾耳。（春秋之義、文姜淫亂、不與莊公念母。卽使生母、尚有唐廢武氏之例在）道光尚有太妃、其體正同。卽無母子之分、卽正君臣之義。假稱詔書、求醫天下。（此爲本朝未見之詔書）其爲廢立篡弑、實與明宮婢韓金蓮弑穆宗同。逆妾擁兵廢立、皇上被幽廢、候時竊權、自在淫后、然天下不以爲然也、此萬國無之。若貴國則同經義者。

一　訓政是幽廢、而非訓政、訓政出於僞詔假託。
一　眞明廢時卽是弑。
一　西后爲先帝之遺妾、非母子而爲君臣。
一　西后爲宮妾廢君。
一　同治立嗣是爲立其奸子。

李盛鐸稱西后榮祿是開新人、試觀復八股、禁報館、拿逮主筆、去一切新政、復一切舊政、捕新政之人四十餘下獄革殺、試問西后榮祿是開新者否。

五十五（C一六五）

康孟卿手緘

謹んで申し上げます。お手紙いただきました。お心遣いの数々、痛み入ります。〔私への〕教育の任をお引き受けくださり、しかも心配までしていただき、そのご厚情は肉親の情を上回るものがあります。何度も読み返し、ふと感激の余り涙がこぼれてしまいました。〔このご恩には〕どうすれば万分の一でも報いることが出来ましょう。私は幸いにも亡き祖父〔康国器〕[185]の遺産を継承し、年が若くて節度もなく、〔遺産を〕食いつぶしてばかりですが、毎年利息を受け取れば、それでも家の祭祀や母親、亡き父の妾などに必要な衣食を十分にまかなうことが出来ます。そして母と妾の手には、亡き父が分与した老後の年金を渡すことも出来ます。それぞれの〔実家の〕兄弟に預けて利益を生み出し、毎年利息を受け取れば、その十分の一くらいは得ることが出来るのです。今度の〔戊戌〕政変では、財産を官に没収されてしまいましたが、〔没収されたのは〕土地不動産であり、現金資産ではありませんので、母と妾はともに自力で何とかやっていけます。政変後に郷里からの知らせを受け取り、私の女の親戚は夫の実家に迎えられるか、あるいはそれぞれの実家に戻ったことが分かりました。私の妻は昨年の八月に身まかっており、長女はすでに嫁いで孫も生まれています（婿の陳蔭農《ちんいんのう》[186]は、現在は大同学校の教員をしています）。息子の嫁はしばらくのあいだ実家に帰して生活させています（韓雲台〔曇首〕の実妹で、家産は非常に豊かです）。次女から六女までと三男は、それぞれ妻の親族と長女の嫁ぎ先で扶養されています。幸いにも姻戚関係の人々にはみな財産があり、平素より非常によく面倒を見てくれています。次女と三女にはすでに許嫁がおり、年頃を迎えました（一人は二十歳、一人は十八歳です）ので、何事もなければ、すでに相手の家から輿入れのお迎えが来ていたことでしょう。ところが今や差し障りが生じましたので、〔息子の〕同文を使いに遣り、広東に戻らせて母親の居住先を準備させました。また次女の嫁入り道具を買いそろえるためにも派遣しました。今回の政変における財産の没収は、私や長素〔康有為〕の近親者のみに累が及ぶに止まりませんでした（同郷の洋商〔買弁〕である何暁生《かぎょうせい》[187]は、義侠心も財産もある人物です。長素に四千金を贈り、二千を一族の扶養金としました。〔政変で〕失職して食べていく事が出来ない者は、何暁生の斡旋を受けて職に就きました。何氏は当初長素が香港に難を逃れた際に、彼を保護した一人です）。すでに近親関係を外れ、何の罪もないのにお上によって酷い目に遭った者は、始祖より以下〔に先祖が共通する人々〕でほとんど百人にも及びます（宋の時代からこの地に住み続け、今に至っていますので百人近くにもなりますが、実際には姓が同じなので婚姻関係《つきあい》は無いのです）。大変な厄災を受けましたが、幸いにも私は以前から家を傾け一身を犠牲にする覚悟を抱いていました。いま実際にこんなことに遭遇しても、分相応の報いだと見なし、少しも動揺していません。ただ惜しむらくは素晴らしい政治〔改革〕が成功せず、愛すべき族弟〔康有溥〕を喪い、多くの同志が殺されたことで、全く痛ましいことです。私たちは先般、満人の排斥に遭いましたが、それでも同種の人々〔漢族を指す〕は喜んで裏切り者・内通者となり、挽回は極めて困難です。この他に何の惜しむことがありましょうか（今はしばらく頓挫していますが、事が終わった訳ではないのです）。先日、亡命先で同志たちが『清議報』を創刊いたしました。翻訳の人材を必要としており、すでに〔彼らが過去の失敗を〕悔い改め〔未来の事業を〕盛りたてようとしている以上、その役職に就かない訳にはいきません。しかしながら、〔私は〕まだまだ勉強不足であり、〔先生には〕かねてよりご指導いただいておりますのに、ご恩に背いて出て行くことも出来ません。そこで今、彼らと次のように取り決めを交わしました。

〔私の〕報酬の内から五円を割き〔先生にお支払いし〕ますので、われわれのために日刊・旬刊両新聞〔『清議報』のこと。注六十一も参照〕に掲載する翻訳原稿の手直しをお願い出来ないでしょうか。なお旬刊誌はこちらで翻訳してお送りします。非常に重大なことなので、すぐには判断が難しいだろうと思います。ご心配なさっていると伺いましたので、あえてありのままにお答えいたします。末筆ながらご多幸をお祈り申し上げます。弟子の孟卿が申し上げます。〈日付不詳〉

敬稟者：承諭慰問各節、備聆。甘任教育、甚且擔憂、凡此盛心、有逾骨肉。捧誦再三、不覺感激涕零、其將何以圖報萬一也。弟子幸承先祖父遺業、少年不節、破敗之餘、毎年收息、尚可供祭祀及家母庶母(188)以下衣食酬應。而家庶母手上、亦得先父撥存養生銀兩。各存母舅生利、則毎年收息、可各得百十。此次政變、産業沒官、是其實業、非浮銀(189)也、兩母亦可各自支持。事變後接鄕信、知舍妹迎養於夫家、時或各歸母家。而弟子内人前年八月去世、大女早經出閣而抱孫（小婿陳蔭農現在大同學校教讀）、小媳漸【暫】歸母家度活（卽韓雲台之胞妹、其家頗豐）、二女至六女・第三子分養於妻族及大女家、幸各姻親頗豐、平日極能周旋。而二・三女早經許字、年且長（一二十年、一十八年）、未遇事、既經親家催請過門、今遭故、正遣同文回廣東料理家慈安居、及爲二女置辦荊釵布裙、爲之遺送。此次政變、産業沒官、何止連累弟子與長素・有服(190)之親已哉。（鄕人洋商何曉生者、義士而富人也。贈長素四千金、以二千爲族人養口、其失職將無以食力者、經何曉生位置(191)有席焉。何氏者、於長素初逃難到港爲之保護一人也。）其出服(192)無辜被苛政者、自始祖以下幾及百人。（宋朝來、生息至今、將百人、實通姓無歸）雖被非常之禍、幸弟子向存傾家殺身之念、今遭實事、視爲分内事、不動心也。所惜者、美政未成、而殺一愛弟(193)、戮數同志耳、可痛哭者。吾人向遭滿人傾軋、而同種甘爲漢奸内腐、極難挽回耳。其餘何足惜哉。（今雖小挫、事未休也。）頃在旅次、同志所創清議報、翻譯需人、既承痛改力助、不得不就其職。然工夫未足、向蒙栽培、不能負恩逕去。現與彼約、願於俸内割出五圓爲我閏飾日旬兩報東西文稿、而旬報則在此譯寄。事關大局、未便推斷也。知念敢以實對。專此。敬請崇安。弟子孟卿稟。

五十六（C一六六）

先生が下さったお手紙と残額の件ですが、その時は〔塾生の〕松村君と同席して筆談中でした。私はじっくり確認する訳にはいきませんでしたので、とりあえず手短にお返事してご機嫌を伺うことにいたしました。どうぞご了承ください。先ほど残額をざっと数えてみたところ、五十銭ほど余分に入っていました。きっと〔先生の方で〕代わりにお支払いして記入し忘れた金額でしょう（お言葉を理解出来ず、先生にお手数をかけてしまい、お恥ずかしい限りです）。謹んでこの余分の金額を先生にお返しし、こちらが受け取りすぎていないようにしたいと思います。どうぞお受け取りくだされば幸いです。末筆ながら、ご多幸をお祈り申し上げます。弟子の孟卿が謹んで申し上げます。〈日付不詳〉

夫子給到手諭幷餘款、時松村君在座筆談、弟子不便檢覗、因先稟覆數語問安、請恕。頃刻畧計餘數、溢於五十錢之譜、定必代支而忘記入數也。（不解語以致勞夫子、愧甚愧甚。）謹返其餘於夫子、或不致侵入太多耳。伏乞收還爲禱。肅此。恭請福安。弟子孟卿謹稟。

五十七（C一六七）

謹んで申し上げます。お返事の内容は承知いたしました。頂戴して拝読しながら、深く恐縮いたしました。季節の果物を進呈するのは、また弟子として当然のことではありますが、どうして通常の答礼と申せましょうか。もし先生が私の余計なお節介を叱責されず、果物をお受け取りいただけるのでしたら、私としては本望です。しかも先生はご病気からようやく回復されたばかりなのですから、なおさらこの風味や香りを味わうのがよろしいかと存じます。あるいは〔お見舞いの〕お客がいらした時に、これをお出ししてもてなすのもよいでしょう。私のところには〔果物が〕まだ二つ三つ残っています。沢山買いすぎて、お送りしたのが少なすぎるくらいですから、どうぞお気遣いには及びません。最後に、先生のご多幸をお祈り申し上げます。弟子の孟卿が謹んで申し上げます。〈日付不詳〉

敬稟者：承諭云云、接讀之下愧悚無已。時進鮮菓、亦弟子之職内事、何敢云尋常作答、若蒙夫子不責其瑣瀆而賞收之、於願已足。況夫子貴恙初痊、正宜臭此氣味、或有客到、亦可款之也。弟子此處尚有三・二枚、既已買多、而所呈上亦甚少耳、乞勿勞意。此請夫子大人福安。弟子孟卿謹稟。

五十八（C一六八）

謹んで申し上げます。先日いただいた大作を拝読いたしました。私は何度も読み返し、手放すのが惜しいくらいでした。しかしながら原稿はこの一部だけですので、長く借りてお返ししなければ、いつまで経っても世間には伝わらないでしょう。そこで〔神戸の〕東亜報社に送り、専任の筆記者に依頼して多めに一、二部書き写させ、後輩たちに指南書として奉じさせ、なおかつ先生の真理探究の純粋さと、志の高さを理解させたいと思いました。〈学問を盛んにすることと、世の中を救うことを兼ね備えた〉その文章の素晴らしさは言うまでもありません。縁戚の曇首〔韓雲台〕が僭越ながら後書きを担当し、大作の末尾を汚していますが、大変申し訳なくお恥ずかしい限りです。これは全て私の過ちですので、どうかご了承ください。ここに原稿をお返しいたします。今、私は写本一部を手元に収め、後生大事に保管し、他日に帰国した折には香を焚いて〔清らかな心で〕拝読することにいたします。それは今日にあって先生に付き従い、塵を払って〔清らかな心で〕拝読することと変わるところがありません。末筆ながら、先生のご多幸をお祈り申し上げます。弟子の孟卿が謹んで申し上げます。

わが国の知識人のうち、近頃では日本に来て留学する者が増え続けています。これに関しては、必ずや成果の挙がりやすい近道があることでしょう。思いますに、貴国の文字でわが国の文字と〔意味が〕重なるものは六、七割ほどなのですが、難しいのは文法構造が全く異なることと、語尾が変化するなどの法則です。先生は和漢の学どちらにも造詣が深く、当然その要領をよくご存じでしょう（先生はこれまで、私のために句法・文法と語尾変化などの規則を分析してくださいました。これは〔日本語の〕勉強を始めるよい方法で、大変素晴らしいものでした。先日、難波〔龍介〕君の机に、日本人の新聞二十七頁〔未詳〕があるのを見つけました。「順序の顚倒に及ぶ」という字句がありました〔未詳〕ので、現物をお目に掛けます）。もしも〔先生が〕西洋人の書いた孔子に関する本の翻訳を終えられましたら、まず試しにこの本を著し、留学生に教授されるというのはいかがでしょうか。もし印刷して流通させることが出来れば、〔中国人留学生に〕裨益するところがさらに大きくなりますので、何とぞご検討ください。弟子の孟卿が追伸いたします。

〈日付不詳〉

敬稟者：日前賜讀大作、弟子捧誦再三、不忍釋手、然以文稿僅此一册、久假不歸、終恐傳失。用是郎寄東亞報館、囑專役多抄一・二册、欲使子姪輩奉爲道訓、幷知我夫子道學之醇粹、志趣之高超、（扶敎拯世兼而有之）其文字之佳無論矣。舍親曇首謬注跋語、汚其端幅、罪甚愧甚。此悉弟子之過、伏乞恕之。茲將文稿奉還、現弟子已抄存一册、什襲藏之、他日回國焚香展讀、如今日之追隨履杖、拂塵而讀、無以異也。專此。恭請夫子大人福安。弟子孟卿謹上。

敝邦士夫邇來來此就學者日多、夫必有捷徑乃易成就。査貴邦文字與敝邦文字所重者十之六七、所難者組織(194)盡異、與及語尾變化等法。夫子於和漢之學、兩者精深、自能洞識其要領。(夫子今昔爲弟子解剖句法章法語尾變化等法、此爲入手門徑、美矣善矣。頃從難波君書案見有日本人報二十七頁、有及顚倒順序之句、將書呈覽。)若譯畢西人所著孔聖一書之後、試先著此書、以授來學者如何。若能刷行則所益更大、敢乞酌之。弟子孟卿再稟。

五十九（C一六九）

お手紙拝読いたしました。先生は『〔燕山楚水〕紀遊』によってその文章を発表されました。そこでは、中国人種の保存については孔子の教えを宗旨とすることが、東洋の政局の保全については賠償を苛烈に取り立てないことが、清の喫緊の課題としては庶民が工業を重視することが言われています。この三者を列挙されたことは、千古に不磨の議論とするに十分であり、末永く保存されるべきです。余計な文字など一つもありません。また、訪問された各地の名勝についても書物によって検証し、何度も詳しく説き明かされており、しかも考証が精確です。私は拝読してひたすら心に銘記しようとし、一文字も修正するなど思いもよりませんでした。誠に私のような無学の者〔が修正するよう〕では、〔例えて言えば〕弘法にも筆の誤りを恐れるあまり、そのためにかえって私の無学ぶりが露わになってしまうだけでしょう。先生にはご了承いただき、事情をお汲み取りいただけますようお願い申し上げます。「西道主人」という言葉は、当然使うことが出来ます。ご自身で新しい言葉を作られて何の不都合があるでしょうか。〔やはり「東道主人」のもじりである〕「北道主人」という用例もある『後漢書』鄧晨伝」のですからなおさらです。弟子の孟卿が謹んで申し上げます。　〈日付不詳〉

手諭敬讀、夫子以紀遊(195)發其文章。其保種也、則以孔教爲宗旨、其保東方之局也、則綏收其賠償、其爲清之急策也、則庶民尚工。舉此三者已足爲千古不磨之論、可存之不朽、何有於一二閒字。又所到各地之名勝、俱以書證之、反覆詳明、考據精核、弟子拜讀而書紳之不暇、何敢稍易隻字。誠以弟子不學、恐工人謬悞、故反自形其不通耳。惟夫子諒之憐之。

西道主人(196)、自是能用、何妨自我作始、況以北道主人證之耶。弟子孟卿謹稟。

六十（C一七〇）

〔お借りした本は〕謹んで書き写し拝読いたしました。ここに原本をお返しし、先生のお手すきの際に手紙で指導しやすいようにいたします。思いますに、〔私は日本語の〕長短の句法や語尾変化などの規則について、まだまだよく分かっていないようです。（いつでも〔理解の不足は〕補えるとはいえ）私は生来飲み込みが遅く、長文をすぐに読むことにはまだ苦労しています。〔この本は私にとっては難しく、先生が〕注釈を書き入れられたり、かみ砕いて説明されたりするのが大変なのではないかと思います。先日に購入しておいた『英和会話』という本を調べてみました。もっぱら貴国の方々が英語を勉強するために書かれたものではありますが、句法〔のパターン〕がよく揃っています。（一章ごとに一つ二つ要点を抜き出すなどすれば、）もしかしたらこの本によって「一つコツをつかめば残りも皆分かるようになる」（『論語』述而）かもしれません。この本に習熟すれば、将来は長編の書物も「快刀乱麻を断つ」ようなものでしょう。私の考えは以上の通りです。的を射ているのかは分かりませんが。どうぞ事情をお汲み取りください。弟子の孟卿が謹んで申し上げます。〈日付不詳〉

謹錄敬誦、茲將原册繳呈、以便夫子暇時、書以敎之。惟長短句法、與及語尾變化等例、似尚未盡。（雖隨時可以補出[197]）弟子質魯、未便遽閱長章、恐費批注剖示之勞。査日前購有英和會話一書、雖專爲貴邦人習英文語而設、然其句法頗備、（或每章擇其一二要法）或亦可借此舉隅。熟此則將來長篇大論、可迎刃而解。鄙見如此、未知有當否。乞酌之。弟子孟卿謹稟。

六十一（C一七一）

謹んで申し上げます。先日、お母様と奥様より贈り物をいただきましたが、私には身に余ることでした。〔そこで前便にて〕不躾ながら贈り物を謝絶する旨をお返事し、お気持ちだけ頂戴することにいたしました。その後〔先生より〕お返事をいただいて拝読いたしますに、これは奥様自ら店に赴かれて購入されたとのこと、頂戴しないのは失礼に当たります。ですが私は、先生がこれ以上お気遣いなさることを恐れ、丁重に辞退することにいたしました。もちろん、目上の方からの賜り物は無理に辞退するなとは申しますが、理由もなくこのような高価なものをお受け取りしてしまうのも、心に恥ずかしさが増してしまいます。私は旅の準備も整いましたので、道中でこれ以上荷物が多くなれば、むしろ管理に気を使うことになります。何度も繰り返し考えた挙げ句、やはりただお気持ちのみを頂戴することにいたしました。贈り物はお返しし、お母様か先生の新しい普段着の用途に充てられるのがよろしいかと存じます。わざわざ行ったり来たりさせるには及びませんので、どうぞお納めください。たとえ私が拝領するにしても、こちらに戻った後であれば、いずれ頂戴する機会があるかも知れません。以上、篤く感謝申し上げますとともに、ご多幸をお祈り申し上げます。〔書き終えた〕手紙を前に、恐懼の念に堪えません。弟子の孟卿が跪いて申し上げます。お母様、奥様にも併せてよろしくお伝えください。〈日付不詳〉

敬稟者∶頃蒙太師母師母厚賜、感愧無已。用敢稟請回收原珍、祇領盛意。乃荷諭悉、此物勞師母走市以販、却之不恭。弟子恐勞夫子示意、故叩謝以行。雖然長者賜不敢辭、然無故受此重賞、於心時刻滋愧。況弟子粗衣適備、旅途中多一物、其毋乃費心檢點乎。再四思維、惟有敬領盛意、合將原珍繳呈、爲太師母或夫子添補便衣之用、叩乞必收、無勞往復。弟子卽有所受、其亦俟諸返圍【回】、或有賜給之時也。肅此。敬鳴謝悃。叩請福安。臨稟不勝惶恐之至。弟子孟卿敬叩。太師母師母均此叩請金安。

六十二（C一七二）

謹んで申し上げます。先日お送りした手紙につきまして、感謝のお言葉をいただき、恐縮至極に存じます。先ほど、縁戚の徐君勉〔勤〕からの便りを受け取り、彼が送ってきた手紙は、先生が先日〔彼に〕下されたお手紙の返事であることが分かりました。謹んで君勉が送付した先生への手紙を進呈するとともに、私へ来たお手紙も一緒にお渡し、彼らが先生をお慕いする気持ちをお伝えすることにいたします。末筆ながら、ご多幸をお祈り申し上げます。ご無礼の段は平にご容赦ください。弟子の孟卿が謹んで申し上げます。〈日付不詳〉

敬稟者∶前此呈上之書、乃蒙言謝、殊增愧恧。頃接世姪徐君勉來函、始知係彼進呈之書、以答夫子日前之所賜也。謹將君勉付來夫子之函呈上、又來弟子一函順呈、俾知彼輩仰慕夫子之微衷也。專此。叩請崇安。乞恕不莊。弟子孟卿謹上。

六十三（Ｃ一七三）

謹んで申し上げます。昼間にお酒をいただき、ご挨拶をして下宿に戻りました。思いがけず本を置いたまま寝てしまい、客人がいらしても〔出迎えず〕失礼なことが実に多く、付き添いも見送りも出来ずに大変申し訳ありませんでした。酔いから醒めてお手紙を拝領し〔ていたことに気づき〕、ようやくお返事さしあげる次第です。〔お返事が〕遅れてしまいましたこと、何とぞご了承ください。訳者に翻訳資料を配ることについては先生にお任せいたしますので、きちんとした文章が書ける者を選んでやらせてください。文字は巧くなくても構いません。文章が上手で仕事が早ければ、なお素晴らしいです。お示しいただいたところでは、かつての塾生の某氏がいらっしゃるとのこと、〔彼に〕お手紙を送っていただき、〔執筆の〕約束を取り付けていただけないでしょうか。互いに塾生同士であれば、私としては成果も挙がりやすく、もとより願ったり叶ったりです。まず若干の金銭をお送りし、その学兄の出発の資金とすべきでしょうか。仰せのままにいたしますので、どうぞ御指示ください。もし本日は〔お忙しく、翻訳者の〕選定があまりにも煩瑣で〔出来ないので〕あれば、他日に卓如〔梁啓超〕が翻訳業務を始める際に、私が改めて数名を求めることにいたします。こうすれば、選定の負担も軽くなるでしょう。以上、謹んでお返事申し上げます。先生のご多幸をお祈り申し上げます。弟子の孟卿が謹んで申し上げます。八月三十一日。〈一八九八年八月三十一日〉

敬稟者：午間蒙賜酒、叩謝登樓、不期廢卷而寢、客來又失敬實多、未及陪送、至歉至歉。醒來接諭始覆、遲遲之罪、乞恕乞恕。發譯之事、一任夫子擇其文理佳者爲之、不必善書、文佳而下字佳尤妙。所示曾在塾之某君云云、敢求發函約之、則彼此同塾、弟子領益較便、固所樂也。應否先送若干金錢、以便某學長束裝就道之處、統乞惟命是遵。今日擇之太細、他日卓如開辦譯務、弟子敢求數人、實難苛其選矣。專此恭覆。敬請夫子大人福安。弟子孟卿稟上。八月三十一日。

六十四（C一七四）

謹んで申し上げます。先生の旅のお供を仰せつかり、こまごまとした清算書まで出してくださり、拝読して恐縮する次第です。金額は全て正確です。ただ、先生の手持ちのお金を使わせてしまったのではないかと危惧いたします。謹んでいただいた精算書を返送し、残金を拝領いたします。以上、先生のご多幸をお祈り申し上げます。弟子の孟卿が謹んで申し上げます。

先生は道中に日傘をお使いになりませんでした。この頃お加減はよろしいでしょうか。どうぞご自愛ください。謹んでまた申し上げます。〈一八九八年八月頃か〉

敬稟者：蒙夫子携同往遊、復勞瑣瑣開數、接閱爲之愧甚。數無不合、但恐侵入夫子所帶之金錢耳。謹將來單繳呈、餘銀謹收。肅此。謹請夫子大人福安。弟子孟卿稟上。

夫子往返不以傘蔽熱、頃無恙歟。乞攝調。謹又稟。

六十五（C一七五）

謹んで申し上げます。『燕山楚水紀遊』は、うち一部を横浜大同学校に送り、徐〔徐勤〕君らが読み終わったあとで北京に転送いたします。もう一部は神戸の『東亜報』へ送ってすぐに印刷させているところですが、まだこの『紀遊』を上海大同書局に発送してはいません。昨日の『東亜報』からの返信に拠りますと、「こちらの新聞社で翻訳書を何種類も刊行しているが、色々なところから催促が来ており、印刷作業が忙しくてこの本までまだ手が回らない、どうか即時印刷はもう少し待って欲しい」とのことでした。そして上海大同書局は、族弟の幼博〔康有溥〕が総責任者なのですが、〔兄である〕長素〔康有為〕の命を受けて北京に行っており、しばらくは戻ってきません。昨日、幼博が北京から出した手紙を受け取り、「今月中には上海に戻ることが出来る」とのことでした。私は、族弟が上海に着かないうちは、〔『紀遊』を〕託するに足る人がいないのではないかと考え、それでまだこの本を発送させていません。このような情況ですので、しばらくの間は印刷を始めることは出来ないでしょう。お返事を承りましたが、新たに二、三箇所間違いを見つけられたとのこと、どうぞお急ぎにならずに別紙に記載してください（およそ半月あればまだ修正出来ます）。後日に送付していただき改訂に役立てることにいたします。この本は上海の大同書局に送るべきでしょうか、それとも神戸の『東亜報』に送るべきでしょうか。刊行の場所〔を上海にするか神戸にするか〕については、どうぞご存念をお聞かせください。仰せの通りにいたします。西洋人が孔子について論じた書籍(198)は、翻訳が半分以上終わり、もうすぐ脱稿されると伺いました。願ったり叶ったりです。またお返事に拠りますと、「この本の翻訳が終わったら『地文学』(199)という本を翻訳したいが、どうか」とのことでした。私もこの『地文学』を読みましたが、大変よいものでした。ただし、わが国ではこの種の本はすでに多数翻訳・発行されています。まだ翻訳のないものや、新しく出版されたものも、わが国のキリスト教徒〔在華宣教師〕によって翻訳・出版され補充されています。いま〔手元にある〕『地文学』はよいものですがやや古く、今から十七年も前のものです。その間の〔新しい知識で〕収録されていない内容も多く、翻訳・出版しても大して売れないのではないかと思います。私は先日、手紙を出して大同書局に問い合わせ、すでに翻訳された書籍の目録を書き写して送るようにさせました。そうすることで翻訳が重複することがなくなり、仕事がしやすくなるでしょう。十日以内に必ずお返事いたします。先生におかれましては、まず（西洋人の論じた）孔子についての書籍〔の翻訳〕を終わらせていただき、その後で私からご相談差し上げます。これでよろしいかどうか、どうぞご指示ください。末筆ながら、先生のご多幸をお祈り申し上げます。弟子の孟卿が謹んで申し上げます。八月五日灯。

私の方で、横浜と神戸に出す手紙を一通ずつ用意いたしました。どうか女中さんに命じてポストに投函させてください。よろしくお願い申し上げます。〈一八九八年八月五日〉

肅覆者：燕山楚水紀遊、一送横濱大同學校、徐君等讀後加封寄京、一附神戸東亞報卽刻印行、未有將此紀遊逕寄上海大同書局也。昨據東亞報函覆、本局譯成各書、各處催閲、印刷甚忙、未遑及此、請緩一歩卽印等語。而上海大同書局係従弟幼博[200]爲總辦、因長素以事命之上京、暫留未返。昨接幼博京函、謂月内可歸滬。弟子以従弟未抵滬、恐所托非人、故未將此書付去。似此情形、則日間未能印刷上石。承諭新檢出二三誤脱、乞従容另紙記之、（畧半月之期尚可更正）以便將來付去改正。此書應交滬大同局或神戸東亞報局、刊行之處、請酌示遵行。西人論孔聖一書、知譯已過半、不日脱稿、欒甚慰甚。又承諭、商此書譯畢當譯地文學如何等論、竊讀地文學一書甚佳、惟敝邦於此種書已譯行多種、其未備者・新出者、其基督教徒又譯印而補之。今地文學佳而畧舊、去今十七年、中間遺畧亦多、譯印恐不暢銷。弟子日前已函問大同書局、將已譯之書、將其目錄抄一份來、以免重譯、而易辦事。十日内必覆。乞夫子先完其（西人所論）孔聖一書、弟子再行稟商、是否有當、伏乞鈞裁。専此。敬請夫子大人福安。弟子孟卿謹上。八月五燈。

弟子有致横濱・神戸各一函、敢求分付下女投交信箱。弟子叩托。

六十六（C一七六）

先生の高邁な志や慈愛に満ちた行いは、甥の同文より伺っており、いくらかは存じ上げていました。この頃、先生の遊記『燕山楚水紀遊』を謹んで拝読いたしました。時局をあまねく論じ、わが国を周遊され、世の中を救い正しい道を伝えたいという切なる思い〔に溢れ〕、その内容と主張を読んで敬服の念を禁じ得ませんでした。拝読した後はお借りして百部ほど印刷し、すぐにわが国各所へ発送して志ある者の心を激励したいとお願いいたしました。いま子細に考えれば、この本をわが国に送って販売するのが一番よいかと存じます（上海の大同訳書局か時務報館に送れば、各省に行き渡らせることが出来ます）。それが無理であれば、どうぞ一部をお譲りください。私の手で挿図を印刷（この図を印刷するのにおよそ金一円〔必要でしょう〕）して上海に送り、翻刻して安く売ります。〔わが国の〕知識人にあまねく買わせて読ませれば、世の中を救うための大きな貢献となるでしょう。あるいはもっと読みたいと言う者があれば、先生の平生の議論や文章は必ず本になるでしょうから、どうかこれを〔わが国に〕送って販売させてください。私は先日、先生のご様子を知りたいと思い、難波(201)・張量(202)両学兄に伺ったのですが、その後何日も詳しいことは教わっていません。どうかお二人に先生の代表作を選ばせて、いくつか記述するように御指示いただけないでしょうか。これもまた私のお伺いしたいことです。わが国の政治は乱れ、宗教は日ごとに衰え、種族が滅びて奴隷になる恐れが大いにあります。全くどうしたらよいのでしょうか。先生には必ず良いお考えがあることでしょう。それではお元気で。弟子の孟が申し上げます。　〈一八九八年七月頃か〉

夫子之道德仁行、聞之於舍姪同文(203)稱述、敬知一二。此來恭讀夫子之遊記、旁論時局、其周流我國、救世與傳道之苦心、閲其宗旨志趣、曷勝欽佩。拜讀之餘、已稟請借刷百十、卽寄敝國分送、以撃發士心。今細思、如能以此書寄售敝國固佳、（寄上海大同譯書局或時務報館、能行之各省）否則敬請給賜一部、由弟子再印其點石圖(204)、（約印此畫金一圓）以寄上海、飜印賤售、俾士人通購而讀之、其亦救世之一大助力也。抑更有請者、夫子平日之議論文章、必有成書、亦敢請寄售。弟子日前欲知尊狀、求敎於難波張量兩學長、連日未蒙其詳述。敢求轉飭二君、擇其偉者賜述一二、此亦弟子所當敬聞也。敝國政治不修、宗敎日失、大有滅種爲奴之懼、奈何奈何。夫子必有以敎之。專此稟安。弟子孟稟。

六十七（C一七七）

貴国の天皇陛下が、大阪に行幸されて陸軍特別大演習をご覧になったのは(205)、数年に一度の壮挙であり、誠に盛大な式典と言うべきです。これから後は見たくても見られないでしょうし、しかも演習場はここから遠くありません。私はもともと、昨日は先生をお誘いしてあちこち見物して回り、眼福を増すつもりでした。他日に写真で目にすることはあっても、実際に目にするのには敵わないからです。ところが、友人からの連絡を受け取ったために、待ち合わせの用事が出来てしまいました。しかも昨日の朝と昼には、舎弟や世姪〔康有為と康同文〕などからの手紙を受け取り、「今日の午後は徐〔徐勤〕君が来られない」ということでした。私は〔昨日は〕神戸まで行って〔徐勤と〕面会し、なおかつ知人友人の広東への出立を見送りしなければなりませんでした。そこで、明日の朝に先生のお供をして見物に行き、この度の盛大な式典を見逃さないようにしたいと思います。

それから、先日は『清議〔報〕』の創刊についてご相談いたしました。本来は、こちらに亡命してきた同志たちの資金を集めて始めるつもりでしたが、貧乏書生の力では集まった資金が不十分でした。新聞社の経営者も、予定する報酬額が低く、執筆者の中には報酬を受け取れない者も出てきています（わが国では新聞社が禁止・弾圧されたことで新聞が流通せず、元本割れで発行することになるのは明らかです）。この頃私は財産を官に没収され、また留学中ということもあり、舎弟や従甥(206)は、私がこの新聞の翻訳を担当することで急場をしのいで欲しいようです。しかし〔私は日本語を〕学び始めてまだ数か月ですので、にわかに翻訳に従事せよと言われるのは、米もないのに飯を炊くようなものです。その上に報酬が余りにも安く、たとえ全額が私に支払われたとしても、それでも心には不安が残ります。そこで、先日には先生にご相談し、先生はこれに取り組むようお命じになりましたが、いまだに思い切って承れないでいます。この度の彼らの手紙にも同じことが書かれており、徐〔勤〕君ともその後すぐに会いましたが、新聞社の実情はやはり〔右に述べたのと〕同様でした。先生にはご検討の上、私の代わりにご決断ください。舎弟などからの手紙も一緒にお渡しいたします。末筆ながら、先生のご健勝をお祈り申し上げます。弟子の孟卿が謹んで申し上げます。十一月十六日。

追伸：昨晩、松村鹿君が来訪し、舎弟である長素の新旧の詩稿を探していました。私はこうした物を持ったことがなく、塾生の中には旧作を持っている者もいましたが、一通り読み終わってしまいました。舎弟が最近先生にお贈りした詩は、素晴らしい出来映えではありませんが、新聞に掲載して好事家たちの一覧に供することは出来ますし、人々にその想いを知らせることも出来るでしょう。いかがでしょうか。よろしくご検討ください。〈一八九八年十一月十六日〉

貴皇上臨幸大阪閲大操、數年一舉、誠盛典也。過此以往、欲觀不能、且演場去此不遠、弟子昨日原議稟請夫子前往縱觀、以增眼福。異日雖有寫眞、不如即其實境也。因接友信、約有所候、且昨早及午又接舍弟世姪等信、今日午後徐君不來、弟子必須往神一面、且送知友返粵之行、則明早乃能隨夫子往觀、庶不負此盛舉也。

再者、日前面述清議之設、原流落此閒諸同志集資以成、而寒士之力、凑欵無多、職司其事、擬俸亦薄、更有從事撰述不受俸者。（敝國禁壓報社、報不流通、明知虧本而爲之者）頃弟子家産沒官、又在旅途、弟姪輩因請爲該報飜譯、以漸【暫】濟目前、而初學數月、驟然從事於譯、猶爲無米之炊。且辛【薪】金太廉、卽以全數以酬助我者、而心仍有未安。故日前稟商夫子、夫子命以就之、而未敢遽承也。今彼輩來信如此、徐君亦不久而晤面、其實情又如此。夫子試爲弟子決之。順將舍弟等信呈覽。專此。敬請夫子大人崇安。弟子孟卿謹稟。十一月十六日。

再者、昨晩松村鹿君來索舍弟長素之新舊詩稿、弟子向不存此物、雖塾友有存其舊作、亦一閲而了。舍弟昨贈夫子之詩、雖不大工、亦可刊之報章、以爲好事者之一覽焉、亦可使人知其情也。如何如何。乞酌之。

六十八（C一七八）

謹んで申し上げます。先日お知らせしたとおり、四條畷への旅行はとても楽しく、病気もまたよくなりました。私は景勝地を選んでまた旅行をし、中松[207]君や先生のご親戚、ご友人たちと約束して一緒に楽しみたいと思っています。多くの交わりを結ぶべき人々は言うに及びません。いまだにそうしてもよいかどうか、お示しを受けていませんが。私が遊興にかまけて学業をおろそかにしていると危惧されているのでしょうか、それとも旅行などで浪費をしてはならないということでしょうか。しかしながら、中松君は私を旅行に招いてくださり、その費用は極めて高額になりました。これにお答えするのが礼義というものです。これもまた私がすぐに出来ることであり、考えるまでもないことです。それで前便〔C一五〇を指すか〕のようなお願いをした次第です。〔私と先生は〕親しい師弟の間柄ですから、私が少しばかりの金銭を惜しんだことで、礼義を失することのないようにしていただければ幸いに存じます。いま、先生が中松君への招待状を用意されていない場合に備え、私は手紙をご用意いたしました。〔中松君の〕住所をご記入の上、送付していただきますようお願い申し上げます。これより以降は残暑もなくなり、学業に少しく成果が出れば、近場に旅行へ行くことも出来るでしょう。イロハの傍注の漢字はすでに一冊分を写し終わりましたので、前の『会話』と〔この本の〕二冊を提出し、添削に供することにいたします。末筆ながら、先生のご多幸をお祈り申し上げます。弟子の孟卿が謹んで申し上げます。八月二十四日午。

『燕山楚水紀遊』と『聖教書』の二冊は、近日中に厳封して郵送し上海で刊行いたします。併せてお知らせいたします。弟子より追伸いたします。〈一八九八年八月二十四日〉

敬稟者：日前稟稱四條畷一遊、大樂、其病亦痊。弟子欲擇佳勝續遊、以約中松君及夫子之親友一同其樂、況亦多應拜識者。未見批示、得毋恐弟子浪遊荒業、抑或以旅次不可浪費歟。然中松君招呼弟子一遊、而費至十金八金、則答之禮也。此亦弟子咄嗟可辦、不假思索、故有前請。師弟至親、幸毋爲弟子吝惜少費以失儀。今慮夫子未有函約中松君、故弟子謹備一函、乞塡住址飭寄爲禱。自此以後、餘暑退盡、學業小成、乃敢小遊。イロハ傍注之漢字已抄一份、合將前會話二書繳呈備查。專此。恭請夫子大人福安。弟子孟卿謹稟。八月廿四午。

燕山楚水紀遊・聖教書二種、日間加封妥寄上海刊行。合幷稟知。弟子又稟。

六十九（C一七九）

謹んで申し上げます。お便りを受け、書店が（生理、植物）二書〔C一三七にある図書目録中の松尾連君『初等教育小生理学』、大権熊平『初等教育小植物学』を指すか〕を送ってきて、そのほかは到着し次第渡すとのことを知りました。これはゆっくり訳していただいてよく、渡すのが少し遅れても関係ありません。もし他日、この二書が翻訳し終わったら、旧本を買って訳を補うというのでもかまいません。その訳が整うことを望むのみです。どうかお気になさらないでください。『孔聖』の一書につきましては、私が読んで数えるに、合計三万一千字あまりでした。先生はすでにこのように精力を費やされているうえ、中で引用や批判をされており、その苦心が想像されます。私どもは大変感服しております。その書中に人名や地名のカナがございますが、漢字に変えた方がよろしいかと存じます。おついでの際、イロハを拾い出して漢字を振っていただき、一部写しをいただいて、訂正や抄本の作成、そして刊行に便宜をはかっていただけますようお願い申し上げます。謹んで生物、植物の二書をお納めします。その他の書店がお送りする本もまた、先生のところで保存していただいて結構です。先日、神戸から手紙を受け取り、親友が香港よりやってきたことを知りました。私に土産があるが同封してよいか手紙で尋ねてきました。リストに列記されているものを調べてみると、パイナップルとレイシがあり、この地では珍しいものなので、送ってもらうよう依頼しました。その一袋の野菜は私が購入したものです（その価格は極めて安いです）。幾分美味しくはありますが、性質は乾燥品に属します。もしたくさん食べると飽きてしまうかもしれません。広東は土地が熱帯に近く、果物は最も立派でそろっており、価格は安いのに味はよいのです。缶詰の物は、ただ形が残っているだけで美味は失われております。私は広東にて生まれ育ち、これを多く食べましたので、見慣れて珍しくはないのです。今一通りの物をそろえてわが先生に差し上げたいと存じます。お手を煩わせることをお許しいただき、お納めいただけましたら幸甚に存じます。右ご連絡まで。謹んで幸福と平安をお祈りします。弟子孟卿謹んで申し上げます。〈一八九八年八月頃か〉

敬稟者：承諭知書肆致有生理・植物二書來、其餘隨有隨交、此可從容而譯、若稍遲交、亦無礙事。設他日前此二書譯畢、則買舊本補譯、亦無不可、求其備耳、乞無介意。孔聖一書、弟子讀而數之、合計三萬一千零字、夫子已費如此精神、加以內中引駁、其苦心可想。弟子等感佩萬分、其書內中有人地等假名、宜易漢字、乞便中檢出伊呂波、傍注漢字、給鈔一分、以便更正發鈔發刊爲禱。謹將生理・植物二書呈繳、其餘書肆再交之書、亦乞存之夫子處可也。日前接神戸信、知有親友來自香港、送有土産與弟子、函問應否付來。査單內所列有波羅・荔支、爲此地鮮有者、囑其付來。其小菜一包、是弟子所購（其價極廉）、雖畧有異味、而性屬燥品、若多食亦可厭耳。廣東地近熱帶、生菓最爲美備、價廉味高。若罐頭之物、只存其形而失其美味。弟子生長廣東、多食此物、故數見不鮮。今聊備一物、用以借敬於我夫子、乞恕其褻瀆而賞收之、幸甚幸甚。專此。敬請福安。弟子孟卿謹稟。

七十（C一八〇）

謹んで申し上げます。お手紙謹んで承りました。私が思うに、中嶋[208]君は最初に知り合った友人で、塾内の旧友でもあり、手厚くもてなしてくれたため、忘れることができません。今その寄宿している所から計算すれば、すぐに急ぎの手紙を出しても、明日の昼にようやく着くでしょう。そうであれば来週になって場所を決めて約束いたしましょう。あるいは電話によって約束することはできますか。明日の箕山旅行では、私は自分で費用を整えてめぐり、先生にお供して旅行すべきで、主人役にご馳走になる必要はございません。右ご連絡まで。先生の幸福と平安をお祈りいたします。弟子孟卿跪いて申し上げます。〈一八九八年八月頃か〉

敬稟者：承諭恭聆、弟子以中嶋君是初相識之友、亦塾內之舊人、厚情款款、不可忘也。今以其寓止計之、頃刻飛函、亦需明午乃達、是則下周然後指地約之、或即以電話約之可否。則明日箕山之遊、弟子自應備費以周旋、隨伴夫子以遊、不必另擾東道主人也。專此。謹請夫子大人福安。弟子孟卿叩稟。

七十一（C一八一）

謹んで申し上げます。上海、広東の石版印刷は、この地に比べてその価格がいっそう抑えられており、先生の一、二の原本をいただければ、分けて郵送し指示通り処理することができます。私は依然として上海と広東に石版印刷所を有しており、神戸の『東亜報』にいたっても、要書を刊行しております。私はこの書を数千部印刷して安く売り、時務、知新、東亜の各新聞と配分して、わが国の知識人に読ませて恥を知らしめ熱心な気持ちを起こさせることで、先生が周遊して伝道する苦労から解放されることを願い、また士気がそれによって奮い立つことを希望します。ああ、先生はまことに孔聖をうらぎることがありません。炎暑がやわらぐ時には、使いの者をやって檀木を買わせてください。いいつけて橋本[209]氏の手紙のサイズに照らしてお買いください。むしろ木の身がいくらか痩せて太っていないものをお選びください。しかしながら価格は安くともサイズが合わないものは、使用に適さないかもしれないので、一円半か二円にこだわる必要はなく、そのサイズに照らしてお金が足りなければ、その通りに補わなければなりません。右ご報告まで。謹んでご安泰をお祈りいたします。弟子孟卿謹んで申し上げます。

長短が同じである木は、その直径の大きさによって価格を異にしますので、その郵送費は二円以内のはずです。また申し上げます。（代わりに先生にお渡しください。）　〈一八九八年八月頃か〉

敬稟者：上海・廣東點石[210]、比此閒其價尤平、得夫子一二原本、卽可分寄照辦。弟子仍有點石印書局在上海及廣東、至神戸東亞報、亦刊行要書。弟子擬將此書印刷數千部賤沽、與時務・知新・東亞各報附派、使我國士夫讀而生愧、發其熱心、庶免我夫子周流傳道之苦、亦冀士氣爲之一振。嗚呼、我夫子其亦不負孔聖矣。炎暑退時、飭買檀木、乞分付按橋本氏來信之尺寸照買爲合、盜取木之身畧瘦而不肥、或可價安、若尺寸不符、恐不適於用、不必拘圓半與二圓之價、設照此尺寸、其銀不足、當照補足便是。專此。敬請大安。弟子孟卿謹稟。

同是長短之木、以其徑之闊窄而異其價也、則其寄費當在二圓内矣。又稟。（乞代呈夫子。）

七十二（C一八二）

謹んで申し上げます。数日来、先生より著作の時間と道案内の労力を費やし、私を連れて郊外へ旅行をし、名跡に出くわせば詳しく説明し、景勝の地に出くわせば巡っていただき、師弟の情はますます強くなりました。自ら恥じるのは、少しも年長者に尽くせず、かえって年長者に道中たびたび気にかけていただくといったご面倒をおかけしたことです。いったいどのようにすればご厚情の万分の一にでも報いることができるというのでしょう。胸を打てばますます恥じ入るばかりで、それは死罪にあたるほどです。自ら推し量るに、一日となるのは長すぎであり、先生が今後旅行に行きたいと思われた時に私に随行をお命じください（弟子のことで無駄に歩いてはなりません）。どうかわが先生のお仕事のお邪魔にならないようにしたいものです。（あるいは三日もしくは五日に一回旅行に行くというのがよいでしょう。）どうかお比べください。

昨日『朝日報』を読みましたところ、私が入塾したという一件が載っており、神戸や大阪の清商や俗人はこれを読んで必ず笑います。思うに、「日暮れて道遠し」(211)であるため、何もできない時だからでしょう。（三十歳、四十歳で学問が無ければ、それまで。四十歳、五十歳で名声もなければ、恐れるにたりません。私が神戸にあって橋本氏に教えを請うたところ、しばしば人に笑われたので申し上げます。）見識があり志を同じくする者が、さらに後世の人を鼓舞する必要があるとして、この新聞記事があるのです。わが清人の陸続と学びに来る者は、きっと多くなるでしょう。該新聞社の社員が国事について尋ねてきましたが、幸いありのままに話すということはありませんでした。ですが清国の事情は、なすことができるものが無く、救うことのできるものもございません。ただ宗教と実用に関する書物を翻訳して刊行し（例えば廃物利用の書もしくは技術は、わが国が急いで専門的に学ぶべきものです。先生がわが国のために考慮しておっしゃった、工業により国を補い救うということです）、国人にその宗旨を知らしめ、その見識を開かせれば、意気は向上するでしょう。これが第一の目的です。ここに、訳を命じられた新聞をお渡しいたします。お時間のある時に添削していただき、その語尾や助詞でまだ前例の無いものは、ご解説ください。右ご報告まで。先生に午後のご挨拶をいたします。おそまつさまでございました。弟子孟卿叩頭して謹んで奉ります。七月二十二日。

本日訳した段落は多すぎるので、細かいところまで文章の意味を合わせることができておりません。すべて改めれば面倒をおかけしますので、どうか明日にとどめて添削していただきますようお願いいたします。謹んで再び申し上げます。〈一八九八年七月二十二日〉

敬稟者：數日來蒙夫子費著作之時與引道之苦、携弟子爲郊郭之遊、遇名跡以詳述、値佳境而周旋、師弟之情、有加無已。自愧未及稍事履杖之勞、反累長者沿途之頻顧、其當何以報高厚之情於萬一也。撫心滋愧、其當罪死。自度爲日甚長、願夫子自後意樂出遊、乃命弟子以隨行（不可因弟子而費時勞歩）、庶不礙我夫子之事也。（或三日五日一出遊而可）夫子其權衡之。

昨閲朝日報、有弟子入塾一事、神阪之清商俗人閲之必以爲笑。蓋以日暮途遠、無可爲之秋也。（三十四十其無藝、則也已矣。四十五十無聞、亦不足畏矣。弟子在神戸請教於橋本氏、多被人笑、故云。）其有識與同志者、又當能鼓舞其後人、則有此一報也。而我清人之陸續來學者、其必多矣。該報社員詢以國事、幸未實告。然我清之事無可爲、亦無可救。其惟有譯宗教與有用之書以刊行（如廢物利用之書之術、我國人急宜專學。夫子爲我國計、以工補救之謂也）、使國人知其宗旨、開其見識、則志趣向上、此爲第一義歟。茲將命譯之報繳呈、暇時斧削之、其語尾或助詞未見例者、乞批解之。專此。敬請夫子大人午安。乞恕草率。弟子孟卿叩頭謹上。七月廿二。

今日所譯段數太多、必未能曲合文義、全改之則費神、乞留爲明日乃削爲幸。謹再稟。

七十三（C一八三）

徐勤、別字は君勉、三水県の出身、私の隣県の人です。今年だいたい二十五、六歳で、かつて舎弟〔康有為〕の門に遊学すること五、六年になります。この人物は、性格が大変よく、節操を重んじ、学問を好み、才能ある人をいつくしみ、人材を養うことに財産をつぎこんでいる裕福な人です。かつて上海強学会で撰述会の開催を奨励し、御史楊崇伊(212)に弾劾され、電報で聞いてそのために吐血いたしました。この時私は会内に寄寓しており、目にしたことでございます。この点からもその為人がお分かりでしょう。今は横浜大同学校にて清商の師弟の教育をつかさどっており、館内はだいたい百人ほどだということです。今月の十七、十八日前後に、『大阪朝日新聞』に横浜居留地大同学校の一段があって論じて、徐君は儒家の見識を自然と備えていると述べておりますが、彼のことです。彼が私に手紙をよこして言うには、眼病であることを残念に思うとはいえ、専門の学を学びたく、私と同居したいとのことです。思うに先生に弟子入りしたいのでしょう。私は最近その手紙に返事をしようと思いますが、どうやらすべて覚えていないので、昨日彼が私に送ってきた手紙二通をご返却いただけますようお願いいたします。〈一八九八年八月頃か〉

徐勤、別字君勉、三水縣人、卽弟子之隣縣人也。今年約二十五六歲。曾遊學於舍弟之門五六年。此人志趣頗佳、尚氣節、好學、愛才、能傾家養士、富人也。前曾在上海强學會勸辦撰述會、爲御史楊崇伊奏劾、電聞爲之吐血。是時弟子寄居會內、所目擊也。擧此一端可見其爲人。現在横濱大同學校掌敎淸商子弟、館內畧百餘人云。本月十七八前後、大阪朝日報有横濱居留地大同學校一段畧論之、謂徐君不勉有儒生之見、卽其人也。其來弟子信云、自恨眼疾、又欲爲專門之學、有與弟子同居之意、蓋亦欲寄於門牆之下也。弟子頃欲覆其信、彷彿不能盡記、求將昨日彼來弟子之信二封擲還爲望。

七十四（C一八四）

謹んで申し上げます。近頃教えを受けた読解の授業は、その言葉の脈絡の分析や、語（語尾変化）助（助字は漢字の有無を見分ける）の相互の区別について、批注は詳しくてわかりやすく、眼前にあるかのごとくはっきりいたします。私はいまだ英語を学習しておらず、英語はできません。先生が例を引く際は、広く依拠する必要はなく、どうか筆墨の労をお省きください。ただ日本語文の語句中に、語尾変化で新たな例がある場合は、改めて符号を施し、そのわけを詳しくお話しください。以後日々積み重ね、浅いものから深いものになれば、これ以上願うことはありません。お送りいただいた読解の課題は、冊子をわけて謹んで収録させていただいております。今毎日の課題を冊子にして全てお送りし、先生がお時間のある時、課題を送ったり本と対照したりする際にお役に立てればと存じます。この冊子は必ずしも篇を分けてお送りしておりません。それにより課題を写す際に、目を通して重複した例を避けるのに役立つからです。私は自ら別に書き写して拝読することができます。弟子孟卿謹んで申し上げます。〈一八九八年八月頃か〉

敬稟者：日來承訓之讀課、其語脈之解剖、語（語尾變化）助（助字辨漢之有無）之互分、批注詳明、了然心目。弟子未習英文、亦無力於英文。夫子引例、不必旁借、以省筆墨之勞。但於和文語句中、其語尾變化、遇有新例、伏乞從新施以符號、詳其所以。從此日積、由淺而深、於願已足。所發之讀課、已另册敬錄。今將每日之課成册続呈、以便夫子暇時發課照書。此册不必析篇給發、以便錄課時流覽而避重例也。弟子自能另錄而捧誦也。弟子孟卿謹稟。

七十五（C一八五）

謹んで申し上げます。今日はいささか友人の往来が多く、そのため訳した文章は、その虚・助・実・活・語尾(213)などの字ですでに知っているもののほかは、辞典を詳しく調べる時間が無く、かろうじて二条を意訳して責任をふさぎました。この二条は先生がお選びになって訳を命じられたもので、中に新たに目にした例で先生が解説をされていないものがあれば、どうか改めてそれに注釈し、賜ってお手本とさせていただけますと幸甚です。十五日に選ばれた新聞はまだ訳しておらず、とどめて明日十七日の課とし、あわせてご報告いたします。弟子孟卿跪いて申し上げます。

謹んで再び申し上げます。昨晩、欧州の学者の著作である『孔夫子』という本(214)を見せていただきました。先生のお考えは、訳出して誤りを正し、転じて弊国の知識人に示すということですが、事は宗教に関わり、この行いは極めて重要で素晴らしいもので、お時間のある時に翻訳し、刊行できるようにしていただくことをお願いいたします。弊邦の知識人は教えを失って久しいです。『東亜報』の第二、第三の二冊が論じるところを見れば、おおむねその概略が知られ、社会の状況に関心のある者は、悲しむべきものです。最近、先生の文章を読みまして、短いものでさえも、寓意が大変深く、いずれも教えの根本や国体に関わり、刊行すべきものがなお多く、そのほかに貴邦人がヨーロッパの各書を翻訳したものや、これらのテーマや時務に関係するものを、もし先生がお暇のある時に少しの時間を捻出して翻訳していただければ、長い時間経て本となり、刊行することができます。千字ごとに、その労働に報酬をお支払いします（今、大橋(215)氏は千字ごとに五角、橋本氏は千字ごとに六角です。先生の文章は極めて立派ですので、これら普通の人の事例とは比べものになりません）。どうかお返事を下さり、この先お送りする額を私に知らしめていただきたく存じます。自らの労力で生活するのは士の常ですが、翻訳刊行を伝道の代わりとすれば、門弟に教えたり毎日講義したりすることに比べ、その効果は何千何百倍も勝ります。先生によくお考えいただくことを望みます。ご承諾いただけましたら幸甚です。右ご連絡まで。お休みなさいませ。弟子孟卿跪いて申し上げます。

『孔夫子』（西洋人が著したもの）一書、謹んで元通りお渡しいたします。どうかご査収ください。〈一八九八年八月頃か〉

敬稟者：今日略徵逐、以故所譯之文、其虛助實活語尾等字、除已知之外、未遑詳查辭典、僅意譯二條以塞責。此二條是夫子所選以命譯、或內中有新見之例、未經夫子批解者、乞便改而注之、俾奉爲法則、幸甚幸甚。十五日所選之報未譯、留爲明日十七日之課、合幷稟聞。弟子孟卿叩上。

敬再稟者、昨晚承示歐州學者著作孔夫子一書、夫子之意、欲譯出以正其謬、而轉示敝邦士夫云云。事關宗敎、此擧極要極美、敢乞暇時以譯之、俾得刊行。敝邦士夫之亡敎也久矣。觀東亞報第二三兩册所論、畧知其概、有心世道者、其亦可哀也乎。近讀夫子之文、雖段簡短篇、寓意甚深、無不關乎敎宗國體、應刊行者尚多、其外如貴邦人之飜譯歐州各書、或有關乎此類與時務者、若夫子暇時能抽一二刻以譯之、積久成册、可以刊行。每千字應酬勞費（現大橋氏每千字五角、橋本氏每千字六角。夫子之文字極佳、不在此凡人之例）、乞示知、以便弟子轉知前途照送。夫食力者士之常、而以譯刊代傳道、比之授徒及每日所講、其功豈不更勝萬萬倍哉。願夫子細思、其俯諾之、幸甚幸甚。專此。敬請晚安。弟子孟卿叩稟。

孔夫子（西人所著）一書、謹照繳呈、乞督收。

謹んで申し上げます。お便りを受け、私が和気を欠いていたことを、先生がご心配くださっていることを知りました。私は実はいささか風邪をひいてしまい、飽食になることを望まず、むしろ少なめに一、二回食べるのが、穏当のようです。現在は気力は元通りとなり、明日の朝には病気も癒え、明日の朝はお粥を食事とすることができるでしょう。右謹んでご報告まで。先生の幸福をお祈りいたします。弟子孟卿謹んで奉ります。〈一八九八年七月頃か〉

敬稟者：承諭、知夫子以弟子欠和爲念。弟子實少有外感(217)、不敢飽食、寧少食一二餐、似爲穩當也。現精神如故、明早可無恙、或明早乃食粥以作飯可也。專此謹稟。敬請崇安。弟子孟卿謹上。

七十七（C一八七）

先生の分析は周到詳細で、意味の拡大は人を触発するものであり、私はいつもそれを味わうことで益を得ることが実に多いです。ただ生まれつきの品性や気質が愚鈍で、むさぼり食べて役に立たない、食べても消化しないという欠点があります。翻訳した新聞の文章をみると、速やかなご返答のお言葉があり、日ごろから激励いただいていることが分かります。発奮して努力し、手厚いお気遣いに報いなければなりません。時間のある時に別の箇所に分からない点を記し質問させていただかなければなりません。今、毎日の課題の一部を提出し、お時間のある時に少しばかり補えるようにいたします。必ずしも多くはございません。右ご報告まで。先生の幸福をお祈りいたします。弟子孟卿謹

んで奉ります。　〈一八九八年八月頃か〉

夫子剖解精詳、引伸觸發、弟子時刻玩味、獲益實多。但性魯質鈍、有貪多無補、食而不化之病。觀所譯報文、有影響之語、可知頃蒙獎勵、自當勤憤【奮】、以報知遇之隆。暇時當另部記昧以質疑。今將日課部繳呈、以便暇時補錄一二、不必多也。專此。敬請著安。弟子孟卿謹上。

七十八（C一八八）

先生が論じられることははなはだ正しいと思います。何回挫折しても屈しないという憤慨があり、小人をいさぎよくさせ、聞く者を感動させふるいたたせます。志を立てれば、聞く者が奮い立ちます。私は謹んで大切なこととして銘記し、人材養成の足掛かりといたします。今日先生はある人物とお知り合いになられましたが、先生の「徳は孤ならず、必ず隣有り」[217]のめでたさということができます。ただ彼の学問は浅く、先生と肩をならべることはできません。しかしながらその心意気を選びください。謹んで先生のお考えを書簡で知らせ、他日浮き沈みがどうであろうと、たとえ中傷されようと、幸い〔彼は〕帰省して母に仕える際、必ず上海を経由し、上海はここから遠くないため、手紙で先生にお目にかかるよう約束をして、普段の志を述べさせるべきです。右ご挨拶まで。弟子孟卿謹んで奉ります。

私は本日熱に苦しんだため、日を改めて書物を訳します。あわせてご報告いたします。　〈一八九八年八月頃か〉

夫子所論甚是。有百折不撓[218]之慨、足使鄙夫廉懦。夫立志、聞者興起。弟子謹書諸紳、以爲做人地步。今日夫子知有某一人、可爲夫子德不孤必有隣之慶。然彼學淺、不足以比肩、但取其志趣耳。謹將尊意函知、無論他日升沉如何、設或爲讒中傷、幸歸以奉母、必經上海、而滬離此不遠、當函約其來見夫子、以舒平日之志也。專此請安。弟子孟卿謹上。

弟子今日苦熱、改日乃譯書、合照稟聞。

七十九（C一八九）

謹んで申し上げます。お便りを受け、明日午前八時ちょうどに汽車にのって四條畷をめぐり滝(219)を見るので、私も随行を許すとのこと、これはたしかに私がいつも望んでいたことです。お手紙拝誦ののち、大変感激いたしました。ただ私、先日たまたま風邪をひいてしまい、連日、西洋薬の発汗剤を服用しており、その病はすでに八割九割がたよくなりましたが、少しばかり一二分の熱があり、午前にそれを見たので一日二日待てばもとどおりになるでしょう。この旅行は、もし友人を誘って招待するのでなければ、来週に行くのがよりよいと思います。もしすでに友人をお誘いになっているならば、私が随行するのをお許しいただいていることもあり、私は絶対に先生におともすべきです。ここの近くの名勝については、私は他日、炎暑がすっかりひいた際に、一緒に遊歴してくださるよう謹んで先生にお願い申し上げます。どうして強く望まないことがありましょうか。右、謹んでお返事まで。謹んで先生の幸福と平安をお祈りいたします。（代わりに先生にお渡しください。）　〈一八九八年八月二十一日〉

敬稟者：承諭明日正辰八時乘汽車往遊四條畷觀瀑、恩准弟子隨行等論、此固弟子平日所望也。接讀之下、感慰無已。惟弟子日前偶被外感、連日服西藥發表(220)之劑、其病已愈十之八九、微有一二分潮熱、於上午見之、當俟一二日卽可復元。此行若非約友招呼者、則下一周乃去更妙。若已約友、而又恩准弟子隨行、弟子固當追隨履杖也。此閒之附近名勝、

弟子擬他日炎暑盡退時、敬請夫子携同遍遊之、得無賒望歟。専此謹覆。恭請夫子大人福安。弟子孟卿謹稟。〈乞代呈夫子。〉

八十（C一九〇）

謹んで冬の贈り物を用意いたしましたので、どうかお納めください。門生孫康孟卿謹んで申し上げます。〈日付不詳〉

謹具炭敬、伏乞賜收。門生孫康孟卿敬具。

八十一（C一九一）

呈
夫子大人安啓
孟卿謹稟

謹んで申し上げます。私は昨年十二月に病気の療養のため来遊し、はじめは舎弟長素〔康有為〕らが全て金銭を出して助けてくれました。初めて神戸に至り、文明を敬慕し、五か月間留まって勉強しましたが、結局糸口がございませんでした。先生の言行が模範とすべきことを慕い、そのために来学し、幸いにして門下となることができ、学問を成就して後帰国することを心から願いました。病気の後、脳力は大いに衰え、覚えては忘れていますが、力を尽くして学問を志し、愚かであるという理由で初心を改めようとは思いません。まもなく弊邦の政変以来、兄弟は傷つき、同志はみな損なわれたために、憂鬱のあまり久しく書を読むのをやめておりました。近頃、横浜の商人や志士が新聞社を創始し(221)、難を逃れた諸子をねんごろに引き留めております。ですが舎弟は米英旅行がありますため、私に翻訳をするよう勧めて、少しばかり金銭の助けを得させました。今は昔と大きくことなり、当面のため、無理にそれをやらされていますが、訳がおわれば送り出すということで、依然としてここで学ぶことができます。しかし最近続けて便りをうけ、遠いために翻訳が不便なので、横浜に来るよう懇請するとのことです。閑居すること数か月、学問や生活の面で、恩を受けること大変厚く、にわかに離れるのが忍びなく存じます。お手紙では通じることができるとはいえ、気持ちを落ち着けることができません。そのうえ学業はいまだ完成しておらず、翻訳に従事することはできません。その間もし誰かに教えを請うとしても胸の内を示すことができません。さらに最近、普通の諸書を習い基礎としているので、しだいに困窮しているとはいえ、自らを捨てて翻訳に従事し、その学業をおろそかにしたくありません。繰り返し考えて、先生に代わりに人を探していただきたく存じます。月に四万五千字を訳し、毎日千五百字、十日ごとに一回送り、私から月十五円の報酬をお支払いたしますが、そのような方はいらっしゃいますでしょうか。しかしながらその報酬が安すぎるということでしたら、お答えいただき、多少増やさせてください。以上の各事情は、私が進退きわまって、自ら決することができず、そのため相談いたしましたが、先生のご命令に従います。右ご報告まで。先生のご幸福をお祈りいたします。弟子孟卿謹んで申し上げます。十一月二十四日。

最近舎弟の手紙を受け、私に代わりに挨拶をし、その中身をご覧にいれるようとのことでした。退屈極まりなく、いくら占っても当たることは無いでしょう。可笑しいものです。先生が前回入京の際、出発しようとされていた時に、偶然にも同和(222)が先に塾にやって来まして、五十円を持って（後に商人より漸次借り入れたものと聞きました）国際法について弁護士の角谷(223)君に聞こうとするもいまだ面会しておりません。その際、先生がお一人でお出かけになってほしくなかったため同和に随行しお世話するよう依頼しましたが、事後、商人たちは同和が借りた五十円を募金といたしました。そのことを舎弟に聞くと、今、舎弟は厚意を受けたくはなく、手紙をよこしてその額の返済を相談したいとのことでした。（神戸を間違って横濱と書いています）。さらに前回、同和がお供して後、商人は同和が角谷翁と消息を通じることを望み、別に百五十円を準備して、角谷氏ら二人の弁護士、計三人を引き連れて入京し仕事をいたしました。角谷君は広東の商人と大変よしみがあるので、日清協和会(224)の会則は数枚多くしていただき、それにより清商に入会を勧めれば、私に比べいくぶん役に立つと思います。なぜなら私は昔から商人と往来しなかったからです。いかがでしょうか。ご決断お願いいいたします。弟子孟また申し上げます。〈一八九八年十一月二十四日〉

敬稟者：弟子去臘以養病來遊、原舍弟長素等資助一切。初到神戸、仰慕文明、留讀五月、訖無門徑。慕夫子言行可師、以是來學、幸列門墻、滿擬學成乃去。惟自經病後、腦力大衰、旋記旋忘、仍勉力向學、不敢以魯鈍改其初心也。旋以敝邦變政以來、手足折傷、同志俱殘、鬱結之餘、久已廢卷。頃横濱商人志士創一報館、以款留逃難諸子。而舍弟將有米英之行、因薦弟子以譯文、少獲資助。今非昔比、爲目前計、迫令就之、譯畢寄去、仍可在此留學也。惟近連接來信、以遠譯不便、敦請來濱。而端居數月、以學以食、受恩深重、未忍遽離。雖函問可通、不能自已、且也學業未成、不能從事於譯。雖其閒或請教有人、亦不能示人以腹。又因近習普通諸書、以爲根底、雖漸困阨、未敢舍己從譯、以礙其功。再四思維、擬乞夫子爲代覓人、月譯四萬五千字、毎日千五百字、凡十日一寄、由弟子酬以月修十五圓、不知能有其人否。抑其俸過薄、敢乞酌示、以畧增。以上各情、弟子進退維谷、不能自決、用敢商之、惟夫子之命是聽焉。專此。敬請崇安。弟子孟卿謹稟。十一月廿四日。

頃接舍弟來信、囑弟子代請安、順以呈覽其中云云。無聊之極、思恐朝占喜雀、夕卜燈花(225)、必無其驗耳。呵呵。夫子前次入京、臨起程時、適同和先來塾、携有五十圓（後聞與商人漸【暫】挪者）問公法於辯護士角谷君、而未見也。是時不忍夫子獨行、囑令同和隨役、事後商人以同和手挪五十圓作爲捐款。聞之舍弟、今舍弟不欲受其情、函來商還其數。（神戸悞作横濱。）又前此同和隨役行後、商人望和消息於角谷翁、因別籌款百五十圓伴角谷兩辯護士共三人入京辦事。角谷君與廣東商人頗有交情、則日清協和會章請多以數紙、由其轉勸清商入會、比弟子較爲得力、因弟子向與商人不來往之故。是否。乞卓奪之。弟子孟又稟。

八十二（C一九二）

東京市牛込区加賀町一丁目三番地
陰暦十一月初二日
康孟卿　発

謹んで申し上げます。目下、大同学校にあって、第二のお手紙にお返事申し上げましたが、ご覧いただけたかと存じます。私は孔教会の事を舎弟〔康有為〕に手紙で伝えたほか、一日に再度東京に入り、先方と会合して相談するよう彼を促し、創設を提議するよう鼓舞し、彼は極めてその通りであると考えました。さらに言うには、以前自ら数人に相談したが、なお思い通りになっていない、近々、書き出した数人に会い、一度相談してから、申し述べるとのことでした。この頃、人付き合いが大変忙しくてご挨拶ができておらず、私にお手紙にてご挨拶申し上げるよう依頼しました。あわせてお知らせいたします。横浜『清議報』は二十三日の刊行が決まり、各訳文は七日前に印刷し、そこで製本しなければなりません。岡山君は塾に来ましたでしょうか。もし彼が用事で来ていなければ、塾の業務の合間に先生に遅かれ早かれひとまず代わりに翻訳いただき、期日通りお渡しいただけますと幸甚です。私は舎弟が今月中に米英への旅に出かけるため、しばしば東京に出入りいたします。兄弟の情を述べるのもこまごましたことがあります。もし手紙が届きましたら、大同学校に送って私に渡すようにしてください。ここは私の居場所を知っているので、手紙が来ればすぐ送ってくることができ、遅れるようなことはございません。小林[226]、曽根[227]の二君については、私に少し時間のある時に面会を求めに行きます。右ご報告まで。謹んで先生の幸福と平安をお祈りいたします。弟子孟卿申し上げます。お母様、奥様によろしくお伝えください。舎弟もご報告申し上げ平安をお祈りいたします。十二月二日東京より発送。〈一八九八年十二月二日〉

敬稟者：日前在大同學校、奉覆乙函、諒邀垂覽。弟子以孔教會事、函達舎弟外、於一日再入東京、促彼與前途會商、鼓舞倡辦、彼極以爲然。且謂日前已力謀數人、尚未如意、當俟日閒求見開列數人、與之一謀、再行奉布。此閒應酬頗忙、未及函候、囑弟子先爲專函道候、合照奉聞。横濱清議報擬定廿三日發行、則各譯文、應於前七日刊印、乃卽釘裝成帙。岡山君曾否到塾。或彼以事未來、求夫子於館政之暇、早晩暫代譯之、如期擲下爲幸。弟子以舎弟月内有美英之遊、故時出入於東京、敍兄弟之情、亦有瑣事也。如有信到、仍寄大同學校留交弟子。因此閒知弟子所在、有信卽能寄來、不致耽擱也。小林・曽根二君、弟子少有暇時、卽往求見便是。專此。恭請夫子大人福安。弟子孟卿稟上。太師母・師母處乞代叱名請安。舎弟稟筆請安、不另。十二月二日由東京發。

八十三（C一九三）

香港中環水車館

対面雅生暎相館
康孟卿寄
To Japan

謹んで申し上げます。私は陰暦十二月五日に横浜から帰国いたしました。出発に臨んで、謹んで金物を用意しお歳暮としました。ただちにその証書を同封しまして、お納めいただいたことと存じます。誠に敬意とはなりませんが、いささか寸志を表すのみでございます。私はすでに今月十四日に無事香港に着き、長素〔康有為〕に会い[228]、変わりありませんでした。南洋行きのこと[229]を処理しておりましたので、ご挨拶申し上げる時間がございませんでした。近いうちにともに出遊いたしますので、お知らせいたします。南洋への到着を待って、状況の如何につきあらためてご報告申し上げます。先に、『清議報』の代金をまとめて取って送ってくださるよう申し上げましたが、全て集まらない場合は、ご都合のよろしいようになさってください。このことでわが先生に代わりに払っていただくなどご迷惑をおかけするつもりはございません。どうかお心におとどめください。私はすでに書簡で『清議報』に私の意向にしたがって処理させました。現在はしばらく香港に滞在し、他日、他国へ出遊いたし、あてどなくさまよいます。大阪にいたころを思い出しますに、ながらく門生としておつかえし、経書を手にとっては質問を繰り返し、学兄たちと毎日古今の時局を講求したのは、なんと楽しかったことでしょうか。いつまたこのような機会に出くわすでしょうか。それを思うと暗い気持ちになります。写真を一枚[230]謹呈いたします。平々凡々として長所もございませんが、強いて嬉しそうにしております。先生にはきっとその苦衷を見抜いていただけるものと存じます。右、謹んでご挨拶を申し上げます。お母様、奥様のお二人にご挨拶申し上げます。弟子康孟卿申し上げます。陰暦十二月二十五日香港より。

〈一九〇〇年一月二十五日〉

敬肅者：弟子陰曆臘月五日去濱歸國、臨行前謹具五金、以爲年敬、旋將其券付上、諒邀賞收。區區不成敬意、聊表寸衷耳。弟子早經月之十四日安抵香港、面晤長素無恙、誠以料理出遊南洋之事、未遑具稟請安。日間將同出遊、故以奉聞。一俟到南洋後、情形如何、再行稟報也。前稟清議報費、統收寄去、然不能全收者、亦任其便、不敢以此累我夫子代拂也。敢乞誌之。弟子已信飭清議報同人遵鄙意辦理矣。現小寓香港、他日出遊異地、流連靡定。回憶在阪時、久侍門墻、執經問難、與諸學長旦夕講求古今時局、何其樂耶。未卜何時再逢其會耳、思之黯然。謹呈上小照一枚、碌碌無所長、而又强爲之喜、想夫子當能洞見其苦衷也。專此謹稟。敬請崇安。太師母・師母二位大人均此請安。弟子康孟卿稟。陰曆十二月廿五日由港發。

八十四（C一九四）

謹んで先生の御前に申し上げます。最近酷暑のため、ささやかな贈り物をしてお気持ちを示しました。これは私の本分の範囲内のことです。幸いにも先生のお母様と奥様になれなれしいと思われずお納めいただき、私は喜びが顔に満ち溢れるほどですが、かえって手厚い品をいただいてしまいました。私はお受けすることができませんが、年長者の方が賜れば、謹んで受けるべきでしょう。しかしながら、私は寒暑の衣類はそろえており、そのうえ知識人は質朴を重んじ、塾にいる時もつきあいはなく、以前上海から衣服が届いても、それすら着ようとしなかったのは、すでにその明らかな証拠です。先生のお母様と奥様に原物を回収されることを希望いたします。他日帰国して賜ることがございましたら、必ず謹んでお受けいたします。本日はお気持ちだけを頂戴いたします。どうか代わりにご報告いただけますようお願い申し上げます。あわせて先生のお母様と奥様のご安泰をお祈りいたします。弟子孟卿謹んで申し上

げます。〈一八九八年八月頃か〉

夫子大人尊前：敬稟者、頃以酷暑、薄具冰敬以見意、此弟子之分内事、幸蒙太師母・師母不以爲褻而賞收、弟子已喜溢於眉、乃反荷厚賞、弟子何敢克當。然長者賜、自當敬受、惟弟子冷熱衣物具備、且士人尚樸、而在塾又無應酬、卽如日前上海付到衣服、且不敢穿、已爲明證。敢求太師母・師母收回原物、他日歸國有所賜、必敬受之、弟子今日祇領盛意。伏乞代稟知爲禱。幷請太師母・師母金安。弟子孟卿敬稟。

八十五（C一九五）

謹んで冬の贈り物を用意いたしましたので、どうかお納めください。門生　康孟卿謹んでお贈りいたします。〈日付不詳〉

謹具炭敬、伏乞賞收。門生　康孟卿敬呈。

注

（1）上海図書館編『汪康年師友書札』第二冊（上海古籍出版社、一九八六年）、一六七一頁。
（2）孔祥吉『晚清史探微』（巴蜀書社、二〇〇一年）、二二〇頁。
（3）三浦叶『明治の碩学』（汲古書院、二〇〇三年）、一二七頁。
（4）方漢奇ほか「近代中国新聞事業史事編年（四）」（『新聞研究資料』、一九八二年第二期）、一七八頁。

（5）「浙江蚕学館表」、『農学報』第四一巻。
（6）嵆侃と汪有齢の派遣経緯は呂順長「浙江省による地方官費留日学生派遣の創始」（『浙江と日本』、関西大学出版部、一九九七年四月所収）を参照されたい。
（7）これらの学生が正式な意味での留学生かどうかについては諸説がある。
（8）上海図書館編『汪康年師友書札』第一冊（上海古籍出版社、一九八六年）、一〇五四～一〇五六頁。
（9）許常安は一九七〇年代に漢訳『佳人奇遇』の訳者、誤訳、改刪、西洋外来語などについて緻密な研究を行い、そのシリーズ論文を『漢文学会会報』『斯文』『大正大学研究紀要』『日本中国学会報』『専修人文論集』などに発表した。本稿はその成果を一部参考にした。
（10）許常安「『清議報』登載の『佳人奇遇』について――特にその訳者――」（『漢文学会会報』第三〇号、一九七一年六月）五二～五三頁。
（11）丁文江・趙豊田編『梁任公先生年譜長編（初稿）』（中華書局、二〇一〇年）、七六頁。
（12）『清議報』、中華書局影印本、一九九一年九月、第四冊、四一一〇頁。
（13）前掲『清議報』、中華書局影印本、第一冊、五四頁。
（14）新民社『清議報全編』第三集（文海出版社、一九八六年）、二頁。
（15）『飲冰室合集』専集第六冊（中華書局影印本、一九八九年）、二二〇頁。
（16）吉田薫「康孟卿の翻訳作業とその周辺――戊戌政変から『清議報』刊行までを中心に――」、七～八頁。
（17）『清議報』第一冊に掲載された『佳人奇遇』訳文は約二七〇〇文字、第二冊は三六〇〇文字、第三冊は二七〇〇文字で、いずれも三千字に近い。
（18）高知市立自由民権記念館蔵『山本憲関係資料』Ｄ十三『嚶々録』。
（19）横浜大同学校に関する近年の詳細な研究として藤谷浩悦『戊戌政変の衝撃と日本――日中聯盟論の模索と展開――』（研文出版、二〇一五年）、第二部を参照。

(20) 横浜大同学校については本書の康有為書簡解題も参照。
(21) 『梅崖先生年譜』、昭和六年、非売品、三一～三二頁。
(22) 日清協和会設立直後の十一月六日に、梁啓超が山本憲に書簡を送り祝賀と感謝の意を伝えている。(一八九八年十一月二十日『台湾日日新報』、梁啓超「致大阪日清協和会山本梅崖書」) また、康有為は一八九九年三月二日に「答山本憲君」の詩の中で「高士山本子、遺経抱囂囂。吾兄従之遊、陳義不可翹。慷慨哀吾難、奔走集其僚。(中略) 感子蹈海義、痛我風雨脩。」(『清議報』第七冊、一八九九年三月二日) と梅崖の努力に対して賛意を表している。
(23) 前掲『梅崖先生年譜』、三一～三二頁。
(24) 前掲『梅崖先生年譜』、二〇～二一頁。
(25) 遠藤光正「山本梅崖の見た日清戦争後の中国――「燕山楚水紀遊」を中心として――」(『東洋研究』通号八二、一九八七年二月)、六〇頁。
(26) 赤沼金三郎纂訳『孔夫子』(上原書店、一八九三年)。
(27) 吉田晋：梁啓超が日本で用いた仮名である。しかし本書簡は康有儀が書いたものである。
(28) 韓樹園：韓文挙、字は樹園、廣東番禺の人。神戸の『東亜報』の執筆者を担当したことがある。
(29) 橋本海關：一八五二年に生まれ、本名は徳、字は有則。漢学者で、詩・画を善くする。曾て上海大同訳書局「総事」、神戸『東亜報』の翻訳、大同学校の教員、『清議報』の翻訳などを歴任。康有儀との関係は、康の来日前にあったと思われ、また橋本関雪の回想録によると、康が来日後、一時期神戸にある橋本海関の家に寄寓したことがあるという(橋本関雪『南画への道程』、中央美術社、一九二四年、一四四頁)。
(30) 古城貞吉：一八六六～一九四九、号は坦堂、漢学者。明治三十年に上海にわたり、『時務報』の日本語翻訳担当を務め、その傍らに『農学報』などの刊行物にも翻訳原稿を提供した。帰国後は東洋大学教授など長く教職を務めた。著書に『支那文学史』などがある。
(31) 片岡：梅清処塾の塾生。康孟卿書簡C六十六には「片岡敏」、C一一七には「片岡鶴雄」、C一五四には「片岡君琴浦」とある。また前出『嚶々録』（明治三十二年）によれば、片岡鶴雄は明治八年四月十六日の生れで、実名は敏、字は求之、雅号は閑来で、備前国邑久郡朝日村の人であることが分かる。つまり片岡敏と片岡鶴雄は同一人物である。また書簡の内容から判断すれば、片岡君琴浦も片岡鶴雄と同一人物である可能性が大きい。「琴浦」は片岡鶴雄のもう一つの雅号か。『清議報』に「俄法同盟疑案」「極東之新木愛羅主義」（第二冊）、「大阪朝日新聞廿四日至廿七日雑報」「東京日本報自廿三日至廿五日雑報」（第三冊）など、片岡鶴雄の署名入りの訳文が見られる。また『角川日本地名大辞典』によれば、邑久郡朝日村に明治四十三年片岡鶴雄創立の朝陽学舎があったという。

(32) 先祖：康国器（?～一八八四）、福建省と広西省の布政使・広西省の巡撫などを歴任する。

(33) 先父：康熊飛、軍功により官は浙江省の道員に至る。ただ、広東南海市の康有為故居紀念館に表示されている「康有為族譜世系図」によると、同族の康達聡の子に「有儀（継熊飛）」とあるので、康有儀は康熊飛の養子である可能性が高い。

(34) 長素：康有為の号。

(35) 大同譯書：大同訳書局のこと。一八九七年十月に梁啓超ら維新変法派により外国書の翻訳出版の機関として上海で創設されたもの。「経理」は康有為の弟の康有溥が務めた。

(36) 東亞報：一八九八年六月に神戸で創刊された日本初の中国語雑誌、旬刊、同年十月に停刊。「総理」は簡敬可、発行人は葉棟。撰述者に韓曇首・韓文挙・康同文・呉天民などがあり、翻訳は角谷大三郎・橋本海関・大橋鉄太郎らが主に担当した。ちなみに、『東亜報』に関係する主な人物、その主要欄目、神戸との関係については、蔣海波「中国の近代化と神戸――『東亜報』を中心に――」（ひょうご講座二〇一一年度「中国近代化の基本問題」、二〇一一年十月十八日）に詳しく紹介されているので、参照されたい。

(37) 介甫：康同文、字は介甫。原稿提供などで神戸『東亜報』に関わる。康孟卿との関係について、康同文は康孟卿のことを「往夕文友唐《ママ》君孟卿」（往昔の私康同文の友唐〈康の誤りか〉君孟卿）と呼んでいる。（書簡C二〇五）。また書簡C一七六にも「舎姪同文」とある。外交史料館所蔵の明治三十一年九月二十七日兵庫県知事大森鐘一の外務大臣への報告にも康有為の甥とされる康同文の名前が出ている。「東亜報ト称スル雑誌発行処ハ康ヲ尊宗《ママ》スルノ色アルノミナラズ其甥ナル康同文ナルモノハ東亜報ニ執筆シ又康有為ノ従弟《ママ》ナリト云フ康孟卿ハ現時大阪ナル山本憲ノ私塾ニ日本語学ノ研究中ナル由ナルガ彼等ハ日本新聞紙ノ記事ヲ見、目下単ニ康有為ノ身命ヲ気遣ヒ本国今後ノ成行等ヲ顧ミルニ遑ナキガ如シ、……」（アジア歴史資料センター、各国内政関係雑纂／支那の部／革命党関係（亡命者を含む）第一巻、レファレンスコード：B〇三〇五〇〇六三九〇〇、画像一〇）。

(38) 孫氏：孫淦（?～一九三八）、字は実甫、上海の出身で大阪在住の商人。一八七〇年代に来日し、後に大阪川口に雑貨店「益源号」をもつ。一九二〇年頃に中国の丹東に帰り、「丹華公司」を経営する。一時留学生監督を兼務。当時の留学生と来日視察者の記録にその名がよく見える。後妻は日本人で、現在日本と中国にその遺族がいる。

(39) 汪・嵇：汪有齢（字は子健、浙江省杭州銭塘県の出身）と嵇侃（後に嵇偉に改名、字は慕陶。浙江省湖州府徳清県の出身）のこと。嵇侃は一八九七年十二月五日に、汪有齢は同十二月二十九日にそれぞれ山本憲の梅清処塾に入門し、翌年三月三十日に退塾するまで共に山本憲について日本語を学んだ（「山本憲関係資料」D十一『丁酉日記』）。その後大阪を離れ、埼玉県競進社蚕業講習所に入った。ちなみに、この二名の来日経緯などは呂順長「浙江省による地方官費留日学生派遣の創始」（『浙江と日本』関西大学出版部、一九九七年四月、所収）が詳しいので、参照されたい。

(40) 水土：気候風土。

(41) 入木之年：木は木棺を指す。死ぬ年。

(42) 徴逐：友人間の往来が過剰なほど頻繁緊密なこと。

(43) 舎姪：自分と同じ世代の族親の子。

(44) 官許證：官費留学の許可証。

(45) 先容：あらかじめ紹介推薦する。

(46) 棄養：学業をやめる。ここでは、死去するの意か。

(47) 慨然起行：『梅崖先生年譜』によれば、山本憲は康有為らを支援するため、一八九八年九月二七日から十月五日、十月下旬から十一月四日、一八九九年三月十四日の三回にわたって東京へ行っている。ここでは、一回目の東京行きを指す。また東京から大阪に戻った後（一八九八年十月）、彼らを救済するためと見られる日清協和会を立ち上げている。

(48) 豚児同文：康有儀の子である康同文。『梅崖先生年譜』に「（明治三十年）十二月。清人嵇侃汪有齢康同文。予ノ門ニ入ル。是ヨリ清人陸続入門ス。」とある。一八九六年六月頃から一九〇〇年まで山本の梅清処塾に籍を置いた川田瑞穂は、「（梅崖が）明治三十年支那に遊んだ時から、康有為と相知る仲となり、三十一年彼が亡命して来た時にはこれを世話し、その兄康孟卿、孟卿の子康同文を半年許り塾に預かったことがある」（三浦叶『明治の碩学』、汲古書院、二〇〇三年、一二七頁）と述べている。また、「山本憲関係資料」D十一『丁酉日記』によれば、康同文が入塾したのは一八九七年十二月五日で、同資料D十三『嚶々録』（明治三十二年）によれば、原籍は広東省南海県で光緒三年（一八七七）九月九日の生れであることが分かる。それから康孟卿書簡C一六五には「遣同文回広東料理家慈安居」（同文を遣わして広東に回《かえ》らせ家慈の安居を料理す）ともある。前注「介甫」にあった康同文（字は介甫）は康有儀の「舎姪」とされ、康有儀の息子である康同文と名前がまったく同じであるので、少し不思議に思う部分もあるが、上記の資料による限り、二人は同一人物ではないとほぼ断定できよう。

(49) 徐君勉：徐勤（一八七三～一九四五）、号は雪庵、字は君勉、広東三水県の出身。康有為の主な弟子の一人。

(50) 履杖：杖履とも。師や長者に対する敬称。

(51) 更事：世間の事を経験する。

(52) 文悌：清末の官吏。満州正黄旗の人、字は仲恭。一八九八年に維新変法の機運が高まるなか、変法に反対し、維新派を攻撃する。

(53) 廣仁：康広仁（一八六七～一八九八）、名は有溥、字は広仁、号は幼博。広東南海の人、康有為の弟。一八九七年にマカオで『知新報』を創り、自ら総理を務め、後に上海大同訳書局の経理を務める。一八九八年に北京に入り、新政に加わるが、戊戌政変後逮捕・殺害されて、「戊戌六君子」の一人として知られる。

(54) 雲台：韓曇首、広東番禺の出身、康有為の弟子。『時務報』で働いた後、一八九七年頃に来日。来日の切っ掛けは「（上海）大同訳書局が創設されたあと、訳すべき書籍の調査と収集、日本人への協力の要請などの任務を負って日本に赴いた」との記録もある（上海図書館編『汪康年師友書札』第四冊、上海古籍出版社、一九八九年、四二一二頁）。一八九八年六月に神戸で『東亜報』が創刊されてからはその撰述と翻訳を務める。妹は康孟卿の息子の妻で、康孟卿との往来が濃密である。
(55) 長者：師としての康有為に対する尊称。
(56) 張蔭：康有為との関係が親密で、維新変法を支持した張蔭桓のことか。
(57) 秦廷之哭：外国に支援を求めること。楚国の申包胥が秦国の援軍を求めるために秦の宮廷に立って、日夜号泣したという『史記』巻六十六・伍子胥列伝の故事による。
(58) 和兒：康有儀の子である康同和。
(59) 大同：一八九八年に設立された中国人の教育機関である横浜大同学校。
(60) 井上：梅清処塾の塾生と思われる。前出『嚶々録』(明治三十二年)に井上富雄(明治八年十月五日生)、井上篤之(明治十六年十月生)とあるが、詳細は分からない。
(61) 日旬兩報：旬報は後に創刊された『清議報』のことであるが、日報は売れ行きが悪かろうと予想されていたので、最終的に創刊されなかった。
(62) 岡山：梅清処塾の塾生か、未詳。
(63) 曾根：曽根俊虎(一八四七〜一九一〇)、号は暗雲、幕末の武士、明治時代の政治家。曾て海軍大尉に任じ、興亜会の創立者としてもよく知られる。
(64) 獻歳：陰暦一月の異称。
(65) 大成會：一八八九年頃に山本憲が藤沢南岳の協力を得て結成した儒教講談会。定期講談会を開いたが、資金欠乏のため一年後に廃止となった。「山本憲関係資料」に一八八八年十一月に作られた『大成会則』がある。
(66) 協和會：日清協和会のこと。日本に亡命した変法派を支援するために、一八九八年の秋ごろに結成された団体。「山本憲関係資料」に含まれる『日清協和会趣意書・規約』によれば、幹事に泉由次郎・鹿島信成・山本憲・山田俊卿・牧山震太郎の五名、評議員に伊藤秀雄・逸見佐兵衛・萩野芳蔵・柏岡武兵衛などの十一名が選ばれている。設立の趣意に、「清国を扶植し東亜の大局を保全するの目的を以て日清両国人の交誼を密にし彼此の気脈を通ずること」などの五項目が掲げられている。

設立直後の十一月六日に、梁啓超が山本憲に書簡を送り祝賀と感謝の意を伝えている（一八九八年十一月二十日『台湾日日新報』、梁啓超「致大阪日清協和会山本梅崖書」）また、康有為は一八九九年三月二日に「答山本憲君」の詩の中で「高士山本子、遺経抱囂囂。吾兄従之遊、陳義不可翹。（中略）慷慨哀吾難、奔走集其僚。感子蹈海情、痛我風雨倏。」（『康有為政論集』上冊、三八七頁）と山本憲の努力に対して賛意を表している。

(67) 由尊塾代派：『清議報』冊末の「本館各地代派処」によれば、山本憲の梅清処塾はその後大阪における『清議報』の代理販売所であり続けた。

(68) 東亞事宜論：「論東亜事宜」の題で『清議報』第二、四、五冊に連載された山本憲の論文。第二冊は「梅崕山本憲」、第四冊と第五冊は「梅生」と署名している。

(69) 佳人奇遇：日本人作家東海散士の作品。従来は梁啓超によって漢訳されたとされているが、吉田薫前掲論文、七〜八頁、呂順長「政治小説『佳人奇遇』の「梁啓超訳」説を巡って」（『衝突と融合の東アジア文化史』、勉誠出版、二〇一六年八月）により、『清議報』に連載された部分は主に康有儀が翻訳したことが明らかにされている。

(70) 山田：山田夬、横浜大同学校の日本語教習。康有儀書簡Ｃ一二四に「中西牛郎之妻弟、是商人及君勉・孝高等敦請者」とある。

(71) 中嶋：Ｃ一五〇とＣ一八〇に「中嶋君」、Ｃ一五一に「中嶋君椋陰」とある。同一人物と見られる。

(72) 小林：Ｃ一二〇、Ｃ一五七、Ｃ一九二にも「小林」とあり、同じ人物かと思われる。山本憲との関係が深い小林樟雄の可能性がある。ただ、山本が一八九八年九月二十七日から上京した際の康有儀の書簡Ｃ一一三、Ｃ一一四、Ｃ一一五の宛名は「東京芝烏森町吾妻屋小林樟雄様方山本梅崖夫子安啓」となっており、康有儀は小林の住所を知っているらしく、本書簡の内容と合わない。

(73) 琴浦：梅清処塾の塾生片岡鶴雄のことか。前注「片岡」を参照。

(74) 李某：一八九八年に駐日公使に任命され、日本に亡命した維新派の活動を監視した李盛鐸のことか。

(75) 大定：梅清処塾の塾生か、未詳。

(76) 憶人正在不言中：袁枚『随園詩話』に「碧沙窓下啓緘封、尺紙従頭徹底空。応是仙朗懐別恨、憶人全在不言中。」（碧沙の窓下　緘封を啓き、尺紙　頭より底に徹して空し。応に是れ　仙朗　別るる恨みを懐くべく、人を憶うに全く言わざる中に在り）とある。

(77) 孝高：羅孝高、羅普（一八七六～一九四九）のこと。字は熙明、号は孝高、広東省順徳県の人。康有為の主な弟子の一人である。一八九七年頃に来日し、東京専門学校に留学する。戊戌維新後に『清議報』『新民叢報』の刊行に深く関わる。作品に『日本維新三十年史』、小説『東欧女豪傑』などがある。

(78) 掌教大同學校：『梅崖先生年譜』三二頁に、「客歳冬、康孟卿横浜ニ之キ、清議報ヲ発行ス。予ニ助筆ヲ請フ。広東人捐資起大同学校於横浜、清人ヲ教育ス。孟卿ヲ仆シテ予ニ来リ督センヲ請フ。予塾ヲ棄テテ他往ス可カラズ。故ニ辞ス」とある。

(79) 韓・呉・陳諸子：明治三十一年十月八日と十八日の兵庫県知事大森鐘一の外務大臣への報告に、「……広東省番禺県人韓少孔（三十三年）、同省新会県人陳裒臣（三十七年）ノ二名ニシテ本月二日本船ニテ来神、爾来当市海岸通二丁目広業公所ト称スル広東人ノ集会所ニ滞在セリ。彼等ノ何レモ本国ニ巨万ノ財産ヲ有シ遊学旁ニ本邦文物視察ノ目的ヲ有シ渡来シタルモノナリトハ其自唱スル処ニシテ……」（以上十月八日）、「……韓ハ東亜報記者韓曇首ノ姪ニシテ本国ニ在テハ湖南巡撫某ノ設立ニ係ル時務学堂ノ教師トシテ梁啓超ガ清国政変前北京ニ赴キタル後ハ梁ニ代リ堂長タリシモノナリシト。又陳裒臣ハ梁啓超ト同県人ニシテ是亦本国ニ於テ某学堂ノ教師タリシ事アル由ニテ何シロ康有為ノ門下生ナリト云ウ」（以上十月十八日）とある（アジア歴史資料センター、各国内政関係雑纂／支那の部／革命党関係（亡命者を含む）第一巻、レファレンスコード：B〇三〇五〇〇六三九〇〇、画像一四、画像一六）。韓・陳はそれぞれ韓少孔と陳裒臣にあたるか。

(80) 中島岩：C一二四、C一三二にも出る。山本憲の知り合いか、それとも門人か、未詳。

(81) 長卓：長素と卓如、即ち康有為と梁啓超。

(82) 卓：卓如、即ち梁啓超。

(83) 中西牛郎：生卒年は一八五九―一九三〇年、号は蘇山、肥後の出身。宗教思想家。『清議報』第三冊「寄書」欄に、「論戦法之変」と題する中西牛郎の署名入りの論説がある。

(84) 亡人：「妄人」に通じる。無茶なことをする人。

(85) 紀事本末：山本憲の作品のようにも見受けられるが、定かではない。或いはまた青山延光（一八〇七～一八七一）の『国史紀事本末』か。同書の明治九年刻本に李鴻章の序文があり、また黄遵憲が『日本国志』を執筆する際、同書から多数引用している（王宝平『清代中日学術交流の研究』、汲古書院、二〇〇五年、一八四～二一〇頁）。しかし、『清議報』に『紀事本末』または『国史紀事本末』なる記事は見当たらない。

(86) 學校：横浜大同学校。

(87) 三月二十一日：言及されている他の手紙の時期や内容を考えると、陰暦正月二十一日＝三月二日のことか。

(88) 賤像：「山本憲関係資料」に康有儀の写真が一枚含まれているが、これとは別のものと見られる。C一三四の注「小照一紙」を参照されたい。

(89) 古城貞吉：注30参照。

(90) 年敬：「年礼」とも。年末の贈り物。

(91) 王梁：王照と梁啓超。日本の外務当局は康有為・梁啓超・王照の日本滞在が外交に悪影響を及ぼすのを恐れ、三人をアメリカへ退去させようと図り、その説得工作を外務省書記官楢原陳政を通じて山本に頼んだ。山本が「窮鳥入懐、猟夫不忍殺之」（窮《ゆきづま》り鳥の懐に入れば、猟夫之を殺すに忍びず）として断ったが、その話は康有儀を通じて三人に伝えられ、三人は山本に感謝し日本から退去するのを約束した。その後、康有為は日本の外務当局から旅費一万五千円を得て日本を退去したが、梁啓超と王照は旅費が少ないことを理由に退去しなかった（『梅崖先生年譜』、三一～三二頁）。

(92) 大園：「山本憲関係資料」D十一『丁酉日記』に同じ名が見られる。梅清処塾の塾生と思われる。

(93) 松村：「山本憲関係資料」D十一『丁酉日記』に同じ名が見られる。梅清処塾の塾生と思われる。

(94) 他人：梁啓超と王照を指す。

(95) 少航：王照、字は少航。戊戌政変後に日本に亡命。

(96) 讀書：『梁啓超年譜長編』によれば、この時期の梁啓超は羅普（C一五二）とともに箱根に滞在し、日本語の勉強に励んでいた。梁はこの時の成果をもとに『和文漢読法』を編纂している。
(97) 松本：梅清処塾の塾生か。未詳。
(98) 難波：難波龍介、梅清処塾の塾生。「山本憲関係資料」D十一『明治丙申日記』に「難波龍介、六月十六日入門」とある。また同資料D十三『嚶々録』(明治三十二年)によれば、生まれは明治八年六月、出身は岡山県備中国加陽郡大和村で、塾を出た後は久留米市中学明善校の教員になっていたことがわかる。
(99) 張田：張田量一、梅清処塾の塾生。「山本憲関係資料」D十一『明治丙申日記』に「九月二十六日、張田量一入門」とある。
(100) 東京高等大同學校：一八九九年に梁啓超により東京の小石川に創設された華僑学校。一九〇一年に東亜商業学校、一九〇二年に清華学校に改名される。
(101) 剛毅：満人。山西巡撫、江蘇巡撫、軍機大臣などを歴任。維新変法に強く反対し、西太后に重用された。
(102) 回祿：火の神の名。転じて火災、また火災に遭うこと。
(103) 守屋道：雑貨輸出入商、一八九九年に販路開拓のため香港へ渡航、その後天津・大連・旅順に支店を開く。詳しくは「武家出身の横浜貿易商——雑貨輸出入商・守屋道の歴程——」(『開港のひろば』第九一号、横浜開港資料館編)を参照されたい。
(104) 小照一紙：「山本憲関係資料」に康孟卿(康有儀)写真(C四)がある。写真の裏に康有儀の自筆によると見られる署名「弟子康孟卿原名有儀敬贈　光緒二十五年臘月攝於香港」がある。
(105) 安藤：『国聞報』日本語翻訳担当の安藤虎雄のこと。
(106) 猷原：猷原は楢原の誤りで、楢原陳政(一八六二～一九〇〇)のことか。明治時代の外務官。初めは在日本清国公使館で中国語を学び、のちに中国にわたり杭州の兪樾について学ぶ。日清戦争の講和会議で通訳を務め、その後北京駐在日本公使館の通訳官、書記官などを務めた。
(107) 燕臺：山東半島東部に位置する煙台の異称。常用ではないが、清末に一時期用いられていた。例えば、一八九三年に煙台の成文信書坊から刊行された『燕臺成文信記書目録』の題名中の「燕臺」がその一例である。

（108）冀有所售：何を「售《う》」るかは未詳。携わった『清議報』の宣伝か、それとも自己アピールなのか、明らかではない。

（109）向平之志：後漢の向子平という人が、子供たちが結婚してから願いもかなったとして、山中に隠居したという故事があるが、ここでは前から持っていた志という意か。

（110）辦黨：戊戌政変後、政府が維新派のメンバーを鎮圧すること。

（111）衆人寫真：「山本憲関係資料」に「康有為等集合写真」（C三）がある。康有為を中心に梁啓超・王照・康孟卿ら十七人が撮影されている。

（112）前途：本屋または出版社の名前か。未詳。

（113）李端棻：一八三三～一九〇七、字は苾園。清末の官僚。学政・刑部侍郎・礼部尚書などを歴任。康有為・梁啓超を推挙し、変法運動を支援したが、戊戌の政変後に新疆省に流罪となった。

（114）伊藤：伊藤博文。一八九八年八月、内閣総理大臣を退いたばかりの伊藤博文は清国視察に出かけ、李鴻章ら守旧派の要人と会談する一方、九月二十日には光緒帝に謁見した。西太后派によるクーデター（戊戌の政変）は謁見の翌日に起きた。

（115）昌言報：清政府の指示を受けて、一八九八年八月十七日に『時務報』から改名されたもの。旬刊。第一〇期を刊行した後、同年十一月十九日に停刊。

（116）獻替：「献可替否」の略。善を勧め過ちを正すよう、官吏が君主を諫めて補佐すること。

（117）何〇〇：未詳。西太后のことを指すか。

（118）矢野：矢野文雄（一八五一～一九三一）、明治期のジャーナリスト、著作家、外交家。一八九七～一八九九年に清国駐在公使、後に特命全権公使を務めた。

（119）條議：日本に亡命した変法派を支援するために、一八九八年十月に結成された団体「日清協和会」の趣意書と規約のことと見られる。「山本憲関係資料」C二二四「日清協和会趣意書・規約」を参照されたい。

（120）李氏：李鴻章。

（121）拙堂文集：齋藤拙翁の著、六巻、明治十四年の刊。齋藤拙堂（一七九七～一八六五）、本姓は増村、名は正謙、字は有終、号に拙堂・拙翁・拙齋などがある。江戸時代の文章家として知られる。著書に『拙堂文集』『拙堂文話』などがある。
(122) 箕面山秋後之遊：『拙堂文集』に収録される「游箕面山遂入京記」を指す。漢文で書かれたもので、名文とされる。
(123) 東亞：『東亜報』のこと。
(124) 頼醇：一八二五～一八五九、通称は三樹三郎、名は醇。幕末の儒学者、頼山陽の子としても知られる。
(125) 鐘王：中国古代の書道家鐘繇（一五一～二三〇）と王羲之（三〇七～三六五）の併称。
(126) 河田興：河田迪斎（一八〇六～一八五九）、興は別名。幕末の儒学者。
(127) 董趙：中国古代の書道家董其昌（一五五五～一六三六）と赵孟頫（一二五四～一三二二）の併称。
(128) 磐渓某：大槻磐渓（一八〇一～一八七八）、名は清崇、江戸時代の漢学者、文章家。『金海奇観』（大槻磐渓編、二巻、早稲田大学蔵）によれば、一八五四年に来航したペリー一行の船に乗り合わせて通訳として来日した羅森とも漢詩のやりとりなどの交流がある。
(129) 南宮：中国宋代の書道家米芾（一〇五一～一一〇七）の異称。
(130) 源瑜：祇園南海（一六七六～一七五一）、江戸時代の儒者、画家。源瑜はその中国風の名である。
(131) 奥野：奥野小山（一八〇〇～一八五八）、幕末の儒学者。
(132) 南海：前注「源瑜」の祇園南海のことではないかと思われる。
(133) 漁叟：祇園南海の号の一つか。
(134) 浮田：梅清処塾の塾生か。未詳。
(135) 小本：基本、つまり共通の公用語として用いられる言葉、の意か。未詳。
(136) 普通國語：関根正直著『改版　普通国語学』六合館、一八九八年を指すか。
(137) 假名交文典：漢字仮名交じり文の法則を立てようとしたものである。田中渙乎著、明治二十一年六月に団々社書店から刊行された。
(138) 豊原：地名、現在の大阪府茨木市豊原町。

(139) 中嶋君掠蔭：C一一九、C一五〇、C一八〇に「中嶋君」とある。同一人物と見られる。山本憲の元塾生か、未詳。
(140) 萁山：大阪府箕面市にある箕面山のこと。紅葉を賞でる景勝地として有名である。
(141) 安息之期：休みの日、日曜日。
(142) 養氣：「O_2」（酸素）の訳語。清末の科学者徐寿（一八一八〜一八八四）の考案によるといわれる。
(143) 漢口麺：山本憲は一八九七年十一月に漢口を来訪している。
(144) 羅孝高：注（77）参照。
(145) 知新報：康有為・梁啓超ら変法維新派によって一八九七年二月にマカオで創刊された、維新変法を宣伝するための中国語新聞である。創刊当初は康有為の弟の康広仁（一八六七〜一八九八）がその経理をつとめた。はじめは五日に一期、後に旬刊、一九〇〇年二月以降は半月刊で、一九〇一年一月に停刊するまで一三三期刊行されている。
(146) 雲樵：欧榘甲（一八七〇〜一九一一）、字は雲樵、号は雲台、広東省帰善県の出身。康有為の主な弟子の一人である。一八九七年に『知新報』『時務報』の刊行にかかわり、後に湖南時務学堂の教員となる。戊戌政変後に来日し『清議報』の刊行にかかわる。
(147) 東中：日本国内。
(148) 知新：『知新報』のこと。
(149) 李公使：李盛鐸（一八五九〜一九三四）、字は義樵、号は木斎、別号は師子庵旧主人、江西省徳化県（現在は九江市）の人。政治家で蔵書家としても知られる。一八九八年十月から一九〇一年十一月まで清国駐日本公使館公使を務めた。
(150) 經世文新編：麦仲華の編集による『皇朝経世文新編』（二一巻、一八九八年刊行）のことか。
(151) 史紀本末：山本憲の作品のようにも見受けられるが、『山本憲関係資料目録』には見当たらない。
(152) 葭思：人を思い慕うこと。『詩経』秦風・蒹葭の「蒹葭蒼蒼たり、白露霜と為る。所謂 伊の人、水の一方に在り」に由来する。
(153) 一函：C一九三のこと。後述の通り、C一九三からは、香港において康有儀が康有為と面会し、康有為の南洋行きを話し合ったことが分かる。
(154) 已將近狀奉報：C一三四書簡によれば、光緒二十六年一月二十四日（一九〇〇年二月二十三日）に天津、二月五日（三月五日）に北京に到着。天津では国聞報社の安藤虎雄と会っている。『国聞報』は『時務報』とともに大変有名な維新派の新聞。光緒二十三年十月一日（一八九七年十月二十六日）に天津で創刊。義和団の乱のため光緒二十六年五月二十日（一九〇〇年六月十六日）に一時停刊、光緒二十七年正月十一日（一九〇一年三月一日）に『天津日日新聞』として復刊。孔祥吉・村田雄二郎著『清末中国と日本――宮廷・変法・革命』（研文出版、二〇一一年）、第十二章を参照。
(155) 三江兩湖：江蘇・江西・浙江・湖北・湖南一帯を指す。
(156) 北方拳匪：義和団のこと。
(157) 勤王：当時勢力を持っていた西太后派に対抗して、光緒帝の復権とそのもとでの立憲君主制を主張するもの。
(158) 唐才常：一八六七～一九〇〇、字は伯平、号は紱丞、湖南省瀏陽県の出身、清末の思想家・革命家。一八九七年に湖南時務学堂の創設にかかわり、一八九八年に譚嗣同らとともに南学会を結成した。一九〇〇年に正気会（後に自立会と改称）を結成し、自立軍の総司令を自任し、長江沿岸の省で同時に蜂起することを計画したが、湖広総督張之洞のもとに密告があり、七月二十七日に逮捕され翌日処刑された。
(159) 東亞事宜：「山本憲関係資料」（A九）に冊子体の『東亜事宜』（明治三十三年五月二十五日発行）がある。
(160) 嚶嚶錄：山本憲が作成した冊子。元塾生の氏名・住所・職業などが主な内容である。現存するのは一八九九年分二冊、一九〇〇年分七冊、一九〇一年分二冊、作成年不明二冊の計十三冊である。
(161) 到坡始接：康有儀は光緒二十五年十二月二十五日（一九〇〇年一月二十五日）、香港から山本憲に書簡C一九三を送り、近々南洋に向かうことを伝えている。なお、孔祥吉「康有儀出売康有為――康有儀「致節公先生函」疏証」が取りあげる康有儀「致節公先生函」によれば、この康有儀の南洋行きの目的は、康有儀へ借金返済を求めるためであったという。
(162) 敝政府下令擒殺之事：一八九八年九月二十一日、西太后のクーデターにより変法運動は失敗に終わる。康有為は九月二十日にすでに北京を脱出、譚嗣同ら康有為の協力者は九月二十八日に処刑される。こうした西太后の手が康有儀にも及んだわけである。この書簡については、前掲の吉田薫「康孟卿の翻訳作業とその周辺——戊戌政変から『清議報』刊行までを中心に」、七頁に考察がある。

(163) 谷公：山本憲が示した会うべき人物の一人で、谷干城と見られる。山本憲関係資料C六十五の梁啓超書簡に「所示諸君、惟勝伯近衛公已見。康先生則已竝見福嶋伯・曽根君、其余谷子求見而未得。外此諸公多未修謁。」とあり、勝伯は勝海舟伯爵、近衛公は近衛篤麿公爵、福嶋伯は福島種臣伯爵、曽根君は曽根俊虎、谷子は谷公と同一人物であろうと思われる。

(164) 開局：『清議報』刊行のこと。

(165) 冰敬：夏の暑い時期に、御氷代の名義として上役やお世話になった人に贈る金銭。

(166) 聯會：日清協和会のこと。日本に亡命した変法派を支援するために、一八九八年の秋ごろに結成された団体。

(167) 従弟：康有為の弟、康有溥（字は広仁）のこと。

(168) 種數：「数種」の誤りか。

(169) 老太太：西太后のこと。

(170) 徐君：徐勤のこと。

(171) 此像：康有為の写真を指す。

(172) 婦道無成：『周易』坤「陰美有りと雖も、之れを含みて以て王事に従い、敢て成さざるなり。地道なり。妻道なり。臣道なり。地道は成すこと無くして代りて終有るなり」（「陰雖有美。含之以従王事。弗敢成也。地道也。妻道也。臣道也。地道無成」）。

(173) 牝雞之晨、為家之索：牡雞は牝雞の誤り。『書経』牧誓「王曰く、古人に言う有り。曰く牝雞晨する無し。牝雞の晨する、惟れ家の索《つ》くるなり」（「王曰。古人有言曰。牝雞無晨。牝雞之晨。惟家之索」）。メス鶏が鳴いて明け方を知らせると、家が衰退する。転じて、女性が政権を握ると国が衰微する、の意となる。

(174) 夫死従子：『礼記』郊特牲「婦人は人に従う者なり。幼にして父兄に従い、嫁して夫に従い、夫死すれば子に従う」（「婦人従人者也。幼従父兄。嫁従夫。夫死従子」）。

（175）婦人無外事：『春秋穀梁伝』僖公九年「婦人をして国事に與ら使む毋かれ」（「毋使婦人與國事」）。

（176）君薨聽於冢宰而已：『論語』憲問「君薨ずれば、百官己を総べて以て冢宰に聴くこと三年なり」（「君薨、百官総己、以聴於冢宰三年」）。冢宰は周代の官名。天官の長として王を補佐した。

（177）此次訓政之詔：一八九八年九月二十一日に発せられた西太后に訓政を乞う光緒帝の上諭。

（178）與王莽、曹丕、劉裕簒位時之禪位文同：王莽は前漢の孺子嬰に、曹丕は後漢の献帝に、劉裕は東晋の恭帝に禅譲を迫って帝位についた。

（179）文姜淫亂、不與荘公念母：『春秋左氏伝』荘公元年「三月、夫人斉に孫ぐる、姜氏と称せず、絶えて親と為さざるは、礼なり」。

（180）唐廢武氏：七〇五年、女帝武則天が宰相張柬之、第三子である李顕らにより退位を迫られて中宗李顕が復位し、国号も唐に復したことを指す。

（181）道光尚有太妃：道光帝の側室の孝静成皇后は、咸豊帝の養母として政治的影響力を持った。

（182）明宮婢韓金蓮弑穆宗：『明史』列伝第二・后妃二に、嘉靖（明世宗）二十一年に宮女の楊金英らが嘉靖帝を絞殺しようとしたが、同じ宮女の張金蓮が皇后に通報したため、嘉靖帝が助かったという記録が残っている。韓金蓮は楊金英、穆宗は世宗の誤りである。

（183）李盛鐸：注（149）李公使を参照。

（184）この文章と全く同じ文面のものが康有為書簡C九十六に収録されている。この文書ついては、本書康有為書簡解題も参照。

（185）先祖父：亡くなった祖父の康国器のこと。福建省と広西省の布政使・広西巡撫などを歴任。

（186）陳蔭農：陳和沢、字は蔭農、広東南海県の出身。康有為の弟子で、一八九七年に来日し後に横浜大同学校の教員を務めた。帰国後は広州南強公学校長などを務めたこともある。康孟卿の娘婿である。

（187）何曉生：何東、字は暁生、香港の商人・資産家。康有為が香港に逃れた際に資金を提供したりして援助した。これについて康有為がその回顧録のなかで「（何東）復贈金数千、以安羈旅、藉以済宗族及供游貲焉」（復た金数千を贈り、以て羈旅を安んじ、藉りて以て宗族を済い、及びに游貲に供す）と述べている（茅海建『従甲午至戊戌：康有為《我史》鑑注』生活・読書・新知三聯書店、二〇〇九年、八三六頁）。

(188) 庶母：父の妾。

(189) 浮銀：現金資産。

(190) 有服：喪に服する血縁関係があること。

(191) 位置：手配、処置、斡旋。

(192) 出服：血縁関係が五代を出ること（人）。

(193) 愛弟：康有為の弟の康有溥。

(194) 組織：文の構造、構文。

(195) 紀遊：中国旅行記『燕山楚水紀遊』。

(196) 西道主人：東道主人にちなんだ言葉。ここでは山本憲の中国遊歴を一部案内した福州人力鈞を指す。『燕山楚水紀遊』に「會福州人力子軒擧（名鈞、甞經郷試、補知縣）、以事遊吾邦、約予遊蹤及福州、爲西道主人。」とある。

(197) 補出：補うこと。

(198) 孔聖一書：西洋人が著した孔子に関する書物で、山本憲が翻訳したと見られる。ただし、その後出版されたかどうかは不明で、現存する山本憲の蔵書目録などに類似する内容の書名が見当たらない。書簡C一八五には西洋人学者が著した『孔夫子』という書物への言及がある。同一の書物のことであろうか。なお、西洋人が執筆した文章を翻訳編纂した『孔夫子』と題する書物として、赤沼金三郎纂訳『孔夫子』（上原書店、一八九三年）があげられる。該書はレッグ（James Legge 一八一五～一八九七）など複数の西洋人の孔子に関する論評を日本語に翻訳し編纂したものである。出版時期なども考慮すると、『孔聖一書』『孔夫子』は、該書を指しているのかもしれない。

(199) 『地文学』：文部省刊行・関藤成緒訳『百科全書　地文学』一八八二年を指すか。C一三七も参照。

(200) 幼博：康有溥（一八六七～一八九八）、字は広仁、号は幼博。書簡C一一三注「広仁」を参照。

(201) 難波：難波龍介。書簡C一三二注「難波」を参照。
(202) 張量：張田量一のことか。書簡C一三二注「張田」を参照。
(203) 同文：康同文、字は介甫。書簡C一一一の注「介甫」を参照。
(204) 點石圖：石版印刷の挿絵。
(205) 大操：一八九八年十一月に大阪で行われた陸軍特別大演習。
(206) 弟姪輩：康有為と康同文を指す。
(207) 中松：手紙の時期や内容から中嶋掠蔭（C一一九、C一五〇、C一八〇）の可能性があるが、未詳。
(208) 中嶋：中嶋掠蔭。書簡C一五一注「中嶋君掠蔭」を参照。
(209) 橋本：橋本海関のことか。書簡C一一一注「橋本氏」を参照。
(210) 點石：石版印刷のこと。
(211) 日暮途遠：出典は『史記』伍子胥伝。
(212) 楊崇伊：字は莘伯、江蘇常熟の人。光緒六年（一八八〇）の進士。一八九五年に御史となり、一八九六年一月に強学会を取り締まるよう上奏した。
(213) 虚助實活語尾：「虚」は虚字、すなわち実際上の意義を表さず、ただ文の構成を助ける働きをする品詞、「助」は助詞、「實」は実字、すなわち具体的な意義を持つ品詞、「活」は動詞の活用、「語尾」は動詞の語尾を、それぞれ指す。
(214) 孔夫子：書簡C一七五を参照。
(215) 大橋：『東亜報』で翻訳を担当した大橋鉄太郎のこと。書簡C一一一注「東亜報」を参照。
(216) 外感：風邪のこと。
(217) 徳不孤必有隣：『論語』里仁篇にある孔子の言葉。道徳のある者は孤立せず、必ず親しい仲間ができ従ってくるということ。
(218) 百折不撓：何度挫折しようが屈しないこと。
(219) 瀑：大阪の四条畷にある滝としては、権現の滝や清流瀑布が有名である。

（220）発表：体から発汗させることで皮膚や皮下の病因を発散させること。

（221）一報館：梁啓超らが横浜で設立した清議報館のこと。『清議報』（一八九八年十二月二十三日創刊）を発行した。

（222）同和：康同和。書簡C一一五注「和児」を参照。

（223）角谷君：角谷大三郎。書簡C一一一注「東亜報」を参照。

（224）日清協和會：書簡C一一八注「協和会」を参照。

（225）朝占喜雀、タト燈花：蒲松齢『聊斎志異』蕭七に「晨占雀喜、タト燈花」とある。頻繁に占うの意。

（226）小林：書簡C一一九注「小林」を参照。

（227）曽根：曽根俊虎。書簡C一一七注「曽根」を参照。

（228）面唔長素：康有為は一八九九年、母の病気のためカナダから日本経由で香港に戻っている。康有為は香港滞在中、唐才常に勤王の蜂起のための資金援助をしたという。以上、小野川秀美『清末政治思想研究』（みすず書房、一九六九年）、二三三頁。

（229）南洋：康有為はこの後シンガポールに向かっている。康有儀はいったん北京に入った後に南下して、最終的にシンガポールに到着する。C一三四、C一五六を参照。

（230）小照一枚：写真C四のことを指す。C四の裏面には「光緒二十五年臘月撮影於香港」とある。C一三四も参照。

梁啓超書簡

【解題】

周　雲喬

梁啓超（一八七三〜一九二九）は中国広東省の新会県の人。字は卓如、号は任公、また飲氷室主人とも号している。若くして頭角を現し、中国近代において、大きな影響力を持った政治家・思想家である。また、才学博通の学者としてその高名が世の中に知られている。かつて康有為に師事し、清末の政治改革即ち戊戌の変法実施の中心人物となった。変法維新を提唱し、『時務報』(1)の編集長として主筆を務めたことを始めとし、時務学堂(2)という新式の学校で教育活動も行っている。一九一二年、清王朝滅亡の後、中華民国の時代を迎えたものの、孫文から臨時大総統を移譲されたことにより、袁世凱の北京政府が発足した。翌年には、梁啓超は司法総長になり、その後、幣制局総裁、財務総長の要職を歴任した。またその一方で政治・哲学・歴史・経済・教育など、幅広い分野で完成度の高い著述を多く残してもいる。中国近代知識人の中で、彼のように清末から民国の二つの時代に亘って、社会的活動のみならず、政治面でも活躍し、なおかつ学術的にも旺盛な著述活動を行った人は稀であり、その存在感は極めて大きい。

今回、「山本憲関係資料」に収められた梁啓超の書簡は全部で七通あり、また山本憲との筆談文章も一通ある。この書簡は梁啓超の日本亡命後、一八九八（明治三十一）年から一九〇一（明治三十四）年の間に山本憲宛に出したものである。

山本憲が初めて梁啓超に会ったのは一八九七（明治三十）年の秋であった。山本は変法維新の思想が広がっている上海を訪問し、羅振玉・梁啓超・張謇《ちょうけん》・湯壽潜《とうじゅせん》・汪康年などと面会して、中国の文化人や政治家など数多くの人物と交わった。ところがその翌年、戊戌の変法が失敗し、梁啓超は清の政府から指名手配され、日本に亡命を余儀なくされた。彼はその冬に山本憲に再会し、その後何度も書簡を寄せるようになったのである。後、山本憲がそれらの書簡を大事に保管したことから貴重な資料が残され、今回初めて刊行の運びとなった。

書簡の内容は全体的に、主に戊戌の変法、『清議報』、翻訳局など政治と社会活動にかかわるものを主とし、プライベートに関するものは少ない。書簡には彼の日本での活動の軌跡が断片的に記されているが、注目すべきは今まで未知であった梁啓超と日本の政界との民間レベルでの交友関係を明らかにする資料が含まれている点である。これらは梁啓超早期の思想や活動に関する研究資料としてだけではなく、近代中国史の研究においても大変貴重な資料として位置付けられる。

日本に亡命した梁啓超は、康有為とともに多くの日本政界の要人と交わり、勝海舟・近衛篤麿・副島種臣などの名前が書簡にあげられている。また書簡は変法の失敗について述べたうえで、光緒帝を救出するために日本政府が介入することを希望するなど、梁啓超が日本の政界と民間との間で奔走している様子を窺うことできる。この間の事情はこの書簡以外の梁啓超関連史料には記されておらず、史料の欠失を補う意味でも高い価値を有する。

何よりこれらの書簡には梁啓超が抱いていた中国の社会的進歩への憂慮がにじみ出ている。彼は中国の進歩を阻碍する病巣の一つが「新学」と「旧学」との対立にあると指摘し、日本を含め、先進諸国の文明を中国の将来においてどのように位置づけるべきかについて「支那を救おうとするなら、東洋・西洋の先進諸国の文明思想を導入することが第一であると考えました」[3]と述べている。我々は彼がこのような考えに基づいて清議報館と訳書局を創立し、日本や西洋の政治・経済・哲学などの新たな学説の中国への紹介に積極的に取り組んだことを読み取ることができるのだ。そして書簡中に戊戌の変法失敗の真相に関する記事を「政変記」[4]として『清議報』に掲載したことにも言及している[5]。

こうした『清議報』と訳書局は、上海の『時務報』と「大同訳書局」を模倣したものであろうと見られる。上海の『時務報』に日本の新聞や雑誌記事を掲載することができたのは、古城貞吉《こじょうていきち》[6]が中国語への翻訳に大きく貢献したからである。今回の新資料によって、『清議報』と訳書局の翻訳の仕事を山本憲に依頼したことも明らかになった[7]。ちょうど『時務報』における古城貞吉の役割を山本憲に求めたわけである。梁啓超は『清議報』以外にも、広東語の日報を刊行する計画を山本憲に打ち明けている。このように我々は日本における梁啓超の活動の細部まで知ることが可能となったのだ。

書簡からは梁啓超と山本憲の交流の実態がわかる他、梁啓超と中国人同志との関係の機微も窺える。例えば旧友の汪康年への不満を山本憲に吐露しているのである[8]。『梁啓超年譜長編』も梁啓超と汪康年との関係について少し触れるところがあり[9]、上海の時務報館の同僚時代に齟齬が生まれたと示唆している。両者の関係が悪くなった理由について『梁啓超年譜長編』が記述を曖昧にしたのは、資料が乏しい為だけであっただろうか[10]。書簡の中で梁啓超は、戊戌の変法の後、汪康年が変法に対して態度を豹変させ、中傷的な発言を行ったと痛烈な批判を行っている。二人の齟齬の由来がそこにもあるのではないかと推察することができよう。

上述したように、「山本憲関係資料」に収められた梁啓超の書簡は中国の近代史研究にとって貴重な資料であり、今後、梁啓超の思想と活動の研究に新たな一頁が開かれることと信じている。

梁啓超書簡訳注

一（C六十四）

上海では怱卒の間にお目にかかりましたが、思う所を十分にお伝えできず、お別れ以来いつもあなたのことが気になっておりましたところ、昨日お便りを頂戴し、感激のあまり涙しております。協和会の設立により、我が国の受ける恩恵はまことに多大なものがあります。広告文を拝読いたしましたが、詳細に説き尽くして人を動かすものがあり、敬服の至りでございます。丁度返書を認めようとしましたところ、今日は図らずもご尊顔を拝することができ、いかばかり幸せなことでしょう。我が国は天のあわれむ所とならず、呂雉《りょち》[11]・武曌《ぶしょう》[12]の禍が今日においても現れております。名分を正すならば、彼女（慈禧《じき》太后）は天子の母ではなく、先帝の側室に過ぎず、まさに唐の武后《ぶこう》と前後同じく轍《わだち》を一つにしております。今日は、ただ周勃《しゅうぼつ》[13]、徐敬業[14]のように義兵をあげるのみです。それなのに、我が国は弱体で異国に救援を求めざるを得ないのであります。昨日、先生の会の創立宣言文を拝読して感激この上ありませんでしたが、今、親しくお教えを賜ることができ、幸いに思います。不肖の身ながら、これ以上の喜びがありますまい。私は謹んで教えに従うことにいたします。啓超頓首。　〈一八九八年十月二十九日〉

梁啓超の筆談文章

滬上匆匆一見、未罄所懷、惟別以來、相思爲勞。昨得賜書、感激涕零。協和會之設、敝邦受賜實多。拜讀廣告之文、詳盡動人、佩服無似、正擬作答。今忽接道貎、何幸如之。敝邦不弔、呂雉・武曌之禍、復見於今日。正名定分、彼實非皇上之母、不過先帝之遺妾、正與唐之武氏先後一轍。今日惟有舉周勃・徐敬業之義而已、而敝邦力薄、不能不爲秦庭之哭也(15)。昨捧讀先生立會啟文、感戴無似。今幸得親炙、弟無似、謹奉教從事。

二（C六十五）

大阪東区谷町一丁目　梅清処塾
山本憲先生啓
横浜百四十番　大同学校
吉田晋

梁啓超変名

梅崖先生大人

先月十五日に恵与くださいましたお手紙は五日を過ぎて、はじめて読むことができました。また文章を執筆中のため御礼の返事を怠ってしまい、失礼はお詫びの申しようもございません。お手紙の中で天下の事を論じようとすれば、西洋の学問を修めなければならないが、西洋学に夢中にはなってはならぬ、また、そのことと共に西洋学を専修しながらも漢学に心を傾けようと仰っておられます。これは専ら時務に従事しながら漢学に精通することと同じようだと、なんと素晴らしく、的中したお話でしょう。我が国の弊は、新学を語る者と旧学を語る者とが、画然と二派に分かれ互いに非難しあい、いつまでも通じ合わないことにあります。故に西洋学を語る者は〔実利をむさぼる〕商売人に過ぎず、中国学を語る者は〔時勢にうとい〕学者先生に過ぎず、ついに文明が進歩することができないのは、まさしくこういうわけであります。先生は貴国の人材に対してなおご不満なのでしょうか。そのお言葉で我が国のことを見るならば、まったくどうすればよろしいでしょうか。それを言うと胸が痛みます。御教示頂いた諸氏のうち、勝伯〔勝海舟〕、近衛公〔近衛篤麿〕にはすでにお会いしました。康先生はともに副嶋伯〔副島種臣〕、曽根君〔曽根俊虎〕にすでにお会いしました。その他の各位にもお会いしたいと願いながらいまだ果たしておりません。それらの諸氏にまだあまり拝謁がかなっていないのは、住所が分からないからであります。もし先生が一々教えて頂くださるとともに、紹介状をも頂戴することができれば、幸甚でございます。頂いたお手紙の中で、数十人を推挙し、評価してほしいと私が言ったことに対してそれは、むやみやたらな交友になってしまうから心配だと仰っておられます。そのことから私を大切にしてくださるお気持ちがよく分かります。しかしながら、私が貴国に参りましたのは詩をうたい、本を読み、天下の士を友にしようとするためであります。勢い、多くの人に会い、その中から選んで交際するほかないのです。すでに多くの人にお会いしましたが、彼らは賢愚一様ではなく、その中には一時の虚名を持つだけの者もいるので、往々必ずしも信頼できるわけではありません。しかし、一回の面談だけで賢愚の区別をつけるのはきわめて難しいものです。俗世間があれこれ人物評をいたしますが、評価を定めるとなるとそれもなかなかに容易ではありません。それ故に先生から詳しいお話を伺って、誰と交際すべきかの助けとしたいのであります。是非先生にはご苦労を辞せず、忌憚のないご意見をご教示賜らんことをお願い申し上げます。この間、横浜の商人たちが清議新聞社を開設いたしました。また羽子丈人〔康有爲〕から先生が喜んでそれを提唱し、新聞の翻訳をも承諾して下さったことを聞き、言葉で言い表せないほど感激いたしました。もしも、時々先生のお考えを論説として掲載し、支那の人士に読ますことができれば、それは私の最も深く望むところでございます。思いますに、支那の人材中に、時務に専念しながら漢学にも通じる者、まさに先生が前に述べられたような人材を求めても、出会うのはまことに容易ではありません。ですから先生のご高論を書きつづけて連載を望んでいるのであります。先生はきっと私の願いをお捨てになられることはないと思います。近頃旬刊以外に、別に日刊をも出そうと計画しています。広東の俗語だけを用いるのは、思うに、我が国の大問題は書面語と口頭語が分離していることにあるからです。それ故に一般の庶民の中には、知識を持ち、学問に励もうとする者はほとんどいなくなりそうです。今このような事〔新聞の創刊〕をするのは、その状況を改善することにもなりましょう。それではご返信に併せ、大安をお祈り申し上げております。弟啓超頓首　旧暦十月二十五日追伸　康〔有為〕先生によると、大作はすでに拝読、踊り出したくなるほど感激し、近いうちに跋文を書きたいので、返信が遅れてしまいますとのことです。〈一八九八年十二月八日〉

梅崖先生有道　前月十五日所惠書、越五日始得讀、又因有事於纂述、故久稽裁畣[16]、爲罪奚如。書中謂欲談天下之事、不可不求之於修西學而不心醉西學、與專修西學而傾心漢學、若專從事實際而通漢學者。旨哉、是言乎。敝邦之弊在言新學者與言舊學者劃然分爲二途、各相詆諆、永不沆瀣。故言西學者、則市儈而已。言中學者、則學究而已。文明終不得而進、職此之由也。先生於貴邦之人才猶慊乎、其言之以視敝邦又當何如耶。言之痛心。所示諸君、惟勝伯、近衞公已見、康先生則已竝見副嶋伯、曾根君。其餘各子、求見而未得外、此諸公多未修謁、因不審住居也。若先生能一一示之、竝以書紹介、幸甚。來書又言、欲舉數十人而評騭之、恐爲濫交之累、足見相愛之盛心。雖然僕之來貴國也、志在誦詩讀書、友天下之士、其勢不能不多所接見、而擇於其中以交焉。既已多見、則其中賢否不一、而有一時之虚譽者、往往未必其可信。而一面之談晤、其別擇亦綦難。流俗之月旦[17]、其定評尤不易。故欲得先生之詳言之、俾有所避就。甚欲先生之無辭勞瘁、無避嫌疑、一一有以敎之也。此間横濱諸商有清議報館之設、聞之羽子丈、知先生願爲之提倡、許以譯報、感不可言。若能時出貴意、著爲論説、以餉支那人士、尤所深望。蓋支那人才中、求其專從事實際而通漢學、如先生前者之所云者、實不易覯、故望大論之維持而聯導之、想先生之必不棄也。頃擬于旬報之外、別出一日報、專用廣東俗話者、蓋敝邦之大患在語言與文字分、故匹夫匹婦之知書向學者殆絶焉。今爲此舉、亦將有之捄之也。此復、敬請道安。　弟啟超頓首　陰曆十月、廿五日

再　康先生示　尊著新語拜讀、巳㐅爲之起舞、頃欲有所跋、故緩寄復。

三（C六十七）

大阪天神橋南詰東入　梅清処塾
山本梅崖夫子　侍史
横浜居留地百四十番　大同学校
康孟卿

梅崖先生足下

久しくお便りをさしあげませんでしたが、遠く先生のことを念う日が続いております。近頃私は神戸に漫遊し、来週には大阪に参りまして尊塾の門を叩くつもりでおります。その機会を借りて、ご教えを乞いたく存じますが、許して頂ければ、幸甚でございます。また藤沢南岳様にもお会いしたいので、事前に紹介して頂くことが出来ればありがたく存じます。啓超頓首。二十五。〈一八九九年五月二十五日〉

梅崕先生足下　久疏音訊、馳想爲勞。頃僕漫遊神戸、擬扵來週詣大坂敬叩尊塾、藉聆清誨、望見許、幸甚。藤澤南嶽君亦欲一見、公能爲我先容、尤幸也。啟超頓首　廿五

四（C六十八）

大阪東区谷町一丁目
梅清処塾
山本憲様
神戸広業公所
吉田晋

梅崖先生閣下

昨日一通のお手紙を差し上げましたが、届いていることと思います。僕はもともと明日の午前中に大阪に来る予定でしたが、丁度同国人同士の宴会があり、強く引き留められたため、午後に行くことになります。大阪でちょっと一泊にする予定なので、夜にご教誨を存分に伺おうと思います。先生のご好意は度々橋本君から伝えていただいています。旅先の様子を尋ねてくださったり、その深い思いやりに感激しております。〔であれば〕僕は実情を申し上げないわけには行きません。今のところ、旅費はまだ自分でまかなうに十分ですが、ただ、一か月以内に米州へ旅に出たいので、旅費が足りないことをいささか心配しています。先生は兄弟のように親切にもてなしてくださり、度々安否を聞いてくださいましたので、敢えて内密してはならないと思い、謹んで申し上げます。ただ、もし貴国政府からの援助であれば、受け取るわけに行きません。〔しかし〕もし、先生が同志の誼で、道義において私を大切に思ってくださってのことであれば、ご好意を無にするわけにも行かず、頂戴いたしてもよいと思い、有り難く頂戴するばかりです。その他一切は面談の機会を待って詳しくお話しいたします。それでは謹んでご安否のほどをお伺い申し上げます。南岳先生が来訪されました。啓超頓首。三日。〈一八九九年六月三日〉

梅崕先生有道　昨上一書想達。僕本擬明日午前來坂、嗣爲邦人宴會、苦留至下午乃能行。擬在坂小住一日夜、飽聆清誨也。屢承橋本君傳貴意、詢問旅況何如、相愛之深、令人生感、僕不敢不以實告。僕目前旅費尚足以自支、惟欲於一月內、有米洲之行、頗苦川貲匱乏耳。先生相待殷殷如骨肉、既屢蒙存問、故不敢自祕、敬以奉聞。惟若出於貴政府之餽贈、則有所不敢受。若先生之同志惠而好我、於義有取、庶可拜賜耳。一切容俟面晤詳談。敬承起居。啟超頓首　三日南嶽先生訪此。

五（C六十九）

大阪市天神橋南詰東入　梅清処塾
山本憲様
小石川表町百〇九番
吉田晋

梅崖大兄
　大阪に寄り教誨を承ることができたうえに盛大な宴会を開いて下さり、大変嬉しく思いました。惜しむらくは、慌ただしい旅程ゆえ、思う所を十分にお伝えできず、深く申し訳なく思うばかりです。この前賜った大著『新序』を拝読し、その始めの数巻に中国の春秋戦国間の事情を論じておられる部分は、私もとても興味をもっておりますが、残念なことにまだ詳しく読むことができておりません。現在、遠方へ旅に出ようとしており、出版まで待つことができません。願わくは、この数巻を人に頼んで筆写してもらい、副本として私に恵賜くださいませんでしょうか。やっかいなお願いを申し上げて、恐縮千万でございます。右お知らせまで。謹んで暑中の御平安をお祈りします。春日、角谷諸君によろしくお伝えください。弟啓超頓首。六月十七日。〈一八九九年六月十七日〉

梅厓仁兄先生　過大阪獲承清誨、竝忝盛讌、欣幸無已。惜行色匆匆、未盡所懷、深歉然耳。前恵賜讀大著新序、其發端數卷、論支那春秋戰國閒情事者、弟深喜之、惜未克細讀。今將遠行、不能待出版之期、望將此數卷、命人寫一副本見賜、不勝大願。此布、敬請暑安。春日、角谷諸君竝希致意。弟啟超頓首　六月十七日

六（C七十）

大阪天神橋南詰東入　梅清処塾
山本憲様
東京牛込区東五軒町三十五番地
吉田晋

梅崖先生足下
溽暑は沫のように消えてしまい、涼しい風が吹き渡ってきましたが、君子は季節に適応するのが宜しく、お身体に

気をつけてお過ごしのことと存じます。ご高著と南京からの書簡は随分前に受けとり、拝読しました。有難うございます。返信もせずに非常なる無礼をしてしまいました。決して怠けるつもりではありませんでしたが、世間の諸事に煩わされ、慌ただしい日々を過ごし、その間にも、暑気あたりとなり、返事を怠ってしまいました。謹んで許していただきますようにお願い申し上げます。文章は粗雑ですが、我が国の内情のあらましを窺えると思います。最近『清議報』より「（戊戌）政変記」を印行しましたので一部差し上げます。謹んで御笑納のうえ、御高覧の程お願い申し上げます。また、以前代わりに送るようにお手紙を預かりましたが、その返事へのお手紙はどこに送ればよろしいでしょうか。岩崎紫陽君の住所は我が国の何省、何県なのか、もともとのお手紙に記載がありませんので、ご存じであれば、お知らせくださいますようにお願いいたします。謹んで大安をお祈り申し上げます。啓超再び拝す。九月四日。

〈一八九九年九月四日〉

七（C七十一）

梅崕先生足下　溽暑既沫、涼飆漸扇、君子惟宜。辱書竝南京來簡久已收覽、謝謝。闕然未報、爲罪千萬、非敢慢也、人事匆迫、間以病暑、是因愆誤、伏惟鑒原。淸議報近印政變記、奉賜一部、記載雖蕪穢、亦足略見敝邦内情、伏望哂存垂覽。再者、前承代寄來之信、其復書當寄何處。岩崎紫陽君究寓敝邦何省何縣。原信未寫明、足下有所知、希見告爲盼。此請大安。啟超再拜　九月四日

大阪天神橋南詰東入　梅淸処塾

山本憲殿

横浜山手町五十七梁ヨリ

拝啓

一昨年大阪で慌ただしくお別れいたしましたが、時節は流れるが如く、たちまち二年が経ってしまいました。我が国の情勢は浮雲の如く変化常なく、一つ一つの出来事に驚かされるばかりです。小生、風に吹き飛ばされるヨモギのごとく海外にさまよい、一年一年とあちこちと紛れ込んで行方をくらましています。これを思うたびに言う言葉もありません。先生は道を守り、自らを慎んで、田舎に隠遁自適の生活を送っておられる様子が窺えます。著作は豊富となり、徳義を磨く御心もますます強くなっておられると拝察し、私はどれほど羨ましいことでしょうか。近頃、小生は何人かの同志と提議するに、支那を救おうとするなら、東洋・西洋の先進諸国の文明思想を導入することが第一であると考えました。そこで現在、翻訳局を設けようと尽力しており、この件が成功すれば、先生の名文を以て貴国の重要な書物のご翻訳をお願いいたしたく存じます。そのことに先生は以前からずっと賛成して居られて、私はよく存じ上げています。今この挙は東アジアの大局の利益から言っても、公の道義から考えても、先生は私をお捨てにならず、喜んでその成功に手を貸してくださることと思います。もしご承諾していただければ、ご返信を賜りますようにお願いします。首を長くしてご返信を待ち焦がれております。それでは謹んで先生の大安をお祈りいたします。梁啓超頓首。十一月十七日。横浜山手町五十七番地にて。〈一九〇一年十一月十七日〉

拜啟　前年大坂匆匆握別、時節如流、忽經兩載。敝邦浮雲蒼狗(18)、事事驚心。小生海國飄蓬、年年溷跡。每一念至、云何可言。先生抱道自重、槃澗栖遲(19)、此想著述宏富、德心勤進、欽慕奚似。小生頃與同志數輩倡議、以爲欲救支那、當以輸入東西諸先進國之文明思想爲第一義。爰今盡力設一譯書局、事既有成、竊欲奉請先生椽筆、爲譯貴邦要籍、此事先生夙所贊成、弟能知之。今茲之擧、亦爲東亞大局裨益起見、事出公義、想先生必不我遐棄、樂贊厥成也。如蒙許諾、尚乞賜復、不勝翹盼、此請梅厓先生道安。梁啟超頓首　十一月十七日　於横濱山手町五十七番地

八（C七十二）

山本先生
　道啓
梅崖先生大人

上海で一度お目にかかりましたが、あわただしくしておりまして気持ちをお伝えすることができませんでした。東の方を眺《なが》めるたびに、いつも先生のことが気になっていたのです。今回お会いすることができて、渇きがいささか癒されました。それでも胸のうちにたまった思いのたけを吐きだそうとしても、まだ十分の一もかなわないのです。康翁羽子〔康有為〕から先生の近況を聞いてよく存じております。また我が国に政変が起こったため、東京に駆け込んで意見書を差し出し、貴国政府に助けをお願いして頂いたことを聞き、なんとも言葉がでないほど感動しています。小弟などは呂雉・武則天・曹操・王莽の輩〔慈禧大后などの保守派〕とは相容れず、素手をいたづらに振り上げるだけです。それでもまだ望みを残し、耐え忍んで身命を留め、日本の援助を乞うためにやってきました。たまたま貴国の政界が不安定で、政治家たちが騒ぎどよめき立っているところに遭遇したため、誰も敢えて危ない橋を渡ってまで建言してくれない状態でした。そのために援助のタイミングはあっという間に消えてしまい、後で取り戻すことも難しかったのです。我が国のためには心が痛み、また貴国のためには残念に思っております。密かに察するに、貴国の方々はロシアを虎のように恐れておられます。私が思いますに、ロシアが東方の大患となっていることは、小さな子

供でも皆知っているでしょう。そして、我が東洋が自ら独立を守るためには、必ずロシアの羽根がまだ生えそろわないうちであればまだなんとか制することができそうです。すなわち今がちょうどそのタイミングであるのです。今図らなければ、数年の後に、またそれをねらうタイミングが訪れることなどありましょうか。私が甚だ理解しがたいのは、貴国政府がいつまでぐずぐずと様子を窺っているのかということです。我が国は衰弱したりとはいえ、しかし、この一、二年の間、南部の各省では、民衆の志気が高まり、知識視野も開けて、昔とは大違いとなっています。湘〔湖南〕を長崎に擬し、粤〔広東〕を薩摩に擬するならば、まだそれほど〔薩長に〕譲るものでもないと思います。顧みれば、貴国は三十年前に外患がまだ迫っていなかったので、かくて国内の力だけを充実すれば、成功できたのであります。しかし我が国は今日四面を敵に囲まれ、友好国の助力なしには、功を成し遂げることが困難であります。そここそが貴国に深く期待する理由であるのです。西洋人の論を聞くに、危険を顧みず責任を取る人間が多ければ、その国家は必ず強大となり、その逆であれば弱小となると申します。吉田松陰・西郷隆盛がその一身の安否を構わなかった第一人者であります。最近、貴国は「金持ちの子弟は〔瓦が落ちてきてケガをしないように〕ひさしの下に座らない」という生命安全第一の考えで、徐々に以前のような危険を引受ける覚悟を失ってしまったのではないでしょうか。なぜ国内内輪の派閥争いには奮い立つのに、〔アジアの〕大局を考える勇気がないのでしょうか。先生はアジアの時局を憂慮しておられるからには、きっとそれに対処するお心をお持ちであります。これからの時代の難題を解決することができる貴国の若き俊秀たちの名前がきっと先生のポケットに入っていることと思いますから〔宋の〕、私に示教賜れば幸甚です。貴国の現在知名度の高い人々、及び志はありながら、まだあまり世間に名を知られていない人々を、班固の『漢書・古今人表』のような形にして、その氏名と学問・品行を詳しく挙げていただければ幸いであります。中興の維新の臣及び今の政治中枢にいる人々に品評を加えてを教えていただくことができれば、最も幸いです。協和会の設立は東方の幸福でありますが、今集まった人はどれくらいでしょうか。まことに祝福の念にたえません。

言葉では伝えきれないことも多いですけれども、かと言って面会することも難しく、便りの往来は面談と異なるところがないので、どうか度々お手紙をくださいますよう伏してお願い申し上げます。大安をお祈りしております。不一。梁啓超再拝。九月二十日。

また大著の『燕山楚水紀遊』を読み終えて、その感銘はたとえようもないほどでした。〔全体が見事なだけでなく、〕枝葉末節の部分でさえも精彩に富んでいて、みな尋常の人が語れるものではありません。私は、周先生〔周敦頤〕のお墓へ参り南方の学派を論じた一節にもっとも感銘をうけました。我が国では数千年にわたってまだ誰もその点を論じたことがありません。十一月十九日に記されている「ただ政府の責任だけではなく、民衆にも罪責がある」という段落、及び二十二日に記されている「この国（中国）には宗教なし」という段落を読むと、思わず両国人のために背中に汗が流れる気が致します。ただし「記」の中に述べられている出会った人たちはみな我が国の浮薄な連中ばかりで、彼らの言葉の多くは本心と違い、先生の注意を引きたいだけなのです。貴国の方は我が国に来られても、多くはその実情がおわかりになりません。それはどのようなわけでありましょうか。おそらく、来訪する方はみな北京と上海の二か所に行くからです。北京はもっとも閉鎖的なところで、上海はもっとも浮薄な土地です。我が国は人材が乏しいとはいえ、この二か所の人間もって我が国を論ずるとなると、大いなる見込み違いとなりましょう。我が国でもっとも有用なのは、湖南・広東の人であり、陝西・四川・雲南の人間などがそれに次ぎます。その人柄はみな素朴で、沈着剛毅に近く、口は上手ではなく、田舎の年寄りのような風貌ですが、大事をゆだねることができ、大きな事変に対応することができます。江蘇・浙江の人たちは、時務を論じることもできれば、名士の真似をすることもできますが、役に立つものは一人もおりません。僕は心中甚だこれらの輩を畏れているのです。即ち汪君穰卿〔汪康年〕のようなのは、そのむかし僕と仲がよく、一緒に仕事をしてきましたが、今回の政変の知らせを聞いて、ただちに自ら創刊した『中外日報』中において毎日正当さをもたぬ西太后のことを褒めまくり、四千年来未曽有の「聖母」であるなどと評しています。政府のことを褒めては、時代の状況をよくわかっていると言い、すべての改革党の人物を誹謗中傷して過激であると罵っています。それは自分が災禍を免れようと図っているにすぎないのです。正義感の強い男子であれば、どうしてこのようなことができましょうか。彼らは毎日議論をしていますが、行動せぬ理由を問い詰めるならば、執政者のせいにします。かつて一度も命を懸けて執政者と争う者がいないことを顧みてみれば、それは時務を論じるのが、飯の種であるからにすぎないからです。これが江蘇・浙江の人間の気質なのです。私はあれこれ言うのが好きというわけではなく、ただ先生は徳望の篤い方でいらっしゃるので、我が国を見る貴国の方々が、我が国の人材は即ちその程度の輩であろうと見なし、それではアジア大陸の恥となりかねないことを恐れ、そのため〔先生が惑わされないように〕一言申し上げました。超又頓首。〈一八九八年［？］九月二十日〉

梅崕先生有道、滬上一瞻風采、匆々未盡所懷、毎一東望、未嘗不思。此者相見、差慰飢渴。顧胸中所磊塞而欲吐者、十分未得其一也。聞之康丈羽子、深悉先生近狀。又聞爲敝邦之變、馳驅入東京、上書貴政府爲之營救、感何可言。弟等爲呂・武・操・莽[20]所不容、空拳徒張、寸心未死、忍留七尺、來哭秦庭。適値貴邦政海翻瀾、朝士洶々、莫能執咎、事機迅逝、後此難追。既爲敝邦痛抑、亦爲貴邦惜也。竊察貴邦人士頗有畏露如虎之心。僕以爲露之爲東方患、雖五尺童子皆知之矣。然我東方欲自保獨立、必及露人羽翼未成、庶幾尚可以制之、則今日正其時也。及今不圖、數年之後、豈復有圖之之時哉。僕甚不解貴政府之衷裏[21]瞻顧者、將欲何待也。敝邦雖孱矣、然一二年來、南部諸省、民氣奮發、智力開張、頗異疇昔、以湘擬長、以粤擬薩、未敢多讓也。顧貴邦三十年前、外患未迫、故僅擴國內之力而即可成。敝邦今日敵氛四張、非借友邦之助而難奏效、此則所以深望於貴邦者耳。聞之西人之論也、曰冒險家多者、其國必强、反是則弱。吉田・西郷、皆第一冒險之人也。貴邦近日得無有千金之子坐不垂堂之想、而漸失前者冒險之性質乎。何其勇於爭朋黨而怯於謀大局也。先生嵩目亞艱、其必有以處此。貴邦後起之秀可以濟他日之時艱者、先生夾袋中必有其人、幸举以告我。請將貴邦現時知名之士及有志趣而未甚知名者、仿班氏九等人表之法、詳列其姓名學行見示、幸甚。（中興維新之臣及現時當道能加品評見示尤幸。）協和會之成、東方之福也。今集者幾何人。不勝祝禱。言語未達、接見不易、書翰往返、無異面譚、伏乞勿吝金玉、幸之。敬請道安、不一々。梁啟超再拝　九月二十日

再者讀大著燕山楚水紀遊、既卒業、欽佩無拟、雖碎金片玉、皆非尋常人所能道也。僕尤喜游周子墓論南方學派一段、敝邦數千年未經人道也。讀十一月十九日所記謂不獨政府之責、民人亦有罪焉一段、及廿二日所記謂此邦無宗教一段、不禁爲我兩國之人汗流浹背也。惟記中所述相見之人、悉皆敝邦浮華之士、其所言多與心違、願先生之留意耳。貴邦人到敝邦者、多不能得其情實、何以故。盖來游者率皆至北京、上海兩處、北京乃最閉塞之區、上海乃最浮薄之地、敝邦雖不才、然竟以此兩處之人概論敝邦、則冤甚矣。敝邦最可用者、湖南・廣東之人、陝西・四川、雲南等次之。其人皆樸愿而沉毅、其言吶々、其狀若村叟、然可以任大事、應大變也。若江浙之間、人々能言時務、人々能法名士、然無一可用者、僕心甚畏此輩。卽如汪君穰卿、向與僕交善、同辦事、及聞此次政變、卽於其所立中外日報中、日々頌揚僞后、謂爲四千年未有之聖母。頌揚政府、謂爲知時。誣謗一切改革黨人、謂爲急激。其意不過欲圖自免而已、血性男子、豈可如是。彼等尋常日々發論、問其何以不行、則歸咎於當道、顧曾無冒死以爭於當道者。其言時務、不過爲稻粱謀耳、是江浙人之性質也。僕非好爲哓々、顧以先生碩望所在、恐見者以爲敝邦人才卽在此輩、未免爲亞洲大陸羞、故輒一言之。超又頓首

注

（1）旬刊の新聞、一八九六年八月に上海で創刊し、経営責任者は汪康年、編集長は梁啓超であった。

（2）一八九七年に中国の湖南省に創立した新式の学校。梁啓超は総教習を担当していた。
（3）梁啓超書簡（C七一）を参照。
（4）梁啓超書簡（C七〇）を参照。
（5）これについて『梁啓超年譜長編』（丁文江・趙豊田編、上海人民出版社、二〇〇九年四月版。下同）一一一頁にも記されている。最近の研究成果に狭間直樹著『梁啓超』（岩波書店、二〇一六年）がある。参照されたい。
（6）古城貞吉（一八六六～一九四九）号は坦堂。東洋大学教授。『支那文学史』を著した。
（7）梁啓超書簡（C六五・C七一）を参照。
（8）梁啓超書簡（C七二）を参照。
（9）『梁啓超年譜長編』の一一七頁を参照。
（10）梁、汪の二人の齟齬について解璽璋の『梁啓超伝』（上海文化出版社、二〇一二年十月）「第八章」に詳述している。
（11）呂雉（?～前一八〇）漢高祖劉邦の皇后。劉邦の没後、恵帝が即位すると、呂后は国の実権を握り、恵帝の後継者の少帝恭を殺害した。また高祖劉邦の庶子をも次々暗殺し、呂氏一族の政権簒奪に道を開いた。皇太后として、横暴、残虐により、歴史に名残されている。
（12）武曌（六二三?～七〇五）唐高宗の皇后。高宗の実子である中宗を廃し、その弟の睿宗を擁立して傀儡とし、帝位を簒奪する謀略を進めた。六九〇年（天授元年）、自ら帝位に就いて、国号を「周」とした。
（13）周勃（?～前一六九）、前漢の文帝の時、右丞相になり、呂氏一族を倒した。
（14）徐敬業、生没年は不明。唐の功臣である李勣の後裔である。唐の眉州の刺史に任じて則天武后が皇帝を廃立したりする専横政治に不満を持ち、武后討伐に兵を挙げた。やがて失敗して部下に殺された。則天武后に李という姓を褫奪され、元々の「徐」という姓に戻させられた。
（15）『史記・秦本紀』（巻五、中華書局、一九八二年版）により、呉王は楚の国を討ち、楚の王は敗走した。楚の大夫である申包胥《しんほうしょ》が秦に赴き、日夜で泣いて救援を求めたことにより、ようやく秦は出兵してもらい、呉の軍隊を破り、楚の王が都に戻ってきた。

(16)「荅」の俗字である。

(17)『後漢書・許劭伝』(巻六十八、中華書局、一九八二年版)により、毎月の一日に郷里の人物の品定めを行うことから「月旦評」と呼ぶ。

(18)世間の変幻無常と喩えている。杜甫の「可歎」詩に「天上浮雲如白衣、斯須改変如蒼狗、古往今来共一時、人生万事無不有(天上の浮雲は白衣の如く、斯須改変すること蒼狗の如し。古往今来は共に一時、人生万事あらざるはなし)」(天理図書館善本叢書『杜工部詩集』巻二十)という例がある。

(19)「槃澗栖遅」という文の出典は『詩経』である。「槃澗」とは、谷間でのんきな暮らしを楽しむこと。「栖遅」とは、憩うという意味である(『詩経国風』中国詩人選集2、吉川幸次郎・小川環樹、岩波書店、一九九〇年九月、第二十七刷。上巻の二〇九頁及び下巻の二二〇頁を参照)。

(20)呂雉・武曌・曹操・王莽のことを指している。

(21)「裒裒」は「徘徊」と通じる。

書　簡

汪康年書簡

吉尾　寛

【解題】

「山本憲関係資料」の「汪康年書簡」は、宛先はもとより差出人の住所、さらには消印の跡が残る封書が比較的多いため、書簡群の時間的な流れがかなり明らかにできる。因みに、『年譜』によれば、山本憲が大阪市東区谷町一丁目に転居したのは明治二十二（一八八九）年四月三日、同市天神橋南に転居したのは明治三十二（一八九九）年五月十日、岡山県邑久郡牛窓町に転居したのは、明治三十七（一九〇四）年十一月下旬から翌年「立春之日」にかけてである。

本書簡の中で最も早いものは、山本憲が一八九七年清朝・上海に滞在した時、汪康年が送ったものである（書簡C七十三）。『燕山楚水紀遊』によれば、山本は当年九月二十二日大阪から出発し、天津、北京、上海、蘇州、漢口などをまわり、十二月一日に帰国した(1)。汪康年は、山本からの書簡を受け取った後「東和洋行」に滞在していた山本を訪ね、さらに他の同志と共に対談した。逆に、「汪康年書簡」の最後は、一九〇五年九月、日本が日露戦争に勝利し、「日露講和条約」を締結したことについて書き綴った書簡（C八十七）である。

汪康年（一八六〇～一九一一。浙江省銭塘県（現杭州市）出身。一八九二年・光緒十八年の進士）に関しては(2)、一九八九年に中国から上海図書館編『汪康年師友書札』（全四冊　上海古籍出版社　以下、小論では『書札』と略称する）が刊行されている。その第四冊には山本憲が汪康年に送った書簡十五通が収められている。呂順長「山本梅崖と汪康年の交遊」(『四天王寺国際仏教大学紀要』第四五号、二〇〇八年)によれば、『書札』所収の山本憲の書簡は一八九八年〜一九〇九年のものであり(3)、その内容は、次のようにまとめられる(4)。

【1】一八九八年を中心に山本憲が「東アジアと日本国内の政治情勢」(呂)に関する自己の見解を強く示したこと(『書札』九(5))。【2】上海滞在中汪康年の案内によって当時著名な知識人で実業家であった張謇《ちょうけん》を訪問した際「房中具鴉片器」と記した事柄を再刊時には必ず削除すると約束したこと(『書札』七)。【3】日本の新聞の記事を適宜漢訳し、『時務報』に寄稿していたこと(『書札』五)。【4】自らの塾に入った浙江人嵆侃《けいかん》・汪有齢の四ヶ月に及ぶ学業状況(「二君操語甚熟」)、および一八九八年四月彼らが埼玉県の某所(「競進社蚕業講習所」呂)に赴いたことを汪康年に連絡していたこと(『書札』十三)。【5】「戊戌政変」(一八九八年九月二十一日)がおこると、汪康年・康有為・梁啓超らの安否を案じ、汪康年逮捕の報道に接した時は二十六日『昌言報』館に問い合わせ、誤報とわかり安堵したこと(『書札』九)。【6】一九〇一年、山本憲の弟子田宮春策が上海の汪康年・葉瀚《しょうかん》のもとに留学したが、葉瀚との間に「何かトラブル」(呂)を起こし、山本が「弟子籍から除名すると約束し」(〃)謝罪したこと(『書札』十一)。【7】一九〇三年、汪康年に羅振玉・葉瀚と共に日本の第五回内国勧業博覧会を来観することを要請したこと(『書札』二)。

即ち、「山本憲関係資料」の「汪康年書簡」は、この『書札』所収山本憲の書簡との往復書簡の関係を具体的内容に即して明らかにするものである。筆者は、呂順長論文をふまえて、前稿(6)でその具体的な交信の流れを明らかにしたが、その後の資料の再整理にもとづいて改めて示したものが次頁の**表**である。ご確認いただきたい。

本解題では、書簡のやりとりを通して認められる汪康年、山本憲との交流の主なあり様を示すことにしたい。

山本憲関係資料・汪康年書簡と『汪康年師友書札』（上海図書館編　1989年）所収の山本憲書簡の関係

西暦年	書簡	日本元号年月日	華暦（陰暦）	消印（西暦）	西暦月日	差出名→宛名	主な内容・備考
1897年	C73		光緒23年10月28日		18971122	汪康年→山本憲	山本・汪在清面談
1898年	C75		光緒24年１月頃		18980220	汪康年→山本憲	汪・山本在大阪面談
	C74		光緒24年１月10日	18980210	18980211	汪康年→山本憲	『時務報』受贈
	『書札』四	明治31年３月18日			18980318	山本憲→汪康年	『燕山楚水紀遊』送付
	『書札』五	明治31年３月23日			18980323	山本憲→汪康年	新報漢訳寄稿
	『書札』十三		→光緒24年３月23日		18980406	山本憲→汪康年	『時務報』受贈／露、旅順占拠
	C76		光緒24年４月21日		18980522	汪康年→山本憲	『時務報』受贈
《戊戌変法》（18980611）							
	『書札』一	×『書札』=「丙申」	→光緒24年５月20日		18980626	山本憲→汪康年	第一次隈板内閣直前
	C77			18980730	18980730	汪康年→山本憲	『燕山楚水紀遊』批評
	『書札』七	（日付は仮）			18980815	山本憲→汪康年	『燕山楚水紀遊』一部削除同意
	『書札』六				18980818	山本憲→汪康年	光緒帝「改革制度」等
《戊戌政変》（18980921）							
	『書札』八	明治31年９月26日			18980926	山本憲→汪康年	戊戌政変直後
	C78		光緒24年８月18日	18981010	18981003	汪康年→山本憲	戊戌政変下の政情
	『書札』九	明治31年10月13日			18981013	山本憲→汪康年	戊戌政変下の政情
	C79		光緒24年９月７日	18981027	18981021	汪康年→山本憲	戊戌政変下の政情
	C80		光緒24年９月28日	18981114	18981111	汪康年→山本憲	戊戌政変下の政情
1900年	『書札』十		光緒26年閏８月４日		19000927		田宮春策問題
	C103（葉瀚書簡）		光緒26年閏８月13日		19001006	葉瀚→山本憲	田宮春策問題
	C81		光緒26年閏８月13日		19001006	汪康年→山本憲	田宮春策問題
	C81		光緒26年閏８月15日		19001008	汪康年→山本憲	田宮春策問題
1901年	『書札』十一	明治34年１月４日			19010104	山本憲→汪康年	田宮春策問題
	C82		光緒26年11月28日		19010111	汪康年→山本憲	田宮春策問題
	C83		光緒27年３月15日	19010300	19010503	汪康年→山本憲	田宮春策問題
	C84		光緒27年８月１日		19010913	汪康年→山本憲	「磁盃十個、茶葉四瓶」贈呈
1902年	C85		光緒27年12月７日	19020120	19020116	汪康年→山本憲	「磁盃十個、茶葉四瓶」贈呈
	『書札』十二	明治35年２月３日			19020203	山本憲→汪康年	「磁盃十個、茶葉四瓶」礼状
1903年	『書札』二	明治36年３月19日			19030319	山本憲→汪康年	山本、汪を再聘
	C86		光緒29年３月28日	19030516	19030425	汪康年→山本憲	山本、汪を再聘
	C89		光緒29年８月４日		19030924	汪康年→山本憲	山本、汪を再聘
	『書札』三	明治36年10月１日	※		19031001	山本憲→汪康年	山本、汪を再聘
1904年	『書札』十四	明治37年11月下旬			19041130	山本憲→汪康年	日露戦争、牛窓転居
1905年	C87		光緒31年８月13日		19050911	汪康年→山本憲	日露戦争勝利
	C88		光緒某年８月17日			汪康年→山本憲	『荘諧選録』等贈呈
1908年	『書札』十五	明治41年１月１日			19080101	山本憲→汪康年	牛窓、「客歳造一釣舟」
	C90		光緒34年11月22日	19081223	19081223	汪康年→山本憲	光緒帝、西太后死後の政情
	C91		光緒35年２月22日	19090319	19090313	汪康年→山本憲	牛窓、心境の吐露

※『書札』は「当係丁酉年来」とのみ推定

一、面談と招聘

「汪康年書簡」によれば、汪康年と山本憲の面談、および山本による汪康年の日本招聘は三回あった。一度目は、先述した山本の訪清の際である（一八九七年九月二十二日出発、十二月一日帰国）。二度目は、一八九八年十二月末[7]から翌年にかけて汪康年が訪日した一ヶ月間である。呂順長氏の研究によれば、汪は一八九八年一月二日に東京に着き、十五日大阪に入り、十八日神戸から帰国の途についたとある[8]。本書簡には、汪康年が帰国直後に山本憲に出したものがある（C七十五）。第三の時期は、汪康年が一九〇三年に再婚した後日本に再訪した時期である。汪詒年纂輯『汪穰卿先生伝記』[9]巻三「年譜二」「光緒二十九年癸卯　西暦一千九百〇三年」の条（一〇八頁）に、「三月続娶陳宜人。宜人為溧陽陳介人先生翰女、年逾三十未嫁、有巾幗丈夫之誉。先生聞其名娶焉。某月遂偕陳宜人往日本游歴」とある。この年日本では第五回内国勧業博覧会（於大阪）があり、『年譜』によれば、山本憲自身「東洋美術奨励会副会長」として博覧会に関わっていた[10]。書簡（C八十六）の封筒の表には「(明治) 36年5月16日」、裏には「MAY 15 1904」の消印がある。この消印の年月日から、文中の「貴国博覧会」は、一九〇三年三月一日～七月三十一日に開催された「第五回内国勧業博覧会」と見て間違いない[11]。

二、山本の漢訳活動と『時務報』・『清議報』への寄稿および著作の批評

山本は清朝から戻ると日本書の漢訳作業を開始する。書簡（C七十四）は、封書の表に「SHANGHAI」とほぼ分かる消印、「西暦二月七日」なる手書きがあり、裏には「SHANGHAI 10 FEB 98」、「摂津大阪□二月十五日□」の二つの消印が押されてある。この書簡への返信が、『書札』四である。

　客日大駕東遊。適留大阪。光顧蓬蒿。弟荷栄殊大。但草卒失款待。最非迎長者之意。弟負罪亦大。然幸不以弟不敏。帰帆後。屢辱手教音問。又恵賜《時務報》。隆意殷殷。弟実不知所報。而弟方草貴国観光紀行文。不即裁書

奉答。弟負罪於是乎益大矣。万在所闊略、幸甚幸甚。所草紀行文纔脱稿。不日将奉呈左右。仰正教。……弟山本憲頓首。三月十八日。

『書札』四との関係から、書簡（C七十四）における「敝報」が『時務報』であることがわかる。ただし、汪康年は山本に『時務報』を「両包共五十部」送っていたわけであるが、この数は個人的やりとりの域を越えるものと考えられる。年次はなお不明であるが、汪有齢が康年に宛てた書簡『書札』十一には「再。山本先生漢文甚佳。且酷好文名。齢故以文名動之。渠竟自願訳出日本新報。発刊時務報。似甚有益之事」とあり、山本自身が『時務報』に日本の新聞記事の漢訳を掲載する可能性が示されており、そのあり方は一読者の域を越えている。『清議報』にいたっては、本誌の「本館各地代派処」（配布代理所）掲載部分の全てに「大坂市東区谷町一丁目梅清処塾」あるいは「大坂天神橋南詰東入梅清処塾」の記載が見られる(12)。

他方、書簡（C七十四）で汪康年が求めた漢訳寄稿（「乞賛入」）も実現した。書簡（C七十六）に記された「敝報六十一冊」を中華書局版『時務報』第六十一冊で確認すると(13)、第四一五三頁に「日本山本憲来稿」と明示された「朝鮮辞俄国陸軍教習及度支部顧問官本末」と題された一文が掲載されている。また、『清議報』にも、呂順調論文に紹介される、「論東亜事宜」と題する山本の論文が第二冊、四冊、五冊に連載されている(14)。但し、『清議報』掲載の分量は「山本憲関係資料」所収の冊子体『東亜事宜』の約三分の二で、かつ「未完」とある。なお、『書札』五には「朝日新聞」等の翻訳文も掲載されたとある。

『時務報』の贈呈を受けて、山本も自著を寄贈している。山本は『燕山楚水紀遊』を汪康年のもとに送っている。それに対する御礼と批評内容を綴ったのが書簡（C七十七）である。四冊は汪康年のみならず葉瀚、湯寿仙《とうじゅせん》、梁啓超の手に渡された。なお、呂順長が紹介した前掲［2］即ち実業家張謇の阿片吸引の記事を山本が削除するに至る汪康年の要求の具体的内容が書簡（C七十七）に認められる。彼らの率直な意見交換の一端がうかがえる。

その後も山本から汪への著書の贈呈は続き(15)、「汪康年書簡」においては、汪康年から山本に著作の寄贈も行われた（書簡Ｃ八十八）。文中の『家刻清尊集』、『荘諧選録』共に『岡山県立図書館蔵山本文庫図書目録』に記載されている(16)。とくに『荘諧選録』は汪康年の自著に間違いなく、本目録によれば、「光緒三十（一九〇四）年十一月」に著され、その後某年「（華暦）八月十七日」、康年は本書を山本に贈呈し批評を仰いだ。

三、「戊戌政変」下の政情

一八九八年六月十一日、光緒帝が「変法維新」の上諭を下し、変法派の動きはいよいよ活発になる。ところが、九月二十一日「戊戌政変」が起こる。『書札』八から、この時山本が康年らの状況を懸命に把握しようとする動きを読み取れる。

北京来電云。貴朝廷変故。豈止貴国安危。可謂東亜大事矣。如聞汪君穰卿亦被逮捕。未知信否。関心甚。因此転書問安否。請賜回音。謹請貴館諸先生道安。山本憲頓首。九月廿六日（八月十六到。当是戊戌年）

だが、汪康年からの返信はすぐ山本のもとに届かなかった。ひきつづく『書札』九にも以下のようにある。

汪先生閣下。向者接北京政変之報。窃慮執事安否。直寄信《昌言報》以問之。未接復書。然依新聞所報。詳悉執事安泰。慰甚慰甚。……弟山本憲頓首。十月十日。（九月初三到。当是戊戌年）

この手紙が書かれた直後、汪康年から書簡（Ｃ七十八）が届く。封筒には「SHANGHAI 10 OCT 98」の消印があり、「上海昌言報館緘」）と赤字で印字されていた。文面には、康有為・梁啓超（「梁卓如」）は難を逃れたものの、康有為の弟広仁の他、「新政」に参加した楊鋭・林旭《りんきょく》・譚嗣同《たんしどう》・劉光第・楊深秀ら六人は即刻処刑されたとある。文中、汪康年の康有為に対する特別な思い——康有為の専断が「戊戌の変法」を強く推し進めたが、同時にその性急にして協調性に欠いたやり方が「政変」を引きおこした——が、注目される。また、政変直後に清廷の要請をきっかけに露

・英軍等が即入城したことも伝えられた。

戊戌政変後の事態を知らせる汪康年の書簡は、その後二度山本のもとに届く。書簡（C七十九）の封筒の表には「SHANGHAI 27 OCT 98」、書簡（C八十）には「NAGASAKI 14 NOV 98」）の消印がある。書簡（C八十）の封筒にも「時務報館"CHINESE PROGRESS"OFFICE NANKING ROAD、SHANGHAI」と印字されている。本「汪康年書簡」の中で戊戌政変後、一八九八年十月〜十一月の三通の書簡だけが、汪康年の活動拠点の公用封筒が使われている。自らの活動の揺るぎないことを示すかのような一種の緊張感が見て取れる。

四、門生「田宮春策」問題

一八九七年末から汪有齢、嵇侃らは大阪の山本の梅清処塾で日本語の学習を開始していた。山本の門生の中にも清に渡り汪康年・葉瀚のもとで学んだ者がいる。「田宮春策」である。

田宮春策については、梅清処塾の学生名簿『嚶々録』（『山本憲関係資料目録』D一十三）に複数回記事が載せられている。田宮は大阪に本籍をもち、入門当時は金沢第四高等学校の学生であった[17]。

大阪市西区北堀江裏通一丁目三七
金沢市第四高等学校　　学生　田宮春策　明治九年九月（生）（『嚶々録』第一冊
一八九九（明治三十二）年仲春発行）

田宮春策の指導に関するトラブルは呂順長によってすでに一部明らかにされているが[18]、『書札』十は、管見の限り――「汪康年書簡」を含めても――、当該問題に関する最初の書簡と考えられる。田宮がまだ上海へ赴く準備をしていた時、山本は、本人の性格（太醇）、父の職業（医師）等々を汪康年に伝え、経済的支障等のないことを示した上で、田宮が清人の中で生活できるよう便宜を求めている。

穰卿先生閣下：夏以来奉書問候両次。鄙著献呈一次。不知到達左右否。貴国事変。未知所底止。東亜艱難日棘。不堪鴻嘆也。此次門生田宮春策至上海学中国語。欲請挙一身立於執事教鞭命令之下。此人性太醇。父業医。学資不乏。如費額多少。毫無所顧。念択師方法以下。一皆仰執事下命也。既至上海之後。擬寓貴国人之家。起臥飲食与貴国人同之。今既束装開船在近。因奉一書。有所懇請。屈意容納幸甚。至懇至懇。敬請道安。弟憲頓首。（閏月初四日到。当是庚子年来）

見許寓于先生之門若葉先生之門、至幸至幸。束脩及羈寓費額多少、皆奉命納上。

この依頼に応えたのが、本書・二七一頁に紹介している葉瀚書簡（C一〇三）および本「汪康年書簡」の書簡（C八十一）である。葉瀚は、「英界新馬路梅福里二弄二十九号」（現上海人民広場・旧競馬場北、黄河路沿いの鳳陽路と北京西路の間の西筋）に自ら「経正書院」を設けており、そこに田宮の住まいを構えれば、語学は自分が教えられるという。実際、本処は、『時務報』館（住所「四馬路石路」。人民広場・旧競馬場東の福建中路と福州路の交差する辺）[19]からさほど遠くない場所にあったと推察される[20]。因みに、『嚶々録』前掲三冊（一九〇一〔明治三十四〕年仲春？）にも、彼の現住所が「清国上海新馬路楳（梅）福里経正書院」と記されている。

なお、書簡（C八十一）の文面から、汪康年らが「田宮春策」と何時頃から関わるようになったかがわかる。「（目下）両宮播遷。偶入陝西」とは、北清事変の下、一九〇〇年八月十五日（光緒二十六年七月二十一日）、八国聯合軍の北京攻略にともない光緒帝と西太后が西安に難を逃れた事件を指す。この書簡（C八十一）までは、汪康年が田宮を通じて山本、その母・妻への近況を問うなど良好な状況が確認できる。ところが、封筒の表に「華暦十一月廿八日」と手書きされた書簡（C八十二）（前後関係から「華暦十一月廿八日」は、陽暦一九〇一年一月十一日であると判断される）には、田宮が北清事変と八国聯合軍によってゆらぐ河北に頻繁に足を運ぶようになる。その行動の理由は記されていないが、葉瀚は田宮を諌め説得するが、田宮は言葉をかえながら全く聞き入れず、葉瀚の学堂運営自体にも支障が出てくる。近々田宮が福州に旅行に出る話を聞きつけた汪康年は、特に手紙を認め状況を山本に告げたのである。

『書札』四十一は、この汪康年の書簡に対する山本の返信である。山本は、田宮が漢口から上海に戻った時点で即破門し、そのことによって、康年らに謝罪すると述べる。

汪先生閣下：茲接来示。得悉令堂失養。有風樹之歎。……又聞之孫先生。田宮春策失事師之道。加非礼於葉先生。書生無状。弟実無言可謝。恐因以致先生於弟交道有礙。田宮現往漢口。待其帰上海之日。将呼還或致書大加戒飭。且削弟子籍。是弟処田宮之法。亦所謝先生及葉先生也。請諒弟無佗心焉。……弟憲頓首。(正月初四到)

敝国産香茸。托鄭呈先生及葉先生両家厨下。得上匕箸感幸。

これを受けて再び汪康年が山本に送った手紙が書簡(C八十三)である。康年は、山本が謝罪の意を表す意味で贈った「(香)茸」のお礼を述べながら、自らの田宮に対する指導方針を伝えた。田宮の行動を「一時血気之過」であり、随意訓戒すれば必ず改められる、破門はかえって過ちを改め難くする、と。

この手紙に書かれてある「回鑾」は、一九〇二年一月七日(光緒二十七年十一月二十八日)光緒帝と西太后が西安から北京に戻ったことを意味する(21)。田宮春策の処遇の結末を本「汪康年書簡」および『書札』の中に確認することはできないが、『嚶々録』前掲五冊(一九〇三〔明治三十六〕年仲春?)の序文には、「田宮春策、池田善末死去ス」と書かれている。「田宮春策」問題は、一九〇〇年半ばから少なくとも一年半近く続いた。門生の指導という側面ながら、かかる率直な意見交換は両者の交流の絆を益々強めることになったのではないかと考える。

汪康年書簡訳注

（日本語訳・翻刻：吉尾寛・呂順長　注：呂順長）

書簡

一（C七十三）

山本先生閣下　私、時務報館で先生のお手紙を読み、大変恐縮いたしました。私は十一月一日〔一八九八年十一月二十四日〕に先生がいらっしゃる東和洋行に赴き、先生とご一緒して友人〔張謇と葉瀚〕の処で一度お話していただきたいです。敬具　ご自愛ください。弟子汪康年頓首

十月廿八日〔一八九七年十一月二十二日〕　汪緘

山本

東和洋行

二（C七十四）

山本先生閣下

弟到館(22)讀尊示、敬悉。弟當於初一日(23)詣尊處(24)、偕閣下往各友(25)處一談。專此奉布。敬請道安。弟汪康年頓首。

敬祈

飭交大坂東区谷町一丁目
山本梅崖　先生様
西暦二月七日

一昨日お手紙を認め郵送させていただきました。既にご査収されたと思います。最近『時務報』を二包五十期分お送りしました。ご査収くださいますようお願いいたします。他の事は前の手紙に詳らかにしております。梅崖先生に申し上げます。康年頓首　正月十五日〔光緒二十四年正月十五日、一八九八年二月五日〕

前日奉一函、由郵便寄、想已詧入。頃奉上敝報兩包共五十期、乞詧入。餘詳前函。敬上梅崖先生。康年頓首。
正月十五日。

三（C七十五）

請転交山本梅崖　殿
汪康年

梅崖先生執事
大阪に逗留し、ご尊顔を拝することができ、〔また〕手厚く礼を尽くしていただき、さらにお母様にご挨拶する願いも遂げることができました。残念でしたのは、帰る時を迫られて長く逗留することができなかったことです。そこで〔先生には〕遠くまでお見送りいただき、又珍しい食事も賜りました。私康年は遠路帰っても、夢の中で談笑するような気分です。上海に戻った後、膠州《こうしゅう》の事件(26)がすでに終結していることを聞きました。しかし、いい加減な対処をすれば、将来の災いは正に止むことはないでしょう。また、張之洞《ちょうしどう》、劉坤一《りゅうこんいつ》は貴国と連携することを極めて上策と考え、貴国に官員を派遣することを上奏しようとしていると聞いております。ただ、内廷がどのような考えを持っているかは分かりません。この事もし達成されたならば、誠に両国の幸いです。康年は近頃新聞の事業に繁忙を極めておりますので、多くは触れません。くれぐれもご自愛ください。合わせて、お母様のご多幸をお祈り申し上げます。又奥様のご無事をお祈りいたします。弟子康年頓首　〔汪康年が神戸を離れて帰国したのは一八九八年一月十八日なので、その帰国直後のものであろう。〕

梅崖先生執事
　大坂停驂(27)、得候望顏色、蒙以優禮相待、竝得遂升堂拜母之願。惜以歸期迫促、不獲久留。乃荷遠送、又賜珎食。康年千里歸來、夢寐之中、猶如聆謦欬(28)也。回上海後、聞膠州事已結。然苟且敷衍、將來之患、正未有艾。又聞張香帥(29)及劉峴帥(30)均極以與貴國聯和爲上策、已將奏請派員赴貴國、但未識內意何如。此事若成、誠兩國之福也。康年近來料理日報、事極忙冗。不多及。敬頌起居。竝候太夫人萬福。又候賢夫人安好。弟康年頓首。

四（C七十六）

敬祈外茶葉二瓶転交大阪谷町一丁目
山本梅崖　先生　印甫〔二字横書〕憲台啓
　康年謹記　四月二十一日〔一八九八年六月九日〕／自発／第□号／

汪康年書簡

拝啓

佐沢先生(31)が来て、親書と印泥一箱を持っていらっしゃいました。「我々二人の心と心が互いに映り、永遠に忘れぬように」ということがよくわかりました。ちょっとした記念に述べた言葉を残しただけのものと同じではありません。拝領重ね重ねありがたく存じます。今王仁乾(32)が日本に遊行することを利用して、彼に杭州龍井の新茶二瓶を持たせ、いささか手紙を添えました。ご笑納ください。古人の「水の如き交わり」はあえて望みませんが、いささか貴兄に一度異郷の清き〔お茶〕を味わっていただければ、旧友と会うのと同じと思ったからです。先日ご恵贈賜りました翻訳の文書(33)は既に『時務報』の第六十一冊に掲載しております。さぞかし時務報館の誉れを増すこととなりましょう。併せてここにお礼を申し上げます。以上、梅崖先生にお送りいたします。弟子汪康年頓首。四月二十日〔光緒二十四年四月二十日、一八九八年六月八日〕　佐沢先生への手紙を付けておりますので、お取り次ぎをお願いいたします。

敬啓者

佐澤先生來、帶到手書竝惠賜印泥一匣。具見吾二人心心相印、永矢勿諠。不同鴻爪雪泥、徒成陳跡已也。領謝領謝。今乘王惕齋東游之便、託其帶呈杭州龍井雨前茶(34)二瓶、聊以伴函、敬祈哂納。不敢希古人如水之交、聊使吾兄一嘗異鄉清味、如見故人也。前承惠寄譯件、已登敝報六十一册、其于敝館增光碣已。併此鳴謝。此上梅崖先生。弟汪康年頓首。四月廿日。附佐澤先生信、乞轉交。

五（C七十七）

日本大阪谷町一丁目
山本憲　殿
陰暦六月初十日〔一八九八年七月二十八日〕緘
（封筒表の活字）
"DAILLY CHINESE PROGRESS" OFFICE Nanking Road Shanghai
TELEGRAPHIC ADDRESS: PROSERPINA.
（裏書き）上海汪穰卿

梅崖先生閣下
　お手紙謹んで拝受いたしました。ご高著『燕山楚水遊記（紀遊?）』四冊も受け取りました。一冊は拝領しますが、それ以外の三冊は、仰せの通り葉浩吾瀚、湯蟄仙《とうちつせん》寿潜、梁卓如啓超三君に分けて渡します。ご高著を拝読しますに、孔子の従者である先生は清国遊歴の際、風俗を調べて随所に留意しておられ、今回の旅は実に収穫が多かったと思います。書物の中でわが国の政治の退廃の原因が儒教の衰退にあるとしているのは、特に問題の根源を洞察し得た、明確な言い方です。私、忝くも士大夫の類に属し、清国に思いをやりこれを読むと思わずぞっとして冷や汗が流れ、慚愧の念がしきりに起こります。興亜の気持ち、中日の聯合の思いにいたっては、それが時々行間に滲みでておりますので、先生の特に志すところが文章の雅びや端正について古人を追従するだけではないことが十分わかります。わが国の最近の状況はもはや言うこともできません。先月フランス人は、急に二十余年間収まっていた案件を覆して、寧波人が上海に設置している無縁墓地を接収しようしました。寧波の人は非常に怒って大勢で争い、五日間ストライキを行いました(35)。既に営業は再開されておりますが、この事はまだ収まっておりません。外国人の脅迫行為は既に常套手段になっておりますが、今回はたちまち街の人たちによって挫かれました。忠義の意志はただ市井に止まるだけで、恥じ入るばかりです。お変わりなきように。くれぐれも大事のためにご自愛ください。弟子汪康年頓首

追伸　ご大作『燕山楚水紀遊』に翰林院修撰官の張謇がアヘンを吸引したと記述していますが、実は、それは同居していた友人のことであり、この事は誤解であると思います。

梅崖先生閣下

奉書敬悉。尊著燕山楚水游記(36)四部亦收到。除拜領一部外、餘三部卽遵囑分致葉浩吾(37)、湯蟄仙(38)、梁卓如(39)三君矣。捧誦大著、覺從者(40)於行役之時、採風問俗、隨地留意、寔爲不負此行。書中於敝邦政治頽廢之原、孔敎式微之故、尤能洞見瘕結(41)、言之確鑿。弟忝屬士流、關懷宗國、讀之不覺悚然汗下、慚愧交幷。至於興亞之念、中東(42)聯合之思、時時流露於言閒、則尤足見先生志事所在、不僅以筆墨雅飭追蹤古人已也。敝邦近事無復可言。前月法人忽欲翻二十餘年之成案、索寧波人在申所置之義塚。寧人大怒、聚衆與爭(43)、罷市五日。近雖已開市、而此事尚未了結。外人要挾已成慣技、此次忽爲闤闠中人所挫、忠義之氣僅留於市井、可愧也已。敬問起居。伏維爲道自重。弟汪康年頓首。

大著記張季直修撰(44)吸食洋煙(45)、其實伊同住友人有吸食者。此事似系誤會。又及。

六（C七十八）

寄日本大阪谷町一丁目

山本憲殿　督
上海昌言報　緘　八月十八日〔一八九八年十月三日〕
（裏書きなし　国内消印のみ）

書簡

梅崖先生閣下

昨日親書を頂戴し、わが国の朝政の変更[46]によって小生を心配していただいていることを知り、感激の至りです。我が国の今年の改革が一切古いものを排除し新しいものに変える気風を非常に持っているのは、実に皆な康有為一人が為したものです。ただ、あまりに急な政治改革を求めており、又康君も人を許すことができない、凡そ自分と合わない者は必ず追いやるまで満足せず、その結果今の不測の禍害を醸成させるにいたりました。わが国の皇帝は既に皇太后の垂簾の政を仰ぎ、変法の朝政は既に詔を奉って行われることはなくなっています。康君は単身南下し、上海に至った後すぐイギリスの軍艦に迎えられ、既に香港に着いていると聞きました。その門人の梁啓超〔卓如〕の行方もどうなのか分かりません。康君の弟広仁並びに朝政に参画した楊鋭《ようえい》・林旭《りんきょく》・譚嗣同《たんしどう》・劉光第《りゅうこうだい》および楊深秀《ようしんしゅう》は、既に仰せに従い死刑に処せられました。志すところ成し遂げられず、突然冤罪の禍を被り、心痛極まりません。この他の者は幸い連座しませんでしたが、中枢部の高官は、既に密かにロシアの兵を召集して宮城を守らせ、しかもイギリスの公使もまたインドの兵を即座に天津に召集し命を待つべく待機させたとの噂です。双方対峙し、わが国の北部方面を戦場とする可能性も少なくありません。ここまで書いて、悲憤から息絶えそうになります。思うに、先生もまたは同様に大きく嘆息されるはずです。ご自愛くださいませ。汪康年頓首

梅崖先生閣下

昨奉手書、承以敝國朝事變更、垂念鄙人、感荷之至。敝國今歳改革、一切頗有除舊更新氣象、實皆康君有爲一人所爲。顧求治未免太急、康君又不能容人、凡與己不協者、必驅之而後快、以致釀此奇禍。敝國皇上已奉太后垂簾、維新諸政已奉詔不行。康君隻身南下、抵申後卽爲英兵輪接去、聞已至香港。其門人梁卓如行蹤已不知若何。康君之弟廣仁及參預新政之楊鋭、林旭、譚嗣同、劉光第又楊深秀、則已奉旨處決矣。志事未遂、遽遭冤禍、深可慘痛。此外幸未株連。風聞當軸巨公已私召俄兵保護京城、而英公使亦電召印度兵到天津聽令。兩雄相角、其不以敝國北方爲戰場也幾希。書至此、悲憤欲絶。想先生亦當同此浩嘆也。敬問起居。汪康年頓首。

七（C七十九）

寄日本大阪谷町一丁目
山本憲 殿 督収
上海昌言報緘 九月初七日〔一八九八年十月二十一日〕
（裏書きなし 国内消印のみ）

梅崖先生閣下

八月十七日（一八九八年十月二日）に封書をお送りしました。近日中には必ず届いてご覧になられるはずです。昨日はまた親書を拝受し、全て承知いたしました。私どもを大変ご心配いただき、感じ入ること言いようもございません。わが国の朝政の変更は実際予想外のことでした。康有為・梁啓超が遠く逃亡してから、譚嗣同《たんしどう》等の六人は即刻死刑に処せられ、この他にも高官数人が連座しました。近頃また時務報館と「学会」を閉鎖する勅諭が新たに発せられました。人民の知識はいよいよ塞がり、変法維新の日は無くなろうとしております。孔子の従者である先生は、熱心かつ冷静な眼で、正に共に倒れる密接な関係から代わって心配されています。同志諸人は均しく深く憤激しています。ただ、洋務が行われる機会はなく、宿願を達成するのは何時になりますでしょうか。頭をかいて天に問えば、益々悲痛になります。もうこれ以上は申し上げません。拝復　ご自愛ください。弟子汪康年頓首

梅崖先生閣下

八月十七日曾奉一緘、亮日内必可達覽。昨又奉手示、敬諗一切。蒙殷殷以鄙人爲念、感何可言。敝國朝事變遷、實出意外。自康梁遠颺後、譚嗣同等六人卽行伏法、此外亦株連大員數人。近又新奉上諭、査封報館及學會等事。生民智識益以錮蔽、維新其無日矣。從者熱腸冷眼、方以唇亡之危、代爲憂慮。同志諸人均深憤激。顧假柯(47)無日、償願何時。搔首問天、益增悲惘。餘不贅。肅復。敬問起居。弟汪康年頓首。

八（C八十）

時務報館

“CHINESE PROGRESS” OFFICE Nanking Road Shanghai

大坂谷町一丁目

山本憲　殿

華歴九月二十九日〔一八九八年十一月十二日〕

〔裏書き〕汪康年拝

梅崖先生経席

わが国は不幸にも「変政の禍」〔戊戌の政変〕が起こり、屢々ご下問を賜り、深く感謝するところです。前文にて近況をお耳に入れましたが、未だ詳しく述べることができませんでした。わが国の諸大臣は〔見聞が〕塞がれ才知がいまだ開かれず、しかも弊害から利を取る者は最も頑なにこのままの状態を維持しようとし、かつやや時事を知る者は又その出身が様々で、まだ真に連帯して一つになることはありません。しかし、某〔康有為〕は一つになっていない人心を以てまだ討議されていない政治法律を実施しようとし、かつ密かに不公正な考えを交えて、ついに遽に壊滅自壊し、もはや処置し難いことに至ってしまいました。他に惜しむに足るものはありませんが、挽回の計画がないことはどうしようもありません。先生は大いに東アジアの時局に関心をもっておられるので、何か高い見識をお持ちならば随時教えを受けたいと思っております。小生は、今年幾度も震撼する経験をし、なおそれに堪え忍ぼうと思いましたが、今は正に為すべきことがございません。近頃又肺の病がおこり、憂愁と病気がかわるがわる私を侵し、それはまた偏に時局と重なったものです。貴国の陸軍大演習については、元々大阪に行って自分で盛典を観ようと思っておりましたが、新たに心配事がおこり日本に渡ることができなくなりました。必ず遠くない時期に参ります。ご自愛ください。汪康年頓首　二十八日〔一八九八年十一月十一日〕

お母様、奥様共によろしくお伝えくださいませ。

梅崖先生經席

敝國不幸變政禍起、屢承垂詢、深所感愜。前草布聞近狀、未能詳也。緣敝國諸大臣蒙塞未啟、而食於弊者、持之尤堅固、且稍知時事者、又雜出多途、未嘗有眞能聯合爲一者。而某欲以不合之人心、行未謀之政法、又閒雜以私意、遂致倏忽之閒潰裂橫決、難復措手。他不足惜、其奈無計挽回何。先生最關心東亞時局、有何高識、望隨時見教。弟今年疊受震撼、猶欲持之以堅忍、今則眞無可爲矣。近又得肺症、愁病交侵、亦適與時局相會耳。貴國合操(48)、本欲至大坂親觀盛典、以新有所戚、不果東渡、當再刻期耳。敬候起居。汪康年頓首。廿八日。尊太夫人曁尊夫人前一並候問。

九（C八十一）

（封筒無し）

梅崖先生閣下

長年お目にかからず、思い煩っております。近頃は正に親書を拝見することもなく残念に思っておりました。それが、先日お手紙をもらい、春に二通の封書を賜り、又大著のご恵贈を賜っていたことを知りました。既にご厚志を賜っておりましたのに、郵便が滞っていたため未だに拝読できずにいることを恨み、極めて残念に思いました。田宮春策君は淳朴でまじめな人物であり、すでに葉瀚氏と相談し、彼の経正学堂で勉強し、漢語を学習させることにいたしました。学堂には多くの人がおりますので、環境がよい影響をもたらすはずです。小生、田宮君から先生の近況をうかがい知り、またお母様、奥様が共に安静でいらっしゃることをうかがい知り、大いに慰められました。わが国は上から下まで呆然とするままこれらの奇異なる事が生じるに至っており、悲痛かつ恥ずべきことであります。小生、毎月各高官に書面を上し、自ら匪賊〔義和団〕を滅すことを請願しましたが、ついに取り上げられませんでした。現在両宮〔西太后と光緒帝〕は遠く陝西省西安に入り、すすんで禍の元凶〔義和団〕を重く罰しようとはいたしません。各国はこのことを口実にして講和することを認めません。禍の原因はどうして尽きることがありましょう。先生は東アジアに関心を寄せておられるので、朝に晩に心配していらっしゃるはずです。敬具　ご自愛ください。弟子汪康年頓首　閏〔八〕月十三日〔一九〇〇年十月六日〕

前信を書き終えてまだお送りしていない内に、昨日、田宮君が託されて持参した物は既に拝領しております。

ここ数年上海に住み、実際心労が多いです。以前私たち二人が上海と大阪で時局について考えを交えたことを振返ると、その心境は、思うに天と地の開きがあります。この貴重な品に直に対して、前から長く持っていた感慨が一段と増します。将来小生、休みを得て再び大阪に到り宿意を述べることができれば、また痛快な事であります。再び文安をお祈りいたします。康年追伸。閏〔八〕月十五日〔一九〇〇年十月八日〕　葉瀚の手紙をお付けします。

梅崖先生閣下

不見積年、想望爲勞、近方以未見手翰爲悵。乃日前得尊函、知春日見賜兩函、幷辱贈大著。既紉厚意、尤恨郵遞之阻、致未得奉讀、悵悵何極。田宮春策(49)君、人極醇實。已與浩吾兄商量、卽在浩吾之經正學堂中讀書、竝學習敝國語言。因學堂中人多、可期莊嶽(50)之效。弟就田宮生詢得先生近況、竝詢得太夫人及夫人均平安、甚以爲慰。敝國上下懵然、致有此等奇異之事、可痛亦復可愧。弟頻月上書(51)各大官、請其自行剿匪(52)、終不見聽採。目下兩宮播遷(53)、深入陝西、禍首亦不肯重辦。各國藉此不允議和。禍變之來、曷其有極。先生關懷東亞、當必日夕憂勞也。專肅。卽候起居。

弟康年頓首。閏月十三日。

前函寫訖未發、昨田宮生又持賜物見付、已拜受矣。年來棲遲海上(54)、實勞我心。回憶從前吾二人申坂(55)過從時局、心境蓋已相去天壤。今對珎貽、益增夙感矣。將來弟或有閒暇能再至大坂、一敍積懷、亦快事也。復候文安。康年又上。

閏月十五日。浩吾函(56)坿上。

十（C八十二）

敬祈転交為荷

山本憲 様

華歴十一月廿八日〔一九〇一年一月十八日〕

汪康年拝

梅崖先生恵察

多忙で久しくお手紙をお送りしておりませんでした。小生、秋に予想外の心配事が起こるのではないかと思っております。宮中の捕縛の官や海外の犯罪者などについてデマが飛び交い、いたるところ心配せねばなりません。しかし小生は自問して過ちがなく、淡々と事の成り行きに任せるだけです。二、三か月来、ようやく徐々に沈静化してきています。ちょうど気ままな旅を計画しようとしていたのですが、突然自分の親が病の床に就き、側で面倒を見ねばならず少しも離れることができなくなりました。医療も薬も効果なく、ついに他界いたしました。五臓六腑が粉々になり、もはや生きる気持ちになれません。家・国の事、悉くこのようなので、どうしたらよいかわかりません。先生の言う田宮君は、当初非常に勤勉に見えましたけど、その後北京に遊行にすることがやや多くなったことを聞いたので、葉瀚君に随時戒めてほしいと言いました。先日葉瀚君が又その侮蔑する有り様を訴え、このことを田宮に問いだしましたが、話には食い違いが多くあり、この事を学堂に尋ねてようやく次のことを知りました。葉瀚君は、学堂にとって必要と考え、夜を利用して、田宮に来月末払いのお金〔学費？〕を支払う約束を求めましたが、田宮は同意したくなく、急に命令を振り払って行ってしまった、と。葉君は学堂を手堅く運営しておりましたが、人に関しては悉く満足にいくものではありませんでした。田宮は気が短く、人を罵る言葉は殊に妥当さを欠くことが多いです。今既に〔葉瀚に〕手紙を書き、田宮に転出することを勧めてほしいと依頼しています。聞けば、近いうちに福州に遊行しようとしているとか。小生、新たに喪に服すようになりましたので、もともとそのたび毎にお手紙を書いておりません。先生が恐らく田宮の事を心配しておられるであろうと思い、特にここにお手紙を差し上げました。言い尽くせませんが。親の喪に服しております。汪康年頓首

梅崖先生惠督

碌碌久未奉箋。秋間弟恐有意外之虞、官中之緹騎(57)、海外之暴徒、謠諑四起、在在可虞。然弟自問無他、淡然聽之而已。兩三月來、始漸寧息。方欲圖爲汗漫之游、而慈親忽寢疾、奉侍不得暫離。醫藥失調、遂致棄養。五中摧絶、無復生意。家國之事、咸盡如斯、可爲奈何。閣下所言田宮生、初時頗見謹飭、後聞其游燕稍頻、因告葉君、請其隨時告誡。日前葉君復愬其侮慢、訊諸田宮、語多差異。問諸學堂、始知葉君以學堂需用、乘夜問田宮索下月應補之款、田宮意不謂然、遽揮令去。葉君辦學堂極堅苦、而於人事未盡妥愜。田宮氣盛、詆毀之詞、殊多失當。今已函勸田宮、屬其移去。聞其不日將游福州云。弟值新喪、本不敢輒作書。因恐閣下念及田宮事、故特函告。不盡欲言。棘人(58)康年稽顙。

大坂天神橋南

山本憲 殿

華歴正月十五日〔一九〇一年三月五日〕　清国汪康年拝

十一（C八十三）

梅崖先生閣下

正月四日〔一九〇一年二月二十二日〕親書を拝受し、母親の死去のために遠くよりお悔やみの言葉を賜り、悲痛の

念に耐えません。康年は若き時から今に至り、悉く親の教えを受けて、凡その諸事は常にその命に従ってまいりました。突然大切な拠り所を失い、どうして自身精励することができましょう。助言、励ましの言葉を再三頂戴してきましたので、謹んで遵守いたします。思うに、田宮の事は一時の血気にもとづく過ちであり、お考えのとおりに戒告していただくことを願っております。必ずや矯正して正しい道に戻ることができるでしょう。絶対に弟子の籍から除くことはいけません。彼に過ちを改めさせることが難しくなるからです。葉瀚さんも先生のお手紙を得て、またこの考えと同じです。また、遠くより「香茸」〔松茸?〕をお送りくださり、既に葉瀚と一緒に拝領いたしました。味は清涼感があり豊かであり、キノコや椎茸などの物に匹敵します。たびたび心のこもった食品を頂戴し、それに釣り合うものがございません。わが国の事については、〔改革を〕打ち壊され、今に至り益々言うべくもありません。だが、もし皇帝が行幸より戻ることができ、変法自強の改革が進めば、或はまだ挽回できるはずです。心配するのは、政府に主導する人がおらず、虚しく虚飾して大げさにすることであり、そうなればもはや救う術がありません。小生、変法の改革においては非常に考えるところがございますが、しかし最近の要人を全てみると、共に話せる者はおらず、天を仰いで密かに嘆くのみです。敬具　ご自愛ください。喪に服す康年拝　十五日　お母様、奥様には同じくご自愛ください。

梅崖先生閣下

正月初四奉到手書、承以先慈見背[59]、遠致唁慰、曷勝悲感。康年自少年至今、咸荷慈親教訓、凡諸行事、恆稟命焉。忽失瞻依、何以自勵。承規勉再三、謹當凜遵。田宮之事、蓋一時血氣之過、希隨意戒飭之、必能矯揉以歸於正。甚不可削弟子籍、使彼難於改過也。葉先生得尊函、亦同此意。又承遠致香茸、已與浩吾一同拜受。味甚清腴、可與蘑菇香菌等物比美。屢蒙厚餉、何以克當。至敝國事、摧剝至此、益無可言。然果能回鑾歸政、變法自強、或尚可挽回。所慮政府無主持之人、徒以粉飾敷衍爲事、則更不可救藥矣。弟於變法之事、頗有所擬、但徧觀近日要人、無可與語、徒仰屋竊歎而已。專此。敬候起居。弟制(60)康年稽。十五日。伯母大人、尊嫂夫人前同此請安。

十二（C八十四）

外茶葉四瓶刻磁茶杯一厘内十ケ
大坂天神橋南
山本憲 殿
華歴八月一日〔一九〇一年九月十三日〕　汪康年拝

梅崖先生執事

久しくお手紙を差し上げませず、深くお詫び申し上げます。しかし、先生の言論、毎日のご様子は、もとより日々起きても寝ても頭にあります。わが国の最近の事については、起きたように見え又倒れたようにも見え、人も上から下まで眠っているように見え又醒めているようにも見え、判断に窮するところです。すぐさま立ち上がってまっしぐらに追いかけようとするのですが、力を出すことができません。時機の到来を待ってゆっくり〔好ましい方向に〕導き、穏やかに権限を行使することでなければ、成功することはできません。ただ外圧は日々甚だしく、行幸の車馬をどこで降りればよいか本当に誰にもわかりません。事変の複雑で見極めにくい事由、新たな展開への滞り、邪説の横行に至っては、わずかの言葉で語り尽くせるものではありません。先生は同じ東アジアの交誼にもとづいて最も注意を向けておられます。痛切な祈りはお互い同じであります。今日本に向けて旅立つ者がおりますので、〔彼に托して〕

龍井の雨前茶二瓶、天目山雲霧茶二瓶、刻磁茶杯十個を贈呈し、お母様にお召し上がりいただきたく、ご査収くださいますようお願いいいたします。もし著述する合間がございましたら、さらに励ましのお言葉を賜りたく存じます。敬具　ご自愛ください。ご夫妻がお幸せでありますように。　汪康年頓首　八月一日　お母様にはよろしくお伝えくださいませ。

梅崖先生執事

久未奉書、深自悵歉。然於執事之言論起居、固日在寤寐中。吾國近日之事、若起若仆、上下之人、若睡若醒。雖疾起直追、無從致力。非迎機徐導、巽以行權、不能爲功。惟外力之迫促日甚、眞令人不知稅駕[61]之所矣。至於事變之蕃賾[62]、新機之阻滞、異端之横出、正非一二語所能了。執事於同洲之誼、最爲關注。惄擣[63]之情、彼此同之。茲因有友人東游、奉上龍井之雨前茶二瓶、天目山雲霧茶二瓶、刻磁茶杯十個、敬備奉養之需、敢乞詧入。如箸述有暇、尚望有以朂之。專肅。敬請臺安。卽頌儷祉[64]。汪康年稽首。八月一日。太夫人尊前敬候起居。

十三（C八十五）

大坂天神橋南

山本憲 殿

敬祈転交為感　康年拜托

華歴十二月八日〔一九〇二年一月十七日〕

梅崖先生執事

以前秋に姚鴻法（姚錫光の子名は鴻法、字は蘭蓀）に、手紙一通と刻磁茶杯十個（一箱）、お茶葉四瓶をお渡しするよう依頼しました。聞くところによれば、わが国の神戸領事より転送されたとのこと。久しくお返事をいただいておらず、既に届けられているかどうかわかりません。近頃は、お母様もおたっしゃで、〔先生の〕勉学も日々進んでおられることと推察し、喜ばしく羨ましい限りです。わが国の事について新聞で見られることは、先生が既に長くつぶさに見てきているものと思われます。最近和議がようやく決まり、皇帝と皇太后が還御したのですが、しかしロシアとの通商条約(65)がこのことと重く関わっており、まだ着地点を見出せません。変法という事につきましては、最も着手し難いものです。志が既に一つでない以上、食い違うことも非常に多いです。但、皇帝の新政には然るべき時期があってほしいと望んでいるだけで、なおゆっくりと手はずを整えねばなりません。しかしながら、この事は絶対に下の者が方法を講じてどうこうできるものではありません。康年は近年この方、枯れ木のように生気がありません。自分を省みると、罪を犯し恥じ入るところ甚だ深く、自ら虚しく肉体を具えているだけであることを恨むばかりです。以前先生とこの事について議論しようとしたのですが、しかし事柄が複雑に入り組み、文章によって述べ尽せるものではありません。東の方海の島を望み、聊か考えをそちらにお伝えしたいと存じます。なお私を遠ざけてお見捨てなきようお願い申し上げます。時々ご教示賜れれば幸いです。敬具　ご自愛ください。不一　弟子汪康年拝　初七日〔一九〇二年一月十六日〕

梅崖先生執事

秋間曾托姚生（錫光子、名鴻法、字蘭蓀）奉信一封竝刻磁茶杯十只（共一匣）、茶葉四瓶。據云由敝國神戸領事轉寄。久未得覆書、不知已達否。近維萱侍清健、德業日進、至爲欣羨。敝國之事、見日報者想先生久已覽悉。近雖和議初定、兩宮回鑾、然俄約商約關繫極重、尚未知所底止。至變法一事、尤難措手。心志既不一、又杆格甚多。惟望親政有期、或尚可徐圖布置。然茲事絶非在ト者所能設法如何如何。康年近年以來枯索如一槁木、反己自思、極深罪疚、惟自恨虛具形骸而已。嘗欲與先生一論此事、然事類至繁、非筆墨所能宣罄。東望蓬瀛(66)、聊伸意款。猶冀不我遐棄、時惠教之爲幸。專此。敬候起居。不一。弟汪康年拜。初七日。

十四（C八十六）

□□敬祈□
餉送
山本先生
康年手具　四月十二日〔一九〇三年五月八日〕

梅崖先生執事

久しく音信がなく、懐かしさが募っておりましたところ、一昨日お手紙を頂戴し、千金を賜った思いがいたしました。思し召しを承り、貴国の第五回内国勧業博覧会の観覧に招待され、この盛大な事業に依って直接ご挨拶することができ、それによって昔の楽しい事を振り返り旧情を確かめることは、どうして快事でないといえましょう。ただ最近の大勢は日々崩れ、我々は穴の空いた舟の上に居って、日夜恐れて心が安まらず、どうしたらよいかわかりません。いわゆる「傷心の人は別に抱負を持っている」という言葉があります。どうして貴国の紳士の方々と品物を比べ、工芸〔技術〕を競おうとする気持ちがありましょう〔いやありません〕。（これは嘘ではありません。思うに、小生が速やかにお会いし心中を述べようと願う人は貴殿だけです。）もし天が賦与した縁によって機会を得てあなたにお会いできれば、〔それは〕深く願うところです。私の抱えている事柄は多く又複雑であり、残念ながら文章によって述べ尽くせるものではありません。手紙にてそのあらましを述べ、あなたにご精察していただきたい。羅君〔振玉〕は先月一日に母親に死なれ、東方に行けるかどうかわかりません。葉〔瀚〕君は訳書の仕事があり、恐らく東方行きには至りますまい。敬具　ご自愛くださいませ。弟子康年頓首　二十八日(67)の夜

追伸　この手紙は一昨日の二十八日書いたもので、最近ようやく送りました。そこからもまた小生の意志が壊れてしまったことがおわかりのはずです。

梅崖先生執事

久未得音問、方深想念、前日奉手書、如荷百朋之錫。伏承雅意、招閲貴國博覽會、藉茲盛舉、得覩芳儀、於以拾墜歡(68)、理舊緒、寧非快事。惟近日大局日壞、吾輩處漏舟之上、日夜怵惕、不知所措。所謂傷心人別有懷抱、安得復有心情與貴國諸君子𡙇較品物、角勝工藝。（此非虛語。蓋弟所亟欲得一見、同道其心曲者、惟君耳。）若天假之緣、得因事會與君相見、深所願也。至鄙意所懷、端緒千萬、恨非筆墨所能宣罄、謹函陳其略、惟君鑒之。羅君於前月初丁內艱、能至東與否、未可知。葉君方有譯書之役、恐未及東行也。專覆。敬請箸安。弟康年頓首。廿八夜。

再、此函前日廿八所作、近日始發、亦可見弟意志隳敗之大端矣。

十五（C八十七）

敬求滌盦兄帯至大阪飭交

山本梅崖　先生
汪康年拝　八月十三日〔一九〇五年九月十一日〕

過日忝くもお手紙を賜り、先生がお年をめして穢れのない徳を以て、なおご高齢のお母様の面倒をみることを守り、親孝行する歓びを尽くしておられること、お喜び申し上げます。かつ近頃は隠棲の地に家を占って建て、後進の者の手本となることをひたすら喜びとしておられること、敬服して止みません。わが国が危機に瀕し、適時上に意見を述べ、採用してもらうべきことを教示されました。先生がわが国を愛する気持ちには誠に感じ入っております。あの時すぐお手書きを差し上げようといたしましたが、ただ〔こちらで〕計画しようと思い、それができ次第報告しようと考え、それ故遅遅として送付することができませんでした。今は希望する事悉く夢幻となり、暫くは為し得ることを為すことによって天の幸いを待つだけです、天の幸いが得られるとは限りませんが。わが国がすぐに振起できない事柄数え切れないほどあります。要するに、腐敗の原因は悉く政治にあるのでなく、社会にあるということです。現在、上に権力を握って統治する大臣は居らず、下に志を明らかにして正しく教えを守る大儒は居りません。しかも上から命令を発する者も、下で人びとに呼びかける者も、共に混じりけない一途の心を表すことができないので、機運の挽回は正に容易に言えるものではありません。貴国は上下力を合わせ心を一つにして三十年、遂に強国ロシアとの戦争に勝利し、地球上第一等の強国となり、わが国にも変法自強の機会を保持させました。これは誠に下の者の喜びであります。〔日露の〕和議の成立に貴国の社会は満足していません。小生は、小村寿太郎大臣は世界情勢に明るく、計画に熟達していたと思いますが、その力量を尽せなかった原因は、相手国と自国、そして列強各国が対峙している情勢を実際に見極めたため、〔その情勢の中で〕打開策を見出さざるを得なかったのではないかと思います。先生がどのように思うのかはわかりませんが。小生、都に旅游し一年余りして最近再び南下しました(69)。将来また入都の一行

〔中央官界入り〕を果たさねばなりません。進退共に自由にならず、自ら振り返っても言うべきことはありません。先生の教えを賜ったことにより、暫し思うところを述べようと思いますが、言おうとすることの百分の一も言えません。小説一種を贈呈しますので、些か先生の酒の肴にし、ご笑覧ください。梅崖先生に差し上げます。お母様がお幸せでありますように。汪康年拝上　陰暦八月十三日

前者辱蒙賜書、欣悉先生以高年清德、猶得循南陔之養(70)、盡萊綵(71)之權、近且卜築林泉、表率後進、敬仰無已。承教以敝國勢瀕危、宜及時有所陳納。先生厚愛吾國之心、誠足感佩。彼時卽欲奉書、顧以方欲有所營搆、思欲得當以報、故遲遲未發。今則所希望之事悉成夢幻、惟姑爲其所得爲、以俟不可必得之天幸而已。敝國之不能卽振、更僕難數(72)。要而言之、則腐敗之原因、不盡在政治、而在於社會。今者上無握權出治之大臣、下無章志貞敎(73)之大儒、而發於上與號召於下者、咸不能出以精白誠一之心、則氣運之挽回、正未易言也。貴國上下戮力一心三十年、遂得戰勝强俄、爲地球上第一等强國、使敝國亦得有變法自强之機會、斯實下士所欣幸也。和議之成、貴國社會咸不滿意。弟意小村大臣明於形勢、熟於計劃、其所以不能盡其力量者、蓋實察於彼己及列强相對待之故、遂有不得不出於此者。不知先生以爲何如。弟旅京年餘、近復南下、將來當仍入京一行。跋來報往、自顧殊無所謂、以承雅意、姑述所懷、意所欲言、百不及一。奉上小説一種、聊爲先生下酒物。望哂存之。卽上梅崖先生。竝候堂上萬福。汪康年拜上。中曆八月十三日。

十六（C八十八）

另書一通
大坂

山本憲 殿

汪康年拝托　八月十七日

梅崖先生執事

長年お手紙も差し上げておりませんが、先に書簡を賜り、たいへん大きな宝を得た思いがいたします。お母様の面倒をみて親孝行されてすでに久しく、花を植え魚を釣り、喜んで天性に応じているご様子、羨ましく又敬服に堪えません。小生の居ります境地は、あなたと頗る隔たりがあります。災難に遭うことへの恐れは日に日に増しております。気持ちが狭まって塞がっていることも加わって、柱に寄りかかってしまうような悲しみを抱き、天命を楽しむ風情など殆どありません。近頃は定まりなく南北を動き、躓き倒れることも度々あり、時の権力者に排斥され[74]、正に清貧の想いと言えましょう。つまらないことばかりなので、自分の状態をあなたにお伝えしておりませんでした。今回人に托して渡す機会があったので、この手紙と自家刻本の『清尊集』一部を、『東軒吟社画象』一冊も付けて贈呈させていただきます。この書物は、我が祖父の兄汪小米遠孫が道光朝の時代に賓客文人が共に遊び集まって作ったものです。当時は、天下平穏で、士大夫の家に居る者は、皆な文章を書き、酒を飲むことを喜びとしておりました。昔を想って今を慰めるものですが、大きなため息を禁じ得ません。ご笑納され、書架に供えさせていただきたくお願いいたします。また、『荘諧選録《そうかいせんろく》』というものは筆記小説や短い論評で、秀作を集めたものではありません。しかしながら、その中には当時政治に携わっていた者を激しく風刺したものがございます。以前差し上げるべく人に托しましたが、頂戴したお手紙には何も書いていらっしゃらないので、すでにどこかにいってしまったのではないかと不安に思っております。再度一部をお贈りいたしますので、添削をお願いいたします。ご多幸をお祈りしております。　不一　弟子汪康年拝　八月十七日　〈年不明〉

梅崖先生執事
積年未修箋候。前奉惠書、如獲拱璧。承廿飴之奉、與日俱永。栽花釣魚、怡適天性、羨佩無似。弟所處境地、與君煞隔。匪風之懼(75)、排日而積。加以情性迫狹、懷倚柱之悲、少樂天之趣。近來蹤跡南北靡常、而顚躓頻仍、見排時貴、頗謂冰蘖之懷。無當大雅、故未敢輒以鄙狀相告。茲因便羽、聊奉此函竝家刻清尊集一部(坿東軒吟社畫象一册)。是書爲先伯祖小米公(76)在道光朝賓游雅集之事、是時海宇無事、士大夫家居者、率以文酒爲驩。撫今追昔、曷勝浩歎。敢希哂入、聊供插架。又莊諧選錄一部、此短書小言、不爲佳撰、然其閒頗有以激諷時人爲意者。前時曾托人奉一部、來函未及、疑已浮沈(77)。再奉一部、亦請是正之。敬候侍祉。餘不覼縷。弟汪康年拜。八月十七日。

大坂天神橋南
山本憲 殿
東京赤坂区氷川町四十五番
汪康年　華八月初四日〔一九〇三年九月二十四日〕　日歴九月廿九発

十七（C八十九）

梅崖先生閣下
お別れした後、非常に多くのことを言おうとして、時々お手紙をお送りするのですが、食い違いがあって意を伝えられていないのではないかと常に心配しています。この頃所用があり東京に至り(78)、凡そ我が国の〔暦の〕八月の内に必ず大阪に至り、先生と思い切り自分の真意についてお話したいです。謹んで先ずこの手紙を送り、あなたに思いを伝えます。お変わりなきように。後はお会いして述べます。汪康年拝　華暦八月四日

梅崖先生閣下

自相別後、欲言萬端、雖時致緘函、恆慮格格不得達。頃以事至東京、約敝國八月内必至大坂、與先生暢浚(79)衷臆。謹先奉佈、用致相思。敬候起居。餘俟面述。汪康年拜。華八月初四日。

十八（C九十）

備前岡山県牛窓町

山本憲　殿

清国上海静安寺路　汪寄　〔消印日付は明治四十一（一九〇八）年十二月二十三日　備前牛窓〕

梅崖先生執事

先にお手紙並びに論著三種、及び先生のご近影二枚、全てすでに拝領しております。また凜として風格あるお姿は、昔と変わることなく、大いに慰めとなりました。思うに、漢字を廃してならないとする議論の意味するところはすばらしいです。しかしながら、その道理は広く渉り奥が深く、すぐに追求することは困難です。したがって、ぐずぐずしてお返事できておりませんでした。他の二つ〔の論著〕は、正義を尊び邪悪を退けるもので、元より正に康年が言わんとするところと考えます。今日の東洋、西洋の論説は、もともと互いに大いに争うもので、さらに最新の説が起

これば互いに叩き撃つことになります。しかし、実際にその誤りを見抜き、大きな声をあげて激しく叫び、全力で論難する者はというとまだおりません。思うにそれは非常に難しいからです。〔また〕思えば、その学識が全てを洞察し、しかも徳の力がこれに相当することでなければ、一字も書くことができないからです。わが国は不幸にも続けて国として憂うべきことが起こり〔即ち光緒帝、西太后が続けて身罷られ〕(80)、遠くより相次いでお悔やみをいただき、誠に感慨無量です。やや幸いなのは、国に弔事が起こっても、国全体は大きな異変がなく、政府もまた沈静化できており、故に遠近皆な平穏無事と称しております。これ尚不幸中の幸いです。思うに、わが国の新政にはまだ基礎がなく、将来の教育と軍備のために既にどこもここも尽力する必要があり、しかも財政は必ず最も整理せねばなりません。このことは、即ち上に在る者が衆知を集め大勢の力を合わせて責任をもって処置することを非常に望みます。尋常の智恵や技能に依ってなすべきことではありません。雲海に果てなく〔遠く離れて〕、北風は次第に強くなります。ご自愛くださいますように。思うところは尽きません。お変わりなきよう。　不一　弟子汪康年拝　十一月二十二日〔一九〇八年十二月二十三日〕夜

梅崖先生執事

前奉露箋竝大箸三種、及尊容寫眞二幅、均已拜悉。又覩淸嚴之狀、無異昔年、頗用爲慰。惟論漢字不可廢、此意絶佳。然其理博奧、驟難尋究。故濡滯未覆。自餘兩種、崇正闢邪、故適如康年所欲言也。今者東西之説、固已大相爭競、復有最新之説起相搏擊。而實能洞見其誤、起而大聲疾呼、以全力抨擊之者、乃尚無其人。蓋斯事極難。蓋非學識足以洞見一切、而道力又足勝之、不能措一字也。敝國不幸連遭國恤、荷遠相慰唁、感何可言。差幸國有大故而内容尚無他異、政府復能處以鎭定、故遠近咸稱安謐、是則尚爲不幸中之幸。惟吾國新政尚無基礎、將來敎育武備既在在須著力、而財政尤須整理。此則甚望在上者之能合羣策羣力以相主持、而非可恃尋常智巧爲之者矣。雲海無涯、北風漸厲、望爲

道自重。不盡所懐。敬候起居。餘不一一。弟汪康年拜。十一月廿二日夜。

十九（C九十一）

日本岡山県牛窓町　梅崖塾主
山本梅崖　先生
清北京　汪　寄　十二月廿二日〔消印日付は明治四十二（一九〇九）年三月十九日、備前牛窓〕

梅崖先生執事

先に、新年により遠くから年賀状をお寄せいただき、重ね重ねありがたく又喜び感激しております。先生は、瑞雲正に隆盛なる国家に居り、ここにおいて上はお母様を奉り、下は家族を取り纏め、家庭の中も一際穏やかで睦まじく、誠に人生の至幸と言い得、抑もこの世の中で容易に出会うものではありません。小生は、半生の事業既にさすらい漂う中に在り、近頃はまた身体弱く病多く、さらに時勢と食い違うことも多くあり、遠くの旧友に対して、誠に想いに堪えないものがございます。今正に友人の約束によって暫く北に向かいますが、顧みれば微かも主旨などなく、ちょっと一両日滞在すればすぐ南に戻るはずであり、頑なに死を待つ身となるのみです。荘子の言葉に「心固《もと》より死灰《しかい》の如くならしむべく、身固より槁木《こうぼく》の如くならしむべし」がありますが、千年の後のあり方を考えないのは私のことのようです。思うに、生きることを疎ましく思い、死ぬことを幸せと見なすことは、生きることを楽しみ死ぬことを嫌う人としての情に、正しく逆らっております。先生はこのことを聞き、或はこの言い方が甚だ現実離れし、でたらめであると言うでしょうか。胸中の思いは非常に多方面に及びますが、心が閉じて述べることができません。聊かこの意味を側付きの弟子にどう思うかお尋ねください。敬具　お幸せをお祈り申し上げます。弟子汪康年拝　二月二十二日〔一九〇九年三月十三日〕

梅崖先生執事

前者承以新年遠寄大刺、相慶欣荷、相慶欣荷。閣下處景運方隆之國、於焉上奉萱闈、下頓家族、一庭之内、雍睦有加、洵人生之至幸、抑亦不易有此遭逢也。弟半生事業已付漂萍、近且體羸多病、與時復多乖迕、遙對故人、良有不堪爲懷者。今正以友人之約姑作北行、顧亦渺無宗旨、少住一二日卽當南返、爲頑然待盡之身。莊子所謂心固可如死灰、身固可如槁木(81)、不圖千載而後。弟乃似之。蓋以生爲贅、以死爲幸、與樂生惡死之人情正相拂戻。先生聞之、倘亦甚迂誕其說乎。胸中所懷萬端、悶不能述。聊以此義質諸左右、以爲何如。專肅。敬候侍祺。弟汪康年拜。二月廿二日。

注

（1）呂順長「山本梅崖と汪康年の交遊」（『四天王寺国際仏教大学紀要』第四五号、二〇〇八年）「山本梅崖と汪康年の交遊」三一頁。本論文については本文でも紹介する。

（2）本解題は「山本憲関係書簡」の紹介に主眼をおくため、汪康年の履歴について行論の範囲に止まっている。内藤戊申「汪康年伝稿」（『東洋史研究』巻一七―三、一九五八年）等を参照されたい。

（3）「山本梅崖と汪康年の交遊」前掲。「汪康年の長年の協力者古城貞吉からの十六通に次いで多く」（三四頁）、「一八九八年から一九〇九年まで……その期間は十年以上にわた」（三六頁）り、「一八九八年のものが一番多く、二人が出会ってからの一、二年にとりわけ頻繁に連絡を取り合っていた」（同前）と述べる。一九〇九年についての理由は明記されていないが、『書札』（四）「山本憲・十五」に「海郷遷居以来、五年於此」とあることに依るものか。

（4）呂論文には、それまで確認されなかった興味深い事実が披瀝されている。例えば、一八九八年一月の汪康年の訪日と大阪での活動（『大阪朝日新聞』、『大阪毎日新聞』）、『年譜』（一八九八年条）前掲に「清人羅振玉ノ為ニ若干ノ書ヲ訳シ。上海ニ送レリ」とある記述に関して、中国から出版された『農業叢書』（商務印書館）に収められた山本漢訳の日本著作名（第三集・日本池田政吉著「土壌学」、同・日本吉井東一著「農業保険論」）を紹介している。また、注二・三九頁に紹介されている先行研究も、清朝変法派と同時代の日本人との交流を今後跡づけていく上で踏まえるべきものと思われる。とくに、遠藤光正「山本梅崖の見た日清戦争後の中国――『燕山楚水紀遊』を中心として――」（『東洋研究』八二号、一九八七年）は、『書札』にこそふれていないが――まだ日本で購入できなかったためであろう――、一八九七年の中国旅行の様子を克明に復元し、上海の対談でくりひろげられた山本憲と梁啓超・汪康年ら変法派の政治論の特徴、さらにそれらと孫文ら革命派の議論との違いについて述べられている。本解題は、「汪康年書簡」の紹介に主眼を置いているが、今後「山本憲関係書簡」を通して山本憲の思想的特徴をさぐる際には、遠藤の見解は必ず批判的に継承されなければならないと考える。

(5)『書札』第四冊「山本憲・九」を指す。以下、『書札』（四）所収の山本憲の書簡はこの様式で表示する。

(6)「清末の変法派人士汪康年から山本憲への手紙――『山本憲関係資料』の史料的価値を示しつつ――」（『高知市立自由民権記念館　紀要』十六号、二〇〇八年）。

(7)『伝記』第二巻「年譜一」「光緒二十三年丁酉　西暦一千八百九十七年」の条に、「十二月先生与湘郷曽敬貽君広銓游日本、遍歴東京・横浜・大阪・神戸・長崎等処、匝月而帰」（七一頁）とある。

(8) 呂氏は当時の『大阪朝日新聞』・『大阪毎日新聞』を調べた結果を述べている。「山本梅崖と汪康年の交遊」前掲・三三頁。

(9)『近代史料筆記叢刊』中華書局。本解題は二〇〇七年六月再版本を使用。以下『伝記』と略称する。

(10)『年譜』「明治三十六年癸卯予年五十二」の条には、「是歳博覧会ノ挙アリ。東洋美術奨励会。画幅ヲ泉布観ニ陳展ス。予副会長タルヲ以てノ故ニ。予ノ名ヲ以テ泉布館ヲ借ル」とある。

(11) 消印「MAY　15 1904」の「1904」は押し間違いであったのではないかと考える。なお、本博覧会の開会期間は、『近代日本総合年表』（岩波書店、一九六八年、一七四頁）に依る。

(12) 本解題は「中国近代期刊彙刊」（中華書局発行、一九九一年）本『清議報』を用いたが、管見の限りでは、「大坂市東区谷

町一丁目梅清処塾」としては第二冊（光緒二十四年十一月二十一日）、第三冊（同十二月一日）、第四冊（同十二月十一日）、第五冊（同十二月二十一日）、第六冊（光緒二十五年一月十一日）、第八冊（同二月一日）、「大坂天神橋南詰東入梅清処塾」としては第三十三冊（同十一月二十一日）、第三十四冊（光緒二十六年一月一日）、第三十五冊（同一月十一日）、第四十冊（同三月一日）、第四十三冊（同四月一日）、第四十四冊（同四月十一日）、第四十五冊（同四月二十一日）、第四十八冊（同五月二十一日）、第五十二冊（同七月一日）、第六十九冊（同十一月二十一日）と掲載されている。

(13)『清議報』第六十一冊（中華書局本）は光緒二十六年九月一日であり、符号しないと考える。

(14) 呂順長氏は『清議報』第2号から「梅崖山本憲」と署名した「論東亜事宜」の連載文が見られる」と述べているが（「山本梅崖と汪康年の交遊」前掲・注三九・三二頁）、実際は本文のように断続的に三回掲載された。なお、『年譜』の明治三十三年の条に「十一月。梁啓超ヨリ政治汎論ノ翻訳ヲ嘱セラル」あるが、『清議報』第一百冊（中華書局本・六一八六頁）の「広智書局已訳待印書目」の中に「政治汎論　美国威爾遜著　本局同人訳」が挙げられている。山本憲が匿名で漢訳作業をしていた可能性もあると考える。この点の確認は今後に期したい。

(15) 例えば、書簡C八十一には「乃日度時分。正知春日。見賜両函并辱贈大著。既紉厚意。……」（傍点筆者）とある。

(16)『清尊集』については、「312（＝分類番号）朱兆（熊琹愛日軒編？）道光十九年　十六巻四冊」とある。

(17) 呂順長氏は、田宮春策が、山本が長くつきあっていた医師田宮之春（『年譜』）の子供であったのではないかと述べている。「山本梅崖と汪康年の交遊」前掲・注三一・四一頁。筆者も同じ見解をもつが、さらに『年譜』「明治十九年丙戌」の条によれば、山本が「大阪事件」により収監された時病気に罹り、それを助けた医師（「医局長」）が之春であった。田宮之春はいわば山本憲の命の恩人であったと考えられる。それ故、春策留学についての康年への依頼も熱心であったのではないかと思われる。

(18)「山本梅崖と汪康年の交遊」前掲「五、山本塾に入門した汪康年推薦の中国人留学生」、三七〜三八頁。

(19)『清議報』（中華書局本）の各冊表紙下に記載された報館の住所。

(20)「梅福里」、「四馬路」・「石路」のおよその位置は、承載等策画・選編『上海百業指南』（上海社会科学院出版社、二〇〇四年）をはじめ、石頌九主編『上海市路名大全』（上海人民出版社、一九八九年）、『老上海地図』（上海画報出版社、二〇〇一年）および木之内誠編著『上海歴史ガイドマップ』（大修館書店、一九九九年）等によった。高知大学人文社会科学部高橋俊教授より資料の一部についてご教示を賜った。ここに記して謝意を表したい。

(21)『20世紀中国全記録　1900A.D.～1990A.D.』（錦繡出版事業股有限公司、一九九二年）、二〇頁。

(22) 館：汪康年が経理を務める時務報館のこと。

(23) 初一日：一八九七年十一月一日（旧暦）→一八九七年十一月二十四日（新暦）

(24) 尊處：山本憲が上海滞在中に泊まった旅館「東和洋行」を指す。『燕山楚水紀遊』巻一第三十葉に「至上海碼頭。則已炷燈。直至鉄馬橋東和洋行投宿。」巻二第三葉に「余所寓東和洋行。在米租界虹口鉄馬橋西。楼前一渠。可以通蘇杭及鎮江松江等處。」とある。

(25) 各友：『燕山楚水紀遊』によると、初一日に汪康年の案内で尋ねたのは張謇と葉瀚である。湯寿潜宅にも尋ねたが、不在であった。また汪康年の時務報社にも行き、そこで汪大鈞・曾広鈞・田其田・古城貞吉と会っている。汪康年本人とはそれまでにすでに二回（十一月十六日と十一月十八日）会っている。

(26) 膠州事件：一八九七年十一月、二人のドイツ人宣教師が殺害されたことを口実に、ドイツが膠州湾に戦艦を派遣し、それを占拠した事件。

(27) 大坂停驂：一八九八年一月に汪康年が東京を訪問したのち、十五日に大阪に入り、山本憲と面会している。

(28) 謦欬：談笑すること。

(29) 張香帥：湖広総督張之洞のこと。「香」は張之洞の号「香涛」を、「帥」は総督を意味する。

(30) 劉峴帥：両江総督劉坤一のこと。「峴」はその字「峴荘」を意味する。

(31)「佐澤先生」については、なお不明である。

(32) 王仁乾は字を「惕斎」という。原文参照。浙江慈溪の出身で、明治の初めの頃に来日したと見られる。東京築地入船町に書籍や文具を扱う商店「凌雲閣」を持つ。大河内輝声、岡千仭などと深い交遊を持つ。

(33) 翻訳の文書云々の原文は「恵寄譯件」。『時務報』(第六一冊)、『農学叢書』(第三集)、『清議報』(第二、四、五冊)に山本憲の訳文または論文が確認されている。また、康有儀の山本憲に宛てた書簡から、梅清処塾の塾生数人も一八九八〜一八九九年に『清議報』に多くの翻訳原稿を提供したことが分かる。

(34) 雨前茶：穀雨の前に摘んだ茶葉で作った茶。

(35) 一八九八年七月十三日に発生。沈渭浜主編『中国歴史大事年表(近代)』(上海辞書出版社、一九九二年)等参照。

(36) 燕山楚水游記：正しくは『燕山楚水紀遊』で、山本憲が一八九七年に中国に旅行した時の記録である。本報告書に訳注・解題を収録。

(37) 葉浩吾：葉瀚(一八六一〜一九三六)、字は浩吾、浙江省仁和県の出身で、清末の維新派思想家である。一八九七年に汪康年・曾広銓らと上海で蒙学報を創刊し、一九〇二年に発起人として蔡元培・章太炎らと上海で中国教育会を設立する。著書に『尊聖論』『墨子大全』などがある。一八九七年十一月に上海で山本憲と会っている。

(38) 湯蟄仙：湯寿潜、字は蟄仙、浙江省山陰県の出身で、清末民初の実業家と政治家である。著書『危言』では、冗員の淘汰、科挙の改革、学校の開設、鉱山の開発、鉄道の建設、海防の強化などの改革論を説く。

(39) 梁卓如：梁啓超、字は卓如。汪康年が経理を務める時務報の主筆を担当する。

(40) 従者：「孔子の従者」の意か。山本憲を指す。

(41) 瘕結：問題の根源。

(42) 中東：中国と日本。

(43) 聚衆與爭：一八九八年七月にフランス租界で起きた、上海にいる寧波籍の民衆とフランス人との大規模な衝突事件。

(44) 張季直修撰：張謇、字は季直、翰林院修撰。

(45) 吸食洋煙：『燕山楚水紀遊』巻下第三七葉に、「汪子(穰卿)来過。見誘訪張子。(名謇、字季直、通州人、甲午状元、今家居)房中具鴉片器。」とある。

(46) 朝事の変更：一八九八年九月に起きた戊戌の変法を挫折させたクーデターを指す。

(47) 柯：「柯斧」（法規、法典）の意か。「假柯」は洋務運動のスローガンである「借法自強」のこと、つまり外国の政法・技術を取り入れることを意味するか。
(48) 合捴：「合操」のことか。一八九八年十一月に大阪で行われた日本の陸軍大演習。
(49) 田宮春策：山本憲の門生。山本が汪康年に宛てた書簡（『汪康年師友書札・四』所収）に、父は医業に従事するとある。また『梅崖先生年譜』には、山本が大阪で医院を開業していた田宮之春という人物と長く付き合っていたという記録もある。推測ではあるが、田宮之春と田宮春策は父子関係の可能性が高い。本書簡「解題」を参照されたい。
(50) 荘嶽：もとは齊国の街里の名であるが、ここでは周りの環境の意。『孟子』滕文公篇の「引而置之荘嶽之間數年、雖日撻而求其楚、亦不可得矣」（引いて之を荘嶽の間に置くこと數年ならば、日々に撻って其の楚たらんことを求むと雖も、亦得可からず）による。
(51) 頻月上書：『汪穰卿先生伝記遺文』（汪詒年編、文海出版社印行、一二八頁）に、「五月、北方拳乱既盛、南方亦岌岌可危。先生甚憂之、特至湖北、以勦拳匪劾政府之説上諸張孝達制軍、又至江寧託人将前説上書劉峴荘制軍。至而李少荃傅相至上海、復聯合同志上書傅相，請即率兵入都、以勦匪為媾和之根本。惜均未見採用。」とある。
(52) 剿匪：義和団を掃滅すること。
(53) 両宮播遷：一九〇〇年の義和団の乱の際、北京陥落の前に西太后と光緒帝が山西省を経由して陝西省に避難したこと。
(54) 海上：上海。
(55) 申坂：上海と大阪。山本憲が一八九七年十一月に上海に遊んだとき、また汪康年が一八九八年一月に大阪に来た時、二人はいずれも数回にわたり会っている。
(56) 浩吾函：葉瀚から山本憲への書簡。その内容は本書「葉瀚書簡・二（C一〇三）」に紹介している。
(57) 緹騎：執金吾の部下の騎兵、宮殿の警護にあたる。犯人逮捕などを職務とする役人。
(58) 棘人：父母の喪に服している人が自称する言葉。
(59) 見背：父母や年長の親族が死去すること。

（60）制：親が死んで三年の喪に服すきまり。ここでは、喪中にあること。

（61）税駕：税は脱に通じる。駕を下して車を止めること。転じて休むことまたは落ち着くことを指す。

（62）蕃賾：複雑で奥深いこと。

（63）惄擣：ひどく悲しみ痛むこと。『毛詩』小雅・小弁に、「我心憂傷、惄焉如擣」（我が心憂え傷み、惄うこと擣くが如し）とある。

（64）儷祉：夫婦生活が円満で幸福であること。

（65）ロシアとの通商条約：中国とロシアが中国東北の還付をめぐる交渉。その結果、一九〇二年四月にロシアが三期に分けて中国東北から撤兵することを主な内容とする『交收東三省条約』（『満州還付条約』）が締結された。

（66）蓬瀛：蓬莱と瀛洲のこと。いずれも伝説上の東方三神山の一つ。

（67）現時点で、この「二十八夜」の年月日は特定できてもいない。

（68）墜歡：過ぎ去った日の歓楽。

（69）汪康年は一九〇四年に内閣中書に任命されたので、北京入りした。

（70）南陔之養：孝子が老いた両親を養うこと。毛詩序に、「南陔、孝子相戒以養也。」（南陔は孝子相い戒めて以て養うなり）とある。また『文選』所収の束皙「補亡詩」に「循彼南陔、言采其蘭」（彼の南陔に循い、其の蘭を采ると言う）とある。

（71）萊綵：親孝行のこと。七十歳になった老萊子が親を喜ばせるために綵衣（派手な着物）を着て、子供のように遊んだりする、という『二十四孝』の故事による。

（72）更僕難數：数えきれないほど多いこと。『礼記』儒行篇に、「遽数之不能終其物。悉数之乃留、更僕未可終也。」（遽に之を数えば、其の物を終《つく》す能わず。悉く之を数えば、乃ち留《ひさ》しくして、僕を更うるも未だ終す可からざるなり。）とある。

（73）章志貞教：自らの志を明らかにし、貞しく民を教え導くこと。『礼記』緇衣篇に、「故長民者，章志、貞教、尊仁，以子愛百姓，民致行己以説其上矣。」（故に民に長たる者は、志を章らかにし、教えを貞しくし、仁を尊び、以て百姓を子愛すれば、民は己を行うを致して其の上を説ばす。）とある。

(74)　ここでは、汪康年が一九〇七年三月に北京で創刊した『京報』が「楊翠喜事件」（段芝貴が女優楊翠喜を時の権力者載振に送り、そのおかげで黒竜江省の巡撫の座に抜擢されたというスキャンダル）を報道したため、同年八月に廃刊させられたことを指すか。

(75)　匪風之懼：ここでは、自らが禍難に遭うことへの心配を意味する。「匪風」は『毛詩』国風・匪風に基づく。毛詩序に、「匪風、思周道也。国小政乱、憂及禍難、而思周道焉。」（匪風は、周道を思うなり。国小にして政乱る。禍難に及ぶを憂えて周道を思う。）とある。

(76)　先伯祖小米公：汪遠孫（一七八九～一八三五）のこと。汪康年の祖父の兄。字は小米、嘉慶年間の挙人。曾て杭州で東軒吟社を結成し、そのメンバーの作品をまとめて『清尊集』として刊行している。

(77)　浮沈：郵便物が届かないこと。豫章郡の太守になった殷洪喬は友人から託けられた多数の手紙を水中に投げ、「沈む者は自ずから沈め、浮く者は自ずから浮け、殷洪喬は致書郵を作すあたわず。」と言ったという。『世説新語』任誕篇の中の故事による。

(78)　『汪穰卿先生伝記遺文』（汪詒年編、文海出版社印行、一四二頁）に、一九〇三年に汪康年が陳宜人という女性と再婚し、「某月遂偕陳宜人往遊日本」とある。東京を訪れた後、大阪入りして山本憲と会ったと思われる。ただし、同書簡の封筒表書き日付は「華八月初四日、日暦九月廿九発」となっている。一八九七～一九一〇年の暦を調べたが、両者が一致する日はない。最も近いのは一九〇三年の九月二九日（旧暦八月初九）である。「華八月初四日」に書いたが、五日後の「日暦九月廿九」に投函したと理解すべきか。なお、本書簡に対する山本憲の返信は『汪康年師友書札』四（上海古籍出版社、三二九五頁）に収録されている。その日付は「日暦十月一日」となっている。

(79)　暢湊：思い切り述べること。『説文解字』に「湊、抒也。」（湊は抒なり）とある。

(80)　光緒三十四年（一九〇八）十月に、光緒帝と西太后が相次ぎ死去すること。

(81)　身固可如槁木：『荘子』斉物論篇に「形固可使如槁木，而心固可使如死灰乎。（形は固より槁木の如くならしむべきも、心は固より死灰の如くならしむべけんや。）」とある。

康有為書簡

小野泰教

【解題】

一、康有為の八件の文書

ここに取りあげる八件の文書（C九十五は筆談記録、C九十六は文書、その他は書簡）は、戊戌変法のリーダーである康有為（一八五八〜一九二七）が一八九八年七月から一八九九年二月にかけて書いたものである。あて先は山本憲のほか、康有儀や康同文となっている。

康有為は、字が広夏、号が長素、広東南海の出身。一八九四年には挙人、一八九五年には進士となっている。彼は日清戦争以前においては、同郷の高名な学者・朱九江に学問の手ほどきをうけ、また公羊学、仏教を熱心に研究し、漢訳西学書にも広く目を通した。この時期に『新学偽経考』を執筆し、万木草堂にて弟子の育成を図っている。

日清戦争で清が敗れた一八九五年、康有為は会試を受験するため上京し、その際、北京に集まっていた挙人を集め、拒和、遷都、変法を主張した。いわゆる「公車上書」である。また『孔子改制考』もこの時期完成させている。以後、光緒帝に数次の上書を行って自らの改革案を提示した。しかし一八九八年九月に西太后一派による戊戌政変が起こると、康有為はその追跡を受ける身となり、以後、長い国外亡命の日々を送ることとなった。日本をはじめアジア、アメリカ、ヨーロッパなど世界各国を転々とし、その途上、保皇会の結成や『大同書』の執筆を行い、また当時台頭していた孫文をはじめとする革命派と激しく対立した。一九一三年、康有為はようやく中国に戻り、孔教運動や張勲復辟を主導していくこととなった。

さて、このたび発見された康有為の八件の文書は、それぞれ下記の時期に執筆されたと思われるものである。

C二一八　一八九八年七月十九日
C九十五　一八九八年十月二十九日
C九十六　一八九八年十月〜十二月頃か
C九十七　一八九八年十一月十二日
C九十八　一八九八年十　月二十五日
C一五七　一八九八年十二月頃
C一〇一　一八九九年二月初
C九十四　一八九九年二月七日

「国是の詔」によって戊戌変法が始まったのが一八九八年六月十一日、西太后が政変を起こしたのが一八九八年九月二十一日であるから、C二一八は戊戌変法の最中、C九十五以下の七件は、政変後のものということになる。康有為は一八九八年十月下旬から一八九九年三月下旬まで日本に亡命しており、C九十五以下はいずれも康有為が日本で記したものであると言える。

それでは以下、各文書の時代背景およびその意義を考えてみたい。

二、戊戌変法当時における康有為の主張

C二一八書簡は戊戌変法の当時に書かれたものである。「専摺奏事《せんしょうそうじ》」（皇帝への直接の上奏）を許された康有為の興奮と緊張がよく表れている(1)。

一方でこのような康有為の政治的台頭は、世間から大いに注目されることとなった。その結果、康有為の言動に対し多くのデマが流され、また厳しい弾劾上奏が出されることにもなった。書簡中に見える、一八九八年七月八日の御史文悌の康有為弾劾は、その最たるものである。康有為はこうしたデマが起こらないよう、自らの関係する新聞編集者に、朝廷や光緒帝、満漢問題、さらには民権、議院について発言しないよう要請している。なお先行研究が明らかにするところによれば、これまで、康有為の『戊戌奏稿』（一九一一年）所収の上奏文を根拠に、彼があたかも戊戌期に憲法制定や国会開設を上奏していたかのように考えられてきたが、近年発見された彼の戊戌当時の上奏文（『傑士上書彙録』所収）においては、憲法制定や国会開設の主張は見られず、むしろ忠君的な発言がなされており『戊戌奏稿』所収の上奏文には康有為自身による改変が加えられていたのであった(2)。

本書簡は、以上のような先行研究が明らかにしてきた事実をさらに補強するものであり、康有為の戊戌当時の変法へのスタンスがよく表れている点で重要であると言えよう。

三、康有為の日本亡命と山本憲

康有為が亡命時にさまざまな日本人と交流していたことは、これまで多くの先行研究が明らかにしているが(3)、今回これらの文書の発見により、亡命の早い時期から山本憲との深い交流があったことが確認できる。例えばＣ一五七は短い書簡ではあるが、自らの身を案じる山本憲に無用の心配をかけまいとする様子が伝わってくるものであり、両者の関係の深さをうかがわせるものである。従来、康有為自身の書いたものとされる山本憲関係の史料は、「答山本憲君」という詩(4)のみであったことを考えると、これらの書簡は貴重であると言える。

日本亡命時期に書かれたと思われる書簡は、内容によってそれぞれ次にように分類できよう。

（一）　光緒帝の救出活動（Ｃ九十五、Ｃ九十六、Ｃ九十八）

C九十五文書、C九十六文書、C九十八書簡からは、当時康有為にとって光緒帝の救出が主要な問題関心であったことが読み取れる。山本憲との筆談記録と思われるC九十五文書で康有為は、光緒帝からの「密詔」を携えて日本に救出をこうていること、文明を同じくする日本こそが中国を救うべきであることを強調している。またおそらく一八九八年十月から十二月頃に書かれたと思われるC九十六文書は、日本でも理解されやすいであろう経書の論理を駆使して、西太后による政変がいかに経義に背くかを指摘し、激しい西太后批判を展開している。C九十八書簡は康有儀に宛てられたものであるが、政変後のイギリスの動向を光緒帝救出との関連で捉えようとしている。

康有為が携えていた「密詔」については、つとに黄彰健の詳細な考証によって偽作が疑われている(5)。また康有為は一八九八年十二月に「奉詔求救文」なる文書を作成し、そこに西太后批判の言葉や、密詔を付している(6)。そこでの西太后批判の表現はC九十六文書と重なる部分があり、「奉詔求救文」とこの文書とが何らかの関係を有することがうかがわれるのである。

（二）　日清協和会（C九十七）

C九十七書簡では日清協和会の結成に康有為が期待をかけている様子がうかがえる。山本憲は、康有為や梁啓超の日本亡命に際し、康有儀を通じて積極的にその支援に乗り出していた（本書の「康有儀書簡解題」も参照）。山本憲らは一八九八年十月下旬に日清協和会の設立に着手し、十一月六日に大会を開催している(7)。また『清議報』第二冊（一八九九年一月二日）には日清協和会の「旨趣」と「章程」とが掲載されている(8)。

C九十七書簡が書かれたのは十一月十二日であり、まさに日清協和会設立の直後にあたる。書簡は日清協和会に対する期待をよく伝えていると言えよう(9)。

（三）　横浜大同学校への山本憲の招聘案（C九十四、C一〇一）

C九十四書簡、C一〇一書簡では横浜大同学校の経営について論じられている。横浜大同学校は横浜華僑からの教育機関設立の要望にともない、康有為の推薦を受けた徐勤らが教員として来日する形で一八九八年三月に開学したものと言われている。当初は孫文や陳少白ら革命を目指す一派の意向により開学されたものであったが、戊戌変法が開始されると康有為一派と孫文一派の対立が表面化し、徐勤によってしだいに康有為の孔教を体現する学校運営がなされていくことになった(10)。一八九九年三月には開校式が実施されており、犬養毅が名誉校長として招かれ、また大隈重信をはじめ日本の名士が多く参加している。

C九十四書簡、C一〇一書簡は、以上を踏まえれば、横浜大同学校が康有為一派主導になっていく中で書かれたものであると言えよう。なお康有為からの招聘に対しては、山本憲は自身の梅清処塾の運営のこともあり、悩んだ末に固辞するにいたっている(11)。だがいずれにせよ、これらの書簡は、今後の横浜大同学校の研究においても参照されるべき重要な史料であると言えよう。

以上が今回発見された八件の文書の概要である。C二一八書簡は、戊戌政変の二か月ほど前に書かれたものであり、戊戌当時の康有為の変法思想を把握できるという重要な史料であった。またC九十五文書、C九十六文書、C九十七書簡、C九十八書簡、C一五七書簡、C一〇一書簡、C九十四書簡は、康有為自身による日本滞在中の史料がさほど多くなかったこれまでの史料情況において大変貴重なものであり、さらには、康有為らの日本亡命において山本憲が様々な形で彼らの支えになろうとしたことがうかがわれるという点で、重要な史料であると言えよう。

康有為書簡訳注

一（C二一八）

和姪(12)

お手紙をよみ、送付された『東亜報』五百部をすでに受け取りました。ただ私は北京にあり、デマが誠に多いのです。これは以前『知新報』のみなさんが言葉に気をつけなかったことが災いしたもので、現在でも民権の二字は満人に大いに憎まれています。もしさらにその他の禁忌を犯す言論があれば、いっそう言うことができません。（このたび皇上が大いに用いようとしてくださるにもかかわらず、私が去ろうとするのもまたデマのためなのです。）そのうえ今と昔の情況が同じではなく、最近皇上は発奮して傑出した能力を示し、全力で新法に変え、私の提言や計画にお任せになります。（私は現在皇上から命令を賜り、上奏しています。これは本朝において従来無かったことです。）局外の議論は、たとえて王荊公(13)以来無かったことだと言っており、これは千年に一度の機会です。あなたがたは新聞の権力を握り、一言一字であってもかかわることははなはだ大きく、全て私に関係し、あなたが姓名を出せば、私がさらに目立つのです。今あなたと次のことを約束したいと思います。あらゆる各新聞は、中国を救うことを第一としますが、朝廷、皇上および満洲のことに言及することは、みな誠に慎むべきであるということです。（必ず種族を分けてはいけません。文御史(14)らが私を弾劾したのを見なかったのですか。）皇上の知徳はこのように秀でているので、ほめたたえる言葉や期待、希望の言葉を多く書きなさい。現在、守旧の者は多く、民権と議院について主張する時ではないため、これらの説も論じてはいけません。さらに、私が、中国は議院を開設する時ではなく、郡県省会の民会を開くのであればよい、と発言したと述べなさい。あなたたちはこの約束を忠実に遵守したうえで発送するべきです。あわせて雲台〔韓曇首〕にも見せるべきです。送ってもらったものの、五百部はいりません。（『時務報』も四百部売れただけです。数十部送ってもらえば十分です。多ければ無駄に送料を使ってしまうだけです。）羽兄(15)はとても平穏であると拝察します。かわりによろしくお伝えください。叔父の署名。六月一日北京より発送。

八股文はすでに廃止されたので、あなたは努力して大いに日本の学問を勉強し、あわせて西洋文を学習するべきです。〈一八九八年七月十九日〉

和姪：

讀來信、受付來東亞報五百分、已收。惟吾在京師、謠言衆多。亦惟昔者知新報諸子不愼言所累、至今以民權二字大爲滿人所忌。若再有其他犯諱之言、益不堪言矣。（此次上將大用、而我欲行、亦惟謠言之故。）且今昔情形不同、頃聖上發奮爲雄、力變新法、於我言聽計從。（我現奉旨專摺奏事、此本朝所無者。）外論比之謂王荊公以來所無有、此千年之嘉會也。汝等操報權、一言一字所關甚大、皆與我有牽、汝出姓名、更於我顯著。今與汝約、所有各報、以救中國爲主、而於係及國家・皇上及滿洲説話、皆應極愼。（切勿分種、不見文御史等劾我之語乎。）皇上聖明如此、多爲頌美之言・期望之語。今守舊者多、非言民權議院之時、此説亦可勿談。且述我言中國非開議院之時、開郡縣省會民會則可也。汝等恪遵此約、乃可發送。可竝示雲台。寄來亦不須五百本。（時報亦銷四百耳。寄來數十本足矣。多則徒花寄費。）羽兄想甚安、可代請安。叔名印。六月朔日由京發。

八股已廢、汝可努力大讀東學、兼習西文。

二（C九十五）

天は弊国に災難を加え、西太后は権力をほしいままにし、皇上を退けることとなりました。わが皇上は知恵と武力が優れ、一心に変法に励み、人民をお救いになられました。私は過分な知遇をいただき、維新を補佐し、密詔を受けて貴国に助けを求めました。貴国と弊国とは諸夏の邦であって、兄弟唇歯の関係です。ただ貴国の人々が正義によって行動するだけではどうして救えましょうか。弊国は国力が微弱だとはいえ、東亜の大局を心配する者はおり、どうか先生にお教えをこうことができればと存じます。貴国は教化、政治、風俗、種族、文字を共有し、地球万国において貴国のように親しいものはございません。しかしもし弊国が滅び、ロシア人が侵略し、貴国においても存在できないとすれば、人民と教俗とはすっかり無くなってしまうでしょう。大東〔日本・中国・朝鮮〕を滅ぼすだけでなく、実に数千年の教化や学問も滅ぼすこととなります。そのためこの挙動はたんに皇上を退けるだけでなく、わが中国を滅ぼし、わが大東の教俗を滅ぼすことになるのです。先生は東方の義士にして、意気盛んで高潔な節操を保ち、とりわけ経学に精通され、孔教を尊崇され、わが大事変を哀れみになっておられます。どうか貴国の士に頼み、あるいは志や節操を持つ人を連合し、上は貴政府を反応させ、下は方法を講じて弊国の京師にお入りください。先生のご提案をお聞きし、感激することこの上ございません。〈一八九八年十月二十九日〉(16)

天禍敝國、呂武擅權、致廢皇上。我皇上英明神武、鋭意變法、以救生民。僕過蒙知遇、毗贊維新、承奉密詔、求救貴國。貴國與敝國爲諸夏之邦、兄弟唇齒、惟貴國士民仗義、何以救之。敝國國小、然亦有憂東亞大局者、唯先生有所教。貴國同教・同政・同俗・同種・同文、在地球萬國未有若貴國之親者也。然且敝國若亡、俄人呑併、於貴國亦不能立、則人民教俗掃地盡矣。非徒亡大東、實併數千年之教治文學而竝亡之。故此舉非惟廢我皇上、亡我中國、竝掃我大東教俗也。先生東方義士、慷慨高節、尤深經學、尊崇孔敎、哀我大變、惟激厲貴國之士、或聯合志義之夫、上之感動貴政府、下之設法入敝國京師。聞先生倡議、感激萬分。

三（C九十六）

各国は公法や憲法〔国の大事な決まり〕について議論していますが、弊国の公法・憲法と言えば、五経の大義を主とします。これは貴国と千年ものあいだにわたって共有してきました。君臣・父子・夫婦という三綱の義は、天地の間にかかっております。経義〔儒教の経典の道理〕から言えば、『周易』では「婦道は成し遂げることはない」(17)と言い、『書経』では「牝鶏が朝明けを告げれば、その家は衰える」(18)と言い、『礼記』では「夫が死ねば子に従う」(19)と言い、『春秋』では「婦人には朝廷のまつりごとは無い」(20)と言っています。ゆえに経義では、女性は政務を執ることが出来ず、女性が政務を執ることはみな道理に背くことでした。たとえ国家にかかわる重大事があったとしても、君主が死去すれば冢宰に従ったのみです(21)。〔西太后が咸豊帝の死後に〕かつて政務を執ったのは緊急の措置ではありましたが、すでに大義には合致していませんでした。そもそも皇上〔光緒帝〕は即位されて二十四年になられ、お年も三十を過ぎ、英明で武勇に優れ、変法・自強に努めておられますのに、訓政を請う道理などあるでしょうか。今回の訓政の詔(22)は西太后の意向によるものです。皇上を幽閉した後に詔勅をでっち上げたのは、まったく王莽《おうもう》や曹丕《そうひ》、劉裕が皇位を簒奪したのを譲位だと言いつくろったのと変わりありません(23)。ご本人の意向であると考える者は一人もいません。ですから今回の事は、実際には廃位・簒奪であり、訓政ではないのです。皇上は文宗顕皇帝〔咸豊帝〕の後を継がれましたので、経義や律令からすれば、皇后である慈安太后〔東太后〕しか母とすることが出来ません。

天子は庶母を母としませんし、たとえ民間でも庶母〔に対して母と同様〕の喪に服する決まりはありません。西太后は同治帝に対しては生母ですが、今上陛下に対しては先帝の側室であるに過ぎません（『春秋』の義では、〔魯の荘公の実母である〕文姜が淫乱であったことから、荘公は母と称さなかった〔のは礼に適っている〕と言っています[24]。たとえ生母であっても、唐が〔中宗李顕の実母である〕武氏を廃位した[25]という前例があります）。道光の御世には太妃〔孝静成皇后〕がいらっしゃり[26]、実質は全く同じでした。母子の分〔わきまえ〕が無くとも、君臣の義は正されていたのです。〔ところが西太后は光緒帝が病気であるという〕詔勅を偽造して、天下に医者を求めました（これは本朝ではいまだかつてなかった詔勅です）。これは〔光緒帝への〕廃位・弑逆であり、明の宮女である韓金蓮が穆宗を殺そうとしたのと[27]変わりありません。反逆者である側室が兵を従えて廃位に動き、皇上は幽閉され、機会をうかがって権力を手中に収めました。やりたい放題の淫らな太后は、天下に受け入れられないことをやってのけた訳です。こうしたことは世界中どこを見渡してもありません。貴国の場合は経義が同じです〔からなおさらです〕。

一、〔今回の〕訓政とは幽閉・廃位のことであり、訓政ではありません。訓政は偽の詔勅とこじつけから出たものです。

一、廃位を明確にするときは、〔光緒帝を〕弑逆したということです。

一、西太后は先帝の側室であり、〔光緒帝との関係は〕母と子ではなく君と臣です。

一、西太后は宮女の分際で皇帝を廃位しました。

一、同治帝の立太子は、その不義の子を立てたということです。

一、李盛鐸《りせいたく》[28]は西太后と栄禄《えいろく》を開明的な人物だと褒めそやしています。ですが試みに〔彼らが〕八股文を復活させ、新聞社を閉鎖し、主筆を逮捕し、一切の新政を取りやめ、一切の旧政に復し、新政に関与した四十人余りを逮捕して監獄に入れ、革職・処刑したことを見てください。試みにお訊ねしますが、西太后と栄禄は開明的な人物でしょうか[29]。

康有為〈日付不詳、一八九八年十月〜十二月頃か〉

各國言公法憲法、敝國之公法憲法以五經大義爲主、此與貴邦千年共之者也。君臣父子夫婦三綱之義、懸於天壤。以經義言、易言婦道無成、書言牝雞之晨、爲家之索、禮言夫死從子、春秋言婦人無外事。故經義婦人不得臨朝、其臨朝皆悖義理。卽有大事、君薨聽於冢宰而已。前之臨朝、出於行權、然已不合大義。若夫皇上臨政二十四年、已三十、英明神武、變法自强、安有請訓政之理。此次訓政之詔、出於西后。旣幽皇上之後、僞託詔書、與王莽・曹丕・劉裕簒位時之禪位文同、無人以爲出於本人者。此次實是廢立簒位、非訓政也。皇上上繼文宗顯皇帝、以經義律例、嫡后慈安太后乃得爲母、天子不以妾母爲母、卽民閒於妾母亦無丁憂之例。西后於同治則爲生母、於今上則爲先帝之遺妾耳。(春秋之義、文姜淫亂、不與莊公念母。卽使生母、尚有唐廢武氏之例在)道光尚有太妃、其體正同。卽無母子之分、卽正君臣之義。假稱詔書、求醫天下。(此爲本朝未見之詔書)其爲廢立簒弑、實與明宮婢韓金蓮弑穆宗同。逆妾擁兵廢立、皇上被幽廢、候時竊權、自在淫后、然天下不以爲然也、此萬國無之。若貴國則同經義者。

一　訓政是幽廢、而非訓政、訓政出於僞詔假託。

一　眞明廢時是則弑。

一　西后爲先帝之遺妾、非母子而爲君臣。

一　西后爲宮妾廢君。

一　同治立嗣是爲立其奸子。

李盛鐸稱西后榮祿是開新人、試觀復八股、禁報館、拿逮主筆、去一切新政、復一切舊政、捕新政之人四十餘下獄筆殺、試問西后榮祿是開新者否。

康有爲

四（C九十七）

山本先生大啓
梅崖先生執事：

貴方に傾倒すること久しくなります。ご尊顔を拝することができ、喜び慰められることこのうえございません。警保が大君子を知らず、過度に慎重なため、長い時間直接ご教示を賜れず、はなはだうらめしいことです。急にお手紙を賜り、政党のいきさつを述べられ、これを拝読して啓発されました。足下におかれては、意気盛んにして災いを避けようとはなさいません。民を救おうとする志が獄につながれる(30)結果となり、残念に思います。協会の事業は、両邦のよしみをあわせ、東亜の形勢を完全に保つことであり、それは先生にかかっております。大坂中の志士はいかがでしょうか。輿論を喚起し、皆の志をもって大事業を行われることを心より熱望いたします。志士はどのような方か、随時ご教示いただけることを望みます。日本国内に聖学〔儒学〕を熱心に守る人士はどれだけいるかもお示しくださることを望みます。現在の国変は、国を亡ぼすだけでなく、教えを亡ぼすものでもあります。もし漢学の諸君子を集めて会を作り主宰すれば、成功するかもしれません。謹んで先生の安否をお伺いいたします。有為再拝。九月廿九日

〈一八九八年十一月十二日〉

山本先生大啓
梅崖先生執事：
傾倒有道久矣、得見道貌、而喜慰無似。警保不知大君子、乃過爲謹愼、致令不能久親雅敎、憾甚。忽承手敎、述政

黨源委、讀之心開目明。而於足下、慷慨冒難、救民之志、致累下犴狴、爲之歎惜。協會之事、合兩邦之好、以全東亞之局、在執事而已。大坂中志士何若。喚起國論、以衆志擧大業、不勝側望。志士何人、望隨時見敎。東中篤守聖學者人士有幾、亦望開示。今茲國變、非徒亡國、竝且亡敎。若合漢學諸君子爲會以主持之、或有成也。敬謁[31]興居。有爲再拜。九月廿九日。

五（C九十八）

ご来示の趣旨は承知いたしました。十日あまりとなりますが、蔭農《いんのう》[32]はまだ経費をはらっておりません。私が前の手紙で述べたことは、鄺《こう》[33]が私に直接告げたことなので、確かであると思います（勉[34]に前説を聞く必要はありません）。ただ計算上のことについては、略説するのみで（十あまりと言っています）、まだ明らかにされていません。私は大体を述べたまでです。私は報館に手紙を送って経費を献上し、兄〔あなた〕が〔清議報館に〕入るのに便宜を図りたいと思います（いかなる方法にするかは、兄が自分でお決めください。主担当の翻訳者については、確かに別にお願いしたと、鄺が言っておりました。もしはっきりしないのであれば、手紙にて蔭農に聞いたほうがよいでしょう）。和[35]が日本に戻るべきだというのは、はなはだしい誤りと言うべきです。今日電報にて再度それを止めました。以上、羽子兄〔康有儀〕にたてまつります。青木森。十月十二日

私は同時に急ぎの手紙を出しました。蔭農の提出した人名はとても良いと思います。謹んでお礼申し上げます。山本先生にはよろしくお伝えください。言うところの入手したものがあるというのは、日本人は多くが信じません。英明なる皇上を救う心が無いことがこれで明らかとなりました。しかし会見した人もまた藩閥を攻め、はなはだしいことに、さらに政変があったとのことです。終日内変しており、どうして外国のことに及ぶ暇がございましょうか。本

日新聞を読み、イギリス人が舟山を占領したことを知りました。イギリスがすでに動き始めたことは確かで、我が皇上を救うのでなければ、長江を割譲しようというのでしょう。しかしイギリス人が先に動いたのは、おそらく皇上を救うためでしょう。支那をすでに亡国として論じ、いずれも良くないニュースです。結局兄の十月の説に合致するのでしょうか。さらに電報にて約束した日本の外務省の説とも合致します。皇上を救うためでなければ、どうして中国の海に軍隊を動員し、諸国を誘うことがありましょう。もし利権を確保するというのであっても、そこはもともとイギリスの占領下にあるところです。山本先生は大変人情にあつく誠実であられます。将来帰国すれば、必ずお招きすべき方です。〈一八九八年十一月二十五日〉

六（C一五七）

示悉十餘日矣。蔭農尚未付欵耶。弟前書所云、皆鄺面告弟者、想是確（不必聞勉前說）。惟算一層、是略說（云十餘）、未有梢明。弟大概言之耳。弟卽函報館、寄款上、以便兄入。（如何辦法、由兄自酌。至正譯人、確另請。亦鄺言。若未明、可函問蔭農。）和尚必須還東、可謂謬極、今日發電再止之。此上羽子兄。靑木森。十月十二日

弟一面飛函出。蔭農開來人名甚善、敬謝。山本先生代候。所云有入手者、是東人多不信。皇上英明、無救之心、至是乃明耳。然所見人、亦攻藩閥、甚聞又變矣。終日內變、何暇及外事。今日閱報、見英人占舟山、則英已動手屬確、若非救我上、則割長江。然英人先動、殆亦爲救上起耶。支那已作亡國論、總是不好消息。或者果應兄十月之說耶。且與電約日外部之說合、不爲救上、何事用兵中國海、而約諸國耶。若占利權、則固其所。山本先生極篤實、將來若還國、必須奉請者也。

羽子〔康有儀〕大兄：お兄様が横浜に到着されたことを知り、大変喜ばしく思います。（現在、〔清議報は〕白話新聞に改められたので、お兄様も執筆するべきです。）綿入れは王照に頼んで郵送してもらったらよいでしょう。私は明日（遅くとも明後日）〔東京に〕帰ります。山本氏に電報で「〔中国国内から日本に刺客が派遣されることは〕予想内のことで、何も驚くことはない。（何回も死の機会を経験したので）生死は天命に任せます。心配しないでください」とお知らせください（連絡がないと、彼は必ずお兄様に聞くでしょうから）。ご安泰をお祈りいたします。弟の署名〔康有為〕　〈一八九八年十二月頃〉(36)

羽子大兄：知兄到濱、甚善。（現改白話報・兄亦可操筆。）棉衣可囑照寄出。弟明日（至遲後日）即還。電山本（無檄、彼定聞兄哉）：意中、何驚也。（身經十死）自有天命。希勿念。即請大安。弟名上。

七（C一〇一）

羽〔康有儀〕兄台鑒：

前日お送りいただいた秦狄(37)の手紙、拝受しました。秦は容の仮名です。議論すること数か月、今になってようやく承知して来ました。誠に何穂(38)の占った占い紙の通りです。他の人は意見を受け入れることはないでしょう。西洋服と足袋は受け取りました。お金はすでに無くなり、これ以上用意することはできません。このお金は遅々として調達して、ようやくお送りできたものです。山本、橋本の手紙は受け取りました。山本の言葉がこのようであれば、大変お願いしづらいのですが、試しに誠心を尽くしてお願いするべきです。昨日、兄は、金銭のこまごましたことで今後互いを汚しあいたくないとおっしゃいました。しかし来年この学校は、規模は小さいとはいえ、両国が交流し人材を育てるための地となります。現在犬養君(39)は校長になりたいと希望し、大隈伯(40)もまた顔を出し指導されており、梅崖先生がそこに腰をすえて教育に当たられることが必要です。長兄(41)、卓渙(42)もみな梅崖先生が東亜の大局を考え、お越しになって風俗教化を安定されることを望んでいます。少ない額で報酬を用意することについては、いたしかたありません。あわせて一二の高弟をつれて分校にお越しになることをお願いしてください。丁寧に懇請するというのは、長兄の意向です。お金は商人のお金です。今必ず山本先生を得たいと思っています。もしお越しになれば、必ず……できないでしょう。〈一八九九年二月初〉(43)

羽兄台鑒：

前日寄來秦狄信收。秦卽容之假名也、議之數月、今乃肯來、誠如何穂所祈之命紙矣。餘人可無容議。西衣襪收、欵已盡、不可再做。該欵遲遲籌過、乃能寄出。山本・橋本信收。山本言如此、甚難請矣。然試當竭誠請之。昨兄言金錢瑣瑣、不敢再以相瀆。但明年此學校雖微、爲兩國交通成就人才之地、現犬養君願爲校長、大隈伯亦出來領袖、必得梅崖先生坐鎭教誨。長兄・卓渙均欲之望梅崖先生俯維東亞大局、來鎭風敎。至區區之數、以備薪水、非有他也。幷請帶一二高弟來分校。蓋殷勤敦請、乃長兄之意。欵項乃商人之欵、今必欲得山本先生。若來、必不能乃〔原文終わり〕

八（C九十四）

大阪東区谷町一丁目
梅清処塾
山本梅崖　殿

東京牛込区早稲田鶴巻町四番
青木森堅
〔赤字にて「康有為　変名」〕

康有為書簡

梅崖先生執事：

以前から君子の高義を慕って久しくなります。昔、弊邦にあって議論するに大賢をたずね、多くの人材を教え、足下に身を寄せました。最近、仰ぎ見ることができ、とてもうれしく思います。以前から貴国の学問を慕い、そこで前年に商人を鼓舞して大同学校を横浜に開設し、門人に頼んで大体のしくみを定め、きまりを作り、それによって両国の道を通じて後進を育成しております。最近、大隈伯、犬養君はとても称賛してくださり、来年学校にお越しになり管理してくださるそうです。最近、犬養君は学校長になることを承諾されましたが、教授の任務は、私の考えでは、足下以外に頼れる方はおりません。誠にいま商人の力の取るに足らないものによるとはいえ、明年にはきっと拡大するはずです。現在すでに人をハワイ、南洋に行かせ、それぞれ開学を鼓舞させておりますが、ここを中心地といたします。教師が厳格で、きまりは詳しく、書籍の翻訳に順序あることなど、将来推し進めて中国四億人の手本とすることができるためには、通儒正学でなければなりません。先生のようなお方は、きっとそれを担当することができます。そこで家兄〔康有儀〕に託して私の考えを申し上げました。しかしながら商人の規模は大変小さいため力量ははなはだ微弱であり、先生には大変失礼なことで、とても罪深いことであることは承知しております。しかしながらこれはもともと商人の事情であって、私が先生をおもてなしするやり方ではございません。〔私がおもてなしするのは〕先生が東亜を自らに担われているからなのです。どうか私の誠意をご高覧いただき、東亜の大事のためにお考えになり、特別にお許しを賜ることをお願いいたします。まことに恐縮しながら踵を上げてお待ちしております。康有為頓。

なお、宋明の諸大儒は、いたるところ招きに応じて講学しました。これはいずれも古人の高義であって、議論するまでもないことです。西洋人は、教師を雇うことを、労働者を雇うことと同じであると考え、それは経済学でいう名声と実績を総合的に考察することであって、大義を行い礼を尊ぶ道ではないなどと述べます。こうした考えにとらわれる必要はないようです。謹んで申し添えます。十二月二十七日。〈一八九九年二月七日〉

書簡

梅崖先生執事：

嚮慕君子高義久矣。昔在敝邦卽議物色大賢、以敎多士、而依於足下。頃得遂瞻仰、私心欣幸。昔慕貴國文學、故於前歳鼓動商人、開大同學校於横濱、而屬門人粗定規模、爲之條理、將以通吾兩國之郵、而成就後進。頃者大隈伯・犬養君過垂獎許、明歳到學爲之提擧。頃犬君允爲學校長、而敎授之任、鄙意以爲舍足下無與歸。誠以今日雖出於商力之區區、而明歳必可推大、今已令人分到布哇・南洋分行鼓勵開學、而以此間爲總匯。師範之肅、條理之詳、譯書之級、將來卽可推行爲支那四萬萬人之法則、非得通儒正學。如先生者、定足任之、故託家兄道達鄙意。而以商人規模極小、力量甚薄、唐突左右、甚知罪戾。然此固商人之事也、非僕所以待先生。而先生以東亞自任之意也、伏乞俛鑒鄙誠、爲東亞大事起見、特垂惠許、不勝鶴立屏營之至。康有爲頓。

再者、宋明諸大儒、到處就聘講學、此皆古人之高義、無以爲議者。西人以聘師與雇工同類、竝偁乃理財學之綜核名實、非立義崇禮之道也。似不必拘泥之。謹附陳。十二月二十七日。

注

（1）康有為が光緒帝に直接の上奏を許された経緯については、康有為『我史』（『康有為全集』第五集、北京：中国人民大学出

版社、二〇〇七年)、九四頁、茅海建『従甲午到戊戌：康有為『我史』鑑注』(北京：生活・読書・新知三聯書店、二〇〇九年)、四五八～四六一頁を参照。

(2) 孔祥吉『戊戌奏稿』的改纂及其原因」(同『戊戌維新運動新探』長沙：湖南人民出版社、一九八八年)を参照。

(3) 例えば、永井算巳「清末における在日康梁派の政治動静――康有為、梁啓超の日本亡命とその後の動静――」(同『中国近代政治史論叢』汲古書院、一九八三年)、齊藤泰治「大隈重信と東京での康有為」(『教育諸学研究』第二三六号、二〇〇九年)、藤谷浩悦『戊戌政変の衝撃と日本――日中聯盟論の模索と展開――』(研文出版、二〇一五年)などを参照。

(4) 「答山本憲君」『清議報』第七冊(一八九九年三月二日)。

(5) 黄彰健「康有為衣帯詔辨偽」(同『戊戌変法史研究』中央研究院歴史語言研究所専刊之五十四、一九七〇年)を参照。

(6) 「奉詔求救文」『日本外交文書』第三二巻第一冊「清国戊戌政変ト亡命政客渡来ノ件」六一六文書。この文書については、黄彰健前掲論文、狭間直樹『梁啓超　東アジア文明史の転換』(岩波現代全書、二〇一六年)、三一～三二頁、二〇五頁を参照。

(7) 日清協和会の設立の経過については、藤谷浩悦前掲書、三八九～三九一頁、四三六～四三七頁を参照。

(8) 『清議報』第二冊、一八九九年一月二日。「旨趣」の原文は以下の通り。「一、日清両国人士、聯絡親睦、彼此声気相通、以期扶植清国、保全東亜大局。二、音信往来、藉通消息、凡一切挙動、彼此必以情況相告。三、擬両国往来、如買売等事、応得便利之道、宜両相関照。四、討究時事、宜以実力行之、以助清国革新之挙。五、諸会如有関繋両国情事者、与通気脈。六、此会与政府無干渉。七、既為会友、当互相保護。若被匪類陥害、吾儕当死力報之」。「章程」の原文は以下の通り。「第一条、卜地於大阪市東区安堂寺橋通二丁目七十八番屋。第二条、於会友中択置幹事五人、評議員十五人。第三条、幹事、辦理会中一切事務。第四条、評議員、論決会中重大事務。第五条毎年十一月、設定期総会、討論時事。第六条、幹事有視為緊急之事者、乃設臨時総会、随時集衆論議。第七条、会友中如有欲脱会者、須稟告幹事。第八条、擬会友毎人定額醵金二十銭、以充本会経費、多醵者聴」。なお藤谷浩悦前掲書、三九〇～三九一頁、四三六～四三七頁によれば、この『清議報』のものとは別に、一八九八年十一月三日付『大阪毎日新聞』にも会則が掲載されているが、『清議報』版がより康有為らへ支援を示す内容になっているという。

(9) 前掲の康有為による詩「答山本憲君」においても、山本憲の協和会結成が称賛されている。本書、康有儀C一一八書簡の訳注も参照。

(10) 横浜大同学校については、中村聡「日本横浜大同学校――その創立年月日をめぐって――」(『東洋大学中国哲学文学科紀要』第三号、一九九五年)、藤谷浩悦前掲書を参照。

(11) 吉田薫「康孟卿の翻訳作業とその周辺――戊戌変法から『清議報』刊行までを中心に――」(『中国研究月報』第六五巻第一〇号、二〇一一年)、一〇~一二頁を参照。

(12) 和姪:康有儀の息子の康同和を指す。

(13) 王荊公:王安石、北宋時代の政治家、文学者。字は介甫、晩号は半山、通称は王荊公。

(14) 文御史:文悌。字は仲恭、瓜爾佳氏、満洲正黄旗人。文悌は一八九八年七月八日に康有為弾劾のための上書を行い、その中でただ中国四億人を守ろうとして我が大清を度外においてはならないと主張している。「文仲恭侍御厳参康有為摺」、『翼教叢編』巻二、『東華続録』光緒二十四年五月壬申の条を参照。

(15) 羽兄:康有儀、字は羽子。

(16) 康有為は一八九八年十月二十九日に山本憲と初めての面会を果たしており(『梅崖先生年譜』一九三一年、三二頁)、この文章はその際の筆談記録と思われる。

(17) 『周易』坤「陰美有りと雖も、之れを含みて以て王事に従い、敢て成さざるなり。地道なり。妻道なり。臣道なり。地道は成すこと無くして代りて終有るなり」(「陰雖有美。含之以從王事。弗敢成也。地道也。妻道也。臣道也。地道無成而代有終也」)。

(18) 牡雞は牝雞の誤り。『書経』牧誓「王曰く、古人に言う有り。曰く牝鶏晨する無し。牝鶏の晨する、惟れ家の索《つ》くるなり」(「王曰。古人有言曰。牝雞無晨。牝雞之晨。惟家之索」)。メス鶏が鳴いて明け方を知らせると、家が衰退する。転じて、女性が政権を握ると国が衰微する、の意となる。

(19)『礼記』郊特牲「婦人は人に従う者なり。幼にして父兄に従い、嫁して夫に従い、夫死すれば子に従う」(「婦人従人者也。幼従父兄。嫁従夫。夫死従子」)。

(20)『春秋穀梁伝』僖公九年「婦人をして国事に与ら使む毋かれ」(「毋使婦人與國事」)。

(21)『論語』憲問「君薨ずれば、百官己を総べて以て冢宰に聴くこと三年なり」(「君薨、百官總己、以聴於冢宰三年」)。冢宰は周代の官名。天官の長として王を補佐した。

(22)一八九八年九月二十一日に発せられた西太后に訓政を乞う光緒帝の上諭。

(23)原文「與王莽、曹丕、劉裕簒位時之禪位文同」:王莽は前漢の孺子嬰に、曹丕は後漢の献帝に、劉裕は東晋の恭帝に禅譲を迫って帝位についた。

(24)『春秋左氏伝』荘公元年「三月、夫人斉に孫《に》ぐる、姜氏と称せず、絶えて親と為さざるは、礼なり」(「三月、婦人孫于齊、不稱姜氏、絶不爲親、禮也」)。

(25)原文「唐廢武氏」:七〇五年、女帝武則天が宰相張柬之、第三子である李顕らにより退位を迫られて中宗李顕が復位し、国号も唐に復したことを指す。

(26)原文「道光尚有太妃」:道光帝の側室の孝静成皇后は、咸豊帝の養母として政治的影響力を持った。

(27)原文「明宮婢韓金蓮弑穆宗」:『明史』列伝第二・后妃二に、嘉靖(明世宗)二十一年に宮女の楊金英らが嘉靖帝を絞殺しようとしたが、同じ宮女の張金蓮が皇后に通報したため、嘉靖帝が助かったという記録が残っている。韓金蓮は楊金英、穆宗は世宗の誤りである。

(28)李盛鐸:康有儀書簡注(149)李公使を参照。

(29)この文章については、本書康有為書簡解題、康有儀書簡C一六四も参照。

(30)原文「下犴狴」:犴狴は監獄のことを指し、山本憲が一八八五年に「大阪事件」により有罪判決を受けたことを言う。

(31)謁:「謁問」の省略で、「問う」より一層遜った表現。

(32)蔭農:陳和沢、字は蔭農、広東南海県の出身。康有為の弟子で、一八九七年に来日し後に横浜大同学校の教員を務めた。

帰国後は広州南強公学校長などを務めたこともある。康孟卿の娘婿である。

(33) 鄺：在日華僑商人の鄺汝磐を指す。かつて馮鏡如等と共同で出資して横浜大同学校を作った人物である。

(34) 勉：徐勤、字は君勉、康有為の主な弟子の一人。康有儀書簡C一八三も参照。

(35) 和：康有儀の子である康同和を指すか。

(36) この文書はもともと康有儀書簡C一五七に同封されていたものである。康有為が書いたものと思われるため、ここに収録した。康有儀が横浜に到着したのは、一八九八年十二月初旬なので（康有儀書簡C一一六）、この文書もこの時期に書かれたものと思われる。

(37) 秦狄：不詳。

(38) 原文「何穗」：何廷光のことか。何廷光、字は穂田、広東省香山県の人。マカオで商業を営み、巨富を積む。かつて出資してマカオで『知新報』を創刊するなど康有為ら維新派と緊密な関係にあった。

(39) 犬養君：犬養毅、かつて横浜大同学校の名誉校長を兼任。

(40) 大隈伯：大隈重信のこと。

(41) 長兄：康有儀のこと。

(42) 卓渙：不詳、梁啓超を指すか。梁啓超も山本憲を招くよう大同学校の出資者に強く提案した。

(43) 康有儀書簡C一二四（一八九九年二月三日）に「先ごろ舎弟〔康有為〕の返信を受け、その誠意を詳細に知りました。商人の金額の理由について、私は師弟の親しみにより、あえて元の手紙を付し」とあるが、その「舎弟の返信」が本書簡にあたるものと思われる。

葉瀚書簡

蔣　海波

【解題】

当該書簡Ｃ一〇二の日付は、書中の「別れたのち、将に一ヵ月を過ぎようとしている」とあるように、山本憲の一八九七年十一月までに、中国を遊歴し、上海で羅振玉、汪康年、葉瀚《しょうかん》らと交流した一ヵ月後、すなわち一八九七年十二月のことと確定できる。書簡Ｃ一〇三の日付は「陰暦閏八月十三日」とあるように、「閏八月」のある年は一九〇〇年であったので、確定できる。

書簡Ｃ一〇二では、ドイツの膠州湾占領を懸念して、葉瀚は「殉道義会」を立ち上げて、「聖教」儒教を衛ろうと、梅崖に対して広く同志を募り、日本からの声援を求めている。

書簡Ｃ一〇三は、山本憲の弟子田宮春策が「官話」を学ぶために中国へ渡航し、葉瀚が設立した「経正書院」に入学した時の様子を報告している。なお、田宮のその後の様子については、山本憲より汪康年宛ての書簡にその経緯の一部を記録している。それによると、一九〇〇年九月下旬、田宮が上海へ中国語を学びに出発した際、山本憲は紹介状を汪康年に出して、上海の友人にその世話を依頼した（山本憲書簡十、『汪康年師友書札』四、三二九八～三二九九頁）。しかし数か月後の一九〇一年四月中旬、山本は書簡において、「田宮失事師之道、加非礼於葉先生」（田宮が師事の道を外れてしまい、葉瀚先生に非礼な事をしてしまった）ことを孫淦《そんかん》から聞いたので、「書生無状、弟実無言可謝」（学生としてしかるべからず姿になり、私から謝罪の言葉も見つからないほど恥ずかしい）として、田宮を「削弟子籍」（破門）することで汪康年、葉瀚らへの謝罪の意を表した（書簡十一、『汪康年師友書札』四、三三九九頁）。田宮の行った非行無礼なこととは、汪康年が梅崖に宛てた書簡（C八十二）にあったように田宮が「燕に遊ぶこと稍や頻りにな」ったり、葉瀚の訓戒に対して「侮漫」な態度を取ったり、さらに学資や寮費を滞納するといったことであった。

葉瀚書簡訳注

一（C一〇二）

（封筒表）

即　坦堂（古城貞吉《こじょうていきち》）先生に日本に持参し大阪千甲村に転送を願いする。山本永弼先生台啓。

弟葉瀚。手書。中暦十一月三十日。

（本文）

山本先生大人閣下

先月、先生にお目にかかり、ご高論を承り、嬉しく思っております。別れた後、将に一ヵ月が過ぎようとしておりますが、［私］一日二十四時間の内先生のことを想わない時はありませんが、先生もまたきっと私のことにお心をかけておられると思います。道を守り自ら重きを据え、日々精進されておられることでしょう。千甲村の学堂に想いをやれば、恐らくすでに開校されたことでしょう。海や空は広く、斉魯の学問と武道を講じる一つの場が増え、ご一門

郵便はがき

料金受取人払郵便

麹町局承認

1433

差出有効期間
平成29年8月
31日まで
（切手不要）

1028790

202

東京都千代田区
飯田橋二―五―四

汲古書院 行

通信欄

購入者カード

このたびは本書をお買い求め下さりありがとうございました。今後の出版の資料と、刊行ご案内のためおそれ入りますが、下記ご記入の上、折り返しお送り下さるようお願いいたします。

書　名
ご芳名
ご住所 TEL　　〒
ご勤務先
ご購入方法　① 直接　②　　書店経由
本書についてのご意見をお寄せ下さい
今後どんなものをご希望ですか

のお弟子は万里を遊行されることでありましょう。特に貴国において王者の手本となる師としては、他の者が担うものがいません。先生はそれを図ってくれませんか。目下、時局は大きな困難に直面しており、その関わるところは全アジアに及び、ただ我が国だけではありません。私は野に身を置き、たとえ志を持っていても、惜しいことに孤立して力が弱く、その志を遂げることができず、ただ日々涙を流し、天に向かって叫んでも訴えはなかなか届きません。ドイツの我が山東を占拠したことに対して、国政に当たるものは国の禍として憂慮はしましたが、茫然としてここが聖蹟発祥の地であることを考えようともしませんでした。山東が一旦奪い去られると、全アジアの聖教は正に亡ぼされようとし、聖教が一旦亡ぼされたら、白人は直ちに我が人種を本当に無教の者とみなし、なすままに虐げられるしかありません。私と先生とは元より儒教を守る同志ですので、敢えて本音を申し上げます。私は、今回の争いについては、国権や武力の以外に、宗教〔儒教〕の教えによって人心を束ねて繋げることを提唱しようと思いました。故に草卒の譏りを憚らず、「殉道義会」となる会を立ち上げて、聖地を護ろうと思うにいたりました。先ずは当然我が国は率先して実行し、同洲・同教・同文の国で、しかも新たな局面を開ける者としては、貴国をはずすことはできません。先生におかれましては、同志を広く募り、声援を送っていただき、この局面を切り開くことができないでしょうか。しかしながら、私はこの行動は民間人によって行ったほうが公正で妥当だと思っております。一旦国交に及べば、多くの支障が生じかねないからです。先生が妥当な対処をしてくださいますことをお願いいたします。ご返事があり次第、それに従います。大著は一通り拝読いたしました。学問と教育において仮に現在では世に問うことができなくても、万世に通用できる公論であります。現在、民衆の思想はまだ啓かれず、天子の徳は尊敬されておりません。私の見解としては、一時的に西洋の学問を重視して東洋のそれを制限するのもやむを得ないと思います。しかし、彼らが崇拝している「人と天がともにある」という趣旨は、我が聖教では早くも春秋の昇平の世において、天が人を治めるという一つの趣旨に十分反映されています。永遠に人・天ともに同じ起源だという道理を受けることについては、耶蘇ははっきりしていませんが、悪が席を奪うようなことは聞いたことがありません。聖教に教会組織があれば、その宗教的正統性は受け継がれて途絶えることはないはずです。教統が途絶えなければ、その人種が中心をなくすことにはなりません。これこそ目下の急務であります。先生はこれを正しいと思われますか。古城貞吉先生が歳末に日本に戻られるので、氏に玉稿を持ち帰って贈呈いただくよう、そしてご様子をうかがうことにいたしました。毎日先生の返事を待っております。投函は「上海三馬路望平街朝宗坊蒙学報館内葉収」と記されば、着くはずである。謹んで大安でありますように。

小弟葉瀚頓首。中暦十一月三十日。〈一八九七年十二月二十三日〉

書　簡

（封筒表）

即祈　坦堂先生吉便帯至　日本転寄大阪千甲村交　山本　永弼・次篆　台啓

弟葉瀚　手緘　中暦十一月三十日

（本文）

山本先生大人閣下

前月得覩顔色、處論爲快。別後又將一月、二十四時以内無不思起居。想先生亦念及鄙人也。衞道自重、安善日臻。至念千甲村中學堂、想已早開。海天横潤、增一齊魯之講射。龍門後生、萬里之游。特於貴國取法王者之師、非異人任、先生其有以圖之可無。目下時局大難、其關屬乎亞洲全局圖、不獨敝國已也。鄙人身居草野、横覧有志、惜身孤力弱、志不得遂、日夜引涕、呼天難訴。德踞我山東、當國以國禍爲慮、茫未計及聖蹟發祥本在於是。山東一去、卽係全洲之聖教將亡。聖教一亡、則白人眞以我種爲無教之種、任意魚肉而已。弟與公固吾教同志者也、敢告下懷。弟念目今之爭、當在國權兵力之外、提倡教宗以維繫人心。故不揣冒昧、題立一殉道義會、保護聖地。敝國當先發、但同洲同教同文、而能開新者、可無貴國。若不知先生能徧約同志、廣爲聲援、成就此局與否。但鄙意此擧宜由民士發端、方昭公允。一涉國交、便多窒碍。祈先生善爲籌之、卽示後遵照。大著拜讀一過、學敎匡時、當今不刊之論、亦卽萬世同然之公論。目今蛙魂未啓、龍德未尊、淺見一時宜尚西而抑東。然彼宗人天同禮之旨、吾敎早於春秋昇平世、以天統人一旨括盡。至於承有永在人天同始之道、耶氏茫昧、未聞惡能奪席。聖敎有會卽敎統不絶、敎統不絶卽人種不致無主、而實當今之亟務也。先生以爲然否。古城貞吉君歲闌東歸、囑携呈大稿、幷致詢焉。日候惠復賜函、卽寄至上海三馬路望平街朝宗坊蒙學報館内葉收。此請大安。

小弟葉瀚頓首　　中曆十一月卅日

二（C一〇三）

（封筒無し）

梅崖先生大人閣下

先日、お手紙を謹んで頂戴いたしました。門弟子田宮〔春策〕君に官話の勉強にわざわざ我が国に来させておられますが、昨日田宮君に預かったお手紙を拝読し、ご起居の佳いことを知り嬉しく思っております。田宮君は気質が穏やかで、英気が内に秘めているようで、ご一門のうち、良い門下生であろうと推察いたします。現在すでに彼を私が設けた経正書院に入学させました。住居を清国上海英租界新馬路梅福里二弄二十九号とし、家賃と食事代を月額八元と決めました。彼の官話の学習は私自身が担当できるので、学資の必要はありません。毎日二時間勉強しますので、ご放念ください。恐らくご心配されるのを案じて、汪康年先生が書簡を送られる便に託して、ここで挨拶と祝福の意を申し上げる次第です。
葉瀚拝上。陰暦閏八月十三日夜。　〈一九〇〇年十月六日〉

梅崖先生大人閣下

前奉惠書敬悉。令門弟子田宮君特來弊邦學習官話、今昨得見田宮君出惠函、拜悉起居佳暢、至慰至慰。田宮君氣質厚重、精英內含、望而知爲德門佳士。現已延居弟設經正書院中。居清上海英界新馬路梅福里二弄二十九號屋中月定房膳金八元。其官話弟可親敎、不須論脩。日敎兩點鐘、諸祈放心。恐係爲盼、特乘汪康年先生寄書之便、敬陳候言。卽請道安。

葉瀚拜上　陰曆閏八月十三日夜

王照書簡

【解題】

大坪慶之

著者の王照（一八五九〜一九三三）は、河北省寧河県の出身で、字は小航、一八九四（光緒二十）年の進士である[1]。礼部主事の時に康有為・梁啓超らの変法運動に同調し、のち戊戌政変により日本へ亡命する（一九〇〇年五月に日本を離れ帰国）。王照は日本滞在中に一般庶民が文字を解する日本社会に感銘を受け、日本の仮名を参考に表音文字である「官話合声字母」を創作する。辛亥革命後は、読音統一会の副会長に就任するなど、言語学者として活動する。

「山本憲関係資料」には、王照の書簡が六通収められており、送り先から大きく三つに分類できる。第一は、康有儀に宛てたものである（C一〇四、C一〇九）。C一〇四は、康有儀に対し戊戌政変について山本憲に説明するよう依頼した書簡本体とそれに付随するもので、最終的に山本の手で保存される。構成は、①山本が付けた説明書き、②日清協和会の章程などについての質問、③戊戌政変に関する説明の前後に王照が文章を書き加えた書簡本体となっている。年月日は記されていないが、康有為が光緒帝から受けたとされた「密詔」が記されている（王照は一八九九年、この「密詔」が偽物であることを犬養毅に指摘する）。また王照は、一八九八年十月末に山本と面識を持った後、直接書簡をやり取りするようになる。以上のことから、作成時期は彼が日本に亡命し、東京に着いた直後から山本が上京するまで[2]の同年十月二十五日頃と推察される。②は、王照とは別人が作成しているようにも思われるが、著者が特定できておらず詳細は不明である。これについては③書簡本体の追伸に出てくる古城貞吉《こじょうていきち》の談話についての添付文書や、康有為・梁啓超が関わったもの（「亡人」は亡命者の意）である可能性も含め、今後検討する必要がある。

C一〇九は、署名から王照が書いたことは確実だが、戊戌政変前後のくだりでは、康有為が亡命の様子を自ら語っているかのような書き方になっている。年月日は記されていないが、『時務報』について「今年光緒帝の諭旨を受けて『官報』と改め」と記されていること、光緒帝の廃立が話題になっていることから[3]、一八九八年の秋から冬にかけてと考えられる。王照や梁啓超の日本亡命については、個人の伝記や回顧録を中心に研究が進められたという史料上の限界があり、新たな原史料の収集が必要であるとする指摘がなされている[4]。その意味でもC一〇四・C一〇九の両書簡は、内容から同時期に、同じ目的で認められた可能性があり、亡命直後の王照および康有為・梁啓超の活動を垣間見せる貴重なものである。

第二は、王照が高知を訪問する前後の一九〇〇（明治三十三）年二～五月に、山本憲に宛てて出されたものである（C一〇五、C一〇六、C一〇七）。これらからは高知訪問時の様子に加え、一八九九年以降の光緒帝廃立へむけた動き（己亥建儲。後述）の話を聞いて東京へ情報収集に行ったことなど（C一〇五）、当時の王照の足跡が窺える[5]。また同書簡に、高知で設立が計画されていた「清語学課」（漢語学校。後述）について記されていることは、彼がその方面に造詣が深かったことや、のちの言語学者としての活動との関係を想起させ興味深い。なお、王照の高知訪問については、現地の『土陽新聞』でも取り上げられ、それらと本書簡を考察した、吉尾寛「変法派人士の日本亡命中の一齣――東京、高知…「山本憲関係資料」を糸口にして――」『高知市立自由民権記念館紀要』一八、二〇一〇年、一一～二六頁がある。また吉尾氏には、本書簡を用いた吉尾寛「橋詰益彌と王照の土佐来遊」『臨海地域における戦争・交流・海洋政策』リーブル出版、二〇一一年、一六五～二二一頁もある。

第三は、康有為に宛てた書簡である（C一〇八）。日付は三月二十五日としか記されていないが、保皇会の設立と、康有為と別れて一年との記載があることから、一九〇〇年の作成と推察される。内容は、王照と既に日本を出国し海外にいる康有為が、山本憲を通じて保皇会の活動に関する連絡を取り合っていたことを示す興味深いものである。ただし、王照が康有為宛てに書いた書簡が、山本の手元に残された詳しい経緯は不明である。仮に王照が、山本やその弟子経由で康有為に届けようとしたならば、本書簡は実際には康有為の手に渡っていないことになる。

王照書簡訳注

一（C一〇四）

（一枚目）

王照の手ずから書いた書簡である。羽兄とは康孟卿〔康有儀〕のことである。字は子羽、私の梅清処塾にいる。協和会とは、私が大阪にて同士を募り興した。しかしながら、世の中の人は物を見る目がなく、とうとう成功しなかった。

（二枚目）

貴殿が〔日清協和〕会を開いて我を救おうとしていると聞いており、速やかにこれをなされることを望みます。亡人九頓首。

（〔日清〕協和会を開いて我が国を救い、速やかにこれをなそうとしています。協和会の章程はいかがでしょうか。願わくはお教えください）。

〔紙の右側を上にして「會」とあり〕

（三～四枚目）

羽兄〔康有儀〕様。いただいた手紙はすでに承知いたしました。すぐに鄺君《こう》(6)と相談し、為替送金が到着するのを待って、直ちに来ていただいて結構です。ここに変政(7)を弁別したことがいくつかありますので、代わりに山本先生の処に知らせてはっきりとさせることを肝要とするよう、お願いいたします。貴殿のご安泰をお祈り申し上げます。

照〔王照〕頓首

一、事を行うのに急激であると謂う(8)

皇帝〔光緒帝〕が今年〔一八九八年〕法を変じて新政を行ったが、早く西太后が〔光緒帝〕廃立の陰謀を持っていることを知っていれば〔と悔やまれる〕。思うに〔戸部〕侍郎長麟を罷免し、二妃(9)を打ち、寇良材(10)を殺した時から、已に早くも廃立の謀略を抱いていたのだろう。皇帝は賢明で、深く外国の故事に通じておりますが、西太后はこれを忌み嫌い、栄禄を直隷総督とし、袁〔世凱〕・董〔福祥〕・聶〔士成〕の三軍を統率させ、天津閲兵の時に、直ちに廃立を行うよう議しておりました。皇帝は四月二十八日に某(11)を召見し、直ちに〔変法の〕改革を決意し、毎日新政に従事してきました。思うに新政を行わなくても、必ず廃立したでしょう。廃立を〔計画〕して天下に何も言わないでいるよりは、努力して改革を行い皇帝が非凡で聡明であることを天下に知らしめる方がましである。したがって改革を行うのに急激であると謂うものは、本当にまだ状況を知らないものである。

一、某は陰険の手段を用いると謂う

皇帝が各々年老いて事を解しない老臣を罷免したことは、すべて皇帝が非凡で聡明であるためであり、陰険の手段を用いると謂えるところはない。

一、富貴を図ると謂う

新政〔変法〕を行って以来、江標・王照・譚《たん》〔嗣同《しどう》〕・劉〔光第〕・林《りん》〔旭《きょく》〕・楊〔鋭〕は、皆四品卿〔の銜〕を得た。呉懋鼎《ごぼうてい》・徐建寅・端方は、三品卿〔の銜〕を得た。人々は、某も必ず高官を得るだろうと思った。しかし、新政を行って以来、〔某は〕一階も昇進していない。富貴を求める者とは、このようであろうか。

一、某は死ななかったと謂う

〔八月〕二日、上諭にて急ぎ上海に行って『官報』を監督するよう命じられた。四日の晩に、〔北京を〕出発した。六日に、思いがけず政変があったが、その時は船上にいた。何によってこれを知ることができようか。九日、上海に到着し、イギリス人が船を出して〔某を〕保護してくれ、そこで北京での廃立の事を知った。何によって死ぬことができようか。しかも上諭には外国に行って救いを求め、加えて必ず四方を奔走すべしとある。どうして俄かに死ぬことができようか。

一、兵権を備えずに事を行うと謂う(12)

皇帝は袁世凱を召見したが、栄禄が直ちに聶士成の五千の兵を移して袁世凱を押さえてしまい、政変がすぐに起こって、皇帝の兵権は栄禄《えいろく》が持つものとなった。もし事〔変法〕を起こさなければ、兵権も得ることができなかったのである。

謹録密諭(13)

朕が思うに時局は困難であって、法を変じなければ、中国を救うことはできない。守旧衰謬の大臣を罷免して物事に通じた勇ましい士を登用しなければ、法を変ずることはできない。それなのに皇太后の聖意は、それを然りとはせず、朕が度々それとなく諫めたところ、皇太后は更にお怒りになり、今や朕の位は保つことができなくなりつつある。康有為・楊鋭・林旭・譚嗣同・劉光第らは、諸同志と手抜かりなく速やかに密かに協議し、適当の策を講じてこの状況を救うべきである。朕は非常に気をもんでいるので、待ち焦がれる極みに勝えない。特に諭す。

朕が汝《なんじ》に『官報』を監督するよう命じたのは、実にやむを得ない苦衷であって、紙と墨で言い表せるものではない。汝はすみやかに上海へ行き、あるいは外国に出て、挽回の策を立てるべきである。汝の忠誠憂国〔の心〕は、朕の深く知るところである。その身体を大切にし、よく自ら摂生し、将来更に力を尽くして奔走せよ。共に大業を建てようではないか。朕は大いに期待している。特に諭す。

大叔[14]が言うには、「こちらは綿衣がある。大阪に送るか、あるいは〔あなたが〕来るのを待ってそこで着るか、返信をお願いします」云云。まずは右、また申し上げます。侄照〔王照〕が差し上げます。

今また古城貞吉がやってきて行った談話の筆記を付けてお送りします。

（一枚目）

王照手翰。羽兄トハ康孟卿ナリ。字子羽、予ノ梅清處塾ニ在リ。協和會トハ、予ガ大阪ニテ同志ヲ募リ興セリ。然ルニ世人無眼、遂ニ成ラズ。

（二枚目）

聞足下將開會救我、望亟爲之。亡人九頓首。

（將開協和會救我國、亟爲之。其章程如何。幸敎。）

〔紙の右上に「敎」、左下に右側を上にした横倒しで「會」の文字あり〕

（三～四枚目）

羽兄足下。來書已悉。卽與鄺君商妥、候滙[15]款到、卽來可也。茲有辨變政事數端、請代向山本先生處説知明白爲要。此請大安。照頓首。

一謂辨事急激

皇上今年變法行新政、早知西后有廢立之謀。蓋自革侍郎長麟、打二妃、殺寇良材時、已早蓄廢立之謀矣。皇上英明、深通外國之故、太后忌之、使榮祿爲直隷總督、統袁・董・聶三軍、議於天津閲兵時卽行廢立矣。皇上四月廿八召見某、卽決意改革、以日行新政爲事。蓋不行新政、亦必廢立。與其廢立而無以白於天下、不若力行改革而皇上之聖明天下知之也。故謂改革之辦事急激者、實未知情形者也。

一謂某用陰險手段

皇上黜革各衰謬之老臣、皆皇上之聖明、無所謂用陰險手段也。

一謂圖富貴

自行新政以來、江標・王照・譚・劉・林・楊皆得四品卿。吳懋鼎・徐建寅・端方得三品卿。人人以爲某必得高官矣。而自行新政來、不升一階。求富貴者、乃如是耶。

一謂某不死

初二日、上諭催令出上海辦官報。初四晩、起行。初六、乃有變時在船上。何從知此。初九、抵上海、遇英人派船保護、乃知北京廢立之事。何從死耶。且上諭出外國求救、更須奔走四方。豈能遽死哉。

一謂不待兵權而辦事

皇上召見袁世凱、而榮祿卽調聶士成五千兵以制袁、而事變卽發、皇上之兵權爲榮祿所持。若不辦事、兵權亦不可得矣。

謹録密諭

朕惟時局艱難、非變法、不能救中國。非去守舊衰謬之大臣而用通達英勇之士、不能變法。而皇太后聖意不以爲然、朕屢次幾諫、太后更怒、今朕位幾不保。康有爲・楊鋭・林旭・譚嗣同・劉光第等、可與諸同志妥速密籌、設法相救。朕十分焦灼、不勝企望之至。特諭。

朕命汝督辦官報、有萬不得已之苦哀、非楮墨所能罄也。汝可迅速前往上海、或出外國、以圖補救之策。汝之忠誠憂國、朕所深知。其愛惜身體、善自攝衞、將來更效馳驅。共建大業。朕有厚望焉。特諭。

大叔説、「此閒有綿衣。寄大阪抑或待來乃穿、請覆」云云。專此又稟。侄照上。

現又將古城貞吉來談筆記、付呈。

二一（C一〇五）

【封筒表】消印：山城京都　〔明治〕三十三（一九〇〇）年二月十三日ヌ便

大坂天神橋南詰東入

山本憲様

高山忠照

【封筒裏】消印：摂津大阪　〔明治〕三十三（一九〇〇）年二月十四日ハ便

京都知恩院通用門内　崇泰院

山本憲先生：私は悪い知らせにより、急ぎ東京に行き探り聞きました。幸いにも〔光緒帝の帝位の〕廃立・簒奪はなされておりませんでしたが、皇太子を立てて先帝〔同治帝〕の跡継ぎとし、今上〔光緒帝〕の養子とはしておりません(16)。〔光緒帝と西太后の〕両君は互いに管轄・隷属しあわず、大乱がすでに起こっているのに、収集をつけることができません。しかしながら座視して謀をなすこともできず、私の目は涙によって病となり、脳は思いによって病となっております。東京にいて病に伏すこと数日、今は京都に来ています。十数日してから、高知に行こうと思います。高知の友人は、今まさに清語学課[17]を計画して設立しようとしていますが、私はこの社会変動と惨状の時に直面し、まことにゆっくりとどまることは出来ません。高知に行っても、再び諸君とお別れするに過ぎないだけで、教授のことに応えることはできません。山本先生よりお手紙を頂戴し、ありがたく幸せに存じます。わが国の事件は謀をなすべくもありませんので、時折ご指示を賜りたく存じます。貴殿の安泰をお祈り申し上げます。王照頓首。二月十三日[18]。

再び高知に行く時に、大坂に行って山本先生に会いたいと思います。〈一九〇〇年二月二十三日〉

山本憲先生閣下。弟因惡耗、急赴東京探訪。幸未廢簒、而立嗣爲先帝之嗣、不爲今上養子。兩君不相統屬、大亂已成、不可收拾矣。而坐視無可爲計、弟眼爲淚所病、腦爲思所病。在東京臥病數日、今至京都。擬遲十餘日、再赴高知。高知友人方謀立清語學課、然弟遇此風雲慘變之時、實不能安處。往高知、不過再與諸君作別耳、不能應敎授之事也。得[19]閣下賜書、感荷。敝邦事無可爲計、乞時賜指示。此布卽請仁安。王照頓首。二月十三日。

再赴高時、至大坂視先生。

三（C一〇六）

【封筒表】消印：土佐高知　〔明治〕三十三（一九〇〇）年四月七日　ハ便
大坂天神橋南詰東入
山本憲様
【封筒裏】消印：判読不能

高山忠照

梅崖先生のご高覧を請います。再び直筆の書簡をいただき、恐れ多く存じます。角兄[20]は二心なく、私は直ちに謝罪いたします。近日、宮田之春[21]という者に会い、彼が汽船に乗る時、私はまだ出発ではなく、そのために時候見舞の意を託しておりません。立嗣の論[22]は面倒なことが既に多く、今さらに京都堀川通綾小路下ルの田中方へ孟春湖[23]六十冊を代送していただきますよう、お願いします。残りは反故にして下さって結構です。貴殿の安泰をお祈り申し上げます。照〔王照〕頓首。

土佐の文章の気風が盛んなのは驚くべきことです。この間、先生や友人も多くなりました。佐川村には孔子廟があり、岩村[24]が小博覧会を今月中旬に開きます。〈一九〇〇年四月七日消印〉

梅崖先生臺覽。兩接手示、愧悔何及。角兄無他、小弟當卽謝罪。近日遇宮田之春者、其登瀛船時、弟尚未起、故未託問候之意。立嗣論勞神已多、今更乞代寄京都堀川通綾小路下ル田中方孟春湖六十本。下餘者以覆瓿可也。此懇卽請道安。照頓首。

土州文風之盛可驚。此閒多師友也。佐川村有孔廟、岩村開小博覽會於此月中旬。

四（C一〇七）

【封筒表】消印：土佐高知　〔明治〕三十三（一九〇〇）年五月二十八日ホ便

大坂市天神橋南詰東入

山本憲先生様
高山
【封筒裏】消印：摂津大阪　〔明治〕三十三（一九〇〇）年五月三十日ヌ便
　五月二十八日由高知

　山本先生、お手紙をいただき、お会いしているかのようでございます。私は京都で手ずから書かれた手紙を拝受してより後、日々東西の山水に遊び、また大阪をこえて高知に戻りました。長らく手紙を出せず、申し訳ありません。羽子(25)が災難にあった話は、かねてより嘘であることを知っておりましたので、ご安心ください。近頃、いかがお過ごしでしょうか。小弟王照頓首。〈一九〇〇年五月二十八日消印〉

　山本先生如晤。弟自京都接手示後、日日游東西山水、又越大阪而返高知。久未致書歉〃。羽子被難之事、久知其虚、可放心也。此問近佳。小弟王照頓首。

五（C一〇八）

　長素(26)先生、お手紙をいただき、お会いしているかのようです。隔たること一年、この上なく大きな変化を切望していますが、いまだ全体の計画と策略のありかを量りかねております。宮廷はますます危うく、天下に徳義の名声をはるかに聞くこと、とりわけ南洋において深く大きなうねりとなっております。保皇会の設立は、財物を収奪して私腹を肥やしていると悪く言う者が、続々として皆このようです。しかし、私は常に勤王を言い、咄嗟に行ったことではありませんが、とりわけ外国人に明確に理解してもらえず、無関係の人には理解されず、当事者にも苦心しており、このような疑義を生じております。そもそも公であるか私であるかは、必ず長い時間がたった後に定まるもので、現在の疑義は、どうしておもむろにこれを見ないのだろうか。聞くところでは首肯してその議論をやめる者が、非常に多くあります。私はお別れしてからのち、各地を転々とすること一年、数十金の蓄えを得られておらず、わずかの歩みも行えていないのは（私は事を誤ること長くありました）、すべて愚か者の計画によるものです(27)。そうではありますが俄かに思いますに兄〔あなた〕が本当に私を憎む心がなく、私の成功と失敗は、決して兄の成功と失敗とに相反するものではないのに、兄は一時といえども愚か者をかわいがって軽々しく私を欺きました。思い出しますに北京に在りし時、私は衆人の謗りを排除して兄を守り、かつ七月末に兄は強く私に愚か者を推薦するよう促しましたが(28)この時兄は本当に逆党の言うような勢力であって、私はこれに附合したというのでしょうか。兄の気概を重んじたにすぎません。かつてどれほどの時、兄はこれを忘れたことがあったのでしょうか。今、私が窮状を考えますに、やはり兄は綈袍の誼をもって〔旧恩を懐かしみ〕、陽暦の四月二十日までに、速やかに郵便で金百円をお送りいただきたく存じます（手紙とお金は一緒に山本憲君にお送りください）。この百円の関係するところは頗る重く、もし四月二十五日までに到着しなければ、私もまた永遠に兄に求める機会を逸します。伏して熟考をお願いし、いつか自然に分かる日がありますれば、今私はまた申し上げることはございません。伏して永らく体を大切になさってくださいますよう、お願い申し上げます。愚弟王照。

陽暦三月二十五日〔一九〇〇年三月二十五日〕

長素仁兄先生大人如晤。睽隔一年、翹盼鯤鵬變化、而未測方略所在也。宮廷益危、逖聽寰海義聲、尤於南洋有深禱焉。保皇立會、謗爲斂財入私囊者、紛〃皆是。然弟毎謂勤王、非咄嗟立辦之事、尤非令外人洞知之事、局外不諒、局中苦心、生此疑議。夫爲公爲私、必久而後定、今之疑義者、盍徐觀之。聞者首肯而息其議者、頗不少焉。弟自送別後、轉輾(29)一年、不能得數十金之蓄、寸歩不能行（誤我事久矣）、皆小猾之布置也。然卒思兄實未有嫉弟之心、弟之成敗、決非與兄之成敗相反、兄雖一時爲撫小猾而輕於欺弟。回思在北京時、弟排衆謗而護兄、且至七月末兄强促弟薦小猾、是時兄豈眞如逆黨所云之勢力、而弟附合之哉。不過重兄之志氣而已。曽幾何時、而兄豈忘之哉。今弟計窮、仍欲兄有綈袍之誼、乞陽歴四月二十日前、速由郵便寄金百圓（書・銀竝交山本憲君）。此百圓所關頗重、如四月二十五日前不至、則弟亦永無求兄之時矣。伏望三思、以後自有明白之日、今弟亦不言也。伏望珍重萬古。愚弟王照頓首。

陽歴三月二十五日

六（C一〇九）

羽子(30)様：長い間お目にかからず、とても懐かしく思います。近頃、梁星海（梁鼎芬《りょうていふん》のこと）と張香濤（張之洞《ちょうしどう》のこと）が大いに私を批判して、恨みの極みであります。日本人はその虚偽であることをよくは分かっておらず、思うに張之洞は平素の名声で、非常によく人を欺くことができます。張之洞は、〔戊戌〕政変の後（近頃、覚頓(31)・賛侯(32)の上海より来た書簡を受け取りました）、電報でしばしば速やかに六人(33)を殺し、その仲間を追求するよう上奏し、また上奏して西太后のやり方の手抜かりがないことを非常に褒め、皇帝に関心を示さず、その寵愛を受けたことを忘れ、権勢に迎合する小人であり、これこそその極みであります。梁鼎芬は彼の左右にあって補佐し、ついに新聞紙上で力の限り私を攻撃しています。これは全て日本人がよく分かっていない、わが国の内部に、これら老獪な人物の弊害があるということです。速やかに山本先生に、はっきりとこの事を伝えることを最重要とするようお願い申し上げます。また『時務報』は汪康年に不法に占拠され、今年(34)諭旨を受けて『官報』と改めてから後、その『時務報』の資金数万金は、すべて汪康年に騙し取られてなくなっています（また梁啓超を攻撃しております）。汪康年はこの資金によって各雑誌をはじめ（『昌言報』や『中外日報』など）、無恥で利を図る小人と言うべきであって（金銭を騙し取って不動産を買っています）、語るに値しません(35)。近頃、汪はいつも手紙を日本によこして、私を攻撃し、日本人は黒と白をあまり弁別していません。直ちに山本先生に明確にこれを伝え、この輩(36)に欺かれることのないよう、張之洞にその状況と弊害を詳しく理解させることを肝要とするようお願い申し上げます。そのうえ日本人の多くが政変当日の状況を知らず、いつも私が死なかったことを非難するのは、初二日、初三日(37)の密詔（および明発上諭）によって(38)、急ぎ北京を出て『官報』を処理するよう〔命じられたのを〕知らないからです。その時どうしてもすぐに北京をたたねばならず、初五日に北京を出発し、初六日に政変が起こりましたが、私は移動中であって、どのようにしたら〔政変のことを〕知りえましょうか。煙台（烟臺のこと）に着いても、やはり知りませんでした。上海に到着してイギリス人が軍艦を派遣し保護して伝えてくれて、そこで北京での政変を知り、ここで始めて（皇帝の）密詔の救いを求める意が明らかとなりました。今まさに四方に奔走して救いを求め、日本に来て、これから諸外国に向かおうとしております。近頃（昨日、これを聞きました）、イギリス人が電報を受け取って、ドイツ・アメリカ・日本と連合して皇帝を救おうとしていると聞き、知らせは極めてよいものです。思いますに日本とわが国は同種・同洲で、唇歯輔車の間柄で、わが国を救おうとするならば、まさにこの時において速やかに大義を唱えるべきです。西太后は〔皇位を〕簒奪・廃位していますが、決して母子の分はなく（現皇帝は自ら生んだ子でないだけでなく、本妻でもないので(39)、母親となることは出来ません）、わずかに先帝(40)の宮妾であるだけです。宮廷の妾が皇帝を廃するというのは、大逆無道であります。皇帝は今年維新の政治をまさに行おうとしましたが、衰え誤った老臣は新政の利益を理解せず、囲んで泣きついて西太后の宦官である李聯英(41)に求め、（この人は）以前に皇帝に杖刑を受け、皇帝が彼を殺すのを恐れ、また日夜西太后に讒言して、皇帝が〔西太后を〕廃しようとしていると言っています。西太后はこれを信じ、そこで栄禄（もともと栄禄は李聯英に媚びています）と皇帝を廃しようと謀りました。（故に）今年天津での閲兵の議論があり、思いますに〔そこで皇帝を〕廃立しようとしたのでしょう。皇帝は西太后に追い詰められ、日夜耐え難く、そこで密詔を私に降しました。多くの人が外にあって救いを求め、西太后がこのことを知り、故に八月初六日の政変を起こし、速やかに皇帝を廃したのです。現在、皇帝は瀛台に幽閉して廃され、粥を求めても得られず、鶏の細く柔らかい毛〔の着物〕を求めても得られず、珍妃は冬至の月でさえなお単衣の衣であり、実に皇帝に万が一のことがあれば、諸外国は競って分割してしまい、大軍をおこしてわが国（弊国）の皇帝を救おうとしても、間に合わないことを恐れています。もしわが国の皇帝を救おうとするならば、速やかに動くべきで遅れてはなりません。西太后が国をロシアに売り渡せば、日本には大いに不利となり、今日まさに速やかにわが国の皇帝を救って、速やかに新政を実施することを第一とすべきです。山本先生によく、これを説明していただきますれば幸いです（必ずお願いします）。貴殿のご安泰をお祈り申し上げます。照〔王照〕頓首。

囑書(42)のようなものです。

羽子大兄大人閣下。不見許久、念甚。近梁星海（梁鼎芬也）與張香濤（張之洞也）大攻我輩、可惡之極。日本人不甚知其詐僞、蓋以香濤素日聲名、頗能欺人也。香濤自事變後（近接覺頓・贊侯上海來函）、電奏屢請速殺六人、追究黨類、又上奏極頌西后辦法之(43)妥、而置皇上於不問、其忘君固寵、趨炎附勢之小人、乃一至於此極。梁星海爲之羽翼、乃竟於報章極力攻擊吾輩。此皆日本人所不甚明白我國之(44)內中有此等人情弊者也。祈速對山本先生、明白言之至要。又時務報爲汪康年所盤據、自今年奉旨改作官報之後、其時務報之欵數萬金、皆爲汪康年呑騙迨盡（又攻擊梁卓如）。汪康年籍此欵以開各報（昌言中外等）、可謂無恥圖利之小人（騙欵以置買產業）、不足道也。近汪常(45)有信到日本、攻擊我輩、日本人不甚分辨黑白。請卽與山本先生明白言之、勿爲此輩所欺、使之洞悉其情弊爲要。再者日本人多不知當日事變情形、毎責弟以不死、不知初二日・初三日密詔（及明降上諭）催出京辦報。其時不能不速爲出京、初五出京、初六事發、弟在路上、何從而知。到煙臺（烟臺）、尚不知也。及到上海、英人派艦保護來言、乃知京中之變、於是始明（皇上）密詔求救之意。現當四方奔走求救、到日本將往各國。頃聞（昨日聞之）英人有電到、聯約德・美・日以救皇上、消息極佳。惟日本與我國同種同洲、脣齒輔車、欲救我國、當於此時速倡大義。西后簒廢、并無母子之分（今上既非親生、又非正嫡、不能爲母）、乃先帝之宮妾耳。以宮妾而廢皇上、大逆無道。皇上今年維新之政方行、而衰謬之老臣不知新政之益、乃環泣而求之於西后太監李聯英、（此人）前被皇上廷杖、恐皇上殺之、亦日夜譖於西后[46]謂皇上將廢之。西后信之、乃與榮祿（榮祿素媚李聯英）謀廢皇上。（故有）今年天津閲兵之議、蓋將行廢立矣。皇上爲西后所逼、日夜不堪、乃密詔交弟。諸人在外求救、西后知之、故有八月初六之事、速行廢皇上也。現皇上幽廢瀛臺、求粥不得、求鷄茸不得、珍妃冬月猶單衣、誠恐皇上萬一有變、則諸國爭割、雖欲興大兵以救我（敝國）皇上、亦不及矣。若欲救我皇上、當速動勿遲。西后輸國於俄、日本大爲不利、今日當以速救我皇上、速行新政爲主。祈與山本先生多發明之。幸甚（至要〻〻）。此請大安。照頓首

若囑書。

注

（1） 王照の経歴に関しては、菊池貴晴「王照」『アジア歴史事典』二巻、平凡社、一九五九年、二七頁、湯志鈞『戊戌変法人物伝稿』増訂本、上冊、中華書局、一九六一年、三三八～三四二頁、朱鵬「王照と官話合声字母——教育救国論者の視点を中心に——」『日本の教育史学：教育史学会紀要』四〇、一九九七年、二四三～二六〇頁および公文豪「解題」『山本憲関係資料目録』高知市立自由民権記念館、二〇一一年、二二頁などを参考にした。詳しくは、これらを参照されたい。

（2） 王照が梁啓超とともに東京に到着したのは、一八九八年十月二十日深夜、康有為は同二十五日とされる［永井算巳「清末

における在日康梁派の政治動静（その二）――康有為梁啓超の日本亡命とその後の動静――」『信州大学人文学部　人文科学論集』一、一九六六年、一頁）。また山本憲は、康有為・梁啓超・王照が到着したとの報を受け、同年十月二十九日～十一月四日まで康有儀を伴い上京している。この間の山本の動きについては、吉尾寛・大野三徳「梁啓超から山本憲への手紙」『高知市立自由民権記念館紀要』一七、二〇〇九年、四頁、吉尾寛「『梁啓超から山本憲への手紙』再考」同一八、二〇一〇年を参照。

（3）戊戌政変直後に、廃立への布石として光緒帝が重病であるとのデマがとばされたりしたが、両江総督劉坤一の反対などで頓挫した。また一八九八年六月の天津での閲兵予告も、廃立への動きであったと言われている。詳しくは、坂野正高『近代中国政治外交史――ヴァスコ・ダ・ガマから五四運動まで――』東京大学出版会、一九七三年、四六二～四六三頁、王樹槐『外人與戊戌變法』上海書店出版社、一九九八年、二一七～二二五頁、李守礼「光緒己亥建儲與庚子兵釁」『故宮文献』一―四、一九七〇年、一～二頁、郭衛東「戊戌政変後廃帝与反廃帝闘争」『史学月刊』一九九〇―六、一九九〇年、六二～六四頁などを参照。

（4）藤谷浩悦『戊戌政変の衝撃と日本――日中聯盟論の模索と展開――』研文出版、二〇一五年、一六～一七頁。

（5）王照は一八九九年の冬に高知で光緒帝廃立の情報を得て、直ちに神戸経由で東京に向かったという。この間の王照の活動については、周敏之「論戊戌政変後王照在日本謀救光緒帝的活動」『中国社会科学院研究生院学報』二〇〇四―三、二〇〇四年、一二五～一二六頁参照。

（6）鄺如磐と思われる。鄺は横浜華僑で、横浜大同学校の設立にも関わっていた。詳しくは深澤秀男『戊戌変法運動史の研究』国書刊行会、二〇〇〇年、三三〇～三四三頁参照。

（7）後の本文の内容から、戊戌変法での改革を指していると考えられる。

（8）当事の日本の新聞では、戊戌変法は急進に過ぎたので失敗に終わったと報道されており、それに対して梁啓超も批判している。詳しくは、丁文江・趙豊田（編）・島田虔次（編訳）『梁啓超年譜長編』第一巻、岩波書店、二〇〇四年、二七七～二七八頁参照。

(9) 瑾妃・珍妃を指す。光緒帝の寵妃であった。
(10) 寇聯才の誤りと思われる。
(11) 以下、文中の「某」は、内容的に康有為を指している。
(12) 宮崎滔天は、政変直後に香港で康有為の門下生に対して、兵権を収めずに行動を起こしたのは無謀であったと語ったという。詳しくは、稲田政次「戊戌政変について」学術研究会議現代中国研究特別委員会(編)『近代中国研究』好学社、一九四八年、二二六頁参照。
(13) 本書簡に掲載された光緒帝の「密詔」は、他の文献に掲載されているものとの異同が見られる。「密詔」については、真偽や字句の異同など様々な面から研究がなされている。代表的なものに、湯志鈞『戊戌変法史』修訂本、上海社会科学院出版社、二〇〇三年、五六五〜五七六頁、黄彰健「康有為衣帯詔辨偽」同『戊戌変法史研究』下冊、上海書店出版社、二〇〇七年、五二八〜五六二頁(初出一九六七年、六九年三稿)がある。
(14) 康有為を指すと考えられる。
(15) 書簡では、「匯」の字の「さんずい」は、「はこがまえ」の外にある。
(16) 一九〇〇年一月二十四日(光緒二十五年十二月二十四日)に溥儁を大阿哥にした前後に見られた光緒帝廃立の動き(己亥建儲)を指すと考えられる。そこでは、戊戌政変前後からの光緒帝廃立の問題に加え、跡継ぎなく死去した同治帝の祭祀継承をどうするかという問題も絡んでいた。詳しくは、佐藤公彦『義和団の起源とその運動—中国民衆ナショナリズムの誕生—』研文出版、一九九九年、三九一〜三九六、楊珍『清朝皇位継承制度』学苑出版社、二〇〇一年、五七一〜五八二頁、李守礼前掲論文、二一〜五頁、郭衛東前掲論文、六四〜六六頁などを参照。
(17) 吉尾寛は、「清語学課」を漢語学校と推測している。またその背景として、当事の土佐において漢詩人・漢学者のネットワークが存在していたこと、本田天耕らが王照に漢語教育推進に対する助力を希望していたことを指摘している。詳しくは、前掲吉尾「変法派人士の日本亡命中の一齣」、一三頁・二三頁参照。
(18) 封筒の消印から、明治三十三(一九〇〇)年である。

(19) 実際に書かれている文字は、偏が「さんずい」の異体字である。
(20) 「角」の前に空格があるため人名と思われるが、詳しくは不明。
(21) 「宮田」に傍点が付されている。田宮之春の誤りであると考えられる。
(22) 己亥建儲を指すと考えられる。詳しくは前註(16)参照。
(23) 書名と思われるが、詳しくは不明。
(24) 人名と思われるが、詳しくは不明。
(25) 羽子は、康有儀の字である。
(26) 長素は、康有為の号である。
(27) 後に出てくる推薦の話から、「愚か者」(原文では「小猾」)は梁啓超を指すと考えられる(後掲註(28)参照)。当事の梁啓超は、保皇会による勤王運動の一環として資金集めをしていた。しかし集めた資金は、『新知報』の援助や広智書局の設立、東京の高等大同学校の経営に、かなりの額が使われていたという。ここでの「計画」とは、それらを指すのだろう。梁の活動については、前出『梁啓超年譜長編』第二巻、八~一〇頁参照。
(28) 王照は「復江翊雲兼謝丁文江書」において、戊戌政変前に康有為が梁啓超を「懋勤殿の顧問にひそかに推薦してくれるよう頼んだ」と記している。ここでの推薦は、それを指すと考えられる。書簡の詳細ならびに訳については、前掲『梁啓超年譜長編』第一巻、二〇〇四年、二二六~二二七頁参照。
(29) 傍点あり。輾轉の誤り。
(30) 康有儀を指す(前註(25))。
(31) 覚頓は湯叡の字。康有為の門人である。一八九七年に『時務報』に関わる。一八九八年秋に、梁啓超の紹介でティモシー・リチャードのいる上海に行ったようである。詳しくは、『梁啓超年譜長編』第一巻、二八二~二八三頁。
(32) 未詳。龍煥倫(別名:龍朝翊)ではないかと思われる。
(33) 戊戌政変後に刑死した戊戌六君子(譚嗣同・劉光第・楊深秀・康広仁・楊鋭・林旭)を指すと考えられる。

(34) 『時務報』を『官報』に改めるよう命じられたのは、一八九八(光緒二十四)年である。

(35) 汪康年は『時務報』を官報とするよう命が下った際に、それと同体裁の『昌言報』を発刊し、また戊戌政変後に『時務日報』を『中外日報』と改名している。汪康年の動きを含めたこの間の経緯については、小野川秀美『清末政治思想研究』みすず書房、一九六九年、一四八〜一四九頁および深澤前掲書、五二五〜五二六頁参照。

(36) 汪康年を指すと考えられる。

(37) 書簡本文の後段における政変の記述から、旧暦の光緒二十四年八月初二日・初三日(新暦ではそれぞれ一八九八年九月十七日・十八日)と判断できる。後出の初五日・初六日も同じく同年九月二十日・二十一日にあたる。王照らの日本亡命に至る経緯についての近年の研究に、藤谷前掲書、四五九〜四六四頁がある。

(38) ここでの上諭は、時を同じくして(旧暦八月初二日)発せられた明発上諭を指すと考えられる。「密詔」および「上諭」については、『梁啓超年譜長編』第一巻、二四一〜二四二頁。また、C一〇四ならびに前注(13)も併せて参照されたい。

(39) 光緒帝は咸豊帝の弟である醇親王奕譞と西太后の妹との間の子である。また咸豊帝の皇后は東太后(慈安太后)であり、西太后ではない。

(40) 咸豊帝を指す。

(41) 「西太后の太監」であることから、李蓮英の誤りと考えられる。

(42) 「囑書」の意味については、未詳である。可能性の一つとして、「頼まれて書いた書簡」と解釈し、康有為が王照に語った内容を書いた部分が、本文中に存在することと示そうとした一文であることが指摘できよう。

(43) 「極」を消す。

(44) 「人情」の二文字を〇で消す。

(45) 「尚」を消す。

(46) 「為」を〇で消す。

徐勤書簡

大坪　慶之

【解題】

著者の徐勤（一八七三～一九四五）は、広東省三水県の出身で、字は君勉、康有為の弟子である⑴。一八九五年に上海の強学会へと赴き、『強学報』の主筆となる。以降、澳門《マカオ》の『新知報』や上海の『時務報』にも撰述している。のちに日本へ渡り、一八九八年二～三月頃に華僑の師弟の教育などを目的として設立された横浜大同学校の校長を務めた⑵。その後、保皇会の活動に加わり、香港の『商報』などにも関係した。彼は康有為の教えを墨守し、孫文とは合わなかったという。

「山本憲関係資料」には、徐勤が山本に送った書簡が二通存在する（C一一〇、C二一三）。C一一〇には、康有為の弟子が捕らえられ、死刑に処されようとしていると記される。これは一八九八年九月二十八日（新暦。以下、同じ）に執行された戊戌六君子の処刑に関するものと考えられる。この件について日本では、九月二十四日以降に新聞各紙が戊戌政変を、十月四日に六名の処刑を最初に報道している⑶。一方で、書簡からは徐勤が東京に行き、山本を尋ねようとしている記述がある。この時期山本は、九月二十七日～十月五日の日程で上京し、大阪に帰った直後に日清協和会を設立している⑷。したがって、C一一〇は同年九月三十日のものと推察される。また本書間は、日清協和会設立の背後に、徐勤の動きも存在していたことを示唆するものと言えよう。

C二一三は内容から、儒教に関する康有為と徐勤自身の著作を山本に謹呈した際に添えられたものと判断できる。

作成年代は、本文に『大同書』を脱稿していないとあることから、一九〇二年以前のものと考えられる(5)。また、徐勤による何かを教授しているという記述から、書簡作成は彼が横浜大同学校などにいた一八九八年もしくは一八九九年と思われる(6)。

徐勤書簡訳注

一（C一一〇）

山本先生：お手紙、謹んで拝承いたしました。この事は、先生がすみやかに適当な処理をしていただきますよう、お願いします。貴国政府の意見は、いかがでしょうか。今日、貴国の日刊紙が言うには、康有為先生の弟子が捕らえられ、死刑に処せられようとしているとのことです。すみやかに彼らをお救いください。そうでなければ、死ぬことになってしまいます。伏してお尋ね申し上げます。

私は明日上京して山本先生を訪ね、すぐに近況をお伺いします。　弟徐勤頓首。三十日。　〈一八九八年九月三十日〉

書簡

山本先生執事。來諭敬悉。此事乞先生速爲妥辦。貴邦政府之意見何如。今日貴邦日報云、康先生之弟被捉、將處死刑。乞速〃救之。不然死矣。至叩〃〃。

僕明日來京訪先生、卽問近狀。　弟徐勤頓首　三十日

二（C二一三）

請呈
山本先生
徐緘

徐勤書簡

山本先生：この間に大著を読み、先生の思いが東アジアは孔子の教えをあがめ尊ぶことにあるのを知り、敬服してやむところがありません。私はくだらない事を教えていて、暇が取れないため、お伺いして教えを請うことができず、非常に恨めしく思います。我が師である南海先生(7)の著書と拙作一巻をお贈りいたしますので、ご査収くださりますよう、お願い申し上げます。その中の誤りについては、ご叱正いただければ、まことに幸運の極みです。目下のところ各国は競争する時局であり、危険にも人民は非常に困苦し、争奪・相殺の禍が、どれほど極まっているかを分かっていません。我が師の南海先生は、孔子大同の義を唱え、ますます正しい人の心を求め、それによって中国を救おうとしています。中国を救えば東アジアが興隆し、東アジアが興隆すれば地球が平穏になります。今謹呈する書物は、その起点となるものです。大同の書については、現在脱稿できておりません。したがって、ご覧に入れることはできません。貴殿のご安泰をお祈り申し上げます。　後学徐勤再拝。七月二十三日。〈年不詳〉

山本先生足下。一昨得誦大箸、知先生乃心東亞崇尚孔教、敬服無已。僕以敎授賤事、未有暇日、不得趨奉領敎、深以爲恨。呈上敝師南海先生所著各書及拙作一卷、伏乞察收。其中誤謬之(8)處、乞有以正之、實爲萬幸。方今各國競爭時局、岌夕生民塗炭、爭奪・相殺之禍、不知何極。敝師南海先生、特倡孔子大同之義、益欲正人心、以救支那。救支那以興亞東、興亞東以安地球。今所呈上之書、是其起點也。至于大同之書、現未脱稿。故未能呈覽。專此敬問大安。

後學　徐勤再拜　七月廿三日

注

（1）徐勤の経歴に関しては、湯志鈞『戊戌変法人物伝稿』増訂本、上冊、中華書局、一九六一年、二一一～二一三頁および公文豪「解題」『山本憲関係資料目録』高知市立自由民権記念館、二〇一一年、二一～二二頁を参考にした。詳しくは、これらを参照されたい。

（2）横浜大同学校での徐勤については、深澤秀男『戊戌変法運動史の研究』国書刊行会、二〇〇〇年、三三〇～三四八頁が詳しい。

（3）戊戌政変と戊戌六君子の処刑とに関する日本の新聞報道については、齊藤泰治「大隈重信と東京での康有為」『教養諸学研究』一二六、早稲田大学政治経済学部教養諸学研究会、二〇〇九年、四七～五四頁参照。

（4）公文前掲論文、一三頁。また藤谷浩悦が、東亜同文会の設立について検討する中で、この間の山本の動きについて述べている。詳しくは、藤谷浩悦『戊戌政変の衝撃と日本――日中聯盟論の模索と展開――』研文出版、二〇一五年、三八八～三八九頁参照。

（5）康有為が教鞭をとった万木草堂の学徒は、一八九五年頃から多く大同を語ったというが、当時の康有為は『大同書』の草稿を秘して教えず、書物の形になったのが一九〇一～〇二年頃と言われている。なお、同書の公表は民国期になってからである（小野川秀美『清末政治思想研究』みすず書房、一九六九年、一二八～一三〇頁）。

（6）藤谷浩悦は、徐勤が横浜大同学校の校長に就任するため横浜に来たのは一八九八年一月末頃と指摘している（藤谷前掲書、二四四頁）。また湯志鈞によると、徐勤は一八九九年八月、東京に設立された高等大同学校の校長に就き、翌年四月には日本を離れマカオで活動している（湯前掲書、二一五頁）。

（7）　康有為を指す。

（8）　「之」がもう一文字あるが、○で消されている。

羅振玉書簡

蔣　海波

【解題】

羅振玉の書簡は二通あり、日付は以下のように確定できる。C一九六の書簡の封筒には、「太陰暦三月十一日」と記されている。同書簡の中に「昨年、お目にかかれて、生涯の一大快事」とあるから、山本憲が中国を訪れた一八九七年の翌年一八九八年の旧暦三月十一日、すなわち「一八九八年四月二日」である。また、C一九七の書簡の年代について、書簡の中に、日本に戻る河本君、つまり、上海で大東新利洋行を取り仕切っていた河本磯平に書簡や書籍翻訳料の携帯・送呈を託したことが書かれているので、河本の生前であったことが分かる。河本は一八九九（明治三十二）年一月三十日に生涯を閉じたので、「陰暦四月初五日」は、一八九八年五月二十三日と推定される。

両書簡には保存・整理の段階に「錯簡」のような手違いがあったと推測される。すなわち、現在C一九六に付されている二枚の便せん（三、四枚目）には「千里圓月　陸庵撫北齋顔黄門語」という装飾用の赤い文字が印刷されている。これは書簡C一九七で使用された便せんと同じである。また、そこに書かれた内容も山本憲が翻訳した『農業保険論』、『土壌学』の字数や翻訳料および梅崖が購入を依頼した書籍の代金を差し引いた金額、購入済みの書籍などの内容が含まれたので、書簡C一九六の「訳した分だけでもいいですが、すこしずつ随時お寄せいただき」たいというように、翻訳が着手・完成していない状態とは違っている。上記の二点によって、現在C一九六にある三、四枚目の便せん、つまり「農業保険篇」から「実緻洋九十元〇三角九分」までの一枚と、「再、外送明東林先哲」から「故仍託河本君」までの一枚を、本稿のようにC一九七の三、四枚目として戻すことにした。

羅振玉書簡訳注

一（C一九六）

（封筒表）

謹んで山本先生丈席へ送呈。弟羅振玉託す。太陰暦三月十一日〔一八九八年四月二日〕。

（本文）

梅崖先生丈席

昨年お目にかかれたのは、生涯の一大快事でした。別れた後、たびたび書籍を賜り、私の見識がまだ浅いので即刻感想を述べることができず、残念に思っております。この春以来、ひたすらご健勝を祈るばかりでした。お願いした書籍の翻訳については、訳した分だけでもいいですが、すこしずつ随時お寄せいただき、閉塞した状況を打開して、私どもが一刻も早く拝読したい気持ちを慰めていただきたい。嵇《ケイ》慕《ボ》陶《トウ》(1)、汪子健(2)両兄は先生の門下に列することができ、日頃より親しく教誨を受けられるのをうらやましく思っております。これをもって敬意を申し上げます。ご健勝でありますように。不尽万一。羅振玉謹んで拝上いたします。

（封筒表）

敬求　便呈　山本先生丈席　弟振玉拜託　太陰暦三月十一日

（本文）

梅崖先生丈席

去歳得瞻道範、甚慰平生。別後屢奉賜書、以俗見不克卽復爲悵。入春以來、維道履嘉勝爲祝。求譯之書、乞隨譯隨寄、以慰嚮慕、以開茅塞、不勝拜慰。嵇慕陶、汪子健兩兄得列門牆、日親化雨、企慕不似。專此敬申。伏希爲道珍攝、不盡萬一。羅振玉謹拜上

二（C一九七）

（封筒なし）

梅崖先生侍史

二度にわたってお手紙を拝読させていただき、ご健勝のことを知り、嬉しく思っております。『土壌学』ならびに『農業保険論』の両訳本と原著をともにいただきました。ご翻訳は清新で周到であり、感謝の言葉も見つかりません。また、海苔を賜り、感謝申し上げます。ご依頼のあった書籍の購入は、河本君(3)が多忙につき自ら購入することができませんので、代わりに私に購入を依頼してきました。ここに数部の書籍を購入できましたので、リスト通りにあるか否かを、ご査収願いたいです。その他の書籍は現在書肆に在庫がないため、〔今後随時〕買い揃えるようにいたします。翻訳料はご指示に従い間違いなく河本君に渡します。ここに孫君(4)が大阪に赴かれるので、〔書簡を託し〕これをもって敬意を表し、謹んで道安を申し上げます。　小弟羅振玉頓首。陰暦四月初五日。　〈一八九八年五月二十三日〉

『農業保険論』[5]、二万二千一百七字、千字につき二元、計　洋《メキシコ・ドル》　四拾四元《ドル》二角《セント》。

『土壌学』[6]、四万一千三百十字　千字につき二元、計洋捌拾弐元六角。

　両著合計、洋壱百二十六元八角。

　既納した洋三十元を差し引いて、支払い額は洋九拾六元八角です。

書籍購入代金の六元四角一分を差し引いて、実際に支払う額は九十元三角九分です。

　追伸、上記書籍のほかに、明の東林の先哲繆[7]、李[8]両先生の文集各一部をお送りします。また、この書簡は元来、孫実甫君に託したかったのですが、いま孫君はすでに出発したので、当初予定した通り河本君に託しました。

　梅崖先生侍史
　兩奉手教、敬悉道履佳勝爲慰。土壤學及農業保險兩譯本、原本均收到。尊譯曲新周到。感謝不似。承賜海苔拜領。謝謝。委購之書、河本君因事多、未能親往、屬弟代購。茲購奉數部乞照單檢收。餘書書林中現不有。隨後購齊。譯書金遵交河本君不誤。茲因孫君赴阪之便、專此致申、虔請道安。　小弟羅振玉頓首　陰曆四月初五日
農業保險篇　二萬二千一百〇七字　每千二元　計洋四拾四元二角
土壤學　四萬一千三百十字　每千二元　計洋捌拾貳元六角
　兩共計洋壹百二十六元八角
　除已付洋參拾元　缺洋九拾六元八角
　除去書價洋六元四角一分　實繳洋九十元〇三角九分
　再、外送明東林先哲繆李兩先生集各一部、即奉賜收爲感。又申、此信本擬託孫實甫兄携奉。現孫君已動身、故仍託河本君。

注

(1) 嵇慕陶：嵇侃、慕陶はその字、浙江省湖州の人。一八九七年十二月に梅清処塾に入塾、翌年三月退塾、埼玉県競進蚕業講習所に入った。

(2) 汪子健：汪有齢、子建はその字、浙江省杭州の人、一八七九〜?年、汪康年の叔父にあたる。

(3) 河本磯平（一八六七〜一八九九）、岡山県大庭郡の人、一八八七年五月、備前閑谷黌に入り、西薇山に漢学を修めた。一八九〇年、学業を終えたのち、荒尾精が上海で創設した日清貿易研究に入所、一八九三年卒業。清国を漫遊して一年、帰国。一八九四年十一月から、翌一八九五年五月にかけて、第二師団、台湾総督府の通訳として命じられた。一八九六年、同郷の白岩龍平の請いをうけ、上海に渡って、上海・蘇州・杭州間の航路を結ぶ水運会社「大東新利洋行」の上海支店長になる。山本憲が上海に訪れた際、世話をした。業務の旁ら、上海の維新派の人々とも交流。一八九九年一月、心身の過労のため、視察に訪れた漢口の客舎で自尽した（黒竜会編『東亜先覚志士記伝』（下巻）、原書房、一九六六年復刻版、二二二〜二二三頁）。

(4) 孫淦（?〜一九三八）、字は実甫。上海出身、大阪で益源号を営む商人、汪康年、山本憲らと交友。

(5) 『農業保険論』（吉井東一著、有隣堂 一八九五年）。漢訳本は農学叢書第一集第三冊、山本憲訳、上海農学会刊。

(6) 『土壌学』（池田政吉著、有隣堂 一八九四年）。漢訳本は農学叢書第一集第三冊、山本憲訳、上海農学会刊。

(7) 繆先生は、繆昌期（一五六二〜一六二六）と推定。字は当時、号は西渓、江蘇の人。明の東林党の初期の人物で、魏忠賢に迫害され刑死した。著作に『従野堂存稿』八巻がある。

(8) 李先生は不詳。

孫淦書簡

周　雲喬

【解題】

孫淦《そんかん》（一八五八～一九三八）、字は実甫《じつほ》、出身は上海である。明治の中ごろに来日し、一八九七年ごろ大阪の川口居留地に隣接する本田に「益源號」という貿易会社を設立し、マッチの原料を清国に輸出する事業を営んだ。一九二〇年頃には中国の安東（今の丹東）に「丹華公司」を設立し、マッチの製造も行った実業家である⑴。また、日華学堂の留学生監督も兼務したが、監督を辞任した後も、「益源號」の経営に携わりつつ、山本憲の梅清処塾生をはじめ、大阪在住の清国留学生の世話をした。

孫淦の山本憲宛書簡は三通あり、いずれも保存状態は良好である。その内の一通（書簡C一九八）には、彼が汪康年から山本憲宛の便りを預かっていたが、忙しくて手渡すことができないため、郵送することにした旨が書かれており、他の二通には中国人留学生に関連する事柄が述べられている。

三通の書簡の中で封筒を有するものが二通あるが、郵便局の消印が付いているものは一通だけで、もう一通は、知人に頼んで山本憲の自宅に持って行ってもらったのか、封筒には受取人（山本先生）と差出人（孫淦）の名前だけしか書かれていない。その書簡の便箋は「益源號用箋」である。また、封筒がない書簡では、便箋の最後に「七月初十晨十時半」としか書かれておらず、文面からも、年代を推定する事はできなかった（後述）。しかしながら、この三つの書簡から孫淦と山本憲との交友関係が明らかになり、また彼の社会活動の拠点になった貿易会社「益源號」の所在地について新たな情報が得られた。今回、公表した孫淦の書簡は川口の華僑商人の歴史史料としてその価値を見逃すことができない。

孫淦と言っても、今は知る人も少ないだろう。事実、彼に関する史料は少ないが、新聞を賑わした事跡が一つある。一九〇五（明治三十八）年十月、四十七歳の孫淦と二十歳も年下の日本人女性との再婚である。その結婚式の参加者は日本・清国・米国・英国の各国から総勢約二五〇名にものぼり、式典の最後には全員で讃美歌を斉唱したという盛大なキリスト教式の婚礼だった。この婚儀は「大阪朝日新聞」と「大阪毎日新聞」にも報道されたものである(2)。国際結婚が極めて稀な時代であった上に、尚且つ二十歳もの年の差があったこの日清カップルの国際結婚はちょっとした事件だったのである。新聞がこの国際結婚を取り上げたのは、珍しい事例だったからに違いあるまいが、その配偶者、婚礼の形式、参加者の顔ぶれと人数などは、私たちに孫淦の人物を髣髴とさせるに十分ではあるまいか。

さて、孫淦が商業活動の拠点とした「益源號」の所在地については実は些か不明な点がある。「益源號」はもともと居留地の隣接地である本田にあったが、彼の一九〇一（明治三十四）年二月八日の書簡（C一九八）では差出人の住所は本田ではなく、大阪川口三十二番館となっている。これは店を移転させたのだと考えられる。しかし、この書簡から約一か月後の三月五日に孫淦の友人である蔣同寅が神戸に寄り、そこから山本憲に送った書簡の差出人の住所では「神戸内海岸六十一番益源號」となっているのである。この蔣同寅の書簡からすると、孫淦は「益源號」を神戸に移転したのか、或いは神戸に支店を開設したのかも知れぬ。ところが、孫淦が一九〇二（明治三十五）年十二月三十日に山本憲へ宛てた書簡（C一九八）には依然として「大阪川口三十二番館」という住所が記されているのである。一九〇二年にも大阪川口の「益源號」がそのまま存続していた可能性もあるが、神戸移転後にも以前使用していた用箋をそのまま利用したことも考えられる。所在地の移転については今後新たな資料の発見を待つほかはない。

大阪川口は明治時代の外国人居留地であり、多くの洋風建築が建ち並び、いたるところに異国文化があふれ、西洋文明の窓口ともなっていた。社会各方面の整備も進み、自由貿易の拠点であったから、もちろん華僑商人も多く居住していた。「益源號」はいわゆる華僑系商社であるが、「三十二番館」という住所から推測するに、おそらく洋風の建物に入っていたのではないだろうか。川口はさまざまな外来文化が混じり合う場であり、大阪の西洋館に華僑商社が入居している風景は、当時の大阪の文化的、商業的活況を象徴するものであるように思われる。

しかし、一八九九（明治三十二）年に外国人居留地が神戸市に編入されると、貿易の中心も次第に神戸へと移って行った。先に、益源號の神戸移転の可能性について言及したが、人口および商業的中心地の移動に応じて、孫淦が神戸に「益源號」を移転、もしくは支店を設立したとしても不思議ではないであろう。

孫淦書簡の価値は居留地川口の歴史史料としてだけではなく、孫淦と清国留学生との具体的交渉を教えてくれる点にもある。始めに述べたように、かつて孫淦は東京にあった日華学堂に入学した清国留学生の監督を務めたことがあった。日華学堂は、一八九八（明治三十一）年七月、日本外務省の委嘱を受け、清国留学生の予備教育を行う専門教育機関[3]として創立され、主に浙江省出身の留学生を受け入れて、彼らを将来人文分野で活躍する人材とするべく教育を施していた。孫淦は東京を離れ大阪に拠点を構えた後も、大阪在住の留学生の面倒を見ていたのである[4]。例えば孫淦の書簡（C一九八）は、高方三という清国の若者の近況について山本憲が尋ねた便りへの返信である。高方三という少年の情緒不安定による帰郷を許容する旨を孫淦は書き送っている。この書簡からは、来日した清国の若者すべてが異国の地にうまく適応できたわけではない現実を垣間見ることが出来る。

留学生に関わるもう一通の書簡（C一九九）がある。その中で曽生[5]と称されている留学生が居た。彼はどのような人物だったろうか。一八九九（明治三十二）年の山本憲の「学生名籍」を調べてみると、曽という姓を持つ生徒は一人のみ、名前を広鵬という。一八八二（光緒八）年正月に生まれ、出身地は広東省広州府香山県である。日本の住所欄には「大阪府西本田一番町二十七番屋敷・孫実甫」と記されている。この住所は孫淦の自宅であることから、孫淦は知人として曽広鵬を山本憲に紹介し、塾に入れてもらったと推測される。このことから孫淦の書簡（C一九九）にある「曽生」という人物は曽広鵬であることはまず間違いない。また、「学生名籍」によると、曽広鵬は一八九九（明治三十二）年六月十五日に入塾した当時十七歳の少年であった。彼は塾に寄宿して間もなく孫淦を自宅に訪ねたが、孫淦の帰宅が遅かったのと、夫人が雨のために彼を塾に帰らせなかったと書簡で述べられている。その翌日には曽広鵬にお金をやってメリヤスのシャツと小灯を買わせ、さらにお金を出して人力車で塾まで送っていることから、孫淦が曽広鵬を可愛がり手厚く世話していることが分かる。その書簡の差出日付は「七月初十晨十時半」と書いてあり、曽広鵬の入塾の年から考えるとこの書簡は一八九九（明治三十二）年の七月に書かれたものと推測することができる。ちなみにこの時、孫淦はすでに日華学堂の留学生の監督を辞めていたのである。

孫淦の留学生監督の実情は、資料が断片的なために明らかになっていない部分も多いが、その活動の一端は『日華学堂日誌』(6)（以下『日誌』と略する）にいくつか記録されている。孫淦が『日誌』に初登場するのは一八九八（明治三十一）年十月で、「二十四日　月曜　好晴　……日暮孫淦君来堂。種々談話を試み学生と晩餐を会食せしむ。此夜同氏学堂に一泊す」と記されている。その機会に留学生の洋服を作る世話をしたようである。翌年の二月の『日誌』には留学生の成績表を孫淦に送ったことが記されており、学校は監督に学生の成績を報告する義務があったことが明らかになっている。六月の『日誌』には「二日　金曜　晴天　成城学校ニ入レル清国留学生ノ監督、銭恂及ビ書記官姚煜両氏来堂シ、階上ニ於テ学生ト談話シ、寄宿舎教室等ヲ観ル」という。それに従うと成城学校(7)の監督の銭恂《せんじゅん》が正式に日華学堂の監督業務を兼任したのは一八九九（明治三十二）年六月だったと見られる。これらから孫淦が日華学堂の監督を辞した時期は、一八九九（明治三十二）年のことと推定できる。しかしその後も、孫淦は日華学堂の留学生の世話を暫く続けていた。『日誌』によれば、孫淦に留学生の入院費用の支払いを照会することもあったし、孫淦からも杭州出身の学生を箱館に避暑に行かせることを提案した書状を日華学堂に送ったこともあったようだ。当時、少なからぬ留学生が病気に罹り、胃病や下痢といった比較的軽い病気を患った者は言うに及ばず、中には鬱病になった者も居て、孫淦は学生たちの健康状態に配慮して避暑を要請する書状を送ったのではないかと思われる。これからもわかるように、彼は非常に親身に留学生の世話をしていたようで、山本憲の記録でも、その塾生であった汪有齢と嵇侃などは川口の孫淦宅に行っては、夜も塾に帰らないことがしばしばであったとされている。だが、一八九九（明治三十二）年九月に孫淦の日華学堂訪問が記録された後、『日誌』には彼に関する記載が見えず、その後は孫淦と日華学堂との関係が絶たれてしまったようだ。

以上のように、孫淦の書簡は居留地川口の歴史を明らかにする史料として貴重なものである。かつて川口に存在した「益源號」は単なる貿易商社というのみならず、清国の友人や留学生に対する支援活動の拠点として大きな役割を担っていたと言える。なぜなら、支援活動は孫淦の熱意によるばかりではなく、「益源號」が、その活動を経済的に支えるための保障になっていた点を見逃すことができないからである。また彼の山本憲宛書簡は、明治の昔に日本に渡って実業家として成功する一方、日本婦人を娶って日本に根付き、日本の知識人と協力しつつ中国の若者たちを支援し続けた人物の息吹を私たちに伝えてくれるものである。それは確かに日中関係史の一頁なのである。

孫淦書簡訳注

一（C一九八）

市内天神橋
山本憲　殿

大阪川口三十二番館

緘　　孫淦 簡

二月八日

梅崖先生。深い友誼を賜りながら、久しくご挨拶にも伺わず、お恥ずかしく申し訳なく思っております。ただ、お互いに心の友として、世間の虚礼を重んじるには及ばぬことを諒とせられたく存じます。近頃、汪康年さんから閣下宛の書状を預かり、代わりに届けるように頼まれました。ただ近日中はバタバタしておりまして、お届けの時間を割くことができずにおります。そこで、まず郵送させて頂きますので、ご覧くださいますようお願い申し上げます。明後日になりますれば、多少時間がありますので、直接御宅に伺ってご挨拶し、つもりつもったお話をすっかり申し上げたいと思いますが、いかがでしょうか。取り急ぎ書面をもちましてご挨拶を申し上げます。ご文安の程を祈っております。愚孫淦頓首。二月八日午前。〈一九〇二年二月八日〉

梅崖先生至契(8)。久未趨訪、頗生愧歉。惟諒彼此神交、無貴乎虚套也。頃者得汪君康年致閣下一書、囑淦轉遞。惟近日碌碌、少暇分身、爰特此先郵奉、卽希譽覽。明後日少閒、當造府拜候面敘、暢伸積悃可乎。匆此函候　卽請文安

愚孫淦頓首　二月八日午前

二（C一九八）

敬復

山本先生研右(9)

緘　不学　孫淦頓

山本閣下

謹んでお手紙を拝読いたしました。お尋ねの高方三氏のことですが、彼はもう北京に寄って冀(10)に帰還することを願っておりますので、許してやってよろしいかと存じます。まだ年若く、情緒が落ち着いていないので仕方がありません。ご海容を賜れば幸甚です。謹んで返信申し上げます。大安をお祈り申し上げます。無学なる孫淦頓首。〈一九〇二年十二月三十日〉

山本先生閣下　敬讀惠敎垂詢高方三氏、彼既欲囬京還冀容之可也。年少之情性不常、實無可奈何、幸鑒諒是荷。肅此、謹復。竝請著安。不學孫淦頓言。

三（C一九九）

封筒欠

山本閣下。昨日の朝、曽君は弊宅に戻りました。私が神戸に出張し大阪に帰ってきた時刻がもう遅く、（それに）家内が雨降りだからといって、彼を塾に帰らせなかったのです。勝手なことをいたしましたが、どうかご諒恕くださ い。曽君が地図を描くパレットを買いたいそうですので、買ってやってくださいますようお願いいたします。今、曽君が塾に帰るにあたり、私は彼にお金一円を預け、メリヤスのシャツ二枚、小灯一個を買わせました。車夫のお金は私が払っておきました。私は近頃雑用がたまりにたまっているため、挨拶も疎かになってしまいました。少し余裕ができましたら、貴塾を訪問してご挨拶いたしたく思っております。まずは書面をもちまして、謹んでご生活のご無事安泰をお祈り申し上げます。太師母様にもどうかよろしくお伝えください。私の家内も奥様によろしくと申し上げております。　俗弟孫淦頓首。七月十日朝十時半。〈一八九九（明治三十二）年〉

山本先生閣下　昨晨曾生返敝寓。因淦出神戸囬坂已遲、内人以天雨故未令其歸塾。擅自之咎尚乞鑒原。茲聞曾生欲購畫地圖之色盤請飭買之、乃託。今曾生歸塾。淦與其金壹圓、令其購莫大小衫二件幷小燈壹個。車夫之金在敝處給付。淦迩來俗務蝟集、有失問候。俟稍暇之日當恭詣貴塾請安。奉此拜上、肅請起居萬福。太師母前乞代請安、内人囑筆。師母尊夫人問安。俗弟孫淦頓　七月初十晨十時半

注

（1）孫淦という人物について堀田暁生・西口忠共編『大阪川口居留地の研究』（思文閣出版、一九九五年二月）の一二〇〜一二二頁を参照。また呂順長『清末中日教育文化交流之研究』（商務印書館、二〇一二年六月版）の第八章の第四節「浙江早期留日学生監督孫淦事迹」を参照。

（2）「大阪朝日新聞・日清英米人の立會結婚」（明治三十八年十月二十日、朝刊）・「大阪毎日新聞・清国人と日本婦人の結婚」（明治卅八年十月二十日）を参照。

（3）「日華学堂」は一八九八（明治三十一）年七月上旬に外務省の依頼を承けた高楠順次郎（当時東京帝国大学講師）等によって設立された学校であり、帝国大学や各高等専門学校に入学する為の予備教育機関であった。設立の趣旨は「もっぱら清

国の学生を教養し、つとめて学生をして、すみやかにわが語言を講習し、わが風俗に暗熟し、ならびに普通各科の学をおさめ、而して専門各科をおさむるの地歩たらしむ」とある。（同前、二六頁を参照）

（4）「日華学堂日誌」の明治三十二年七月十九日に「大阪杭州留学生監督孫淦氏」とある。

（5）「〜生」とは昔、儒学者や知識人への称呼の一つである。また、若い知識人や学生にも使う場合もある。

（6）『日華学堂日誌』一八九八〜一九〇〇年」（柴田幹夫・「新潟大学国際センター紀要」第九号、二〇一三年）を参照。

（7）成城学校とは軍人志望の清国留学生の受入教育機関である。

（8）書信用語で、相手への尊称として使う。かたく誓って約束する。大変信頼できる新友という意味を理解される。

（9）この書簡には郵便局の消印がないので、恐らく知り合いに託して、山本憲のところに持って行ったのではないかと思う。

（10）河北省の別名。また、昔中国北部の冀州（河北・山西の二つの省と河南省の一部）を指す。

交流の裾野――著名な変法派人士以外の書簡――

吉尾　寛

【解題】

「山本憲関係書簡」の中には、康有為、梁啓超等々変法派として著名な人物だけでなく、梅清処塾の塾生といっても特別目立った活動が（少なくとも書面からは）確認できない、また出自や背景の不明な中国人が山本憲に宛てた書簡が六十通以上ある。かかる書簡の大方は、詩文の添削を求めたり礼品の贈答等に関わるものであるが、当時の山本憲と中国人との交流がどのような〈裾野〉の広がりを有していたかを把握する上で、手がかりの一端を表すものではないかと考える。ここでは、数の多い黄槼臣《こうくしん》（二十三通）、甘白（十九通）およびそれに関係する徐秉陽《じょへいよう》（六通）の書簡の内、特に彼らの生の考えが具体的に示されているものに限って紹介する。

黄槼臣個人に関する情報としては、本書「同封重要文書」のC六十三に「黄槼臣、字樹模。自分（山本憲）の名前を聞いて書面で交流を求めてきた」とあり、当該書簡のC二二六（一九〇六（明治三十九）年七月）には、山本憲に「江蘇（省）通州東門外竹行鎮黄永和東号五〇〇」に手紙を書いていただければ結構です（「寄江蘇通州東門外竹行鎮黄永和東号五〇〇收可也」）という一文がある。また、C二二七（同年同月）の文面の最後には「（頃寓）東京都牛込区鈴巻町十九番有明館」とある。黄槼臣が「江蘇（省）通州」に何がしかの縁をもち、当時――山本に宛てた書簡の時期からすると、一九〇六（明治三十九）年六月～〇九（同四十二）年十二月の間に――東京「牛込鈴巻町十九番有明館」に住んでいたことが分かる。しかし、「山本憲関係資料」からはこれら以外の情報を取ることはできない。

一方、「黄樹模」、「黄椝臣」という言葉をインターネットで検索をかけると、次のような興味深い情報が得られる。「南通書画網」サイトの「黄稚松」に関する紹介の中で、その父黄枋、通州（海門県）出身で「字椝臣」が、一九〇五〜〇七年日本に遊学し、後に黄松庵と号して著名な画家、蔵書家となったとある。但し、「山本憲関係資料」の「黄樹模書簡」には黄枋という人名は認められない。さらに、「書巻清談集古歓」というサイトには、同時代、通州出身の近代の詩人、范伯子の文集『范伯子先生全集』（民国二十二（一九三三）年校刻本の浙西徐氏刻本を底本とする）に「黄樹模『范伯子先生行實編年』」が附せられていると説かれている。筆者は、陳国安・孫建編著『范伯子研究資料集』（江蘇大学出版社、二〇一一年）に紹介されているその原文を確認している。本報告書では、「山本憲関係書簡」に見出される「黄椝臣」、「黄樹模」が、中国江蘇省通州出身でかつ「関係書簡」とほぼ同時期に日本に遊学していた「黄枋」の可能性があることを指摘するに留めたい。

それでは、甘白はどのような人物なのか。甘白は、梅清処塾に入門した正規の塾生であったと考えられる。「山本憲関係資料」には梅清処塾の塾生名簿（『学生名籍』）が残っている（『山本憲関係資料目録』の「D」部）。本報告書でも屢々引用されているこの名簿に掲載された清国人の氏名を、登録の時系列（名簿の初出順）に留意して並べると、以下のようになる(1)。「甘白」は最後に登場する。（前述の「黄椝臣」、後述する「徐秉陽」は認められない。）

○『明治廿八年中秋　学生名籍　梅清処塾』（D〇〇八　一八九五年）

《郷地》	**《覇居》**	**《誕生》**	**《入門》**	**《寄宿》**	**《氏名》**
清国広東省広州府南海県蔭生	記載なし	光緒二年九月初九日生	十二月五日	寄	康同文
同国浙江省湖州府徳清県附生	記載なし	同治十三年十月初四日生	十二月五日	寄	嵇侃
清国浙江省杭州銭塘県附生	記載なし	光緒三年正月初八日生	十二月廿八日	寄	汪有齢

○『明治三十四年一月八日以降　梅清処塾々生名籍』（D〇一二　一九〇一年）

《生地》　《寓所》　《誕生》　《及門》　《寄宿》　《氏名》

清国広東省広州府　大阪西本町一番町　光緒八年正月二日　六月十五日　寄宿　曾広鵬
香山県曾幸軒男子　二十七番屋敷孫実甫方在留
浙江省寧波府鄞県　西区本田一番町三七　光緒十四年十二月　十月一日　施錦銓

○『嚶々録』（明治三十二年仲春）（D〇一三　一八九九年以降毎年二月改正）

《原籍・現住》　《現職或学業》　《姓名》　《生年》

清国広東省南海県
横浜市居留地一四〇大同学校　教習兼清議報記者　康孟卿　咸豊八年
「コ之部」香港中環水車舘対面雅生暎相舘
清国浙江省湖州府徳清県　農学　嵇　侃　同治十三年十月
東京千住板橋農学校　東京西ヶ原蚕講習所
「ケ之部」清国杭州金沙港蚕学舘　慕陶　嵇　偉　侃更名
清国浙江省杭州銭塘県　学生　汪有齢
東京市本郷区西片町一九日華学堂
清国福建省侯官県　方声洞　光緒十一年十一月
清国福建省侯官県　方　煊　光緒十四年五月
清国安徽省　張亮功　光緒七年二月十八日
清国浙江省杭州府仁和県　張　請　光緒十年十月十日
清国山東省登州府福山県　張栄藻　光緒十五年六月廿一日

清国福建省侯官県　　　　高　种

清国安徽省安慶府懐寧県治塘湖、、、、、、、、、、、、**甘　白**　（傍点は吉尾）

ただし、甘白は塾の寄宿生などではなく。書簡C二五六、C二五八の封書の裏に「甘白　岡山商業学校寄宿舎　緘」、「岡山商業学校　緘」等々とあることから、いわゆる旧制「岡山商業学校」で生活する者であった。実際、文面の中に、寄宿舎の様子（C二五八）、校長「小田校長」の出張の事などが具体的に書かれてある。

　蒸し暑い中、（明治三十七（一九〇四）年七月）二十二日に学校に入り、私は一人で寄宿舎におります。甚だ気持ちがすっきりして、頗る満足しております。小田校長は公用で東京に行き、まだ戻りません。（溽暑本校二十二日休業、生徒皆帰省。白独居寄宿舎、甚清浄、頗愜懐。小田校長公行東京、未帰。）

　この書簡によれば、甘白は、一九〇四年八月八日（八月九日付・C二五九の中に「昨日移居」とある）「校西内山下八十二番地今西清次郎家小楼傍」に引っ越し、さらに一九〇七年一月三日に「在学校前八十番片山家内」、今西家の二隣りに移っている。甘白は岡山商業学校を中心に生活していたと言える。

　この点に関して、『岡山県立第一岡山商業学校　創立四十年史』（一九四〇年、市川魁進堂印刷）は、岡山商業学校初代校長が、一八九八（明治三十一）年六月から一九一四（大正三）年三月まで務めた小田堅立と記している（本書十二頁、五十八頁）[2]。しかも、『四十年史』は、「甘白」が、本岡山商業学校に一九〇四（明治三十七）年「四月十一日より加設された」「支那語科」の「清国語教師」に委嘱された「清国安徽省人」であることも述べている（三十三頁）。因みに、「附　旧職員表」には「甘白」に関して「就職年月日：明治三十七年四月五日、在職年月：四年四ヶ月、職名：嘱託教師、現職：帰国（支那）」とも記載されている。

　甘白書簡は、徐秉陽書簡と関係するところが多い。甘白は、一九〇四（明治三十七）年一月頃から（C二五五）、一九〇七（明治四十）年一月にかけて（C二六七）、山本憲に書簡を送っているが、例えば、徐秉陽の書簡六通の内の五通に甘白のことが触れられている。ただし、徐秉陽書簡の主な内容は礼品の贈答、受領に関するものが殆どで、文面から彼に山本憲に師事して学問を学ぼうとする強い意志が有ったかどうかははかり難い。しかし、徐秉陽の住所の情報等からは、山本憲の交流の〈裾野〉について興味深い事柄が浮かび上がってくる。

徐秉陽書簡C二五〇の封書（一九〇四（明治三十七）年五月二十一日）の裏書きには「大阪市西区本田二番町五十弐番館　東源支店　特電話西（三五七番）　仝税関構内出張所　電話西（千七百五番）」とあり、C二五一（一九〇六（明治三十九）年一月十一日）の同裏きには「大阪本田一番町清商五十七番　徐秉陽寄」とある。その後、一九〇八（明治四十一）年一月二十八日頃、「神戸市北長狭通三丁目百廿二ノ四」に病気療養等を理由に転居している（C二五二）。この点に関して、「本田一番町」、「本田二番町」という地区は、当時中国人などが多く住む「外国人雑居地」として知られている[3]。しかも、松浦章「原田汽船会社と青島航路」（『或問』No.26、二〇一四年）は、この「本田二番町」の「東源」の意味を具体的に示す、次の『大阪朝日新聞』第一一八一八、一九一四（大正三）年十二月二十六日の航路の広告を掲出している。徐秉陽の封書の裏書きに記された電話番号「特電話西（三五七番）」は、この広告に掲載されている電話番号と完全に一致する（本稿では広告の書式を一部変更して引用する）。

青島航路再開始

松丸　廿六日正午大阪、同日午後神戸、廿八日後四時門司　出帆　直航

［社旗］　合資会社　原田商行

扱店　大阪本田　東源号支店　電西三五七

神戸海岸一　東源号　三宮三九一　門司駅前　巴組支店　電長四六

そして、松浦氏はこの「東源号」について、『神戸又新日報』第九〇六八号、一九一一年十月二十一日付記事「清国商館の動静」を次のように紹介した上、「東源号は上海を拠点にして神戸と大阪川口を中心に活動する華商であり、

従業員の多くは広東省出身者が多かったことがわかる。東源号は上海を拠点にしていたと思われることから、当然青島との通商関係にも豊富な経験を有していたのであろう」と解説している。

東源号　是亦上海商館中の大なるものにて綿糸、雑貨等を取扱ひ居れるが館主は曰く、大阪川口には上海商人多きも神戸には上海人五十余名あるのみにて、商館少く重に広東商人なれば、今回の影響を被る者は少なからん(4)。

なお、「清商五十七番」については、『事変下の川口華商』（大阪市産業部貿易課、一九三九年）「附録」「一、川口華商館名簿（昭和十三年九月現在）」「（1）行桟止宿出張華商館調」に、次のような例を見出すことができる。

五十七番館　振祥永（行桟）

（商号）（本店所在地）（取扱商品）

功茂成　天津　綿布人絹布

……　……　…………

和順成　奉天　雑貨

（吉尾：「五十七番館」の条には二十三の華商が列記されている）

「行桟」とは、本書「第二節　川口華商と行桟」「第三項　行桟」（十三頁）に「商桟とも称する。行桟本来の意味は港岸に建てられた私人経営の倉庫または問屋、廻漕店の謂で、もと支那本国各地の都市で発達したものである。川口に於ける行桟は謂はゞ商人下宿を兼ねた貿易代理業者である。……即ち、川口の行桟は……その止宿客たる出張華商に対して取引上各般の便益を提供し、自身亦貿易代理業を営み、大阪川口貿易なるものは、この行桟及び行桟を根城とする本国よりの出張員を中心として営まれるもの」とある。そして、「行桟」の提供する「取引上の便益」を、「イ、行桟自身の信用により、邦商銀行等に紹介斡旋する。客のために保証人となる場合すらある。ロ、通訳、案内、交渉その他一切の用務を辨ずる。ハ、取引苦情の解決。ニ、貨物の引取、運送及び保険等の交渉。ホ、客の帰国不在中代理買次をなす。」と列記する。即ち、徐秉陽とは、当時の所謂川口華商の「行桟」に従事した者、あるいは「行桟」

として「本国より」派遣された「出張員」であったと考える(5)。

実際、本書で紹介する甘白の書簡、それに関係する徐秉陽の書簡が示すように、甘白は徐秉陽に働きかけて、清国の「豆粕肥料」を関西の貿易商等を介さず、遼寧省営口から直接岡山県に運び販売する計画を立て、実行しようとした。徐秉陽に「行棧」のキャリアがあってこそ、こうした計画に関わり、関係各界との折衝も可能であったと考える。

甘白の志向（特に清国から岡山県への物資輸入）ならびに徐秉陽の関わりには、山本憲に書簡を送った他の中国人とはやや異なり、経済的目的が付帯されていたと解せられる。山本憲自身の言葉を甘白の書面の中に直接認めることはできないが、書簡の多さなどを見る限り、山本憲は真摯に甘白、さらには徐秉陽と向き合っていたのではないか——過ちを恐れず敢えて言うならば、背後に大きな政治課題を抱える故国が在る中、日本在住の清国人が日本の地方社会（岡山県）の問題（農民の生活苦等）を直視し、それを契機に日本と中国との新たな民間交流のパイプを築こうとする甘白、並びに徐秉陽の計画と行動に対して、山本は真摯に向き合っていたのではないかと思われる。ただ、肥料の直送・販売の計画の結末は不明である。徐秉陽からの最後に近い書簡（C二五四　一九〇七年十月）には、甘白が「人」を騙したため絶交したこと、山本憲先生には大阪に出向いてもらい直に説明したい旨のお手紙を差し上げようとしていたこと等が綴られている。しかしながら、婉曲的にせよ、山本憲が自ら牛窓から大阪に行って説明を受けることを求められていたことについては、（少なくとも肥料の中国からの直販計画に関して）山本は甘白の身元保証人に近い立場にあったのではないかとも推測する。

【訳注】

【黄樹模書簡】（C二二七）

大坂市東区谷町一丁目百九十四番屋敷
山本憲 殿
牛込鈴巻町有明館 黄より　大至急◎◎◎
〔消印 備前牛窓 明治三十九（一九〇六）年七月五日　牛窓へ転送された書簡〕

書　簡

梅崖先生先生閣下
　久しくご高名をうかがいながら、まだお会いする機会を得ません。人を思慕するのであればどうして残念に思わないことがありましょう。以前、王惕斎(6)氏がこのように言っておりました。「先生は曾て我が国土を旅行され、曲阜の孔子の陵墓を尋ねたいと思っておられた」と。私、非常に敬服いたしますが、まだ先生の目的が達成されたかどうか分かりません。私、目下貴国に滞在し、お会いしたいと久しく思っておりました。如何せん、引き合わせていただける人がおりませんので、先ず書面を先生の手元にお届けし、ご挨拶させていただこうと思いました。私、夏に国に帰りますが、先生の曾ての希望がまだ成し遂げられていないのでしたら、来年夏同行いたします。私が先生の接待役を勤めれば、途中の対応が便利です。もし先生にお伴することができれば、春風が自分を引っ張っていくでしょう。私、長年、斉魯（山東省）の旧跡、長江や黄河の名所を訪ねたいと思っておりました。諸事に拘束され長引いて今日に至り、まだ志を遂げることができませんが、来年夏は必ず初志を行うことを申し上げる次第です。先ずは謹んで書面を差し上げ、先生がどのように思われているか伺いたく存じます。草々　右、ご自愛くださいますように。　海浜の黄棨（臣）生　頓首

先生が我が国を旅行された紀行文〔『燕山楚水紀遊』〕の書写は本当に必ず出版いたします。お見捨てなくば、一部を賜り自分の不明を開くことができればと存じます。切望しております。私は暫く東京都牛込区鶴巻町十九番の有明館に間借りいたします。御手紙をお寄せくださいませ。

【甘白書簡】一（C二一五六）

梅崖先生閣下∶久聞高名、未得設見、有情人能不憾乎。前問王惕子云、先生曾遊敝邦、思謁曲阜先聖之陵。鄙人不勝傾佩、未知先生目的達未乎。鄙人目下居留貴國、思謁久矣。奈無引導、故先函達座側、請詢安好。鄙人夏返國、先生曩日之希望未遂、明年夏仝行。鄙人爲東道、途中招應便利。如能相從東風連我、鄙人思訪齊魯故墟、江河名跡有年矣。諸事勾當延及至今未能遂志、明年夏詢必行初志云耳。先以敬上窺先生以爲如何。艸〻此上。卽請道安。鄙人海濱黄棨頓

先生遊敝邦紀行文錄諒必付梓。不棄願賜一部以開茅塞可也。翹是願盼。鄙人頃寓東京牛込區鶴卷町十九番有明館。玉音可以寄也。

（表書き）大坂東区天神橋南詰

山本梅崖　夫子　殿〔消印　備前岡山　明治三十七（一九〇四）年四月二十九日〕

明治三十七年四月二十八日

甲辰三月十三日　廿白
岡山商業学校寄宿舎　緘

先生座前

近頃大阪の徐秉陽さんの手紙を受け取り、先生がやや穏やかで、精神磐石でいらっしゃることがよく分かり、私心がやや慰められました。徐さんも読書人であり、心根は頗る思いやりがあります。私は常に彼を先生にご挨拶させようと思っており、拝謁が叶えば、彼もまたわが師が今日の大賢人であることを深く知るでしょう。聞けば、来月先生は汽車で岡山に来られるとのこと、私は喜び踊る心地ですが、逆にその日までが長いのを恨みもいたします。今『岡山民報』〔『中国民報』？〕の記事を読みますと、我が国のモンゴル改革七か条は、我が同胞の文明の発露でなければなりません。モンゴルは昔属領地でしたが、今は要衝となり、外に対しては強国ロシアを塞ぎ、内に対しては国都を護ります。その名家や旧知は皆な元勲であり、政治を補佐しようとすれば旗ごとに皆な盟約に従います。昔は人々は勇敢で、朝廷には賓客をもてなす礼があります。これを見れば、今自覚して改革を行えば、内地に制御せられるようなこともなく、執政も干与できなくなります。実行して効果があれば、次第に事が進むはずで、両宮〔西太后、光緒帝〕は改革を急ごうと欲するでしょう。〔しかし〕如何せん、騙された者は多く、いわゆる「太阿倒持」〔わざわざ権力を他者に渡すこと〕であり、利が官僚に在って福が国家に在ることになります。今モンゴルが憤然として立ち上がろうとするならば、必ず転機の日を望むことができ、在野の愚人も喜びが止まりません。更に先生は我が同胞の喜びであります。〔私〕以前、将来上奏文を作り政府に呈上する言を発しましたが、結局好ましい題目が見つからず、何から話を始めたらよいか分かりません。正しきを言ってもその非を言うことが聞こえてこなければ堪えられません。今モンゴルが大きな改革を行うという素晴らしい知らせが聞えるならば、それは将来において賢人を集める主旨となるでしょう。必ずこのような事があるとは敢えて申しませんが、夢寐の間に墨が筆を動かし、このような構図が出来ました。私は形そのままに瓢箪を描いて型に嵌めるに過ぎません。言葉を立てようとしてもうまくいかず、めでたい文章も書けませんので、先生の手直しを切望いたします。敬具　幸せで安寧でありますように。廿白叩首　お母様が健康で幸いでありますように。奥様も同じく幸いならんことを。また門人の方々が皆なお元気でありますように。

二（C二六六）

先生座前　頃接大坂徐秉陽兄來信、告知先生稍安、精神完固、私心稍慰。徐兄亦讀書人、居心頗存恕道。白常令其親叩座前、期有造就、伊亦深知我夫子是今日之大賢也。聞有下月侍車來岡之信、白喜而鼓舞、轉恨日長耳。今讀岡山民報有記、敝國蒙古改革七條、可爲我同胞文明之發迹。蒙古在昔日爲外藩、今則重如咽喉、外蔽强俄、内拱京師。其世家故舊皆係元勳、佐命政事則每旗皆操之於盟。古人情勇悍、朝廷賓禮。視之今其有悟而改革、則不似内地有所牽制執政亦不能干預焉。行而有效可逐漸而來兩宮急欲改革。奈蒙蔽者多、所謂太阿倒持、利在臣僚而福在社稷。今蒙古能奮然而思興、必有可望轉機之日、草莽愚人亦喜而不寐。我夫子其更爲吾同胞慶也。前日有將來擬奏稿呈政之言、迄無好題目、不知從何談起。言其是而未聞言其非則不忍。今聞蒙大有改革之好音、預爲將來荐賢之立義。雖不敢必有此事、而夢寐之系累筆之於子墨、規模如此。白依樣畫胡盧備一格耳。其立言之未善、陳告之不嘉、敢望我夫子改政焉。專此布陳。恭請福安。廿白叩首太夫人康吉。夫人同福。及門諸友都好。

牛窓町
山本梅崖翁　様〔消印　岡山　明治四十（一九〇七）年一月六日〕

六日

岡山内山下八十番片山方　甘白

冬の寒い時季に冷たい食べ物は良くなく、やむを得ず一月三日に別に一軒家を借り自炊することにいたしました。引き続き学校前の八十番の片山家の内に在り、前の家とは二軒隔てております。近頃天気は穏やかで暖かですが、風は強いです。先生には万事恙なくお過ごしのことと存じます。新年の元旦以来、岡山農会の仲介人より豆粕肥料を直接輸入することを頼まれました。商業界は厳しいところが多々あり、私が楽しんで行うものではありません。既に改めて大阪の徐秉陽君にその仲介人と相談してもらうこととし、徐さんは一月四日に岡山に来て、話をして戻りました。〔中国遼寧省〕営口港より直接輸送することは、神戸の清国商人が搾取することに比べて当然〔費用等が〕廉くなります。私は徐さんに岡山の人々のために利を図るよう依頼しました。自ら耕作できない者、年老いた男女がどんなに苦労していることか。税金は重く土地代は高く、頼るところの肥料がこれによって少しでも廉くなれば、誠に地方の公益となります。殊に私たちにおいては道義に害を与えることはありません。既に徐さんと共に商業界に一つの道徳の門戸を開くと約言しました。営口の市価が幾らなので、岡山市での売値は幾らと。代理人の一切の経費は一円当り五銭を取るのみで、これ以外少しもいい加減にはいたしません。農会は別に穏当に事を処理する者に営口において営口の商人の売買を監視させます。徐君が行って資本の甚だ大きいことを述べれば、清国人もまた自ら買って物を備え、その物が岡山に到着すれば即必ず金が支払われるというものです。この事に僅かの利己心もありません、大衆が利を得られるように計るものです。徐さんは必ず県知事と農工銀行の保証書を求めるでしょう。〔そうなれば〕農会の仲介人は数日で商談を成立させることを許されるでしょう。再び徐君が来るとの知らせがあれば、私はここで応対せざるを得ず、年末年始の休みはなくなります。豆粕肥料は、岡山地方では一年に百八十万個を要します。農会の仲介人の言によれば、毎個最高値で一円六七十銭、最安値で四五十銭とのことです。もし営口から直接買い入れたら、神戸で買い入れるより一個当り必ず四五十銭あるいは十銭以上値を下げることができます。毎年民生に補われる利益は百八十万円になり、汗水流して働く者への利益は十万金になります。この公益を生み出すことが私においても楽しみ行うことであります。この事は甚だ重大であり、将来の交渉も容易ではありません。もし岡山の実業界の名士の約定が無ければ、清国人は決して同意せず、数十万の資本を持って確実性の無い商いをすることになります。正に農会の仲介人が運動して、知事と銀行（農工銀行）がこの場において保証書の策定を許可したら、その事は行うことができます。このように俗事が絡まり合っておりますので、年末年始のご挨拶はできず、〔先生の〕愛情に背くことになります。新学期は〔一月〕八日に始まります。末尾ながら著述が進まれますように。お母様、奥様共に幸あらんことを。廿白頓首

冬寒之候、冷食不宜、不得已、於月之三日、別賃一家自炊。仍在學校前八十番片山家内與前家二鄰相隔。近來天氣和暖多風。先生起居其萬福。新元以來爲岡山農會中人托辦豆粕肥料直輸。商界多險、非白樂爲、已轉致大阪徐君與其人相談、徐君四日來岡、一敍而返。由營口直輸、較從神戸清商剝銷自然便宜。白囑徐君爲岡山生民謀利、不可自肥力田者、老婦老夫如何勤苦、税重工貴、所全賴於肥料、於此稍得便宜、誠爲地方公益。殊於吾輩道義無損。已同徐君約言於商界開一道德門、營口市價如何、岡山賣價如何。經理之人一切用費、每圓取五錢、此外一絲不苟。農會別使妥人在營口監察營口商人買賣、由徐君往談資本甚鉅、亦由清人自備、物到岡山卽須付金。此事無一己之利而謀於衆民之利可得。徐君必欲縣知事及農工銀行證書、農會中人允於數日商安、再報徐君來、白不得不在此相待。是年暇不得豆粕肥料、岡山地方、每年費百八十萬個、（農會中人言）每個極（割注左右に漢字：高／安）價（割注左右に漢字：一圓六七十錢／四五十錢）若由營口直買入每個必較神戸買入可安價四五錢或十錢以上。每年補益於民生、卽以百八十萬計、

可利於血汗者十萬金。有此公益、白亦樂爲也。此事甚重大、將來交渉亦不易。若無岡山實業名譽人約據、清人決不肯、以數十萬資本爲無確實之商業。且待其會中人運動、知事及銀行（農工銀行）如此之處允行訂證書、則其事可行。有此俗事相纏、年暇故不能趋叩、有負愛情。開校在八日。順請著安。太夫人夫人同福。甘白頓首

三（C二六七）

牛窓町
山本梅崖 様〔消印 備前牛窓 明治四十（一九〇七）年一月十八日〕
一月十七日
岡山内山下八十 甘白

徐君は先日岡山に来て農会の仲買人と契約を結んでいき、大阪に数日居て点検し直ぐ奉天に向かいました。寒さ厳しき折、くれぐれも安らかであられますように。甘白頓首

（末尾空白部分）二、三月の内〔先生が〕岡山に来られ一目でもお会いできればうれしいです。私は三月中に奉天に行きたいと思っており、徐さんが岡山に来ましたら、二人で分担して事を行います。

徐君前者來岡與農會中買入人結約而去、在坂數日檢點卽往奉天矣。嚴寒時節順適爲祝。甘白頓首。
〔空白部分の書込〕二三月内能來岡、一見爲快。白三月内欲往奉天、徐君來岡、二人分理各事。

【徐秉陽書簡】一（C二四九）

天神橋南詰
山本憲 殿　徐秉陽 緘

今回岡山に行くとお約束しておりましたが、私用事に引っ張られ、そのためにこの場を離れて同伴することができなくなり、未だ願いを達せずにおります。故にここに岡山に行ってお会いしたい旨のお手紙を差し上げます。甘白さんが〔私に〕代わって一言ご挨拶することを願っております。ご機嫌麗しく。

山本老夫子大人閣下　教晩徐秉陽頓首　甲辰陽暦九月十日〔一九〇四（明治三十七）年九月十日〕

約今行岡山、因敝行事牽、不能離身仝伴、未遂心願。故此具字奉申到岡晤見。甘君乞代致意一聲。謹請道安。

山本老夫子大人閣下　教晩徐秉陽頓首。甲辰陽歴九月十日

二（C二五一）

（表書き）

牛窓
山本憲殿

（裏書き）大阪本田一番町清商五十七番

徐秉陽寄

謹啓　本日郵便が届き、ナマコのご恵贈を賜りました。何と私のことを手厚く想っていただいていることでしょうか。これを受け取るに恥ずかしく、お断りするのも失礼であり、謹んで拝領することにいたしました。ありがとうございます。甘白さんは私に年末学校を休んで大阪に来ますと約束しましたが、言ったままで、近況がどうなのか分かりません。先生に手紙は来ておりますか。お時間のある時に大阪にご来臨賜り、久しぶりにお会いいたしたく存じます。どうかお願いいたします。不一　ご機嫌麗しく。

山本先生大人、お母様、奥様には均しくお慶びあらんことを。一月十一日〈一九〇六（明治三十九）年一月十一日〉

徐秉陽頓首

謹啓者　今日郵便遞到、惠賜海參、何愛我厚也。領之有愧、却之不恭、敬領、謝々。甘君約我年終休學來坂、言之未遂、不知近況安乎。先生有信否耶。暇時乞駕坂以敍濶别。至禱至禱。餘不盡。此敬請道安。山本先生大人、老夫人太太、夫人太太、均慶。一月十一日（一九〇六〈明治三十九〉年一月十一日）　徐秉陽頓首

三（C二五四）

天神橋南　梅清処塾

山本憲　殿　徐秉陽　拝緘

拝啓　最近親書を拝読いたしました。先生の徳望は日々高まり、その福禄は全て滞りなく、私の胸中も慰められます。私は大阪に在ってお陰さまで何とかやっており、まずまずご安心ください。甘白さんの行状に及びますが、私、久しく行動を共にしておりません。今春人を欺く行為があり、故に絶交いたしました。そのために晩春私は〔先生に〕手紙を差し上げ、先生に大阪にご来臨いただき、甘白さんの正しからざる行為を詳らかに述べたいと願いました。事は重大であるため手紙で申し上げることはできません。もし先生が大阪にご来臨される際は、我が家にお越しくださりお話させていただきたく存じます。ご機嫌よろしく。徐秉陽拝上

譚〔某〕、第〔某〕、均しくご挨拶したいと願っております。負担はおかけしません。丁未九月十六日　陽歴十月廿二日〔一九〇七（明治四十）年十月二十二日〕

敬啓者　頃讀手諭拜悉欣知先生德望日隆、道履咸亨、藉慰下懷。生在大坂叩庇、粗安足堪告慰耳。示及甘君行踪、生久不與其往來也。因今春欺人作爲、故不與之交也。所以季春時生奉上郵書欲請先生駕坂、疏詳其不端之行爲。因事關重大不能託之筆申也。倘先生有駕坂之際、請臨敝廬一談爲叩。此頌道安。生徐秉陽拜上　譚第均希叩安無荷　丁未九月十六日　陽歴十月廿二日

註

（1）以下の塾生の内、康有儀はもちろんであるが、康同文、嵇侃、汪有齢についても本書「康有儀書簡」【解題】（呂順長・小野泰教）において詳述している。ご参照いただきたい。

（2）岡山商業学校は現在の岡山県立岡山東商業高等学校に連なり、その岡山東商業高等学校のＨＰにも、岡山商業学校初代校

長が一八九八（明治三十一）年六月から一九一四（大正三）年三月まで務めた小田堅立と掲示されている。岡山商業学校については、岡山東高等学校教頭 森山泰幸先生より示唆的な情報をいただき、甘白という人物の輪郭までたどりつくことができた。特に、『岡山東商百年史』（一九九九年三月一日発行）「沿革」（一二九頁）に「小田校長のめざした教育が国際人を育てることであったということは、開校早々の明治三四（一九〇一）年以来外国人教師を嘱託教師として招き、……第二外国語として『支那』語をおき、甘白（カンファイ）先生を嘱託として採用したこと、……」の一文あることをご紹介いただいた。ここに記してお礼を申し上げる次第である。

（3）堀田暁生・西口忠共編『大阪川口居留地の研究』（思文閣出版、一九九五年）、清水靖夫編『明治前期・昭和前大阪都市地図』（柏書房、一九九五年）等参照。

（4）松浦章「神戸華商と辛亥革命」（『史泉』第九五号、二〇〇二年）。また、同著『近代東アジア海域の人と船——経済交流と文化交渉——』（関西大学東西学術研究所研究叢刊四十九、二〇一四年）第一部第二篇「清代中国と神戸との経済交流」第三章「辛亥革命と神戸華商」・二一七頁に、『神戸又新日報』の当該記事「清国商館の動静」の、「東源號」を含む全文を掲載している。ご参照されたい。筆者は「東源号」、川口華商に関する情報を、松浦章先生より直接教示を受けた。ここに記してお礼を申し上げる。

（5）山本憲関係書簡に収録されている人物で、川口華商と関わりを有している者に孫淦がいる。現時点では、孫淦と徐秉陽との具体的な結びつきは確認できていない。この点については後日を期したい。なお、孫淦に関しては、本報告書の「孫淦書簡 解題」を参照していただきたい。

（6）王惕斎に関しては、本報告書「汪康年書簡」の注（32）を参照されたい。

日本人書簡

【解題】

公文　豪

【古城貞吉書簡】

古城貞吉《こじょうていきち》は、一八六六（慶応二）年五月十日、熊本県士族古城貞の三男に生まれた。号は坦堂。幼にして漢学を修め、同心学舎（後の済々黌）、熊本高等中学（後の第五高等学校）、第一高等学校に学ぶ。以後は独学を以て支那文学及び経学を修め、一八九七（明治三十）年『支那文学史』を著す。同年十二月上海に遊学し、『時務報』『農学報』で日文翻訳を担当した。九九年北清事変が起こると、日報社（後の東京日日新聞社）の従軍記者として二か月にわたり義和団に包囲された北京日本公使館に籠城。一九〇一（明治三十四）年帰国し、日報社記者を辞して東洋協会殖民専門学校（後の拓殖大学）講師となった。〇六年東洋大学教授、〇七年早稲田大学講師。『肥後文献叢書』を編輯した。一九二三（大正十二）年大東文化学院（後の大東文化大学）教授。この他、日本大学、立教大学、慶応義塾大学講師を務め、中国文学、中国思想史を講じた。一九四九（昭和二十四）年八十四歳で没す。（平田武彦著『坦道古城貞吉先生』）

山本憲は、一八九七（明治三十）年十月二十三日に上海の地を踏んだ。この日、早くも古城を訪ねている。『時務報』で翻訳に従事する日本人のことは、あらかじめ聞いていたのであろう。『燕山楚水紀遊』によれば、三十日夜、古城は憲を聚豊園という料理店に案内している。ここで初めて梁啓超、祝秉綱《しゅくへいこう》、李一琴等に会った。翌日、憲は揚子江を遡って武漢をめざす。漢口（現在の武漢市）到着が十一月五日で、上海に戻って来たのは十四日だった。翌十五日、山本憲は古城を訪ねたが会えなかった。古城の書簡には「扨小生頃来泥城橋なる本館に移り折角御来光被下候に失礼いたし候」とある。

この書簡には日付がない。山本憲は長江遡上前夜に会った人々の名を書簡で問い合わせたようで、古城は「過日御同席の人名ハ梁卓如、汪頌穀、李一琴、及ひ其他は誰れゝゝなりしやは大概三夜越しに集飲ある故一一記し不申、左様御承知被下度。いつれ拝眉のせつ萬可申上候」と答えている。文面から察するに、書簡は憲が武漢から戻って古城を訪ねた十一月十五日か、その翌日のものと考えられる。後日、古城から人名を再確認したうえで『燕山楚水紀遊』を書いたらしく、十月三十日の項は「會者梁子啓超字卓如、一字任父、新會縣人、爲時務報主筆、將赴長沙中西學聘、年未壯、文名甚高、祝子秉綱字心淵、江蘇元和人、戴子兆悌汪子貽年李子一琴汪子頌穀也。」と正しく記述されている。

【小倉久書簡】

小倉久《おぐらひさし》は、群馬県士族。一八五二（嘉永五）年一月十五日、江戸芝土岐邸に生まれた。一八七〇（明治三）年貢進生として大学南校に入り、次いで明法寮生徒に転じた。七六年仏国留学を命ぜられ、法律得業士の学位を得る。七九年司法省奏任取扱御用掛、八一年元老院准奏任御用掛兼太政官御用掛、八二年元老院権少書記官、八六年大阪控訴院検事、のち弁護士となった。九八（明治三十一）年内務省警保局長に任じ、監獄局長、和歌山県知事、岐阜県知事を歴任。一九〇六（明治三十九）年十一月四日、五十五歳で没した。（大植四郎編『明治過去帳』）

『梅崖先生年譜』によれば、一八九八（明治三十一）年九月二十三日、清国政変の報に接した山本憲は、二十七日に大阪を発して東京に向かった。十月五日には帰阪しているので、滞在日数は一週間ほどである。この間の動静は詳らかでないが、情報収集のため各所を駆け巡ったことが察せられる。政変直後には情報が錯綜し、光緒帝殺害等の訛伝まで新聞に載った。内務省警保局長小倉久が「御尋越一条當省ニ而ハ少シモ承知致サヽル事ニシテ無根風説ニ可有之」と全面否定している件が何を指しているのかは不明である。

【西山志澄書簡】

西山志澄《にしやまゆきずみ》は、一八四二（天保十三）年六月六日、土佐藩士西山嘉蔵の三男として高知城下南新町に生まれた。初名は直次郎。文を市川彬齋、徳永千規、武を武市瑞山等に学び、のち藩校致道館に就学した。土佐勤王党に加盟し、一八六三（文久三）年藩命を以て上京。同年罪を得た平井隈山を護送して土佐に帰った。戊辰戦争では迅衝隊に属して各所を転戦。一八七〇（明治三）年兵部省に出仕、次いで奈良県に出仕したが、七三年征韓論の時に辞職して高知へ戻った。これより立志社設立に尽力し、自由民権運動に挺身した。八三年土陽新聞社長、翌年県会議員に選ばれた。八七年三大事件建白のため上京し、保安条例による退去命令を拒否して投獄された。八九年大赦出獄。九二年高知県選出の代議士となり、以後五回当選。九八年憲政党内閣が成立すると警視総監に任ぜられ、同年同内閣が倒れて辞職した。その後も土陽新聞社長、代議士を歴任し、一九一一（明治四十四）年五月二十七日、七十歳で没した。（寺石正路著『続・土佐偉人傳』）

戊戌の政変後、十月二十一日に梁啓超と王照、二十五日に康有為が神戸に着き、ただちに汽車で上京した。康等着京の報に接した憲は、十月二十九日、康有儀と共に上京し、康、梁、王の三人と会見した。

亡命者は警視庁の監視下に置かれていた。憲は警視総監西山志澄を訪ねたが、不在のため「警視庁ニ於テ保護シ居ル事情」を承知したいと言付《ことづ》けて戻った。西山の書簡はこれに対する回答で、「目下わが国へは多くの支那人が入り込んでおり、亡命者の身の上に不都合があってはならないので、保護上注意をしているだけで、別段の事情はない」と答えている。

西山がこの書簡を認めた十一月一日は、政局大混乱、警視総監として激務の真っ最中であったはずだ。というのも、康有為が神戸に着いた十月二十五日は、「共和演説」問題で尾崎行雄文部大臣が辞表を提出した日でもあったからである。この後、文部大臣の後任をめぐって憲政党内の自由・進歩両派が激しく対立し、わが国最初の政党内閣は瓦解へ向かうことになる。

十月二十九日には憲政党が解党決議を行い、同日、自由派が新たに「憲政党」を組織。内務大臣板垣退助、大蔵大臣松田正久、逓信大臣林有造、それに警保局長小倉久、警視総監西山志澄など自由派出身官吏が一斉に辞表を提出した。これにより三十一日に大隈重信内閣は総辞職。十一月一日には「憲政党」を名乗って開いた進歩派大会に臨監警察官が解散を命じ(西山警視総監の指示であろう)、二日には内務大臣板垣退助が集会及政社法に基づき進歩派が僭称する「憲政党」に解散命令を下した。かくして看板争いに敗れた進歩派は、三日に憲政本党を組織する。八日には板垣内相等の辞任が正式に認められ、山縣有朋内閣の成立でようやく一段落を告げることになる。

憲が『年譜』に書いているように、当時、日本政府は「時自由進歩二黨爭訌鬩墻。至東亞大局之事。則棄而不復顧矣」という状態に陥っていたのである。

【古城貞吉書簡】（C二二一）

山本　憲殿　貴答

時務披辨

古城貞吉

華墨拝讀扨小生傾来泥城橋なる本館に移り切角御来光被下候に失礼いたし候過日御同席の人名ハ梁卓如、汪頌穀、李一琴及ひ其他は誰れ〻〻なりしやは大概三夜越しに集飲ある故一一記し不申左様御承知被下度いづれ拝眉のせつ萬可申上候　匆々　即晩　弟貞吉拝

山本先生　侍史（年月日不詳）

【内務省警保局長・小倉久書簡】（C二二二）

山本憲様　親展

内務省官舎

小倉久

拝復時下秋冷之候愈御清穆奉恭賀候扨御尋越一条當省ニ而ハ少シモ承知致サヽル事ニシテ無根風説ニ可有之乎と存候
不取敢右御答迄　草々　拝具
九月廿九日〔一八九八（明治三十一）年九月二十九日〕　久
山本様　侍史

【警視総監・西山志澄書簡】（C二二三）

芝区烏森町吾妻屋方
山本　憲様　御直披
鍛冶橋内官舎
西山志澄

御書翰拝見昨日ハ態々御来駕之處折悪ク不在ニテ甚タ失禮仕候段平ニ御□□被下度偖康有為其他之參上ニ付警視廳ニ於テ保護シ居ル事情承知致度旨御問合之件了承仕候右ハ事情トテハ更々無之只タ本邦ヘハ多クノ支那人モ入込ミ居リ候ヘハ此際諸氏之身上ニ對シ不都合有之候テハ不相成義ト存シ保護上注意致シ居リ候譯ニテ別ニ事情トテハ無之候ヘハ左様御了知被下度先御返事迄草々　拝具
十一月一日〔一八九八（明治三十一）年十一月一日〕　西山志澄
山本憲様　侍史

封書に入っていた重要書類

吉尾　寛

【解題】（C六十三）

「康有為来奔当時の書類」。山本憲自身が書いた本資料に関する目録であり、作成の時期は、一九〇四年十一月下旬、山本が岡山県邑久郡牛窓町に転居してからのものと推察する。文書に記載されている「黄樹模」の書簡は、その全てが牛窓に送られているからである。

訳注

一（C六十三）

目録　憲自ら記す。

（一枚目）

康有為が日本に亡命してきた当時の書類

康有為、字長素、号南海。青木森堅はその変名である。

康孟卿、号羽子、康長素の従兄である。私の塾に在籍している。

梁啓超、字任父。吉田晋はその変名である。

王照も一緒に日本に亡命した。高山と名を変えた。

（二枚目）

汪康年、字穰卿、浙江省の人。私、上海で知り合い、又大阪に旅行に来る。その著書及び諸々の新刊書を贈られる。

その甥汪有齢来て大阪の塾（梅清処塾）に入る。

力鈞、字軒挙、福建省福州府の人。以前大阪に旅行にやって来て、又上海で交流する。以後手紙のやりとりを行なう。

康有儀、字孟卿、広東省の人。来て私の大阪の塾（梅清処塾）に入る。康有為の従兄である。康有為が亡命し来て、
その前後の手紙数通は、戊戌政変の事実を知る証拠となり得る。

康有為、字長素、号南海。

梁啓超、字任父。戊戌政変より亡命して来た。

王照、康有為と亡命して来た。

黄槩従、字樹模。私の名前を聞いて手紙で交流を求める。

葉瀚、上海で知り合う。

名刺数枚、内容はさまざま。

書簡

目録　憲手録
（一枚目）
康有爲來奔當時ノ書類

康有爲、字長素、號南海。青木森堅ハ其ノ變名ナリ。

康孟卿、號羽子、康長素ノ從兄ナリ。予ノ塾ニアリ。

梁啓超、字任父。吉田晉ハ其變ナリ。

王照モ共ニ東奔ス。高山ト變名ス。


（二枚目）


汪康年、字穰卿、浙江人。予在上海相識、又來遊大阪。以其著及諸新刊書爲贈。其姪汪有齡來入大阪塾。

力鈞、字軒擧、福州人。嘗來遊大阪、又在上海相交。後日通音信。

康有儀、字孟卿、廣東人。來入予大阪塾。與康有爲爲從兄。南海來奔、前後書札數枚、可以徵戊戌政變事情。

康有爲、字長素、號南海。

梁啓超、字任父。戊戌政變來奔。

王照、與康長素來奔。

黄槑臣、字樹模。聞予名以書求交。

葉瀚、在上海相識。

名刺數枚、不一一。

【解題】（C二一六）

公文　豪

一八九八（明治三十一）年六月三十日に成立した憲政党内閣で、大隈重信は内閣総理大臣と外務大臣を兼任した。この「清国政変に関する意見書」は、日付、差出人、宛名も書かれていないが、筆跡から判断して山本憲の自筆草稿である。また、「閣下内閣董督之御重任且ツ外務之御職責被為帯居候」とあることから察して、これが大隈首相に宛てた意見書であることも明白である。

『梅崖先生年譜』によれば、清国政変の報に接した山本憲は、二度上京して、政府が東亜の大局に立ってしかるべく対応するよう求めて奔走した。最初の上京は九月二十七日で、十月五日帰阪。二度目は、十月二十九日上京、十一月四日の帰阪である。

二度目の上京時、梅崖が清国政変に関する意見書を大隈首相に前後二回提出したことは、十月二十一日付『士陽新聞』が「大坂の山本憲氏（本県出身）今回の清国政変に関し一篇の意見書を大隈首相の許へ差出したり」、「尚ほ山本氏は其後又対清策に関する意見書を大隈首相に送りたるが、中に西太后を廃し満州大臣を退くべしとの事もありたる由」と報じていることからわかる。

これを裏付けるのが、呂順長氏の論文「山本憲の大隈重信に宛てた書簡」（『大阪民衆史研究』第六八号、二〇一三年）である。呂氏は早稲田大学図書館所蔵の大隈重信関係資料から梅崖の大隈宛て書簡二通を発見し、その全文を明らかにした。第一の書簡は十月七日付、第二の書簡は十月十七日付である。『士陽新聞』が伝えたのは、まさしくこの二つの書簡のことであろう。しかし、本草稿は呂氏がみつけた二つの書簡とは全く別物で、「下書き」と判断させるような共通の字句さえも見いだすことができない。

それでは、この草稿はどう位置づけられるものだろうか。実は本草稿は藤谷浩悦著『戊戌政変の衝撃と日本――日中聯盟論の模索と展開――』（研文出版、二〇一五年）の三九〇頁で紹介されている山本憲の大隈宛書簡と一致する。藤谷氏は、『大阪毎日新聞』の記事をもとに、これを「十月十七日」に大隈に送った書簡としているが、呂氏がみつけた同日の書簡はこれとは異なる。藤谷氏が書簡の所在地、出典を明示していないため、照合の上で判断することはできないが、大阪から山本憲が大隈に宛てた十月七日付書簡の冒頭には、「先日在京之砌、清国政變之義に付鄙見開陳、呈書并に拙著紀遊文二冊仕候」と書かれている。つまり、最初に上京した時、山本憲は意見書と『燕山楚水紀遊』二冊を大隈に贈っており、この草稿は呂氏発見の二通の書簡に先立つものと考えられる。内容的には政変直後の東アジア情勢に対する深刻な危機感を表明し、日清両国の独立を守るため日本政府が欧人の機先を制するよう迫るもので、山本憲のアジア認識を理解するための重要資料であることは間違いない。

訳注

一（C二一六）

清國政變之事ニ付キ鄙見開陳仕度不顧卒爾得御意候
申迠モ無之清國ハ本邦ト脣齒輔車之關係有之清國滅亡之日ハ卽チ本邦危急之日ニ可有之ト被存候歐羅人庨狼之態眈々
釁隙伺居候折柄甲午戰役前後本邦當局者外交政策ヲ誤候ニ付東亞之禍機一段相進メ膠州旅順九龍海南ヲ始トシテ清國
瓜分之形勢事實之上ニ現レ申候東亞危急朝不保夕之場合ト被存候其折柄今回之政變ト相成其末如何變動相成可申歟盖
シ今回之政變天下之人心反激可申ハ勿論之義ニ付變動之如何ニ依リ候得者又俄ニ可乘之機與ヘ候哉
ト不料竊ニ心痛罷在候事ニ御坐候目今外務省之政策如何被成候居モノ哉局外ヨリ~~傍観~~伺候得
袖手傍観之迂無之哉ト
共~~特□之廉モ有之候哉ト~~被存候目今本邦朝野共ニ爭權之餘弊全然國外之事相忘レ蠻觸蝸蚌達觀者ヨリハ不堪切齒被存
候閣下內閣董督之御重任且ツ外務之御職責被爲帶居候ニ付てハ小生輩之申迠モ無之義ニ候得共其邊御留神政府一致歐
人之機先ヲ制シ候樣被成度目今應急之時務ト被存候誠ニ家國危急之形勢不不堪痛哭之至候萬御鑑亮祈候

【解題】（C二二〇）

大坪　慶之

「戊戌政変に関する筆談書」(1)

C二二〇は、著者・年月日ともに記されていない。紙も現在の原稿用紙に近いもので、マス目を無視する形で文章が綴られ、書簡の形式は取っていない。内容は、義和団事件前後における清朝の状況について、戊戌変法以来の朝廷の様子を中心に説明している。全体的には、康有為・梁啓超ら変法派と端郡王・剛毅ら守旧派の双方によい評価を与えていない。また、自立軍起義で使われた富有票（自立会が「富有山」という組織を設けて発行した会員証）に関する記載もある。文章を書いた人物は一人で、かつ山本憲の手元に残されたものだが、漢文で中国の内情を日本人向けに記しているので、山本本人が作成した手紙の草稿とは考えにくい。そのためC二二〇は、当時日本に亡命していた中国人が、一九〇〇年頃に自らの活動の支援を得るために、清朝の内情を説明した際の筆談記録である可能性がある。

訳注

一（C二二〇）

清国は数年来、名は新旧分党となっているが、実際には心は政治になく、学徒は私怨を生じて報復をたくましくしている。新党は名のみであって、康〔有為〕・梁〔啓超〕の輩は、半ば〔朝廷に反抗する〕盗匪の心を抱いている。

旧党は名のみであって、端〔郡王〕・剛〔毅〕・董〔福祥〕・趙〔舒翹《じょぎょう》〕の輩は、半ば〔悪いことをする近親者である〕家賊の首領となっている。家賊〔である旧党〕は西太后に頼って自らの地位を確保しようとしても、天下の人民を捨てるのをものともせず、光緒帝の復辟を争うのに、義和団⑵を信じて戦いを始めた。盗匪〔である新党〕は、皇帝に頼ってそれを名分としても、法規の名分を犯すことをものともせず、政治をほしいままにする権限を〔手に入れようと〕図るのに、急激な政変をすることを先においてし、富有票の禍を醸し出すのを後においてしている。本心をもって論ずれば、端〔郡王〕・剛〔毅〕は外国人の干渉に怒り、兵を選んで戦い、これをもって当を得て、自立の基としている。康〔有為〕・梁〔啓超〕は新政〔変法〕が中途で失敗したのを痛み、噂を流して政府を傾け、これを正当として、自分勝手な心の許しとしている。しかしながら、義和団が非常識にも争端を起こしても、戦乱が続き王朝が解体すれば、罪はその功を覆い隠してしまう。富有票の党が事を東南立約保護の地に起こしたが、幸いにして成らず、もし成功していたとしても烏合の軍であって、きわめて指揮統制し難い。もしキリスト教宣教師を殺害し教会を焼き、外国人が再び大軍を移動させたならば、どうして〔富有〕票の匪賊がすなわち義和団ではないことが分かるだろうか。これを総合するに、端〔郡王〕と剛〔毅〕の排外は、よくないのではない。兵を戦時ではない時に用いているので、時を得ていないのである。富有票の〔党か〕皇帝を迎え政治を改めることを名とするは、不当であるのではない。北に行かずに南にいき、かつ武漢は天険であるが敵に囲まれた地であるのをもって、俄かに事を起こしているので、地〔の利〕がないのである。時がない、地がないのは、すべて座して学ばず行政に暗いという過ちである。思うに端〔郡王〕・剛〔毅〕が義和団を使うのは、火器は技術の精錬により、決して血肉の勝ることができるものではないことを知らないのだろう。康〔有為〕・梁〔啓超〕が義軍を起こしたのは、中国の人民が久しく権利を失っているのを知らない〔のだろう〕。招集した兵は武器を運ぶも、皆処置するところなく、情勢がひとたび切迫すれば、ややもすれば機先を制して占拠し、ひとたび占拠してしまえば、すぐに匪賊の名目をふみ行うのは、すべて不学の過ちである。思うに中国の政治界は、その内情は推し量ることが難しく、その主謀者を知ろうとしても、はっきりと顕わにすることはできない。義和団の禍は、端〔郡王〕・剛〔毅〕が主なのではなく、栄禄が主である。康〔有為〕・梁〔啓超〕の登用は、皇帝が用いたのではなく、皇帝に頼って寵を争う翁同龢《おうどうわ》が用いたのである。義和団は客体の中の客であり、端〔郡王〕・剛〔毅〕も主体の中の客であり、康〔有為〕・梁〔啓超〕は客体の中の客であり、皇帝も主体の中の客である。この三年来、維新・守旧の名は、とりわけその時になって建設に頼むことを名とするのみであって、すべて国を治める重要な道理ではない。ゆえに私は戊戌維新の時に、時を用いることを望まず、ただ教育に従事するのみであった。政変にて国が滅ぶとしても、また困窮し憂えるのを潔しとせず、やはり我が教育に従事していた。思うに今日の若者は、その責任は国民の精神を喚起するにある。国民の精神を喚起するのは、まず少年の精神を喚起するだけである。貴殿にはこのことを山本梅崖先生にお伝えし、貴国の通達の人に伝えて、この数年の成否の真実を知らせていただきたく、お願い申し上げる。

団匪

遠因

一、〔光緒帝と西太后の〕両宮が権力を争ったのに起因する。栄〔禄〕・剛〔毅〕・端〔郡王〕・董〔福祥〕らは、西太后に頼って自派のために力をつくし努力している。皇帝に頼って自らの身を保とうとしている。康〔有為〕・梁〔啓超〕はこれが原因で急激に政変を起こし、駐守の軍は保皇党の人に手向かった。翁〔同龢〕・汪〔鳴鑾《めいかん》〕・長麟は、

近因

一、西太后が、康〔有為〕・梁〔啓超〕がデマ〔を流して彼女を〕罵倒するのを恨み、〔彼らを〕捉えて処刑しようと

したが出来なかったのが、外国人が〔彼らを〕保護したためであることに起因する。外国人を殺さなければ、康〔有為〕・梁〔啓超〕を殺すことはできない。

一、光緒帝の幽閉・廃位の後、端〔郡王〕が自らの子を〔皇帝に〕立てようとしたことに起因する。〔端郡王は、〕内にはその妻に西太后に媚態を示させて、自らの子を〔皇帝に〕立てようと図り、外には義和団と結んで、あざむいて神術と言い、西洋人を殺して、西太后の鬱憤晴らしとした。

一、栄〔禄〕・端〔郡王〕・剛〔毅〕らが、光緒帝が復辟して、康〔有為〕・梁〔啓超〕が再登用され、その勢力が〔自らへ〕あだ討ちしようとし、おのれの身が保てなくなることを恐れたのに起因する。

最近之因

一、己亥(3)春に、イタリアが沙門湾(4)を求めたが成功せず、軍事において各省の総督・巡撫は兵を訓練して戦いに備え、決して簡単に和平を結んではならないという諭旨があり、栄〔禄〕・端〔郡王〕らはみな多くの兵卒を訓練し、広く義和団を招くことができたことによる。

一、己亥夏に、各省に郷団を開設するよう訓令し、義和団の名目を隠してしまったことによる。

一、己亥秋に、山東省にて大刀会を鎮圧したのは、ただ匪賊か否かを論じることだけから出ていて、会党か否かを論じず、朝廷が会匪を用いて、外国人に敵対させる考え(5)を明言したことに起因する。

一、己亥十二月の皇太子を立てる一事件において、国内外は電報で争い〔反対すること〕はなはだ激しく、これによって〔光緒帝の〕廃立は果たせず、端郡王は大いに怒り、必ず外国人にあだ討ちしようと決めたことに起因する。

康梁

翁同龢はもっぱら光緒帝の寵愛を頼りに、后党を排除しようとした。戊戌の年(6)になり、汪鳴鑾らがみな罷免して駆逐され、翁同龢の勢力は孤立し、そこで康〔有為〕・梁〔啓超〕を登用して維新をもって名分とし、急激な政変の禍を招いた。衣帯の詔を奉じたと言っているが、この詔は皇帝が譚嗣同・林旭に出したもので、康〔有為〕・梁〔啓超〕に降したものではない。追放の後、海外で保皇をもって名となし、大いに商工業の財を受けて、帝位と王朝のために復讐するのをもって号令し、おおいに若く志あるものを惑わしているが、その実態は財を受け取ってその輩を養い、呼びかけては禍が人にあるようにしているだけである。役夫〔のような輩〕が今なお上流階級に君臨し、少しもへりくだることがない。

これを総合するに、新旧の両党の首領は、栄禄・翁同龢の二人だけである。義和団は新主を頼って自ら負け、康〔有為〕・梁〔啓超〕は旧名を盗んで自らを利したのは、みな清国の福ではなく、これを人の常道をふまない者と言うべきのみである。

結果。ロシア党を頼みに権力を握る。

栄禄　慶親王　李鴻章　〔以上〕主類
鹿傳霖　錫良　岑春煊　〔以上〕附従類
盛宣懐　劉坤一　張之洞　〔以上〕両附類

皇太后を保って皇帝を阻む。

主類同上
附従類同上
両附類同上
瓜分が迫るのに、西方〔の領土〕を割いて自〔国〕を守ろうとする。
主類同上
附従類同上
両附類同上

貴国の外交政策は、この結果を鑑み、中国が原因で自分で自分を束縛してはなりません。中国の国民はまさに自立を図り、東西の国民と、努めて親交を話し合うのに、まず学問より始め、のちに国家建設におよぶべきである。国家を建設した後、さらに行政と駐守の軍を話し合う〔べきです〕。順を追ってこれを行えば、あるいは〔わが国を〕救うことができる日があるかもしれない。〔それが〕目前となれば、法を講じないことがあろうか。

清國數年來、名爲新舊分黨、實則得意不在政、學徒滋私怨逞報復。新黨者名而已、康・梁之徒、半懷草竊之心。舊黨者名而已、端・剛・董・趙之輩、半爲家賊之魁。家賊者倚西后欲自固、不惜棄天下人民、而爭皇上之復辟也、以致信團匪肇兵禍。草竊者託皇上以爲名、不惜干法紀名分、而圖擅政之權也、以致激政變於先、釀富有票禍於後。若以本心論、端・剛怒外人之干預、挑兵以戰、用之得當、非不爲自立之基。康・梁痛新政之中墜、流言傾政府、用之以正、非不爲孤忠之諒。然團匪横干釁端、而致兵連國解、則罪掩其功矣。富有票黨起事於東南立約保護之地、幸而不成、若成而烏合之師、萬難節制。設有殺敎士焚敎堂、外人再調大兵、安知票匪不卽爲拳匪。總之端・剛之排外、非不美也。用兵於無事之時、則不得時。富有票之以迎皇改政爲名、非不合也。而不北而南、且以武漢四塞受敵之地、倉卒起事、則不地。不時不地、皆坐無學而昧行政之過。蓋端・剛用團匪、不知火器由工藝精錬、斷非血肉所能勝。康・梁之起義師、不知支那民久失權。徵卒運械、皆無所措、形勢一亟、動致搶占、一涉搶占、便蹈匪目、是均不學之失也。蓋支那之政治界、其情由不易揣、知其首謀者、不能顯露。團匪之禍、非端・剛主之、榮祿主之也。康・梁之用、非皇上用之、倚皇上爭寵之翁同和用之也。團匪賓中賓、端・剛亦主中賓、康・梁賓中〃(7)、皇上亦主中賓。三年來維新・守舊之名、尤屬臨時託建之名而已、皆非治國要道也。故僕於戊戌維新時、亦不求用於時、而但事教育。政變國亡、亦不屑於窮愁、而猶事吾教育。蓋今日之士夫、其責在喚國民精神。喚起國民精神、先在喚起少年精神耳。乞君將此言寄諸梅崖翁、轉布貴邦通人聞士、俾知此數年成敗之眞迹焉。

團匪

遠因

一　起於兩宮爭權。榮・剛・端・董等、卽倚西后以自效。翁・汪・長麟卽倚皇上以自固。而康・梁因之激成政變、備兵敵保皇黨人。

近因

一　起於西后恨康・梁之流言醜詆、捕殺不能、由於外人保護。非殺外人、卽不能殺康・梁。

一　起因於皇上幽廢之後、端逆欲立其子。內令其妻獻媚太后、圖立其子、外結團匪、託言神術、殺盡洋人、爲西后洩憤。

一　起因於榮・端・剛等、畏皇上復辟、康・梁復用、勢將尋仇、己身不保。

最近之因
一　起於己亥春間、意大利索沙門灣不成、兵事上有各省督撫練兵備戰、切勿易和之旨、而榮・端等均得多練兵卒、廣招團匪。
一　起於己亥夏間、諭令各省辦團而暗藏團匪之名目。
一　起於己亥秋間、山東勦辦大刀會、出於祇論匪不匪、不論會不會、而明言國家引用會匪、以敵外人之意。
一　起於己亥十二月立嗣一役、海内外電爭甚烈、因之廢立不果、端王大怒、決計與外人尋仇。

康梁
翁同和專恃皇上之寵、欲擠后黨。及戊戌年、汪鳴鑒等均已革職斥逐、翁勢孤立、乃引康・梁以維新爲名、致激政變之禍。其云奉衣帶詔者、此詔乃皇上諭譚嗣同・林旭者、非諭康・梁也。放逐之後、在海外以保皇爲名、大領工商之財、以爲君國復仇爲號、大惑少年有志之士、其實領財養其徒也、號召者禍在人耳。役徒仍高踞上游、絲毫不損。
總之新舊黨首領者、榮祿・翁同和二人耳。團匪倚新主而自敗、康・梁竊舊名而自利、皆非淸國之福、可謂之人妖而已。
結局。倚俄黨用事　榮祿　慶王　李鴻章　主類　保后阻皇　主同上
鹿傳霖　錫良　岑春煊　附從類　附從同上
盛宣懷　劉坤一　張之洞　兩附類　兩附類同上
迫成瓜分、劃西隅自守　主同上

附從同上
兩附同上

貴邦外交政策、當鑒此結局、勿因支那而自累。支那國民當圖自立、與東西國民、力講親交、先由學始、後及立國。立國之後、再講行政備兵。次第行之、或有可捄之日。若目前則無可設法也。

大坪　慶之

【解題】（C二二四・C二二五）

「日清協和会趣意書・規約」を印刷したものが二部ある（C二二四）。日清協和会は、一八九八（明治三十一）年十月から十一月にかけて、康有為・梁啓超らの活動を支援するため、山本憲が中心となって大阪に設立した。これは、戊戌政変で梁啓超や王照が亡命して東京に着いた時期と重なる。例えば、山本の年譜『梅崖先生年譜』の一八九八年の条に、以下のような日清協和会に関する簡単な記述が認められる。

九月二十三日。清国政変ノ報アリ。西太后清帝ノ鋭意革新ヲ憚ハス。遂ニ帝ヲ幽シ。工部尚書張蔭桓ヲ新疆ニ流シ。林旭譚嗣同康広仁等六人ヲ斬ニ処ス。長素及ビ梁任父王少雲来奔ス。任父名啓超。初字卓如。予上海ニ於テ相識ル。少雲名照。

九月二十七日。如東京。清国ノ事ノ為ナリ。

十月五日。帰阪シ一会ヲ立テ。日清協和会ト称ス。

日清協和会の趣意書および規約については、藤谷浩悦により、同年十月の『大阪毎日新聞』と翌年一月の『清議報』

の双方に掲載されているが、両者の内容が異なることが指摘されている[8]。C二二四の内容は、後者と同じである。また二部ある印刷物の一方には、欄外に「明治三十一年秋」との書き込みがある。そして同年十一月六日には、日清協和会総集会が開かれている[9]。以上の点から本資料は、十月五日以降の議論の末、加筆・修正されて完成したものであると同時に、総集会およびその前後の活動にて配布するために印刷されたと推測できる。条文は、趣意書・規約ともに日本語版と漢語版があるが、趣意書は漢語版の七条目が、規約は日本語版の第九条が、もう一方に存在しない。また、双方に条文がある場合も、一部に異同が見られる。なお、C一〇四をはじめ、「山本憲関係資料」には、同会に言及した書簡が複数存在する。

「設立日華会館主旨及館則」は、出版物の表紙と一枚目だけが残っている（C二二五）。表紙には、タイトルが付されており（表紙裏は白紙）、一頁目は漢文による主旨、二頁目は挿絵のみであり、館則は失われている。なお、主旨および館則の日本語版が存在するか否かは不明である。会館の設立は一九〇二年四月だが、活動は未詳である。

訳注

一（C二二四）

（欄外の手書き）

明治三十一（一八九八）年秋

（本文）

日清協和會趣意書

一　清國ヲ扶植シ、東亞ノ大局ヲ保全スルノ目的ヲ以テ、日清兩國人ノ交誼ヲ密ニシ、彼此ノ氣脈ヲ通スル事。

一　往來且ツ通信其他交通機關ノ便ニ因リ、彼此ノ情況ヲ交互ニ報告スル事。

一　日清兩國人ノ交通及ビ取引等ヲ爲スニハ、務メテ其便利ヲ與フル事。

一　清國ヲ改善スル爲メ、時事ヲ討究シ、其實行ヲ期スル事。

一　本會ハ、日清間ノ關係ヲ以テ成立アル團體ニ氣脈ヲ通スル事。

但本會ハ政黨以外ニ立ツ事。

日清協和會規約

第一條　本會ヲ大阪市東區安堂寺橋通二丁目七十八番屋敷ニ置ク。

但シ、必要ノ際ハ各地ニ支部ヲ置ク事アルベシ。

第二條　本會ニ左ノ役員ヲ置ク。

幹事五名　評議員十五名

第三條　幹事ハ、本會一切ノ事務ヲ處理ス。

第四條　評議員ハ、本會重大ノ事件ヲ評決ス。

第五條　定期総會ハ、一ヶ年四回トス。

第六條　幹事ニ於テ必要ト認ムル時ハ、臨時総會ヲ開クコトヲ得。

第七條　入會・退會ヲ爲サントスル者ハ、幹事ニ申込ベシ。

第八條　本會ノ経費ハ、會費又ハ寄附金ヲ以テ支辨ス。

第九條　必要ト認ムル者、アルキハ幹事ヨリ會員ニ報告スベシ。
但シ、會費ハ一ヶ月貳拾銭トス。

日清協和會旨趣

一　日清兩國人親睦提携、以通彼此氣脈、以期扶植淸國、保全東亞大局。
一　藉來往及音信其他一切便法、彼此必以情況相告。
一　擬來往兩國閒及通音信、若約貨物賣買者、爲授利便之道。
一　討究時事、以實行之、以助淸國革新之擧。
一　有諸會關繫兩國閒者、與通氣脈。
一　此會與政黨無干涉。
一　旣爲會友、當互相保護、若被匪類陷害、吾儕當死力報之。

日清協和會章程

第一條　卜地於大阪市東區安堂寺橋通二丁目七十八番屋敷。
第二條　擇於會友中、置幹事五人、評議員十五人。
第三條　幹事辦理會中一切事務。
第四條　評議員論決會中重大事務。
第五條　每年十一月、設定期總會、討議時事。
第六條　幹事有視以爲緊急之事者、乃設臨時總會、亦爲無妨。

第七條　擬爲會友若脱會者、須稟告幹事。
第八條　此會經費、以定額醵金及有志醵金支辦之。　定額醵金毎月爲二十錢、會友皆醵出之。

幹　事	泉　由次郎	鹿島　信成	山　本　憲
	山田　俊卿	牧山震太郎	
評議員	伊藤　秀雄	逸見佐兵衞	荻野　芳藏
	柏岡武兵衞	河谷　正鑑	春　口　肅
	辻村　共之	山下　重威	深水　十八
	日野　國明	角谷大三郎	

右いろは順

二（C二二五）

日華会館を設立する主旨及び館の規則

日華会館を設立する主旨

現在の日中両国は、国交の官署は既に備わっている。この時にあたり、日中の個人もまた、お互いに交わりを結び、親睦すべきである。お互いに協力し、啓発すべきである。しかしながら、いつも集まって和んで談話し、双方の人情が交わりを結び、互いに信用が厚くならなければ、どうして隣国と仲良くする良友の福利を全うすることができようか。そこで我々は計画して、日華会館を創設し、運営して遺憾ないことを期すことにしたい。願わくは両国の権威者や知徳に優れた人が声をそろえ賛同して本館に入り、大いに日中個人の往来のための部署となることができるよう、私たちは待望してやまない。

明治三十五〔一九〇二〕年四月

設立日華會舘主旨及舘則

設立日華會舘主旨

今也日華兩國、國交機關既備矣。方此之時、日華個人、亦相共結好、須庸親睦也。相共提携、須庸開發也。然非時々會同融々敍談、彼我人情相通交、互信用相厚、則奚可得全其善隣益友之福利哉。是以吾曹相謀、創設日華會舘、將期經營無遺憾焉。希兩國大方君子馨應贊同入于本舘、以俾得大成日華個人交通機關、吾曹不勝翹望也。

明治三十五年四月

注

（1）自由民権記念館での整理時につけられた表題は「戊辰《ママ》政変に関する筆談書カ」となっており、備考欄に「政変の原因に論及」と書かれている。本資料の主な内容は義和団事件に関するものだが、ここでは整理時の表題に従った。詳しくは、高知市立自由民権記念館（編集・発行）『山本憲関係資料目録』二〇一一年、四六頁参照。

（2）「団匪」は義和団を指す。

（3）一八九九年。

（4）イタリアが租借を求めて失敗したとあることから、三門湾の誤りと考えられる。詳しくは、佐藤公彦『義和団の起源とその運動——中国民衆ナショナリズムの誕生——』研文出版、一九九九年、三八五頁を参照。

（5）山東巡撫の毓賢が行った拳会容認政策を指すと考えられる。詳しくは、佐藤前掲書、四七五頁参照。

（6）一八九八年。

（7）二文字上の「賓」と同じことを示していると思われる。

（8）藤谷浩悦『戊戌政変の衝撃と日本――日中聯盟論の模索と展開――』（研文出版、二〇一五年）三八八～三九一頁参照。なお『大阪毎日新聞』は、一八九八年十月二十二日「日支協和会」（趣意書）および同年十月二十五日「日支協和会々則」、『清議報』は第二号（一八九九年一月二日）「日清協和会」として掲載している。

（9）総集会は、十一月六日ではなく、七日であった可能性も指摘されている。詳しくは、藤谷前掲書、四三六～四三七頁の註（8）参照。

燕山楚水紀遊

燕山楚水紀遊

大阪　山本憲永弼　著
蔣海波　解題・訳
狹間直樹　監訳

【解題】

一、中国への遊歴とその記録

山本憲（一八五二～一九二八年。通称は永弼、号は梅崖、又梅清処主人）、高知県佐川町出身、自由民権運動に身を投じた儒学者。一八八五年、大井憲太郎らが朝鮮で政変を起す画策のために、漢文の檄文を草し、首謀者の一人として投獄された。一八八八年出獄後、大阪で開いた私塾「梅清処」で儒学の研究と教育に没頭した。著書に『慷慨憂国論』（一八八〇年）、『四書講義』（一八九三年）、『東亜事宜』（一九〇〇年）、『梅清処文鈔』（一九一三年）、『論語私見』（一九三九年、没後刊）などがある。

『燕山楚水紀遊』（以下、『紀遊』と略す）は山本憲が一八九七（明治三十）年九月二十三日から同十二月一日にかけて（以下、年代を記さない月日はすべて一八九七年）、中国の北京城内及びその周辺地域と長江流域のいくつかの町を訪ねた漢文の旅行日記である。

『紀遊』は二巻があり、巻一は三十丁、巻二は四十八丁。それに十五枚と十一枚の挿絵がそれぞれ付されているので、印字されている葉数は一五五になり、一葉につき十行、一行につき二十字、計三万一千字である。天地は二十七センチ、幅は十二センチの活字印刷の和装本で、刊行は一八九八年七月、出版兼著者は山本憲（大阪市東区谷町一丁目百九十四番屋敷）、印刷所は上野松竜舎（大阪市東区谷町二丁目百十番屋敷）、非売品として上梓された。

今回の翻字・翻訳に用いた『紀遊』の底本は、高知市立自由民権記念館に寄贈された山本家所蔵のものと、国立国会図書館所蔵、現在「近代デジタルライブラリー」で公開され、インターネット上での検索・閲覧ができるもの、の二種類である。

前者の場合、巻一の十七葉から十八葉にかけて虫食いによる欠損がある。後者の場合、画像で見る限り、巻二の四十葉の表と裏に、一部不鮮明なところがある。これの不備は互いに補うことができた。前者の書誌欄に印刷日と発行日はともに「明治三十一年七月」と記したに対して、後者は印刷日を「明治三十一年七月五日」、発行日を「明治三十一年七月十二日」とそれぞれ明記している。両者の文字数の増減や内容の相違がないので、おそらく前者は印刷に付する直前の「最終ゲラ」であろう。

前者には「栞誤《かんご》」（正誤表）が巻二の巻頭に貼り付けられている。巻一に七個所、巻二に十三個所、計二十個所の誤字誤植、錯乱などの訂正である。この翻字・翻訳の作業では「栞誤」にピックアップされたもののほかに、明らかに誤字誤植と思われる個所についても、漢文調の割り注で訂正を施した。訂正は文意を通じるように最小限に止めた。その詳細は「校勘・翻訳凡例、九」を参照されたい。

なお、挿絵については山本憲が冒頭説明の中に、「写真機を携えて行き、出会った景色を随時写してきた。戻ってきてからは、友人たちがこれらの写真を模写して絵にしてくれたもの」を印刷して、現地の景色を読者に伝えたいという意気込みであった。しかし「尋常の石版印刷では色彩を施せないため、本来の気韻が失われ、書き手の妙を見られないのが遺憾である」とカラー印刷の断念を告げた。今回の翻字・翻訳にあたって、本書の性格上、山本家から寄贈された高知市立自由民権記念館の刊本の挿絵を再掲することにした。ただし、そのうちの一枚（番号一〇）は破損していたため、大阪府立中之島図書館所蔵の同刊本から画像をとらせていただいた。同館所蔵の『紀遊』刊本は山本憲が贈呈したものである。

この旅については、山本憲自らの整理を経て、没後に刊行された『梅崖先生年譜』（大阪市東区北濱一丁目十六番地、松村末吉発行、非売品、一九三一年）に以下のようにごく簡略な記録が残されている。

（明治三十年）秋、清国に遊ぶ。久保平三〔蔵〕より資五百五十円を与えられた。その時眼病はまだ完治していないが、心配するほどのものではなかった。薬を持参して、九月二十三日、家を離れて神戸にいたった。玄海丸に乗り、釜山、仁川を経て、天津に着き、北京に入った。転じて上海にいって、漢口に遊ぶ。十二月、家に戻る。眼病も全治した。『燕山楚水紀遊』が有る（『梅崖先生年譜』五、三一頁、原文は漢文）。

とあるように、多くの古蹟を訪ねた蘇州や、周濂渓の墓を見た時、中国文化における南北の差について感想を述べた九江、多くの筆墨を費やした蘇東坡の「前・後赤壁賦」に描かれた光景を直に考察した黄州、などの都市、さらに旅で出会った人々との交流についての言及さえもなかった。（補注）

しかし、我々が目にした『紀遊』は、『年譜』に記されたような簡略したものではなく、北京周辺（燕山）と長江流域（楚水）を旅した詳細な記録であり、山本憲が中国の維新派の人々と、儒学に立脚する改革の思想を共有して清末社会の頽廃的な現状を打ち破り、キリスト教に対抗する可能性を儒学から見いだそうとした日中両国士人の思想交流の記録でもある。さらに、そこには山本にあてた中国人の書簡などを解読する手がかりも含まれている。これは今回のプロジェクトにおいて『紀遊』全篇を訳出する意味である。

二、先行研究と資料状況

『紀遊』は明治期の中国旅行日記として、竹添井々の『桟雲峡雨日記』（一八七九年刊）、岡鹿門の『観光紀游』（一八八六年刊）と並んで、名高い漢文作品であった。それを解説・翻訳・研究する試みはいくどか行われてきた。

管見の限り、いち早く『紀遊』に注目したのは布施知足であった。氏は一九二九年、日本語週刊誌『北京週報』において[1]、連載で『紀遊』を紹介・抄訳し、のち自著[2]の中でも『紀遊』をコンパクトな形で紹介した。『北京週報』での連載は北京の日本人居留民会の大成文庫にある小村俊三郎寄贈の『紀遊』をテクストとして紹介・解説・抄訳したものである。全文計一万四千字、十二節、八回にわたって連載された。内容は『紀遊』の巻一、すなわち「燕山」の部分のみであった。全文のスタイルは自由闊達で、紹介と解説を交えて、引用には日本語訳を施した部分もあれば、漢文のまま写したものもある。そのうち、第四回の連載（三五一号、一九二九年六月二日）では、氏にとっての二つの「快事」を紹介し、提供された資料を抄録している。一つは万牲園（北京動物園の前身）の大木星元から、山本憲が天津郊外で見かけた「紅蓼」についての教示を得たことである。大木の教えによると、「紅蓼」の和名は「あほけたで」、学名はPolygonum orientaleである。もう一つは長年北京に滞在していた山本の弟子青木晋（烏有山人）から、『大阪毎日新聞岡山版』（一九二五年十二月二十三日）や、『大阪朝日新聞』（一九二八年九月十五日）、『講談倶楽部』誌（昭和三年新年号）の山本に関する記事、エピソードなどの提供を受け、それらを転載、紹介できたことである。また、第五回の連載（三五二号、一九二九年六月九日）には『紀遊』に登場している小川雄三、杉幾太郎、山本讃七郎、古城貞吉、藤田豊八、高木銑次郎、岡幸七郎らに関する情報が掲載されている。

山本憲の生涯について、増田渉氏の「山本憲（梅崖）」[3]は特筆すべき先行研究である。かつて関西大学の前身であった「関西法律学校」の草創期に教鞭を執ったことのある山本の生涯を十七節に分けて、全面的に描いたものである。そのうち、山本と中国との関わりについて、「清国に遊び革新派と交わる」と『清議報』と「大同学校」の二節の中で述べられており、変法維新をとなえる革新派の羅振玉、汪康年、梁啓超、章炳麟らとの交流にも注目している。三浦叶氏著『明治の碩学』に収録された山本憲の弟子川田瑞穂（雪山）の回顧談「川田雪山先生談・山本梅崖先生」は山本の厳格な儒学者としての人物像を描き出している(4)。『紀遊』についての研究は遠藤光正氏によって行われた(5)。氏は『紀遊』を「慷慨熱血の士である梅崖の目を通して見た中国の現状に対する憂慮のさまが、記載中の文字を通して歴々と活写されている」とし、『紀遊』を「単なる旅行記ではなく、漢学者の目で見、耳で聞いた中国の実情を忌憚なく書き留めた紀行文である」と指摘している。『紀遊』を理解するうえで的確な見解である。久木幸男氏は山本の人となりを「民権派儒学者」として総括して、その思想形成について研究を行った(6)。「民権派儒学者」というのは山本の生涯をとらえた適切な称号であろう。

一方、近代における日中双方の相手国への遊記に対する学問的関心が近年、高まってきた。関連資料が相次ぎ復刻され、その主なものは以下の通りである。

日本では、中国人の日本遊記について、実藤恵秀氏が収集した中国人の東遊日記類の資料が研究の礎を築いた(7)。それに基づいて、中国人の日本遊記十二種を取り上げた佐藤三郎氏の著書(8)は、日本を旅した中国人の遊記を体系的に研究したものである。また、幕末から昭和初期にかけての日本人の中国遊記資料集の復刻が行われた。小島晋治氏監修の『幕末明治中国見聞録集成』（ゆまに書房、一九九七年、二十巻、四十三種）、同『大正中国見聞録集成』（ゆまに書房、一九九九年、二十巻、二十二種）である。一方、北京、天津、上海などの都市景観や文化、歴史などを紹介する報告や旅行案内書を集めて復刻した『近代中国都市案内集成』（孫安石・吉澤誠一郎解説、ゆまに書房、二〇一二年、二十五巻、二十四種）には『紀遊』の解読に参考になるものが多く含まれている。

中国では、王宝平氏主編の『晩清東遊日記彙編』（上海古籍出版社、二〇〇一～二〇〇四年）には、黄遵憲の『日本国志』をはじめ、『日本新政考』（顧厚焜著）など十四種を含む『日本政法考察記』や、『日本地理兵要』（姚文棟訳）

など五種を含む『日本軍事考察記』、それに『翰墨因縁』（水越成章編）など十九種を含む『中日詩文交流集』などが影印されている。張明傑氏主編の「近代日本人中国游記」叢書（中華書局、二〇〇七～二〇一二年、十三冊、二十一種、翻訳・整理担当者は十五名）は、漢文作品を紹介したほか、日本語の遊記も中国語に翻訳された労作である。主編者の「近代日本人中国游記総序」[9]によると、近代日本人の遊記はその作者の身分からすれば、およそ九種類に分けられる。『紀遊』は「儒学者および民間人士」の手によるものに分類されている。主編者の『紀遊』に関する論文[10]では、山本憲における海外拡張思想の一端を指摘しているとともに、山本と中国の維新派人士との交流と協力についても注目し、『紀遊』を「日清戦争直後の中国旅行記としては第一級のものであ」り、「戊戌変法運動を研究する上で、貴重な資料」だとも指摘している。

今回の翻字・翻訳作業は、時折その重要性が指摘されながらも、全面的に取り上げられることのない『紀遊』をいくぶんか利用しやすくなる資料として、公刊を試みるものである。

三、紀行文と学識交流の記録として

紀行文としての『紀遊』は、おもに見聞の実写、文献の引用、感想と認識の吐露、などによって構成されている。北京では、名勝旧跡である孔子廟、国子監、白雲観、観星台、文天祥祠堂、碧雲寺などを参観したほか、光緒帝の帰京の行列を目撃した（十月十二日）。明の十三陵（定陵）、八達嶺の長城に赴く途次、経由した昌平県城や、南口県城、羊坊鎮、青竜駅といった地方での体験、農作業の様子、家畜を上手に操る人々の姿を、同時代の記録として活写している。

長江流域では蘇州、九江、漢口、黄州、上海での滞在記録と、長江を航行した際、経由した諸都市に対する印象と文献記録の引用、それに体験した出来事や名勝旧跡に触発された感想などが綴られている。その内、九江の周濂渓の墓を参観した際、中国文化における南北の差についての感想（十一月三日）や、黄州の赤壁を考察して得た蘇東坡の「前・後赤壁賦」に対する再認識（十一月十一日）などは、山本憲の儒学者としての本領を発揮したものであった。

他方、文献については、顧炎武『京東考古録』のほか、『大明一統志』に多く依拠している。全編にわたって、引用・言及した書籍は四十一種、新聞雑誌は八種にものぼった。ここで二つの書物をめぐる中国士人との学識交流について少し紹介してみよう。

まず、『明夷待訪録』（以下『待訪録』と略す）に関する記述が注目される。『待訪録』は明末清初の思想家黄宗羲が専制的帝制を批判し、民本主義の思想を表明した政論書であるため、清の乾隆年間、禁書に指定された。しかし民間では『待訪録』を叢書の一冊として、密かに刊行していた。たとえば、「海山仙館叢書」（一八四九年）や、「小石山房叢書」（一八七四年）、鋳香室叢刻（一八九七年）などには、『待訪録』が収録されている。これについて梁啓超は「梁啓超、譚嗣同らが民権共和の説を提唱したとき、その書物（『待訪録』）を節略したもの数万部を印刷して秘密裡に配布し、清末の思想の激変にあずかって大いに力があったのである」(11)と回顧している。十月二十六日、訪れてきた山本憲との対談では、羅振玉が『待訪録』を「その立論に前人が未だ見通せていなかったところが頗る多くある」と賞賛した。山本の記録は『待訪録』の重要性が維新派の間で如何に認識されていたかの証言である。一方、維新派よりも早く『待訪録』に注目したのは孫文らの革命派であった。一八九五年十一月、孫文は最初の武装蜂起失敗後、香港から神戸を経由して、横浜に寄港した際、『待訪録』の最初の二節「原君」「原臣」を抄録した冊子を印刷業を営む華僑馮鏡如に依頼して、印刷・配布し、革命運動の宣伝物とした(12)。これには『待訪録』を共和制国家建設の思想的根拠の一つとする意図が込められている(13)。山本は黄宗羲を日本に援軍を求める「反清復明」の義士として評価したが、『待訪録』の持つ思想的さらなる可能性については注目しなかった。ちなみに、一八九八年一月十六日、山本は大阪来訪の汪康年、曽広銓らを迎えた際、汪、曽らに同行してきた孫文とは、出会ったようである(14)。

次に、『論語』の版本に関する議論も注目に値する。蔣式瑆や羅振玉らとの対談の中で、山本憲は「学而」篇「貧而楽道、富而好礼」一句について、日本の足利学校に伝わる南朝梁の皇侃の『論語義疏』の版本に「楽」の次に「道」の字があるのに対して、北宋の邢昺が著した『論語注疏』本にはこれがない、という一例を取り上げて、朱熹らは皇侃本を見ていなかったため何を説いても通じない、と批判した。このように、『論語』本来の姿、儒学本来のあり方を回復することによって、その革新的な側面を強調する考え方は、康有為らのそれと通底している。山本のその考えは一八八九年に孔子紀年を「聖元」として自著に用いられこと(15)からも表れている。これは上海で発行された『強学報』第一号（一八九六年一月十二日）に、康有為の意を受けて付けられた「孔子卒後二千三百七十三年」の紀年法(16)よりも、六年ほど早かった。ちなみに、『論語』に関する日本の専門書には、「学而」篇の「道」のあることを言及してはいるが、採用しないのが大半である。宮崎市定の「中国系の諸本には貧而楽、の下に道という字がないが、これは日本に伝わる写本によって道の字を補った方が宜しい」(17)との見解は山本と共通しており、参考に値する。

四、交友録として

我々の目を惹いたのは、『紀遊』に記録された中国の人々、特に上海に集まった維新派の士人との対話である。清末社会の頽廃的現状や、東アジアへの西洋列強の侵入とキリスト教の浸透に対する警戒から発した山本憲の激烈な言論は、多くの中国士人に注目された。日清戦争から戊戌維新変法期にかけて、日中間はいよいよ本格的に向き合うようになる時期に、中国の変革や、日中間の連携などについて山本と中国士人との間で交わされた議論は、近代日本と中国における儒学のありかたや、自由民権運動とアジアとの関連といった問題を考えるうえで、得がたい資料だといえよう。

『紀遊』に記録された同時代の中国人と日本人は、それぞれ五十五名と八十六名にのぼる。ここでは前者について、蔣式理、羅振玉、汪康年、章炳麟、張謇、葉瀚、梁啓超らとの交流、後者について、在華日本人との交流を略述しておこう。

北京では、著名な人物といえるほどの中国人との交流は少なかった。わずかに翰林院に在籍していた蔣式理のみが山本憲とわたり合えるほどの見識をもっており、その対談の詳細が残されている。話題は日中関係のゆくえや、アジアの情勢、儒教の真意、そして中国の政治改革など多方面に及んだ。

多くの中国士人との交流は上海で実現された。『農学報』で日本の記事などの漢訳に従事していた藤田豊八の紹介で、羅振玉、蔣黼（一八六六～一九一一年）らとの交流は、初対面にもかかわらず直ちに意気投合した（十月二十六日）。蔣黼が日本における中国の伝統的な書画の情況に関心を示した。羅振玉との対話は、最初から前述の『論語』の版本の異同に関する学術問題や、中日両国士人の協力による東亜の局面への対処などについて、議論を展開した。山本憲の中国訪問の一年後、戊戌政変が起こり、多くの改革をとなえた団体が活動停止を余儀なくされたが、羅振玉が主宰する上海農学会（務農会）だけが存続され、その主な事業である「農学叢書」の翻訳・刊行を継続していた(18)。藤田豊八をはじめ多くの日本の漢学者が翻訳を担った。山本もそのうちの『土壌学』（池田政吉著、一八九四年）、『農業保険論』（吉井東一著、一八九五年）を漢訳した。羅振玉の山本にあてた書簡（C一九七）はその翻訳料に関するものと思われ、両者のその後の交流を示したものである。

汪康年との交流については、『紀遊』での記録は多く見られないが、山本憲の帰国後、両者の間に多くの書簡が交わされており、その親密な関係が窺われる(19)。書簡（C七十七）では、汪康年が中国の「政治退廢之原、孔教式微之故」に関する山本の議論を賞賛した。

章炳麟との対面で、伊藤博文に対する章炳麟の関心は山本憲にとって面白くない話題であったためか、両者の交流が深められなかった。しかし服装についての対話は興味深い。山本は明が滅びると服装一変し、「貴国明以前」の旧制が和服（呉服）によって伝えられたと説明した。章炳麟の反応は不明だが、刺激を与えたと思われる。その後、章炳麟が和服を愛用し、その姿をたびたび写真に収めたのがその証拠となろう。

汪康年の紹介で張謇（季直）を訪ねた際（十一月二十四日）、山本憲は張謇と、儒学と西洋の学問との共通点や日中両国士人の気風などについて議論を交わし、一定の相互理解が得られた。しかし山本の「部屋中に鴉片を吸飲する器具が備えられている」との記述は誤解を招いた。『紀遊』の刊行後、汪康年は前掲書簡（C七十七）において、「大著に張季直が洋煙（アヘン）を吸飲するとの記述があるが、実はその同居者の友人にアヘン吸飲者がいたからである」と辯明した。これに対して、山本は『紀遊』の再刊が実現すれば、必ずその部分の記載を削除すると約束した[20]。

梁啓超との対面は一回のみであった（十月三十日）。隣室の喧噪に邪魔され、しかも複数の友人が囲む宴席での対面では、深い交流ができなかった。両者の交流はむしろ梁啓超が日本に亡命してから、いっそう緊密なものになった。書簡（C七十二）において梁啓超が『紀遊』の中国文化における南北間の違いに関する議論（十一月十九日）や、中国は実は無宗教の国と称すべしとの議論（十一月二十二日）に対し、中日両国の人々を「汗流浹背」（冷や汗を流させられる）ほど深刻な指摘だと評価をしている。また、梁啓超が横浜で刊行した『清議報』第二冊（一八九九年一月二日）には山本憲らが大阪で立ち上げた「日清協和会」の会則が掲載された。同誌第二、四、五冊（一八九九年一月二日〜二月一日）に山本憲の論説「論東亜事宜」が連載された。さらに一九〇一年十一月、山本が梁啓超に『政治汎論』の翻訳を頼まれた[21]など、交流の事跡が残されている。その詳細は本書掲載の梁啓超の書簡を参照されたい。

『紀遊』にもっとも多く収録されているのは、山本憲が帰国する直前、葉瀚（一八六三〜一九三三年）との対談である。双方の交流への意気込みが感じられるが、話題は多岐にわたっている。中国語の発音に関することや、学校の創設と雑誌の刊行において両者が経験したそれぞれの苦労話など、議論というよりは自説を述べるだけで終わっていた。なお、十一月二十四日、「蒙学公会」の趣旨についての対話記録には脱落あるいは省略ではないかと思われる個所がある。同時期の『時務報』に掲載された「蒙学公会公啓」(22)の関連部分とは相違が見られる。両者の関連部分を抄録してみると、

〔時務報〕　立会本旨分四大宗。一曰会、連天下心志、使帰於群、相与宣明聖教、開通錮蔽也。一曰報、立法広説新天下之耳目、而為蒙養之表範也。一曰書、為図器歌誦論説、便童蒙之誦習而濬其神智也。一曰学、端師範、正蒙養、造成才、必兼賅而備具也。

〔紀遊〕　敝学会宗旨、以聖教屯難造物端蒙養為宗旨、欲保善良種子、勿播裸壌。約分四大端、一曰、学会、連天下人才、使帰於群。一曰、学報。分両界、五歳至七歳一界、専重母儀。八歳至十二歳一界、専重師範。

とあるように、会の趣旨として、前者の場合、「学会を作ること、……。新聞を発行すること、……。書籍を刊行すること、……。学校を設立すること、……」などの項目を、理路整然に並べられている。これに対して後者は「学報」のすぐあとに、学童の年齢を分けて教育の内容に関するの細目が並べられ、記録漏れの痕跡は明らかである。このような個所はほかにもあるが、それらについての検討は今後の課題である。

なお、両者の交流は山本憲の帰国後も続けられ、山本は弟子の田宮春策を、葉瀚が創設した上海の経正書院に語学留学をさせている(23)。

『紀遊』に記された同時代の在華日本人の動きも目を惹くところである。山本憲が北京で宿屋として滞在していた「筑紫辦館」は、河北純三郎、香月梅外、洪野周平ら福岡県出身者によって創設された商社兼ゲストハウスであり、日本を紹介する窓口としての役割も果たしていた（十月四日）。上海では、岡山県出身の実業家白岩竜平が創設した上海・蘇州・杭州間を結ぶ航路を営む「大東新利洋行」の事業や、それを取り仕切っていた同じ岡山県出身の河本磯平（一八六七〜一八九九）との交流などを記録している（十月二十三日、二十四日、十一月十六日）。漢口で肥後（熊本）の人々によって創設された「東肥洋行」のことや（十一月七日）、東亜会が経営した『漢報』に携わる日中の人

々についても記述が残されている（十一月六日）。対面はしなかったが、頤和園に隣接する青竜駅の宿屋の壁に書かれた井手三郎（素行）の題詩に、山本が和詩を書くという風雅な交流も行った（十月十一日）。井手は山本より十年も前の一八八七年の秋、中国南方の呉・越から西の荊・楚をへて、北方の斉・魯、燕・趙などの地を遊歴した。その体験談『支那現勢論』が一八九一年に京都の興教書院から上梓されていた。

そのほか、山本憲が出発前に「役人や商人以外、全く出かける者がない」と予想したのと違って、中国にはすでにさまざまな日本人が滞在していた。北京では、西太后をはじめ、清朝の高官たちの写真を遺した写真師水津芳雄のほか、理髪師、留学生、技師、蘇州では医師や警官、郵便局長といった人々、上海では古城貞吉、藤田豊八といった漢学者とも出会った。さらに日清貿易研究所の流れをくむ「瀛華洋行」（十一月十六日）や日清戦争後中国に残った日本人の団体「乙未同志会」のメンバー（十一月二十三日）など、実に多様な顔ぶれであった。

なお、山本憲は多くの刺激を受けた旅の記録を整理し、『紀遊』の刊行をひかえて、中国への強い思いをつのらせた。一八九八年四月に、山本が汪康年に宛てた書簡には、ふたたび中国へ渡航し、数年間滞在し、改革に参加したいとの思いを伝えた[24]。しかしその後、今回の旅に予定してはいたが実現できなかった曲阜、杭州への再訪だけではなく、中国本土へふたたび足を踏み入れることさえも見果てぬ夢となった。ただ、中国人との交流はその後も続いていた。『梅崖先生年譜』には『紀遊』に記された羅振玉、汪康年、梁啓超、蔣式瑆、力鈞のほか、嵇侃、汪有齢、康同文、康有儀（孟卿）、康有為、王照、宋恕らと交流をした記録が残されている[25]。

五、謝　辞

この作業をここまで進めてこれたのは、多くの師友の指導と協力によるものである。

梁啓超が山本憲にあてた書簡を分析した呂順長先生（当時四天王寺大学教授）の研究発表『『佳人奇遇』の「梁啓

超訳」説を覆す新証拠」を拝聴したのは、二〇一二年三月十八日、中国現代史研究会の年度総会の席上であった。また、二〇一五年三月、呂教授の紹介で浙江工商大学東亜研究院で開催された「異域の眼——日本人の漢文游記研究」国際学術シンポジウムにおいて、『紀遊』に関する初歩的な成果を発表する機会を得た。同研究院の王勇院長（当時）、王宝平教授（現院長）及び臨席された諸先生方から受けた教示は研究の励みになった。狹間直樹先生（京都大学名誉教授）には最終原稿に目を通していただいた。吉尾寛先生（高知大学教授）をはじめ、山本和子女史、本研究プロジェクトのメンバーの皆様に感謝を申しあげたい。

山本憲の足跡を辿るために、いくつかの町を訪れた。日本では、二〇一〇年四月、柴田清継先生（武庫川女子大学教授）に先導され、山本の故郷高知県佐川町を訪ねた。安永元（一七七二）年に創設され、山本家が五代にわたって塾長教授を務めてきた儒学塾「名教館」の跡地に立てられた記念碑に花びらが舞い落ちる光景はいまも目に浮かんでくる。柴田先生には、『紀遊』の翻訳について、多くの助言をいただいた。山本が生涯を閉じた岡山県牛窓町への探訪は二〇一四年九月、本プロジェクトの合宿によって実現できた。町役場に保管されている山本が漢詩を書いた金屏風、民家のふすまに書かれている山本の揮毫などの拝観、山本の墓を参拝できたことは、貴重な体験である。

中国では北京、漢口、黄州、九江、蘇州、鎮江、南京など、『紀遊』に登場している諸都市を訪れた。そのうち、二〇一五年八月、九江への探訪の旅は劉燕子女史の紹介で鄧星明先生（元九江学院教授）、友人高貴俊・黄小紅夫妻には大変お世話になった。そして『九江老照片』（九江市史志辦公室編、武漢出版社、二〇一二年）の執行主編を務めていた地方史専門家の劉潯豫先生の懇切な案内と解説のおかげで、この探訪はもっとも充実したものになった。九江市南郊にある周敦頤（濂渓）墓園には深い印象が残った。度重なる災害と破壊を蒙った墓園は、世界中の周氏有志の呼びかけと出資によって再建され、二〇〇七年六月、濂渓生誕九九〇周年の記念として、「九江市周敦頤紀念館」の名で開放された。山本憲が見た牌坊に飾っていた「周濂渓夫子廟」の扁額は再建されているが、その横にあった濂渓手植えとされた松は「文化大革命」の動乱中に伐採され、今、その姿はない。そして、山本が滞在していた上海東和洋行の所在地は現在の河南路橋の北岸に位置し、その界隈は訳者が少年時代を過ごした町でもあった。聊か因縁を感じた。

本来この翻訳作業にはやや詳しい注記を付ける予定であったが、調査が十分でないことと、紙幅の制限により、果たせなかった。今後の機会に待ちたい。人名、地名、事項については、索引を付し閲読の便宜を図りたい。翻訳についての責任はもちろん訳者が負うべきものである。読者諸賢からご指摘をいただければ幸甚である。

注

（1）布施知足「明治三十年の支那――『燕山楚水紀遊』に拠る」（『北京週報』第三四八～三五二、三五四、三五五、三五七号連載、一九二九年五月十二日～七月二十一日）。

（2）布施知足「山本梅崖の燕山楚水紀遊」（『遊記に現れたる明治時代の日支往来』東亜研究講座第八十四輯、東亜研究会、一九三八年、五八～六四頁）。

（3）増田渉「山本憲（梅崖）」（『関西大学年史紀要（二）』、一九七六年十二月）、のち（『西学東漸と中国事情』岩波書店、一九七九年、三二一～三五〇頁）に収録。

（4）三浦叶『明治の碩学』（汲古書院、二〇〇三年、一一五～一二八頁）。

（5）遠藤光正「山本梅崖の見た日清戦争後の中国――『燕山楚水紀遊』を中心として」（大東文化大学東洋研究所『東洋研究』第八十二号、一九八七年二月、五七～八八頁）。

（6）久木幸男「民権派儒学者山本梅崖について――その思想形成を中心に」（佛教大学『教育学部論集』二、一九九〇年十二月、四〇～五二頁）。

（7）佐藤三郎氏の統計では、中国人の東遊日記（唱和集や視察報告などを含む）は、明治期だけでも一四六種（うち東京都立図書館実藤文庫所蔵一三五種、佐藤氏架蔵十一種）にのぼる（佐藤三郎『中国人の見た明治日本――東遊日記の研究』、東方書店、二〇〇三年、二四九～二五八頁）。

（8）佐藤三郎『中国人の見た明治日本――東遊日記の研究』（東方書店、二〇〇三年）。

（9）中国語版は同シリーズの各冊の冒頭、日本語版は「明治期における日本人の中国紀行及び文献」（王成、小峰和明編『東アジアにおける旅の表象』勉誠出版社、二〇一五年、一一〇～一一八頁）。

（10）張明傑「明治後期の中国紀行――山本憲『燕山楚水紀遊』について」（明海大学『*Journal of Hospitality and Tourism*』Vol. 3, No. 1, pp. 58-68, 2007-12)。

（11）梁啓超著、小野和子訳『清代学術概論』（平凡社、一九七四年、四三頁）。

（12）小野和子「孫文が南方熊楠に贈った『原君原臣』について」（『孫文研究』第十四号、一九九二年十月、一～一〇頁）。

（13）狭間直樹「東アジアにおける『共和』思想の形成」（辛亥革命百周年記念論集委員会編『総合研究辛亥革命』岩波書店、二〇一二年、二一～四〇頁）。

（14）「上海に於て刊行せる時務報の記者曽広詮《ママ》、汪康年の両氏は豫記の如く一昨夜東京より当地に来り中の嶋六丁目岡田きく方に投宿せり昨朝吾社員の訪問したる際は汪康年氏のみ座に在りて来合せたる孫実甫（川口三十二番清商）汪有齢、嵇侃（両人とも二十三四才の青年にして過般留学の為め当地に来り目下山本梅崖氏の家塾に在りて日本語研習中）白岩龍平（蘇、杭汽船会社即ち大東新利洋行主）山本梅崖、中山樵（中山氏は幼少の頃広東に渡り久しく彼地に在り英清両語の外日本語に慣れず今回東京より曽氏等を送り来れる人）の諸氏と雑談中なりし（後略）」（「清国新聞記者」『大阪毎日新聞』明治三十一年一月十七日（一））。ここにある「中山樵」とは当時、孫文が用いた日本式の氏名である。

（15）「明治二十二年己丑　詩文掲題ヲ印刷シ、聖元ヲ以テ年ヲ紀ス。他年清人康有為書ヲ著シ、聖元ヲ用ユ、蓋シ自カラ創意ト謂ヘリ。後其従兄康孟卿予ノ塾ニ在リ、予ノ聖元ヲ用ユル長素ニ先ツヲ見テ驚ケリ」（『梅崖先生年譜』年譜四、一九三一年、二六頁）とあるが、「詩文掲題」と題する書物は未見。

（16）村田雄二郎「康有為と孔子紀年」（孔祥吉、村田雄二郎著『清末中国と日本――宮廷・変法・革命』研文出版、二〇一一年、二二一〜二五二頁）。
（17） 宮崎市定『論語の新研究』（岩波書店、一九七四年、一七一頁）。
（18） 伊原沢周「務農会在戊戌変法運動史上的地位」（王暁秋主編『戊戌維新与近代中国的改革』、社会科学文献出版社、二〇〇〇年、二九一〜三一〇頁）。
（19） 汪康年から山本憲に宛てた書簡については、本書に掲載されているので、参照されたい。また、上海図書館編『汪康年師友書札』（四）（上海古籍出版社、一九八九年、三二九三〜三三〇二頁）には、山本憲から汪康年に宛てた書簡十五通が遺されている。
（20） 「山本憲より汪康年宛て書簡・七」（前掲『汪康年師友書札』（四）、三二九七頁）に「張先生家鴉片具之事、奉承来命、鄙著将来再刊、再刊《ママ》必除削」とある。
（21） 『梅崖先生年譜』年譜五、三三二頁。
（22） 「蒙学公会公啓」（『時務報』第四十二冊、光緒二十三年九月廿一日・西暦一八九七年十月十六日）。
（23） 「葉瀚より梅崖宛て書簡（資料C一〇三）」、「山本憲より汪康年宛て書簡・十一」（前掲『汪康年師友書札』（四）、三三二九頁）。
（24） 「山本憲より汪康年宛て書簡・十三」（前掲『汪康年師友書札』（四）、三三〇一頁）に「欲起而航貴国留住数年、当貴国有改革之挙、附驥尾以致力者数矣」とある。
（25） 『梅崖先生年譜』年譜五、三一〜三五頁。
（補注） 明治三十二（一八九九）年二月に刊行された『嚶々録』は梅清処塾再興十周年を記念して編まれた記念誌である。山本憲の序文のほか、塾の略年表、塾生の名簿などが綴られている。上梓されたばかりの『紀遊』の概要について、記念誌の発起者による「梅崖夫子の渡清」と題する一文（約千字）が収録されている。その目的を「曲阜の聖廟に謁し旁ら彼国勢を観察し且つ交を名士に訂せん」として、その意味を「邦人は挙て彼地に航し陰に陽に大に改革の気運を促さんことを冀ふもの」と述べている。

【校勘・翻訳凡例】

一　この校勘・翻訳本（以下、「本稿」という）は山本憲『燕山楚水紀遊』（以下、「原本」という）を底本とするものである。原本には、高知市立自由民権記念館に寄贈された山本家所蔵本、と国立国会図書館所蔵本の二種類がある。両者の文字には増減や変更が見られないため、適宜参照しあって翻字した。

二　原本には句点のみが付けられている。本稿は基本的にこれを基準に読点と句点を分けて付けた。ただし、一部の訂正を施した。これに関する注記は煩雑を避けるために省いた。

三　原本にある（⌐」）のしるしに従い、改行した。ただし一部、訳者の意によって改行した。

四　原本の割り注を括弧（　）の中に入れて示した。文字サイズは正文と同一にした。ただし、十月九日、顧炎武「考長城」の抄録は、例外として、割注部分の文字サイズを縮小した。

五　原本の日付けには月が記されていない。本稿はこれを補った。年次は全て明治三十（一八九七）年であったので、省いた。

六　常用漢字を用いた。ただし「辦、辯、辨、辮」などは「弁」を用いず、旧字体のままにした。通解字、異体字は原本の用字を入力し、注記を省いた。例えば、大湖（太湖）、虎邱（虎丘）、徃反（往返）など。

七　作品名や引用文、機構・団体名、それに語り手を明示した対話には（「　」）をつけた。そうでない対話にはつけない。例えば、

①原本：薬師寺子曰。初設居留地。……。惜夫。→本稿：薬師寺子曰、「初設居留地、……。惜夫」。

②原本：又東坡詩云。好竹連山覚笋香。→本稿：又東坡詩云、「好竹連山覚笋香」。

③原本：最推重史督師。如其答睿親王書。↓本稿：最推重史督師、如其「答睿親王書」。

④原本：此日見一館榜不纏足会。↓本稿：此日見一館、榜「不纏足会」。

八　書籍、新聞・雑誌名には（『　』）を付けた。

九　山本家所蔵本には左記のように、「栞誤《かんご》」となる正誤表が巻二の巻頭に貼り付けられている（傍点は原本）。

上巻（巻一）

一葉、但誤作伹。八葉、辦誤作辨、停溝中誤作講中。十三葉、有巨碑誤作左巨碑、狻猊誤作狻猊。十四葉、拇大誤作栂大。二十六葉、軌誤作軌。

下巻（巻二）

三葉　兼金誤作懸金。五葉、科名之士誤作士。九葉、咸豊之乱誤作道光之乱。十七葉　北不二字当在啻学問有異同上誤置春秋二字之間。二十二葉、大魚似鱓誤作大魚似鱓。二十八葉、犄角誤作掎角。三十葉、康年誤作庚年、浙江誤作湖南。三十四葉、朋党誤作明党。三十八葉、敝国三十年前誤作貴国三十年前。四十四葉、未敢懸断誤作未放懸断。四十六葉、如諸二字当在司馬相下誤置幽燕二字之間。四十八葉、全港二字当在景収在衽席句上誤置鬱蒼二字之間。

ただし、ここに記されている葉数は原本のもので、本稿のそれらと一致しない。本稿では原本を翻字する際、誤字、誤植、缺落、順逆、錯亂、増減などについて、「栞誤」にある訂正と訳者による訂正をそれぞれ明記したうえ、一括して漢文調の割り注［　］で示す。例えば、

①原本：学者伹徴諸書中。↓本稿：学者但［原本：伹、拠「栞誤」改］徴諸書中。

②原本：時事新聞社員。↓本稿：『時事新報［原本：聞］』社員。

③原本：今見先生。如見物子。甚快快。↓本稿：今見先生、如見物子、甚快甚［原本缺、補］快。

④原本：曽子（名広鈞。字重伯。湖湘焉郷人）。本稿：曽子（名広鈞、字重伯、湖南湘郷［原本：湖湘焉郷］人）。

十　典故については、訳文に割り注（　）で示す。例えば、原本：素有壎篪相和之誼。↓本稿の訳文：素より壎篪相い和す誼がある（『詩経』小雅・何人斯）。

十一　原本の引用した詩文には原典との相違が複数あった場合、また、訳文を参考させていただいた出典などは尾注でこれらを説明した。例えば、原本：陳顧野王賦所謂。巨麗之名山。大呉之勝境。↓本稿：陳顧野王賦所謂、「抑巨麗之名山、信大呉之勝壌」(5)。

十二　原本には「巳」「己」「已」の印字に混乱が見られる。本稿は直接訂正して入力した。注記を省いた。

十三　本稿の原文・訳文中の「里」はすべて「華里」である。清代の一華里は五七六メートル。

燕山楚水紀遊　巻一

【原文】

予遊在客年秋冬之交。既成此稿附活版、荏苒半載。東亜形勢大変、議論往往属陳腐。然当時所見実如此、今不可復改也。

予不達丹青之術、因携写影機而行、時写所遇景。及返、諸友為予摸臨作図、乃附石印、以挿巻中。

画皆筆有濃淡、且施彩色。然尋常石印不可施彩、故頗失筆気、不得見画手之妙、此為憾焉。

明治戊戌仲夏　梅崕識

予家世尊奉聖道、春秋例設釈奠、会

【訳文】

私の清国への旅行は昨年秋冬の頃であった。この原稿を仕上げて活版に付した頃には、既に半年の月日が流れた。この間、東亜の情勢が大きく変わったため、書中の議論は往々にして陳腐なものになってしまったが、しかし旅行当時見た事実は書中に記したとおりであって、今さら改めようがない。

私は絵が得意ではないので、写真機を携えて行き、出会った景色を随時写してきた。戻ってきてからは、友人たちがこれらの写真を模写して絵にしてくれたので、それを印刷に付し、挿し絵とした。

絵にはみな濃淡があり、且つ色彩が施されていたが、尋常の石版印刷では色彩を施せないため、本来の気韻が失われ、書き手の妙を見られないのが、遺憾である。

明治戊戌（三十一年）仲夏（七月）　梅崖識す。

我が家は代々聖道を尊び奉り、春・秋に釈奠を設け、門人を集めて儀礼

門人行礼。嘗欲一遊曲阜、謁聖廟、考聖人遺蹟、観祭器、以徴旧儀者有年矣。久保子平蔵、篤乎晞聖、与予有穆若之誼、欲伴予入山東。

予嘗謂、在昔朝廷与隋唐通好、士留学彼地者、往来不絶、而彼我鄰交亦密。今則官曹商賈之外、絶無往遊。学者但［原本：伹、拠「某誤」改］徴諸書中、胸臆抒説而已。至夫地理風俗、矒乎如探暗焉。且両鄰隔海接境、誼如魯衞。而近年欧米人漸猖獗、動欲逞虎狼之慾。為邦人者、宜遊彼土、広交名士、提挈同仇、以講禦侮之方、固為応時之務。因刻期発程。

会福州人力子軒挙（名鈞、嘗経郷試、補知県）、以事遊吾邦、約予遊蹤及福州、為西道主人、実明治丁酉歳九月也。

臨発、久保子俄有事不得往、悉為予給資装得不乏焉。

を行ってきた。ながらく一度は曲阜に遊び、聖廟に謁し、聖人の遺蹟を調べ、祭器を見て、以て古礼の裏付けを得たいと願っていた。久保平蔵氏は聖人を仰慕すること篤く信仰し、私とは睦まじい兄弟のような誼があり、私を伴い山東に行こうとしていた。

私は次のように考えていた。昔、朝廷は隋唐と通好し、士人が彼の地に留学し、往来を絶やさなかったことによって、彼我の交誼もまた密であった。しかし今では、役人や商人以外、全く赴く者がいない。学者はただ書物に書かれていることのみに基づいて、胸中の思いを述べるにとどまっている。地理風俗にいたっては、暗闇を手探りするような状態である。且つ両国は海を隔てていながらも境を接しており、魯国と衞国のような兄弟関係にある（『論語』子路）。近年、欧米人がいよいよ猖獗を極め、ややもすれば虎狼の慾を逞しくするようになってきた。邦人としては、宜しく彼の地に遊び、広く名士と交流し、提携して欧米に立ち向かう方策を講じるのが、固より時局に対応するための務めである。そこで期日を定めて出発することにした。

ちょうど福州の人で力軒挙（名は鈞、嘗て郷試を経て、県知事に任ぜられた）が所用で我が国に来て、私に旅の途次、福州まで足を伸ばすよう勧め、私にもてなしをすることを約束してくれた。これは明治丁酉（一八九七年）九月のことであった。

九月二十二日　辰下牌、辞家、抵梅田。上野翁（梅塢）、鈴木翁（半髯）、菊池子（侃二）、石橋子（雲来）、生野子（安兵衛）、井原子（馬之助）及従游諸子数十人来送。予与表兄垂水子（熊次郎）揖衆而発。至神戸、倉川子（鐵次郎）、沢本子（良臣）迎入後藤店。饟畢、遊和田崎、観水産博覧会。日暮、倉川子与小川子（徹五郎）、藤村（友吉）、玉井（復介）三子、邀飲于湊川喜楽亭。

九月二十三日　晴。午天乗汽船玄海。垂水子、倉川子、小谷子（清雄）、沢本子、難波子（竜介）送至船。比過高松洋、日暮、夜大雨。

出発の直前に、久保氏が用事で行けなくなり、旅費をすべて私にくれたので、餘裕が生じた。

九月二十二日　九時、家を辞し、梅田にいたる。上野梅塢翁、鈴木半髯翁、および菊池侃二、石橋雲来、生野安兵衛、井原馬之助の諸氏、それに生徒数十人が送別しにきてくれた。私は義兄垂水熊次郎氏とともに、衆人と惜別して、神戸に向かった。倉川鐵次郎、沢本良臣の両氏が出迎えにきて、後藤回漕店に案内した。昼食後、和田岬に赴き、水産博覧会を観た。夕方、倉川氏、及び小川徹五郎、藤村友吉、玉井復介の三氏とともに、湊川の喜楽亭で酒盛りをした。

九月二十三日　晴れ。昼頃、汽船玄海丸に乗り込む。垂水、倉川、小谷清雄、沢本、難波竜介の諸氏が船まで見送りに来てくれた。高松灘を過ぎると、日が暮れ、夜、大雨が降り出す。

九月二十四日　暁、過周防洋、雨未歇、四望窈冥。巳上牌、至門司、船積炭。申上牌、釈纜。

九月二十五日　雨霽。卯上牌、至長崎、上岸、乗汽車、遊道尾、有温泉一、境幽邃可愛。

九月二十六日　薄陰。申下牌、釈纜。会徳丸通訳生（作蔵）、赴北京公使館、因偕約伴。昏後雨至。

九月二十七日　雨未歇。辰上牌、至釜山、上岸歩居留地。山皆禿、無一樹、独居留地後小丘、老松鬱蒼、標曰陸軍所轄地。本邦戍営、興作方半。丘西有一校、邦人与韓人協同所設、邦人監之。凡学校邦人所監者四、仁川韓政府所設、京城邦人所設、元山与釜山、邦人与韓

九月二十四日　早朝、周防灘を通過した。雨は止まず、見渡す限り薄暗かった。朝十時、門司についた。船に石炭を積む。午後四時、出航。

九月二十五日　雨があがった。朝六時、長崎についた。上陸、汽車に乗って、道の尾へ出かけた。そこに一つの温泉があり、その環境は幽邃で、いい所であった。

九月二十六日　薄曇り。午後五時、出航。ちょうど徳丸作蔵通訳生が北京公使館に赴く途中で、道中の同伴になった。夕方以降、雨が降り出す。

九月二十七日　雨があがらず。朝八時、釜山についた。上陸し、居留地を歩く。山はみな禿げており、一株の樹木も見あたらない。ただ居留地の向こうの丘だけに、老松が鬱蒼として生い茂っており、標識に「陸軍所轄地」とある。本邦軍の駐屯地で、ようやく半分ぐらいできあがった。丘の西に一つの学校があり、邦人と韓人が協同で設置し、邦人がこれを監督している。聞くところによると、邦人が監督する学校は全部で四校がある。仁川に韓国政府が設けた一つと、京城に邦人が設けた一つと、元山と釜山に邦

人恊同所設云。

目今邦人住釜山者太多、然不見貿易繁盛之景。盖韓人多貧、邦人亦乏資、似不過邦人相市、此邦人之所当致意焉。

丘後山有邦人兆宅、甲午之役、葬死者云。其西鑿井汲水、通暗瀆、以給水居留地。西北隅逶山通路、路傍有韓人家、壁逼檐低、難辨民舍豚柵。而韓人怡然起臥、殆不免羲皇之風。転而東、懸崖上大厦巍然、則西洋人館也。嗚呼、何得笑韓人陋醜、韓人我兄弟也。夫粉壁巍然者、非我与韓人之同仇耶。

過陸軍運輸部、安部子（竜雄）在焉、徳丸子故人也、相邀供茶。申下牌釈纜。二洋人来同乗、自称英人、曰、伝西教在牛荘者十年。近日遊黒竜江、為俄人所疑見逐、故帰牛荘也。俄人猜忌英人、亦如此歟。

人と韓人が協同で設けた一つずつである。

現在、邦人は釜山に在住する者がはなはだ多いが、貿易が繁栄している様子は見られない。もともと韓人には貧困者が多く、また邦人も資本が乏しくて、貿易といっても単に邦人間の交易に過ぎない。これは邦人が最も留意すべきことである。

丘の後ろに邦人の墓地があり、甲午の役で戦没者のために作られたものである。その西には、汲水用の井戸を掘り、暗渠に通じ、居留地に用水を供給している。西北隅には山沿いの道が通っていて、路傍に韓人の家が見える。壁が狭く、庇《ひさし》も低く、民家か豚舎か区別しがたい。しかし韓民は平然として起居をしており、まるで太古の昔の人民の遺風を守っているかのようである。東に向かってみると、険しい崖の上に大きな家屋が聳え立っており、西洋人の館である。ああ、どうして韓人の陋習旧態をあざ笑うことができようか。韓人は我が兄弟である。キレイに装飾されている建物とそこの住人こそが、我々と韓人の共通の敵ではないか。

陸軍輸送部に立ち寄ると、安部竜雄氏がいた。徳丸氏の旧識である。お茶の席を設けてくれた。午後五時に出航。二人の西洋人が同乗してきて、自称英国人で、牛荘で十年間キリスト教を伝道していた。最近、黒竜江へ出かけた際、ロシア人に疑われ追放されたため、牛荘に帰ることになったという。ロシア人の英国人に対する猜疑も、このようなものであるか。

九月二十八日　雲披日出、恬波軽風、殊恆人心。大小島嶼、碁布星羅、不遑送迎。盖新羅道海上也。

　見下艙清人塡咽、曰、山東人従海参威帰（海参威旧名也。予不欲従露人命名、故取旧名）。春暖而往、秋冷而帰。敝衣糲食、蠢蠕不似人、然財嚢皆重。夫邦人徒論衣食豊約、而不知誘倹入奢、其出市海外者、往往破産而帰。比之清人空手而往、嚢満而返、何若哉。且世人往往譏清人穫財、密蔵秘蓄、無益於世。然一旦警醒、大開蓄蔵、以謀世益、恐有懸河潮来之勢矣。

　此夜闇黒、浮標不見、船因徐行。

九月二十九日　晴。卯下牌入済物浦、

九月二十八日　雲間から太陽が現れ、さざ波にそよ風、まことに気分がよい。大小の島々が、あちらこちらに点在し、次々に目の前に現れては消えてゆく。新羅道の海上だと思われる。

　下段の船室を覗いてみると、清国人に塞がられ、山東人で海参威（海参威は旧名、（ウラジオストクという）ロシア人の命名に従いたくないので、旧名を使う）から帰るところだという。春の暖かい時に出かけ、秋に寒くなってから帰る。衣服と食事も粗末で、うごめく姿は、人間とは思えぬが、財布がみな重そうに見える。そもそも邦人はただ衣食の豊かか貧しいかを論ずるのみで、倹約にはげむことが財富への道筋であることを知らない。海外へ商売をしに出ていった者が、往々にして破産して帰ってくるのだが、清国人が手ぶらで出ていき、巾着をいっぱいにして帰ってくるのに比べて、どちらが上であろうか。また、人々は往々にして清国人は金儲けをしたら、密かに貯め込むだけで、世間に役立てることがないとして、そしるけれども、彼らは一旦覚悟を決め、大いに貯蓄を開放して、世間の利益を謀るなら、恐らく川の水が激しく流れ落ちて潮となるような勢いを有するだろう。

　この夜、暗くて、浮標が見えないので、船が徐行している。

九月二十九日　晴れ。朝七時、済物浦に到着した。仁川府より約一里のと

去仁川府一里許、邦人皆称仁川。上岸訪『朝鮮新報』社、薬師寺子（知巃）導観居留地。跨邱臨海、形勢太雄。然邦人所住、地域褊小、屋宇稠密、不復餘宅址、遂借洋人居留地而家焉。薬師寺子曰、「初設居留地、地之広狭、唯邦人所択、然当局者規模至小、僅択今之地。且当時地価低廉、官若善致意居留者、居留者致富、決不為難焉。今則機会遠逸、併後山尽帰洋人之手、不復可拡張、惜夫」。

抵公園、在小丘上、邦人所設也。斗出海上、奉祀天祖。浦上諸山、不見一樹、独此公園松樹薈鬱、翠色欲滴。時潮方退、諸島可歩而往。聞浦内潮汐盈虚、不下一丈五尺。

下丘、過韓人肆廛、矮屋短檐、葺以茅茨、似覆荊螺。偶見邦人役韓人搬物、動揮拳撃之。曰、不如此則不勤。此決

ころにあり、邦人はみなここを仁川と呼んでいる。上陸して『朝鮮新報』社を訪ね、薬師寺知巃氏に案内され、居留地を見学した。居留地は丘に跨って海に臨む場所にあり、雄大な形勢を誇る。しかし邦人の住んでいる所は、狭小な地域で、家屋が密集していて、宅地に餘裕が無いため、ついに西洋人の居留地を借りて住むほどになっている。薬師寺氏がいうことには、「居留地を設けた時は、広い土地でも狭い土地でも邦人が思いのままに選べたのだが、当局者の構想した規模が極めて小さかったため、今の土地だけを選んでしまった。また、当時の地価は低廉だったから、当局がもし居留民のために配慮してやったならば、居留民が豊かになることも決して難事ではなかった。今となっては、機を遠く逸してしまい、併せて、後ろの山がことごとく西洋人の手に帰してしまったため、拡張は二度と不可能であり、惜しいことである」。

公園にいってみたら、小高い丘の上にあり、邦人が設置したものである。険しく角立って海に突き出ているのが、天照大神が祀られている。済物浦の山々には一本の木も見えないのに、この公園だけは松林が鬱蒼と生い茂り、翠色が滴らんばかりである。その時ちょうど引き潮だったので、近くの島々へは歩いて渡れるようになっていた。聞くところによれば、ここでの潮の満ち引き時の高低差は、一丈五尺をくだらないという。

丘を降りて、韓人の市街地を通った。屋根が低く庇《ひさし》が短く、茅を葺き、

非小事也。露人御韓人、常取寛洪。以此邦人観之、殊可畏、而亦可法焉。以此語薬師寺子、薬師寺子亦以為然。

転登後山、有粉壁高第、為洋人館。洋人規模宏大、其所住皆占形勝、使人発慨。丘北環以墉者、安駉寿別墅也。

西曰永宗島、往年太院君築砲壘処也、今皆墜壊。太院君為韓人俊尤、其不得志、国勢之所以陵遅也。

下丘、抵薬師寺子家、聞其話朝鮮近状。薬師寺子曰、「朝鮮形勢、欲挙以報本邦、往往見掣肘、不得悉実。若夫本邦新聞、大抵難視為真。且本邦外交、大計未定、而期報知悉実、固不可得耳」。

昏前帰船、薬師寺子、小川子（名雄三、新報社員）送至埠頭。

まるで荊螺におおい被さられているような簡易なものである。偶々邦人が韓人を働かせ、物を運搬させる場面を見かけたが、ややもすれば拳をふるっている。こうでもしなければ、まじめに働かない、という。これは決して小さな事ではあるまい。ロシア人は韓人を使うのに、常に寛大である。邦人から見れば、これは非常に畏れるべきことであり、また、見習うべきことでもある。この感想を薬師寺氏に語ると、氏も賛同してくれた。

後方の山に登った。高い白壁の邸宅があり、西洋人の館である。西洋人はスケールが大きく、その住居はみな景勝地を占めている。嘆かわしくなる。丘の北一角に塀で囲まれている屋敷は安駉寿の別荘である。

西の島は永宗島といい、往年、大院君が砲台を築いたところである。今はすべて崩れ落ちている。大院君（李是応《りしおう》）は韓人の傑物であったが、その志を実現できなかったため、国勢はしだいに衰退してしまった。

丘から降りて、薬師寺氏の宅に赴き、朝鮮の近況について氏の話を聞く。薬師寺氏がいう、「朝鮮の情勢を本邦に報告しようとしても、往々にして牽制され、すべてを伝えることができない。本邦の新聞に書かれていることを、大抵真実だと見てはいけない。また、本邦の外交は未だにその主な方針が定まっていないため、新聞報道で事実を把握することなどは、固より不可能でもある」。

夕方、船に戻り、薬師寺氏、小川雄三氏（新報社員）が埠頭まで見送っ

九月三十日　晴。向者在釜山、韓人与邦人対話、皆操邦語、至仁川亦然。聞朝鮮各埠、邦語皆通。嗚呼、東至亜米利加、西至欧羅巴、使邦語無不通之地、不亦快乎。此責素在邦人、豈夫模英語、擬仏語、揚揚自得者、所能夢想哉。

　辰上牌、釈纜、出黄海。黄海洋人所命、在昔黄河所落、故取名焉。北風急。

十月一日［原本：三十一日、改］　晴。天明、船走山東省北。連山蜿蜒、起伏不絶。問威海衞所在、曰、刻前既過。夫威海衞者、我戍兵所屯、以保賠償。今邦人往往有論賠償完清之遅速者。然賠償完清、理当撤兵。碧眼人覬覦東亜也久矣。而威海衞与旅順、隔海対峙、為渤海門戸。使我戍兵一旦撤兵、威海衞落碧眼人之

てくれた。

九月三十日　晴れ。先日釜山では、韓人が邦人と対話する際、みな邦語を操っていたし、仁川でも同様である。聞けば朝鮮の各開港地では、邦語がみな通じるそうだ。ああ、東はアメリカ、西はヨーロッパまで、どこでも邦語が通じるようになったら、これほど痛快なことはないのではなかろうか。その責務はもとより邦人にある。英語を真似したり、フランス語を真似したりして自慢気になっている者には、夢想だにできないことであろう。

　朝八時、出航、黄海に出る。黄海は西洋人の命名によるものである。黄河がここで海へと流れ込むので、名付けられた。北風が厳しくなった。

十月一日　晴れ。朝、船が山東省北部の海域に入る。山がくねりながら連なって、起伏して遠くまで伸びていく。威海衛の所在を聞くと、先ほど通り過ぎたという。威海衛というのは、甲午戦役後、賠償を保障するために設けた我が守備軍の駐屯地でもある。いま邦人の中には往々にして賠償の完済の遅速について議論する者がいる。しかし、賠償が完済すれば、撤兵をしなければならなくなる。青い目の連中が東亜を狙うようになってから久しい。威海衛と旅順は、海を隔てて対峙しており、渤海の門戸である。我が守備軍が一旦撤兵すれば、威海衛が青い目の連中の手中に陥るのは、

手、不待終朝也。如此則清廷之存亡決矣。清之存亡、則本邦安危之所繫焉。故為本邦謀者、宜紓賠償期数年、以待清人兵備充実、使碧眼人無所藉手。若夫論賠償之遅緩者、殆不思国家之前途也。

巳上牌、入芝罘、一名煙台、芝罘者港前一嶋也。秦皇所至。与煙台相擁成湾、湾太広。本邦領事館、高占爽塏、俯臨深潭、形勢最勝。未上牌、発芝罘、夜入渤海。渤海一作渤澥、古所謂北海也。在斉魯北、故謂之北海。秦漢以後称渤海、盖北海訛音歟。

北風強。

十月二日　晴。出寝、海水渾濁、遙認桅檣。曰、白河口也。進過太沽砲塁下、入河口。砲塁皆泥、毎雨来泥崩塁破。此日役夫麕集、搬泥脩治。両岸拓塩田、

あっという間のことであろう。そうなると、清朝の存亡は決してしまう。清の存亡は本邦の安危ともつながっている。故に本邦のために謀ろうとすれば、賠償の期限を数年間延長して、清人の軍備が充実するのを待って、青い目の連中が手出しのできないようにすべきである。賠償の遅緩を論ずる者は、ほとんど国家の前途を考えてないのである。

午前十時、芝罘に入る。またの名は煙台で、芝罘とは、港の沖にある一つの島の名であった。秦の始皇帝がいたったところである。煙台とともに抱き込むように湾を形成しており、とても広い。本邦の領事館は、高い丘の上に建てられ、深い岬を見下ろし、形勢が最も勝れている。午後二時、芝罘を発つ。夜、渤海に入る。渤海は渤澥とも書き、古に謂う北海である。斉・魯の北にあるがゆえに、北海と呼ばれている。秦・漢以降は渤海と称されるようになり、北海の訛であろう。

北風が強くなった。

十月二日　晴れ。目覚めて船室から出てみると、海水が混濁していて、遙か遠いところに船が見える。白河口だという。大沽砲台のそばを通過して、河口に入った。砲台はすべて泥でできているので、雨が降るたびに泥が崩れ、砲台が破れてしまう。この日は、人夫が集められ、泥を運搬して整備

瀰茫無際。民屋以泥成、皆醎戸也。造塩之法、似与本邦不同。溯河良久、河流瀠紆、前認白帆、難辨往反。巳下牌、至塘沽、下碇。乃賃小舟、溯洄一里許。上岸則風霾大起、衣巾忽白。此地数百里無山、長風度野、見如黄雲掩天、則沙塵也。至車站、賃気車。亭午発輪、穿塩田而進。塩田始尽、而紅蓼平敷、如織錦繍、外与天接、此本邦所不覯焉。本邦詩人叙紅蓼者、往往不免誤想矣。

　経新河、軍糧城二車站、至天津。下車、渡白河。船隻簇集、貨物山積。直抵領事館、鄭領事不在、藤田書記生、船津書記生（辰［原本：辛］一郎）在焉。領事館在紫竹林、去県城数里。此地本沮洳、萑葦叢生。始置租界、大厦出焉、康衢通焉、頓為繁富殷賑之区。客年兵戦後、本邦当定租界、而遷延未決云。

　下午与吉村海軍大軍医（敬次郎）、

工事をしている。両岸には塩田が拓かれ、見わたす限り果てしない。民家は泥で作られ、みな塩業に従事する民である。製塩の方法はどうやら本邦とは異なるらしい。しばらく河を遡った。河は渦を巻きながら曲折して流れていく。前方に白帆が見えるが、遠ざかっていくのか近づいてくるのか、見分けがつかない。昼十一時、塘沽にいたり、碇を降ろした。小舟を雇い、河を一里ほど遡る。上陸すると、風塵が吹き荒れ、あっという間に服が白くなった。この地は数百里にわたって山が無く、強風が野原を吹きわたる際、まるで黄色い雲が一面をおおうようになり、これはすなわち砂嵐である。駅に到着、気車に乗り込み、正午に発車。塩田の間を進む。塩田が尽きたところから、紅蓼《べにたで》が一面に広がり、まるで錦の刺繡が空と接しているかのように見える。これは本邦では見られない光景である。本邦の詩人が紅蓼を詠った作品は、往々にして勝手な想像を免れないということになる。

　新河、軍糧城の両駅を経て、天津に着いた。下車して白河を渡る。船舶が蝟集し、貨物は山積み。直ちに領事館へ行ったところ、鄭永昌領事は不在で、藤田書記生、船津辰一郎書記生がいた。領事館は県城から数里を離れた紫竹林というところにある。この地はもともと沼地であり、葦の生い茂る場所であったが、租界が置かれてから、大きな建物が現れ、広い道路が四方に通じるようになり、にわかに繁栄して賑やかなところになった。一昨年の戦争を経て、本邦が租界を定めることになっているが、長引いて

竹内海軍大主計（十次郎）、倶至銀荘、附票換銀、宿第一楼。楼清人所設、兼客桟酒館。富豪皆就飲、歌吹拇戦、繁華喧豗。

　昏後赴領事館招飲、迨夜帰。

　嘗聞北地早寒、及来天津、殊覚暄暖。

十月三日　晴。出観坊市、見隻輪車、与本邦備讃間所見形似。而本［原本：大］邦製只一人推之、此国有二人推輓者。

　船津子来過。

十月四日　朝薄陰。巳上牌、与徳丸子賃汽車而発。盖鉄路北走者、達北京。東走者、経塘沽、至山海関。所謂広軌也、比本邦制、大有逕庭。客位分為頭等、貳等。臨発、則挑夫搬行李、踵客

未だに決まっていないという。

　午後、吉村敬次郎海軍大軍医、竹内十次郎海軍大主計とともに、銭荘に赴き、両替をして、第一楼に宿泊。楼は清国人が開設したもので、宿屋と酒楼とを兼ねており、富豪たちはみなここで宴会を開き、歌やジャンケンの騒音が喧しく響く。

　夕方、領事館に招待されて酒宴に出席し、夜になって帰った。

　北の地はいち早く寒くなると聞いていたものの、天津に来てからは、相当暖かく感じた。

十月三日　晴れ。市街地を散策する。一輪車を見かけ、本邦の岡山、香川あたりで見かけるものと似ている。しかし本邦の場合、一人で推すのに対して、この国では二人で推すと引くものがある。

　船津氏が寄ってきた。

十月四日　朝、薄曇り。十時、徳丸氏とともに汽車に乗って出発した。鉄道は北上するものは北京に達し、東に向かうものは塘沽を経由して山海関にいたる。いわゆる広軌で、本邦の規格とは大きく異なる。客席は一等、二等に分かれている。発車まぎわに、人夫が乗客の荷物をその客席まで運んで行く。駅に着いたら、人夫がまるで餓えた猛犬のように、争って客の

位。達車站、則挑夫喧聚争行李、如餓犬狺狺、直肩行李而走、其不捫帯者幸矣。而売菓者、売糕者、丐児乞食者、紛紛沓至。吏皆熟視而不禁也。

天津車站、門外有渡。舟蟻集、争客喧嘩、似無制度、抑亦大国之風歟。

車走白河北岸、河水漲溢、村落浮水上。白帆従天際来、如望湖。有結簀捕魚者、有設罾者、形似仰繖蓋、四維而挙之、卽本邦所謂四手者、而差大。

過楊村、至楓台、望金山五華諸峰於雲煙縹緲之間。未下牌、達北京。車站在城外数里所、車馬塡咽、男女沓集。下汽車、賃騾車。路撒石礫、有大如馬頭者。輪礫相觸、欹仄䑨䑰、動有顚覆之虞。入永定門、左為先農壇、右為天壇、環以崇墉、門外曠濶。往反者皆寸人尺馬也。過天橋、肆廛鄰比、金牌紅榜、爛燦奪目。露店鬻物者、擁路左右。

荷物を奪い合う。直ちに荷物を肩に担いで走り出すから、荷物をさらわれずに済むだけでも幸いである。そのほか、果物や菓子を売る者がいれば、一気に集まってくる乞食もいる。役人はみな見て見ぬふりをして、禁止などはしない。

天津駅の門外に渡し場があり、船が蝟集して客を奪い合うためか、騒いでいる。決まりなどないようで、これも大国の気風なのだろうか。

気車が白河の北岸を走る。水が溢れていて、村落は水上に浮かんでいる。白い帆が天のかなたからやってくるが、まるで湖をながめているかのようである。簀《す》を結んで魚を捕る者や、四つ手でする者がみえる。簀の形は傘蓋を仰向けにしたのと似ており、四隅を引き上げるようになっていて、言わば本邦の四つ手なのだが、かなりの違いがある。

楊村を過ぎて、楓台にいたった。金山、五華の諸山が雲煙縹渺たるあたりに見える。午後三時、北京に到着。駅は城外数里のところにある。車馬がひしめき合い、老若男女が雑沓して集まってくる。汽車を降り、騾馬車に雇った。路上に石がまかれていて、馬の頭くらいの大きなものもある。車輪が石とぶつかりあい、傾いて不安定になり、ややもすれば顚覆の恐れすらある。永定門に入った。左は先農壇、右は天壇、周辺は高い塀に囲まれて、門外は広々としている。行き来している人や馬はみな寸尺ほど小さく見える。天橋を通り、商店が軒を連ねていて、金色や赤色の看板がきら

路雖素広、至両車相遇、殆無所避。毎戸貼銘聯、或曰、膺寿禔福、或曰、財利淵源、大抵莫非祈福祝富之意。過正陽橋、用大理石造焉、分為三道。当橋而巍然者、為正陽門、有三門、正中鑾輿所通。門常閉、行人皆従左右門、迂迴出入。申上牌、抵東交民巷、本邦公使館、及筑紫辦［原本：辨、拠「某誤」改、以下同］館所在也。徳丸子入公使館、予入筑紫辦館。筑紫辦館者、川北（純三郎）、香月（梅外）、洪野（周平）三子所共設也。鬻本邦産諸貨、其業日盛。予留宿於此。館中別有照像師曰水津芳雄、理髪師曰若杉某。北京無厠、故辦館別設浄器。邦人始来者、頗覚不便。夫北京之無厠、在前明既然。『五雑組［原本：俎］』曰、「大江以北、人家不復作厠。但江南作厠、皆以与農人交易。江北無水田、故糞無所用。俟其地上乾、然後和土以漑田。京師則停

びやかで目を奪う。露天商が道路の両側をふさいでいる。道はもともと広いけれども、車と車が出くわすと、ほとんど避ける餘地がない。どの店も対聯を貼っており、「膺寿禔福」（幸福来臨）や「財利淵源」（商売繁盛）などで、大抵みな福を祈り富を祈る意味である。正陽橋を通り、橋は大理石で造られ、道が三つに分かれている。橋を前にして巍然として聳え立っているのが正陽門である。三つの門があり、真ん中の門は天子の御車が通るところであるため、常に閉まっている。通行人はみな左右両側の門を通って迂回して出入りする。午後四時、東交民巷に着いた。本邦の公使館と筑紫辦館の所在地である。徳丸氏は公使館に入り、私は筑紫辦館に入る。筑紫辦館とは、川北純三郎、香月梅外、洪野周平の三氏が共同で創設し、本邦産の物産を売っているところで、その業績は日ましに繁盛している。私はここに宿をとる。館内にはまた写真師水津芳雄と理髪師若杉某がいる。北京には厠が無いため、辦館は別に便器を設けている。初めて来た邦人は、頗る不便を感じたからである。北京に厠が無いのは、前明のときから既にそうであった。『五雑組』にいう、「長江以北の人家では、昔のように厠を作らなくなってしまっている。ただ、江南では厠をつくるが、これはみな農夫と交易するからである。江北では水田がないので、糞を使うところがない。それで地上で乾燥するのを待って、然るのちに土とまぜて、田の肥料にする。京師（北京）では、溝の中にとどめておき、春になるのを待っ

溝［原本：講、拠「集韻」改］中、俟春而後発之、暴日中、其穢気不可近。人暴觸之輒病、又何如奏厠之便乎」。因是観之、北京無厠、素出於国情之不可已焉。聞竜動有乾糞相市者、与『五雑俎』所言太似。若善設法行之、可以免譏矣。

十月五日　晴。訪矢野公使、又訪中島書記官（雄）、中川軍医（十全）、鄭通訳官（永邦）、丸毛外交官（直利）、高須通訳生（太助）、徳丸通訳生。晩徳丸通訳生、中嶋子（裁之）、小村子（俊太郎）並来過。中島、小村二子、久留学北京。中島［原本：嶋］子将遊学保定也。

十月六日　薄陰。上午与川北子、命駕訪卓子於騾馬市。卓子福建人、与力子友善、現官刑部、年四十二云。忻然相

てから、これをとり出し、日にあててさらす。その穢気には近づくこともできない。人が急に触れると、たちまち病気になる。厠で奏上すらできるような便利さにおよぶべくもないではないか」[1]。以上の記録から考えると、北京に厠がないのは、もとよりやむ得ぬ国情に起因しているのである。聞けば、ロンドンでは乾糞を交換し合うことがあるようで、『五雑組』のいうこととよく似ている。もしよい方法を設けて実行すれば、嗤われることを免れるであろう。

十月五日　晴れ。矢野（文雄）公使を訪ね、また中島雄書記官、中川十全軍医、鄭永邦通訳官、丸毛直利外交官、高須太助通訳生、徳丸通訳生の諸氏も訪ねた。夜、徳丸通訳生、中島裁之氏、小村俊太郎氏が訪ねてきた。中島、小村両氏は長らく北京に留学中で、中島氏はまもなく保定に遊学する予定である。

十月六日　薄曇り。午前、川北氏とともに、馬車で騾馬市にいる卓氏を訪ねる。卓氏は福建の人で、力鈞氏と親交があり、現在刑部に職を得て、年齢は四十二歳という。喜んで迎えてくれて、茶菓でもてなしをしてくれた。

迎、煮茶供点心。謂予曰、「弟僻守一隅、足不出戸、不足以語当世之務。然於古今理乱得失之原、未嘗不留心。先生有志当世、所見所言、必有所得。亦欲領略高論、以拡聞見」。不敢言正也。予曰、「弟性迂闊、何足識時務。然経世済民、志於斯道者、所当期図焉。窃謂、貴国与敝国、古来同文字、又同奉聖教、素有壎篪相和之誼。前年偶有睚眦之事、所謂兄弟鬩牆者、何足介意。当左提右挈、外禦厥侮焉、惟高見亦必若斯」。曰、「敝国幸有前年之事、如聞晨鐘、令人深省、是敝国之幸也。彼此同居亜洲、唇歯相依。顧大局者、必有一番議論、非必沾沾於目前之効也。先生能見及此、可謂高人一等矣」。

帰途過琉璃廠、列肆二里許。鬻図書文房具骨董諸品。大者連房七八、新古珍奇、不可枚挙。至正陽門、画一区陳

私に対して、「私は一隅に止まって、外へは行かないので、当世の時務を語るに足りない。しかしながら、古今政治の得失の大本については、留意していないわけでもない。先生は当世の事柄に志をお持ちなので、先生のお考えやお言葉にはきっと有益なものがあるにちがいない。高論を承り、私の見識を拡めていただきたいと言って、あえて自分の見解を言わなかった。私はこういう、「私は迂闊な性格で、時勢を見る目はあまりない。しかし経世済民は儒道に志を持つ者の図らねばならないことだ。思うに、貴国と我が国とは、古来同じ文字を使い、また同じ聖教を奉っており、素より壎篪相い和す誼がある（『詩経』小雅・何人斯）。一昨年偶々些細な睨み合いによる出来ごとがあったが、兄弟喧嘩のようなもので（『詩経』小雅・常棣）、気にするほどのことではない。これからは互いに手を携えて、外侮に抵抗しなければならない。高見もきっと同じであろう」。卓氏がいう、「我が国は幸いにして一昨年の出来ごとがあったおかげで、朝の鐘を聞くように、猛省させられた。これは我が国の幸いである。互いにアジアに居て、唇歯のように互いに依存している（『左伝』僖五）。大局を顧みる者は、必ずまともな議論をなされるのであって、一々目前の得失にこだわる必要はない。先生がここまで見通したのだから、より一段と抜きん出ていると言えよう」。

帰途、琉璃廠を通った。店が約二里にわたり軒を連ねている。図書・文具・骨董などの品々を売っている。規模の大きい店は部屋が七、八つと連

貨、似本邦勧工場。簪釵錦繍、珠玉陶瓷、瓓瓅眩目。

下午与香月子、駆驢謁文廟。廟在安定門側、元許衡所創。正位為大成殿、左右翼以両廡、配祀七[原本缺]十二賢。雖非不壮麗、然久不経修治、都委頽敗。戟門外碑石数十、或傾或裂、往往漫漶不可読。対門為国子監、門庭闃寂、見雑草生屋上。出廟東折、堂塔壮偉、葺以黄甍、曰、喇摩教寺也。喇摩教者、清帝所奉、故壮麗如此焉。回轡而南、遇耶教会堂。楼閣閎燿、翼翼抜地。夫耶教違彝倫、旨荒誕。苟奉聖道者、所当排撃不遺餘力焉。而西人狡獪、巧蠱惑人心、藉以為覬覦之地、可畏夫。

転至貢院、在朝陽門南。今年有会試之挙、兵部尚書徐公（郙）為主司、挙人集者一万五千人。夫科挙之弊、不啻他国人論之、清人亦自知之。議論空霊、

なっていて、新古珍物、枚挙に暇がない。正陽門まで行くと、一区域を画して、商品が陳列されており、本邦の勧工場に似ている。装飾品や錦織、真珠、玉石、陶磁品などはきらびやかで目を奪われるほどである。

午後、香月氏とともに騾馬車で出かけ、文廟（孔子廟）を拝謁した。廟は安定門のそばにあって、元の許衡が創設したものである。正面には大成殿、左右両側には二列の平屋が並び、七十二賢人の位牌を列べ祀っている。壮麗でないとは言えないが、長い間修繕せず、荒れ果てるに任されている。戟門外の石碑は数十基あるが、傾いたり裂けたりしていて、多くはぼやけて判読することができない。真向かいには国子監であるが、人通りが少なく寂しい。雑草が屋上まで伸びている。廟を出て東へ曲がると、堂や塔など、金色の屋根瓦に葺かれて荘厳な姿を現したのは、喇摩《ラマ》教（チベット仏教）の寺院（雍和宮）である。喇摩教は、清帝が奉っているので、その寺院がこのように荘麗になっている。南へ向かったところ、キリスト教の教会が見えた。楼閣が立派で、厳かに高く聳え立っている。キリスト教は人倫に反するもので、その趣旨は荒誕である。もし聖道を奉ずる者であれば、餘力を遺さぬように排撃しなければならない。しかし西洋人は悪知恵がはたらき、巧みに人心を惑わし、この教会を大それた望みを果たすための根拠地にしようとしているので、実に畏るべきである。

転じて貢院にいたった。朝陽門の南にある。今年は会試が実施され、兵

而考拠該博、竟無補世用、雖多亦何為。且科挙之制、遠在漢魏以上、似出於周公遺法、其意未必悪。後世失聖人之旨、有司誤其用、遂至不堪其弊。自漢魏、英雄之士、既不由貢挙。其由貢挙者、大抵斗筲庸人、如公孫弘一輩之徒是也。而有司繁文之弊、屡逸俊傑之士、沈淪草莽間。況清之科挙、出於愚天下耶。此制度未及改、而欲得俊傑其人、猶北轅求適楚耳。

去登観星台、有渾天儀等諸器、久廃而不用、錆鏽徧生。台連城堞、郭外田園村落皆可見。又望帝宮於煙塵間。

黄昏、小雨風起。

邦人遊此国者、皆服洋装。而予独用邦制、戴角巾。今日途上、人多簇擁聚観異之。往往以為高麗僧、以為回教徒、或以為日本道士。本邦無道士、此評尤奇矣。

部尚書徐郙公が主監督官を務めて、挙人一万五千人が集まった。科挙の弊害は他国の人々に論じられているのみならず、清国人自身もよく分かっている。科挙の試験で求められる議論は空虚で、考証が該博であっても、世の中の役にはまったく立たず、多くあってもなにもならない。また、科挙制度は遠く漢・魏時代以前からのもので、周公の遺法から出たようで、その趣旨は必ずしも悪くなかったが、後世の人が聖人の趣旨を忘れ、有司がそれを誤用して、遂にその弊害に耐えられない状態になってきている。漢・魏以降、英雄の士は科挙からは出ていない。科挙から出た者は、大抵平凡な人物で、例えば漢の公孫弘の輩がそうである。有司が煩雑な文書を用いて政治を行う弊害は、しばしば優秀な人材を逃し、民間に埋没させてしまう。ましてや清朝の科挙は、天下を愚かにするために行われるのだから、なおさらである。この制度を改めずに、優秀な人材を得ようとするのは、車を北に向けて走らせ、南の楚へ行こうとするような荒唐無稽なことである。

観星台に登った。渾天儀などの機器が置いてあり、長い間放置して使われていないので、いたるところが鏽びている。台は城壁に繋がっており、城外の田園村落をみな見わたせる。また煙や塵の間に紫禁城も望めた。

黄昏、小雨が降り、風が吹きはじめた。

邦人でこの国に遊ぶ者は、みな洋服を着る。しかし私だけは和服を着、

十月七日　晴。頓覚冷気、始襲綿絮。聞北地秋後、隔六日若七日、必有風、毎風輒冷。上午訪杉子（幾太郎）。杉子為『時事新報［原本：闕］』社員、昨日来訪、会予不在、故往訪也。

　帰途過崇文門側、測城高低。累磚九十枚、一枚約大五寸、乃算四十五尺。城内高如此、外郭可知也。前日在正陽門側、測城広五十尺許。基趾皆摶堊造之、広倍城広。按、今京師遼金以来所都、与古薊地、相去二百里。至明永楽間、営建宮殿、乃拓其城、周迴四十里。開九門、曰正陽、曰崇文、曰宣武、曰安定、曰得勝、曰東直、曰朝陽、曰西直、曰阜成、此為内城、周迴十八里有

頭巾をかぶっている。今日外出途次、人々に囲まれ、物珍しそうに見物された。高麗の僧侶とか、モスレムとか、さらに日本の道士とも言われた。本邦には道士などいないから、この呼び方はきわめておかしい。

十月七日　晴れ。急に冷気を感じ、始めて綿入れを着る。聞けば北のかたの地は秋を過ぎると、六日、若しくは七日間ごとに、必ず風が吹き、そのたびに寒くなる。午前、杉幾太郎氏を訪う。杉氏は『時事新報』の社員、昨日来訪したが、ちょうど私が不在だったため、こちらから訪ねた。

　帰途、崇文門のそばを通り、城壁の高さを測る。磚《かわら》が九十枚積みあげられ、一枚およそ五寸、計算すれば、四十五尺になる。城内の高さがこのようであれば、外郭も知ることができる。先日、正陽門のそばで量った城の広さは約五十尺、その基礎はみな盛り土で造られ、その広さは城の広さの倍ぐらいがあった。案ずるに、今の京師は遼・金以来の都であり、昔の薊の地とは、二百里離れている。明の永楽年間になって、宮殿を営造し、その城を拓いたが、その周囲は四十里であった。その城に九つの門を開いた。正陽門、崇文門、宣武門、安定門、得勝門、東直門、朝陽門、西直門、阜成門などである。これは内城で、周囲十八《ママ》里（正しくは四十里）あまり。そのほか別に七つの門を開いた。永定門、右安門、左安門、広寧門、広渠門、西便門、東便門などである。これは外城で、周囲二十八里。城壁の上

奇。別開七門、曰永定、曰右安、曰左安、曰広寧、曰広渠、曰西便、曰東便、此為外城、周廻二十八里。城上広濶、相伝八騎可聯轡而馳。当康熙乾隆盛時、官衙皆在内城、非有禄爵者、不許置宅。及後世制度弛廃、生歯漸蕃、工賈之徒、侵蝕立肆廛、無復内城外城之別。而道路毀圮、修治無法、風掃雨洗、嶔巇升降、如度丘壑、毫不似帝都之景。城堞則到処生草樹、樹大者可連拱。根柢所穿、往往見磚片剝落委地。其官衙雖非不宏壮、間有不見官人出入者。至禁垣亦不免行人溲溺云。

下午与河北子、駆驢往観文文山祠堂、与府学鄰接、柴市是也。安塑像神位、題曰宋宰相信国文公。側有一碑、刻自賛画像。晩中川軍医来訪。

十月八日　晴。将北観長城。筑紫辦館

は広く、八頭の馬が横一列に並んでも走れたと伝えられている。康熙・乾隆の盛時、役所はみな内城にあり、官職の無いものは自宅を内城に置くことが許されなかった。後世になって制度が弛み、一方、人口が増え、工商業者も、浸食して店舗を設けるようになり、内城・外城の別がなくなった。しかも道路が破損しても、修理のすべもなく、風雨にさらされてきた。険しいところを登り降りするのは、丘を越えると同じで、全く帝都の光景として似つかわしくない。城壁にはいたる所に草木が生え、木の大きいものは、何人ものかが手をつないで囲むほどである。根が突き破ったところに、磚が剝がれ、地面に落ちているのを、しばしば見かける。見かけた役所は宏壮でなくもないのだが、役人の出入りをあまり見かけない。紫禁城にいたっても城壁に放尿する通行人さえいるという。

午後、河北氏とともに騾馬に乗って文文山（文天祥）の祠堂を観に行く。祠堂は府学に隣接するところ、すなわち柴市にある。塑像と位牌が置かれており、「宋宰相信国文公」と書いてある。そばに一枚の石碑があり、自賛画像を雕ってある。夜、中川軍医が来訪。

十月八日　晴れ。北のかたの長城を観に行くことになった。筑紫辦館から

借僕蕭二従、乃賃二驢一夫。卯下牌、出得勝門北馳。四望平衍、川磧畦塍皆可蹊也。樹独見楊柳槐楡成林耳、不復見他雑種焉。時属季秋、高粱未刈者、十之一二、畛域跨数里。農夫収高粱、車皆大輪巨轂、駕数馬、積載如山。既刈高粱、更墾播麦。有麦抽一二寸者、有未経墾者。其墾土之法、巨犂駕数馬、一人立犂上、執策御馬。此等農法、本邦所不見也。顧本邦農人、皆尽地力、尺寸之壌、不為空棄。今見高粱高不下二丈、観播麦法、比本邦多[原本：毎]伐 数陪。車馬蹊壟畝、蹈藉而過、農人儜立、熟視若無覩也。地力有餘裕如此、雖欲不肥大、得乎。

村落稀疎、十数里乃遇一村。民舎尽用塼与石、葺以瓦。毎遇村、先見楊柳千百為林、林間依微者民舎也。古人往往用「柳間村、柳掩村」等句、意盖謂

従僕蕭二を貸してくれた。驢馬二頭、人夫一人とともに、午前七時、徳勝門を出て北へ馳せる。見わたす限り平野で、石で積もった河川敷やあぜ道、みな渡って行くことができる。木は、楊柳《ヤナギ》、槐《エノキ》、楡《ニレ》が林になっているを見かけるだけで、ほかの樹木は一切見かけない。時はすでに季秋になっており、高粱《コウリヤン》の未収穫は十分の一、二、畑の界隈は数里をまたがっている。農夫が高粱を収穫する際、車輪の高い大きな車を用いる。数頭の馬を操り、高粱を山のように積み上げる。高粱を刈った後に、麦を播く。麦が一、二寸ほど伸びている畑もあれば、耕作をしていない畑もある。その作法は、巨大な唐すきを数頭の馬に牽かせ、一人が唐すきの上に立ち、策《むち》を執り馬を操るというものである。このような農法は本邦では見られない。本邦の農民は、みな地力を尽くし、僅かな土地でも無駄に捨ててはおかない。高粱の高さは二丈を下らないが、麦の播き方を観て見ると、本邦のそれよりもさらにいく重の土を多く掘っている。馬があぜ道を踏み越えるのを、農夫はただ儜《たたず》んで見て見ぬふりをしているだけである。これほど地力に餘裕があれば、作物が肥え太らないことを欲しても、無理だというものであろう。

村落は疎らで、十数里行ってやっと一つの村に出くわすぐらいだ。民家はみな煉瓦と石で造られ、屋根に瓦を葺いてある。村に出くわす前にまず見えるのが千本もの楊柳から成る林である。林の間にかすかに見えるのが

此也。然此景在本邦所不見焉。本邦無千百楊柳掩村者、故「柳間家、柳掩家」則可、曰村、則負実也。

屡見地碓簸麦及高粱、地上畳石、碓安其上、用驢騾挽転、法似讃岐製沙糖。日正亭午、至馬坊児、叩一店喫饙。未上牌、至湯山。丘上下有先朝行宮、石墉蜿蜒、有林有池、有亭有榭。雕梁画棟、一半傾圮。池水澂徹、魚之浮沈抱石者、唼藻者、皆可数。遶堂南出、有二沼、欄楯皆用大理石。沼右架一宇、温泉坌涌、温冷適人。草荒樹仆、軒破瓦墜、委為狐狸之区。盖有守者、毫不施修治。丘上則四峰四閣、屹然碁峙。

申下牌、至昌平県、城楼墜壊。入門投客桟。北地運物、皆用馬及駱駝。故客桟専設馬厩、駱駝別有駱駝店。大抵入門、有広庭、囲以客房及馬厩。客桟大者、可宿数百馬。客房広可方一丈、

民家である。古人は往々にして「柳間村」、「柳掩村」などの句を用いたが、このようなことを表現したのだろう。しかしこの風景は本邦では見られない。本邦には千本もの柳が村をおおうということはないので、「柳間家」、「柳掩家」は可としても、「村」というのは、実情に合わない。

たびたび唐臼《からうす》で麦や高粱を脱穀しているのを見かけた。地面に石を積み、臼をその上に置き、騾馬に牽かせる工法は、讃岐の砂糖を絞るのとよく似ている。正午、馬坊児にいたった。ある店に入り昼食をとった。午後二時、湯山に着いた。丘の上とそのふもとに明朝の行宮がある。石垣がくねりながら伸びて、林や池、東屋、榭《うてな》などがある。雕刻や絵などが施されている梁や棟は、その半分が倒壊している。池の水は澄み透っていて、魚が浮き沈みして、石を囲むもの、藻を啜るもの、みな数えることができるほどはっきりと見える。堂を巡って南に出ると、二つの沼がある。欄干にはみな大理石が用られている。沼の右に家屋が構えてある。温泉が湧き出ていて、湯は適温である。草が荒れ果てて、樹木が倒壊し、軒が破れ、瓦が落ちて、まるで狐狸の住み処のようになっている。番をする者はいるのだろうが、修繕などをちっとも施していない。丘の上に四つの峰と四つの閣がまるで碁盤の角に立っているかのように対峙している。

午後五時、昌平県にいたった。城楼が倒壊している。城門に入り、宿屋に投じた。北のかたではみな荷物の運搬に馬や駱駝を使う。そのため、宿

乃至三丈。設土牀布薦、牀下穿炕取煖。夜聞馬齕蒭、実本邦客館所不有也。暁月窺窓、寒気侵膚。

十月九日　晴。卯上牌、発客桟、出城門。遶丘北行二里許、有明陵寝、設門数重。従前門、至後陵、甃石為路。過渓者一二、中門有［原本：左、拠「栞誤」改］巨碑、乾隆間所建。入門、左右各隔百餘尺。列石刻狻猊［原本：猊、拠「栞誤」改］八、象四、駱駝四、神獣四、甲士四、搢紳八、大皆数丈。併門柱甃石渓橋、皆用大理石。自成祖、至毅宗、為陵十三。拠山臨野、勢気雄固、称天寿山。陵域跨数里、非一日之所能徧［原本：偏］観、独観成祖陵。崇墉高門、

屋には馬の厩舎が設けられ、駱駝には別に駱駝専用の厩舎が設けられている。大抵の宿屋は、門を入れば、広い庭があり、その庭を客室と馬厩舎が囲んでいる。規模の大きい宿屋は、数百頭の馬を収容することができる。客室の広さは一丈ないし三丈の四角のものである。土の牀《ベット》と布の薦《むしろ》、その下に炕《スンドル》を穿ち暖を取っている。夜間、馬が秣《まぐさ》を噛む音が聞こえるのは、本邦の旅館ではあり得ないことである。暁の月光が窓から差し込み、寒気が膚に侵み込む。

十月九日　晴れ。朝六時、宿屋を発ち、城門を出た。丘を繞って北へ二里ほど行くと、明の陵墓が現れ、数重の門が設けられている。正面の門から後陵まで、敷き瓦で道が造ってある。二、三の渓流を過ぎると、中門の左に巨大な石碑があり、乾隆年間に建てられたものである。門をくぐると、左右に百餘尺の幅があり、石の雕刻の狻猊《サンゲイ》は八頭、象は四頭、駱駝は四頭、神獣は四頭、武将は四人、文官は八人、大きさはどれも数丈ある。牌坊《パイファン》の柱と敷き瓦、渓流の橋も含めて、みな大理石が使われている。成祖（永楽帝）から毅宗（崇禎帝）にいたるまで、十三の陵がある。山を背にし野を見下ろし、気勢が雄壮かつ堅固で、天寿山とも称される。陵域は数里に跨り、一日ではすべてを観きれるものではないので、成祖（永楽帝）の長陵だけを観ることにした。壁も門も高く、金色に輝く。寝廟まで進んで見

金碧熒煌。進至寝廟、欄楯陛階、皆用大理石、刻雲竜花卉類。木主題曰、明成祖文皇帝。棟宇軒豁、従左右壁、至両楹、各三十八歩、両楹間十六歩。楹各二抱。扉皆髹彤剝落、予収得漆片。廟後過二門、高閣巍然。甬道登三十歩、左右分岐。拾級而登、則出閣上。巨碑篆書大明二字、左右刻竜、題曰成祖文皇帝、高可二十尺。閣後有冢云。毎陵皆有守者、並清廷所命焉。終歳不修治、都委頽圮、檐朽椽折、墜瓦狼藉。但幸成乎石甎、纔免墜廃委地耳。

　出門踰渓者三四、坡坨崎嶇、石礫齧蹄。路傍多棗柿、柿棗者北地好果也。不啻棗柿、百果実皆好。棗子拇[原本：栂、拠「栞誤」改]大、柿子状頗奇。又産葡萄[原本：萄葡]、実長者可一寸、明瑩似琥珀、円者濃紫拇大。栗子亦甘脆、不譲諸果。

　亭午至南口県。在山麓、為居庸関襟

ると、そこにある欄干や階段、いずれも大理石を用い、雲竜、花卉などが彫られている。位牌には「明成祖文皇帝」と題してある。建物は広々としていて、左右の壁から両側の柱までの距離はそれぞれ三十八歩、両柱間の距離は十六歩である。柱は二人が両手をひろげてやっと囲める。扉に塗られた深紅の漆は剝れ落ちており、私はその破片を拾った。廟の後の二つの門を通ると、高い楼閣が巍然と聳えていた。通路を三十歩登ると、左右に分かれている。階段を登ると、楼閣の上までに登れる。巨大な石碑に篆書で「大明」の二字が書かれている。両側に竜が彫られ、「成祖文皇帝」と書かれており、高さは二十尺ほどにのぼる。楼閣の後方に塚があるという。陵ごとに守衛がいて、いずれも清朝の派遣による。年中修繕をせず、悉く崩れ落ち、檐が朽ち椽《たるき》が折れ、落ちた瓦が散らばっている。幸いにして壁は石や煉瓦で造られているので、地面に墜落してしまうのを免れている。

　門を出て渓流を渡ること三、四か所、坂が険しく、小石が蹄を嚙む。路傍の多くは棗《なつめ》や柿の木である。柿や棗は北のかたのすばらしい果物である。柿や棗だけではなく、すべての果物がすばらしい。棗が親指くらいの大きさで、柿の形は頗る変わっている。また葡萄も産し、果実の長さは一寸ほどで、透明で琥珀に似ている。丸いのは濃い紫色をして、親指ほどの大きさである。栗も甘くて歯ごたえがよく、ほかの果物に劣らない。

　正午、南口県にいたる。県城は山麓にあり、居庸関の要衝である。山上

喉。山上有竜虎台、拠『一統志』、台広二里、袤三里、与積粟山相峙、為竜盤虎踞之状。積粟山有唐大尉朱懐珪墓、途上可望見。城郭枕磵、磵従八達嶺来也。饢畢入峡。疊嶂夾磵、磵大山峻。嵂崒崢嶸、不見一樹。雨蝕風掃、山骨発露。割岩通路、路太広、細沙平敷、坦蕩如砥。路傍累石、備人陥磵。山路用功如此、其偉業可想也。

入山漸深、見人家臨流、鶏犬怡然。伐楊柳為薪、去地七八尺、蘗生、乃下斧焉。「周南」「伐其條肄」是也。漢土乏薪、故用意如此歟。

忽見沙塵隔隈起、近則羊群也。多者千餘、少亦不下数百、似白雲瀰漫、二三牧人駆逐。又遇彘、彘群不過百餘。又遇蒙古人牽駱駝、状与漢人不殊、特服色不同而佩剣耳。過居庸関、石大小皆刻仏像、盖元代所修歟。『一統志』

に竜虎台があり、『大明一統志』によれば、台は広さが二里、幅が三里あり、積粟山と対峙して、その地勢が竜蟠虎踞（『太平御覧』一五六「呉録」注）のように雄大で峻険である。積粟山には唐の太尉朱懐珪の墓があり、行く途中から眺めることができる。城郭は渓流に臨み、渓流は八達嶺から流れて来たものである。昼食をすませて峡谷に入る。重なりあう峰々が渓谷を挾み、渓谷は大きく、山は険しく、一本の木も見あたらない。風雨に浸食された山中の巖石があらわになっている。岩を切り開いて路が造ってあり、路ははなはだ広く、細かい砂が平らに敷かれ、砥石《といし》のように平らである。路傍に石を積み重ね、人の転落を防いでいる。山路にこのような技巧を用いることからも、その偉業のほどが想像できる。

少しずつ山の奥へと行って見ると、渓流にそって建っている人家があり、鶏や犬が楽しそうに群がっている。楊柳を伐って薪とし、地面から七八尺のところに、新芽が生えれば、斧を下すという。「周南」にいう「その小枝を伐る」（『詩経』国風周南・汝墳）とはそのことである。漢土には薪が乏しいので、このように工夫されているのだろう。

突然、丘の向こうから砂塵の飛来が見えた。近づいて見ると羊の群れである。多いものは千頭を超え、少ないものでも数百頭を下らず、まるで白雲がおおいかぶさるような感じである。二、三の牧者がこれらを制御している。また、いのこの群れにも遭遇した。百頭あまりにすぎない。そのほ

曰、「両山夾峙、一水旁流、関跨南北四十里、懸厓峭壁、最為要険」。『淮南子』曰、「天下有九塞、居庸居其一焉」。関之南重巒畳嶂、呑奇吐秀、蒼翠可愛。

過弾琴峡、巉岩千尺。岩皆奇、岩腹構亭閣、岩面刻弾琴峡三字。明楊士奇詩、「峡石記弾琴、泠泠流水音。不知行路者、誰有聴琴心」。予欲為鍾子期、立多時、遂不聞峨峨洋洋之声也。

申上牌、越八達嶺北下。従南口至八達四十里、遇城堞者七八。絶深澗、跨峻嶺、蜿蜒委邐、如率然蛇。城高三四十尺、広三十尺許、上可連鑣而馳。門高五十尺、毎数十歩、架瞧楼、楼亦高、皆用磚与大理石也。顧炎武『京東考古録』中、「考長城」一節(2)、足以徴長城沿革、乃撮録於此、曰、

か、モンゴル人が駱駝を牽いているのも見かけた。モンゴル人は漢人と見た目では異ならない。ただ服飾は異なり、腰に剣をぶら下げている。居庸関を過ぎると、大小となく石に仏像が刻まれている。元代に造られたものであろう。『大明一統志』に「両山が挟んで対峙し、一渓流が側に流れる。関は南北四十里に跨り、断崖絶壁、最も険しい要所である。『淮南子』にいう「天下に九つの要塞があり、居庸はその一つである」（『淮南子』巻四・墬形訓）。関の南は峰々が重なりあい、奇抜で秀麗で、草木の緑色がすばらしい」（『大明一統志』巻一関梁・居庸関）と記されている。

弾琴峡を通り、千尺もの高さの岩山が聳え立ち、その形はみな奇抜である。岩山の中腹に東屋と楼閣が建てられ、「弾琴峡」の三字が刻んである。明の楊士奇に次のような詩がある。「峡石弾琴と記す、泠々たり流水の音。知らず行路の者、誰か聴琴の心有らん」（『東里詩集』巻三「居庸関弾琴峡」）と。私は鍾子期の奏でる音色の現れを期待して、長く立ちつくしたが、ついに美しく伸びやかな琴の音が聞こえなかった。

午後四時、八達嶺を越え北へ下る。南口から八達嶺までは四十里、城壁が七、八か所あった。深い渓谷を渡り、険しい嶺を越えた。くねくねと続いているさまはまるで「率然の蛇」（『孫子』九地）のような形をしている。城壁の高さは三、四十尺、広さは三十尺ほどである。その上に馬を並べて走らせることができる。門の高さは五十尺、数十歩ごとに物見櫓が建てられ、そ

長城不独北辺也、其在中国亦有之。『史記』蘇代伝、燕王曰「斉有長城鉅防、足以為塞」。『竹書紀年』梁恵王二十年、斉閔王築防、以為長城。『後漢志』、済北国盧有長城至東海（『太山記』云、太山下有長城、縁河経太山一千餘里、至琅邪台入海）。此斉之長城也。

『史記』蘇秦伝、説魏襄王曰「西有長城之界」。『後漢志』、「河南郡有長城、経陽武到密」。此魏之長城也。

其在北辺者、『史記』匈奴伝、秦宣太后起兵、伐残義渠、于是秦有隴西、北地、上郡、築長城以拒胡。此秦之長城也。

趙武霊王北破林胡、楼煩、築長城（『正義』曰、『括地志』云「趙武霊王長城在朔

れも高くて煉瓦と大理石で造られている。顧炎武の『京東考古録』の「考長城」の一節は長城の沿革を徴するに足りるので、ここに録しておこう。

長城は北方の辺境地帯にあるだけではなく、中原の各国にもあった。『史記』蘇代（蘇代は蘇秦の弟）伝に、「燕王はいう、斉国には長城があって防壁として十分であった」（『史記』蘇秦列伝）という。『竹書紀年』梁恵王二十年の條に、「斉閔王が防御工事を築き、もって長城と為す」との記述がある。『後漢書』郡国志に「斉北の国盧には長城があり、東海（『太山記』には、太山の下に長城があり、黄河に沿って太山をへて千餘里、琅邪台にいたって入海）にいたる（『後漢書』郡国志三）」、との記述がある。これが斉の長城である。

『史記』蘇秦伝に、蘇秦が魏襄王に説いていう、「西に長城の界がある」とある。『後漢書』郡国志には、「河南郡に長城があり、陽武を経て密にいたる」（『後漢書』郡国志三）との記述がある。これが魏の長城である。

その北辺にあるのは、『史記』匈奴列伝の記述に依れば、「秦の宣太后が兵を起こして、義渠を征伐した。それによって秦は隴西、北地、上郡を領有するようになり、長城を築き、以て胡を拒む」とある。これが秦の長城である。

趙の武霊王は北のかたの林胡、楼煩を破り、長城（『正義』にいう、『括地志』には「趙の武霊王の長城は朔方に在る」とある）を築いた。代から陰山（『索

方〕、自代至陰山（『索隠』曰、徐広云「西安善陽県北、有陰山、陰山在河南陽山北也」。『正義』曰、『括地志』云「陰山在朔州絶塞外突厥界」）、下至高闕為塞（徐広曰「在朔方」。『正義』曰、『地理志』云「朔方臨戎県、北有連山、険于長城、其山中断、両峯倶峻、俗為高闕也」）、而置雲中、鴈門、代郡。此趙之長城也。

燕将秦開襲破東胡、東胡却千餘里、燕亦築長城、自造陽（韋昭曰「地名、在上谷」。『正義』曰「按上谷郡、今嬀州」）、至襄平（『索隠』曰、「韋昭云「今遼東所里也」）、置上谷、漁陽、右北平、遼西、遼東郡以拒胡。此燕之長城也。

秦滅六国、而始皇帝使蒙恬將十万之衆北撃胡、悉収河南地。因河為塞（『索隠』曰、「按『太康地記』、秦塞自五原北九里、謂之造陽、東行終利、貢山南、漢陽西是也」）、築四十四県城臨河、徙辺戍以

隠』にいう、徐広はいう「西安の善陽県の北に陰山があり、陰山は河南陽山の北にある」）。『正義』にいう、『括地志』には「陰山は朔州の外にあり、塞外の突厥の界を隔絶する」とある）にいたる。下は高闕（徐広はいう「朔方にあり」。『正義』にいう、『地理志』にいう、「朔方は臨戎県の北、連山があり、長城より険しい。その山の中間は断絶し、両側の峰はどれも峻険で、俗に高闕というところである」）にいたって要塞を為す。それによって雲中、雁門、代郡を設置した。これが趙の長城である。

燕の将軍秦開は東胡を撃破し、東胡は千餘里後退した。燕もまた長城を築き、造陽（韋昭はいう「地名、上谷にある」。『正義』にいう、「按ずるに上谷郡とは、今の嬀州である」）から、襄平（『索隠』にいう、韋昭はいう「今の遼東が里としているところ」）にいたる。上谷、漁陽、右北平、遼西、遼東郡を置き、以て胡を拒ぐ。これが燕の長城である。

秦は六国を滅ぼすと、始皇帝が蒙恬に十万の衆を率いて北のかたの胡国を攻撃させ、黄河の南一帯（オルドス）の失地をことごとく我が物にすると、黄河を利用して要塞（『索隠』にいう、「按ずるに『太康地記』にいう、「秦の要塞は五原の北から五里のところを名付けて造陽といい、東へは終利、貢山の南まで伸びて、漢陽の西はこれである」）を作り、四十四の県城を築き、流罪者を辺境に送って守備に充たらせた。こうして直通する大道（『索隠』にいう、「蘇林はいう『長安から千里を離れ、南北貫通の直線の道』である」）を作り、九

充之。而通直道（『索隠』曰、「蘇林云『去長安千里、正南北相直道也』」）。自九原至雲陽（『索隠』曰、韋昭云「九原県属五原」。『正義』曰、『括地志』云、「勝州連谷県、本秦九原郡。漢武帝更名五原。雲陽、雍県、秦之林光宮、卽漢之甘泉宮在焉」。又云、秦故道在慶州華池県西四十五里子午山上、有九原至雲陽千八百里」）。因辺山険塹渓谷可繕者治之、起臨洮至遼東万余里（『索隠』曰、「臨洮、隴西県」。『正義』曰、『括地志』云、「秦隴西郡臨洮県、卽今岷州城。本秦之長城首、起岷州西十二里、延袤万余里、東入遼水」）。又度河拠陽山北仮中（北仮、北方田官至、以田仮与貧人、故云「北仮」。『索隠』曰、応邵云「北仮在北地、陽山北」。韋昭云「北仮、地名」。『正義』曰、『括地志』云、「漢五原郡河目県、故城在北仮中。北仮在河北、今属勝州銀城県」。『漢書』王莽伝云、「五原、北仮、膏

原から雲陽（『索隠』にいう、韋昭はいう「九原県は五原郡に属する」。『正義』にいう、『括地志』にいう、「勝州の連谷県は、もと秦の九原郡である。漢の武帝はこれを五原、雲陽、雍県と改めた。秦の林光宮は、すなわち漢の甘泉宮の所在地である」。またいう、「秦の故道は慶州華池県の西、四十五里の子午山の上にあり、九原から雲陽まで千八百里である」）にいたる。山の険しい渓谷にそって、修繕可能なところを治め、臨洮から遼東（『索隠』にいう、「臨洮は隴西県である」。『正義』にいう、『括地志』では、「秦の隴西郡の臨洮県は、すなわち今の岷州城である。もとは秦の長城は、岷州の西十二里のところから始まり、延々と万餘里、東のかたで遼水に入る」）までにいたって、万余里に達した。また黄河を渡って陽山北仮中（北仮とは北方の土地を管理する役人がここに来て、土地を貧しい人に貸したことを指す。ゆえに「北仮」という。『索隠』にいう、応邵はいう「北仮は北地にあり、陽山の北である」。韋昭はいう「北仮は地名である」。『正義』にいう、『括地志』にいう、「漢の五原郡河目県、故城は北仮中にある。北仮は黄河の北にあり、今は勝州銀城県に属する」。『漢書』王莽伝には、「五原、北仮は豊かな土地で穀物の耕作に適する」とある）を占拠した。これらは秦が天下を併合した後に構築した長城である(3)。

その後、前漢の武帝の元朔二（前一二七）年、将軍衛青らを派遣して匈奴を撃ち、黄河の南の地を取り、朔方を築き、ふたたび秦の時の蒙恬が造った要塞を修繕し、黄河にそって固めさせた。北斉の天保二（五五一）年、

壤植穀」)。此秦幷天下之後所築之長城也。

自此以後、則漢武帝元朔二年、遣将軍衛青等撃匈奴、取河南地、築朔方、復繕故秦時蒙恬所為塞、因河為固。北斉天保二年、自黄墟嶺起長城、北至社平戍四百余里、置三十六戍（『通鑑註』「此長城蓋起于唐石州、北抵武州之境」)。六年、発民一百八十万築長城。自幽州夏口、西至恒州九百余里（『通鑑註』「幽州夏口、則居庸下口也。幽州軍都県西北、有居庸関」)。七年、自西河、総秦戍、築長城、東至于海。前後所築、東西凡三千余里。率一里一戍、其要害置州鎮、凡二十五所。周静帝大象元年、発山東民築長城、立亭障、西至鴈門、東至碣石。隋文帝開皇五年、使司農少卿崔仲方発丁三万、于朔方、霊武築長城、東距河、西至綏州、綿歴七百里。六年二

黄墟嶺から長城を築き、北のかたの社平戍までの四百余里に三十六の駐屯地を置いた（『通鑑註』にいう、「この長城は唐の石州の北から、北のかた武州の境内に及ぶ」)。同六（五五五）年、百八十万の民を徴用して長城を築かせた。幽州夏口から、西のかた恒州まで九百余里にわたる（『通鑑註』にいう、「幽州夏口とはすなわち居庸下口である。幽州軍都県の西北に居庸関がある」)。同七（五五六）年、西河から秦の時代の駐屯地をすべて連結して、長城を築き、東は海にいたる。前後にして築いたのは、東西およそ三千余里。だいたい十里ごとに一つの駐屯地を置き、その中の要塞では州鎮を置き、全部で二十五か所がある。北周の静帝の大象元（五七九）年、山東の民を徴発して長城を築き、要塞を設け、西は雁門から、東には碣石にいたる。隋の文帝の開皇五（五八五）年、司農少卿崔仲方を命じて三万の民を徴発して、朔方、霊武で長城を築き、東に黄河に臨接し、西に綏州にいたり、総距離は七百里にも及ぶ。同六（五八六）年二月二十四日、ふたたび崔仲方に命じて十五万の壮丁を徴発して、朔方の東の険しい渓谷に沿って数十の城を築いた。同七（五八七）年、十万あまりの壮丁を徴発して長城を修築し、二十日で中止した。

史料に記載された長城のことは以上である（長城の考証はここで止める)。

月丁亥、復令崔仲方発丁十五万、于朔方以東縁辺険要築数十城。七年、発丁男十万余人修長城、二旬而罷。

史所載長城之事如此（考長城止于此）。

由是観之、長城非独起於始皇也。当時列国各起長城、故始皇亦趁世風耳。後之人以長城帰罪始皇、可謂冤冤矣。是悪始皇之甚者也、非公論也。『小雅』出車篇云、「城彼朔方、玁狁于襄」。是文王亦有大土功也、豈亦帰罪文王耶。

申下牌過岔道、有渓称長峪。長峪蓋胡名也。日暮入客桟、夜寒透衣、覚山北地気、与山南懸絶。

嗚呼、踰居庸八達関塞、而立功名者、自漢以来何限。今皆化為白骨、而関亦将頽圮。噫。

戦国以来、汲汲起長城、欲恃以防胡

以上を見てみると、長城は秦の始皇帝から始まったわけではない。当時列国がそれぞれ長城を造り始めたが故に、始皇帝もまた世間の風潮に乗じたのである。後世の人が長城を営造する罪を始皇帝に帰するのは冤罪だといえる。始皇帝をはなはだしく憎むものであって、公平な論ではない。『小雅』出車篇に「朔方に城壁を造り、匈奴を振り払う」とあるように、これは文王の大きな土木工事をした功績であり、文王の罪に帰することはあるまい。

午後五時、分かれ道を通り、長峪という渓流がある。長峪とは胡人の名づけたものである。日が暮れ、宿屋に入る。夜の寒気が服の内側に差し込む。山北の気温は、山南のとはかけ離れるほど違っている。

ああ、居庸、八達の関所を越えて、功名を立てた者は、漢以来どれぐらいいただろうか。しかし今にいたってはみな白骨と化し、関所も崩落しようとしている。ああ。

而已。長城険要、固足以防胡人馳突。然五胡之乱、在雑処。契丹之憂、在石晋割地。金元之難、在控御失方。韃虜之禍、在呉三桂啓関。至是長城亦不足為防焉。方今清廷失政、招致豺狼、是疾既入膏肓、雖秦医、難藉手、不可奈何而已。

秦皇威武、圧倒海宇、尚不忘長城、何哉。其畏胡也可知矣。曰玁狁、曰戎狄、北胡為中国之憂、従尭舜時已然。秦皇未見攘斥之功而殂。漢武之雄図、亦未能殄滅匈奴、貽憂東漢。魏晋以来、僅免胡人之侮者、独有唐而已。然北有回紇突厥、西有吐蕃吐谷渾、数侵擾辺境、使当局者苦控御之方。乃五代以降、無論而已。今則有俄羅斯、非復匈奴突厥之比也。清廷握柄者誰、而動欲蹈襲石晋故智、何哉。

戦国時代以来、長城を造るのに汲々としたのは、これを頼みとして胡人の侵入を防ごうとしたからである。長城は険しい要衝で、固より胡人の侵入を防ぐには十分であったが、しかし五胡の乱は雑居したためであり、契丹が憂いとなったのは石敬瑭（晋の高祖）が（燕雲十六州）を割譲したためであった。金・元の難は制御の失策によるものであり、韃虜の禍は呉三桂が山海関を開いたためであった。こうなると、長城も防御上で無用の長物になってしまうのである。現在、清朝の失政は、列強を招き入れてしまったことによるもので、これは病がすでに膏肓に入っており、秦の扁鵲のような名医といえども打つ手がなく、どうしようもないのである。

秦の始皇帝の権威と武力は、海外宇内を圧倒するほどのものであるが、にもかかわらず長城を忘れないのは、なぜであろうか。彼が胡人を恐れたことが分かる。玁狁《ケンイン》といい、戎狄《ジュウテキ》といい、すでに尭舜の時代から北のかたの胡人は中国の憂いの種であった。秦の始皇帝はこれらの胡人を排除する功績を立てずに死に、漢の武帝の雄図も匈奴《キョウド》を殲滅することができなくて、憂いを後漢までに残してしまった。魏・晋以降、胡人の侮りを免れたのは、ただ唐のみである。しかし北のかたには回紇《カイコツ》、突厥《トッケツ》、西のかたには吐蕃《トバン》、吐谷渾《トヨクコン》があり、たびたび辺境に侵入して、当局者に制御の方策を苦しませた。五代以降にいったては論ずるまでもない。今ではロシアがいて匈奴、突厥の比ではない。清の朝廷での権力を握っている者は誰であろ

十月十日　晴。将至土木、観明英宗戦蹟。問里程、曰、八十里、不得日中往反、乃止。乃南驢首早発。卯上牌、踰八達嶺。午牌至南口。饟畢、棄旧路南出。見牧馬、馬不下二百匹。牧者二人、跨馬監視。数馬離群他往、一人駆馬而赴之、数馬急遽入群、猶小児遇厳父。凡北人擾家畜、頗為奇巧。其御馬法、命進則進、命止則止、疾徐左右、唯主人之命。不啻馬也、至驢騾駝羊彘鶏、莫皆不然。馬用之跨乗、又与駱駝、用之負載。騾軀大不能走、而北方道険、車不可馳、故駕之車。而驢跨乗与負載与駕車皆用之。駱駝与馬、負載者多至二十余匹。一人立前、毎馬細縄相維、如長蛇。最後者胸懸巨鈴、朗朗有声、

うが、その権力者がややもすれば石敬瑭の古いやり方を踏襲しようとするのは、なぜだろうか。

十月十日　晴れ。土木堡（現在河北省懐来県城西南。訳者注）に行き、明の英宗の戦蹟を観ようとした。道のりを聞くと、八十里、日中に往復するのは無理だというので、止めた。そこで騾馬の頭を南に向け、早く出発した。早朝六時、八達嶺を越え、十二時に南口にいたった。昼食をすませて、来た道とは別の道を取り、南に向かう。放牧された馬の群れを見かけた。馬は二百頭を下らない。放牧者は二人だけで、騎乗して監視している。数頭の馬が群れを離れようとしたが、一人が馬を駆ってその方へ行くと、数頭の馬は急遽群れに戻る。まるで子供が厳父に遇ったかのようである。凡そ北のかたの人々は家畜の馴らし方が頗る巧みである。馬の御し方は、進めと命じれば進み、止まれと命じれば止まり、遅速左右、すべて主人の命じるままである。馬だけではなく、驢馬や駱駝、羊、豚、鶏などにいたっても、みなそうである。馬は騎乗に使い、また、駱駝とともに、荷物の運搬にも使う。騾馬は軀が大きいので走れない。しかし北方は道が険しく、車が走れないので、騾馬に車を牽かせるのである。しかも驢は騎乗、荷物運搬、車の牽引、いずれにも使える。駱駝と馬は、多いときは二十頭あまりに達し、一人が前に立て、馬と馬とを細い縄で繋ぎ、長蛇のようである。

在遠可聴。途上遇人、大抵皆不騎馬則跨驢也。有踞者、有憑者、有背乗者。有十歳童子、跨一馬、率数馬者、有婦人左右抱児而騎者。而馬比本邦、似差大。申上牌、至羊坊、投客桟。夜過暖、迨暁雨。

十月十一日　雨未歇、不得発、不耐幽悶。未上牌、雨歇、急装束起程。途上泥濘没蹄、驢欲跌者数矣。秋獲方畢、村社聞鼓声、間有架棚戯劇者。右顧一帯峰巒起伏、称西山、如列屏、京西勝地也。申下牌、至青竜駅、去北京二十五里、在万寿山下。万寿山太后行宮所在焉。故村雖小、亦繁華。投客桟、仰見壁上、有邦人井手［原本：上］素行詩。観邦人詩、猶遇邦人。未遑盥嗽、草卒走筆和之。終日駆驢、手震掉不成字。他日

最後尾の馬は胸に巨大な鈴をぶら下げて、朗々として音が遠くまで聴こえる。途中で遇った人は、だいたい馬か驢馬に騎乗していた。足を投げ出して座っている者や、両足を片方にぶら下げる者、さらに後ろ向きに乗っている者もいた。馬に騎乗して数頭の馬を率いる十歳ぐらいの子供や、左右両手に子供を抱きかかえて乗る婦人もいた。馬は本邦のと比べて、やや大きいように思われた。午後四時、羊坊に着き、宿屋に投じた。夜を過ぎると暖かくなり、明け方になると雨が降り出した。

十月十一日　雨が止まないので、出発できず、憂悶に耐えない。午後二時、雨が止んだ。急遽仕度して出発した。途中、泥濘に蹄が埋まり、驢馬が顚倒しそうになることが何回もあった。秋の収穫が終わったばかりで、村々から太鼓の音が聞こえてくる。棚を架けて芝居をしているようである。右手一帯は峰々が起伏して、西山と称され、その姿は屏風が立ち並んでいるようで、京師の西にある景勝地である。午後五時、青竜駅に着き、北京からは二十五里、万寿山のふもとにある。万寿山は太后の行宮の所在地である。ゆえに村は小さいが、繁盛している。宿屋に入り、見あげると、壁に邦人井手素行（三郎）の詩が書かれてある。邦人の詩を観ると、邦人と遇ったような気がする。顔も洗わぬうちに、草卒に筆を走らせ、和詩を書こうとした。しかし終日驢馬を駆ったため、手が震えて字にならない。後日

井手［原本：上］子再遊、観予詩、不怪予草卒、必以為知己矣。門外楼上、酔客襍集、歌吹徹宵。

十月十二日　風、冷気又加。饔畢、西行十数里、至碧雲寺。為元相耶律楚材旧宅、拠山臨野。拾級而登、一境幽邃。方丈入京不在、雛僧皆不知字。下寺而行数里、曰玉泉山、孤立野中、元明行宮也。環以石墉、有七層塔。宮殿皆依然、与万寿山相対。万寿山亦孤丘也。楼閣園林、在外可窺、宏壮美麗、不可名状。亭午又抵青竜、呼饟。此日清帝従行宮帰京、従駕諸官、来在客桟。偶有一人、入予房筆談。館主曰、「五品官也」。年可六十、為人粗野、筆談亦不成文。出客桟、過万寿宮北門、門前陳列矛戟鉤棘。行二三里、歩騎士卒、疾走戒行人、乃知鹵薄在近。下驢立路

井手氏が再遊して、私の詩を観て、私の草卒をとがめなかったら、知己と言えるだろう。門外にも、階上にも、酔客が集まり、歌を歌い管弦を鳴らして夜を徹した。

十月十二日　風が強く、寒気が一段と厳しくなった。朝食を済ませて、西へ十数里行き、碧雲寺にいたった。元の宰相耶律楚材の旧宅で、山を背にし平野に臨む。階段を登ってみると、境内は幽邃である。住職は北京へ出かけたため不在で、幼い僧侶はみな字を識らない。寺を後にして数里を行くと、玉泉山に着いた。山は野原の中に孤立している。元・明の行宮である。石壁に囲まれ、七層の塔がある。宮殿はみな昔のままで万寿山と相対している。万寿山もまた孤立した丘であり、その楼閣園林、外からも窺うことができる。宏壮美麗で、言葉では言い尽くせない。正午、再び青竜駅の宿屋に戻り、食事をした。この日、清の皇帝が行宮から帰京するので、随行する諸官吏がみな宿屋に投宿している。偶々その中の一人が私の部屋に入って来て、筆談をした。宿屋の主人曰く、「五品の官」で、年齢は約六十歳、粗野な人物で、筆談をしてもちゃんとした文にはならない。宿屋を出て、万寿山の北門を通り、門前に矛や槍類の兵器を並べている。二、三里を行くと、騎兵や歩兵が駆けつけてきて、行人を止めようとしているので、儀仗隊が近づいていることが分かった。驢馬から降りて路傍に

傍、已而乘輿至。従騎百余、前後擁衛。士卒背記親兵中営、若北営字。乘輿已過、各脱戎衣挂剣、肩荷散去。戎衣有新有故不一、而士卒亦有老夫六十歳以上者、有童子十四五歳者。其所執刀、与途上所陳鉤棘矛戟、尽生銹鏽。中上牌、達筑紫辦館。従万寿宮、至西直門、広街甃石、坦坦如砥。既入門、修築如新、不似他坊市。曰、鑾輿所屢過故然。

十月十三日　夜来風、天明始歇、寒気益加。上午与香月子、至琉璃廠、観書肆骨董店。昨日矢野公使来訪、会予未帰、因往謝。話次及観清帝還幸之事、公使曰、「果然、子北来大観也。長城西山、亦不足比数」。予問其由。曰、「清帝出宮、総理衙門、先報外国公使館、外客不得近鑾輅。故数年在京、而不知

立つと、ほどなくして儀仗隊がやって来た。随行の騎兵は百人あまり、前後から囲むようにして御輿を守っている。士卒の背に「親兵中営」や「北営」などの文字が記されている。儀仗隊が通り過ぎると、士卒はそれぞれの軍服を脱ぎ兵器をはずし、それらを肩に担いで散らばって姿を消した。軍服には新旧があり一様ではなく、士卒にも六十歳以上の者もいれば、十四、五歳の少年もいる。持っている刀は、先ほど見かけた矛や槍などと同様に、みな鏽びている。午後四時、筑紫辦館に戻った。万寿宮から西直門まで、道が広くて石畳が敷かれ、平坦でまるで砥石のようである。門を入ってみると、新しく修築したようで、他の市街とまったく異なる。天子の車がしばしば通るので、このようにきれいに整備されたという。

十月十三日　夜、風が吹き込んで来て、明け方になってやっと止み、寒気は一段と厳しくなった。午前、香月氏とともに琉璃廠に行って、書肆や骨董店を観た。昨日矢野公使が来訪してくれたが、ちょうど私が帰っていなかったため、こちらからお詫びをしに出かけた。話しているうちに清帝の帰京のことに及ぶと、公使はいう「それはやはり先生の北京来訪の大した観物だ。長城や西山などは比べものにならない」。私はその理由を聞くと、公使はいう「清帝がお出かけの際、総理衙門からはまず外国の公使館に知らせ、外国から来た者は天子の御輿に近づくことが許されない。だから、

行幸儀仗者、比比皆然。子従西山来、故有此幸歟」。

十月十四日　晴。矢野公使招飲。膳有鱖魚、肉脆味美。公使曰、「保定府湖中所産」。『正字通』曰、「鱖肉緊、味如豚、一名水豚」。予所啖異於此、豈異種歟、抑産地不同歟。晩、訪杉子、与栄子（名善、蒙古人、年可五十、秀才善画）、周子（名笠芝、安徽人、年二十六七）、陶子（名彬、浙江紹興人、嘗遊本邦云）相見。周子今年会試不中第、自是始察科挙之弊。曰、「苦心悴力于空霊之処、毫無用処、莫如科挙。敝国振興之機、当以改科挙為始」。帰途訪蔣子（名式惺字性文、直隷玉田人、現在翰林）、不在家。

十月十五日　晴。下午与辧館諸子撮影。

北京に滞在すること数年間でも、その行幸の儀仗を知らない者がほとんどである。先生は西山から来られたので、この幸運に恵まれたのだ」。

十月十四日　晴れ。矢野公使の酒宴に招かれた。席上、鱖魚が出た。口当たりがよくて美味である。公使はいう、「保定府の湖でとれたものだ」。『正字通』に曰く、「鱖は肉が締まって、味は豚に似ている。又の名は水豚である」。私が食したのはこれとは異り、異種であろうか、あるいは産地が違うのだろうか。夜、杉氏を訪ね、栄善氏（蒙古の人、年は五十歳前後、秀才、画を善くする）、周笠芝（安徽の人、年は二十六、七）、陶彬氏（浙江紹興の人、嘗て本邦に遊んだことがあるという）と会った。周氏は今年の会試に落第したので、ようやく科挙の弊害を知った。氏はいう、「空洞無用のところに苦心尽力して、科挙ほどまったく役に立たないものはない。我が国振興の契機はまさに科挙を改めることから始めなければならない」。帰途、蔣式瑆[4]氏（字は性文、直隷玉田の人、現在は翰林院に在籍）を訪ねたが、不在であった。

十月十五日　晴れ。午後、辧館の諸氏と記念撮影をした。午後四時、若杉

申上牌、与若杉子、駆驢至八里荘。有廃寺、高塔十三層、頗為壮観。時日将暮、城門開閉有期不可後、因叱驢疾駆而返。至阜成門、繞踰閾而門閉。此日翔子（名振、号雲鵬）来訪、会予未帰而去。

十月十六日　晴。翔子来過、曰、「為導訪白雲観」、乃与香月子三人命駕。出正陽門、西折行城堞下。路至大、馬驢駱駝駄物者、絡繹不絶。出西便門、行数里、抵白雲観。金時長春師所創也、総管北方道観。旧名大極宮、至元改名長春宮。明正統間、改今名。門三重、中門扁曰霊官殿。入門、左右両廡、右扁曰儒仙之殿、左扁曰丰真之殿。儒仙宣尼、丰真張三丰也。伝云、三丰明時為仙。正面有殿、扁曰紫虚真気。従殿側入、又正面扁曰老律堂。又従殿側入、

氏とともに驢馬を駆って八里荘に行った。廃寺があり、そこにある十三層の塔が頗る壮観であった。まもなく日が暮れそうになった。城門の開閉の時間が決まっていて、遅れるわけにはいかないので、急いで驢馬を駆って引き返した。阜成門にいたって、脇の門をくぐった途端に城門が閉じた。この日、翔振氏（号は雲鵬）が来訪したが、私が戻っていなかったので帰った。

十月十六日　晴れ。翔氏が来て、「白雲観を案内しよう」という。香月氏とともに三人が馬車で赴いた。正陽門を出て、西に曲がり城壁にそって走った。路は広くて、馬や騾馬、駱駝で荷物を運搬するものが、行き来してひきもきらない。西便門を出て、数里を行くと白雲観にいたった。金の時代に長春師が創設したもので、北方の道観を統括している。旧名は太極宮、元の時代に長春宮と改名した。明の正統年間（一四三六〜四九）、今の名に改めた。門は三重で、中門の扁額には「霊官殿」とある。門に入ると、左右両側に回廊があり、右の扁額に「儒仙之殿」、左の扁額に「丰真之殿」とある。儒仙とは孔子のこと、丰真とは張三丰のことを指す。三丰は明の時、仙人になったと伝えられている。正面には殿があり、扁額に「紫虚真気」とある。殿の脇から入ると、正面の扁額に「老律堂」とある。さらに殿の脇から入ると、正面の扁額に「正祖殿」とある。さらにまた殿の脇か

又正面扁曰正祖殿。又従殿側入、則正面扁曰四御殿。架閣、扁曰三清閣。従閣右迴、扁曰朝天楼。左右有客廳、有経堂、秩序井然。道士数人守観、方丈号雲渓（姓高、名仁峒、山東済寧人）、年五十有余、為人魁偉、音吐朗爽。歓迎延接、贈予『雲水集』。遂見誘観後園。小門数重、署抱元洞、小蓬萊、小洞天等名。石山岭［原本：「山＋令＋口」］岈、大小盆栽奇卉異草、真似入仙郷。聞北方道教之盛、山西為最、直隷次之。而白雲観総管諸道観、故境域広濶、堂宇壮麗。雕鏤禽虫花卉類、金碧朱丹、炳煥熒煌、幻燿人目。午下牌帰館。

　未下牌、蔣子来訪、贈予以『友竹堂集』（其父箸生先生所著）。此人年四十左右、仕在翰林。謂予曰、「聞人言、敝国京師、不甚潔清、遠不若貴国何如」。予曰、「道路潔不潔、奚足以問。聞近

ら入ると、正面の扁額に「四御殿」とある。楼閣の間に渡り廊下が架けられ、扁額に「三清閣」とある。閣から右に曲がると、扁額に「朝天楼」とある。左右に客間があり、経堂があり、整然としている。道士数人が観を守っていて、住職の号は雲渓という（姓は高、名は仁峒、山東省済寧の人）、年は五十あまり、身体が魁偉で、声が大きくてよく通る。歓迎して、もてなしてくれ、私に自著の『雲水集』を贈ってくれた。ついでに奥庭に案内してくれた。小さな扉がいくつもあって、「抱元洞」、「小蓬萊」、「小洞天」などの名が付けられている。築山は谷が深く、大小の鉢には珍しい草花が植えてあり、まるで仙境に入ったかのようであった。聞くところによると道教の盛んな北方の中でも、山西省はその最たるもので、直隷省がこれに次ぎ、しかも白雲観は諸道観を総轄しているので、境域が広大で、堂宇が壮麗なのである。雕刻してある鳥や虫、花、草類は、みな極彩色で、明るく燦然と閃き、人の目を奪う。午後一時、宿屋に戻った。

　午後三時、蔣氏が来訪。私に『友竹堂集』（その父・箸生先生の著作）を贈ってくれた。この人は四十歳前後、翰林院に奉職している。蔣氏は私にこういった。「我が国の京師はあまり清潔ではなく、貴国には遠く及ばないと聞いたが、いかがか」。私はいう、「道路が清潔か否かは聞くに値しない。最近貴国は朝廷の浄化をするつもりであり、制度や法律を刷新しようとしていると聞いた。それが実現すれば、道路を清潔にするより遙かに

日貴国有意朝廷灑掃、制度法令、欲有所刷新。若能如此、勝道路潔清万万矣。且貴国与敝国、同位亜洲、久為同文之邦。且同奉孔教、宜永存唇歯輔車之勢、以謀世運泰明。此非応時急務乎」。蔣子曰、「唇歯之邦、宜相維繫、甚是。敝国近患文勝、人心未能復古、以致為西国所揶揄。近年頗議更張、而操之亦未便太蹙。弟少無学術、濫厠詞館、憂心社稷、徒抱虚懐。有何見教、俾開茅塞。執事謂道路不浄、奚足以問、高明不染西人悪習、良可感佩」。予曰、「西人務美外観、而内実有醜状不可言者。東亜自有東亜風気、何必拾西人唾余。願当局者取長補短、取舎得宜、可以少弊耳。閣下謂、近患文勝、最切時情。夫子平日講礼楽、而七日誅魯聞人少正卯、果能体此意、庶幾不患文勝歟」。蔣子曰、「高見極是。強鄰可慮、貴国

重要である。また、貴国と我が国は、同じアジアに位置し、長い間同文の国同士であり、かつ同じく聖教を奉じてきた。永久に唇歯輔車の局面を存続し、もって世の気運が安らかで明るいものになるよう謀るべきだ。これこそ喫緊の課題ではないか」。蔣氏はいう、「唇歯の国同士が、連携し合うべきだというのは、まさにそのとおりである。我が国は最近、文を尊ぶことが度を越え、人心が古に帰ることができず、西洋の国々に揶揄されている。最近、改革が頗る議論されてはいるが、まだ実行できるところまでにはいたっていない。私は若いときから、学問が無く、翰林院にその名を置くだけで、社稷のことを心配はしているが、ただ虚しくも志を持っているだけである。先生から何らかのご高見を賜れば、私の視野を広げることができる。先生がいう道路の清潔か否かは問うに値しないとの説は見地が高く、西洋人の悪習に染められておらず、実に感服させられる」。私はいう、「西洋人は外観を美しくすることに務めるが、しかし内実、人にいえないほど醜いところがある。東亜には東亜の気風がある。必ずしも西洋人の真似をする必要はない。思うに、当局者が、西洋人の長所を取り入れ、短所を補い、取捨の宜しきを得れば、弊害を少なくすることができる。閣下がいう、最近文を尊ぶことが度を越えているというのは大変よく世情をとらえている。夫子は普段、礼楽を講じたにもかかわらず、着任して七日で魯の著名人少正卯を誅した。このことの意義を察すれば、文が度を越えてい

当籌之已熟、有何良法」。予曰、「強鄰真可慮、虎視眈眈、非復玁狁昆夷之比。独怪貴朝廷与強鄰通好最密、其所請一一允許、剝牀及膚。願当局大臣、必有成竹、特海東鄙人未達之耳」。蔣子曰、「敝国習気之最宜早革者、朝廷大政、二三大臣、謀之于上、他人一概弗知、使己独断独行矣。此不及議院之制者也」。予曰、「議院之制、雖非不可、行之者在人。苟不得其人、亦不免為徒法。弟窃謂、士君子苟欲有為、不必待議院之制、宜各抒所見、以議当局者得失。昧者或目以処士横議、然此非横議。苟食国之粟者、当以其国之安危休戚為心。処士是非当局者得失、固欲忠乎其国而已。且国家非有司所得而専。使所謂処士横議者盛行、有司亦必有所顧慮矣。敝国三十年前、処士横議、以能除徳川幕府、而立維新偉業。近年議院之制、

ることを患えなくてもいいであろう」。蔣氏はいう、「高見、誠にそのとおりである。強大な隣国こそ心配すべきだ。貴国には当然方策が熟考されている。何か良い方法があるか」。私はいう、「強大な隣国は確かに心配すべきだ。虎視眈々、玁狁や昆夷《コンイ》の比ではない。ただ貴国の朝廷が強大な隣国と極めて親密に通好し、その隣国の要求に一々応じ、深みにはまってしまっているのが解せない。当局の高官には成算があり、海東の一田舎者である私が理解できないだけなのだろうけれども」。蔣氏はいう、「我が国の気風のうち、最も早く改めるべきものは朝廷の政治である。二、三人の高官が上で謀り、ほかの人は一切知らず。自分たちだけで独断専行してしまうことである。これは議院制度に及ばないところである」。私はいう、「議院制度は不可ということではないが、運営するのは人である。その人を得なければ、これもまた有名無実な制度になることが免れない。私が思うには、士君子が行動を起こそうとするなら、議院制度の実現を待つまでもなく、それぞれの見解を述べ、当局者の得失を議論すべきである。愚かな者はこれを「処士横議」（『孟子』滕文公章句下）、すなわち民間の学者たちが、勝手気ままな議論をとなえると見るかもしれないが、しかしこれは「横議」ではあるまい。いやしくも国の作物（粟）で生きている者であれば、当然その国の安危盛衰を心にかけなければならない。在野の士が当局者の得失を是々非々に議論するのは、もとよりその国に忠ならんと欲するからである。また、国家

亦出於処士横議之余也」。蔣子曰、「西教極浅薄、而西人信之甚堅。堅故其心一味向道、而不敢畔。孔教最切実、而華士弃之若遺。遺故其心竟日皇皇、而無事可做。中西強弱之分蓋以此、乃致孔教亦為西人詬病、豈不可嘆耶」。予曰、「高見寔是。孔聖説道、周流天下、至老不倦、非後人所当服膺耶。後世学者、区区章句間、分岐紛争。致孔教日晦、其罪在学者。夫子豈知至此乎」。蔣子曰、「敝国三百年来、講経学者、漢宋紛争、莫肯相下。諸君只為名耳、其于自修教人之道、蓋未曽一念及之。此真孔門之罪人也。於基督乎奚責」。予曰、「基督何足言耶。孔門弟子、多読無字之書。人能以七十子為期、豈有紛争如此乎」。蔣子問予平日授徒何書。予答以専読『論語』、又専取漢唐諸家。蔣子曰、「弟少読朱注、長覧『皇疏』

は有司の恣にされるものではない。「処士横議」が盛んになれば、有司もそれを顧慮せざるをえない。我が国は三十年前、処士が横議することによって、徳川幕府を倒し、維新の偉業を成し遂げることができた。近年は議院制度がやはりまた処士横議の結果として現れてきた」。蔣氏はいう、「キリスト教は極めて浅薄であるのに、西洋人は堅くこれを信じている。堅いが故に、その心は一途にキリスト教の道に向かい、背こうとしない。儒教は現実に即したものであるにもかかわらず、中華の士はこれを捨てて、忘れてしまったかのようである。それがために、その心は終日不安に陥り、何もできない。思うに中・西の強弱の違いはここに起因するのだろう。儒教が西洋人に辱められる事態を招いているのは、嘆かわしいことではなかろうか」。私はいう、「そのとおりである。聖人孔子が道を説くために、天下を周遊し、老いても倦まなかったのは、後世の人々が大切に守るよう心がけるべきではないだろうか。後世の学者は、区々たる章句について、意見が分かれて紛争し、儒教を日に日に役に立たないものにさせる結果を招いている。その罪は学者にある。夫子もまさかここまでの事態になるとは思っていなかっただろう」。蔣氏はいう、「我が国では三百年来、経学を講じる者は、唐か宋かで紛争し、互いに譲ろうともしなかったが、みなただ名声のために争っているに過ぎず、その自ら修め人を教える道については、一度たりとも考えたことがなかった。これはまさしく孔門における罪人で

及『邢疏』、均未能窺涯矣。近年私見窃謂、但竟日念『論語』正文、有疑難処、再一検各家。不須漢宋紛紛互争、高下縁人。所以貴読聖経者、謂其道理有益于人。修斉治平、均不出此也。愚謂、人人胸中熟読両本『論語』、国家欲不治平、得乎」。予曰、「快論快論。先生尊『論語』如此、窃喜得同心于海外。宋趙相国、以『論語』一半、助太祖、定天下。以一半、助太宗、平天下、是真善読『論語』者。今承高見、実得趙相国遺意者」。因問蒋子所見『皇疏』何種、相約帰阪後贈足利学校所伝『皇疏』、与物徂徠、太宰春台著書数部。遂傍談及医事、蒋子頗推重丹波氏、怪聿修堂医書板片、售与此国賈人。談論数刻、及日暮炷灯去。

此夜邦人在北京者、以例会公使館。会者矢野公使、神尾中佐（光臣）、梶

ある。どうしてキリスト教を責めることができようか」。私はいう、「キリスト教はいうに足るほどのものではない。孔門弟子の多くは無字の書を読む。人々は七十子を手本とすることができれば、このような紛争が起こるはずはないのだ」。蒋氏は私が普段、授業に用いるテキストについて訊ねた。私はもっぱら『論語』を読み、また、もっぱら漢・唐の諸家の説を取り入れると答えた。蒋氏はいう、「私は幼いころ、朱子の『論語集注』を読み、成人になって皇侃の『論語義疏』及び邢昺の『論語義疏』を読んだが、どちらも『論語』の奥義を窺うには足りなかった。近年、ただ終日『論語』の本文を念じ、理解の困難なところがあれば、再度諸家の説を点検し、漢・宋の絶え間のない争いに気を取られる必要がないし、関わりある人を品評することもないと思うにいたった。ゆえに聖経を読むことを貴ぶわけは、その道理が人々に有益だからである。修身・斉家・治国・平天下は、いずれも聖経の範疇からはみ出ているものではない。私が思うに、人々が胸中に上下二篇の『論語』を熟読していれば、国・家が治まり、平和にならないのを望んでも、それは無理なことであろう」。私はいう、「誠に痛快な議論である。先生が『論語』をこのように尊ぶとは、海外に同志を得て竊かに喜ばしく思う。宋の宰相趙普は『論語』の半分で太祖を助けて、天下を定めた。残りの半分で太宗を助け、天下を平らかにした。それこそ彼は真に『論語』を善く読んだのである。いま高見を聞いたが、貴方も本当

川大尉（重太郎）、林大尉（恒正）、中川軍医、鄭通訳官、丸毛外交官、高須書記生、徳丸通訳生、河北子、香月子、杉子、小村子、深沢子（暹、外務省留学生）、岩村子（成元、外務省留学生）、水津子、山本子（讃七郎）、渡部子（知吉）及予也。

十月十七日　晴。予此遊在欲謁曲阜聖廟、迨入北京、天時方寒、行李随重、道途艱難。加以山東風雪多盗、且初与久保子約、而不得為伴、意殊抱歉。暫留余力、以待他日、於事為宜。因決航路南下、探杭蘇及大江名勝旧蹟。将以明日発程、訪矢野公使、及諸人叙別。

に趙宰相の意志を受け継いだ人である」。ついては蔣氏に読んでいる『皇疏』はどんな版本であったかを聞き、帰阪後、足利学校に伝わった『皇疏』や、荻生徂徠、太宰春台の著書数部を贈ることを約束した。ついでに医学のことにも言及した。蔣氏は頗る丹波氏を推奨したが、聿修堂の医学書の版木が清国の商人に売却されたことに驚いていた。談論は数時間にも及び、日が暮れ、灯りを付けるころになってから、蔣氏が帰った。

この日の夜、北京にいる邦人が公使館で例会を開いた。参会者は矢野公使のほか、神尾光臣中佐、梶川重太郎大尉、林恒正大尉、中川軍医、鄭通訳官、丸毛外交官、高須書記生、徳丸通訳生、河北、香月、杉、小村、深沢暹（外務省留学生）、岩村成元（外務省留学生）、水津、山本讃七郎、渡部知吉の諸氏、及び私であった。

十月十七日　晴れ。私の今回の旅の目的は曲阜の聖廟を拝謁することにあったが、北京に入ってから寒くなり、そのため荷物はかさが増し、道のりが艱難になってしまった。加えて山東は風雪が厳しくなり、また盗賊も多く、且つ初めに久保氏と約束したのに、同行することができていないので、大変申しわけなく思っている。暫く余力を残して、他日を待つのが宜しいと思う。そこで航路南下すると決め、杭州、蘇州および長江の名勝旧蹟を訪ねると決めた。あす出発なので、矢野公使、および諸氏に別れのあいさ

下午出正陽門、観露店、列骨董及装飾玩弄諸品、与本邦不異。夜、河北、香月二子、為設餞筵、小村、水津、若杉、深沢、岩村諸子皆会。

十月十八日　晴。徳丸、柳川二子来別。巳上牌、発京。香月、河北、小村三子、遠至城外車站。又借以蕭二、将送至塘沽也。予在京、河北、香月二子、為予深用意、使人不知羈旅之念。厚情殷殷、不知所謝也。亭午、車開行、一路南行者、為蘆溝間軌路。測地既畢、方新布軌。車窓見玉泉山、高塔屹立林表、似惜別。嗚呼、予留北京十数日、所観城郭邑里、園池寺観、莫物不壮大、而莫物不壊敗。其壮大可以徴明以前之盛、其壊敗可以験清以後之衰也。奚翅城郭寺観之壊敗而已、人心亦壊敗焉、風俗亦壊敗焉、制度亦壊敗焉、将挙国壊敗

つをした。午後、正陽門を出て、骨董や装飾品、嗜好品などの露店を観にいった。本邦と異なることはない。夜、河北、香月の両氏が餞別の席を設けてくれた。小村、水津、若杉、深沢、岩村の諸氏が集まってくれた。

十月十八日　晴れ。徳丸、柳川の両氏が別れのあいさつをしに来た。午前十時、北京を発つ。香月、河北、小村の三氏が、遠く城外の駅まで見送ってくれた。また、蕭二を塘沽まで付き添わせてくれることになった。私の北京滞在中、河北、香月両氏の周到な心遣いが、旅のつらさを忘れさせてくれた。厚い恩情には感謝の言葉も見つからない。正午、列車が出発した。一路南に向かうのは、蘆（溝橋）漢（口）間の線路である。測量が終わってようやくレールが敷かれるところである。車窓から玉泉山を眺め、高い塔が林を抜き出て屹立していて、まるで別れを惜しんでいるように見えた。ああ、私が北京に滞在すること十数日、観た城郭・山村・園林・寺院・道観は、壮大でないものとてなかったが、また、壊れていないものもなかった。その壮大さは明以前の隆盛を徴することのできるものであり、その壊れている様子は清以後の衰退を証することのできるものである。城郭・寺院・道観などが壊れていただけではない。人心もまた壊れ、風俗もまた壊れ、制度もまた壊れ、一国を挙げて壊れようとしていた。これらはすべて

焉。是皆康熙乾隆之政策、能中其機宜者歟。夫愛新［原本：親］覚羅氏、以胡族入代朱明、禹域民庶、勢索力詘、雖不得已而服、常以恢復為念、動易背畔。為愛新［原本：親］覚羅氏計者、非毀壊旧俗、使民剛心勇気、消耗痿蹶、則不能高枕也。因是毎掲令設制、皆頼此術、以為治国秘訣。二百余年之後、風俗果壊敗。人唯知愛身、而不知愛国。唯知重利、而不知重義。元気沮喪、節義払地。無復抛身命、以恢復前朝者。上下皆以辮髪胡服為当然、不知風俗当変通、不知制度当更張。偸安苟且、以渉歳月而已。康熙乾隆之意、於是乎始達矣。達天津、投宿第一楼。夜、抵領事館告別、又訪棉花公司。公司者樋口子（忠一、奥州人）所設。

十月十九日　辰上牌、乗汽車、発天津。

康熙・乾隆の政策の術中にはまってしまった結果なのであろうか。愛新覚羅氏が禹域に入り朱明に取って代わると、禹域の民は勢力が尽きて、やむを得ず屈服したけれども、常に恢復を念頭に置き、ややもすれば反逆しようとした。愛新覚羅氏のために計るとすれば、旧来の風俗を破壊し、民の剛勇の気概を消耗廃頽させない限り、枕を高くして眠ることができなかった。そのため、政令、制度を設ける時は常にこのやり方を、治国の秘訣とした。二百年あまりの後、風俗はついに破壊し尽くされ、人々はただ自身を愛することを知るのみで、国を愛することを知らない。利を重んじることを知るのみで、義を重んじることを知らず、活力が喪失し、節義は地を払い、二度と身命を抛って前明を恢復しようとする者は現れなくなった。上から下までみな辮髪胡服を当然のこととして、風俗を変革、融通し、制度を改革しなければならないことも知らなくなった。一時の安逸のみを求めるだけで、歳月を過ごそうとしている。康熙・乾隆の意図はここにおいて始めて達成されたのである。天津に到着した。第一楼に投宿した。夜、領事館にいって別れのあいさつをした。さらに棉花公司も訪ねた。公司は樋口忠一氏（奥州の人）によって開設されたものである。

十月十九日　午前八時、汽車に乗り、天津を発つ。ある人が邦語で私を呼

有以邦語呼予者、顧則清人也。問其名、曰、陶大鈞。嘗承芳名、幸得接丰姿。蓋陶子在東京公使館、十有五年、善通邦語。邦人多知其名。予恨相見之晩也。此日張尚書（蔭桓）従香港帰、船達塘沽、故陶子出迎云。巳下牌、至塘沽、賃汽船順和。申上牌、開行。出白河、風静波平、船不覚行也。

十月二十日　晴。船中無事、只看書耳。午下牌、入芝罘。北方寒甚、河口冰合、不通船。迨近年、芝罘岸辺僅見薄冰云。申上牌釈纜。

十月二十一日　早起出艙、雨正下。風微波平、煙水淼茫。唯見二三小島、点布洋上耳。検磁針、船首南指稍西向、因知夜中過山東岬也。山東者古斉魯之地也。春秋之時、斉魯称学者淵藪、而

び止めた。振り返ってみたら、清国人である。その名を訊ねたら、「陶大鈞」という。ご芳名を承ったことがあるが、お目にかかれて幸いである。陶氏は東京の公使館に十五年いたことがあり、邦語に精通している。その名を知る邦人は多い。もっと早く会えればよかったと思った。この日、張蔭桓尚書が香港から帰ってきて、船が塘沽に着くので、陶氏が出迎えに来たという。午前十一時、塘沽に着いた。汽船順和号に乗り込んだ。午後四時、出航。白河を出て風は静かで、波は穏やか、船は進んでいることを感じさせない。

十月二十日　晴れ。船中ですることがなくて、ただ本を読むだけ。午後一時、芝罘に入る。北方は寒さがはなはだしく、河口が凍結し、船が通れなくなる。近年になって、芝罘の沿岸ではわずかに薄冰を見かけるだけという。午後四時、出帆。

十月二十一日　早く起きて船室を出たら、雨が降っている。風も少しあるが、波は穏やかである。広々とした水面には、二、三の小島が点在しているのが見えるだけである。磁針を調べてみると、船首は南を指し、やや西に向いているので、山東半島の岬を夜中に通過したことが分かった。山東とはいにしえの斉・魯の地である。春秋の時、斉・魯は学者を輩出する地

斉又在戦国称富強、而遂為秦所亡、以致天下形勢一変。古人往往論六国存亡之故、曰、罪在相攻、寔然。六国之失、莫大於六国相攻。而韓魏趙同為晋卿、六国之間、莫此為親焉。且三国当秦衝路、若相結以抗秦、秦雖強暴、将如之何哉。方今之勢猶戦国。俄秦也、本邦与清、所謂韓魏趙也。二国相合、以拒俄人南侵之路、猶趙魏韓之塞崤澠扼華河也。然清人上下闇時務、無東向親善之意。甲午之役、大警醒清人、始生畏敬之心、随発親善之意、是殊可為両国慶焉。当是時、為邦人者、宜真心待清人以兄弟、忠信相孚、清人何不待邦人以兄弟耶。於是、大興本邦語学校、縦邦人散処。府県城邑、無往不見邦人。則唇歯輔車之勢、可期而待矣、何復憂碧眼人耶。

　暖気頓加、乃減衣。饟畢、歩甲板、

と称された。とりわけ、斉は戦国にあって富強と称されたが、遂に秦に滅ぼされ、天下の情勢が一変するきっかけとなった。古人は六国存亡の原因を論ずる際、往々にしてその罪は「相攻」にあるとしたが（『史記』蘇秦伝）、確かにそうである。六国の失敗は、六国が攻撃しあったことより重大なるものはない。しかも韓・魏・趙は同じ晋の卿であり、六国のうち、これらよりも親密なものはなかった。かつこの三か国は秦の進出の要所に当たっていたのだから、もし団結して秦に抵抗していれば、強暴な秦といえども、どうにもできなかっただろう。現在の情勢は戦国の時とよく似ている。ロシアは秦、本邦と清はいわゆる韓・魏・趙である。両国が協力しあい、ロシアの南侵の路を阻むことは、趙・魏・韓が崤山・澠池を塞ぎ、華河を制禦したと同じようなことである（賈誼『過秦論』）。しかし、清国人は上から下まで時務に暗く、東にある日本と親善する気がない。甲午の役は清国人を大いに覚醒させ、始めて畏敬の念を生じさせ、それに伴ってしだいに親善の意が芽生えてきた。これは両国のために殊に祝福すべきことである。この時代に当たって邦人としては、真心を持って清国人を兄弟のように接して、互いに忠実と信頼をもって心服させるべきである。そうすれば、清国人も邦人に対して、どうして兄弟のように対応してくれないであろうか。そのようになったら、本邦の語学校を大いに興し、邦人に分散して居住することを認め、府県各地、どこでも邦人を見かけないところを無くせば、唇歯輔車の

四望瀰茫、水天相接、不知何為黄河口、何為淮河口。以版図広大如此、動不免外寇覬覦。自非一大猛断、改革制度、安能救之耶。人往往論清国改革法、曰、遷都漢陽。曰、改牧民官制。曰［原本缺、補］、収政柄於京師。曰、改科挙制。曰、改学制。曰、官分文武。曰、改租税法。曰、通鉄路電信。曰、縦婦人女子、与外人往来（或曰、清国女子情過濃、故与外人往来、誘淫也。曰、不然、情窓密閉、不許与外人往来、其情所以過濃也）、曰、禁女子纏足。此皆所宜改革者、然吾所謂改革者、有大於此者。譬諸疾篤、非尋常湯薬所以能救、独有手術一法耳。

　夜雨甚、波濤澎湃。

十月二十二日　朝、雨歇日出、海水渾

勢いは期待でき、青い目の連中を恐れるには及ばないだろう。

　急に暖かくなったので、服を少し脱いだ。食事を終えて甲板を歩く。見わたす限り、水と空が接していて、いずこが黄河の入り江か、いずこが淮河の入り江か、見分けがつかない。これほど版図が広大であると、ややもすれば外敵に狙われることを免れない。一大決心をして、制度を改革しなければ、どうして救えるであろうか。人々は往々にして清国の改革の方策について、漢陽に遷都とか、民生関連の官制を改革するとか、権限を京師に収めるとか、科挙制度を改めるとか、学制を改めるとか、官僚を文武に分けるとか、租税法を改めるとか、鉄道・電信を敷設するとか、女子の外国人との交際を許す（清国の女子は情が深すぎるため、外人と交際すると、淫乱を誘発するという者もいるが、そうではなく、深窓に密閉され、外人との交際が許されないからこそ、その情が深くなり過ぎるのだという者もいる）とか、女子の纏足を禁じるとか、などなどの議論がなされている。これらはみな改革すべきことではあるが、しかし私が考える改革とは、これらよりも大きな事柄である。危篤状態に陥った病人に譬えるならば、尋常の湯薬で救えるものではなく、手術しか救える方法がないのである。

　夜、雨が激しくなり、波濤がぶつかり合っている。

十月二十二日　朝、雨が止み、太陽が姿を現した。海水が濁ってきた。午

濁。巳下牌、船首西転、舟人頻［原文：瀕］測海深浅、似駛往淮口東南海上。饟後見汽船七八、浮黄濁水上。過暖汗洽背、又大減衣、与在北京日、減三之二也。未上牌、漸接江口。問崇明島、曰、遼闊叵見。崇明唐荊川与倭寇決戦処。元明之世、瀕海州県、被倭寇、無歳不聞警、糜国帑無算。天下騒動、久而不息。当時邦人胆気呑海宇、万里征航、視瀛海、如衽席、有釁則劫掠、無釁則互市。不啻明沿海之地、従印度、暹羅、安南、以至瓜哇、勃熱、濠洲、莫地不印足蹟。豊公征朝鮮、船有三桅檣、海運之便、易於陸路伐北條氏。後人眼孔豆大、妄皷口舌、議其窮兵瀆武、皆坐蒙徳川氏鎖港之余毒耳。亦不直豊公一笑矣。設使此形勢無変、胡憂南洋諸嶋、今日帰於欧人之手哉。独徳川氏偸弄権柄、急営私家、而忘国家大計。禁人航海外、

前十一時、船首が西に転じ、船員が頻りに海水の深さを測っている。淮河の東南方面の海上へ船を進めようとしているようだ。食後、気船七、八隻が黄濁した水面に浮かんでいるのが見えた。暖かすぎて汗ばむので、上着をまた何枚か脱いだ。北京に滞在していたときに比べて、着ている服三分の二を減らした。午後二時、少しずつ長江の河口に接近した。崇明島の位置を聞くと、広すぎて見えないという。崇明島は明の時代、唐荊川（順之）が倭寇と決戦したところである（『明史』巻二百五）。元・明の世、沿海の州県は倭寇に襲われ、警戒せよとの知らせを聞かない年はなく、費やされた国庫の費用は計り知れない。天下がどよめき、長らく終息しなかった。当時邦人の気概は海をも宇内をも呑み込み、万里のかなたまで航海し、広い海もただの座席のようで、衝突すれば強奪し、衝突しなければ交易をした。明の沿海地域だけではなく、印度、暹羅、安南からジャワ、ボルネオ、濠洲まで、いたるところにその足蹟を残した。豊臣公が朝鮮を征伐する際、船には三本のマストがあり、海路からは陸路で北条氏を征伐するよりもたやすかった。後世の人は物を見る目が豆粒ほどの大きさしかなく、妄りに議論を発して、それを好戦的だと批判するが、このような議論は徳川氏の鎖国の余毒を被ったためであり、豊公の一笑にも値しない。仮りに当時の情勢がそのまま続いていたら、南洋の諸島が、今日、西洋人の手に帰することを憂えなくても済んだのである。徳川氏はひそかに権力を弄んで、私利私欲を

挙亜洲南洋之地、以委西人蠶食狼饕、今則未如何也已。徳川氏之罪、千古不滅矣。

　至上海碼頭、則已炷灯。直至鉄馬橋東和洋行投宿。舟人好意、為予護行李、至客館。客月発神戸、実為二十三日、此日亦二十三日也、可謂奇矣。

燕山楚水紀遊　巻一　終

謀るのみで、国家の大計を忘れ、人々に海外への渡航を禁じた結果、南洋の地は悉く西洋人の浸食に委ねてしまい、今となってはどうにもしようがなくなった。徳川氏の罪は永遠に消えない。

　上海の埠頭に着くころ、すでに灯りを点す時刻であった。直ちに鉄馬橋のふもとにある東和洋行に投宿した。船員が好意で私の荷物を旅館まで届けてくれた。先月神戸から出発したのは二十三日であったが、今日も二十三日である。奇縁といえよう。

【原文】

十月二十三日　晴。上午訪小田切領事（万寿之助）、又訪河本子（磯平）。河本子泛汽船、航滬蘇杭間、称大東新利洋行。供酒飯畢、見誘観張園。園寛広、有茶館、有劇場。竹樹鬱蒼、雖無雅趣、亦可小憩。聞富豪私園也、縦衆遊覧焉。去訪古城子（貞吉）。古城子為時務報館所聘、訳本邦新報。更去訪那部子（武二）、那部子与土井子、設瀛華洋行、鬻本邦製産物、邦人所謂日清貿易商品陳列所也。偶聞力子（軒挙）従本邦帰滬、候船航福州、乃往訪之福来桟。力子曰、「大阪分袂、去之東京、探磐城群馬等諸勝、帰大阪、留住僅二日。与

【訳文】

十月二十三日　晴れ。午前、小田切万寿之助領事を訪ね、また、河本磯平氏も訪ねた。河本氏は上海・蘇州・杭州間の航路を運行する汽船会社大東新利洋行を取り仕切っている。酒食事をご馳走してくれたのち、張園を案内してくれた。園は広くて、茶館や劇場などを備えている。竹や樹木が鬱蒼としており、雅趣に欠けるが、小憩には適している。富豪の私邸で、公衆に開放しているという。古城貞吉氏を訪ねた。古城氏は時務報館に招聘され、本邦の新聞記事を翻訳している。また、那部武二氏も訪ねた。那部氏は土井（伊八）氏とともに瀛華洋行を設けて、本邦製の物産を販売している。邦人の謂う「日清貿易商品陳列所」である。偶々力軒挙氏が本邦から上海に戻り、福州行きの船の出航を待っていると聞いたので、福来桟に訪ねた。力氏は「大阪で分かれて、東京へ行き、磐城、群馬などの景勝地を訪ねて、大阪に帰り、たった二日間の滞在しかできなかった。諸先生方に別れのあいさつをすることもできなくて、未だに残念に思っている」と言った。ついでに私の遊覧の様子を聞いた。私は長城、西山の諸景勝地を

諸君子、不能再聚叙別、至今歉然」。因問予遊状、予語以探長城西山諸勝。遂与力子相携帰寓、小酌。力子苦勧予偕遊福州、予将探蘇杭長江諸勝、故未能果。此夜藤田子（豊八）相見。藤田子為農報館所聘、訳本邦新報。

十月二十四日　晴。訪河本子、托銀票換銀、又訪瀛華洋行。遂与河本子、抵書肆、購図書。此日見一館榜「不纏足会」。夫清人纏足、与欧米人緊腹、其為陋習、素不待言焉。今起「不纏足会」、欲一掃此風、真為可慶。向者在北京、見纏足与不纏足相半。問之、不纏足者満人也。漢満頭髪亦各殊、満人束髪大如舟、一見使人絶倒。

十月二十五日　上午抵領事館、請護照、

探訪したことを話した。その後、力氏とともに宿舎に戻り、すこし酒を酌み交わした。力氏は私に対して、一緒に福州へ行こうと強く勧めた。私は蘇州、杭州および長江の景勝地を訪ねることにしていたので、その招きには応じることができなかった。この夜、藤田豊八氏が会い来てくれた。藤田氏は農学報館に招聘され、本邦の新聞記事を翻訳している。

十月二十四日　晴れ。河本氏を訪ねて、銀行の小切手を銀に両替してもらい、ふたたび瀛華洋行を訪ねた。さらに河本氏とともに、書肆へ行き、図書を購入した。この日、「不纏足会」という看板を掲げている建物を見かけた。そもそも清国人の纏足と欧州人の束腰とが、陋習であることは、いうを待たない。いま「不纏足会」を起こして、この風習を一掃しようとしているのは、実に慶ばしいことである。以前北京に滞在した際、見かけた女性のうち、纏足をしている者とそれをしない者の数は半々であった。聞くと、纏足しない者は満洲人だという。漢人と満洲人とは頭髪の結い方も異なり、満洲人は髪の毛を舟のように大きく束ねており、一見したら、絶倒してしまう。

十月二十五日　午前、領事館に行き、旅券を発行してもらい、長江を遡る

以将溯江也。下午為力子所邀、与土井子、余子（春亭）飲一楼。遂与力子訪陳子（名元字釈如、福州人）、席上与呉子（瑞卿）相見。此人曽遊本邦、与森春濤親善、帰滬後音信沓然、不知春濤墓木既拱。昏前力子送至予寓、此夕予将遊蘇。力子曰、「君今日行、我明日帰、相隔又数千里、不知夢魂得相依否」。予曰、「男子之交、不以形而以神。若信書往来無虚日、雖隔千里、猶相見之日」。偶後期、不能搭舟、更擬以翌日。

十月二十六日　陰。予所寓東和洋行、在米租界虹口鉄馬橋西、楼前一渠、可以通蘇杭及鎮江、松江等処。汽船帆舶、麕集艤岸。帆船啓行、先爆竹椿鐘、曰、祝天也。辰上牌、与藤田子、至農報館、与羅子（振玉）、邱子（憲、原名崧生、

ためである。午後、力氏の招きで、土井氏、余春亭氏とともにある酒楼で酒盛りをした。のち力氏を伴って陳元氏（字は釈如、福州の人）を訪ね、席上、呉瑞卿氏と会った。この人はかつて本邦に遊び、森春濤と親交があった。上海に戻ってから音信不通で、春濤がすでに逝去したことを知らなかった。日暮れ前、力氏は私を宿舎まで送ってくれた。この日、私は蘇州へ出かけることになっていた。力氏はいう、「君は今日出発し、私はあす帰る。互いに数千里を隔ててしまう。これを思うと、夢の中で寄り添うことができるであろうか」。私はいう、「男子の交わりは体ではなく、魂を以てする。絶えず手紙で往来すれば、千里を隔てていても、会ったも同然である」。その日は偶々出発の時間に遅れ、蘇州への舟に乗れなくて、翌日に変更することになった。

十月二十六日　曇り。私が宿泊する東和洋行は、米国の租界虹口の鉄馬橋の西に在り、その前に渠《かわ》があり、蘇州・杭州、及び鎮江、松江などに通じる。汽船や帆船などが蝟集して岸につながれている。帆船が出航する際、爆竹を鳴らして、鐘を突くのが習わしで、「祝天」という儀式である。午前八時、藤田氏とともに農学報館に赴いた。羅振玉氏、邱憲氏（もとの名は崧生、字は于蕃、絵を好む）と数時間にわたって歓談した。羅氏はいう、

字于蕃、喜画）雅談移刻。羅子曰、「先生如能明日赴蘇、留滬一日、擬請同志同至酒家、暢談何如」。予曰、「多謝盛情、請期遊蘇溯江後、於弟為便」。邱子曰、「敝国書籍在貴国者、近来多否」。予曰、「三十年来、西学流行、古書多為貴国商估取去。今則極力購求、珍書難獲」。邱子曰、「敝国古書画、貴国近尚愛之否」。予曰、「古書画人皆愛重之。至如元明以外物、兼［原本：懸、拠「栞誤」改］金且不易獲」。邱子曰、「敝国亦然」。予曰、「敝国人之愛之、恐過貴国人数等」。邱子曰、「貴国自維新以来、多棄旧、近来画家有用泰西法者、旧画尚有人購求否」。予曰、「維新以来、百事多不免棄旧之弊。近来往往有所顧慮、又将復旧観。画亦然、用泰西法者亦行、旧画亦行」。羅子曰、「先生治経学、治如何経、為漢人学乎、抑宋儒乎」。予曰、「専従

「もし先生が明日蘇州に行き、上海にさらに一日延泊されるのならば、同志を呼び、料理屋で歓談しては如何」。私はいう、「ご好意はとてもありがたいが、蘇州に遊び長江を遡った後に予定を延ばしていただければ、私にとっては都合がよい」。邱氏はいう、「我が国の書籍で貴国にあるものは、最近多いか」。私はいう、「三十年来、西学が流行して、古書の多くは貴国の商人に持ち去られた。今では力を尽くして買い求めようとしても、珍書は得がたい」。邱氏はいう、「我が国の古書画は、貴国では最近でもまだ珍重されているか」。私はいう、「古書画はだれにも珍重されている。元・明以前のものに至っては、高値を示しても得がたい」。邱氏はいう、「我が国もそうである」。私はいう、「我が国の人々の珍重ぶりは、恐らく貴国の人々より数段まさるだろう」。邱氏はいう、「貴国は維新以来、古いものの多くを棄ててしまった。近来、画家の中には泰西の画法を用いる者もいる。今も旧い画を買い求める者がいるか」。私はいう、「維新以来、さまざまな事柄が大抵、古きを棄てる弊害を免れない。近来、いささか顧慮し、旧観を復そうともしている。画も同様で、泰西の画法を行う者がいれば、旧来の画法も行われている」。羅氏はいう、「先生は経学のどの経典を修められているか、漢人の学を為されるか、それとも宋儒か」。私はいう、「もっぱら漢・唐の説に従っている。我が国には二百年前、物茂卿（荻生徂徠）、太宰純（春台）の二人がいて、宋学を排して、漢学を推したことで、新た

漢唐説。敝［原本：弊］国二百年前、有物茂卿、太宰純二人、排宋推漢、又別開生面、是弟平日所宗也」。羅子曰、「玉平日服膺於貴国物氏之学。今見先生、如見物子、甚快甚［原本缺、補］快」。予曰、「物氏有『論語徴』、太宰氏有『論語古訓』、『論語古訓外伝』、不知先生看過否」。羅子曰、「『論語徴』、玉見過、太宰氏書、未見」。予曰、「弟帰国寄献二家書。敝国有一種皇侃疏本、足利学校所伝者、与邢昺本、章句頗有異同。朱熹不見此等書、是以毎説不通。例如学而篇「貧而楽道、富而好礼」、邢本無『道』字。故至『楽亦在其中』、及『回也不改其楽』、周程等有『孔顔所楽何義』之論。皆坐不知皇本有『道』字耳」。羅子曰、「尊論是極。宋儒郤考拠為不足道、於是日流為空霊、至今日而極。朱文公所著四子書、於孔孟立教宗旨及語気、誤

な局面を開いた。これが私が平素継承しているところである」。羅氏はいう、「私はふだん貴国の物氏の学問に深く敬服している。いま、先生に会い、物氏に会ったかのようで、とても愉快である」。私はいう、「物氏には『論語徴』、太宰氏には『論語古訓』、『論語古訓外伝』が、それぞれあるが、先生はどれをご覧になったのか」。羅氏はいう、「『論語徴』は拝読したが、太宰氏の著書は未見」。私はいう、「私が帰国後、二家の著作を送呈しよう。我が国には皇侃疏のある版本が足利学校に伝わっている。邢昺本とは字句に頗る異同がある。朱熹はこれらの書を見ていなかったため、何を説いても通じないのだ。例えば、学而篇に『貧而楽道、富而好礼』とあるが、邢本には『道』の字がないため、『楽亦在其中』や『回也不改其楽』にいたっては、周敦頤、二程子（顥・頤）らには『孔顔所楽何義』というような議論が生じたが、いずれも皇本には『道』の字があることを知らなかったからである」。羅氏はいう、「高説のとおりだ。宋儒は考証を謂うに足りないものとして、それを退けたため、日々空虚なものに流れていき、今日にいたってその極端に達している。朱文公の著した『四書集注』は、孔孟の趣旨及び語気に対して、誤解しているところが多すぎて、過ちを後学に残してたものが少なくない」。私はいう、「私は『論語』を崇めており、毎朝起きて、必ずそのうちの一、二篇を朗読する。私が思うに、聖学の主旨は、もっぱら経綸にある。朱子学は微妙を極める。微妙を極めて、つい

会処太多、貽誤後学不少」。予曰、「弟崇『論語』、毎早起、必誦一二篇。窃謂、聖門之学、専在経綸。朱学極微妙。極微妙、乃近仏氏、何如」。羅子曰、「聖教以倫常日用、為道之所在。而性与天道、則所罕言。宋儒終日談無極太極、幾置倫常日用于不論不議之地。此孔朱之所由岐歟、何如」。予曰、「寔然。夫子説道、周流四方、絶糧於陳蔡、抜樹於宋、道途険難、至老不倦。此後学之所当服膺也。朱子不知経綸、其所以陥於釈氏歟」。羅子曰、「近来孔教之衰已極、自宋儒談性理、孔教一掃、至近日敝国直無孔教。士子皆誤于制科文字、絶非孔教本来面目矣。有識者漸知憂之、然恨無奉教堅篤之士、如彼得、保羅之奉耶教者。衛道之士不出、孔教終恐日頽。先生以為何如」。予曰、「弟既奉聖教、常欲附貴国名士驥尾、講振興之策、

に仏学に近くなってしまう。先生はどう考えるか」。羅氏はいう、「聖教は倫理や日常の事柄を、道があるところとする。しかし性と天道については、罕《まれ》にしか言わない。宋儒は終日無極や太極などを談じて、日常倫理のことをほとんど議論しない。これが孔子と朱子との分岐点であろう。如何」。私はいう、「確かにそのとおりである。孔子は伝道のため、四方を周遊し、陳・蔡両国で食糧を絶たれ［『論語』衛霊公十五］、宋国で宿営場所の周辺の樹木が倒されたほど、多くの艱難を経験したにもかかわらず、老いにいたっても倦まなかった。これこそ後学が固く守るべきところである。朱子は経綸を知らないので、釈氏の説に陥りやすいのだろう」。羅氏はいう、「近来孔教の衰微はすでに極端までにいたっている。宋儒が性理を談じて以来、孔教は一掃されてしまい、近頃にいたっては、我が国にはついに孔教が無くなってしまった。士人はみな科挙の文章の過ちに陥ってしまったが、これは決して孔教の本来の姿ではない。有識者はようやく気づいてこれを憂えているが、しかしキリスト教を信奉したペテロやパウロのように教義を堅く信ずる人物が現れないことを悔やんでいる。道を守る者が現れなければ、孔教は遂に恐らくますます衰退していくだろう。先生はどう思われるか」。私はいう、「私は既に聖教を奉じているから、貴国の名士の驥尾に付し、振興策を講じ、宇内に実行したいと、常に願っている。ただ、私が交際する貴国の人士が極めて少ないことを残念に思っている」。昼をまわり、主人

行之宇内。独恨貴国人士所納交者極少」。時方亭午、主人供膳。膳畢、羅子曰、『論語』有和文者否」。予曰、「無。敝国与貴国、字同而音異、不要和文訳之」。羅子曰、「貴国士夫所奉之教、約孔教者幾何、仏教者幾何、神道教者幾何、耶教者幾何、孰多孰寡」。予曰、「奉仏教者、十之七八、神道教次之、儒教次之、耶教次之。然至論倫常、雖仏徒亦不能出儒家樊籬也」。羅子曰、「敝国無学部、故教与学事、在上者不提唱、在下者雖欲振興、而騖科名之士[原本：士、拠「栞誤」改]太多、卒未能振作。年来在下者、稍有動力、或都在上者、為之感動、亦未可知。将来若能合貴国与敝国人、刱一学会、彷彿貴国「興亜会」規模、則両国彼此情形、益相契合、敝国人士之幸也」。予曰、「天下之事、不宜徒委之当局者、亦在下者之責也。故知世運

側が食事を用意してくれた。食後、羅氏はいう、『論語』には和文のものがあるか」。私はいう、「ない。我が国と貴国とは、発音は異なるが、文字が同じだから、和文に訳する必要がない」。羅氏はいう、「貴国の士人が奉じる宗教のうち、孔教、仏教、神道、キリスト教、それぞれどれぐらいの割合を占めているか。どれが多く、どれが少ないか」。私はいう、「仏教を信じる者が七、八割、神道がこれに次ぎ、儒教がさらにこれに次ぎ、キリスト教がさらにこれに次ぐ。しかし人倫道徳を論ずる場合は、仏教徒といえども儒教の範疇を出ることはない」。羅氏はいう、「我が国には学部がないため、教と学のことについては、上にいる者が提唱しなければ、下にいる者が振興しようとしても、科挙の名利を追う士が多すぎるため、ついに振興が不可能なまでになってしまった。近年、下にいる者に少し原動力があるため、あるいは上の者がこれに感じて動いてくれるかもしれない。将来、若し貴国と我が国の人々が力を合わせて、貴国の「興亜会」の規模にならって一つの学会を創り、両国のそれぞれの情況に合わせて、ますます協力しあえば、我が国の人士の幸いである」。私はいう、「天下の事柄は、いたずらに当局者にばかり委ねるのは宜しくなく、下にいる者の責任でもある。故に時勢が安泰か否かは、人民の心力の強弱によって分かれる。か

つてきて、羅・邱両氏の友人であると言った。姓は章、名は炳麟、字は枚

泰否、在民人心力強弱焉。彼当局者独如世運何」。是時有一人来、曰、羅邱二子友也。姓章、名炳麟、字枚叔。蓋本邦人航此地者、多用泰西服制、章子見予独従本邦服制、怪問、「先生所用衣冠、貴国旧制乎」。予曰、「否、見今上下皆用之。貴国在明以前、亦用此服。明亡、衣冠一変。然則弟此服非敝国旧制、而貴国旧制也」。章子曰、「伊藤相公退後、近作何事」。予曰、「伊藤今年暫遊欧米、今退在大磯別墅。人各有心膓、此人所為、弟甚不取」。章子曰、「所不取者何事」。予曰、「請徴之敝国新報」。壁間偶掲王文成公画像、予賞之。羅邱二子、取之相贈、且曰、「王氏学問似勝朱、何如」。予曰、「弟未達陸王之学、然王文成公経済識力、殆明代第一流人歟。弟又於明末、最推重史督師、如其「答睿親王書」、千古之下、使読者感

叔という。この地に渡航した多くの邦人は西洋の服を着るが、私一人だけが本邦の服を着ているのを見て、章子はいぶかって問う、「先生の身に着けている服装は、貴国の旧制であるか」。私はいう、「いいえ、いまも上から下までの各階層の人々がみなこの服装を着用している。貴国も明以前はこのような様式の服を着用していた。明が滅びると、服装が一変した。だから私が着ているこの服は我が国の旧制ではなく、貴国の旧制なのである」。章氏はいう、「伊藤（博文）大臣は引退後、最近は何をしているか」。私はいう、「伊藤氏は今年暫時欧米へ出かけたが、いまは、大磯の別邸に引きこもっているようだ。人にはそれぞれの志があるだろうが、この人の所為には、私ははなはだ賛同しかねる」。章氏はいう、「賛同できないのはどのようなことか」。私はいう、「我が国の新聞紙にその証拠となるものがあるので、ご覧になってみては」。私は偶々壁に掲げられていた王文成公の画像を賞賛したので、羅・邱両氏は画を取り外して私にくれ、そしていう、「王氏の学問は朱子に勝るようだが、如何」。私はいう、「私は陸・王の学はよく分からない。しかし王文正公の経世済民に関する見識は、明代きっての人物であろう。私はまた明末においては、史可法督師に最も敬服している。たとえばその〈睿親王に答うる書〉は、とこしえに読む者の感慨無量ならしめて已まない」。羅氏はまた私に『黄忠端公集』も贈り、いう、「忠端は黄梨洲先生の父である。梨洲の人物と学問は明末において一

愴不能已」。羅子又為予贈『黄忠端公集』曰、「忠端為黄梨洲先生尊人。梨洲品学、為残明第一流人、其所著『明夷待訪録』、立論頗有前儒未見到処。曽至貴国乞師、不許而帰、亦偉人也」。二子又為予贈『邱子家集』、『面城精舎文』、『眼学偶得』、遂辞帰寓。尋二子来過、答予往訪也。

黄昏抵大東新利洋行、搭船溯呉淞江。両岸幽寂、唯聞虫声唧唧耳。灯下読『黄忠端公集』。忠端忤魏忠賢下獄死。集中所収詩文、雖不太多、概皆関時事、忠憤之気溢紙上、使読者想象其為人。梨[原本：黎]洲先生、又善紹述父志、嘗入本邦乞師、亦与朱舜水不相上[原本缺、補]下。嗚呼、当時東南尚多志士、特力不足耳。使幕府決出師議、不啻施恩、足以伸本邦義声於宇内。而幕府徇私忘公、遂使機会一逸、而不復可収。惜夫。

流であった。其の著『明夷待訪録』には、その立論は前人が未だ見通せていなかったところが頗る多くある。貴国に援軍を求めに行き、許されずに帰って来はしたが、やはり偉人である」。両氏はまた私に『邱子家集』、『面城精舎文』、『眼学偶得』などの著書をくれた。その後、いとまごいをして宿舎に帰った。暫くして両氏が来訪した。私の訪問に対する返礼である。

黄昏、大東新利洋行の埠頭に行き、呉淞江を遡る舟に搭乗した。両岸は幽寂で、ただ虫の鳴き声が聞こえるぐらいであった。灯下、『黄忠端公集』を読む。黄忠端は魏忠賢に逆らったため投獄され、獄死した。そこに収められた詩文は、あまり多くはないけれども、おおむね時事に関するものである。忠義と憤慨の気持ちが紙上に溢れていて、読む者にその人となりを想像させる。梨洲先生もまたよく父の志を継承した。我が国に援軍を求めにきたことがあるが、その点では朱舜水と甲乙を付けがたい。ああ、当時東南にはなお志士が多くいたのだが、ただ力が足りなかっただけである。もし幕府が出兵を決めていたら、恩を明に施しただけではなく、本邦の義邦として名声を宇内に広めることができたはずである。しかし幕府は私情にとらわれて、公義を忘れ、遂に機を逸し、名声をふたたび収めることができなくなった。惜しいことである。

十月二十七日　去蘇三十里、而天明、夜間已過崑山也。呉淞江或広或狭、水流較碧。田畝夾水、水与田無高低、絶不知水旱之患。時稲方熟、有未刈者、有已刈者。到処有支流、便灌漑及運漕也。北方蹊徑縦横、可通車馬。南方川渠如蛛網、可以通舟。至耕具飯餉之末、皆用舟。所謂南船北馬者、於是乎為不虚矣。

岸上村落、大不似北方、頗与本邦相類。水田景況、亦類本邦、而畛域較広。船買辦有奉天主教、偶跏趺黙祷。予詰之。答曰、「此非西教也、中国之教也」。西人狡獪、称耶教為中国之教、以欺瞞此国小民。小民蒙昧、陥於術中、可憐矣。

始望呉中諸山、過澹臺湖。澹台滅明所家焉、湖架石橋、長二里、曰宝帯橋。

十月二十七日　蘇州まであと三十里ほどのところ、夜が明けた。夜間にすでに崑山を過ぎていた。呉淞江は広いところもあれば狭いところもあり、水流は比較的に青くて透き通っている。田畑が水流を挟み、水流と田んぼとの間に高低差がないのに、決して水・旱の害は聞かない。折しも既に稲が稔ったところであるが、稲刈りの済んでいない田んぼもあれば、済んだ田んぼもあった。いたるところに支流があり、灌漑と水運に便利である。北方では道路が縦横に伸び、車や馬を走らせることができるが、南方では河川が蜘蛛の巣のようで、舟を通すことができる。耕具や食器にいたっても舟で運ぶ。南船北馬と言うが、その偽りでないことが分かる。

岸辺の村落は、北方と大きく異なり、本邦のそれと頗る似通っている。水田の風景も本邦のそれと似ているが、広さはこちらの方が広い。船の買辦（船長か）に天主教を奉じる者がいて、たまたま跪いて黙祷している。私が尋ねてみると、こう答えた。「これは西洋の宗教ではなく、中国の宗教である」。西洋人は狡猾で、キリスト教を中国の宗教だと称し、これを以てこの国の民百姓を欺こうとしている。民百姓は蒙昧で、その術中にはまってしまい、憐れむべきである。

蘇州近辺の山々が見え始め、澹臺湖を過ぎた。澹臺滅明が住んだところで、岸との間、湖の上に石橋が架けられ、長さは二里、宝帯橋という。下

下為圜洞数十、通舟檝、可以至杭州。亭午達蘇州。城東有蓮池、為呉王夫差采蓮処。南岸設租界、甲午戦役後所創也、未見邦人構屋宇者。租界西有大厦、一称蘇経綸紗廠、一称蘇綸紗廠、並聘本邦工人執業。船泊盤門外、上岸至大東新利洋行支店。在呉門橋側、海津子管之。本邦賈舗在蘇者、洋行之外、荒[原本：新]井子甲子之助一人耳。未上牌、借海津氏僕為導、訪領事館。入盤門、草蕪荒凉、不見一宇。蘇者呉王夫差之旧都也、城有六門、周廻三十六里、繁華冠江南。咸豊[原本：道光、拠「栞誤」改]之乱、罹兵燹、不復留前日光景云。

　抵領事館、見吉岡書記生（彦一）、片山通訳生（敏彦）。大平某為導、先謁孔廟。門傾堂壊、蔓草蕪穢、委為鼯鼠之居。聞毎年釈奠、不知芟除草莱、於壌宇敗簷之下行之。嗚呼、清人不敬

は円形の洞が数十個造られ、舟がそこを通行し、杭州まで行くことができる。昼頃、蘇州に達した。城東には蓮池があり、呉王夫差が蓮を採ったところである。南岸に租界が設けられ、甲午戦役の後に創設されたものであるが、家屋を構えている邦人は見あたらない。租界の西に大きな建造物があり、一は蘇経綸紗廠（蘇経糸廠）と称し、一は蘇綸紗廠といい、どちらも本邦の工員を招いて操業している。舟は盤門外に泊まり、岸に上がり大東新利洋行支店へ行った。店舗は呉門橋のそばにあって、海津氏がそれを取り仕切っている。本邦の商人が店を蘇州に置いている者は、大東新利洋行のほかに、荒井甲子之助氏一人だけである。午後二時、海津氏の従僕を借り、領事館まで案内させた。盤門に入ると、見わたす限り荒涼として、一つの家屋も見当たらない。蘇州は呉王夫差の旧都で、城には六つの門があり、周囲は三十六里で、繁華さは江南に冠たるものであったが、咸豊の乱によって、戦災に見舞われ、もはや往日の光景は留めていないという。

　領事館にいって、吉岡彦一書記生、片山敏彦通訳生と会った。大平某が案内してくれて、先ず孔子廟を拝謁した。門が傾き、堂が壊れ、雑草が蔓延して生い茂り、まるで狸や鼠の居場所になっているかのようである。聞くところによると、毎年、釈奠をしているが、除草などもせずに、崩壊した建物の下で行われているのだろうか。ああ、清人だけではなく、孔子の教えが、漢土

孔教、一至於此矣。奚翅清人、孔子之教、不行於漢土也久矣。孔子生時、既伐木於宋、絶糧於陳蔡之野、殆於匡、辱於鄭、況其歿後耶。古来帝王、例行釈奠之礼、然帝王皆不信仙則奉仏、不敢甘心奉儒。雖有釈奠、皆為虚礼。其称儒家者亦然、乃当葬祭、請僧、招道士、以終其事、此豈儒之面目哉。世人往往目漢土以儒教国、漢土非儒教国也。雖謂夫子生地、夫子之教未行、何得称儒教国耶。夫子之教善行者、宇内独有我邦而已。彝倫明於上、綱常行於下、本邦之所以冠於万国也。其如此、可以称儒教国矣。

　過滄浪亭、呉越広陵王銭元瓘［原本：璙］所創、宋蘇舜欽居乎此云。訪劉子良、不在。去訪松本子（浅田医国手門人也、近年来開業）、黄昏帰領事館。饗晩餐、小倉警部（知昭）、高木郵便局長（銑

に行われなくなってから久しい。孔子が生きていた時も、宋国で宿営周辺の樹木が倒されたり、陳・蔡の野原で食糧が絶たれたり、匡の地で疑惑がかけられたり、鄭で侮辱を受けたりしたが、没後はなおさらである。古来、帝王たちが慣例として釈奠の儀礼を行ってはきたが、しかし、帝王たちはみな神仙を信じるか、仏を奉じるかのどちらかで、儒教を真心から信奉することはなかった。釈奠が行われるけれども、みな虚礼であった。儒家と称される者も同様で、なんと葬礼に当たっては、僧侶・道士を招き、ことを済ませようとしている。これがどうして儒家本来の姿といえるだろうか。世人は往々にして漢土を儒教の国と見ているが、漢土は儒教の国ではない。夫子の生地ではあるが、夫子の教えが行われないのであれば、どうして儒教の国と称し得るだろうか。夫子の教えがよく行われているのは、宇内では我が国だけである。上では倫理が明らかにされ、下では綱常が行われているのを見れば、本邦が万国に冠たる所以である。このようであってこそ、儒教の国と称し得るのである。

　滄浪亭を通った。五代の呉越の広陵王・銭元瓘によって創られ、宋の蘇舜欽がここに居住したことがあるという。劉子良を訪ねたが、不在であった。松本氏（浅田医国手の門人、近年、やって来て開業した）を訪ね、黄昏になってから領事館に帰った。晩餐に招かれ、小倉知昭警部、高木銑次郎郵便局長らも同席した。

次郎）亦在焉。

十月二十八日　晴。将探城外諸勝、荒井子為導、買舟盤門外。舟内外描出花卉類、有牀有案、窓箝玻瓈、結構雅潔、所謂画舫也。遶城西南隅、北折、過胥門、伍子胥所懸目処。門外有越城址、越攻呉、築此城以逼之。范石湖詩「明年添種越城東」是也。万船繋泊無余地、穿貫而過、舟人操楫甚巧。南人行舟、猶北人御馬、婦人小子、亦善操楫櫂。屡遇船首載［原本：戴］砲者、曰、水師船也。一船十二人、諸鎮必泊以警盗（泊船処曰鎮）、今居蘇者六七十隻云。予至之前数月、大湖有盗、水師以船二十隻往討、為盗所敗、失船二隻云。至閶門、泊船益多、岸上則妓館也。蘇州妓絶美、著称於天下、客皆招入画舫云。凡此邦之妓、皆趾小、往往不能歩、然錦粧鏞

十月二十八日　晴れ。城外の景勝地を訪ねることになり、荒井氏が案内役をつとめてくれた。盤門外で舟を雇った。舟は壁の内外に花や草の絵柄が描かれ、臥床や机があり、窓にガラスがはめられ、風雅な作りで、いわゆる画舫である。城の西南角を繞って、北に曲がり、胥門を通った。伍子胥が目を掛けさせたところである（『史記』越世家第十一）。門外には越城の遺構がある。越が呉を攻めた際、この城を築いてその攻撃に対抗した。范成大の詩、「明年　種を添う越城の東」（「冬日田園雑興」其五）とはここを指している。夥しい船が繋留していて余すところがない。その間をくぐり抜ける際、舟人の楫《かじ》の操り方が実に巧みであった。南方の人々の舟の進め方は、北方の人々が馬を操るのと同じようなものであり、婦人や子供も舟を上手に操る。たびたび船首に大砲を搭載している船に遇った。水師の船だという。一艘の船に十二人が乗り込み、すべての鎮に必ず停泊して、盗賊を警戒している（船を停泊するところを鎮という）。いま蘇州では六、七十艘ほどを保有しているという。私が来る数ヶ月前、太湖に盗賊がいて、水師は船二十艘で出撃したが、盗賊に敗れ、二艘の船を失ったという。閶門にたどりついた。停泊している船がさらに多くなった。岸辺には妓館がある。蘇州の妓は絶世の美を誇り、天下にその名を馳せる。客はみな妓を画舫に招き入れるという。

服、金簪玉釵、瓓璨射人、則本邦妓之所不見焉。

　門外橋上、構屋宇、陳肆廛。過橋下、左折、渠小岸迫、僅通両舟而已。両岸屋後、往往見洗浄器。聞糞以養疏菜、水田専用溝泥。至虎邱、去城九里。『越絶書』云、「呉王闔閭葬山下、葬三日、白虎蹲踞其上、因名」。蓋俗説也。邱位於平野、嶄然抜地、似虎蹲踞、此其所以得名歟。有寺、曰玉厳寺。晋司徒王珣与弟珉、捨宅為之。生公講経、石皆点頭、即此寺也。白楽天詩、「山在寺中心」、寺嘗広、尽包容邱。咸豊之乱、帰兵燹、僅存塔及門。門在白公堤、白公堤白楽天所造焉。上岸、過中門而躋。路傍臥石、剖為二、刻「試剣石」三字、亦有俗説。遇巨岩、平衍可坐千人。岩上碑題曰「剣池」、相伝呉王葬処。白居易詩、「怪石千僧坐、霊池一

この国の妓は、みな纏足で、往々にして歩くことすらできない。しかし錦に着飾られ、金の髪飾りや玉の耳飾りは燦然と輝く。これは本邦の妓には見られないところである。

　門外の橋の上には、家屋が築かれ、店舗が立ち並んでいる。橋の下を通って、左に曲がると、渠が狭くなり、岸が迫ってきて、二艘の舟しか通れない。両岸の家屋の裏通りに便器を洗浄している光景が目につく。糞を野菜の肥料とし、水田ではもっぱら水路の泥を用いるそうだ。虎丘に着き、城内から九里である。『越絶書』にいう、「呉王闔閭が山のふもとに葬られて、三日後、白虎がその上にうずくまっていたので、その名が付けられた」。俗説であろう。虎丘は平野に位置し、高く聳え立っていて、虎がうずくまっている姿に似ている、これがその名に付けられた所以であろう。寺があり、玉厳寺という。東晋の司徒王珣と弟王珉が、宅地を寄進して建立した。梁の高僧・生公が経典を説いた際、石もみなうなずいたというのは、この寺のことである。白楽天の詩に「山　寺の中心に在り」（「題東武丘寺六韻」）とある。寺は嘗ては広くて、虎丘山一円をすべて包み込んでいたが、咸豊の乱の際、戦火に焼かれ、いまは僅かに塔と門が残るだけである。門は白公堤に在り、白公堤は白楽天が造ったものである。岸に上がり、中門を通って登った。路傍に石があり、二つに割られ、「試剣石」の三文字が刻まれ、これについても俗説が残されている。巨大な岩が目の前に現れた。平らで広々とし

剣沈」、是也。過細徑、至巓、高塔聳天。塔側凝眸、胸襟灑然。村落田睦、参錯如画。陳顧野王賦所謂、「抑巨麗之名山、信大呉之勝壤」(5)者、真覚不虚也。遶塔東下、一碑没於草莱中、排草而読之、銭謙益「重修玉巌寺記」也。五六僧結宇而居、就僧問尹和靖祠及可中亭。曰、不存。問林屋洞。曰、不知。出寺回舟、左折而進、遇茂林掩渠、幽静可賞、命舟人供酒殽。午天至楓鎮、過楓橋下。行二三里、遇一村、舎舟上岸、問村名、曰、張葉巷。命舟人為導、將至天平山范仲淹墓。路皆甃塼或石、用功周到。曰、南方到処皆是、不似北方険巇。独狭窄甚、不通車馬。然南方溝渠縦横、故不要車馬。

踰一嶺、鑱巨岩作磴。予初聞天平山舎舟不三四里。及舟人為導、路甚遠、不似所聞。而舟人所叫音亦甚異、因問

ていて、千人がそこに坐れる。岩の上に碑があり、「剣池」と刻字されている。伝説では呉王が葬られたところである。白居易の詩に、「怪石千僧坐し、霊池一剣沈む」(前同)とあるのはこの岩のことである。細い径を通って、頂上に着いた。高い塔が聳え立っている。塔の傍で目を凝らせば、胸襟がさわやかになった。村落や田畑がまるで絵のように錯綜している。南朝陳の顧野王の賦に、「巨大で綺麗な名山を仰げば、大呉の勝境を信じる」とあるが、まことにそれが偽りでないと感じた。塔を繞って東へ下ると、一つの石碑が草むらの中に没している。草を掻き分けて読んでみると、銭謙益の「重修雲岩寺記」(6)であった。五、六人の僧侶が家屋を構えてそこに住んでいたので、僧侶に尹和靖の祠堂と可中亭の所在を聞いたが、「残っていない」という。林屋洞の所在を聞くと、「知らない」という。寺を出て舟に戻り、左に曲がって進むと、生い茂る林が渠を掩っていて静かで賞《め》でるべきである。舟人に命じて、酒や肴を用意させた。昼、楓鎮に着いた。楓橋の下を通って、二、三里行くと、村があった。岸に上がり、村名を訪ねると、「張葉巷」という。舟人に案内させ、天平山にある范仲淹の墓へ行こうとした。路はどこも敷き瓦か石で、行き届いた作り方である。南方はいたるところそうで、北方の険しい道路とは違う。ただ、はなはだ狭くて、車馬は通れない。けれども南方は溝渠が縦横に伸びているので、車馬は不要である。

村人、無知天平山者。偶有老父、指一嶺曰、「天平山在嶺南」。乃責舟人。蓋舟人所叫者道観也、俗人所詣。舟人至愚、以致此誤焉。転路攀嶺、山麓見一大碑、題曰「先儒宋資政殿大学士参知政事贈太師秦国公謚文靖魏公了翁之墓」。碑陰曰、「有賜第在蘇城、卒年六十、葬蘇城西高景山金盆塢」。魏了翁墓、『一統志』及『広輿記』並不見。乱石磊磊、犖确紛錯、水涓涓穿石而流。至巓、天平山猶隔一嶺。時日将斜、登天平山、昏前難回舟、遂決意就帰路。秋穫方央、間見麦抽一二寸、桑葉沃若、肥大甚。有打稲者、稲莖満把、就地俯打、粒粒擺落。稲高与人身等、是亦不尽地力之故歟。

回舟至楓橋、日方昏。繋舟寒山寺前、上岸。寺荒廃、無可見。橋上設門、称鉄鈴関。邦人過楓橋、往往論橋小且凡

一つの峰を越えると、まるで巨岩を削って梯子が作ったようである。私は最初に天平山は舟を降りて三、四里も行かないところにあると聞いていた。ところが舟人を先導させてみると、はなはだ遠くて、聞いた話とは違う。しかも舟人の呼んでいる音もまたはなはだ異なるので、村人に聞いてみたが、天平山を知る人はいない。たまたま一老父に遇い、彼がある峰を指していう、「天平山は嶺南にある」。そこで、舟人を責めた。舟人が称していたのはある道観のことで、俗人の詣でるところである。舟人はひどく愚かで、このような勘違いをしたのである。別の路に転じて、峰を登った。山麓に一つの大きな碑を見えた。「先儒宋資政殿大学士参知政事贈太師秦国公謚文靖魏公了翁之墓」と題してある。碑陰に「皇帝から賜った邸宅が蘇州城内にある。卒年は六十、蘇州城の西高景山金盆塢に葬る」とある。魏了翁の墓について、『大明一統志』や『広輿記』には言及されていない。乱石が重なり合い、大きな石が入り乱れ、渓流がわずかに石の間をくぐりぬけて流れていく。頂上に登ったが、天平山はなお一嶺を隔てている。折しも日がまもなく暮れるころで、天平山に登る。黄昏前には舟に戻ることが難しいので、帰途に就くことを決意した。秋の収穫が終わったばかりで、間々に麦の一、二分の芽が出ているものや、桑の葉がよく肥えているのを見かける。稲を打つ者がいて、稲の莖を両手一杯に束ねて、地面に叩きつけ、粒々が脱け落ちる。稲の高さは人の身長と同じぐらいである。これも

景与名不称。予謂、此非与名不称、「楓橋夜泊」詩、膾炙人口、故似与名不称耳。帰城、則戌〔原本：戍〕上牌也。海津子供具以待。

十月二十九日　晴。卯下牌、与海津、荒井二子、買画舫、遊石湖。過盤門、有物垂城。曰、盛首、盖梟首也。抵横塘、至是渠身太広、瀰漫浩渺、粉壁映波、参差如画。架石橋、橋上構楼、充民屋。范成大詩、「南浦春来緑〔原本：綠〕一川、石橋朱塔両依然。年年送客横塘路、細雨垂楊繫画船」、是也。過圜洞、右看横山、見漁艇使鸕鷀捕魚、法与本邦同。辰下牌、至石湖、去城十二里、范

地力を尽くしていないゆえであろうか。

　舟に戻り、楓橋まで行ったころ、ちょうど日が暮れた。舟を寒山寺の前に繋留して、岸に上った。寺は荒廃していて、見るべきものがない。橋の上に関門が設けられ、鉄鈴関と称する。邦人が楓橋を通る際、往々にして橋が小さくて平凡で、かつ景色が名と不釣り合いという。私はこれは名と不釣り合いということではなく、「楓橋夜泊」の詩があまりにも人口に膾炙しているので、その名と釣り合わないのだと思う。城内に戻ると、すでに夜八時をまわっていた。海津氏が酒と食事を用意して待ってくれていた。

十月二十九日　晴れ。朝七時、海津、荒井の両氏とともに、画舫を雇い、石湖に遊ぶ。盤門を通る際、城門に垂れさがっているものを見かけた。盛首といい、さらし首である。横塘についた。ここにいたっては渠の幅がきわめて広くなり、水が瀰漫して茫洋としていて、白塗りの壁が波に映り、ゆらめく様絵のようだ。石橋が架けられ、橋の上に楼が築かれ、民家に充てられている。范成大の詩、「南浦　春来り　緑　川を一にし、石橋　朱塔　両つながら依然たり。年年　客を送る　横塘の路、細雨　垂楊　画船を繫がる」（『石湖詩集』巻三「横塘」）とはこのことをいうのだろう。円形の洞を通ると、右手には横山が見え、漁船が鵜飼いをしているのを見かけた。方法は本邦と同じである。午前九時、石湖についた。城内から十二里、范蠡が五湖に入っ

蠡所従入五湖。宋范参政成大、因越来渓故城、為別墅、攬湖山勝。越来渓与石湖通、相伝越兵従此入呉、故名。高青邱詩、「渓上山不改、渓辺台已傾。越兵来処路、流水尚哀声」。山謂横山、台謂呉王郊台。湖口架一大石橋、圜洞十数、称行春橋。范参政有記。湖中有二洲、亦范参政立亭処。繋舟橋下、上岸。有祠、木主題曰、「宋参知政事資政殿大学士開国侯贈少師崇国公諡文穆范公諱成大大神位」。壁刻呉錫麒[原本：騏]記、嘗有千岩観、天鏡閣、玉雪坡、説虎軒、盟鴎亭、北山堂諸勝、概罹兵燹、独存千岩観。岩面刻乾隆帝御題。又有二三刻文、漫漶不可辨。玉境閣墟建祠。山下又有乾隆帝「霊岩行宮」御筆碑。午天帰蘇、饟畢、至領事館叙別、直帰洋行。凭窓而望、会奎巡撫（俊）、聶布政使（緝規）、呉按察使（承潞）、陸

た経由地である。宋の参政范成大は、越来渓の故城に依って、別荘を造り、湖山の勝景をすべて眼下に収められるようにした。越来渓は石湖と通じており、伝説では、越の兵はここから呉に入ったので、その名が付けられたという。高青邱の詩、「渓上　山改まらず、渓辺　台すでに傾く。越兵来る処の路、流水尚ほ哀声」（『大全集』巻五「越来渓」）(7)。山は横山といい、台は呉王郊台という。湖口に一大石橋が架けられ、圜洞は十数個あり、行春橋と称される。范参政に記があり、湖中には二つの中洲があり、これらもまた范参政が亭を立てたところである。舟を橋の下に繋留して、岸に上った。祠があり、位牌に、「宋参知政事資政殿大学士開国侯贈少師崇国公諡文穆范公諱成大大神位」と題してある。壁に呉錫麒の記が刻まれている。嘗ては千岩観、天鏡閣、玉雪坡、説虎軒、盟鴎亭、北山堂などの勝景があったが、みな戦災に罹り、千岩観だけが残っている。岩面には乾隆帝の御筆の題字があり。また二、三の刻文が残されてはいるが、破損して判読できない。玉境閣の廃墟の上に祠堂が建てられている。山の麓には乾隆帝の「霊岩行宮」御筆の碑もある。昼ごろ蘇州に帰った。食事を終え、領事館にいって別れを告げ、直ちに大東新利洋行に戻る。窓から眺めると、ちょうど奎俊巡撫、聶緝規布政使、呉承潞按察使、陸元鼎道台の一行が蘇経綸紗廠を巡視しにきている。呉門橋を通って入城し、衛兵及び諸々の従者がはなはだ多くて、さまざまな形の帽子をかぶっている。鶏の尾で作ったものもあれば、ツブ

道台（元鼎）巡視蘇経綸紗廠。経呉門橋入城、兵勇及諸従者甚多、戴各様帽。有以鶏尾製者、有似螺貝者、使人噴飯。轎夫及従者、衣服垢汚。前頭肩板片書「粛静」或「廻避」字者、次肩書官位者。書「粛静」或「廻避」字者、在北京亦屡見之。酉上牌、乗汽船発蘇。

十月三十日　晴。辰上牌、舟達滬。晩、古城子邀飲于聚豊園。会者梁子（啓超字卓如、一字任父、新会県人、為『時務報』主筆。将赴長沙中西学堂聘。年未壮、文名甚高）、祝子（秉綱字心淵、江蘇元和人）、戴子（兆悌）、汪子（貽年）、李子（一琴）、汪子（頌穀）也。楼宇壮大、劃房九十云。鄰房有拇戦者、有歌舞者、妓歌清遠、与楽器叵辨、不似本邦妓歌、与楽器背馳。亥牌辞帰館。賃汽船長安、溯江。瀛華洋行借僕荘坤

貝の殻のようなものもあり、吹き出しそうになる。轎夫と従者は、服が汚れている。先頭の者は「粛静」あるいは「廻避」の文字、次は官職が書かれた板ぎれを、それぞれ肩に担いだ者が進行してくる。「粛静」と「廻避」と書かれたものは、北京でもいくどか見かけたことがある。午後六時、汽船に乗り蘇州を発つ。

十月三十日　晴れ。午前八時、舟が上海に着いた。夜、古城氏の招請で聚豊園で酒盛りをした。出席者は、梁啓超（字は卓如、またの字は任父、新会県の人、『時務報』の主筆。まもなく長沙中西学堂（湖南時務学堂）の招聘に赴く。年は未だ壮年になっていないが、文名ははなはだ高い）、祝秉綱（字は心淵、江蘇元和の人）、戴兆悌、汪貽年、李一琴、汪頌穀の諸氏が集まって来た。楼閣は壮大で、部屋は九十にも分けられているという。隣の部屋には、ジャンケンで酒を戦う者もいれば、歌舞する者もいる。妓の歌声は清らかで遠くまで響きわたり、楽器と区別が付かないほどである。本邦の妓の歌声が楽器の音色と大きく開きのあるのとは違う。夜十時ごろに辞去して宿舎に戻る。汽船長安号に乗り込み、長江を遡る。瀛華洋行が従僕荘坤仁を旅の従者として貸してくれた。船は一千二百噸。夜半になっ

仁従焉。船一千二百噸。夜半雨至。

十月三十一日　雨歇雲開。煙波浩渺、両岸或見或隠。巳上牌過通州、船客上下。午天過泰興、帆檣森立浦口。船駛北岸、或遇水田、或遇叢蘆、或遇楊柳森鬱。民屋皆葺蘆葦類、毫不類北方瓦屋也。漁父坐汀挽罾、大小魚潑剌罾中。岸上樹葉、方帯浅紅。船中屡見喫鴉片者、両人対臥、且燎且爐、昏然如酔。鴉片者挙国上下所以為命。入寺観、僧道喫之。至学塾、師弟喫之。妓楼酒館、無処不備烟具。怡怡自得、不復以邦国之安危、生民之休戚為念。噫。

終日見孤山四、只有岸汀蜿蜒、来自蒼茫耳。未下牌、過江陰、夜過儀徴、鎮江、南京、皆熟睡不知。

て雨が降り出した。

十月三十一日　雨が止み、雲から太陽が現れた。水面がどこまでも広がっていて、両岸は見えたり隠れたりしている。午前十時、通州に着き、船客の乗り降りがあった。昼ごろ泰興に着いた。帆船が長江支流の入り江に林立している。船は北岸に沿って航行する。水田に出くわしたり、蘆藪に出くわしたり、楊柳の鬱蒼とした林に遇ったりする。民家の屋根はみな蘆葦を葺き、北方の瓦葺きの家とはちっとも似てない。漁夫が岸辺に座って四つ網を挽けば、大小の魚が四つ網の中で潑剌と跳ね上がる。岸辺の木々の葉は、今まさに薄紅色を帯びていくところである。船中にはたびたびアヘン吸飲者を見かける。二人が対面して寝台に横たわり、焼きながら煙を吐き出し、うっとりとして酒に酔っているかのよう。アヘンは国の上下を挙げて命のように大事なものになっている。寺観に入れば、僧侶・道士が吸っているし、学塾にいくと、師弟が吸っているし、妓楼や料理店でも、煙具を備えていないところはない。楽しそうに満足し、国家の安危、人民の苦楽などは全く念頭に置こうとしない。ああ。

日が暮れるまでに、ぽつんと一つだけ聳えたつ山を四回ほど見て、ただ岸辺が蜿蜒と続き、蒼茫たるかなたからやって来るだけであった。午後三時、江陰を通過した。夜、儀徴、鎮江、南京などを通過した。いずれも熟

十一月一日　晴。夢覚、船方駛南岸。北岸不復見一山、而南岸則峰巒起伏、連亘不絶、然皆丘也、非山也。其最大者、称土鶏山。卯下牌、過小九華山。辰下牌、過魯梁山、嶄岩枕江、為朝来好風景。船駛疾、景色倏忽変化、不遑応接。大江似航本邦中国海、然中国多山、大江山少。中国穏秀似美人、大江雄壮似丈夫。

巳下牌、至蕪湖、帯山臨水。邱上設税関、肆廛櫛比、繁昌可想。形勢似本邦馬関。少頃輒発、過此以西無山処。時見江水汎濫、村落如嶋嶼。聞春末上流雪融、江水始長。盛夏大溢、沿岸浸灌、一望如湖。迨秋後、水漸退。向者之如湖者、則変為壟畝、可以播麦。土質肥沃、不復用力云。沿江諸山、概穏

睡していて、気づかなかった。

十一月一日　晴れ。夢から覚めると、舟はちょうど南岸に沿って走りはじめた。北岸には山一つも見かけないが、南岸では峰々が起伏して、連綿としていて絶えない。しかし、みな丘であって、山ではない。最も大きいのは土鶏山という。朝七時、小九華山を過ぎる。午前九時、魯梁山を過ぎる。山は鋭くとがっていて、長江を枕としており、早朝の好風景である。船の進行は速く、景色はあっというまに変化し、応接する暇がない。長江での航行はまるで本邦の瀬戸内海を航行するのと同じである。しかし瀬戸内海には山が多く、長江には山が少ない。瀬戸内海は穏やかで美しく、まるで美人のようで、長江は雄壮で、まるで丈夫のようである。

昼十一時、蕪湖に着いた。山に依って長江に臨んでいる。丘の上に税関が設けられ、店がびっしりと立ち並び、その繁盛ぶりが想像できる。地勢は本邦の馬関（下関）に似ている。少し停泊して、すぐに出航した。ここから西へは山が無くなり、時々江水が氾濫して、村落が島々のようになっているのを見かける。聞くところによると、春の末、上流の氷雪が溶け出すと、江水が漲り、盛夏になると、江水が溢れて沿岸に浸水し、一望湖のようになる。秋を過ぎてから、水が引き始める。かつて湖になっていたところは、田畑に変貌し、麦の種を播くことができる。土質は肥沃なので、

麗可愛、不似長城以北、峭拔峻削。而山勢連亘、来自蒼茫中。山外又幻出一山、嶺外又湧出一嶺、重疊累積、堆藍凝黛、隠見於烟霏翠靄之間。此等景本邦所不多見焉。本邦画家、往往以淡墨描遠山於近山之後。然本邦地迫山高、一嶺屏列、不可望遠山於近山之後。故以此法写此国景則実、写本邦景則偽也。画家之於画、猶詩文人之於詩文。本邦詩文人、宜作本邦之詩文、則画家亦宜作本邦之画。若必摸此国人而作画、欲不陥為偽、可得耶。

未下牌、過半是鶏嶋。日暮、忽遇洲嶼蜿蜒、両岸逼仄、如拖帯、繚繞潆迂、両岸可摩。艙房太熱、出艙歩。清風可人。月正半規、石［原本：水］碎金流。時見漁火明滅波間。酉下牌、過大通。丑上牌、過安慶。

力を労さなくて済む。長江沿岸の山々はおおむね穏やかで麗しく親しみを感じられ、長城より北にある山の峻険さとは異なる。しかも山の地勢はどこまでも連なり、天空から延びてきているかのようである。山の向こうにまた一つの山が現れ、嶺の向こうにまた一つの嶺が湧き出て、いく重にもかさなり合って、まるで藍をうず高く積み、黛を凝らして、煙霧と透明な空気の間に見え隠れをしているようである。このような風景は本邦では多く見られない。本邦の画家は、往々にして、遠い山を近い山の背後に薄い墨で描く。しかし本邦は地が狭くて、山が高く、嶺が屏風のように並んでいるので、近い山の後ろにある遠い山を眺めることができない。ゆえにこの手法を以てこの国の景色を描けば実《まこと》になるが、本邦の景色を描くと偽りになる。画家にとっての絵は、詩文人にとっての詩文と同じである。本邦の詩文人が、本邦の詩文を作るべきであるとするならば、画家もまた本邦の絵を作るべきである。もしむりやりにこの国の人を真似して絵を作るとすれば、偽りに陥いるまいとしたくても、果たしてできるであろうか。

午後三時、半是鶏嶋を通過した。日が暮れそうになったころ、突然中洲や嶼が曲がりくねって続き、両岸が迫ってきて、まるで帯を引いているように、迂回屈折しながら前進し、両岸は手が届くほど近い。船室が暑すぎるので、甲板に出て歩く。風が心地よい。月はちょうど半円の形をしていて、はなはだしく暑い（『楚辞』招魂）。折しも、漁火が波間に点滅しているのが見

十一月二日　暁霧掩江、汽笛不絶声。卯下牌過花園鎮、諸山綿亘。最大者称相口山。白帆映朝曦、似浮鳧游鷗。辰上[原本：下]牌、過黒虎山。至是南岸山稍聳抜、北岸蒼茫、未見一山。辰下牌、過小孤山。鄱陽湖有大孤[原本：狐]山、故得名。巨岩屹立江心、高可三百尺、周廻一里許。岩腹有聖母廟、架閣四層。岩頂有塔、半現林杪。岩与彭[原本：鼓]浪磯、対峙如門。江水至此、隘束而出、水流迅急。船掠岩而過、深険可畏。范成大詩「濁浪欲砕小孤[原本：狐]山」。劉沆[原本：沅]詩「石聳千尋勢、波流四面痕。江湖中作鎮、風浪裏盤根」。范楟[原本：椁]詩「小孤有石如虎蹲、西望屹作長江門。江濤万古就縄墨、雖有勁勢不敢奔」。三詩善尽其景矣。過磯前而西、南岸江水清澂、与

えた。午後七時、大通を通過した。午前二時、安慶を通過した。

十一月二日　暁の霧が長江をおおっているため、汽笛の音が途切れなく響きわたる。朝七時、花園鎮を過ぎた。山々が連綿としているが、そのうち最大の山は相口山という。白帆が朝日に映じ、まるで水面に浮かぶ鳧、空を飛ぶ鷗のようである。午前八時、黒虎山を通過した。ここにいたって、南岸の山は少し聳え立つようになり、北岸は広々と果てしなくなり、一つの山も見えなくなった。午前九時、小孤山を通過した。鄱陽湖に大孤山があるので、この名が付けられた。巨大な岩石が長江の中に聳え立っている。高さは三百尺ほど、周囲は一里ほどである。岩石の中ほどに聖母（媽祖）廟がある。楼閣は四層で、岩石の頂上に塔があり、半分ほどが樹木から見え隠れている。岩は対岸の彭浪磯と、長江の門戸のように対峙している。江水はここにいたって、狭められて出ていき、水流が急に速くなる。船は岸壁を掠めて通過するので、その危険なことは畏れるべきものである。范成大の「濁浪砕かんと欲す　小孤山」（『石湖詩集』巻十九「澎浪磯阻風」）や劉沆の「石聳えて千尋の勢、波流れて四面の痕。江湖の中に鎮を作り、風浪の裏に根を曲がりくねる」（『増修詩話総亀』巻之三「小孤山」（和潘夙））、范楟の「小孤に石有りて虎蹲るが如し、西のかたを望めば屹として長江の門を作る。江濤万古縄墨に就き、勁勢有りと雖も敢えて奔らず」（『范徳機詩集』巻五「小孤行」）などの三詩はみな善くこの景色を描いている。

北岸劃黄碧色、知鄱陽湖方近也。過馬当山、黄魯直所屢遊賞焉、山勢似奔馬。進至湖口、南望琉璃渺漫、天日下射、波光四発。鄱陽湖一名彭蠡湖、明太[原本：大]祖破陳友諒処。未下牌、至九江。漢楚時黥布王于此、灌嬰、陶侃、温嶠、庾亮、檀道済、岳飛、魏了翁等所鎮焉。城枕江、東北隅有砲塁。直上岸、投春和客桟。楼上望江、風景雖佳、殊欠潔清。凡在此国、投客桟、先使人心不爽者、厠房也。北京城中不設厠、至村家、草舎下堀穴、横石数尺、跨石而辨。南方或設浄器、以腰安器上而辨。毎朝有人為業者、来洗浄器。或屋外小舎設厠、状似本邦小農家、湫穢難耐。而客舎皆無寝被、覊旅者必須自備。行李至重、動至錡釜盤盂盥盆類皆自携。及就寝、臭虫来咬、膚膚生癬、覊人之所最為苦也。古来彼我詩人往往説旅苦、然在本

磯の前を過ぎて西に向かうと、南岸の江水は清澄になり、北岸の黄色とは、碧色で一線を劃したようになっているので、鄱陽湖に近づいてきたことが分かる。馬当山を通過した。宋の黄魯直（庭堅）がたびたび遊び賞でたところである。山の勢いは奔馬のようである。湖口まで進んで、南を眺めると、湖はまるで琉璃のように果てしなく広がっている。天日が湖面に射すと、波の光りが四面に散らばる。鄱陽湖は、又の名を彭蠡湖ともいい、明の太祖が陳友諒を破ったところである。午後三時、九江にいたった。九江は漢楚の時、黥布がここで王になったところである。その後、灌嬰、陶侃、温嶠、庾亮、檀道済、岳飛、魏了翁らがそれぞれ歴代の地方長官としてここを治めた。城は長江に沿って築かれ、東北隅には砲台がある。直ちに岸に上がり、春和客桟に投じた。楼上から長江を望むと、風景は絶佳ではあるが、ひどく清潔さに欠けている。およそこの国で、宿屋に投じた際、先ず不愉快になるのは、厠である。北京城中では厠が設けられていない。田舎の家にいたっては、草葺きの部屋に穴を堀り、数尺の石を横に置き、石を跨いで用を足す。南方には便器を置いてあるところもあるが、腰をそこに下ろして用を足す。毎朝、それを業とする者がいて、便器を洗いに来る。あるいは屋外の小屋に厠が設けられている場合もあり、その様子は本邦の小さな農家に似ているが、その汚さは耐え難い。しかも旅館はどこにも布団が無く、旅人は自分でそれらを用意しなければならない。旅の荷物は、

邦東覊西旅、就館如帰、毫不覚旅苦。故此土詩人説旅苦実也、本邦詩人則虚也、偽也。

　小憩、入観城内。搬貨者、担水者、逼巷旁午、不可進前。出門、歩江濆。落霞映水、波光蕩漾、灩耀射人。

　晩、一人来通刺筆話、頗為詭激之言。毎一話畢、把紙灯火焼之、且請為他人秘之。談移刻而去。

　匡廬者江南名山也、去府不太遠。然山中多勝地、三四日難輙探尽。而予将先至漢陽、帰路以陰暦十月既望、観月赤壁、乃止其行。更欲詰旦遊濂渓、問里程、曰、十五里。命轎、轎夫貪銭、且曰、「途遠、午天不能返」。予叱斥曰、「去、不要轎」。清十五里、当日本二里半。吾有健脚、往反五里、何憂費時。且欲早帰府、故命轎、等是過午、不若徐行賞景。轎夫苦勧、不聴。

ややもすれば、炊事や洗濯道具類にいたるまで、みな自ら携帯しなければならない。いざ寝ようとすると、ナンキン虫が刺しに来る、膚にタムシができるのは、旅人にとって最も苦痛なことである。古来、彼我の詩人が往々にして旅の苦痛を説くが、しかし本邦では東西に旅する者も、旅館に着くと家に帰ったと同様に、ちっとも旅の苦痛を感じることはない。故にこの国の詩人が旅の苦痛を言うのは真実であるが、本邦の詩人がいうそれは虚偽である。

　少し休憩してから城内を観に行った。荷物を運搬する者や水を担ぐ者が巷に溢れかえるので、前進できない。城門を出て、長江の畔を歩く。夕焼けが水に映り、波の光が激しく揺れ動いて、人を射すほどであった。

　夜、ある人が来て名刺を投じて筆談した。頗る変わった過激なことを言い、ひとことを書き終わるたびに、紙を灯火で燃やし、また話を他人に漏らさないようにと言った。しばらく話しをして姿を消した。

　匡廬は江南の名山で、九江府からはさほど遠くない。しかし山の中に多くの景勝地があり、三、四日ではすべて訪ね尽くせない。しかも私は先ず漢陽に行き、帰路、陰暦の十月十六日（陽暦十一月十日）の夜に赤壁の月を観たかったので、廬山行きは断念した。そこで翌朝、濂渓に遊ぶことにした。里程を聞くと、十五里という。轎夫《かごかき》が銭を貪ろうとして、「道のりが遠いので、午後からの出発では当日の帰還はできない」という。私は、

十一月三日　暁霧冥漠、東西叵辨。辰上牌、冒霧而発。出郭南、両湖夾路、東小西大。東称甘棠湖、旧名景星湖。唐李渤築堤、人曰［原本：因］李渤湖。後張洪靖以方召伯故、改今名。西称鶴問湖、陶侃葬母処。取路堤上、堤窮遇阜、墳墓無数、蹊墳而行。墳墓之状、南北不同。幽燕之地、路傍如畦畛者、立石誌地界、曰、某氏塋宅、曰、某氏兆域、絶不見起墳。江南則依阜起墳、大小累累、墳前立石記某墓。莽草荒蕪。或為人蹂躪、碑小者往往埋没土中。在高景山、間数十歩、見石題呉府界、殆似以

「去れ、轎は不要」と叱って退けた。清の十五里は、日本の二里半にあたる。私は健脚であるから、往復五里ぐらい、時間を費やす心配はない。かつ早く九江府に戻りたいので、轎夫に対して、どうせ昼過ぎになるのなら、ゆっくり行って景色でも眺めたほうがましだと告げた。轎夫がしきりに勧めようとしたが、聴き入れなかった。

十一月三日　明け方の霧が朦朧として、方向の区別もできないほどであった。朝八時、霧を振り払って出発した。城南を出ると、二つの湖の間に路を挟んでいて、東は小さく西は大きい。東は甘棠湖と称し、その旧名は景星湖であった。唐の地方長官李渤が湖の間に堤防を築いたので、人々はこれを李渤湖ともいう。後に張洪靖が周の召伯が甘棠の樹の下で民の願いを聴き入れ、政治を執り行う故事にちなんで（『詩経』甘棠）、今の名に改めた。西は鶴問湖と称し、東晋の陶侃が母を葬ったところである。堤防の上を歩き、堤防が尽きたところに丘が現れ、墳墓が無数にあり、それをよけながら進む。墳墓の形状は南北では異なる。幽燕の地では、路傍の畦のようなところに、石を立てて土地の境界線として、「某氏の塋宅」や「某氏の兆域」と書くだけで、墳を造ることはまったく見かけなかった。江南では丘に沿って墳を造り、大小が重なり合い、墳の前に石を立てて某墓と記すが、ぼうぼうの草藪で荒廃したり、あるいは他人に蹂躙されたり、碑が小さいも

全山為兆域。因問土人、曰、蓋蘇州富豪歟、不知其何人。棺南北皆同製、形似舟、甚美。描花卉類、似従重葬礼来。本邦人不必言重葬礼、然不啻子孫之重父祖墓、亦重他人墓。此国論葬礼、喋喋如此、観其実際、既葬、去而不顧。不子孫已如此、況他人乎。其蹂躙之、不亦宜乎。近年本邦当葬贈花卉、或立巨碑、以誇示人。乃知漢土重葬礼云者、亦非真心重之、而虚飾誇人者。非耶。

下阜、循邱沿湖而行、過二三村、遇渓、則濂渓也、周茂叔所家焉。渓発源廬山、茂叔取故里之号名之云。渓小水浅、牛馬糞成堆。地景至凡、不足寓目。然地雖凡乎、因周子而伝。天下勝境不遇其人而不伝者何限、可嘆夫。

越渓而往、周子墓在焉。依小邱、石墉環遶、老樹薈蔚。門扁曰、「濂渓夫子廟」。按程朱之学、出於周子、而周

のは往々にして土の中に埋没してしまう。先日蘇州の高景山で、数十歩の間隔で、呉府界と題する石碑を見かけた。おそらく山全体が兆域なのであろう。現地の人に聞くと、蘇州の富豪だろうが、どんな人かは知らないという。棺は南北ともに同じ様式、形は舟に似て、はなはだ美しい。草花が描かれ、一見葬礼を重んじることからきているように思える。本邦の人は必ずしも葬礼を重んじると口に出して言うわけではないが、しかし子孫が父祖の墓を重んじるだけではなく、他人の墓も重んじている。この国では葬礼を論じる場合、蝶々として言葉数が多いものの、其の実際を観てみると、既に葬ったら、去って顧みない。子孫はすでにこうであるので、まして他人のこととなると、なおさらである。蹂躙するのも、されるのも、もっともである。近年、本邦でも葬儀にあたって、花を贈ったり、あるいは巨碑を立てたりして、以て人に誇示するが、すなわち、漢土で葬礼を重んじるとかいうのも、真心から重んじるのではなく、虚礼を人に誇示しようとしているだけだと分かる。そうではないだろうか。

丘を下って、丘に従い湖に沿って行き、二、三の村を過ぎ、渓流に遇うと、濂渓である。周茂叔（敦頤）が家を築いたところである。渓流は廬山を源としている。茂叔は故里の名称を以てこれに命名したという。渓流は小さくて水が浅い。牛馬の糞が山積みになっている。景観は至って平凡で、見るべきものがない。しかし地は平凡であっても、周子によってその名が

子亦有所本焉。周子得力於釈氏、然亦南方之学也。南方与中原、為学之法、迥有逕庭。中原之学、主経済実用、而南方専談空遠之理。周之時、中原有孔聖、南方有老荘。而楚狂接輿長沮桀溺之徒、皆為南方之人。並遺経綸事業、遁世保身、自以為得。夫南之与北、不［原本無「北不」二字、拠「栞誤」移入］啻学問有異同、民族而下、至凡百事物、莫皆不殊。春秋［原本、「春秋」之間、錯入「北不」、拠「栞誤」移出］之時、中原諸侯、斥呉楚不肯歯列。然呉楚未可必目以夷狄、明君賢相輩出、国力強盛、勢凌中原。中原諸侯賤斥之者、以民族不同故也。春秋以晋楚争覇終始、其初既有斉桓宋襄伐楚、亦不過南北民族之争而已。且後人皆目楚以諸侯、然楚当与周敵、非斉晋之敵也。楚之県尹皆称公、猶中原之諸侯、不可以僭擬議之也。昭王、康王之子也、而南巡不返、可以見周威令

伝わった。天下の景勝地でも、しかるべき人がそこから出ていないため、知られていないものはどれぐらいあるだろうか。まったく嘆かわしいことである。

渓流を越えていくと、周子の墓があらわれる。小さな邱を背後に控え、石垣を繞らせている。老木が生い茂っている。牌坊に「濂渓夫子廟」と題する扁額が掲げられている。案ずるに、程朱の学は、周子から生まれたが、周子にもまたその根源とするものがある。周子は仏教から力を得ているが、その学はやはり南方の学である。南方と中原とは、学をなす方法に、大きく違った道筋がある。中原の学が経済実用を主眼としているのに対して、南方はもっぱら空遠の理を談ずる。周の時、中原には孔聖があり、南方には老荘があった。しかも楚の狂人接輿《せつよ》、長沮《ちようそ》、桀溺《けつでき》の輩はみな南方の人である（『論語』微子）。いずれも経綸の事業を捨てて、世俗から遁れて保身をして、自らそれでいいのだと思っている。凡そ南と北とは、学問に異同があるだけではなく、民族のほか、凡そ諸々の事物にいたるまで、みな異ならないものはない。春秋の時、中原の諸侯は、呉・楚を斥け、同列に扱わなかった。しかし呉・楚を必ずしも夷狄として見てはいけない。明君賢相が輩出し、国力が強盛で、その勢いは中原を凌いだ。中原の諸侯が呉、楚を斥けたのは、民族が異なるためであった。春秋は晋・楚の覇権争いをもって終始し、その初めに既に斉の桓公と宋の襄公が楚を伐ったが、これもまた南

不行於南方、不待幽、平之世矣。戦国以次削平、楚遂為秦所幷。然亡秦者楚也。漢高非春秋時楚人、然豊沛之地、在戦国之時、立楚治下。漢高為懐王服喪、致討項羽、不特藉名也。司馬遷竜門之人也、文章之才、実以遊南方成就。是豈南方山水、能成遷之才耶、与南方之人交通、以養其才焉爾。三国之時、魏呉相抗、亦自然之勢也。至晋、中原之地、常為北胡所擾、尤極惨酷。而南方常多清平、清談盛行。夫東晋之地、非老荘所産耶。二陸之才、自与石勒、劉淵務実際不同、亦南北之異耳。六朝之文、概尚浮華、南人之気習所当然焉。至明清、詩客文士、多南方之人、亦然。且中原之地、経五胡魏隋至唐、治平未久、而有安史之乱、尋以藩鎮跋扈、五代割拠、無不被其禍。及宋都汴、幽燕一帯、為契丹之有。南遷以後、中原尽

北間の民族の争いにほかならない。且つ後人はみな楚を諸侯として見ているが、しかし楚はただ周とのみ匹敵するもので、斉・晋と同列ではない。楚の県尹はみな公と称し、中原の諸侯と同様で、「僭偽」をもってそれを論ずることはできない。周の昭王は康王の子で、しかして南巡したまま返らなかった（『史記』周本紀第四）。もって周の威令が南方に通用しないのは、幽王や平王の世まで待つこともないのが分かる。戦国では諸侯が順次平定され、楚も秦に滅ぼされた。しかしその秦を滅亡させたのもまた楚であった。漢の高祖劉邦は春秋時代の楚人ではないが、しかし豊沛の地は、戦国の時、楚の治下にあった。漢の高祖が楚の懐王のために喪に服したのは、単に項羽を討伐するための名義借りだけのことではない。司馬遷は陝西省竜門の人ではあるが、その文才は、実に南方に遊んだことによって成就されたものである。これはあるいは南方の山水が司馬遷の才能を成就させたのであろうか。南方の人々との交流こそがその才能を培ったのである。三国の時、魏・呉が対抗したのもまた自然の勢いであった。西晋にいたっては、中原の地は、常に北胡の騒擾に悩まされ、むごたらしさを極めた。しかし南方では常に太平で、清談が流行することになった。そもそも東晋の地は、老荘の生まれたところではないか。二陸（九齢、九淵）の才能は、実際の事柄に努力をする石勒、劉淵とは自ずとその性質が異なる。これもまた南北の違いによるのである。六朝の文はおおむね浮華を尚ぶが、南方人の気風と

帰女真蒙古之手。北方常多事、而南方久免其禍、此文学之所以盛於南、而不盛於北歟。当宋元対峙、経済実用之学、元比宋為多、亦南北異同之所以然焉。唯其如此、南方文学雖盛、孔聖之教、不染人心。而北則文学萎薾不振、釈奠之礼、所以帰告朔餼羊歟。周程朱陸之学、喜談空遠之理、与孔氏実際之学背馳者、亦出於南北学問異同、所不能免之勢也。

立墓門良久聞異声、仰首則飛鶴為群也。予幼時官禁殺鶴、故鶴能馴人、人雖近不驚。迨維新、手銃濫殺、至野絶鶴蹟。今此偶見飛鶴、迨有今昔之感。

時煙霧漸薄、匡廬諸嶺、或見或隠、全山遂不可見、豈山霊為予慳吝、不欲露其秘歟。帰途湖畔傭舟、過浸月亭址。亭白居易所作、後人取其「別時茫茫江浸月」句而名焉。至湖口、万船繋泊、

しては当然のことである。明・清にいたっては、詩客文士の多くが南方の人であったのも、同様な理由によるものである。且つ中原の地では、五胡・魏・隋をへて唐にいたるまで、平和な時が長続きせず、しかも安史の乱があり、藩鎮の跋扈、五代の割拠がそれに続き、その禍を蒙らないときはなかった。宋が首都を開封にしたことによって、幽燕一帯は契丹の所有になった。宋の南遷後、中原はすべて女真・蒙古の手に帰した。北方は常に多事多難であったのに対して、南方は久しくその禍を免れていた。それが文学が南方では盛んになり、北方では盛んにならなかったゆえんであろう。宋・元の対峙にあたって、経済実用の学は、元のほうが宋よりも多かったのも、また南北の異同によるものである。このようであるからこそ、南方は文学が盛んであっても、孔聖の教えが人心に浸透しない。これに対して北方では文学が衰微して振るわず、釈奠の礼もついに毎月の朔《ついたち》を告げる儀式を行う際、羊を供えるような形ばかりのものになってしまったのである（『論語』八佾）。周・程・朱・陸の学が、空遠の理を談ずるのが好きで、孔氏の実際の学とは逆行しているのも、南北の学問の異同によるものであり、避けることのできない趨勢である。

墓地の牌坊の前に立ちつくしていると、聞き慣れぬ声が聞こえてきた。首を仰向けて空を見上げでみると、飛ぶ鶴の群れであった。私が幼いときは、役所が鶴の捕殺を禁じていたので、鶴は人に馴れ、人が近づいても驚

殆不見水。未牌達客桟。此国在客桟、衆濫入他人房、妄弄他人行李、不以為怪。甚則問他人所携雑物価、又妄弄他人衣服、又問其価。其問他人衣服雑物之価、無貴賤皆然。然在清人、不以為無礼。不啻以為無礼、往往論己衣服雑物価、以矜誇人。於是予乃揚言曰、「日本人不愛銭、故買物不記価。且在日本、問他人衣服雑物価、目為無礼」。故予幸未忘其価、亦不肯答也。

かなかった。維新後、小銃でむやみに捕殺するようになったため、野原に鶴の姿が途絶えた。いま、たまたま飛んでいる鶴を見かけて、今昔の感を覚えた。

　その時、煙霧がしだいに薄くなり、廬山の嶺々が見たり隠れたりするようになり、山全体の姿は遂に見ることができなかった。もしかしたら山の精霊が私に対してけちっていて、その奥深いところを露にしたくないのかもしれない。帰途は湖畔で舟を雇い、浸月亭の蹟を通った。亭は白居易が造ったもので、後人がその「別るる時　茫々として　江　月を浸す」（「琵琶行」）の句にちなんで命名した。湖口につくと、夥しい船が繋留してあり、殆ど水面が見えないほどであった。午後二時、宿屋に戻った。この国は宿屋では、人々が勝手に他人の部屋に入って、妄りに他人の荷物にさわっても怪しまない。はなはだしくは他人の携えている日用品のの価格を聞き、妄りに他人の衣服にさわり、その価格を聞く。他人の衣服や日用品の価格を聞く習慣は、その身分の貴賤に関係なく、皆持っている。これは清国人にとって、無礼とは思っていない。無礼と思わないどころか、往々にして自らの衣服や日用品の価格をあげつらって他人に自慢する。そこで私は大げさに言った。「日本人はお金を惜しまないので、ものを買っても価格を覚えていない、また、日本では他人の衣服や日用品の価格を聞くことは、無礼と見られる」。だから、私はその価格を忘れていなくても、答える気

十一月四日　陰風帯雨気。湓浦在城外、白楽天送客作「琵琶行」処。本有琵琶亭、今為西人租界、亭亦為西人房子。西人常倨慢、自称文明人、然遇異種人、殆無人理。至其名勝旧蹟、到処破壊、毫不為愛惜。本邦亦屡蒙是禍焉。

　晩、微雨至。此日待汽船不到。待至夜半、江孚号（属招商局）始至、乃賃乗、時子牌也。噸量一千三百。在本邦、投客桟、又乗船、給僮賞銭与否、都在客意中。在此国、僮必来請、名曰酒銭、与十銭、強請至五十銭、与五十銭、強請至一元。客桟運行李、亦必請酒銭。

十一月五日　卯下牌、起寝出艙、雨方

はなかった。

十一月四日　冷たい風が雨の気配を帯びている。湓浦は城外に在り、白楽天が客を送るときに「琵琶行」を作ったところである。元々は琵琶亭があったが、今は西洋人の租界になり、亭もまた西洋人の家屋になっている。西洋人はいつも傲慢で、自ら文明人と称しながらも、異なる人種の人に遇うと、ほとんど人道的扱いをしない。その名勝旧蹟に対しても、いたるところで破壊し、ちっとも愛惜の念をもっていない。本邦もまたたびたびその禍を蒙っている。

　夜、小雨が降り出した。この日、汽船を待っていても来てくれない。夜半になってようやく江孚号（招商局に所属）が来たので、すぐに運賃を払って搭乗した。時はすでに深夜十二時になった。船の噸量は一千三百。本邦では、宿屋に投じたり、また船に乗ったりするとき、従僕にチップを与えるか否かは、客の気持ち次第である。この国では、従僕は必ず要求しにくる。名づけて酒銭という。十銭を与えたら、五十銭を強要する。五十銭を与えたら、一元を強要する。宿屋の者にいたっても荷物を運ぶとき、必ず酒銭を強要する。

十一月五日　朝七時、寝起きて船室を出た。雨が止んだばかりである。両

収。両岸偪仄、邱山連亘。問地名、曰、蘄州也。巳上牌、過黄石港。船沿南岸、丘陵渓磵、尽経墾拓、景色似本邦、不似北方眩漠也。午天過武昌。城堞蜿蜒山上。対岸為黄州、亦見城堞連丘上也。江身益狭。戌［原本：戍］上牌、船達漢口。

十一月六日　晴。暁上岸、至東肥洋行。藤森（茂一郎）、橘（三郎）、佐無田（実）、緒方、勝木（恒喜）五子所創也。皆肥後人、故称東肥洋行。漢陽隔漢、武昌隔江相望、漢水従西北来、不太広、江亦至此甚狭、其最狭処三里云。旧有漢陽一府、人口繁殖、拡至漢東。漢陽有城、而漢口無城。民屋皆大、無不有楼、架至四層五層。巳下牌、東肥洋行使二僮為導、賃小舟溯江、抵漢陽。有閣曰晴川閣、係清朝新造。江漢大勝、収在目睫。有禹碑、閣北攀邱、曰大別。『禹

岸が近づいてきた。地名を聞くと、蘄州という。午前十時、黄石港を通過する。船が南岸に沿って航行する。丘陵や渓流が悉く開拓され、景色は本邦と似ていて、北方の広漠とは違う。昼頃、武昌（ここは府城の武昌ではなく後の鄂城県を指す。訳者注）を通過する。城壁は山上に蜿蜒と伸びる。対岸は黄州で、またも城壁が丘の上に連なっているのが見える。長江の幅が益々狭くなった。午後八時、船は漢口に到着した。

十一月六日　晴れ。明け方、上陸し、東肥洋行にいった。藤森茂一郎、橘三郎、佐無田実、緒方二三、勝木恒喜の五氏が創ったものである。みな肥後の人なので、東肥洋行と称するゆえんである。漢口は漢陽と漢水を隔て、武昌とは長江を隔て、それぞれ相望み、漢水は西北から流れて来て、さほど寛くない。長江もここまで来るとはなはだ狭くなり、そのもっとも狭いところは三里しかないという。昔は漢陽一府しかなかったが、人口の増加によって、漢水の東まで拡大した。漢陽には城壁があるが、漢口にはない。民家はみな大きく、どれも楼があり、四階ないし五階建てである。午前十一時、東肥洋行からは案内するために、二人の従僕を寄越してくれた。小舟を雇い、長江を遡って、漢陽に着いた。晴川閣という楼閣があり、清朝の新築である。江漢の勝景はすべて眼下に収められる。禹碑があり、閣の北側に邱が寄りかかっており、大別山という。『禹貢』に「内方、大別に

貢』、「内方至于大別」是也。一名魯山、旧有魯粛祠、故名。三国及南北朝之時、恒為必争之地。有禹廟、旧在山下、移置山上。道士守此、不知字、不能自辨其為道為仏也。丘上遠眺、至沔陽雲夢、可収襟帯間。邱陰則呉人以鉄鎖横截拒晋師処。東麓有製鉄処、鑄兵処、布鉄軌至江、汽車往反、結構壮偉。係張総督（之洞）規模云。張氏有大略、講武起学、頗有声績、近年又教本邦語学。両湖人推服如神、比李中堂名最重云。北下邱、有伯牙台、相伝伯牙鼓琴処。伯牙出於『列子』、『列子』寓言、不知真有其人与否。其鼓琴処、恐出後人仮托也。長廊連房、委曲高低。毎房掲書画無数、然無足観者。房内外陳盆栽菊花、不知幾百種。幽香馥郁、暫粘袖裳不去。但庭廡欠瀟洒、不見些雅趣也。台下曰鏡湖、一名郎官湖。李白［原本：伯］遷

いたる」とはこの大別山のことである。別名は魯山ともいい、むかし魯粛の祠があったので、名付けられた。三国及び南北朝の時は、つねに争奪の標的であった。禹廟があり、むかしは山のふもとにあったが、いまは頂上に移った。道士がこれを守っているが、文字を知らず、自ら道であるのか仏であるのかも区別がつかない。丘の上から遠くを眺めると、沔陽・雲夢の景色にいたるまで、眼底に収めることができる。邱の北はすなわち三国呉の人々が鉄の鎖で西晋の軍隊を横から遮って拒んだところである。東のふもとに製鉄所と兵器鑄造所がある。鉄道が長江まで敷かれ、汽車が往復していて、社屋は壮観である。これらは張之洞総督が計画・推進したという。張氏には大略があり、武備を講じ学校を起こし、頗る名声と功績を残している。近年はさらに本邦の言語や学問も教えており、湖北・湖南の人々はみな神の如く崇敬しており、李鴻章よりも重んじられているという。北のかたへ邱を下ると、伯牙台がある。伝説では伯牙が琴を奏でたところである。伯牙のことは『列子』に見えるが（『列子』湯問篇第五、十二）、『列子』は寓言集であるから、本当にそのような人がいたかどうかは、知るよしがない。その弾琴のところも、恐らく後人の作り話であろう。長い廊下によって連ぎられる部屋が、曲がりくねって高くなったり低くなったりして築かれている。部屋ごとに多くの書画が掲げられているが、観るに足るものはない。部屋の内外に、盆栽の菊花が並べられ、いく百種があるかも分からない。香り

夜郎、遇故人尚書郎張謂、觴于湖上。謂殊有勝概、顧白曰、「夫子可為我標佳名、以伝不朽」。白挙酒酹水、号曰「郎官湖」、有詩幷序。湖畔買舟、従湖下漢。江漢合処、有竜王廟。扁曰「江漢之滸」。泊船大抵有二三桅檣。凡船上下江、大者張帆五六、巧操帆、風順逆皆可行也。此夜与諸子対酌、与柳原子（又熊、在武昌府自強学堂、教本邦語学）、岡子（在漢口漢報館司庶務）、宗像子（寅三、農商務省留学生、在上海、近日来漢口）相見。

十一月七日　晴。巳上牌、欲訪力子捷三、買舟遊武昌。力子軒挙之叔父也。武昌有二、曰武昌府、曰武昌県。府与漢陽相対、呉趙咨所謂「江漢為池」是

が馥郁として、暫らく袖に纏わって消えない。ただし庭は瀟洒さを欠き、少しも雅趣が見られない。伯牙台のふもとには鏡湖があり、またの名は郎官湖という。李白が夜郎国に左遷された際、ここを通り、旧友の尚書郎張謂と遇って、湖のほとりで酒盛りをした際、張謂は殊に感慨を覚え、李白にこういった、「夫子には私のために佳い名をこの湖につけ、いつまでも伝わるようにしていただけないか」。李白は酒杯を挙げて、湖の水に注ぎ、「郎官湖」と名付けた。これについての詩と序が残されている（「泛沔州城南郎官湖并序」）。湖畔で船を雇い、湖から漢口へ下った。江・漢の合流するところに、竜王廟があり、扁額に「江漢之滸」との題字がある。泊まっている船は大抵二、三本の帆柱があり、凡そ船が長江を上下する際、大きいものは五、六枚の帆を張り、巧みに操る。風は順風でも逆風でも航行できる。この夜、諸氏と対酌、柳原又熊（武昌府自強学堂で本邦語学を教える）、岡幸七郎（漢口の漢報館で庶務を司る）、宗像寅三（農商務省留学生、上海に滞在、最近漢口に来た）の諸氏と会った。

十一月七日　晴れ。午前十時、力捷三氏を訪ねるために、船を雇い、対岸の武昌へ出かけた。力氏は軒挙の叔父である。武昌は二つあり、武昌府と武昌県である。府は漢陽の対岸にあり、三国呉の趙咨が「長江と漢水とをお堀としていた」といったところである。孫権が最初にここに都を設けた

也。孫権所初都于此、後徙建業。県与黄州相対、府県相去百八十里。舟至府城東門、舍舟上岸、城中路皆甃石。担夫汲江而走、水滴石滑、易失足、湫穢不可歩。是在漢陽亦然、在九江亦然。凡沿江城邑、莫皆不然云。

　適過魚市、江魚無数、皆不知名。見口在頷下者二種、一種五尺許、鼻長。一種二尺許、鼻短。又有巨魚七八尺許者。又有似鰻者、黄質斑紋、毎呼吸、頷下膨脝、細視則口鼻目瞼似鼈。『爾雅』釈魚、「短鼻者曰鱣」。註曰、「大魚似鱏而短鼻、口在頷下、体有邪行、甲無鱗、色黄、大者長二三丈、江東呼為黄魚。鼻長者為鱏」。疏曰、「鱏長鼻魚也、重千斤、盖鱣鱏並鯊類也。又似鰻者曰鱓」。『類篇』、「鱓黄質黒文」。『爾雅翼』、「鱓似蛇無鱗」。『本草図経』、「鱓似鰻鱺而細長、亦似蛇而無鱗」。『史記』

が、後に建業に移った。武昌県は黄州に隣りあっており、府と県は百八十里離れている。舟は府城の東門に至った。船を離れて岸に上った。城内の路はみな敷き瓦や石などで敷かれている。運搬の人夫が江水を汲んで走るので、水が滴ると石が滑り、転びやすいし、汚くてとても歩けない。これは漢陽でもそうであり、九江でもそうである。凡そ長江沿岸の町は、みなそうでないところはないという。

　たまたま魚市場を通った。長江の魚が無数にあるが、どれも名前は知らない。見れば口が頷下にあるものが二種ある。一種は五尺ぐらい、鼻が長い。もう一種は二尺ぐらい、鼻が短い。また巨大な魚は七、八尺ぐらいのもあった。また鰻に似ているものもあり、黄い肉質に斑紋があり、呼吸をするたびに、頷下の吹き袋が膨張する。細かく視てみると口・鼻・目・瞼が鼈に似ている。『爾雅』釈魚によると、「短鼻の者は鱣と曰う」。註にいう、「大魚にして鱏に似て短鼻、口は頷下に在り、体に横縞の模様があり、甲には鱗がない。色は黄色で、大きいのは長さが二、三丈ある。江東では黄魚と呼ばれる。鼻の長い者は鱏という」。疏にいう、「鱏とは、長鼻魚なり、重さ千斤、盖し鱣・鱏は並びに鯊類なり。また鰻に似ている者は鱓という。『類篇』では、「鱓、黄い体幹、黒い紋様」という。『爾雅翼』はいう、「鱓、蛇に似て、鱗が無い」。『本草図譜』（経、譜の誤りか）はいう、「鱓、鰻鱺に似て細長く、また蛇にも似ているが、鱗が無い」。『史記』太史公自序には、

大史公自序、「黿鱓与処」註、『索隠』曰、鱓音鼉。盖鼈属也」。凡江中之魚、皆似海魚。在本邦啖川魚、概腥臭不佳、独江魚則不然。江南屡啖鯿、肉脆美、尾端赤。『爾雅』釈魚註曰、「江東呼魴為鯿」。『周南』所謂「魴魚赬尾」是也。

抵力子家不在、留刺而去。至黄鶴楼、遭災為墟、依山臨江、四望遼濶。山曰黄鶴山、磯曰黄鶴磯。呉王孫権築城、名夏口城。夏口本在北岸、孫権取以命城、而北岸名遂晦。宋時柳世隆守之、沈攸之攻之不克。陳初周将史寧為土山長梯攻之、不能破。唐黄巣之乱、止陥其外郭、実為形勝要害之地。路傍丐兒、尾客乞銭、穢臭衝鼻。抵江買舟、未下牌、帰漢口。夜与諸子閑酌。

十一月八日　晴。与金子（名学清字石

（越の人々が）「亀や鱓とともに生活する」とあり、その註に、『索隠』はいう、鱓は、音は鼉。盖し鼈の属である」。凡そ長江の魚は、みな海の魚に似ている。本邦では川魚を喰うと、おおむね生臭くて味がよくないが、長江の魚だけはそうではない。江南ではたびたび鯿を食したが、肉質の口当たりが柔らかくて美味で、尾端が赤い。『爾雅』釈魚の註はいう、「江東では魴を鯿と呼ぶ。『周南』のいう「魴魚の尾は赤い」とはこれである。

力氏の家にいったが、不在であった、名刺を遺して帰った。黄鶴楼に行ったが、災に遭って廃墟となっていた。山を背後に控え長江に臨み、見わたす限り広闊である。山は黄鶴山といい、磯は黄鶴磯という。三国呉王孫権が城を築き、夏口城と名付けた。夏口は本来、北岸に在り、孫権はこの名を取り城に命名したので、北岸の名が遂に知られなくなった。南朝宋の時、斉の柳世隆がこれを守り、宋の沈攸之がこれを攻めても落とせなかった。南朝陳の初め、北周の将軍史寧が土山を作り長梯でこれを攻めたが、破ることができなかった。唐の黄巣の乱では、ただその外郭を陥落させたのみであった。実に景勝要害の地である。路端の乞食は、客を追尾して物乞いをし、悪臭が鼻を衝く。長江にいたって舟を雇い、午後三時、漢口に帰った。夜、諸子とのんびりと酒を酌み交わした。

十一月八日　晴れ。金学清氏（字は石泉）とともに、胡薦青氏（字は履福）

泉）、訪胡子（名薦青字履福）。胡子年五十三四、善書、現援筆『漢報』。夜与諸子閑酌。岡子来。

十一月九日 陰。緒方、勝木二子、従本邦、帰漢口。此日将買帆船下黄［原本：江］州。舟人告曰、「北風急、不可釈纜、暫留候風歇」。力子父子、従武昌渡江来訪。（力子年六十左右、現管鉱政局。息名鎌、年未弱冠、方学本邦語）。対談傾刻而去。午下牌、舟人告風差減。乃辞東肥洋行、抵江濵、諸子送至船。既出江心、風声如吼、怒濤洶湧。舟子二人操帆。帆檣傾欹、船欲覆者数矣。屢転柁而進。日暮、泊刀江（俗間用通音、故問地名、答以通音、字適不適、未可知也）、去漢口二十五里。風逆浪高、故舟行慢甚。浦内太広、大小船舶繋泊。『風土記』曰、「大水有小口別通、

を訪ねた。胡氏の年は五十三、四歳、書を善くし、現在『漢報』の主筆をしている。夜、諸氏とのんびりと酒を酌み交わした。岡氏が来た。

十一月九日 曇り。緒方、勝木の両氏は本邦から漢口に戻った。この日、帆船を雇い、黄州へ下ることにした。舟人が告げていう、「北風が急なので、出帆は不可、暫く風の止むのを待つしかない」。力氏父子が、武昌から渡江して来訪した（力氏は年が六十歳ぐらい、現在鉱政局で管理の仕事を担っている。子息の名は鎌、年は未だ弱冠に達していない。今、本邦の言語を学びはじめている）。しばらく対談してから帰った。午後一時、舟人が風が少し止んだと告げてきた。そこで東肥洋行を辞して、長江の畔にいたった。諸氏が船まで送ってくれた。長江の中央に出ると、風の音は怒号のように、怒濤は沸き上がるようになっている。舟人は二人で帆を操る。帆柱は傾斜して、船がいく度も顚覆しそうになったが、何回も舵を切り替えながら進んだ。日が暮れたころ、刀江（俗間では通用の音声を用いており、地名を聞いても、現地で通用する音声を以て答えるので、字は適切か否かは分からない）（倒江。訳者注）に泊まり、漢口から二十五里のところである。逆風で、浪が高いので、舟の進行ははなはだしく遅い。浦の中はとても広くて、大小の船舶が繋留してある。『風土記』には、「大河に小

曰浦。浦字従水従甫。大江到処有浦、以便泊船。船首駢繫、形似甫字」。夜色凄寂、只聞風声与波声耳。

十一月十日　晴。寅上牌、開帆、風未歇。卯下牌、抵陽鹿、買魚菜、去漢口六十四里。已而風減日和、舟行太穏。辰上牌、過白虎山、去漢口九十里。辰下牌、過各田山。岸上有張罟者、先樹一柱、罟四維、繫之竿端、竿与柱接。操竿而挙足、魚溯流者来入罟。巳下牌、過泥池、去漢口百二十里。午天過鵝国鎮、去漢口百三十六里。両岸環抱成湾、湾太広。舟進入湾、至是風全死。江水平滑、毫不覚舟行。過陸虎洲、楊柳掩映、船舶繫岸、村太繁華。午下牌、過三江口、出湾。未下牌、達黄州城西北門外、上岸写赤壁景。日暮餐畢、大月

さな口があって、別に通じているのを浦という。浦の字は水に従い甫に従う。長江にはいたるところに浦があり、以て船を泊めるのに役立っている。船首が繫がると、形は甫の字に似る」とある。夜蔭はひっそりと静まりにかえて、ただ風と濤の音が聞こえるのみである。

十一月十日　晴れ。朝四時、出帆、風は未だに歇《や》んでいない。朝七時、陽鹿に至り、魚菜を買い、漢口から六十四里である。やがて風が収まり、日差しが柔らかになり、船の進行もとても穏やかになった。午前八時、白虎山を通過、漢口から九十里を離れている。朝九時、各田山を通過した。岸に網を張っている者がいて、先ず一本の柱を立て、四つ網のすみを竿の端を繫ぎ、竿と柱とを連結する。竿を操り足を挙げると、流れを溯る魚が網に入る。午前十一時、泥池を通過、漢口から百二十里である。正午、鵝国鎮を通過、漢口から百三十六里である。両岸に丸く囲まれて湾となっており、湾はとても広い。舟が湾に入った時、風がすっかり止んだ。江水は平らで滑らか、ちっとも船が走行しているのを感じない。陸虎洲を通過した際、楊柳が照り映え、船舶が岸に繫がれ、村はとても繁華である。午後一時、三江口を通過し、湾を出る。午後三時、黄州城西北門外に到着し、岸に上がり赤壁の景色を写した。日が暮れ食事を終えたころ、丸い大きな月が東から出て、真っ白な影が長江に満ちた。この日の夜は陰暦十月の既望

従東出、皎影満江。此夜属陰暦十月既望、実為蘇子後遊之日、乃命出舟中流。夜色森茫、江流有声、使人追憶坡公之興也。舟泊城南浦口、岸上聞刁斗巡警徹宵、又水上聞鼓声。曰、水師警盗也。沿江多盗、故各浦水師艤船以守、客船非浦則不泊。未達浦、雖日暮、行且不休、已遇浦、雖日高必泊也。又大江諸処、艤救生船、皆官所領、各記号字、辨其位次。

十一月十一日　晴。饔畢、上岸至定恵院。東坡所屢遊、有記云、「院東小山上、有海棠一株繁茂、毎歳盛開、必携客置酒酔其下」。寺今荒廃、堂壊門傾、敗瓦狼藉。僧十余輩守寺、皆不解字。在本邦、客抵館、館主必為客指示名勝旧蹟、雖車夫馬丁、無不辨其処。又有

で、実に東坡が二度目に赤壁に遊んだ日であるので、船を長江の中心まで出させた。夜色はひんやりとして立ちこめ、江水の流れが音を立てており、おのずと坡公の覚えた興趣をしのばせた。舟が城南の浦口に泊り、岸辺からは警備隊がなべやどらを鳴らして巡視している音や、水上からは警備の太鼓の音が夜を徹して聞こえた。水軍が盗賊の警戒にあたっているのだという。長江沿岸には盗賊が多いので、浦々に水軍が船を停泊して警戒している。客船も浦以外のところでは泊まらない。浦に達しないうちは、たとえ日が暮れても、航行して休まないし、浦に出くわせば、日がまだ高くても必ず泊まるのである。また、長江の浦々には、救命艇が停泊している。みな役所の所轄である。それぞれ印がつけてあり、その系列を辨別することができる。

十一月十一日　晴れ。食事を済ませて、岸に上がり、定恵院にいたる。かつて東坡がたびたび遊んだところで、「院の東の小山の上に海棠一株があって生い茂っている。毎年、満開のころ、必ず客を連れて酒を用意し、その下で酔う」（「寓居定恵院之東雑花満山有海棠一株土人不知貴也」）との記述が遺されている。寺は今、荒廃し、堂が壊れ門が傾き、瓦が落ちて乱雑に散らかっている。僧侶十数人が寺を守っているが、みな字が解らない。本邦では、客が宿屋に来たら、宿屋の主人は必ず客に名勝旧蹟を紹介し、車夫馬丁といえども、その所在を知ら

勝地属荒廃、醵銭修理、不使帰湮滅。然在此国、上下殆不解名勝之為何物、雖至湮滅無迹、夷然不顧。其乏雅趣若此夫。

出寺、西北遶城而往、城上有楼、称月波楼、王禹偁所建云。此地称黄岡、前界大江、後依崇阜、坡坨蔓延、至江濆而止。従外而望、景色頗美、禹偁「竹楼記」云、「黄岡之地多竹」。又東坡詩云、「好竹連山覚筍香」。今城内外不見一竹林。過月波楼、抵城後、登邱則聚宝山也、為永安城址、楚黄歇所都焉。山勢従北来遠望快廓、大江之景、収在眸中。多小石、東坡作「怪石供」是也。予拾得十数枚。全山無一樹、草莎叢生。踏蒙茸而下、山腹莎抜土露、色似丹、是為赤壁。掘[原本：堀]土盛於嚢、命舟人負荷、盖欲作東坡像也。既下山、土流骨出、巉岩削成、東坡[原本：城]所謂「水落石

ない者はいない。また、景勝地が荒廃したら、醵金して修理し、湮滅させないようにする。しかしこの国では、上下ともにほとんど名勝の何たるかが解っておらず、湮滅して跡形がなくなっても、平然として顧みない。その雅趣を欠くこと、これほどとは。

寺を出て、西北のかたへ城壁に沿って行くと、城の上に楼があり、月波楼という、王禹偁が建てたという。この地は黄岡といい、前は長江に隔てられ、後ろは高い丘に依り、坂は長江のほとりまで延びている。禹偁の「竹楼記」に、「黄岡の地には竹が多い（『小畜集』巻七・「黄州新建小竹楼」）」とある。また、東坡の詩に、「好竹　山に連なりて筍の香しきを覚ゆ」（「初到黄州」）(8)とある。今は城内外に一つの竹林も見あたらない。月波楼を通過して、城の背後にいたり、丘に登ると、その邱はすなわち聚宝山である。永安城址で、楚の黄歇が都としたところである。山の地勢は北から来ており、遠望すると開豁な気分になり、長江の景色が、眼下に収められる。小石が多くあり、東坡が作った「怪石供」にこのことを記している。私は十数個を拾った。全山には一株の樹木もなく、草藪が叢生しているのみである。草藪を踏みながら山を下り、山腹部には草が抜かれ、土が露われ、色は丹に近い、これが赤い壁である。土を掘って袋に盛り、舟人に命じて担がせ、東坡の像を作ろうと思ったのだ。山を下ると、土が流れて岩肌が現れて、草木の生えていない岩山が切り立っている。東坡の言うところの「水落ちて石出づ」とはこれで

出」者是也。

按赤壁有三。一在漢陽烏林、去黄州二百四十里。一在嘉魚、蒲圻間、周瑜破曹操処、去黄州二百七十里。其在黄州者、本称赤鼻山、東坡作二賦処。今読二賦、「東望武昌、西望夏口」、所謂武昌者、若称県則与夏口（武昌府）相去百八九十里、不可得而望也。称府則夏口在武昌府城中、且武昌県在黄州南、而武昌府在黄州西、方位亦不合焉。以坡之才与学、何不通之有哉。且十月之候、水落則赤壁与江渚相去二里許、赤壁之下、不可泛舟。坡公七月之遊、山下水方溢、可以泛舟。然三江口以南、江身偪仄、不過四五里、其謂「水光接天」則非実也。其謂「月出於東山之上」、赤壁之外、無復東山。既遊於赤壁之下、而謂「月出於東山之上」、所謂東山者何山。後賦謂「断岸千尺、赤壁可踏蒙

あろう。

案ずるに赤壁は三つある。一つ目は漢陽の烏林にある。黄州から二百四十里離れたところにある。二つ目は嘉魚と蒲圻の間、周瑜が曹操を破ったところにある。黄州から二百七十里のところにある。三つ目は黄州にあるもの、もともと赤鼻山といい、東坡が二賦を作ったところである。今、二賦を読むと、「東に武昌を望み、西に夏口を望む」とあるが、いわゆる武昌とは、県を称したとすれば、夏口（武昌府）とは百八、九十里離れるので、望み見ることができない。府を称したとすれば、夏口は武昌府の城中にあり、且つ武昌県が黄州の南にあって、武昌府が黄州の西にあるから、それも方位が合わない。東坡の才能と学識からすれば、何も知らないはずはない。且つ十月のころでは、水が落ちれば、赤壁は長江の渚から二里ほど離れるので、赤壁の下では、舟を泛べることは不可能である。坡公の七月の遊は、ちょうど山麓に水が溢れているので、舟を泛べることができた。しかし三江口の南では、長江の幅が狭くて、四、五里に過ぎず、その「水光、天に接す」というのは、実景と合わない。「月、東山の上に出づ」とあるが、赤壁のほかに、東山というようなものは見あたらない。しかし、すでに赤壁の下に遊んで、「月、東山の上に出づ」と言ったわけであるから、東山とは、どんな山をいうのだろうか。後賦には「断岸千尺」とあるが、赤壁は草藪を踏みながら登ることができるのだから、「断岸千尺」と

茸而躋」、不可称「断岸千尺」。謂従其所之而止、江水迅急、不可委流。又謂「孤鶴横江東来」、此似舟在西山下、不在赤壁也。謂「攀栖鶻之危巣」、坡公之時或然、今則不見一樹。「俯馮夷之幽宮」、七月之遊則可、十月之遊、則山下水退、「馮夷之幽宮」、変為麦隴蔬畦。范石湖『呉船録』、「庚寅発三江口、辰時過赤壁、泊黄州臨皐亭下。赤壁、小赤土山也、未見所謂『乱石穿空』及『蒙茸』、『巉岩』之境。東坡詞賦微夸焉」[9]。石湖泊臨皐亭下、不泊赤壁之下、故不見巉岩蒙茸耳。東坡賦未必夸也。予嘗疑以坡公之才、乃不作記而作賦、且賦亦行文似記、非賦正格。及自踏其地[原本：他]、乃知坡公二賦、固不外乎借題以抒己概耳。此山幸名赤鼻、故仮托以出曹操、従容[原本：客]悲一番、転到正意也。二賦素寓言耳、亦夢耳。記宜

はいえないだろう。その来たところから止まって、江水が急に激しくなり、流れに委ねることはできない、という。また「孤鶴、江を横ぎり東より来る」というのであれば、舟は西山のふもとにあり、赤壁のふもとにはいてなかったようである。「栖鶻の危巣を攀ず」というのは、坡公の時代にはそうであったのかもしれないが、今では一つの樹木も見えない。「馮夷の幽宮に俯す」というのは、七月の遊ならまだありえるが、十月の遊なら、山麓では水が引き、「馮夷之幽宮」は、すでに麦畑のウネや野菜畑のアゼに変わっていたはずである。范石湖（范成大）の『呉船録』には、「庚寅、三江口を出発、辰の刻、赤壁を通り、黄州臨皐亭の岸に泊する、赤壁は小さな赤ちゃけた岡にすぎず、『乱石　空を穿つ』とか及び『草木の茂み』や、『こぎしき岩』などの情景は見られそうもない。東坡の詞と賦はいささか誇張にすぎるらしい」[10]とある。石湖は臨皐亭の下に停泊し、赤壁の下には停泊していなかったので、「巉岩蒙茸」などの光景は見なかったのである。東坡の賦は必ずしも誇張とは言えない。私は次のような点に疑問を抱いていた。すなわち坡公の才能を以て、記を作らずに賦を作り、しかも賦でもその行文は記に似ていて、賦の正格ではないという点である。自ら其の地に踏み入れてみて、はじめて坡公の二賦は、実は題を借りて己の気持ちを述べようとしたものにほかならないことが分かった。この山は幸いにして赤鼻という名をもつため、曹操の故事を持ち出して、それに仮託

叙実、賦宜用虚、此其所以不作記而作賦歟。由是観之、此夜坡公之実遊赤壁与否、亦未可知也。何問其景之実与虚耶、又何論其地勢之合与不合耶。前賦之枕籍舟中、後賦之夢道士、可以見其結構之概矣。若妄取二賦評論之、真是痴人説夢也、不値坡公一笑矣。

過巉岩側南出、一寺依邱臨渠、有碑刻曰「白亀渚」、有亭扁曰「放亀亭」、渠刻石亀。毛宝守邾城、所放亀処云。亭午回舟、下午又上岸、写西山、樊山景。西山在武昌府西、与黄州対岸、樊山与西山連、其下為樊口。東坡詩「憶従樊口載春酒、歩上西山尋野梅」、是也。黄州行小舟、法与漢口同、船旁加櫂、撥水而進。邦人作赤壁舟遊図、一人操竿、蓋誤也。子上牌、舎舟乗汽船吉和、噸量一千一百噸。与山本子（勝次）、宗像子邂逅。山本子為農商務省

して、従容としてひとしきりの悲しみから、本意に転じたのである。二賦はもとより寓言に過ぎず、また夢に過ぎない。記は実を述べるべく、賦は虚を用いるべきである。それが彼が記を作らず賦を作ったゆえであろう。これによって観れば、その夜、坡公が実際に赤壁を遊んだか否かも、知るよしもないが、その景が実か虚かを問う必要はないし、その地勢が合っているか否かを論ずる必要もなかろう。前賦のいう「舟中に枕籍す」や、後賦のいう「道士を夢みる」から、その構想の概要を見ることができる。妄りに二賦を取りあげて論評するのは、まさしく痴人が夢を語るようなものであり、坡公の一笑にも値しないのである。

険しい岩の南から出て、一つの寺が邱によりかかって渠に臨んで築かれている。碑があって「白亀渚」と刻まれており、亭があって扁額に「放亀亭」とあり、渠に彫刻の石亀が浮かんでいる。毛宝が邾城を守っていたとき、亀を放ったところという。正午、舟に戻り、午後また岸に上がり、西山、樊山の景色を写した。西山は武昌府の西にあり、黄州の対岸である。樊山と西山とは連なっており、そのふもとが樊口である。東坡の詩「憶う樊口より春酒を載せ、歩みて西山に上り野梅を尋ねしを」（「武昌西山」）とは、ここである。黄州の小舟を走らせ方は漢口のそれと同じ、船の傍に櫂を付け、水をはじいて進む。邦人が作った「赤壁舟遊図」に、一人で竿を操っているのは、蓋し誤まりである。深夜十二時、舟を離れて汽船吉和号に乗り込

水産技師、帯命赴宜昌。前二日、帰漢口、伴宗像子而発。

十一月十二日　晴。辰上牌、抵九江。午下牌、発九江。申上牌、過小孤山。申下牌、過馬安山。

十一月十三日　抵蕪湖、夢始覚、時寅下牌也。長江各埠、無不見西人屋宇。邦人則漢口、武昌、蕪湖之外、不復見一人。嗚呼、本邦商賈、概乏進取気象、其無才者無論耳。稍有才者、独在本邦、起会社、争株券、甲諞乙欺。蛮触之事、不復知求利海外、令西人擅壟断、可慨夫。

　蕪湖以米名、米嚢積載無算。辰上牌発蕪湖。巳上牌過太平。去太平不遠、有磯、為牛渚、采石在其東北、小邱袤

んだ。噸量は一千一百噸。山本勝次氏、宗像氏と邂逅した。山本氏は農商務省の水産技師で、命を受けて宜昌に赴く。二日前、漢口に戻って宗像氏とともに出発したという。

十一月十二日　晴れ。午前八時、九江に着いた。午後一時、九江を発つ。午後四時、小孤山を通過した。午後五時、馬鞍山を通過した。

十一月十三日　蕪湖に着き、夢がようやく覚めた。時は朝五時になった。長江の各港町では、西洋人の家屋を見かけないところはない。邦人は漢口、武昌、蕪湖以外、一人も見かけたことがない。ああ、本邦の商人はおおむね進取の気風が乏しい。才能のない者はもちろん、少し才能のある者でも、本邦で会社を起こし、株を争奪し、甲が偽り、乙が欺きというように、つまらないことで争っていて、利益を海外に求めることを知らず、西洋人にほしいままに壟断させている。嘆かわしいことである。

　蕪湖は米市として有名で、米袋が数えきれないほど埠頭に積載されている。朝八時、蕪湖を発つ。午前十時、太平を通過。太平から遠くないところに磯があり、牛渚といい、采石磯はその東北にあり、小高い丘が連綿としている。牛渚磯から采石磯までは、両岸が接近しており、渡りやすい。

延。従牛渚、至采石、両岸相逼易渡、為沿江要衝、備禦不可忽之地。此地一敗、長駆至金陵無碍。是以三国以来、攻守必争、俊傑屢成功名。

已下牌過烏江、亭長艤船処。小邱下有項王廟、屹立江滸。夫項王敗、咎在自負勇亡論已。糧竭約和、解而東還。漢王乃進兵急追、可謂酷矣。比之項王縦漢王於鴻門、所謂寛仁大度者安在。

午天至南京。鍾山与石頭山、掎角相応、真有竜蟠虎踞之勢矣。古来拠此地以取中原、独有明太祖耳。豈地勢東南傾、易於退守、而難於進取歟。

船少載、直発。山本、宗像二子上岸、従南京而下。北岸多丘阜、亦多竹木。丘間拓畦、頗与本邦類。南岸雖有山、去江不近、隠見於雲煙間。未上牌過黒竜山、山酷肖讃岐屋嶋、高塔屹立嶺上。未下牌過小英嘴、蘆叢掩岸、数十里不

長江沿岸の要所で、警備上軽視のできないところである。この地で敗れたら、金陵まで遮るものがなくなり、長駆していける。ゆえに三国の時代から、かならず攻守を争う要所であり、英雄豪傑がたびたび功名を成したところでもある。

午前十一時、烏江を通過した。かつて亭長が船を停泊して項羽を迎えにきたところ（『史記』項羽本紀）に、小高い丘の麓に項王廟があり、長江のほとりに屹立している。そもそも項羽の失敗は、勇力を自負したためであることは言うまでもない。食糧が尽きたので和平を約束し、東へ引き返そうとした。漢王劉邦が直ちに項羽を進撃急追したのは、酷というべきである。項羽が鴻門において漢王を逃がしたに比べて、いわゆる「寛仁大度」（『史記』高祖本紀第八）の者とはどこにいようか。

正午、南京に到着した。鍾山と石頭山とが、挟み打つ形で呼応しあい、まことに竜蟠虎踞の勢いがある。古来、この地を拠点として中原を取ったのは、明の太祖のみであった。地勢が東南に傾き、後退して守るのにはよいが、進取するのには難しいということなのだろうか。

船は少し荷物を積載したあと、直ちに出発した。山本、宗像の両氏が岸に上がり、南京から南下することになった。北岸には丘が多くあり、また、竹や樹木も多くある。丘の間にうねが拓かれているのは、本邦と頗る似ている。南岸にも山があるのはあるが、長江から近くなく、雲煙の間に見え

絶。申下牌過金山下、至鎮江。肆廛擁江、貿易繁華。『寰宇記』所謂「三呉襟帯之邦(11)、百越舟車之会」者、真為不虚矣。金山者韓世忠所破金人処。宋高宗詩、「崒然天立鎮中流、雄跨東南二百州。狂(12)虜毎登須破胆、無労平地戦貔貅」。然高宗無意恢復中原、雖有要害如此、何益耶乎。

郭北曰北固山、上有堂宇、曰甘露寺、呉甘露中所創建。梁武帝書賜「天下第一江山」六字云。俯瞰長江、形勢壮偉、実不負此六字矣。北固山北、屹立江中者、為焦山。漢焦先隠于此、因名。上有羅漢岩、宋理宗書三大字掲之。下有磨崖石、刻「瘞鶴銘」云。然不上岸、故不知今皆存否。山上有茂樹成林、下有民舍。斜照映射、風景甚佳。昏後発鎮江。

隠れしている。午後二時、黒竜山を通過、山は讃岐の屋島に酷似、高い塔が嶺の頂上に聳え立つ。午後三時、小英嘴を通過、蘆藪が岸をおおい、数十里絶えずに連綿と繫がっている。午後五時、金山のふもとを通過、鎮江に到着した。店舗が長江沿岸を囲み、貿易が盛んである。『太平寰宇記』のいう「三呉の出入り口の地域、百越の舟車が合流するところ」とは、真に偽りのないところである。金山とは韓世忠が金人を破ったところである。南宋の高宗の詩、「崒然として、天のごとく立ちて、中流を鎮め、雄跨する東南二百州。狂虜登る毎に、須く胆を破るべし、平地に貔貅と戦うを労する無し」とある。しかし高宗には中原を取り戻す意欲がなかったので、このような要所があっても、何の役にも立たなかった。

城郭の北は北固山といい、その上に堂宇があり、甘露寺といい、呉の甘露年間に創建された。梁の武帝が揮毫して、「天下第一江山」の六字を賜ったという。長江を俯瞰すれば、形勢が雄壮で、実にこの六字に負《そむ》かない。北固山の北で、江中に屹立しているのは焦山である。漢の焦先がここに隠居したので、名付けられた。上には南宋の理宗が書いた「羅漢岩」の三大字が掲げられており、その下に磨崖石があり、「瘞鶴銘」が刻まれているという。しかし岸には上がらなかったので、今のそれらの存否は分からない。山の上に樹木が生い茂って林になり、そのふもとに民家がある。日が斜めに照らしていて、風景は絶佳である。黄昏の後、鎮江を発つ。

十一月十四日 比暁、夢覚出艙。大霧掩江、東西不可辨。船下碇而休也。霧稍薄、船乃進。及至通州、濃霧又来襲不可進。迨巳上牌、霧始披。未下牌達上海碼頭、至東和洋行、則雨至。予自発滬溯江、連日朗晴、及帰乃雨、似得天幸。不澡浴者半月、此夕命浴、心身大快。偶閲新報、始聞大隈伯退外務、農商務文部、並易其人。

十一月十五日 雨。予発本邦、船中連霖、自上岸塘沽、連日好晴。従長城帰、路宿羊坊、適阻雨、留半日、因得邂逅清帝鑾輅。又溯長江者半月、不遇一雨、帰滬乃雨、可謂奇矣。上午河本子来訪。下午訪那部子、又訪古城子。

十一月十四日 明け方の直前、夢が覚めて船室を出た。濃霧が長江をおおい、方向も判らない。船が碇を下ろして休んでいる。霧がやや晴れ、船が漸く進み出した。通州に着くころに、濃霧がまた来襲し、進めなくなった。午前十時になって、霧が漸く晴れた。午後三時、上海の埠頭に到着した。東和洋行に着いた頃、雨が降りだした。私は上海を発ち長江を遡りはじめてから、連日の好天に恵まれて、帰って来たら雨というのは、天の助けを得たようなものである。半月間沐浴をしていなかったので、この日の夕方に浴し、心身ともに大いに快適になった。たまたま新聞を読み、大隈伯が外務大臣を退き、農商務部大臣も文部大臣も更迭されたことが、はじめて分かった。

十一月十五日 雨。私が日本を発ち、船中では連日の雨、塘沽から上陸すると、連日の好天に恵まれた。長城から帰る途次、羊坊に宿泊した。たまたま雨に阻まれ、半日滞在したので、清帝の御輿に邂逅することができた。さらに長江を溯ること半月、一度も雨に遇わず。上海に戻ると雨が降った。奇なりといってよかろう。午前、河本氏が来訪した。午後、那部氏を訪ね、さらに古城氏を訪ねた。

十一月十六日　雨。上午訪河本子、与姚子（文藻）相見、談及予遊赤壁之事。姚子曰、「長公藝事無不精妙、然胸襟潤大、夷険不驚、尤徴学養。当時理学、輒与冰炭。使其秉政、自可一変。金元之禍、或者不至於是。今我国亦正少此等人耳」。又曰、「観長公獄中寄子由詩、首云、『聖主如天万物春、小臣愚暗自亡身』。則忠愛之忱、至性流露、到死不改、較人似勝。使以此作気、足挽世間頽靡懦弱之風。今我発慨及此、正以我国絶無忠愛気概、又将為趙宋之続耳」。盖姚子多与邦人交、似有憂世之概。又聞予取赤壁土帰、欲作坡公像、曰、「蘇長公一生好事、在粤留笠屐之図、至今士人有作長公生日者、輒絵図懸之、供以丹茘黄蕉。若以赤壁之土、携帰東国、将為公像、以誌遊蹤、則亦亘古所無。風雅好事之尤、雖長公亦当

十一月十六日　雨。午前、河本氏を訪ねた際、姚文藻氏と会った。私が赤壁に遊んだことに話が及ぶと、姚氏がいう、「長公は芸術に関することは精通しないものはない。しかも胸襟が広くて、安全なことにも危険なことに直面しても驚かず、尤も学識と教養に徴した。当時の理学は、ややもすれば冰と炭と同じようで、相容れない。若し政治を彼に司らせれば、自ずと一変しただろう。金・元の禍も、あるいはこれほどひどくはならなかっただろう。今の我が国にはまさしくこのような人材が欠けているのだ」。またいう、「長公の『獄中寄子由詩』を観ると、首句に「聖主天の如く万物春なり、小臣愚暗にして自から身を亡ぼす」(13)とあり、すなわち忠愛の真心と純真で温厚な人柄がにじみ出ており、それは死ぬまで変わらず、他人より勝っていたようである。仮りにこの精神でやっていくなら、世間の頽廃脆弱の気風を挽回することが充分できるだろう。今、私がここまで感慨を発するのは、まさに我が国には忠愛の気概がまったくなく、趙宋の前轍を踏もうとしているからである」。姚氏は邦人との交流が多く、憂世の気概を持っているようである。また私が赤壁の土を持って帰り、坡公の像を作ろうと思っていることを聞いていう、「蘇長公は生涯、物好きで、粤に滞在したときは「笠屐之図」を遺し、今になっても士人の間に長公の誕生日を祝う者があり、行事をするたびに図を描きこれを掲げて、丹茘・黄蕉を供えている。赤壁の士を東国に持って帰って、坡公の像を作り、これ

遜一籌」。予為一笑。下午訪瀛華洋行、与那部子過書肆購書。此夜藤田子、為予邀汪子（康［原本：庚、拠「栞誤」改］年、字穰卿、浙江［原本：湖南、拠「栞誤」改］人）、羅子飲。汪子有徳望、徴辟不就、以清節自居。近日起『時務報』、論時事、該切痛到、為諸報魁。汪子謂予曰、「窃聞先生之論、欲実奉孔教、而以西人之政法輔之、此説於弟意最合。若現在欧洲之政、以墨為体、以申韓為用、一時雖頗見効、久之必有決裂之憂」。予曰、「孔教不振、譬諸日月之食、何憂其光不復。責亦在吾輩耳」。曰、「敝国自本朝定鼎以来、雖名儒輩出、然士子往往溺於科挙、不知致力於本原。又一則因本朝政法、号為崇奉孔教、故不知孔教之日衰。一則因仏教方微、耶蘇未熾、故不知異教之相逼。坐是二故、是以人皆苟利禄、而絶不知畏懼奮発。欲扶持此事、非速設法振起不

を旅の記念とするとは、前代未聞のことである。風雅で物好きの最たるもので、長公といえども、一歩を譲るであろう」。私は一笑に付した。午後、瀛華洋行を訪ね、那部氏とともに書肆を訪れ書籍を購った。この夜、藤田氏が私のために汪康年氏（字は穰卿、浙江の人）と羅氏を酒宴に招いてくれた。汪氏は徳望があり、官職を授けられても就こうとせず、清節をもって自ら処していた。最近、『時務報』を創刊して、時事に関する議論は、要所を衝く痛切なもので、諸紙誌のさきがけとなっている。汪氏は私にいう、「先生の議論は、確実に孔教を本源として、西洋の政法をもって輔助とする説と聞いているが、これは私の考えともっとも合っている。現在の欧洲の政治は、墨子の思想を体とし、申不害・韓非の思想を用としており、一時は頗るその効果が見られるが、長い目で見れば必ず離反が生じる恐れがある」。私はいう、「今日、孔教の不振は、日月の皆既食のようなものだ、何もその光が再び現れない恐れはない。その責任はやはり我々にある」。汪氏はいう、「我が国は本朝が政権を握って以来、名儒が輩出したけれども、士人は往々にして科挙に溺れ、根本的な事柄に力を入れることを知らない。さらに言うと、一つは本朝の政治と法律が、表向きは孔教を尊崇しているので、ゆえに孔教が日々衰退していることを知らない。もう一つは仏教の力が弱く、キリスト教も未だ盛んになっていないので、ゆえに異教が迫ってくることを知らない。この二つの原因で、人々はみな、かりそめ

可」。予曰、「貴国到処有聖廟、春秋行釈奠、此似崇奉孔教。然廟宇頽圮、荊棘没階［原本：偕］、無乃釈奠皆属虚飾耶。且貴国学者、雖称崇孔教、観其詩文、屡見神仙等字。儒者甘心神仙等字、太為無謂。又葬祭托之僧道、夫儒者葬祭宜自行、托之僧道、甚非儒者本領。何如」。酒盃献酬、譚及本邦尊攘之事、与此国改革之事。汪子曰、「近日同志亦頗以改革之事、震発於当路、惟冀在上者能虚心以聴耳」。羅子曰、「敝国与貴国、同処亜東、自応相依如唇歯。至改更旧習、雖係官司之事、然草野亦当竭尽知力、以冀在上者之啓悟」。但方之貴国維新時諸傑士、恐有愧多矣」。予曰「東漢党錮、前明東林、惨則惨矣、毎使読史者大声呼快。蓋改革之際、数之所不免歟」。羅子曰、「本朝政治与前明大異、前明奨励忠直、亦残虐忠直。本朝往往

に利禄を貪るだけで、危機感を持って発奮することを知らない。これらの点を立て直していこうとすれば、はやく振興の方法を考えなければならない」。私はいう、「貴国にはいたるところに聖廟があり、春と秋にそれぞれ釈奠を行うので、これは一見、孔教を尊崇しているかのように見えるが、しかし廟の建物が頽廃し、荊棘《けいきょく》が建物の階段をおおいかぶしている。釈奠がみな虚飾に帰してしまっているではないか。且つ貴国の学者は、孔教を尊崇すると称しているけれども、その詩文を観てみると、たびたび神仙などの文字が見られる。甘んじて神仙などの文字を用いるのは、儒者としてははなはだしく無意味なことである。また、葬儀を営む際、僧侶・道士に托している。そもそも儒者は葬儀を自ら行うべきものである。僧侶・道士に托するのは、儒者の本領から大きく外れているが、何如」。酒を献酬《けんしゅう》して、議論が本邦の尊攘のことと、この国の改革のことに及んだ。汪氏はいう、「最近、同志たちも頗る改革のことを、声を大きくして当局者に述べようとしている。ただ上にいるものが虚心を持って耳を傾けてくれることを願うのみである」。羅氏はいう、「我が国と貴国は、同じく亜東に位置し、もとより唇歯のように寄り添い合うべきである。旧いものを改革するにいたっては、お上の仕事ではあるが、しかし草茅在野の者も知力を尽し、これをもって、上の者が目を開き悟ってくれるよう願うだけである。ただしこれを貴国の維新時の諸傑士に比べると、恐らく遠く及ばないであろ

不奨励、亦不残虐。言官上書、雖甚切直、不過留中而已。或俟稍久、乃仮他事罷其官。至如安維〔原本：惟〕峻之遠貶、乃罕見之事。故士気鬱而未伸、乃至如此」。又曰、「譬如今日吾輩欲上一書於聖上乎、則必須由一大臣転遞。若措辞委婉、則大臣必以虚辞奨借之、而後為上、然無效也。若過激則大臣必阻令勿上、百計撓之。若叩閽自投、則身先犯刑誅、而聖上初不見是書也。弟嘗与人聚謀良策、而苦計無所出。現在当国者見吾輩言、莫不極誉其是、但謝曰、高末易辨耳。

う」。私はいう、「東漢の党錮の禍、前明の東林の変、惨烈といえば惨烈だが、歴史を読む人には大声で快哉を叫ばせる。そもそも改革の際、このようなことは運命として免れないであろう」。羅氏はいう、「本朝の政治は前明と大きく異なる。前明は忠直の臣を奨励した反面、また、忠直の臣を残虐に処しもした。本朝は大抵奨励もしないし、直ちに残虐に処することもしない。諫言を呈する上申書は、非常に手厳しく率直なものであっても、ただ「留中」として処理されるだけである。あるいは後になって、他のことを借りてその官職を罷免する。安維峻が遠く流刑にされたように、稀に見ることである。ゆえに士気が鬱《ふさ》いで伸びず、このような現状になっているのだ」。氏はまたいう、「たとえば今日、我々が一通の上申書を皇帝さまに呈上しようとすれば、これは必ず一高官の手を経て転送して呈することになっている。若し措辞が婉曲であれば、その高官は必ず無駄な言葉で推挙して、呈上するが、しかしこれはすでに効力を失ってしまった。若し措辞が過激であれば、高官は必ず百計を尽くしてその上申を阻止して、呈上させない。若し役所の門を叩いて直訴するような形で自ら上申書を投じれば、このこと自体がすでに死刑に該当する罪を犯してしまい、しかも皇帝さまがこれらの上申書をご覧になることはまずない。私は嘗て友人たちと良策を謀ったことがあるが、良策の出ないことに苦しんだ。現在、国政に携わる者は我々の話を聴くたびに、これを是として称賛しない者はいない

十一月十七日　雨歇雲未披。聞独人拠膠州湾。予遊武昌前数日、独国官曹抵武昌、無頼之徒、投石為戯。独人怒、照会武昌府衙門、発砲謝罪、事纔平。今又独逸宣教師在山東、為盗所殺、独人直差戦艦、拠膠州湾、以為己有。夫欧洲人相殺、一歳不下千百人、唯刑其兇徒而已。宣教師為盗所殺、乃追逮捕盗則可矣。急差戦艦、以奪他人之地、盗且所不為也。欧人常以封豕毒蛇之慾、窺他州釁隙。而東亜諸国、与欧人黄白異種族。彼白種非殲滅黄種、則不饜。為之計如何、曰、本邦与清、輔車相依、以協同仇之志是已。

山本子、宗像子来訪。二子以昨日帰滬。曰、「南京上岸、陰雨不能遊観」。下午与余子入城購物。

が、ただし、高見ではあるが辨別しがたい、といって謝絶する。

十一月十七日　雨は止んだが、曇っている。ドイツ人が膠州湾を占拠したことを聞いた。私が武昌に遊ぶ数日前、ドイツ人官吏が武昌にいたった際、無頼の徒が彼らに投石してふざけていた。ドイツ人は怒り、武昌府衙門に照会して、大砲を鳴らして謝罪をさせたので、ことを漸く丸く収めた。今はまたドイツ宣教師が山東で盗賊に殺されたので、ドイツ人が直ちに軍艦を派遣して、膠州湾を占拠し、己のものにした。そもそもヨーロッパ人同士が殺しあう事例は年間何千何百件を下らないが、その犯人を処罰するだけでことが治まる。宣教師が盗賊に殺されたのであれば、追跡してその盗賊を逮捕すればよい。急に軍艦を派遣し、他人の土地を奪うとは、盗賊といえども、しようともしない行為である。ヨーロッパ人は常に毒蛇猛獣の欲望を以て、ほかの大陸の隙間を窺っている。しかも東亜諸国の人々が、ヨーロッパ人とは種族が異なるため、彼ら白人種は黄色人種を殲滅しなければ気が済まない。これに対してどのような方策を講じればよいのか。本邦と清国と、輔車相い依り、同仇の志をもって協力するのみである。

山本氏、宗像氏が来訪した。両氏は昨日上海に戻った。「南京に上陸したが、曇雨に遇い遊覧ができなかった」という。午後、余（春亭）氏とともに上海県城に入って買い物をした。

此国婦女概不出外、適出外、必坐轎掩簾、故不可見。途上得見者、庶人婦若妓也。在北地、施紅粉濃甚、老媼往往戴花簪、曰皆有夫者。夫死、不復用花簪。及至滬、絶不見此風。

十一月十八日 雲未披、頗感冷気。抵書肆購書。又与余子入城、購筆墨。夜、汪羅二子招飲泥城橋。会者王子(惕斉)、孫子(淦字実甫、現在大阪)、嵇子(侃字慕陶)、古城子、藤田子及予也。

此国古来有行仁政者、直推為君、不復問其為何人、習以為常。然曰清曰元、雖従北胡出、不過君臨此国。若欧人則不然、一取禹域、直移植白種、苛制暴政、遂使此国人失衣食而後已、此為可畏矣。

この国の婦女はおおむね外出しない、もし外出をすれば、必ず轎に乗り御簾でおおうので、人に見られることがない。巷で見ることができるのは、庶民の婦女か妓女である。北のかたの地では、紅粉の付け方がはなはだ厚く、老女でも往々にして花飾りをつけており、これはみな夫がいるものである。夫が死んだら、付けなくなるという。しかし、上海に行ってからは、その風習がまったく見られない。

十一月十八日 雲間が晴れず、頗る冷気を感じる。書肆にいって書籍を購入した。また、余春亭氏とともに入城して筆墨を購入した。夜、汪・羅両氏が泥城橋で催した酒宴に招かれた。出席したのは王惕斉、孫淦(字は実甫、大阪にも在住)、嵇侃(字は慕陶)、古城、藤田の諸氏及び私であった。

この国は古来、仁政を行うものがいると、直ちに君主に推され、それがどんな人であるかは問わない。それが当り前になっている。清や元などは、北胡の出身者であっても、ただこの国に君臨したに過ぎない。しかしヨーロッパ人はそうではない。一旦禹域を取れば、直ちに白人種を移植し、苛政暴政をおこなって、ついにこの国の人々の衣食を失わせないと止まない。これはまことに畏るべきことである。

十一月十九日　晴、冷甚。甲午戦役後、所定訂欵、有各埠置邦人租界之目。然漢口、上海、天津等租界遷延至今未定、是豈独政府之責、民人亦有罪焉。且邦人不来住、租界雖成、猶不成也。且如蘇州、戦役後以邦人之手開埠、而邦人住者不過十人、而一半蘇綸紗廠所傭、領事館殆苦無事。至沿江各埠、蕪湖有二人、漢口有七八人、武昌有一人耳。何必以租界未成、独責之政府耶。夫子有言、「未得之、患得之。已得之、患失之」。当路宰相所行、務持已政柄。民間君子、窺当路釁隙、欲取以代之、日夜紛紜。朋[原本：明、拠「栞誤」改]党争権、無復着目外事者、常為欧人着先鞭、豈不可発慨耶。晋七王之乱、縦五胡割拠中原、竟至偏安江東。石敬瑭[原本：塘]欲代唐、不惜為契丹割幽燕之地。宋熙豊元祐、両党争権、因暗女真事情、見徽欽北狩之

十一月十九日　晴れ、はなはだ寒い。甲午戦役後、定められた条約のうちに、各埠に邦人の租界を開くという項目がある。しかし漢口、上海、天津などの租界は遅延して今になっても定まらない。これはただ政府だけの責任ではなく、民間の人々にも罪がある。かつ邦人が来て住まなければ、租界が作られても、作られていないのと同然である。且つ蘇州などは、戦役後、邦人の手で租界を開いたにもかかわらず、邦人の在住者は十人にも満たない。しかもその半分は蘇綸紗廠に雇われている人たちだったので、領事館は仕事のほとんど無いことに悩まされている。長江沿岸の各町にいたっては、蕪湖に二人、漢口に七、八人、武昌に一人のみである。必ずしも租界がいまだ作られていないことをもって、ただ政府だけの責任に帰することが、どうしてできようか。夫子に、「未だ職や名声などを得ていなければ、これらのものを手に入れようとあせり、いったんこれらのものにありつくと、それを失うことに心配ばかりをする」（『論語』陽貨第十七）ということばがあるように、当局者や宰相の行うことは、ただ己の政権を維持しようと務めるのみである。一方、民間の君子は、当路の者の過失の隙間を窺って、取って代わろうとするだけである。日夜紛争し、徒党を組んで政権を争い、外事に着目する者がいなくなり、常にヨーロッパ人に先鞭を着けられる。どうして慨嘆せずにいられようか。晋の七王の乱で、五胡が中原に割拠するのを許し、ついに江東の一隅の支配に甘んじるにいたった。石敬瑭が唐

禍。唐文［原本：敬］宗曰、「平河北賊易、去朝廷朋党難」。河北賊豈真易［原本：難］平哉。朋［原本：明、拠「栞誤」改］党分争、舍河北而不問、其所以不能平焉爾。方今之形勢、不止晋唐宋明之時也。欧米諸国、欲拓地東亜。風雲之変、朝不測夕。憂世之士、豈遑自顧地位権勢哉。且夫禹域者宇内所逐利処也、欧米諸国人来逐利於此地、不復遠千万里。而本邦近接境、朝発夕至、勢為至便。乃取後於欧米人、殊為可怪。不及今為之所、欲無悔得乎。沿江各埠、素不待言也。至大都小邑、到処必見邦人、豈非当今之急務耶。人種既不殊、文字亦同、朝発夕至、与国中不殊、此既勝欧米人万万矣。若一致意於此、其為泰西人所不能為、亦容易耳。

に取って代わろうとしたがため、契丹に幽燕の地を割譲するのを惜しまなかった。北宋の煕寧、元豊から元祐にかけて（一〇六八〜九三）、両党が権力を争い、女真族の事情に暗かったため、徽・欽両帝の北狩の禍を見ることになった。唐の文宗はいう、「河北の賊を平らぐは易く、朝廷の朋党を取り除くは難し」（『旧唐書』巻十七文宗紀）。河北の賊はほんとうに平定しやすいか。朋党が分裂して争い、河北のことを不問に付するから、平定できないのである。現在の情勢は、晋・唐・宋・明の時よりも酷いものがある。欧米諸国は東亜に領地を拡張しようとしており、情勢の変化は一刻の予断も許さない。憂世の士はどうしてただ自らの地位や権勢を顧みるにいとまがあろうか。且つそもそも禹域は世界中の人々が利を追い求めているところである。欧米諸国の人がこの地に来て利を求め、千里万里の距離も遠しとしない。これに対し、本邦は近く隣接していて、朝出発すれば、その日の夕には着くほどで、形勢上至便であるにもかかわらず、欧米人に後れをとっている。はなはだおかしいことである。いまのうちに何とかしなければ、後悔するまいと思っても手遅れになる。長江沿岸の開港場はいうを待たず、大小の町や村にいたっても、いたるところに必ず邦人を見かけるようになることが、いまの急務ではなかろうか。人種は異ならないし、文字もまた同じ、朝出発すれば、その日の夕には着くほど近く、国内にいるのと異ならない。この点で既に欧米人より何倍も勝っている。もしひとたびこのことに思い

十一月二十日　陰、冷気砭膚、似去北京時気候。此行既至蘇、而未至杭州、而天候既如此、暫期他年。従銭塘、紹興、進探天台、赤城諸勝、亦可。且人忌十二分。北踰長城、南溯長江、拝清帝鑾輅、継坡公赤壁遊蹤、業已十分。則杭州之遊、留以期他日、亦持満之方歟。

膠州之事、独人之暴亡論已。此国存亡之機、亦将決於是矣。今観『申報』所論曰、事関俄人利害、俄人当不默默。殆視如佗人之事。或者又曰、黄種方亟矣、他日当以貴国為桃源。豈大国人之宏度乃然歟。然亦甚矣。

上午抵時務報館、与汪子（頌徳）、古城子相見。去訪陳子（繹如）、不在。下午勝木子（恒喜）来訪。山本子来話。

をいたせば、西洋人ができないことをするのも、また容易である。

十一月二十日　曇り、寒気が膚に染みこみ、北京を去った時の気候のようである。この旅は蘇州へは行ったが、杭州には行っていない。しかしこんな天候なので、将来を期そう。銭塘から、紹興をへて、天台、赤城の諸名勝を尋ねることにしても、よかろう。且つ人は十二分の望みを戒めるべきである。北は長城を越え、南は長江を溯り、清帝の御輿を拝し、坡公の赤壁の足蹟を縦覧したのだから、もう十分である。杭州への旅は、他日に残しておくのも、満を持する方策であろう。

膠州のことは、ドイツ人の乱暴は論ずるまでもない。この国の存亡の機も、これによって決定づけられようとしている。今、『申報』の論評を読むと、事はロシア人の利害に関係しているから、ロシア人も黙ってはいないはずだというように、ほとんど他人事かのように見ている。あるいは、「黄種はまさに危機の極みである。将来は貴国（日本）を桃源郷とするようになるに違いない」云々。大国の人の大きな度量とはこのようなものでいいのだろうか。それにしてもひどいものだ。

午前、時務報館を訪ね、汪頌徳氏、古城氏と会見した。陳繹如氏を訪ねたが、不在であった。午後、勝木恒喜氏が来訪した。山本氏も来て話をした。この夜は風が冷たく、身体に不調を感じたので、薬を飲んで就寝した。

此夜風冷覚体不爽、服薬而寝。

十一月二十一日 晴、風冷。朝徃観聖母廟。廟在客館南鄰。貴賤麕集、売茶者、売菓者、売糕者、攀竿猴舞諸戯、終日喧豗。伝云、聖母海陵人、適杜氏。師劉綱、学仙術、道成。夫不之信、告官。官拘以囹圄、項之聖母已従窓中飛出、高入雲中。後人因立廟各処祭祀。清人信仙、大率此類。

屡見楼下牽猪羊而過、比北地産差小而垢。且北地牧猪羊、大抵千百成群、一人立前、猪羊皆跟随而来、一不離群、進止左右、唯主人所命。至南方一人僅牽六七頭、尽以縄約頸、挙杖撻之。猪者彘也、在山曰山猪、在野曰野猪、在家曰家猪、毛色漆黒。北地所産、比南方大発光沢、不似本邦豚汚穢放悪臭。至供庖厨、味美而脆、牛羊之所遠不及

十一月二十一日 晴れ、風が冷たい。朝、聖母廟を見に行った。廟は宿屋の南隣にある。貴賤を問わずに人々が集まり、お茶や青果、菓子などを売る者がいれば、梯子乗りや猿回しなどの曲芸もあり、終日賑やかである。言い伝えによると、聖母とは江蘇省海陵の人、杜氏に嫁いで劉綱に師事して仙術を学び、成就した。夫はこれを信じず、役所に告発した。役人は彼女を捕まえて獄に投じ、首に鎖を付けようとしたが、彼女はすでに聖母になって、窓から飛び出し、高く雲の中に入ってゆく(『神仙伝』巻七、「東陵聖母」)。後世の人はあちこちで廟を立てて祭祀をするようになった、という。清国人の神仙の信じ方は、おおむねこの類いである。

たびたび宿舎の下に人が豚・羊を牽いて通過するのを見かける。豚・羊は北のかたの産よりやや小さくてしかも汚れている。且つ北のかたでは豚・羊を放牧する際、大抵何千何百頭の群れを成し、一人が先頭に立てば、豚・羊はみな後ろからついてきて、群からは一匹も離れない。進退左右、ただ主人の命ずるままである。南方では一人で僅か六、七頭を牽くだけで、すべてが縄で首につなぎ、杖を挙げて叩く。猪とは彘であり、山にいるものは山猪といい、野にいるものは野猪といい、家にいるものは家猪という。毛色は真っ黒で、北のかたのものは、南方のより光沢があり、本邦の豚の

也。

十一月二十二日　陰。上午宮阪子（九郎）、甲斐子（寛中）来訪。二子皆熊本人、在上海、設「乙未同志会」、請予講経。終日風冷、不出外。夜、荒子来訪。

此国謂無宗教亦可、彼称儒之人、葬祭托之道士与僧。托道士与僧、以営葬祭、不可謂崇奉儒道也。科挙課経義、固不過為羽儀。孔廟行釈奠、古来典礼、不能輒廃耳。到処孔廟、宇廡傾敗、荊棘没階、不知修営芟除。乃行釈奠於壊宇蒙草之中、可以徴証矣。而道士沙門、服垢衣、戴敝巾、寺観頽圮狼藉、夷然視以為常。顧上下皆崇淫祠。淫祠従道与仏来、然亦非尊道与仏而然也。皆好談神仙、亦不必信道士也。而清帝奉喇

ように汚く悪臭を放つことはない。これを料理すると、美味でしかも口当たりがやさしくて、牛・羊の遠く及ばないところである。

十一月二十二日　曇り。午前、宮阪九郎、甲斐寛中の両氏が来訪した。両氏はともに熊本の人で、上海で「乙未同志会」を創設し、経典の講義を頼みにきた。終日風が冷たくて、外出しなかった。夜、荒井氏が来訪した。

この国を無宗教の国だといってもいい。彼らいわゆる儒と称される人々も、葬儀を道士や僧侶に托している。葬儀を道士や僧侶に托すことは、儒の道を尊崇しているとはいえない。科挙に経義という科目があるが、固より枝葉のような傍流の儀式に過ぎない。孔廟で釈奠を行うのは、古来の典礼であり、妄りに廃止できないだけである。しかしいたるところの孔廟は、建物そのものが倒壊し、階段も棘《いばら》や草藪に埋没し、修繕や除草することも知らない。倒壊した建物や草藪の中で釈奠を行っていることが、その証拠である。しかも道士・沙門は汚れた服を着、破れた帽子をかぶり、寺や道観が頽廃し乱雑になっていても、それを常態として平然と見ている。周りを見わたす限り、みな淫祠を崇めている。淫祠は道教と仏教から来ているが、しかし、道教や仏教を尊崇するからといってそうしているわけではない。みな好んで神仙を談ずるが、これもまた必ずしも道士を信じるわけではない。しかも清帝は喇嘛教を信じているが、これはチベット仏教を以

嘛、非以喇嘛教化国民也。是以儒道仏皆有名而無実。其稍惹人心者、為耶教。而西人狡獪、伝道之術、莫所不至、清人滔滔陥溺。嗚呼、可畏矣。

十一月二十三日　晴、風冷。上午甲斐、宮坂二子来訪。予為説儒学本領在経綸、六経皆政術之書也。併論朱王之学、主修身治心、而外天下国家之弊。下午狄子（葆賢）、王子（錫祺［原本：旗］）、蔣子（斧）来。

邦人論生活度高低、而不知導世風赴奢侈也。今試論所謂生活高低者、清人比邦人、衣食房屋、並高数等、然此国人比邦人、概皆饒財、未可以謂奢也。

十一月二十四日　晴、風冷甚。朝、宮阪、甲斐二子来、為講道及徳系統。午天、汪子（穣卿）来過、見誘訪張子（名

て国民を教化するでもない。このようなわけで、儒・道・仏のいずれも有名無実である。やや人心を引きつけるのは、キリスト教である。しかし西洋人は狡猾で、伝道の術は、ありとあらゆるやり方をし、清国人は次々に溺れていく。ああ、畏るべし。

十一月二十三日　晴れ、風が冷たい。午前、甲斐、宮坂の両氏が来訪した。私は彼らのために儒学の本領は経綸にあり、六経は皆政術の書であると説明し、あわせて朱王の学は修身・治心を主とすることと、天下・国家をないがしろにする弊害を論じた。午後、狄葆賢、王錫祺、蔣斧の諸氏が来た。

邦人は生活水準の高低を論じるが、しかし世の風潮が奢侈へと移り変わっていくことは知らない。いま生活水準の高低というものを論じてみると、清人は邦人に比べると、衣食や住まいはいずれも数段高い、しかしこの国の人は邦人に比べると、おおむね財産が豊富ではあるが、必ずしも奢侈とはいえない。

十一月二十四日　晴れ、風がはなはだしく冷たい。朝、宮阪、甲斐の両氏が来たので、彼らのために、道及び徳の系統を講じた。昼、汪穣卿氏が来て、誘われて張謇氏（字は季直、通州の人、甲午年の状元、今は家にいる）

謇［原本：騫］、字季直、通州人、甲午状元、今家居）。房中具鴉片器。謂予曰、「聞先生篤信周孔、風雨鶏鳴、想可感佩」。予曰、「弟此遊本擬謁曲阜孔廟、時属寒候、未能果行、殊為可恨」。曰、「先生在貴国、尊尚旧学、朋好必多、欲聞其魁特之士」。予曰、「敝国学者、学問浅狭、雖則謂魁特、奚得遽臚列貴国君子之前、恐有遼豕之譏。顧三十年来、官奨励西学、漢学殆払地、数年来識者大有所顧慮。漢学西学並行、此殊強人意」。曰、「中学西学、源頭相通処甚多。六経諸子、可以証合処亦甚多。其専専守一先生之言、而不能収異量之美者、皆知二五、而不知一十。貴国士大夫、救時之才、奨励西学、其尚以漢学為不可廃者、知有本末者也。中国士大夫、学問病正坐務博而離、離故不精。又狃於科名利禄、致成積弱、言之可痛」。

を訪ねた。部屋中に鴉片を吸飲する器具が備えられている。張氏は私にいう、「先生は篤く周・孔を信じておられると聞いている。あなたのような君子を迎えることは、風雨に満ちた暗闇に、黎明を告げる鶏の鳴き声が聞こえるほど（『詩経』鄭風「風雨」）うれしく思っており、感服させられる」。私はいう、「私は今回の旅では本来、曲阜の孔廟に拝謁しようとしたが、時候が寒冷に入り、この行程を果たせなくて、ことに残念に思っている」。張氏はいう、「先生は貴国で、旧学を尊崇しているのだから、友人がきっと多くいるだろう。その中の傑出した人士のことを知らせていただきたい」。私はいう、「我が国の学者は、学問が浅くて見識が狭いので、傑出していると称される者といっても、どうして貴国の君子の前に並ぶことができようか。おそらく遼豕を献上しようとしたと同じように世間知らずのそしりを受けるだろう（『後漢書』朱浮伝）。三十年来の歴史を振りかえってみると、お上が西学を奨励したため、漢学の地位はほとんど地を払いそうになった。これは数年来、識者が大いに懸念しているところであった。漢学と西学を並行するようになり、これは殊に人の意を強くしてくれる」。張氏はいう、「中学と西学とは、源では相通じるところがはなはだ多くある。六経も諸子も、合致していると証明できるところもまたはなはだ多い。一つの学説だけを守り、先生の言を固執して、他の意見の好いところを受け入れることができないものは、みな二五を知っていても、十を知らぬ凡庸である。貴国の士大夫は救時の

予曰、「貴国科挙之弊、敝国人亦屡言之。敝国神祖啓邦以来、人以忠孝為俗、而孔聖所誨、適合敝国旧俗。敝国人之所以尊信儒術、而儒学之所以将廃而復興也。盖嘗謂欲革一国弊制、宜従下為之、不宜委諸有司也。有司之専擅、不可独咎有司、亦在野君子、袖手傍観之咎也」。曰、「従下為之、而能遂者、猶貴国士気之申也。中国則未能如此矣。先生既来中国、必有所聞、草野之間、徒多痛哭流涕之言耳、無益於敗喪」。予曰、「食其国之毛者、死於其国之事。古人有言、有志者事遂成。奚問貴国与敝国之異同乎。敝［原本：貴、拠「栞誤」改］国三十年前、幕府擅権、王室式微。勤王之徒、有繫獄者、有刎首者、有称兵而死者。遂能倒徳川幕府、而建維新偉業。近年天下輿論、欲設議会。有志者往往触法抵罪、以致今日之盛。貴国東漢李杜陳

人材であり、西学を奨励するとともに、なお漢学を廃止してはいけないと考える者は、ものごとに本末があるということを知っているからである。中国の士大夫の学問の病の原因は、まさに博に務めて精髄から離れてしまい、離れたために精髄がなくなったことにある。また科挙や功名に束縛され、ついに長期にわたって振わなくなってしまうことである。このことを口にするのも痛ましいほどである」。私はいう、「貴国の科挙の弊害は、我が国の人もたびたび議論している。我が国は神武天皇が国を開いて以来、人々は忠孝を習俗としており、孔聖の教えは、ちょうど我が国の旧俗と合致している。これこそ我が国の人々が儒術を尊信している所以であり、また儒学が廃止の危機に瀕していても復興される所以でもある。私はかつてこういったことがある。一国の誤った制度を改革しようと思えば、下からそれをなすべきである。有司に委ねてはいけない。有司の専断は、ただ有司だけを責めることはできない。また在野の君子においても、まるで他人事のようにただ側で眺めるだけの咎めを免れない」（韓愈「祭柳子厚文」）。張氏はいう、「下からなして達成できるのは、やはり貴国の士気が伸張しているということである。中国の場合、まだそのようなことができるようにはなっていない。先生は既に中国に来ているので、きっといろいろなことをお聞きになっているだろうが、草茅在野の間では、もっぱら痛哭流涕の言論ばかりが多く、頽廃喪失を挽回するには無益である」。私はいう、「その国の作物

范、及前明東林諸賢、行事垂史冊、赫赫与日月争光、豈非後人所当鑑耶」。曰、「此等風気、東勝於中国。中国則士気排抑沮喪、二三百年矣」。此人壬午歳在朝鮮、与竹添、加藤諸子相識、又将遊本邦、遇甲午之変而不果云。

　去訪湯子（寿潜、字蟄仙）、不在家。更去訪葉子（瀚、字浩吾、浙[原本：淅]江仁和人、嘗為張香帥[原本：師]纂首）。此人三十左右、近与汪子、立蒙学公会、頗見有為気象。謂予曰、「先生遠賁我国、遊蹟徧名勝。文気之助、乃在万里路上得耳。鄙人見之、不勝欽服。但聞先生遅回申浦、又無幾日、転覚惘然。鄙人生平本罕学識、但素志在人不虚生一語上立足。所惜才疏学浅、少二十歳、即出游大江。上下人士之中、尚多同志。当塗衰衰、鮮遇知音。不得已返而設立蒙学公会。仰資貴国及西方大国之善法、

を食う者は、その国のことに死す。古人も言っているように、「志ある者は事竟に成る」（『後漢書』耿弇列伝）。なにも貴国と我が国との異同を問題にする必要はない。我が国は三十年前、幕府が政権を独占し、皇室が式微していた。勤王の徒には、牢獄に入れられる者もいたし、首が切られる者もいたし、さらに兵を挙げて死んだ者もいた。遂に徳川幕府を倒して、維新の偉業を打ち立てることができた。近年、天下の輿論では、議会を設けようとしている。志のある者がややもすれば法に抵触し罪を犯しながらも、今日の盛況をもたらしたのである。貴国の東漢の李膺・杜密・陳蕃・范滂のような人々（『後漢書』党錮列伝）、ならびに前明の東林の諸賢は、行ったことが史書に書き残され、日月と光を争うほど輝かしい。どうして後人の鑑とすべきものにはならなかったのか」。張氏はいう、「これらの気風は、日本の方が中国に勝っている。中国の士気が衰退の一途に辿ってきたのは、すでに二三百年前からのことであった」。この人は壬午（一八八二）年、朝鮮にいて、竹添（進一郎）、加藤（増雄）の諸氏と相識るの間柄になり、本邦へ遊ぼうともしたが、甲午の変に遇い、果たせなかったという。

　湯寿潜氏（字は蟄仙）を訪ねたが、不在であった。さらに葉瀚氏（字は浩吾、浙江仁和の人、かつて張之洞の幕僚を務めた）を訪ねた。この人は三十歳前後、最近、汪氏とともに、蒙学公会を立ち上げ、頗る有為の気象を感じられる。葉氏は私にいう、「先生は遠くから我が国に来られて、あ

以恵後起之人。宗法孔聖定制之意、以明已絶之緒。心奢力弱、不敢謂有成無敗。顧五洲大陸、殺機方起、不知税駕何所。先生東方賢達、我国又同在唇歯、何以善其将来、同保太平。乞先生明以教之」。予曰、「先生抱蘊偉大、使人景仰。貴我両国、唇歯相依、誠如高諭。独西方之人、実所同仇。禦侮之要、在振作東亜形勢、此当以両国人往来親善為急務。今両国商賈往来者常聞之、未聞士大夫往来者、豈両国之利耶。何如」。葉子曰、「高明之論、弟実深佩。亜洲一局、極宜東方好合堅固、西方乃無包抄全局之隙、誠哉是言也。至於我国人士、来遊貴国、使士大夫彼此交誼日密。上回朝廷之意、下開我与貴国素来隔閡之蔀。鄙人十年以前、嘗主亟連東局、以固東南、惜世之知音者鮮爾。目下彼此交往、業已大有開通之機［原本：幾］、親密

まねく名勝を見てまわられた。文章の助けは万里の旅路から得られる。私から見れば大いに敬服すべきである。しかし、先生が上海に戻られるのが遅かったため、ご滞在があと何日もないと聞くと、いささか寂しく感じる。私は普段、学識が乏しいが、ただ志はこの一生を虚しく過ごしたくないのひと言にある。惜しいことに才能が不足のうえに学問も浅く、二十歳のときには、すでに長江への旅に出かけた。官界や民間の人士の中には、まだ同志は多いのだが、遠くあちこちを訪ねても、知音に出会うことは滅多になかった。そこで、やむを得ず戻って蒙学公会を設立した。貴国および西洋諸国の善法に依拠して、これからの人たちに恩恵を与えようと思っている。孔子が定めた制度とその趣旨にそって、もってすでに途絶えた学問の端緒を明らかにしたい。考えが多くても力が弱くて、成功の見込みがあるなどとは敢えて言わない。五大陸を見わたす限り、殺気が現れはじめ、とどまるところを知らない。先生は東方の賢人であり、日本は我が国とも唇歯の仲である。どのようにすれば、将来をよくし、ともに太平を保てるのか、先生のご高見を明らかにしていただきたい」。私はいう、「先生の抱負は偉大で、敬服させられる。貴国と我が国は唇歯相依るというのは、まことにご高説の通りである。西洋人のみが、実に我々の共通の仇である。これに抵抗するための要点は、東亜の情勢を奮い起こすことにあり、両国の人々が往来して親善することがその急務である。いま、両国の商人の往来

之誼。弟意謂、以後仰藉貴国已訳書報。在我国人士、徧［原本：偏］設各種学会、以開風化之原。此一局也。有志力之士、相与時時往還、以聯交誼、切図禦侮之計。即不能、亦宜籌保護生霊之計、此一局也。先生明見以為然否」。予曰、「寔然。貴国設各種学会、為尤切時情、此固宜要急者。然学問宜有所主、乃以聖教為心骨、以西学為冠冕、庶幾少誤歟」。葉子曰、「先生之意、正法眼蔵也、不勝欽佩。大凡心理之同、人生所共具。不過有識之始、各以先入為主、不免生爾我出入之見。此是後起之儀、非本原之理也。孔聖立教、人天同始、運極太平、此固他教所未見及者。中墨西耶、乃以人天同体一偏之理、横思奪席、豈可得哉。所幸目今西方人士、由格学以及哲学、仰宗希臘百拉多等之説、極与儒近。此入我門来之大転機也。弟不才

はよく聞くが、士人の往来は未だに聞かない。これは両国にとっては善いことではない。如何であろうか」。葉氏はいう、「すばらしいご教示に私は実に深く敬服する。アジアの局面には、東洋の友好と団結が重要で、そうすれば、西洋の東洋全体を包囲する隙間を与えない。これはまことにその通りである。我が国の人士にいたっては、貴国に遊べば、士大夫同士の交誼を日に日に密になれる。これによって上は朝廷の意嚮に呼応して、下は我が国と貴国との長年の隔たりによって生まれた誤解を解くことになる。私は十年前、かつて日本と連携をして、東南を固めようと主張したことがある。惜しいことに世間では理解してくれる者がほとんどいなかった。目下互いに交流しているので、すでに開通の機運と親密な誼が大きくなっている。私は、これから貴国のすでに訳された書籍や新聞雑誌を大いに活用していきたい。我が国の士人の間に、広く各種の学会を設けることをもって、風教の源を開くことが一つの局面である。志と力のある士人は、互いに常に往来して、以て交誼を繫いで、確実に侮辱から守る方策を謀る。仮にそれができなくても、また若者を護る方策を謀るべきである。これもまた一つの局面である。先生には如何に思われるか」。私はいう、「まことにその通りである。貴国が各種の学会を開くのはもっとも時勢に合っており、これは固より急務であるが、しかし学問には核心となるものが必要である。聖教を中心とし、西洋の学問を外観の装飾とすれば、はじめてその誤りを

窃思、今日教中上学生、宜以格致啓其霊性、以時務充其才力、帰宗孔教、以定其趨向。倘従者日衆、則太平之基、即起於是。先生明見以為然否」。葉子喜議論、将進入佳境、会汪子諸友、候汪子於時務報館、汪子因促帰。乃与葉子約、詰旦再晤、辞去。至時務報館、与汪子（名大鈞、字仲虞、浙江銭塘人、美国駐留欽差参賛、穰卿之弟）、曽子（名広鈞、字重伯、湖南湘郷［原本：湖湘焉郷］人、文正公之孫、在翰林）、田子（名其田、字自芸、新抜貢生）、古城子相見。

少なくすることができるだろう」。葉氏はいう、「先生の意は、まさに全体を見わたす正しい教えである。敬服に堪えない。おおよその心理にある同様なことは、人が生まれながらにして共有するものである。しかし有識のはじまりには、それぞれの先入観が主となり、互いに異なる見解が生じるのを免れない。しかしこれは二次的に発生したもので、本源の理ではない。孔子が立てた人・天は同様な起源を持ち、運気は窮極太平にいたることにあるとの教えこそ、他の宗教の見方が及ばなかったところである。中国の墨子の教えと西洋のキリスト教は、人・天が同体であるという一つの偏った理を以て、よこしまに（孔聖の正しい教えの）席を奪おうと思っても、どうして真理を得られるのであろうか。幸いにして現在、西方の人士は、格致の学問から哲学にいたるまで、ギリシャのプラントンらの説を仰ぎ、それは極めて儒学に近い。これこそ我が門に入ってくる一大転機である。私は不敏ながら密かに思うのだが、今日、中上の学生を教えるには、格致をもってその霊性を啓き、時務を以てその才力を充たし、孔子の教えに回帰させ、以てその趨勢を定めるべきである。もしこれに従う者が日に日に多くなれば、すなわち太平の基礎はそこから築き上げられよう。先生もそうお考えくださるか」。葉氏は議論好きで、まさに佳境に入ろうとしていたが、そのときちょうど汪氏の友人たちが汪氏を時務報館で待っていたので、汪氏の帰りが促された。葉氏と明朝再会することを約束して辞した。

十一月二十五日　晴、風冷。朝宮阪、甲斐二子来。古城子来。巳上牌葉子来過。予曰、「弟帰期方迫、不得久侍杖履、此殊歉然。但幸上午無事、緩緩対榻、得領雅談、感甚」。葉子曰、「先生速帰、弟不得常親丰彩言論、亦深悵恨。今日得趨承雅教、蒙不見拒、三冬余間、把手情話、雖片刻歓言、五城璧不易也。在先生績学有素、必有蘊蓄之宝、敢求賜教指示岐途、以作不才之準質、則幸甚也」。予曰、「弟才短学浅、奚足瀆長者聴。其夙奉聖教者、亦欲尽我身分耳。昨日造候、目領貴会盛況、未得悉細事、不妨開示之」。曰、「高懐敬佩、敝学会

時務報館にいって、汪大鈞（字は仲虞、浙江銭塘の人、米国駐留欽差参事官、穣卿の弟）、曽広鈞（字は重伯、湖南湘郷の人、曽文正公（国藩）の孫、翰林院に在職）、田其田（字は自芸、最近、貢生に抜擢）、古城の諸氏と面会した。

十一月二十五日　晴れ、風が冷たい。朝、宮阪、甲斐の両氏が来た。古城氏が来た。午前十時、葉氏が来た。私はいう、「私の帰国の期日が迫っており、長くお相手をすることができず、大変申し訳なく思う。しかし、幸い午前中には用事がないので、ゆっくりと膝を交えて話しあうことができる。お相手してくだされば、感謝する」。葉氏はいう、「先生が早く帰国されると、私も常に先生の風采と言論に親しむことができなくなり、深く悔やむところである。今日はご高説を伺いに来たが、拒まれることなく、まるで冬の暇なとき、手と手と取りあって語り合えば、片言だけの歓談であっても、五城の璧にも換えがたい（『史記』廉頗藺相如伝）。先生には学問の実績が豊富であるから、きっと蘊蓄の宝がおありだろう。敢えて教示を賜り、岐路のありかを指し示していただき、私の指針になれば幸甚である」。私はいう、「私は才能に欠け学問が浅い。賢者の聴聞を汚すに足りない。夙に聖教を奉じている一人として、これもまた我が身分にふさわしいことに尽くそうとしているだけである。昨日、伺った際、貴会の盛況ぶりをこの目で確かめた。

宗旨、以聖教屯難造物端蒙養為宗旨、欲保善良種子、勿播裸壤。約分四大端、一曰、学会、連天下人才、使帰於群。一曰、学報(14)。分両界、五歳至七歳一界、専重母儀。八歳至十二歳一界、専重師範。母儀一節、分四目。一曰、衛養。一曰、指導。一曰、儀範。一曰、嬉戯。俎豆師範一節、分六目、一曰、字課文法。一曰、本国地志。一曰、物理哲学。一曰、経学。一曰、史要。一曰、時事。略此十目乃立会本旨也。報以開聞見、示成法。如風行、則次以編蒙学書。再次、以開学授徒。学制擬分三等、一曰、蒙師範学堂。一曰、孩童訓育堂。一曰、幼童学堂[原本無、補]等制度綱領。雖与同志議、所苦経費支絀、故先墊[原本：塾]数千元、辦[原文：辨]理書報、以開其端。書報幷印、以便人読。報約月分四冊、一、初一至初八、二、八至十五、

まだ詳しく知り得ていないが、よろしければ、お教えいただきたい」。葉氏はいう、「高志に敬服する。我が学会は、聖教が行き詰まったら、万物を造り、教養を啓蒙することを趣旨として、善良な種子が、悪い土壌に播かれないようにしたい。おおよそ四つの事業に分けられる。一つは学会。天下の人材を連絡し、団体に集めさせる。一つは学報。二段階に分ける。五歳から七歳までを一つの段階として、もっぱら母親を尊重することを教える。八歳から十二歳までがもう一つの段階で、先生を尊重することを教える。母親を尊重する一節は、四つの課目に分けられる。その一つは衛養、一つは指導、一つは儀範、一つは遊戯。師範の一節は、六つの課目に分けられる。一つは字課文法、一つは本国地志、一つは物理哲学、一つは経学、一つは史要、一つは時事。ほぼこの十課目が本会を立ち上げた本来の趣旨である。雑誌によって見聞を広め、成法を示す。広まれば、その次は蒙学の書を編纂刊行し、さらにその次は学校を開き生徒に授ける。学制は三段階に分けることを予定している。一つは蒙師範学堂、一つは孩童訓育堂、一つは幼童学堂、等々の制度、綱領である。同志らと相談してはいたが、苦しいのが経費不足で、そこで先ずは数千元を立て替えて、書籍と雑誌を刊行して、その端緒を開くことにした。書籍と雑誌を併せ刊行して、人々の閲読の便を図りたい。雑誌はだいたい月に四冊を刊行する。第一号は一日から八日までの間、第二号は八日から十五日までの間、第三号は十五日

三、十五至二十三、四、二十四至下月初一。所惜様本一出、譌脱尚多、亟毀之、重校附印。本月初四、可以編発分送矣。書報之本旨、係以東西善法、挍正我国村学之失、而考明聖学遺規、以正後生之趨向為主。故報分三項、一項為中文書報輯、一項為西文訳、一項為貴国文訳。中文弟総撰述之、西文湘郷曽懿敏公（紀沢）長公子、名広銓［原本：詮］者、総司之。東文係貴国文儒古城貞吉先生司之。敝会初開、渥荷貴国書社会贈書報。不遠鄙在野、此情之厚、潭水蔑儷。鄙人傾風感服、不勝紉佩。今蒙先生下教不逮、敢陳詳説、何求是正。倘荷不以為謬、賜与扶持、則鄙人所深為叩祷者也」。予曰、「所請不見斥、一一開示、深領厚誼、至幸至幸。貴会本旨、実切時務。弟在国、嘗欲相地金剛山、興一学堂。此山楠正成城址所存。

から二十三日までの間、第四号は二十四日から翌月の一日までの間に刊行すると予定している。惜しいことに雑誌のゲラができあがってみたら、誤字脱字がなお多くあり、急いで廃棄して、改めて校正をし直して、ふたたび印刷をしているところである。本月の（旧暦）四日にできあがるので、編集して皆に送れるようにしたい。書籍や雑誌の本旨は、東西の善法を以て、我が国の村塾の不足を正し、聖学の遺された規範を明らかにして、若者の向かうべき方向をただしくすることを主としている。故に雑誌は三項に分ける。一つは中文の書籍や雑誌の集約、一つは西洋文の翻訳、一つは貴国文の翻訳である。中文の集約は私が撰述を担当する。西洋文の翻訳は湘郷曽懿敏公（紀沢）の長公子、名は広銓という方がこれを司る。東文の翻訳は貴国の名士古城貞吉先生がこれを司る。敝会は開設してまもなく、貴国の出版社や学会が在野の我々を遠く偏僻な者として見捨てずに書籍や新聞雑誌を恵贈してくださることを、ありがたく思っている。この情けの厚みは、清らかな川のようなものである。私は傾倒感服して、感謝に堪えない。いま、先生の教えが十分でないのに、あえて詳細に言うのは、是非を求めるからだ。これを誤謬だと思われず、ご助言を賜ることは、私の深く感謝し、願いたいところである」。私はいう、「私の要望を拒むことなく、聞き入れ、一つ一つ開陳された。厚い誼を受け、まことに幸いである。貴会の本旨は、実に時務に合致している。私はわが国の大阪郊外の金剛山と

此人三世忠藎、致身殉節、後人所不能忘。山上先造孔廟及此人廟、春秋祭祀、使生員有所私淑、庶幾為風気一助歟。独奈志有余而才不足、至今未能進一簣也。今遊貴国、又頗知華音一科不可忽也」。曰、「先生高論、弟深欽仰。静僻之地択地、得貴国忠藎、以為楷法。又宗孔聖、以為主極、則後生得所依帰。皆先生提倡之力也、不勝佩仰。至設立華音一科、使彼此交誼日固、尤為切中時局之紐。但我国語言、係歴代遺伝、流寓転変已極。故越不同呉、呉不同楚。大約東漢以上之古音、不可復求矣。東漢而後、『説文』之音係深喉、故以四支居首、而不以五歌六麻居首。東晋遷居江南、其京音如今蘇松土音也。唐時之音、亦係深喉、而参雑粤［原本：奥］中土音。近日湖南江西福建諸音、頗得『広韻［原本：匀］』遺音。北宋南遷、京中汴音、

いうところに土地を物色して、一つの学堂を興そうとしたことがある。この山には楠正成の城蹟が遺されている。この人は三代にわたって忠誠を尽くし、身を以て殉節し、後人の忘れえない人物である。山上にはまず、孔子廟とその人の廟を造り、春と秋に祭祀を行い、生徒に私淑させるようにして、どうか風気を一変させる一助になることを願いたい。ただ、残念なことに、志はあるものの才能が不足していて、今になっても、一歩も進めていない。いま、貴国に遊んでみると、華音（華語の音声）という課目を軽視してはいけないこともよく分かった」。葉氏はいう、「先生の高論は、私が深く敬仰するところである。静かな辺鄙な地を撰び、貴国の忠誠の士を模範とし、さらにまた孔聖を尊崇することを主旨とすれば、若者がよりどころを得られる。これはみな先生の提倡の力であり、まことに感服に堪えない。華音科目の設立は、彼我の交誼をますます固くすることで、きわめて時局の要点にかなっている。しかし我が国の言語は、歴代にわたって伝わってきたものであり、変化がすでに極まっている。そのため、越と呉とは異なるし、呉と楚とも異なっている。おおよそ東漢より以前の古音は、もはや求めることができないのである。東漢以降の『説文』の音は喉の奥から発するので、ゆえに「四支」を最初に列べていて、「五歌・六麻」を最初の列としなかった。東晋の時、都を江南に遷したので、その都の発音は現在の蘇州や松江地方の音と似ている。唐の時代の音も喉の奥から発す

留于杭州臨安、成為土音。故杭州城内、独異他処。以外府州県、係呉越旧音。杭州城内、則係汴宋遺音也。以上所陳、不過大略。至於一府一県一郷一邑［原本：都］之転変、幾於里不相同。故学習華音、竟無公法。弟窃謂、欲学華音、秖有以現在我国京音為主。弟亦嘗謂、中国学校華文、宜主京音、則上下一律、通国人心、庶可聯為一気。而遠国人士、恵臨我地、又便通情伝学。惜目今尚罕以此言為然者。先生之挙、真善法哉。佩佩服服」。予曰、「古今音流沿革、娓娓開陳、大啓我蒙。敝国所伝、有漢音呉音者。漢音専行於学者間、呉音専行於仏氏之間。四声之別、与沈約所撰、並無有異同、而与現今所行貴国京音、及三百篇所押、迥有逕庭。令解華音之人研討之、或有快意者、而未能也」。曰、「弟雖未通貴国伊呂波字、与近年欧西

るが、広東の地方音も混ざっている。最近の湖南、江西、福建などの地域の音は、頗る『広韻』の遺音を得ている。北宋の南遷によって、都の開封の音は、杭州臨安に遺され、その地方音になった。ゆえに杭州城内の発音だけは、ほかのところとは異なっている。杭州以外の府州県は、呉越の昔の音に属するが、杭州城内だけは、北宋時代の開封の音が遺されている。以上陳《の》べたことは、大略にすぎない。一府、一県、一郷、一邑の伝承変遷にいたっては、ほとんど里ごとに異なる。ゆえに華音を学習しようとしても、結局のところ、あまねく通用する方法はないのである。私は個人的な見方としては、華音を学ぼうとすれば、ただ現在の我が国の北京音を主とするしかないと考えている。私はまたかつて次のようなことを言った。中国の学校の華文科は、北京音を主とすべきである。そうすれば、上下一律で、国を通じて人々の心が、一つにつながるであろう。そして外国の人士が我が国に来られた場合も、情報交換や学問の伝播に便利である、と。しかし、残念ながら、目下、私の意見に賛成してくれる者はまだ罕《まれ》である。先生の考えは、まことに善法である。佩服々々」。私はいう。「古今の音の流転沿革を丁寧に開陳され、大いに私を啓発してくださった。我が国に伝わっているものに、漢音と呉音とがある。漢音はもっぱら学者の間で行われ、呉音はもっぱら仏教界で行われている。四声の違いは、沈約の撰したものと何ら異同がないが、現在使われている貴国の北京音を、『詩経』三

英法俄徳各大国文字、但結交中西各文士、細考音法、方知各国方音不同、由於流伝之不同。流伝之音、必有所出。然伝之其地、上有天気寒暑之不同。下有高山大川、与夫江海之限阻、故致転変極多不同。然求其元音、則不外喉舌唇歯牙五種、転遞使然。喉音分深浅、舌音分頭腹尾、歯音分正偏、牙音分剛柔、唇音分軽開重合。五音転変不外此矣。中国字皆象形、至形不可識、乃刱音法。隋唐以後、仏書大盛、訳者以華音召梵、乃有字母之作。但弟細考中国音法、至今垂十年矣。毎以反切有音、書会無字為恨。其故由中国象字最簡、至艸書而止、従無人刱一切音字、故至此爾。卓哉貴国僧空海之刱字也。弟未知貴国語言、間覯貴[原本：敝]国人著録之書、其漢音極近『広韻』紐弄之音。則先生之言、弟深得一大証也。至於学仏

百篇の押韻と照らし合わせれば、大いに隔たりがある。華音を理解する人にこれを研究させれば、あるいは満足できそうな成果が得られるかも知れないが、まだできていない」。葉氏はいう、「私は貴国の伊呂波《イロハ》字と、近年の欧洲の英・仏・露・独など各大国の文字に精通していないが、しかし中国や西洋の文士と交際し、その音法を細かく考察して、各国の発音の違いは、流伝の違いに由来するものだと分かった。流伝している音にも、必ずその源がある。しかしそれがある所に伝わると、天気の寒暑の違いや高山大川、川や海によって隔てられるせいで、転変して、極めて多くの違いが生じる。しかしその元の音を求めてみれば、喉・舌・唇・歯・牙の五種しかなく、流伝によって、現在のようになっているのである。喉音は深・浅に分かれ、舌音は頭・腹・尾に分かれ、歯音は正・偏に分かれ、牙音は剛・柔に分かれ。唇音は軽・開・重・合に分かれる。五音の転変は以上のような分け方しかない。中国の字はみな象形文字で、形だけでは識別できない場合、音法を創った。隋唐以降、仏教の経典が大い盛んになり、訳者は華音をもって梵《サンスクリット》音に習って、そこで字母が作られた。しかし私は中国の音法を細かく考察して、今になってすでに十年になり、つくづく思うが、反切には音があるが、書こうとする度に、字のないことが恨めしい。そのわけは中国では象形の文字が最も簡便なのだが、草書にいたってそれが止まり、以後すべての音を表せる文字を創るものが一人も現れなかったので、

之呉音、恐係字母、不是五音。弟未学妄測、未敢［原本：放、拠「棸誤」改］懸断。但願貴国人士、不遺在遠、弟又得一藉手。学堂粉成、謹当遵先生之高見、設立東中文学科、則以後両国学生、彼此通家定好、豈不為亜東一大転機哉」。時方過午、乃戒館人供膳。曰、「敝国割烹、過淡無味、恐難上匕箸。且唯取観美、至体養滋味、殆如不経意」。曰、「敝国治庖、有南北好尚之異。北尚肥濃、南尚清腴。貴国肴饌之精、極合人身体用、恐敝国不能合法者正多耳」。遂談移数晷而去。此人甚究音法、時属過午、供膳草草、未至吐露鄙意、以叩音流之原而去、故略論于此。音固有古今流伝転変之訛矣、然音法異同、未必尽流伝転変之故焉。漢土猶之欧羅巴也。夏禹会諸侯于塗山、執玉帛者万国。湯伐桀、当時諸侯称三千。武王伐紂、諸侯会者八百。当時周

このようになってしまったのである。まことにすばらしいのは、貴国の空海和尚が仮名を創ったことである。私は未だ貴国の言語を知らないとはいえ、たまに貴国人が著した書物を読むことがあるのだが、その漢音は『広韻』にいう「紐弄」、つまり異なる字の子音と母音を分離（鈕）、と組み合わせる（弄）発音方法に極めて近いと思っていた。先生のお話を聞いて、私はその一つの証明を得たのである。仏教を学ぶ場合の呉音とは、恐らく係字母のことであり、五音ではなかろう。私はまだ学ばずにして、推測の域を出ないが、妄りに断言することができない。ただただ貴国の人士に願いたいのは、遠くにいる私たちを見棄てないでほしいということである。そうすれば、私も助力を得られるのだ。学堂が若し創れたら、謹んで先生の高見に遵《したが》って、東・中文学科を設立したい。そうすれば、両国の学生は、互いに交流して友好を通じあい、東亜の一大転機にならないわけはなかろう」。折しも正午を過ぎたので、旅館の者に食事を用意させた。私はいう、「我が国の料理は、味が薄くて、恐らくお口に合わないだろう。そしてただ外観の美しさだけを取り、栄養や滋味には、ほとんど注意を払わない」。葉氏はいう、「我が国の料理の嗜好には、南北の差がある。北は濃厚な味が好まれる。南は薄味で風味豊かなものが好まれる。貴国の料理の精美さは、極めて人の身体に合っており、恐らく我が国のほうが健康的でないものが多いだろう」。このようにしてしばらく歓談して帰った。この

三分天下、有其二、併属紂者四百、為一千二百諸侯。至春秋、大者十五六、小者為一二百。及戦国、合為大国七、小国八九、遂併於秦。始皇蕩平六国、猶羅馬統一欧洲之日。羅馬亡滅、列強対峙、猶秦以前諸侯割拠。是可以徴音流之異同也。且諸侯分邦、素出於種族異同。草木榛榛、鹿豕狉狉、人始為群。及風気漸開、部落変為邦国、酋長進為諸侯、以至三代。邦国漸減、音法亦漸相近。蓋秦以前音法異同、大別為秦楚呉粤［原本：奥］斉燕三晋巴蜀、是当今之露独英仏西伊也。溯洄至夏殷、其小異同者、奚翅千百種而已。今湖広之音、不通於杭蘇、幽燕之音、不通於陝西、巴蜀之音、不通於山東、皆非流伝転変、以漸失古、古来方音乃然也。今以沈約所撰定韻書、律三百篇、韻法毫不合。此以三百篇多河漢沿岸之音、而沈約江西之

人は音法を大変深く研究している。正午を過ぎ、急いで食事をしたため、私の意見を吐露させてもらえず、そして、音の変遷の根源を尋ねることもなく帰ってしまったので、ここで簡単に論じておきたい。すなわち、音には固より古今の流伝転変により訛りが生まれることがあるにはあるが、しかし音法の異同は、必ずしも全て流伝転変によるものではない。その点、漢土もヨーロッパと同様である。夏の禹王は諸侯と塗山に会した際、友好と服従を示す玉や織物を持ってやってきた国は万国に達した。殷の湯王が夏の桀王を討伐した際、当時の諸侯と称されるものは三千に達した。周の武王が殷の紂王を討伐した際、会した諸侯は八百あった（『史記』周本紀第四）。当時の周は天下の三分の二を有し、もともと紂王に属する諸侯は四百で、全部で千二百の諸侯があった。春秋の時代になると、大きな諸侯は十五、六、小さなものは一、二百あった。戦国になると、大国は七、小国は八、九に集約され、遂に秦に併合された。秦の始皇帝が六国を平定したのは、まるで羅馬《ローマ》が欧州を統一したのと同じである。羅馬が滅亡すると、列強が対峙し、まるで秦以前の諸侯割拠と同じであった。これをもって音の変化の異同を照合することができる。かつ諸侯がそれぞれの国に分かれていたのは、もともと種族の異同によるものである。森林や草原が生い茂り、動物が群れを成して走り回った時代に（柳宗元『封建論』）、人々は始めて群を作り、少しずつ文明の風気が開けてくると、部落が都市国家に変化していき、部落の首領は

人故也。又以律方今所謂京音、亦不小合。今之京音者、幽［原本此処有「如諸」二字、拠「栞誤」移出］燕之音也、与江西相去又甚遠焉。司馬相如諸［原本此処缺「如諸」二字、拠「栞誤」移入］賦、屈平離騒等、亦与沈約韻書不合。盖離騒則楚音、而司馬相如諸賦、多巴蜀之音歟。由是観之、此国各処音法不同、非流伝転変失古之故也、方音各有異同也。又葉子以本邦仏家之呉音、為係字母、亦草草不能辯。

　下午、湯子（蟄仙）来過。此人真率似有意時務、未及叙寒喧、直問予曰、「明年重作滬遊否。膠州之耗、係黄種安危。合肥馬関行成、貴国尚有小山撃之、而我四百兆人中、竟無如小山者一人、慚愧無地」。予曰、「近日膠州之事、貴国上下深憂可想。近年西人陸梁日甚、豈独貴国之禍哉、為敝国人者、亦可寒心也」。湯子曰、「遼東之敗、我固不支、貴国亦踞爐火上矣。唯我被此巨剣、泄

諸侯になり、三代にいたったのである。都市国家の数が少しずつ減っていくと、音法もまた少しずつ接近していく。蓋し秦以前の音法の異同は、大きく分けると秦・楚・呉・粤・斉・燕・三晋・巴蜀などがある。これは現在の露・独・英・仏・西・伊と同じである。夏・殷まで遡れば、その小さな異同は、ゆうに千百種以上を超えていた。今の湖広の音が杭蘇に通じず、幽燕の音が陝西に通じず、巴蜀の音が山東に通じない。これらはみな流伝転変によってその古音を少しずつ失ったのではなく、古来の方言の音声とはもともとそのようなものであったからである。いま、沈約の著した韻書をもって、『詩経』の三百篇と照合してみれば、韻法はちっとも合わない。これは、三百篇の多くは黄河や漢水流域の音を収録しているのに対し、沈約は長江の西の人であったことに、その原因がある。また、これをもって現在のいわゆる京音と照合しても、全く合わないところがある。今の京音とは、幽燕の音であり、長江の下流地域とは、はなはだしくかけ離れているからである。司馬相如の賦、屈原（平）の『離騒』なども、沈約の韻書とは合わない。蓋し『離騒』は楚音、司馬相如の賦は巴蜀の音であったからである。これによって観れば、この国の各地の音法の違いは、流伝転変によって古音を失ったのではなく、方音にもともと異同があったからである。また、葉氏が本邦の仏家の呉音を係字母とした議論に対して、これも時間不足で、よく辯ずることができなかった。

沓如昔、已忘在莒。貴国上下、反能臥薪嘗艾、為不可及耳」。昏前羅狄王蔣四子来。此夜葉子招飲于東棋盤街新泰和酒館。会者汪子（穣卿）、曽子（重伯）、汪子（仲虞）、汪子（鍾林、字甘卿、蘇州呉県人、挙人、現為蒙学会総理）、古城子及予也。

十一月二十六日　晴、風、比前日稍暖。予将以明日発滬帰阪、乃命荘二、備行

午後、湯蟄仙（寿潜）氏が来た。この人は率直なたちで、時務に関心を持つようで、挨拶もそこそこに、単刀直入に私に問う、「来年また上海に来られるか。膠州の割譲は、黄種の安危に関わる。李鴻章が馬関にいった際、貴国にはまた小山（豊太郎）の李を狙撃する行動があったが、我が四億人のうち、ついに小山のような者は一人も現れなかった。慙愧の限りである」。私はいう、「今度の膠州の一件、貴国の上下が深く憂慮するのもよく分かる。近年、西洋人の浸透は日増しにはなはだしくなっている。貴国だけの禍ではなく、我が国の人々としても、背筋の凍る思いである」。湯氏はいう、「遼東の敗北は、固より我が国が耐えられなかったためだが、貴国もまた火の上に置かれたような状況になっている。我が国はこの大きな打撃をうけて、昔のように気が抜けてしまい、屈辱などはとっくに忘れてしまっている（『呂氏春秋』直諫）。これと違い、貴国の上下が臥薪嘗胆をなされるのは、わが国の及ばぬところである」。黄昏の前、羅振玉、狄保賢、王惕斉、蔣斧の四氏が来た。この夜、葉氏の招きで、東棋盤街の新泰和酒館で酒盛りをした。参会したのは汪穣卿、曽重伯、汪仲虞、汪鍾林（字は甘卿、蘇州呉県の人、挙人、現在は蒙学会の総理）、古城の諸氏と私である。

十一月二十六日　晴れ、風が強く、前日よりやや暖かい。私は明日上海を発ち、帰阪することになったので、荘二に命じて行李の仕度をさせ、そし

李、且購物。訪小田切領事、汪、羅、古城、河本、那部諸子告別。夜、那部、山本二子来。

十一月二十七日　晴。朝、河本氏来過。小田切領事、致『東坡詩集』為贐。午天抵碼頭、乗薩摩丸。小田切領事、山本技師、河本、那部、古城、山本、荒井、新井勝弘、宮阪、甲斐諸子及荘二、送至船。午下牌開行。有弘内（一海）、山脇（武夫）二子、並同郷人也。弘内子為事務長、山脇子為一等運転士、好意周旋。船有英国水兵、被酒狼藉。英国本称軍紀厳粛而如此、何哉。連日風甚、日暮出江口。北風吼海、濁浪排空、船掀翻如簸。

十一月二十八日　晴。風力毫不減、所載貨物輾転有声如投毬。終日無聊、読

て買い物をしてもらった。小田切領事、汪康年、羅振玉、古城、河本、那部の諸氏を訪ねて別れのあいさつをした。夜、那部、山本の両氏が来た。

十一月二十七日　晴れ。朝、河本氏が来た。小田切領事が『東坡詩集』を贈ってくれた。昼ごろ、埠頭にいって、薩摩丸に乗り込んだ。小田切領事、山本技師、河本、那部、古城、山本、荒井、新井勝弘、宮阪、甲斐の諸氏、及び荘二が船まで見送ってくれた。午後一時、出航。（乗組員のうち）弘内一海、山脇武夫の両氏はともに同郷の人で、弘内氏は事務長、山脇氏は一等運転士で、好意に世話をしてくれた。船に英国の水兵がいて、酒に酔って狼藉していた。英国は本来、軍紀厳粛と称されるが、このようになったのは、なぜだろうか。連日風が強くて、日が暮れた時、長江を出た。北風が海を吹き荒れ、濁浪が空を突き、船が顛覆しそうになるほど揺れていた。

十一月二十八日　晴れ。風力は少しも衰えず、積載している貨物はまるでボールが投げられているかのような音を立て転々としている。終日無聊、

『東坡詩集』以遣悶而已。邦人之作詩文、務擬漢土人口吻、其稍相違者、一排斥之曰、是帯和臭也。予謂、「太無理、日本詩人、宜作日本之詩。日本文人、宜作日本之文。欲毎事擬漢土人口吻、則其詩文皆偽也。所謂和臭者、素為無妨焉。以日本人、欲去和臭、雖畢生従事、豈可得耶。且日本人之有和臭、固其所也。特其有和臭、可以謂日本詩文而已矣」。風気益開、事物益繁、新作字亦可。若必検『佩文斉韻府』等、曰、若此之熟字、書中無之。然則『韵府』後所生事物則如何、且謂古人無例、迂亦甚矣。古人安能豫知後世事物、而創熟字耶。自我作字［原本：古］固可、特要妥貼耳。不妥貼、不足以伝後。若能妥貼、世人屢用、遂為熟字也。其妥貼与否、亦学者之責而已。

『東坡詩集』を読んで時を過ごす。邦人が詩文を作る際、務めて漢土の人の口吻を真似し、そのすこしでも相違があれば、一概に、これは和臭を帯びていると言い、排斥する。私は言いたい、「あまりにも無理なことである。日本の詩人は、日本の詩を作るべきで、日本の文人は、日本の文を作るべきである。何事も漢土の人の口調を真似しようとすれば、その詩文はみな偽りになる。いわゆる和臭というものは、素より差し支えのないものである。日本人で和臭を取り除こうとすれば、畢生を費やしてこれに務めても、不可能である。且つ日本人が和臭を有することは、固よりその本来の姿である。和臭を持っているからこそ、日本人の詩文であると謂えるのだ」と。風気はますます開かれ、事物はますます繁栄していく、新たに字を作っても構わない。若し必ず『佩文斎韻府』等を検索して、「このような熟字は書中にはない」と言うならば、『韻府』の後に現われた事物については、どうすればよいのか。それでも「古人に例がない」と謂うのであれば、迂腐もはなはだしい。古人はどうして後世の事物を知り、熟字を創ることができようか。自ら字を創るのは固より可能であるが、ただ妥貼（妥当で適切）であることが要求される。妥貼でなければ、後世に伝えるに足りない。もし妥貼であれば、世人が度々用いて、ついに熟字になるのだ。その妥貼であるか否かは、学者が責任を負わなければならない。

十一月二十九日　辰上牌、入長崎港、而波始静。聞伊勢丸発馬関、抵長崎、三日始達、盖途上入港避風也。風烈可知矣。饔畢、上岸、発電大阪。訪『鎮西日報』、為佐佐子（澄治、為取締役）邀飲富士亭。亭拠高塏、極山海之観。倚檻騁目、全港［原本此処缺「全港」二字、拠「栞誤」移入］景収在衽席之中。舟檝旁午、諸山嘉樹鬱［原本此処有「全港」二字、拠「栞誤」移出］蒼、秀麗可賞。未下牌帰船。申下牌開船。

十一月三十日　晴。卯下牌至門司。午天発門司。

十二月一日　晴。辰下牌達神戸。垂水兄及船橋、川田、武田三子来迎。上岸入後藤店、少憩、乗汽車、至梅田。及門諸子来迎、帰家、時未上牌也。此遊閲日七十一、雖為日不多、所経南北行

十一月二十九日　午前八時、長崎港に入り、波がようやく隠やかになった。聞くところによると、伊勢丸は馬関を発ち、長崎にいたるのに、三日もかかったという。蓋し途上、風を避けるため入港したからであった。風の強烈さはこれで分かる。食事を済ませて上陸、電報を大阪に送った。『鎮西日報』を訪ねた。佐々澄治氏（取締役）に招かれて富士亭で酒盛りをした。亭は高い岡にあり、山海の景観を一望できる。手すり越しに目を馳せると、港全体の景色が全て衽席《おくみせき》の中に収められる。舟は縦横に交差して、山々が樹木の鬱蒼な緑におおい被せられ、秀麗でみどころ満載である。午後三時、船に戻った。午後五時、出航。

十一月三十日　晴れ。朝七時、門司に着く。昼、門司を発つ。

十二月一日　晴れ。午前九時、神戸に到着。垂水兄及び船橋、川田、武田の三氏が出迎えに来てくれた。上陸後、後藤店に入り、少し休憩して、列車に乗り、梅田に着く。門下生諸氏が迎えに来てくれた。家に帰ったときはすでに午後二時になった。今回の旅は全部で七十一日に及び、日数は多くないが、経た南北の行程は、陸路は一千六百余里（清里）、水路は四千

程、陸路一千六百余里（清里）、水路四千五百余里（英里）。耳目所得実多。誠出於久保子之好意也。

五百余哩（英里《マイル》）に達した。耳目から得たものは実に多い。まことに久保氏のご好意によるものである。

燕山楚水紀遊　巻二　終

（奥付）

明治三十一年七月五日印刷（非売品）　明治三十一年七月十二日発行

出版兼著者　山本憲　大阪市東区谷町一丁目百九十四番屋敷

印刷所　上野松竜舎　大阪市東区谷町二丁目百十番屋敷

明治戊戌仲夏　梅清処蔵版

注

（1）訳文は、謝肇淛著、岩城秀夫訳注『五雑組2』（東洋文庫・六一〇、平凡社、一九九七年、一二七～一二八頁）によった。

（2）抄録は、『顧炎武全集』（第五冊）（華東師範大学古籍研究所整理、上海古籍出版社、二〇一一年）によった。字句には原本との差異が多いため、直接抄録して注記を省いた。

（3）『史記』原文部分の訳文は、青木五郎著『史記』列伝四・匈奴列伝（新釈漢文大系九十一、明治書院、二〇〇四年、四二〇～四二一頁）によった。

（4）梅崖が貰った名刺では「蔣式瑆」（資料C五十四）とある。
（5）原本には「抑」、「信」は欠落。「壌」は原本では「境」。唐・欧陽詢撰、汪紹楹校『芸文類聚』巻第八、陳・顧野王「虎丘山序」（上海古籍出版社、一九八二年、一四二頁）によって補足・修正した。
（6）題名は前掲『芸文類聚』によった。
（7）訳文は、久保天随訳注『高青邱全集』第二巻（日本図書センター、一九七八年、六九頁）によった。
（8）訳文は、岩垂憲徳、久保天随、釈清潭訳『蘇東坡全詩集』第三巻（日本図書センター、一九七八年、続国訳漢文大成、二九二～二九三頁）によった。
（9）原本には「赤壁、小、乱石穿空、及、詞」などの字が欠落している。宋・范成大撰、孔凡礼点校『范成大筆記六種』（中華書局、二〇〇二年、二二八頁）によって補った。
（10）訳文は、宋・范成大著、小川環樹訳、山本和義、西岡淳解説『呉船録・攬轡録・驂鸞録』（東洋文庫、六九六、平凡社、二〇〇一年、八九頁）によった。
（11）「邦」は原本では「区」。長沢規矩也・山根幸夫編『和刻本大明一統志』（汲古書院、一九七八年、十一巻二丁、二二五頁）によって改めた。
（12）「狂」は原本では「在」、前掲汲古版『和刻本大明一統志』十一巻二丁（二二五頁）によって改正。また、（元・釈）凞仲集、『歴朝釈氏資鑑（巻第十一・宋下）』（前田慧雲編『大日本続蔵経（六五六）』（第一輯第二編乙第五套第一冊）に、「狂虜」は「武士」となっている。
（13）訳文は、前掲『蘇東坡全詩集』第三巻（二六〇～二六一頁）によった。
（14）このあとの記述には脱落による文意の乱れが見られる。詳細は「解題」を参照されたい。

燕山楚水紀遊　図

〔凡例〕

① 刊本の挿絵（すべて一葉見開き）を全部縮小して、ここに集めた。
② 上下二巻の全二六図に通し番号を施した。
③ 翻字と訳文は、著者山本憲の題辞と画家名（一部、関係記述を含む）にとどめた。
④ 挿絵の原本における配置箇所を、下例のように記した。
「〇一」は〔挿絵番号〕、「巻上第12葉後」は原本における〔挿図位置〕、本書第四〇一頁第六行、「〜本邦」は原本〔巻上第12葉文末の二字〕である。
⑤ 図一〇は山本家所蔵の刊本では破損しているので、大阪府立中之島図書館所蔵の刊本の画像を使わせていただいた。

〇一（巻上 第12葉 後／本書第四〇一頁第一行「〜本邦」）

【原文】湯山行宮、概廃頽敗。荷芁已衰、池水清澂、遊魚可数。梅崖。／

明治戊戌初夏写、暁雲生。

【訳文】湯山の行宮、悉く崩れている。蓮の葉っぱはすでに凋落、池の水は澄んでいて、魚を数えられるほど見える。梅崖。／

明治戊戌初夏に写す、暁雲生。

〇二（巻上 第13葉 後／本書第四〇二頁第十一行「〜成祖」）

【原文】明陵前門也。為陵十三、皆依山麓、陵域広闊。在前門而望山影、蒼茫隠見。梅崖憲。／

真水。

【訳文】明陵の前門である。陵はすべて十三があり、皆山麓に依り造られ、陵の域は広闊である。前門より山影を望めば、遠くまで重なりつづいている。梅崖憲。／

真水。

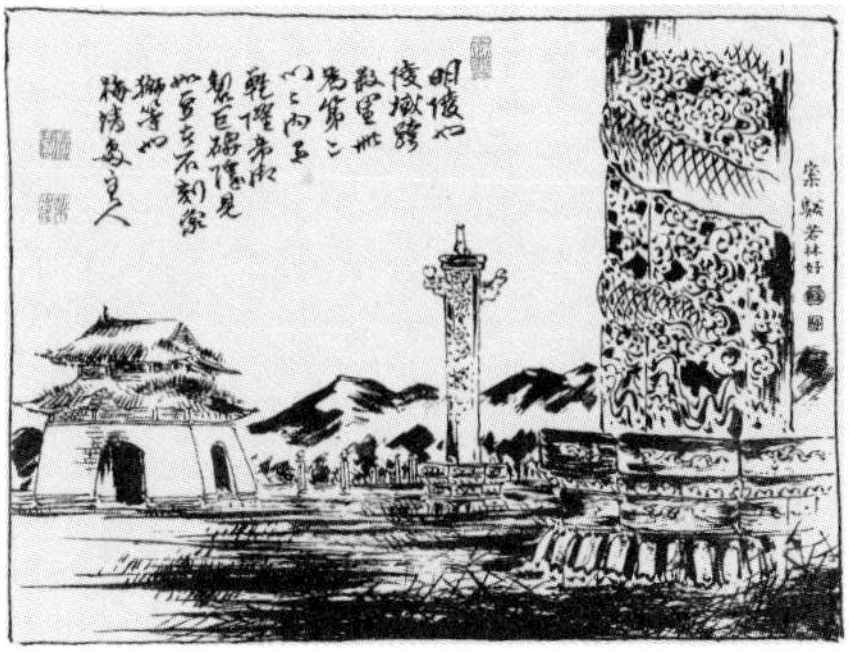

〇三（巻上 第13葉 後／同上）

【原文】明陵也。陵域跨数里。此為第二門、門内立乾隆帝御製巨碑、隠見如豆者。石刻象獅等也。梅清処主人。／

寠谿若林好。

【訳文】明陵である。陵の範囲は数里に跨がる。これは第二番の門。門内に乾隆帝御製の巨碑が立つ。微かに豆のように見える。石像は象や獅子などを彫る。梅清処主人。／

寠谿若林好。

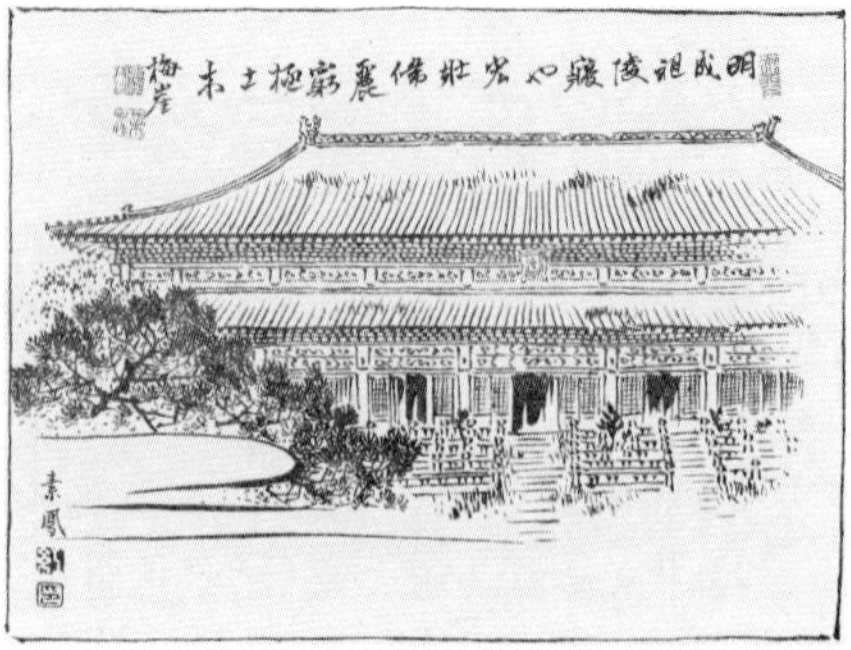

〇四（巻上 第13葉 後／同上）

【原文】明成祖陵寝也。宏壮偉麗、窮極土木。梅崖。／　素鳳。

【訳文】明の成祖の長陵である。宏壮かつ雄大で美しく、土木を極めつくしている。梅崖。／　素鳳。

〇五（巻上 第13葉 後／同上）

【原文】入圜洞出閣上。巨碑題曰大明成祖文皇帝。閣後起墳安柩。永弼氏。／　直城。

【訳文】圜洞に入り、そこから閣上に出る。巨大な碑に「大明成祖文皇帝」と題する。閣の後方に墳を造り柩を安置する。永弼氏。／　直城。

〇六（巻上 第14葉 後／本書第四〇四頁第八行「〜如砥」）

【原文】居庸関也。大小石皆刻仏像。梅崖。／　義董。

【訳文】居庸関である。大小の石、いずれも仏像が彫ってある。梅崖。／　義董。

〇七（巻上　第14葉　後／同上）

【原文】城北遠望居庸関。憲。／
明治戊戌三十一年夏、暁雲筆。

【訳文】城北より遠く居庸関を望む。憲。／明治戊戌三十一年夏、暁雲筆。

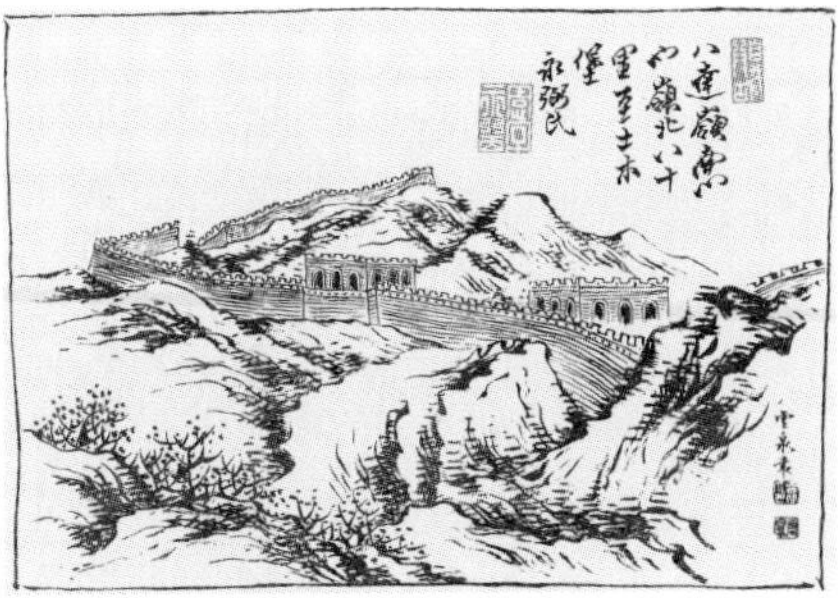

〇八（巻上　第15葉　後／本書第四〇六頁第二行「～燕王」）

【原文】八達嶺南門也。嶺北八十里至土木堡。永弼氏。／
雲泉袁。

【訳文】八達嶺の南門。嶺より北に八十里、土木堡に至る。永弼氏。／
雲泉袁。

〇九（巻上　第16葉　後／本書第四〇八頁第八行「～有九」）

【原文】長城八達嶺、門北所見。憲。／
八達嶺北面図、琴石。

【訳文】長城八達嶺城、門の北に見える眺めである。憲。／
八達嶺北面図、琴石。

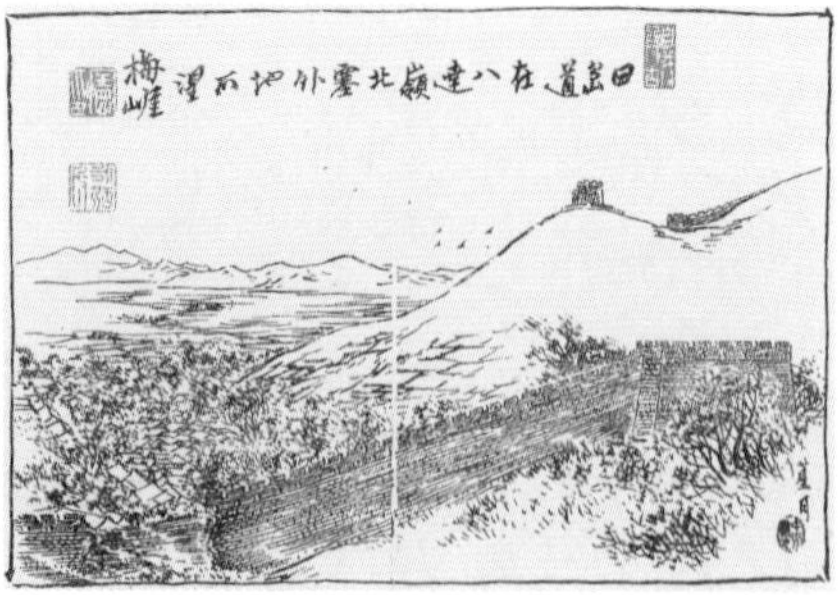

一〇（巻上 第17葉 後／本書第四一〇頁第六行「〜独起」）

【原文】曰岔道。在八達嶺北、塞外地可望。梅崖。／蘆月。

【訳文】岔道と曰う。八達嶺北に在り、ここより塞外の地を望める。梅崖。／蘆月。

一一（巻上 第18葉 後／本書第四一一頁第九行「〜何哉」）

【原文】駱駝負載出入塞下。日暮借宿処、称駱駝店。憲。／藤台石。

【訳文】駱駝が貨物を荷い塞下を出入する。日が暮れて投宿したところ、駱駝店と称す。憲。／藤台石。

一二（巻上 第19葉 後／本書第四一三頁第十四行「〜焉。故」）

【原文】先朝行宮也。孤立抜地而起。環以崇墉、結構依然。憲。／玉泉山行宮図、裕桂写意。

【訳文】前明の行宮である。ぽつんと一つだけ、地面から突き出すかのように聳え立つ。周囲に高い壁を環らせ、構造は昔のままである。憲。／玉泉山行宮図、裕桂写意。

一三（巻上 第19葉 後／同上）

【原文】万寿山、太后行宮所在焉。憲。／秋坪。

【訳文】万寿山、太后の行宮の所在地である。憲。／秋坪。

一四（巻上 第20葉 後／本書第四一五頁第七行「～紫辦」）

【原文】万寿山、去北京二十里。楼閣巍然。永弼氏。／万寿山容、魚梁画。

【訳文】万寿山、北京より二十里離れ、楼閣は高く雄大である。永弼氏。／万寿山容、魚梁画。

一五（巻上 第21葉 後／本書第四一七頁第四行「～至阜」）

【原文】八里荘在北京城西。時日方落、蒼煙布野。梅清処主人。／暉月。

【訳文】八里荘は北京の城西に在る。折しも日が暮れかけ、蒼煙が野に垂れ込めていた。梅清処主人。／暉月。

一六（巻下 第9葉 後／本書第四四五頁第七行「〜可中」）

【原文】邱曰虎邱、池曰剣池。葬呉王闔閭処。道光間罹兵燹、独存塔而已。梅崖。／　翠山。

【訳文】邱は虎邱といい、池は剣池という。呉王闔閭を葬るところ。道光年間戦災に罹り、ただ塔を残すのみ。梅崖。／　翠山。

一七（巻下 第10葉 後／本書第四四六頁第十八行「〜可見」）

【原文】坐高景山、望蘇州城於雲煙縹渺之間。村里田畝錯落。左則虎邱也。永弼氏。／　桂舟写。

【訳文】高景山に坐し、蘇州城を雲煙縹渺の間に望む。村里には田畑が入り組んでいる。左は則ち虎邱である。永弼氏。／　桂舟写。

一八（巻下 第11葉 後／本書第四四八頁第十二行「〜岩観」）

【原文】屋宇出梅者范祠也。塔所在曰横山。梅崖憲。／湖景杳茫人已仙、石橋朱塔尚依然。詩家粉本留佳句、細雨垂楊繫画舩。石湖小景幷題。末用范成大句。三舟漁隠。

【訳文】屋根の向こうに梅の木が出ているのは范氏祠堂である。塔の在るところは横山という。梅崖憲。／湖景 杳茫として人已に仙《い》けるも、石橋朱塔尚ほ依然たり。詩家の粉本 佳句を留め、細雨 垂楊 画舩を繋ぐ。石湖小景幷に題、末句は范成大の句を用う。三舟漁隠。

一九（巻下 第13葉 後／本書第四五二頁第三行「～嶺外」）

【原文】長江舟中。梅崖。／魚山。

【訳文】長江の舟中にて。梅崖。／魚山。

二〇（巻下 第15葉 後／本書第四五五頁第七行「～為詭」）

【原文】風静波平、秋色明麗。梅崖。／　在九江望北岸遠景。明治三十有一年戊戌初秋仲浣。耕園庭山桂。

【訳文】波風が収まり、秋色明媚なり。梅崖。／　九江より北岸の遠景を望む。明治三十一年戊戌初秋中旬に。耕園庭山桂。

二一（巻下 第17葉 後／本書第四五八頁第十五行「～北民」）

【原文】濂渓周子墓門也。梅崖。／松堂。

【訳文】周子濂渓の墓門である。梅崖。／松堂。

二二（巻下 第18葉 後／本書第四六〇頁第五行「～唯其」）

【原文】立周濂渓墓門而望、隠見雲煙留在廬山也。梅崖。／呑洲。

【訳文】周濂渓の墓門に立って眺めると、雲煙が廬山に留まっているのがかすかに見えた。梅崖。／呑洲。

二三（巻下 第24葉 後／本書第四七〇頁第十四行「～客置」）

【原文】時属陰暦十月既望、去坡公壬戌之遊八百十七年也。梅崖。／暁雲。

【訳文】時はちょうど陰暦の十月既望、坡公の壬戌（一〇八二年）の遊より八百十七年が過ぎた。梅崖。／暁雲。

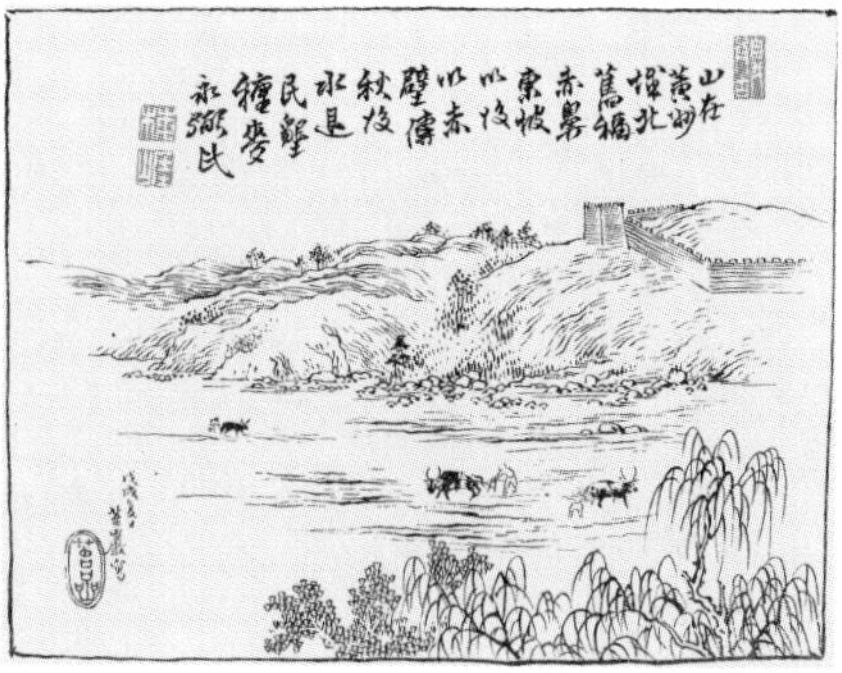

二四（巻下 第26葉 後／本書第四七二頁第八行「～十里」）

【原文】山在黄州城北、旧称赤鼻。東坡以後以赤壁伝。秋後水退、民墾種麦。永弼氏。／

戊戌夏日、苔巖写。

【訳文】山は黄州城北に在り、旧称は赤鼻。東坡以後は赤壁として伝わる。秋を過ぎると水位が下がり、民が畑を耕して麦を種える。永弼氏。／

戊戌夏日、苔巖写。

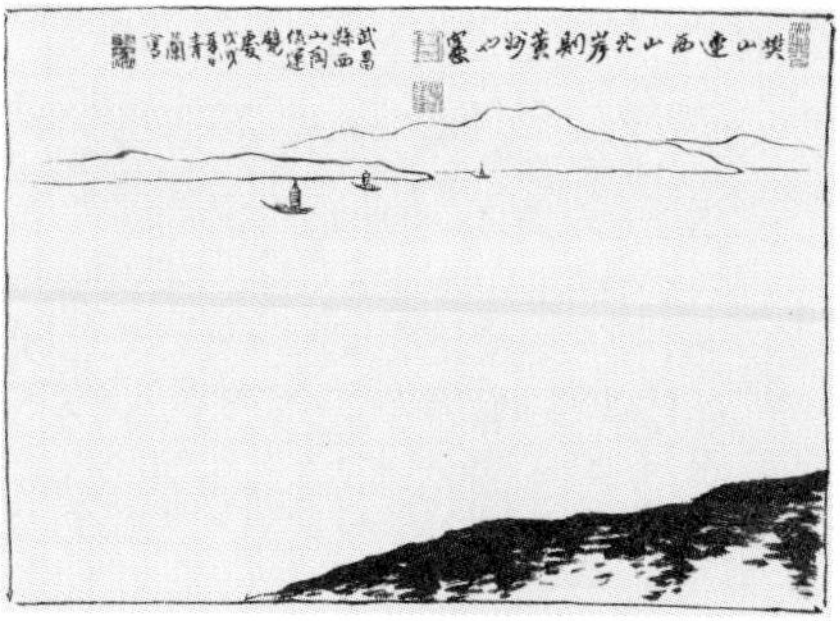

二五（巻下 第27葉 後／本書第四七五頁第八行「～見一」）

【原文】樊山連西山。北岸則黄州也。憲。／

武昌県西山、陶侃運甓処。

戊戌夏日、青蘭写。

【訳文】樊山は西山に連なる。北岸は則ち黄州である。憲。／

武昌県の西山、陶侃が甓を運んだところ。

戊戌夏日、青蘭写。

二六（巻下 第35葉 後／本書第四八八頁第十八行「～及也」）

【原文】聖母廟在申江客館側、遊人襍集。梅崖。／

明治戊戌春日、静湖。

【訳文】聖母廟は申江の客舎の側に在り、遊覧客が夥しく集る。梅崖。／

明治戊戌春日、静湖。

燕山楚水紀遊　索引

人名索引

凡例

・歴史上の人物と同時代の人物とに分けた。前者は氏名の後に〔　〕で時代を示した。
・一般的な呼び方と、原本での呼び方、推測しうる氏名、字、号などを（　）で示した。
・中国人、外国人の排列も日本語の五十音順によった。
・数字は該当人物を言及した日時を示す。

一　歴史上の人物

日本人

中国人

ア行

王珉〔東晋〕 10/28
王陽明（文成）〔明〕 10/26
応劭〔後漢〕 10/9
温嶠〔東晋〕 11/2

カ行

漢高祖（漢王、漢高）〔前漢〕 11/3, 11/13
漢武帝（漢武）〔前漢〕 10/9
灌嬰〔前漢〕 11/2
韓非子（韓）〔東周〕 11/16
岳飛〔南宋〕 11/2
魏襄王〔東周〕 10/9
魏忠賢〔明〕 10/26
魏了翁〔南宋〕 10/28, 11/2
邱処機（長春師）〔金〕 10/16
許衡〔元〕 10/6
屈原（屈平）〔東周〕 11/25
邢昺〔北宋〕 10/26
黥（英）布〔前漢〕 11/2
桀〔夏〕 11/25
桀溺〔東周〕 11/5
乾隆帝〔清〕 10/29
顧炎武〔明末清初〕 10/9
顧野王〔南朝陳〕 10/28
伍子胥〔東周〕 10/28
呉三桂〔明末清初〕 10/9
呉錫麒〔清〕 10/29
呉王夫差〔東周〕 10/27
孔子（孔聖）〔東周〕 前書, 10/6, 10/16, 11/3, 11/24-25
公孫弘〔前漢〕 10/6
皇侃〔南朝梁〕 10/26
高啓（青邱）〔明〕 10/29
黄歇（春申君）〔東周〕 11/11
黄宗羲（梨洲）〔明末清初〕 10/26
黄巣〔唐〕 11/7
黄尊素（忠端）〔明〕 10/26
黄庭堅（魯直）〔北宋〕 11/2
項羽（項王）〔秦〕 11/3, 11/13

サ行

崔仲方〔隋〕 10/9
史可法（督師）〔明〕 10/26
史寧〔北朝周〕 11/7
司馬相如〔前漢〕 11/25
司馬遷（太史公）〔前漢〕 11/7, 11/3
朱懐珪〔唐〕 10/9
朱熹（朱子、文公）〔南宋〕 10/26, 11/3, 11/23
朱舜水〔明〕 10/26
周康王（康王）〔西周〕 11/3
周昭王（昭王）〔西周〕 11/3
周静帝〔北朝東魏〕 10/9
周敦頤（濂渓、茂叔）〔北宋〕 11/2-3
周武王（武王）〔西周〕 11/25
周文王（文王）〔西周〕 10/9
周平王（平）〔東周〕 11/3
周瑜〔三国呉〕 11/11
周幽王（幽）〔西周〕 11/3
徐広〔東晋〕 10/9
生公〔南朝梁〕 10/28
召伯〔西周〕 11/3
焦先〔後漢〕 11/13
鍾子期〔東周〕 10/9
蔣慶第（箸生）〔清〕 10/16
申不害（申）〔東周〕 11/16

沈攸之〔南朝宋〕 11/7
沈約〔南朝梁〕 11/25
秦開〔東周〕 10/9
秦始皇（秦皇）〔秦〕 10/1, 10/9
秦宣大后〔秦〕 10/9
隋文帝〔隋〕 10/9
斉閔王〔東周〕 10/9
聖母（東陵聖母）〔東晋〕 11/21
石敬瑭（晋の高祖）〔五代後晋〕 10/9, 11/19
石勒〔西晋〕 11/3
接輿〔東周〕 11/5
銭謙益〔明末清初〕 10/28
銭元瓘〔五代呉越〕 10/27
曽紀沢（懿敏公）〔清〕 11/25
曽国藩（文正公）〔清〕 11/24
楚懐王（懐王）〔東周〕 11/3
蘇舜欽〔北宋〕 10/27
蘇秦〔東周〕 10/9
蘇代〔東周〕 10/9
蘇東坡（坡公, 長公）〔北宋〕 11/10-11, 11/16, 11/20, 11/27-28
蘇林〔三国呉〕 10/9
宋高宗〔南宋〕 11/13
宋徽宗〔北宋〕 11/19
宋欽宗〔北宋〕 11/19
宋太祖〔北宋〕 10/16
宋太宗〔北宋〕 10/16
宋理宗〔南宋〕 11/13
荘子（荘）〔東周〕 11/3
曹操〔東漢〕 11/11
孫権〔三国呉〕 11/7

タ行

檀道済〔南朝宋〕 11/2
紂〔商〕 11/25
長沮〔東周〕 11/5
張謂〔唐〕 11/6
張洪靖〔不詳〕 11/3
張三丰〔元〕 10/16
趙咨〔後漢〕 11/7
趙普（趙相国）〔北宋〕 10/16
趙武霊王〔東周〕 11/9
陳蕃〔後漢〕 11/24
陳友諒〔元〕 11/2
帝堯（堯）〔三皇五帝〕 10/9
帝舜（舜）〔三皇五帝〕 10/9
程頤（二程）〔北宋〕 10/26
程顥（二程）〔北宋〕 10/26
天后媽祖〔北宋〕 11/2
唐荊川〔明〕 10/22
唐文宗〔唐〕 11/19
陶侃〔東晋〕 11/2-3
多爾袞（睿親王）〔清〕 10/26
杜氏〔北宋〕 11/21
杜密〔後漢〕 11/24
湯（王）〔商〕 11/25

ハ行

白居易（楽天）〔唐〕 10/28, 11/4
伯牙〔東周〕 11/6
范成大（石湖）〔南宋〕 10/28-29, 11/2, 11/11
范仲淹〔北宋〕 10/28
范椁〔元〕 11/2
范滂〔後漢〕 11/24

西洋人

二　同時代の人物

日本人

中国人

韓国人

地名索引

凡例

・排列は日本語の五十音順による。
・歴史的地名も現在の行政区分による。
・（　）は一般的な名称、あるいは異体字を表す。
・〔　〕は、該当地名の所在洲、国、省・市・自治区の略称である。
・〔広域〕は、二つの省以上に及ぶ地名である。

ア行

11/18, 11/26, 11/29

カ行

瓜哇（ジャワ）〔インドネシア〕 10/22
花園鎮〔皖〕 11/2
河南〔広域〕 10/9
河南陽山〔内蒙〕 10/9
河北〔広域〕 10/9, 11/19
河目県〔内蒙〕 10/9
夏口城〔鄂〕 11/7, 11/11
華池県〔甘〕 10/9
嘉魚〔鄂〕 11/11
鵝国鎮〔鄂〕 11/10
海参威〔露〕 9/28
開封（汴）〔豫〕 11/3, 11/25
外城〔京〕 10/7
各田山〔鄂〕 11/10
鶴問湖〔贛〕 11/3
碣石〔魯〕 10/9
甘棠湖〔贛〕 11/3
漢口〔鄂〕 10/18, 11/5-7, 11/9-10, 11/13, 11/19
漢水〔鄂〕 11/6
漢陽〔鄂〕 10/9, 10/21, 11/2, 11/6-7
漢陽鳥林〔鄂〕 11/11
鳫（雁）門〔晋〕 10/9
蘄州〔鄂〕 11/5
希臘〔ギリシャ〕 11/24
宜昌〔鄂〕 11/11
儀徴〔蘇〕 10/31
九原〔内蒙〕 10/9
九江〔贛〕 11/2, 11/12
牛渚磯〔蘇〕 11/13
牛荘〔遼〕 9/27
居庸関〔京〕 10/9
漁陽〔京〕 10/9
匡〔豫〕 10/27
匡廬（廬山）〔贛〕 11/2-3
鏡湖〔鄂〕 11/6
曲阜〔魯〕 前文, 10/17, 11/24
玉雪坡〔蘇〕 10/29
玉泉山〔京〕 10/12, 10/18
玉田〔冀〕 10/14
金山〔京〕 10/4
金山〔蘇〕 11/13
金陵〔蘇〕 11/13
熊本〔日本〕 11/22
軍都県〔京〕 10/9
軍糧城〔津〕 10/2
群馬〔日本〕 10/23
京師〔京〕 10/4, 10/7, 10/11, 10/16, 10/21
京城〔朝鮮〕 9/27
景星湖〔贛〕 11/3
慶州〔甘〕 10/9
薊〔京〕 10/7
建業〔蘇〕 11/7
剣池〔蘇〕 10/28
元山〔朝鮮〕 9/27
元和〔蘇〕 10/30
虎丘〔蘇〕 10/28
孤山〔蘇〕 10/31
湖南〔湘〕 11/25
湖口〔贛〕 11/2
湖広〔広域〕 11/25
五華〔京〕 10/4
五原〔陜〕 10/9
呉〔蘇〕 10/27, 11/25, 11/3, 11/6, 11/13, 11/25
呉王郊台〔蘇〕 10/29
呉淞江〔広域〕 10/26-27
呉門橋〔蘇〕 10/27, 29
江陰〔蘇〕 10/31
江口（長江口）〔滬〕 10/22
江州〔鄂〕 11/9
江西〔贛〕 11/25
江東〔広域〕 11/7, 11/11, 11/19
江南〔広域〕 10/4, 10/27, 11/2-3, 11/7, 11/25
江北〔広域〕 10/4
杭州〔浙〕 10/17, 10/23, 10/26-27, 11/20, 11/25
杭蘇〔広域〕 11/25
虹口〔滬〕 10/26
神戸〔日本〕 9/22, 10/22, 12/1
恒州〔京〕 10/9
高景山金盆塢〔蘇〕 10/28, 11/3

楚〔広域〕 10/6, 11/3, 11/25
蘇州〔蘇〕 10/17, 10/23, 10/25-29, 11/3, 11/19-20, 11/25
蘇松〔蘇〕 11/25
宋〔豫〕 10/26-27
相口山〔皖〕 11/2
造陽〔冀〕 10/9

タ行

太湖〔蘇〕 10/28
太山（泰山）〔魯〕 10/9
太平〔皖〕 11/13
泰興〔蘇〕 10/31
暹羅〔タイ〕 10/22
大孤山〔贛〕 11/2
大通〔皖〕 11/1
大別山〔鄂〕 11/6
代〔冀〕 10/9
代郡〔晋〕 10/9
高松灘〔日本〕 9/23
弾琴峡〔京〕 10/9
中原〔広域〕 10/9, 11/3, 11/13, 11/19
長江（大江）〔広域〕 10/4, 10/17, 10/23, 11/1-2, 11/9-11, 11/13, 11/15, 11/20, 11/24
長峪〔京〕 10/9
長沙〔湘〕 10/30
長城〔広域〕 10/8-9, 10/13, 10/23, 11/1, 11/15, 11/20
張葉巷〔蘇〕 10/28
朝鮮〔朝鮮〕 9/29-30, 10/22, 11/24
陳〔豫〕 10/26-27
鎮江〔蘇〕 10/26, 10/31, 11/13
通州〔蘇〕 10/31, 11/14, 11/24
帝都〔京〕 10/7
鄭〔豫〕 10/27
泥城橋〔滬〕 11/18
泥池〔鄂〕 11/10
天橋〔京〕 10/4
天寿山〔京〕 10/9
天津〔津〕 10/2, 10/18-19, 11/19
天台〔浙〕 11/20
天平山〔蘇〕 10/28
塗山〔皖〕 11/25
土鶏山〔皖〕 11/1
土木〔冀〕 10/10
刀江（倒江）〔鄂〕 11/9
東亜〔広域〕 前文, 10/1, 10/16, 11/17, 11/19, 11/24-25
東海〔広域〕 10/9
東棋盤街〔滬〕 11/25
東京〔日本〕 10/19, 10/23
東交民巷〔京〕 10/4
東山〔鄂〕 11/11
湯山〔京〕 10/8
塘沽〔津〕 10/2, 10/4, 10/18-19, 11/15
道尾〔日本〕 9/25
独国（ドイツ） 11/25

ナ行

内城〔京〕 10/7
長崎港〔日本〕 9/25, 11/29
南京〔蘇〕 10/31, 11/13, 11/17
南口県〔京〕 10/9-10
南方〔広域〕 10/27-28, 11/3, 11/21

ハ行

巴蜀〔川〕 11/25
鄱陽湖（彭蠡湖）〔贛〕 11/2
馬鞍山〔皖〕 11/12
馬関〔日本〕 11/1, 11/25, 11/29
馬当山〔贛〕 11/2
馬坊児〔京〕 10/8
白河〔津〕 10/2, 10/4, 10/19
白亀渚〔鄂〕 11/11
白虎山〔鄂〕 11/10
伯牙台〔鄂〕 11/6
八里莊〔京〕 10/15
八達嶺〔京〕 10/9-10
半是鶏嶋〔皖〕 11/1
樊口〔鄂〕 11/11
樊山〔鄂〕 11/11

備讃〔日本〕　10/3
釜山〔朝鮮〕　9/27, 9/30
武州〔晋〕　10/9
武昌（府）〔鄂〕　11/5-7, 11/9, 11/11, 11/13, 11/17, 11/19
武昌県〔鄂〕　11/7, 11/11
蕪湖〔皖〕　11/1, 11/13, 11/19
楓台〔津〕　10/4
楓鎮〔蘇〕　10/28
福建〔閩〕　11/25
福州〔閩〕　9/21, 10/23, 10/25
仏国〔フランス〕　11/25
賁山〔陝〕　10/9
北京〔京〕　10/4-5, 10/11-12, 10/16-18, 10/22, 10/24, 10/29, 11/2, 11/20
米国〔亜米利加, アメリカ〕　9/30, 11/24
沔陽〔鄂〕　11/6
澠池〔豫〕　10/21
保定〔冀〕　10/5, 10/14
浦口〔蘇〕　10/31
蒲圻〔鄂〕　11/11
彭浪磯〔贛〕　11/2
彭蠡湖〔贛〕　11/2
北仮〔内蒙〕　10/9
北固山〔蘇〕　11/13
北地〔広域〕　10/9
北方〔広域〕　10/9-10, 10/16, 10/20, 10/27-28, 10/31, 11/3, 11/5
勃熱（ボルネオ）〔インドネシア〕　10/22
渤海（渤澥, 北海）〔魯〕　10/1
香港〔港〕　10/19
湓浦〔贛〕　11/4

マ行

万寿宮北門〔京〕　10/12
万寿山〔京〕　10/11
密〔甘〕　10/9
湊川〔日本〕　9/22
岷州城〔甘〕　10/9
門司〔日本〕　9/24, 11/30
蒙古〔モンゴル〕　10/14, 11/3

ヤ行

右北平〔冀〕　10/9
幽燕〔広域〕　11/3, 11/19, 11/25
幽州夏口〔京〕　10/9
羊坊〔京〕　10/10, 11/15
欧羅巴〔ヨーロッパ〕　9/30, 11/16-17, 11/25
陽鹿〔鄂〕　11/10
陽武〔豫〕　10/9
楊村〔津〕　10/4
雍県〔陝〕　10/9

ラ行

羅漢岩〔蘇〕　11/13
李渤湖〔贛〕　11/3
陸虎洲〔鄂〕　11/10
竜虎台〔京〕　10/9
竜門〔陝〕　11/3
羅馬（ローマ）〔イタリア〕　11/25
竜動（ロンドン）〔イギリス〕　10/4
旅順〔遼〕　10/1
遼水〔遼〕　10/9
遼西〔遼〕　10/9
遼東〔遼〕　10/9, 11/25
臨安〔浙〕　11/25
林屋洞〔蘇〕　10/28
林胡〔甘〕　10/9
臨洮〔甘〕　10/9
騾馬市〔京〕　10/6
霊武〔京〕　10/9
連山〔遼〕　10/9
蓮池〔蘇〕　10/27
濂渓〔贛〕　11/2-3
魯〔魯〕　11/1, 10/21
魯山〔鄂〕　11/6
魯梁山〔皖〕　11/1
盧〔魯〕　10/9
蘆（盧）溝橋〔京〕　10/18
露国（俄羅斯）〔ロシア〕　9/27, 10/21, 11/2, 11/25

事項索引

後　記

本書刊行を含む研究活動全体に一つの区切りをつけるにあたり、これまでご協力、ご支援を賜った皆さまに謝辞を述べさせていただきたい。

「山本憲関係資料」を扱った本研究としては、先ず、本資料を今日まで保存し、かつ適切に研究機関に寄託するまで多大な努力を払われてきたご遺族の方に、研究班一同を代表して深く謝意を表するものである。山本憲は生前家族に自分の遺品の保存を強く願ったと聞いている。漢籍を中心とする蔵書は一九二九年岡山県立図書館に寄贈され「山本文庫」として設置されたが、一九四五年六月の空襲による図書館焼失のため、全て灰となった。現在その目録のみが「山本憲関係資料」(E—五十二)に残っている。このような状況の中でも、憲の養女山本信さま(兵庫県姫路市)、その長女(憲の孫)和子氏は、書簡等を含む膨大な遺品が散逸しないよう努められた。その後、山本和子氏は憲の郷里である高知県の然るべき機関に遺品を寄託すべく各方面に動かれた。高知市立自由民権記念館が受託するまでの道程も容易ではなかったのではないかと察せられる。当時ご尽力された西村和子氏、また受入れの英断を下された当時の高知市立自由民権記念館　西田幸人館長はじめ職員の皆さまには、ここに改めてお礼を申し上げたい。二〇〇六年、約六千点の資料は、西村氏ならびに故依光貫之先生、そして公文豪氏が中心となり整理が始められ、自由民権記念館の澤村美乃氏をはじめ資料整理員のご協力を得て、今日に至ったのである。誠に残念なのは、山本信さまが一昨年二〇一五年二月八日に逝去されたことである。この研究の進展を大いに期待し又本書刊行を待ち望んでおられたとうかがっていたので、研究班の代表としては、信さまにはお詫びとともに上梓の報告をさせていただきたい。

私は、二〇一一年、日本学術振興科学研究費補助金・基盤研究（B）（平成二十三年度～二十七年度）「《山本憲関係書簡》に残る康有為の従兄康有儀等の手紙からみた近代日中交流史の特質」を申請した。しかし、自分の専門が清末の中国近代史ではなかったこと、書簡等が殆ど行書・草書体で書かれており解読に困難を来すことが予想されたため、申請の段階からより専門の近い研究者の方々に参加をお願いした。研究分担者に同僚の周雲喬氏（当時高知大学人文学部、現在同人文社会科学部。中国文学）、連携研究者として同じく小幡尚氏（同。日本近代史）になっていただいた以外に、研究協力者として、大坪慶之氏（三重大学　中国近代史）、小野泰教氏（当時東京大学、現在学習院大学、中国近代思想史）、そして、既に山本憲関係資料の整理等を精力的に進めておられた公文豪氏（高知近代史研究会会長　日本近代史）にご参加いただき、さらには封筒の文化財的分析を視野に入れて当時高知大学の同僚であった清家章氏（現在岡山大学大学院社会文化科学研究科　日本考古学）にも加わっていただいた。また高知大学の協定校、中国・安徽大学歴史系とも共同研究を進める計画も立てた。採択されると、このテーマを直接扱っておられた呂順長氏（当時大阪四天王寺大学、現在中国・浙江工商大学。近代中日文化交流史）に直ちに要請し研究協力者として加わっていただき、平成二十四年度からは顧問として狹間直樹先生（京都大学名誉教授　中国近現代史）に、二十五年度には狹間先生の推薦で蔣海波氏（現在孫文記念館主任研究員　中国近現代史）にも研究作業に携わっていただけることになった。途中、安徽大学歴史系　張子侠主任の急逝と当大学の人事問題により共同研究の稔りを見ることができなかったが、それを補う形で、最終年度高橋俊氏（当時高知大学人文学部、現在同人文社会科学部。中国現代文化）、古谷創さん（東京大学大学院総合文化研究科博士課程　中国近代史）に翻訳作業を支援いただいた。振り返れば、五年を越える研究の過程は必ずしも平坦な道のりではなかった。その中で、とくに呂順長氏には本研究の水準の維持に、小野泰教氏には実証の実務作業の維持に、それぞれ多大なお力添えをいただいた。この点を含めて、本研究に参加していただいた全ての方々に改めてお礼を申し上げるものである。なお、本書に明示した「山本憲関係資料研究会」とは、以上の本科研研究班の内、本書に作成に携わったメンバーによって構成されるグループを意味する。

研究期間中に二度（二〇一三年三月、一四年九月）山本憲の縁の地「牛窓」（岡山県瀬戸内市牛窓町牛窓）において研究会を行った。二度目の訪問の際、牛窓観光協会 岡國太郎会長（当時「牛窓しおまち唐琴通りの保存と活性化プロジェクト」事務局長）には、当地の旧家に残る山本憲の揮毫数点を見学する機会を与えていただき、山本と牛窓の結びつきの深さを実感することができた。また、岡山県立岡山東商業高等学校 森山泰幸教頭氏には、梅清処塾生「甘白」が旧制「岡山商業学校」の嘱託教員であった事実に辿り着くまで、重要な情報を複数お知らせいただいた。

一方、二〇一二年十一月、本研究の顧問狹間直樹先生のご好意から、本「山本憲関係資料」（とくに梁啓超書簡）について中国・清華大学国学研究院（中国における梁啓超研究の中心）にご紹介いただいた。当大学劉東副研究院長からは当該書簡が貴重な史料であること、又本研究の進展に向けて激励の言葉を賜った。このことを機会に清華大学国学研究院と高知市立自由民権記念館の交流の道も開かれればと望んでいる。

後　記

末尾になるが、この報告書刊行のために大変ご尽力いただいた汲古書院の小林詔子さまに、心からお礼を申し上げたい。この五年、吉尾は、本研究班の代表であったにもかかわらず、勤務校部局の管理職を務めかつ国立大学の改革の動きを背景とした部局の組織改編に中心的に当たらざるを得なかった。今かかる事態に陥ったことについて殊更説明するつもりはないが、最も大事な時期、中でも研究班の成果を報告書としてとりまとめる段階において小生の力量、時間不足は歴然となった。もとよりこの成果報告書はいわゆる論文集ではなく歴史文書の解読文を作成するというもので、小生自身これまで全く経験のない仕事であった。小林さんには、私の足りない部分を補うべく、標準的な編集作業を遙かに越える膨大な作業を担われた。小林さんとはこれまでにも一緒に仕事をさせていただいたことがあるが、本書の作業はそれらとは比べものにならない量と質があったと思う。上梓にあたり、これまで粘り強く私および本研究班に対してご協力いただいた小林詔子さまに、お詫びとともに重ねてお礼を申し上げる次第である。
また、吉尾の校正作業の最終段階では、高知大学人文学部人間文化学科地域変動論コース三回生杉山茜さん、安田りほさんにお手伝いいただいた。記して謝意を表したい。

「山本憲関係資料」がこれからの日本と中国の学術交流を支えていく新たな力となることを願って。

吉尾　寛　識

二〇一七年一月吉日

執筆者一覧

吉尾寛（よしお ひろし　YOSHIO Hiroshi）1953 年生。高知大学人文社会科学系教授。博士（歴史学）。
『明末の流賊反乱と地域社会』（汲古書院　2001 年）、編著『海域世界の環境と文化』（海域叢書 4　汲古書院　2011 年）、編著『民衆反乱と中華世界』（汲古書院　2012 年）など。

大坪慶之（おおつぼ よしゆき　OTSUBO　Yoshiyuki）1976 年生。三重大学教育学部准教授。博士（文学）。
「光緒帝の親政開始をめぐる清朝中央の政策決定過程」（『歴史学研究』853　2009 年）、「イリ問題にみる清朝中央の政策決定過程と総理衙門」（『東洋史研究』70-3　2011 年）、「日清講和にむけた光緒帝の政策決定と西太后」（『史学雑誌』123-3　2014 年）など。

小野泰教（おの やすのり　ONO Yasunori）1981 年生。学習院大学外国語教育研究センター准教授。博士（文学）。
「郭嵩燾・劉錫鴻の士大夫観とイギリス政治像」（『中国哲学研究』第 22 号　2007 年）、「再論湖南戊戌変法——湖南巡撫陳宝箴与時務学堂、南学会」（鄭大華・黄興濤・鄒小站主編『戊戌変法与晩清思想文化転型』北京：社会科学文献出版社　2010 年）、「孫詒譲「墨子後語」の儒墨論争観」（『東洋史研究』第 73 巻第 3 号　2014 年）など。

公文　豪（くもん ごう　Go Kumon）1948 年生。高知近代史研究会会長。高知大学非常勤講師。
共著『土佐自由民権運動日録』（高知市文化振興事業団　1994 年）、『土佐の自由民権運動入門』（高知新聞社　2007 年）、校訂『宇田友猪著・板垣退助君伝記・全 4 巻』（原書房　2009 年）、編著『山本梅崖関係資料目録』（高知市立自由民権記念館　2011 年）、『史跡ガイド　土佐の自由民権』（高知新聞社　2013 年）など。

周　雲喬（しゅう うんきょう　SHU Unkyo）1955 年生。高知大学人文社会科学系教授。博士課程修了（中国文学）

執筆者一覧

共著『越境社会文化論』（リーブル出版　2010 年）など。

蔣海波（しょう かいは　JIANG　Haibo）1963 年生。孫文記念館主任研究員。学術博士。
『王敬祥関係档案選録』（共編、中）（金門県政府、2011 年）、「『東亜報』に関する初歩的研究――近代日中「思想連鎖」の先陣として」（『現代中国研究』第 32 号　2013 年）、「形象化された辛亥革命――マッチラベルから見る近代中国の社会変遷」（日本孫文研究会編『グローバルヒストリーの中の辛亥革命』汲古書院　2013 年）など。

高橋俊（たかはし しゅん　TAKAHASHI Shun）1972 年生。高知大学人文社会科学系教授。博士（文学）。
『越境する人と文化』（共著　リーブル出版　2007 年）、『中国現代文化１４講』（共著　関西学院大学出版会　2014 年）など。

古谷創（ふるや はじめ　FURUYA　Hajime）1983 年生。東京大学大学院総合文化研究科博士課程。修士（学術）。
「陳天華の思想変化に関する試論」（『信大史学』第 39 号　2014 年）、「清末知識人の歴史観と公羊学――康有為と蘇輿を中心に」（清水光明編『「近世化」論と日本』アジア遊学 185　勉誠出版　2015 年）など。

呂 順長（ろ じゅんちょう　Lu　Shunchang）、1962 年生。浙江工商大学東方語言文化学院教授、博士（文学）。著書に『清末浙江与日本』（上海古籍出版社　2001 年）、『清末中日教育文化交流之研究』（商務印書館　2012 年）、『歴代正史日本伝考注・清代巻』（上海交通大学出版社　2016 年）など。

狹間直樹（はざま なおき　HAZAMA Naoki）1937 年生。京都大学名誉教授。
『中国社会主義の黎明』（岩波書店　1976 年）、『五四運動研究序説』（「五四運動の研究」第 1 函第 1 分冊　同朋舎出版　1982 年）、『梁啓超』（岩波書店　2016 年）など。

変法派の書簡と『燕山楚水紀遊』
――「山本憲関係資料」の世界――

平成二十九年一月三十日　発行

編　者　山本憲関係資料研究会
代表　吉尾　寛
発行者　三井久人
整版印刷　富士リプロ㈱
発行所　汲古書院
〒102-0072 東京都千代田区飯田橋二-五-四
電話 〇三（三二六五）九七六四
FAX 〇三（三二二二）一八四五

ISBN978-4-7629-6589-0　C3020